Biblioteca de Filosofía del Derecho

Carlos Alarcón Cabrera
(Director)

Carlos Antonio Agurto Gonzáles
Sonia Lidia Quequejana Mamani
Benigno Choque Cuenca
(Coordinadores Generales)

HEINRICH BRUNNER
Profesor de la Universidad de Berlín

HISTORIA DEL DERECHO GERMÁNICO

Edición al cuidado de
Carlos Antonio Agurto Gonzáles
Sonia Lidia Quequejana Mamani
Benigno Choque Cuenca

Ediciones Olejnik

Título: Historia del Derecho germánico

Traducción de José Luis Álvarez López

Huérfanos 611, Santiago - Chile
E-mail: contacto@edicionesolejnik.com
Web site: http://www.edicionesolejnik.com

Primera edición en Ediciones Olejnik: 2023

ISBN: 978-956-407-359-0

Diseño de Carátula: Ena Zuñiga
Diagramación: Luis A. Sierra Cárdenas

Impreso en Argentina 2023 Printed in Argentina

ÍNDICE

PRÓLOGO DEL AUTOR DE LA SÉPTIMA EDICIÓN 11

PRÓLOGO DEL AUTOR DE LA OCTAVA EDICIÓN 15

ADVERTENCIA DEL TRADUCTOR 17

PREÁMBULO 19

LIBRO PRIMERO
EL DESENVOLVIMIENTO DEL DERECHO
HASTA LA RECEPCIÓN DE LOS DERECHOS EXTRANJEROS

PRIMERA PARTE
HISTORIA GENERAL DEL DERECHO E HISTORIA DEL DERECHO PÚBLICO

A) El período germánico 25
§ 1. El pueblo alemán 25
§ 2. La vida económica 27
§ 3. La Sippe (parentesco y genealogía) 28
§ 4. La condición de las personas 31
§ 5. El Derecho y la formación del Derecho 32
§ 6. La organización política 33
§ 7. El ejército y la administración de la justicia 36
§ 8. El delito y sus consecuencias 37
§ 9. El Derecho procesal 40
B) El período franco 45
I. HISTORIA GENERAL DEL DERECHO 45
§ 10. El reino franco 45
§ 11. Los fundamentos económicos y sociales de la formación del derecho 46
§ 12. La formación del Derecho 51
§ 13. Los monumentos jurídicos 53
§ 14. (Continuación). Los monumentos jurídicos de los visigodos, de los burgundios y de los longobardos 65
§ 15. (Continuación) Los libros de Derecho romano 68
II. EL DERECHO POLÍTICO Y ADMINISTRATIVO 69
§ 16. La monarquía 69
§ 17. La corte del rey y la administración del reino 73

§ 18. Las divisiones administrativas y sus funcionarios 75
§ 19. La administración del reino y las prestaciones de los súbditos 78
§ 20. Los comienzos del Estado feudal 81
III 87
§ 21. El Derecho penal 87
IV 89
§ 22. El Derecho procesal 89
C) El Imperio alemán hasta la terminación del siglo XV 95
I. HISTORIA GENERAL DEL DERECHO 95
§ 23. El Imperio alemán 95
§ 24. Las relaciones de posesión 97
§ 25. La condición de las personas 102
§ 26. La formación del Derecho 109
§ 27. Fuentes del Derecho del Imperio 112
§ 28. Los Libros de Derecho42 territorial y los de Derecho feudal 115
§ 29. El Derecho de los Países y el de las Comarcas 122
§ 30. Derechos de servicio y Derechos eurtenses 125
§ 31. Las fuentes del Derecho municipal 127
§ 32. Documentos y Libros de fórmulas 132
§ 33. La sucesión al trono 134
§ 34. La potestad real 140
§ 35. El ejército y los impuestos 144
§ 36. La Iglesia 146
§ 37. La corte del rey y la administración del Imperio 150
§ 38. Los funcionarios en las diversas partes del Imperio 152
§ 39. La soberanía territorial 155
§ 40. Entidades especiales de Derecho público 160
§ 41. Las ciudades 163
II. 171
§ 42. El Derecho penal 171
III. 174
§ 43. El Derecho procesal 174

SEGUNDA PARTE
HISTORIA DEL DERECHO PRIVADO HASTA LA RECEPCIÓN DE LOS DERECHOS EXTRANJEROS

§ 44. Observaciones generales 185
I 187
§ 45. La capacidad jurídica 187
II. EL DERECHO DE COSAS 193
§ 46. La «gewere» 193
§ 47. Los derechos sobre inmuebles 195
§ 48. Los derechos sobre cosas muebles 202
III. EL DERECHO DE LAS RELACIONES DE OBLIGACIÓN 205

§ 49. La deuda 205
§ 50. La responsabilidad 211
§ 51. La prenda 216
IV. EL DERECHO DE FAMILIA 219
§ 52. El matrimonio 219
§ 53. El derecho matrimonial de bienes 223
§ 54. La filiación 227
§ 55. La tutela 229
V. EL DERECHO HEREDITARIO 230
§ 56. La sucesión hereditaria 230
§ 57. El derecho de expectativa hereditaria y la donación «mortis causa» 236

LIBRO SEGUNDO
EL DESENVOLVIMIENTO DEL DERECHO DESDE
LA RECEPCIÓN DE LOS DERECHOS EXTRANJEROS

I. HISTORIA GENERAL DEL DERECHO 241
§ 58. Decadencia y ruina del Imperio1 241
§ 59. Las relaciones de posesión 246
§ 60. La condición de las personas 251
§ 61. La recepción de los Derechos extranjeros 254
§ 62. La legislación del Imperio 260
§ 63. El Derecho de los Países y el de las Ciudades 263
§ 64. Los comienzos de una ciencia jurídica y de una legislación de carácter nacional 265
§ 65. La unidad jurídica 268
II. EL DERECHO POLÍTICO Y ADMINISTRATIVO 270
§ 66. El emperador 270
§ 67. Los funcionarios de la corte imperial y el Tribunal de la cámara del Imperio 272
§ 68. El Regimiento del Imperio y las Circunscripciones imperiales 276
§ 69. La Dieta imperial 278
§ 70. Los miembros del Imperio y su relación con el Imperio 280
§ 71. El Imperio y la división de las creencias 283
§ 72. El Derecho político y administrativo de los Territorios 284
III 290
§ 73. El Derecho penal 290
IV. EL PROCEDIMIENTO JUDICIAL 292
§ 74. El proceso penal 292
§ 75. El proceso civil 294
V 298
§ 76. El Derecho privado 298

PRÓLOGO DEL AUTOR DE LA SÉPTIMA EDICIÓN

Heinrich Brunner murió el 11 de agosto de 1915, a los 76 años de una vida de espléndida ejemplaridad. Con él desaparece como de los más grandes historiadores del Derecho[1]. Mediante la investigación, nunca tendenciosa, de los principios de la evolución del Derecho y del Estado europeos, ha contribuido Brunner, como pocos, a la unión de los pueblos, y, sin embargo, lo que da a sus obras la tónica fundamental y una peculiar unción es su profundo amor por la patria alemana. A este fervor se debe también la *vis atractiva* que el Compendio de Historia del Derecho alemán ejerce en la juventud alemana. Acogida que explica bien el deseo de Brunner a que el libro continuara editándose después de su muerte.

Esta nueva edición aparece en una situación mundial muy otra de la que Brunner podía esperar al tiempo mismo de su fallecimiento. Pero cabalmente ante la desgracia de la patria, la evolución del Estado alemán y del Derecho alemán también necesitan ser objeto de estudio por parte de los juristas en ciernes o en sazón. Cuando en 1808 Carlos Federico Eichhorn dio a la luz su Historia del Derecho alemán, hizo referencia a que en el momento de transformación de la constitución jurídica—por entonces en parte ya realizada y en parte a punto de serlo—«era de mayor importancia dirigir la atención al pasado», y acentuó que «después de la recentísima revolución de Alemania un exacto conocimiento de lo que fuera objeto de tal avance poco o nada había perdido» de su valor de actualidad. No de otro modo hoy la mirada al pasado de Alemania puede ofrecer consuelo y esperanza; también hoy esa visión retrospectiva puede dotarnos del instrumento espiritual para unos tiempos de trabajo duro y quizá doloroso del pueblo alemán. El libro clásico de Brunner puede ayudar a los alemanes, y sobre todo a la juventud alemana, a recobrarse a si mismos y, templado el ánimo, a reconstruir la patria conjuntamente. A todos aquellos que quieran y deban actuar en la vida práctica les mostrará los lineamientos capitales de la evolución, y simultáneamente hará ostensible a su vista, de modo ejemplar, que esas direcciones fundamentales solo pueden concebirse en plenitud mediante una inmersión amorosa y profunda en los pormenores históricos.

---

1 Sobre Brunner cf. v. AMIRA, Jahrb. der Muenchener Akademie. 1915; FRANTZ DAHL. Tiddskrift for Retsvidenskab, 1915, 451 SS.: v. SCHWIND, MJÖG. 37. 1916; O. v. GIERKE, 58. Jahresbericht der Juristischen Gesellschaft. Berlin. 1916, 19-38; EMIL SECKEL. S. B. der Berliner Akademie. 1916. 760 ss. y Neues Archiv, 40. 807 ss., U. STUTZ, Z. f. R. G. 36, IX-LV; v. WRETSCHKO. Historische Vierteljahrsschrift 18. 345 ss.; además, Adresse der Berliner Akademie. S. B., 1914. 523 ss.; LANDSBERG, Geschichte der deut. Rechtswissenschaft III, 2 (1910). 908 ss.; E. HEYMANN. Die Juristische Fakultaet Berlin, edit. por O. LIEBMANN. 1910. 46 y D. Jur. 7... 1914. 490 ss.—En el Registro general (1930) de la ZRG se recoge la producción de Brunner. Con posterioridad, cfs. H. BRUNNER. Abhandlungen zur Rechtsgeschichte. Gesammelte Aufsaetze. publicados por K. Rauch, 2 vols., 1931, sobre esto vide HUEBNER, Deut. Literaturzeit., 1932 n.° 8 y STUTZ, ZRG 52, 340 ss.

No pareció oportuno hacer modificaciones del texto en plazo tan próximo a la muerte del autor, mayormente en libro como el de Brunner donde de modo tan peculiarísimo viene a expresarse su concepción básica de la Historia del Derecho y donde cada palabra reclama atención; él mismo no se mostraba muy propicio a modificar sus concepciones y, probablemente, de poner sus manos hubiera sido solo para pequeñas adiciones. Donde el libro—que un colega ni puede ni debe sustituir—se use en la enseñanza universitaria podrá agregar el profesor las opiniones divergentes y los resultados de nuevas investigaciones. La piedad y el amor parecen exigir que se deje hablar al propio Brunner con sus mismas palabras y, así, me he limitado al trabajo de fatiga y renuncia que es la selección y adición de la nueva literatura más importante, no sin haber examinado conjuntamente la muy copiosa bibliografía. El experto apreciará aquí y allá, en el modo de las exposiciones, una toma de posición; sepa, sin embargo, que he procurado acomodarme en lo posible al estilo de Brunner y conservarle. Por lo demás, en las últimas ediciones mostró mayor inclinación que al aparecer el libro por entrar en detalles en las menciones bibliográficas. En mi aportación no me he remontado fundamentalmente más allá del año 1912. El empleo ocasional de tipos de imprenta menores para las referencias bibliográficas tiene por sola razón el ahorro de espacio y permite se conserve la paginación. ¡Desde luego que tipo pequeño de imprenta no dice valor minúsculo del contenido!

El trabajo de la historiografía jurídica durante los años 1913-1918—pues de este período se trata principalmente—ha sido sobremanera abundante, en particular el año primero de la guerra, en el que se cosechan los frutos del último año de paz; pero tampoco durante la guerra ha cesado la investigación sobre la Historia del Derecho alemán como demuestra una simple ojeada de la Revista de Savigny dirigida por Lírico Stutz, con esmero ya de tiempo atrás meritorio. De entre las obras generales aparecen destacadas el cuarto volumen del Hoops, la segunda edición de la Historia del Imperio (vol. I) de Luschin von Ebengreuth y su Compendio, la del Compendio de v. Schwerin y la tercera del de v. Amira, y, después de ultimado mi manuscrito, la primera mitad de la sexta edición de la Historia del Derecho alemán, de Ricardo Schroeder (cuidada por v. Kuenssberg); además, las obras de v. Below y de Keutgen sobre el Estado alemán (literatura para la anotación). De especial importancia para el período germánico son los trabajos de Dopsch (§§ 2, 11, 19) indicativos de la influencia de la Antigüedad sobre nuestra antigua vida económica, y que tal vez hubiera seguido Brunner en varios puntos luego de haber aceptado la teoría anterior de Dopsch sobre el *capitulare de villis*. Por el contrario, las opiniones de E. Mayer sobre el origen del Jurado hubieran podido ser recibidas escépticamente por Brunner. Contienen aportaciones importantes los trabajos de H. Staebler, y otros, sobre las asociaciones comarcanas (§ 2), los de Franz Beyerle sobre el antiguo proceso (§ 9) y los de Schreuer sobre el derecho del muerto (§ 5). Tienen significación decisiva para la historia de las fuentes los comentarios a la Lex Salica que hacen obligada la reposición del criterio sustentado por Brunner acerca de la prioridad del texto del Título 99, sobre lo cual puedo referirme a mi estudio (§ 13). Entre las numerosas ediciones de las fuentes de este período ocupa rango preferente la terminación por F. Liebmann de la magnífica edición de las Leyes de los anglosajones (§ 14). Seckel prosigue sus investigaciones sobre Benedictas Levita, y v. Schwerin aporta una nueva edición de la Lex Saxo, núm. (§ 13). Toda una copiosa literatura está dedicada a la baja Edad Media, especialmente, sobre la teoría de la condición social de las personas (Heck, Philippi, A. Schulte, Beyerle, etc., § 25), sobre la regulación jurídica de la elección real (Buchner, Krammer, Rosenstock, etcétera, § 33) y sobre la condición jurídica del rey (Kern, Voltelini, Eichmann, A. Schulte, Werminghoff, etc., § 34), sin que en torno a estas cuestiones se logren puntos definitivos si se hace excepción del derecho de resistencia tratado por Kern. El libro de Sthamer sobre la administración de los castillos en la Italia meridional pone de manifiesto un punto central de la historia del ejército y conjuntamente de toda la historia constitucional (§ 35). La Historia del Derecho eclesiástico da un avance vigoroso por vías solventes bajo la dirección de Stutz (§ 36. § 20), y progresa también, por ejemplo, la historia de los impuestos (§ 35); además, la Historia del Derecho de las soberanías territoriales y de los territorios ofrece de nuevo abundantes resultados concretos y suministra la comprobación de lo ya conocido en principio: queden aquí mencionados los estudios sobre el proceso de Enrique el León y el magnífico libro de K. Beyerle sobre los burgraves de Colonia (§ 39) y, entre otros, los ensayos de Glitsch (§ 36) y Goetz (§ 39) sobre la jurisdicción, así como las contribuciones de Spangenberg y Croon (§ 39) sobre el Estado por estamentos. Finalmente, y advertido que aquí solo tenemos espacio para indicar una pequeña parte de la literatura sobre los Derechos municipales, consten, al menos, las publicaciones de los Derechos municipales de Hesse, de la Renania y de Suiza (§ 31), los valiosos trabajos sobre Worms, Francfort del Main, Dortmund, Essen, Marburgo, Goslar, Magdeburgo, Viena, Praga, etc. (§ 41), las aportaciones de Alfredo Schultze sobre la relación de las municipalidades con la Iglesia, esclarece doras de tantos extremos de la vida de las ciudades durante la baja Edad Media (§ 41) y las numerosas investigaciones sobre la vida económica y social en las ciudades (§ 25).—Así como en el campo de la historia procesal ha sido particularmente atendida la ejecución forzosa (G. Kisch. Planitz, Kohler, etc., § 43), en el ámbito del Derecho privado, que cuenta con la tercera edición de la obra general de Huebner (§ 41), cultivan el Derecho de cosas inmuebles, especialmente: P. Rehme, Strippel, v. Voltelini, K. Beyerle, Buch (§ 47) y sobre el derecho de los diques J. v. Gierke en su segundo y extenso volumen (§ 47): la persecución de los bienes muebles vuelve a ser estudiada con fervor (las aportaciones de mayor novedad se deben a Herbert Meyer y Guillermo Schulze, § 48), sobre el derecho de obligaciones el tercer volumen del «Derecho privado» de Gierke (§ 44) hace sombra a todo lo publicado, aunque no falten algunas monografías excelentes (en particular las de Schmidt-Rimpler y Koennecke, § 49), en el derecho de familia, el artículo de Frensdorff sobre el derecho matrimonial hanseático (§ 52) y algunos trabajos sobre la comunidad de gananciales en Hungría (§ 53), así como los estudios de Fehr sobre «weistuemer» (§ 54); en punto al derecho hereditario hay que citar las exposiciones de Alfredo Scholtze y Herbert Meyer (§§ 56, 57). Para tiempos más modernos sobresalen entre las investigacianes de carácter general, el cuarto volumen del Derecho de corporación de O. v. Gierke (§ 64) y la Historia del derecho mercantil de Rehme, también importante para la Edad Media (§§ 44, 76), además el Compendio de Hartung (§ 66) y la hermosa obra de O. Hintze sobre los Hohenzollern (§ 72): a su lado, para la Historia de la Economía, especialmente Werner Sombart en su gran obra sobre el capitalismo, totalmente reelaborada (§ 59) que pese a su orientación deductivo-económica comparte su materia con la Historia del Derecho, y también así el bello libro de Ziekursch sobre la Historia agraria de Silesia (§ 59).—De los escritos monográficos haré referencia especial al Derecho de resistencia de Wolzendorff (§ 66) y a las discusiones sobre el problema de las autoridades centrales, que han de resolverse en el sentido de Rachfahl contra Walther (§ 67), al libro de Werminghoff sobre el derecho de impuestos eclesiásticos y a la literatura para la historia de la

Reforma, particularmente a XV. Sohm, Territorio y Reforma (§ 71), como también a los trabajos, con frecuencia valiosos, sobre la Historia jurídica territorial: para Prusia-Brandenburgo especialmente los de O. Hintze, Caemmerer, Klinklenborg: para Baden, Andreas, Lenel, Windelband, etc. (§ 72). Por último hay que agradecer a Ricardo Schmidt un escrito importante sobre la Historia procesal (§ 74).

Bien pueden servir como prueba estas breves anotaciones. Otros muchos datos que se indican en las notas no había por qué mencionarlos aquí, si bien, con frecuencia, se trate de contribuciones de no menor dignidad científica que las nombradas. Lo precitado basta para mostrar la vitalidad de Alemania sobre este sector de la Ciencia del espíritu; revela el idealismo del trabajo que no cesa durante la lucha, ni después de perdida la batalla, y manifiesta que pese al disfavor de los tiempos hay que proseguir con todas las energías disponibles si queremos comprender nuestro Derecho no solo de un modo formal sino en sentido sociológico, llegando a sus fines más íntimos, y si deseamos continuar su desarrollo racional con superación de los contrastes sociales para encontrar el camino de un nuevo y vigoroso encumbramiento. Solo un criterio de limitación mezquina olvidará frente a la penetración en los pormenores del pasado, hecha no sin sacrificio, que el todo ingente y práctico se compone de innúmeras particularidades. Pero nos es obligado mirar por encima del fin práctico, recordando que la averiguación del desarrollo del derecho y del Estado de un pueblo—según las hermosas palabras de Brunner—tiene el fin más elevado y sustantivo de laborar «por el eminente problema de que la humanidad cobre conocimiento de sí misma».

Ernesto Heymann

PRÓLOGO DEL AUTOR DE LA OCTAVA EDICIÓN

A fines de 1928 asumí la reelaboración del Compendio a instancias de E. Heymann, impedido por otros trabajos de continuarla él mismo. El propósito de llevarla a cabo en el año 1929 no pudo quedar cumplido; una pequeña prórroga del término no era hábil para permitir una refundición profunda y, de otro lado, no parecía conveniente diferir por más tiempo la nueva edición. De suerte que el texto permanece invariado y tanto más podía seguir así en cuanto las nuevas investigaciones, si bien dan ocasión cierta de completar la exposición de Brunner, solo estaría autorizado a hacerlo respecto de un pequeño número de cuestiones. De aquí que únicamente haya introducido modificación en aquellos lugares donde tenía la convicción plena de la exactitud de las nuevas opiniones, aunque de fijo no faltará quien juzgue que en ello he ido demasiado lejos. En otros casos me he limitado a la mención de las nuevas tendencias, en parte, por la consideración de que también puede ser útil al estudioso adquirir noticia de tales problemas. En la medida que me ha parecido posible, he intentado referirme a las nuevas cuestiones sin modificar fundamentalmente la exposición.

La indicación de la literatura ofrecía particulares dificultades. La primitiva simetría del texto y de la literatura quedó rota hace tiempo. Fue preciso buscar un término medio entre la limitación a las nuevas publicaciones básicas y un repertorio bibliográfico completo. Ignoro si lo he conseguido. Espero, sin embargo, que en el marco del libro no se pase por alto nada esencial. He de lamentar que solo después de ultimada la impresión haya venido a mis manos la nueva edición de la obra de Huebner sobre el Derecho privado alemán, y que el volumen de la Revista de Savigny correspondiente a este año no haya aparecido todavía.

Pese a las numerosas notas complementarias, no ha aumentado la extensión del libro. Esto se ha conseguido gracias al tipo pequeño de impresión y a la redacción abreviada en las indicaciones de bibliografía, y también mediante la reducción del Registro de materias.

Soy acreedor de gratitud cordial al Dr. Johann Karl Ganahl, que me ha ayudado inteligentemente y de modo eficaz en la corrección de pruebas.

CLAUDIUS VON SCHWERIN

ADVERTENCIA DEL TRADUCTOR

Los mayores impedimentos objetivos para una traducción satisfactoria de la *Historia del Derecho Germánico,* de BRUNNER-V. SCHWERIN, han derivado de la falta de una técnica rigurosa en la investigación de nuestras instituciones jurídicas de las anteriores épocas de nuestra historia y, a la vez, de que muchos términos introducidos por los sistematizadores de la historia del derecho alemán se adoptaron en declarado contraste con los latinos, de donde proceden la mayor parte de los nuestros. Por todo venían a quedar inciertos los ensayos de buscar equivalencia románica a la denominación germánica. Pero lo peor ha sido que al dar muchas veces con una versión latina—como se verá la tienen efectivamente bastantes fuentes jurídicas alemanas—no podía tomarse al pie de la letra: una recepción del nombre puede no serlo de la institución y de hecho no lo fue en muchas ocasiones (Cf. *infra* § 76. HECK, *Uebersetzungsprobleme im frueben Miltelalter,* 1931. pág. 24). No es raro que lo escrito en latín vaya pensado en ideología alemana y que los giros romanos estereotipados sean simple cubierta y adobo de conceptos germánicos (GIERKE, *Rechtsgeschichte d. deut. Genossenschaft,* II, 1873, pág. 15). Todavía más: conseguida en algunos casos la equivalencia de forma y contenido en un momento y lugar dados ¿hasta qué punto era exacto mantenerla invariada ante la previsión de la heterogonía del lenguaje (WUNDT, *Voelkerpsychologie I Die Sprache,* 2.ª ed.), de la mutación del significado sin variación de la forma? Ni el estado actual de la investigación alemana, ni menos el de la española hacían posible un encasillaje cronológico que dejara visible la perspectiva del proceso lingüístico en lo que a su contenido jurídico se refiere.

Para conseguir una adaptación medianamente exacta se han tenido en cuenta diversas fuentes especiales de información, detalladas en su caso. Generalmente utilizadas han sido las demás obras de BRUNNER, las DRA. de GRIMM, la parte publicada del DBW. y el *Deutsches Woerterbuch* de Jacobo GRIMM y Guillermo GRIMM (con numerosos colaboradores) I-XVI, en curso de publicación desde 1854, que anota cuidadosamente la acepción jurídica de las palabras, con aportación de textos.

Cuando la denominación latina procede de algún lugar de las investigaciones de BRUNNER, se han interpolado sin indicación especial. En caso de otra procedencia se salva entre corchetes ([]). signo que nunca emplean los autores.

Se han adicionado algunas referencias a nuestro derecho histórico, casi siempre con un sencillo propósito terminológico y por ello reducidas las mayoría de las veces a fragmentos de nuestras fuentes jurídicas más accesibles. Dichas indicaciones no pretenden de hábito una decisión sobre la concordancia o disparidad entre el derecho alemán y el español, ni se cuidan de aforar el contenido germánico respectivo, reduciéndose con frecuencia a recordar un problema o a insinuar su posibilidad.

En los repertorios bibliográficos de cada tema se ha procurado ordenar la literatura jurídico histórica de los años 1930-1934. De las más salientes de las nuevas investigaciones alusivas con reparos a la construcción de BRUNNER ha parecido útil resumir el punto de vista divergente.

Prescindiendo de las características subjetivas de este trabajo, la pura circunstancia cronológica de ser el primer traslado a nuestro idioma del panorama conjunto de la historia del Derecho alemán, da pie pura reclamar a quien señale lo inexacto, que diga por añadidura lo que estime correcto, para así contribuir a la mayor precisión de nuestra terminología histórico jurídica, por lijar en casi todo.

Diciembre de 1935

PREÁMBULO

El Derecho romano toma nombre de una ciudad que en el curso de los siglos se ha erigido como Estado universal de la Antigüedad. Al Derecho alemán da nombre todo un pueblo que ha carecido siempre de una cohesión rígida, incluso en el tiempo que encontró unidad jurídica estatal en el marco del Sacro Romano Imperio. Ello implica, desde luego, un profundo contraste en la historia de ambos derechos. En Alemania mira a los supuestos previos de la formación del Derecho romano, concluida en forma artística y homogénea. El desarrollo del Derecho alemán carece de un punto de cristalización como el encontrado por el Derecho romano en la *urbs*. Está abandonado por completo a sus fuerzas. Un soberano alemán nunca ha tenido un influjo tan duradero en la producción del derecho como el ejercido por el Papa, en cuanto cabeza de una jerarquía de firme estructura, mediante sus Decretales, en la formación del Derecho canónico. En vano buscaremos en la historia del Derecho alemán un período en que la administración de la justicia se hubiese centralizado en manos de una monarquía absoluta y de un cuerpo de juristas dependientes de ella, tal como fue el caso en Inglaterra bajo los reyes normandos. Hasta la fundación del nuevo Imperio alemán falta la capacidad o la posibilidad de crear un Derecho unitario por vía legislativa como el que recibió Francia desde Luis XIV por las Ordenanzas reales y después con Napoleón I por sus codificaciones. La precitada carencia de órganos capaces para una formación homogénea del Derecho, trae aparejada la consideración de que el Derecho alemán no estaba destinado a completar por sí mismo su desarrollo. Por un tiempo en el que aún no había sobrepasado su período juvenil, a fines del siglo XV, tuvo lugar en Alemania la recepción del Derecho extranjero, sobre todo Derecho romano, Derecho canónico y Derecho feudal lombardo. Este importantísimo acontecimiento justifica la división primaria de la historia del Derecho alemán en dos grandes momentos: el período de la formación del Derecho nacional y el período del predominio del Derecho extranjero. Dentro de la etapa más antigua distinguiremos, a su vez, la formación del Derecho germánico hasta la terminación de la invasión de los pueblos, la formación del Derecho en la monarquía franca y la correspondiente al Imperio alemán hasta el fin de la Edad Media. Los historiadores jurídicos del futuro tendrán que abrir un tercer momento con las codificaciones de la legislación del Imperio alemán que ponen término a la dominación del Derecho extranjero en Alemania.

La Historia del Derecho se divide, según el objeto de su consideración, en Historia general del Derecho y en Historia especial, es decir, en atención a que persiga el desarrollo del Derecho en su totalidad o solo el desenvolvimiento de algunas instituciones jurídicas singulares. Suélese hablar en este punto de Historia externa del Derecho e Historia interna, expresiones poco adecuadas, porque el todo de un organismo no coincide con su lado externo y no es menos inexacto que los miembros singulares formen su lado interno.

La ley de la diferenciación paulatina tiene también vigencia en la historia del Derecho. Instituciones que en épocas recientes se ofrecen contrapuestas como formaciones jurídicas heterogéneas, con rasgos diferenciales perfectamente definidos, al principio de la evolución aparecen conjugadas sin contrastes en una formación jurídica que solo llega a diversificarse en el curso del tiempo y en atención a las varias funciones que asume. Puesta la vista en esta ley de la diferenciación de las instituciones jurídicas, parece venir exigida para el tratamiento histórico del Derecho la estructuración de la materia por períodos primeramente y, ya dentro de estos, en cuanto haya lugar, según el sistema de las instituciones jurídicas.

A la exposición de la historia general fiel Derecho de cada periodo deben preceder algunas palabras de introducción que descubran el marco territorial e histórico-político de la respectiva evolución jurídica; seguidamente serán bosquejados los fundamentos económicos y sociales de la vida del Estado y de la vida del derecho y, por último, el estudio de las fuentes del Derecho. A continuación vendrán las ramas de la Historia especial del Derecho, la del Derecho público, integrada principalmente por el Derecho político, el administrativo, el penal y el procesal. La Historia fiel Derecho privado anterior a la época de la recepción fiel Derecho extranjero será expuesta sin diferenciación de períodos, en gracia al fin perseguido de ofrecer un breve resumen.

La historia del Derecho alemán fue elevada al rango de disciplina científica por Carlos Federico EICHORN en su *Deutsche Staats-und Reehtsgeschichte.* I-IV (1808-23, 1.ª edi., 1843-44), que en gracia a la proyección espiritual de toda la materia sigue siendo la obra capital, malpase a que los primeros volúmenes estén hoy anticuados, Cf. FRENSDORF, *Das Wiedererstehen des deutschen Rechts,* en la ZRG. 1 (*vide infra*) y R HUEBER, *K. Fr. Eichhorn und seine Nachfolger,* Festschrift f. Heinrich Brunner. 1910, 807. De los Tratados posteriores merecen recuerdos: ZOEPFL. *Deutsche Rechtsgeschichte,* I-III, 4.ª edición, 1871-72. Enrique SIEGEL., *Deutsche Rechtsgeschichte,* 3.ª edición, 1895. Ricardo SCHROEDER. Lehrbuch der deutschen Reehtsgeschichte [abreviat.: DRG.], rico de materiales y repleto de contenido, 7.ª edición. 1932, cuidada por v. KUENSSBERG. Los Compendios más valiosos son los de R. SCHROEDER, *Deutsche Reehtsgeschichte,* I-II, 2.ª edición, 1920, a cargo de GLITSCH. FEHR, *Deutsche Rechtsgeschichte,* 2.ª edición. 1925. H. O. LEHMANN, en la Birkmeyers Enzyklopaedie der R. Wissenschaften. V. SCHWERIN. en el Grundriss der Gesch. Wissenschaften, de Meister excluida la Historia constitucional, 2.ª edición, 1915 [ahora, además, sus *Grundzuege der deutschen Rechtsgeschichte.* 1934, que no comprenden el derecho privado], considerada por A. MEISTER, *Die Verfassungsgeschichte bis ins* 15. *Jahr hundert.* 3.ª edición, 1922, y por F. HARTUNG, *Deutsche Verfassungsgeschichte vom 15. Jahrhundert zur Gegenwart,* 4.ª edición, 1933.

La *Deutsche Rechtsgeschiclde* [abrev.: DRG. de Enrique BRUNNER. I. 2.ª edición. 1906. II, 2.ª edic., 1928, elaborada por v. SCHWERIN, abarca—hasta el día—la Historia jurídica del período germánico y la Historia general del Derecho, la del Derecho político y administrativo, la del procedimiento y la del Derecho penal del período franco. A. LUSCHIN V. EBENGREUTH, *Oesterreichische Reichsgeschichte,* 1896, ahora *Handbuch der oesterr. Reichsgesch.,* I, 2.ª edición, 1914 y su *Grundriss der oesterr. Reichsgeschichte.* 2.ª edición, 1918, comprende la Historia general del Derecho y la Historia del Derecho público de los Países austro-alemanes. O. v. GIERKE, *Rechtsgeschichte der deutschen Genossenschaft,* 1868 (vol. I *de Deutschen Genossenschaftsrechts,* II, 1873, III, 1881, IV, 1913) es obra dispuesta según un plan tan vasto que casi pasa revista a toda la Historia jurídica alemana contemplada a través de la Corporación. Trata muchos problemas de Historia del Derecho v. BELOW, *Der deutsche Staat des Mittelalters, ein*

Grundriss d. deutschen Verfassungsgeschichte, I, 2.ª edición, 1925, sobre esto. DOPSCH. MJÖG. (*vide infra*), 36. págs. 1 ss. KEUTGEN. *Der d. Staat d. M.* A. s, 1918.

Libro auxiliar indispensable son las *Deutsche Rechtsaltertuemer* [abrev.: DRA.] del historiador del Derecho Jacobo GRIMM, 1.ª edición. 1828, 4.ª por Andreas HEUSLER y Rodolfo HUEBNER, 1899, reimpresa en 1922. Las *Nederduitsche Regtssoudheden,* Utrecht, 1853, de NOORDEWIER son en parte resumen, en parte traducción y en ocasiones complemento de la obra de GRUMM a base de las fuentes neerlandesas. Carlos v. AMIRA, *Grundriss des germanischen Rechts,* 1897, 3.ª edición. 1913, hace una exposición de los monumentos y de las antigüedades del Derecho germánico, excelente por lo concisa, por lo comprensivo de su ámbito y por la atención que presta a la terminología jurídica. En el *Reallexikon der germanischen Altertumskunde,* editado por HOOPS, I-IV, 1911-19 se encuentran numerosos artículos sobre antigüedades jurídicas. Desde 1912 está en curso de publicación el *Deutsches Rechtswoerterbuch* [DRW.], editado por la *Preussische Akademie der Wissenschaften,* empresa interrumpida durante la guerra y hoy reanudada [bajo la dirección de v. KUENSSBERG. I, 1932, II (hasta la letra E), 1934, en la ZRG. se da cuenta periódica de la marcha de esta obra cf. vol., 54, 1934, pág. 269].

Entre los trabajos de carácter general sobre los Derechos filiales y hermanos del alemán hay que considerar especialmente: WARNKOENIG y STEIN, *Franzoesische Staats-und Rechtsgeschichte,* I-III, 1846, 1848. VIOLLET, *Histoire du droit civil français,* 3 éd., 1905: —*Histoire des institutions politiques et administratives de la France,* I, 1890, IL 1898, III, 1903. ESMEIN, *Cours élémentaire d'histoire du droit français.* 15 éd., 1925. BRISSAUD, *Cours d'histoire du droit français,* I-II, 1904. CHÉNON, *Histoire générale du droit français public et privé,* I, 1926, II, 1, 1929. PERTILLE, *Storia del diritto italiano,* 2.ª ed., I-VI, 1892-1903. PASQUALE DEL GIUDICE. *Storia del diritto italiano,* 1922 ss. [SALVIOLI, *Storia del diritto italiano,* 9.ª ed., 1930. R. RIAZA y A. GARCÍA GALLO, Manual de Historia del Derecho Español, 1934, con bibliografía selecta y sistematizada]. REEVES. *History of the English Law,* ed. Finlason. 1869. POLLOCK y MAITLAND, *The History of English Law* (hasta 1272), 2.ª ed., 1898. HOLDSWORTH, *History of English Law,* I-VII, 1903 ss. (en parte. 2.ª ed.). HATSCHEK. *Engl. Verfassungsgeschichte,* 1913. D. HEYMANN, *Englisches Recht,* en la Holtzendorff-Kohlers Enzyklopaedie, II, 7.ª ed., 1914. *Select Essays in Anglo-American Legal History,* I-III, 1907 ss. H. BRUNNER, *Geschichte der englischen Rechtsquellen im Grundriss,* 1909. KOLDERUP-ROSENVINGE. *Grundriss der daenischen Rechtsgeschichte,* traducido y anotado por HOMEYER, 1825. MATZEN, *Forelaesninger over den danske Retshistorie,* 5 partes, 1893 ss. BRANDT, *Forelaesninger over den norske Reishitorie.* I, II, 1880 s. K. MAURER, *Vorlesungen ueber altnordische Rechtsgeschichte,* I-V. 1907 a 1910, y Carlos v. AMIRA [† 1930], *Hordgermanisches Obligationenrecht,* hasta el día. I y II, 1882, 1885. Ofrece una antología de obras ya publicadas y de algunos trabajos inéditos de varios autores sobre la Historia del Derecho de los Países germánicos y románicos del Continente europeo: «A general Survey of events, sources, persons and movements in continental legal History», Boston, 1912.

La Historia de la ciencia jurídica germánica es objeto de una excelente exposición en la *Geschichte der deutschen Rechtswissenschaft,* I-III, 1880-1910 de STINTZING-LANDSBERG. [Un resumen y la literatura posterior en los citados *Grundzuege,* DRG. de v. SCHWERIN. Para la Edad Media es fundamental el *Verfasserlexikon, d. d. Ma.,* en publicación, I, 1933.]. Desgraciadamente la única bibliografía de la Historia del Derecho alemán es la de COSTA (1858). Colman esta laguna las recensiones de la ZRG. (*vide infra*) y la bibliografía de la Hist. Vjschr (v. i.). [Además, DAHLMANN-WAITZ, *Quellenkunde der deutschen Geschichte,* 9.ª edición, 1931 y sobre todo el *Quellenheft* 1912-30 del DRW.].

Un ensayo de introducción metódica en la Historia del Derecho germánico es la *Einfuehrung in das Studium der germanischen Rechtsgeschichte,* 1922, de v. SCHWERIN: sobre las fuentes del Derecho utilizables además de las fuentes jurídicas *ibidem,* páginas 48 ss.; sobre el Derecho comparado *ibid.,* págs. 125 ss. Sobre la relación de la historia del Derecho y el folklore v. KUENSSBERG, Ztschr. f. Deutschkunde, 1922, 321 ss. —Jahrbuch f. hist. Volkskunde, I (1925), 58 ss. v. SCHWERIN *en Die Volkskunde und ihre Beziehungen zu Recht. Medizin, Naturwissenschaft,* 1928. J. MEIER, *Aller Rechtsbrauch im Bremischen Kinderspiel,* Festschr. d. Gymnasius zu Bremen, 1928. 229 ss. H. MEYER en las Nachrichten v. d. koenigl. Gesell. d. Wiss. und der... Universitaet zu Goettingen, 1930, 460. Sobre el método cartográfico geográfico v. KUENSSBERG, *Rechtssprachgeographie,* 1926; —Ztschr. f. Deutschkunde, 1930, 379. MERK, *Wege und Ziele der Geschichtlichen Rechtsgeographie,* 1926; —*Werdegang u. Wandlungen d. deutschen Rechtssprache,* 1933.

De las Revistas que citaremos en lo sucesivo quedan mencionadas de modo particular: la Zeitschrift fuer Rechtsgeschichte, editada por Bohlau y otros (*ZRG.*), publicada desde 1880 como Zeitschrift der Savigny-Stiftung fuer Rechtsgeschichte, Sección germánica, editada por Schroeder, Brunner y Stutz, ahora por Stutz y Heymann. director Stutz (*ZRG.*) [Registro general, I-L, 1930]), desde 1911 cuenta también con una Sección canónica, editada por Stutz y E. Feine (*ZRG. Kan.*); la Zeitschrift fuer deutsches Recht, 1839-1861 (*ZDR.*), las Forschungen zur deutschen Geschichte. 1862-1886, el Archiv der Gesellschaft fuer aeltere deutsche Geschichtskunde. 1820-1871, continuado como Neues Archiv der Gesell... desde 1876 (*A.* y *NA.*), las Mitteilungen des Instituts fuer oesterreichische Geschichtsforschung, 1880 ss. (*M.JOG.*), In Historische Zeitschrift, editada por H. v. Sybel y otros desde 1859 (*HistZ.*), la Deutsche Zeitschrift fuer Geschichtswissenschaft, 1889 ss., desde 1898 como Historische Vierteljahrsschrift, editada por G. Seeliger (*Hist. Vjschr.*), la Zeitschrift fuer Sozial-und Wirtschaftsgeschichte, 1893 ss., desde 1903 como Vierteljahrschrift f. S. u. WG. (*ZSchr.* y *VSchrSozWG.*), la Tijdschrift voor Rechtsgeschiedenis, 1918 ss. (*Tijdschr.*). Se publican en cuadernos sueltos las Untersuchungen zur deutschen Stunts-und Rechtsgeschichte, fundadas por O. v. Gierke, en 1878, las Deutschrechtlichen Beitrage iniciadas por Beyerle en 1906, los Quellen und Studien zur Verfassungsgeschlehte der Deutschen Reiches que dirigió Carlos Zeumer desde 1905 y las Kirchenrechtlichen Abhandlungen editadas por U. Stutz desde 1902. Contienen disertaciones aisladas sobre temas de Derecho germánico los Boletines de la Koenigl. preussischen Akademie der Wissenschaften de Berlin (*Berliner SB.*), de la Kaiserl. Akademie der Wissenschaften de Viena, Clase de Filosofía e Historia (*Wiener SB.*) y de la Koenigl. bayer. Akademie der Wissenschaften de Munich, Clase de Filosofía. Filología e Historia (*Muenchener SB.*) así como sus Disertaciones (*Muenchener Abhllg.*).

[La única publicación periódica especialmente dedicada a la historia jurídica española es el Anuario de Historia del Derecho Español (*AHDE.*) desde 1924, dirigido por L. Diez Canseco. editado hoy por R. Carande, J. Ots, J. Ramos Loscertales. Galo Sánchez. Sánchez Albornoz y M. Torres; en él se publican recensiones de la literatura histórica alemana más importante, se encontrarán también en la *Rivista di storia del diritto italiano,* 1928 ss. y en la *Revue historique de droit francais et étranger,* desde el año 1844.][1].

[1] Téngase por citada de una vez para siempre la literatura de que hasta aquí se ha dado noticia.

LIBRO PRIMERO

EL DESENVOLVIMIENTO DEL DERECHO HASTA LA RECEPCIÓN DE LOS DERECHOS EXTRANJEROS

PRIMERA PARTE

HISTORIA GENERAL DEL DERECHO E HISTORIA DEL DERECHO PÚBLICO

A) El período germánico

§ 1. El pueblo alemán

El pueblo de los germanos[1] no aparece en su pasado prehistórico como una gran federación de Estados nacionales, sino fraccionado en un número considerable de pequeños núcleos de población, cada uno de los cuales lleva una existencia política independiente. Según los resultados de la investigación filológica, los germanos se dividen en germanos del Oeste o alemanes[2] y en germanos del Este, que se formaron de los grupos de población gótico-vandálicos y de las tribus escandinavas. No obstante la desmembración política, existe una conciencia de homogeneidad, según se exterioriza en una tradición transmitida por los escritores romanos sobre la procedencia de los germanos del Oeste, y que igualmente da a conocer su estructuración natural en tres importantes grupos de pueblos, unidos por el más próximo parentesco. Las luchas continuas y encarnizadas mantenidas con motivo de la conquista y conservación de los territorios colonizados en Europa, forman en los germanos una raza vigorosa que amolda su religión, su derecho y su organización a un espíritu esencialmente bélico. Por el avance contra los galos y los romanos entran en el campo visual de la historiografía antigua como una nacionalidad peculiar. Es cierto que la suerte varia de sus combates con los romanos pone un límite provisional a su expansión en el Oeste y Sur, sin embargo, el núcleo del pueblo permanece al Este y Norte del Rhin, del Limes o *vallum romanum*[3] y del Danubio, quedando intacto por largo tiempo frente a la esfera de poder y a la cultura niveladora del universal Imperio romano.

Desde el siglo III los acontecimientos históricos compelen a la nación desmembrada a formar uniones más amplias. Pueblos afines y vecinos, o también

---

[1] Sobre la procedencia de este nombre se ha producido una rica y controvertida literatura. SCHRADER, Reallexikon der indogermanischen Altertumskunde. I, 382 ss. NORDEN, Germani, Berliner S.B. 1918, 95 ss. BIRT. Berliner phil. Wochenschr. 40, 660 ss. SGHNETZ. Beitr. z. d. Sprache u. Lier. 47, 470 ss.

[2] Sobre «deutsch» (alemán) recientemente ROSESSTOCK. Unser Volksname deutsch und die Aufhebung des Herzogtums Bayern. Mitt. der schlesischen Gesellsch. f. Volkskunde 29, 1 ss.

[3] Véase una descripción de la línea fronteriza que era el «Limes» romano en KIRN. El Occidente desde el final de la Antigüedad..., incluído en la Historia Universal de GOETZ, III, trad. española, 1933, 34 ss.

pueblos sin parentesco pero próximos, conciertan alianzas y se muestran al exterior con un nombre común. En el curso del tiempo nace de la unión una confederación de Derecho público y con ella la unidad política. Pero también actuaron eficazmente otras causas. Algunas veces la formación del tronco se realizó entre elementos de diferentes grados de población por vía de una anexión en parte voluntaria y en parte forzosa a un pueblo dirigente y conquistador; así sucedió especialmente en el tronco de los sajones que se presenta como una mezcla de ingveones (sajones primitivos y chaucos), istveones y herminones. Los francos, los alamanos, los turingios, los frisones y los bávaros son los que de este tronco permanecieron asentados en Alemania, mientras que los ostrogodos, los visigodos, los vándalos, los borgoñones, los anglosajones, los longobardos y otros, emigraron de sus territorios patrios para fundar nuevas residencias y Estados en el suelo del Imperio romano de Occidente destruido por ellos.

El contacto de algunos troncos germánicos con la cultura romana ha traído consigo, ya al final de este período y más aún en el siguiente, recepciones y asimilaciones en el campo del derecho y de la economía. En todos los lugares donde se establecieron pueblos germánicos, pero en una extensión digna de ser mencionada y suficientemente apreciable solo dentro de los territorios del Imperio romano, vinculan una continuidad del desarrollo cultural y técnico desde la Antigüedad hasta la Edad Media, de intensidad muy diferente según cada pueblo y lugar. Los francos, los alamanos y los bávaros han aceptado y conservado, sin caer en la romanización, las instituciones y los progresos de la Antigüedad, que ya llegaba a su término[4].

Para todas las materias que se refieren a este período o para la mayoría de ellas, véase: WAITZ, Deutsche Verfassungsgeschichte, I, 1880. v. BERTHMANN-HOLLWEG, Ueber die Germanen vor der Voelkerwanderung, 1850. MASCOU, Geschichte der Teutschen bis zum Abgang der merowingischen Koenige, 1750. MAJER, Germaniens Urverfassung, 1798. BAUMSTARK, Urdeutsche Staatsaltertuemer, 1873. DAHN. Urgeschichte der germanischen und romanischen Voelker I, 1899, II, 1881, III, 1883, IV, 1889;—Deutsche Geschichte, I, 1883;—Die Germanen, 1905. KEMBLE, The Saxons in England. 1876. MUNCH (traducido por CLAUSSEN), Die nordisch-germanischen Voelker, 1853. STUBBS. Constitutional History of England. I. 1897.

ARNOLD, Deutsche Urzeit, 1879, como Deutsche Geschichte en tercera edición, 1880. KAUFMANN, Deutsche Geschichte, I: Die Germanen der Urzeit, 1880. MOMMSEN, Roemische Geschichte, V, 1885. O. BREMER, Ethnographie der germanischen Staemme, 1900, en la obra de PAUL: Grundriss der germanischen Philologie. SCHMIDT, Geschichte der deutschen Staemme bis zum Ausgang der Voelkerwanderung, 19041918;—Allgemeine Geschichte der germ. Voelker bis Mitte des, 6. Jahrh, 1909—. Geschichte der germanischen Fruehzeit, 1925. H. MEYER, Recht und Volkstum, 1929. De suma importancia para el esclarecimiento de nuestro pasado más remoto: KARL MUELLENHOFF, Deutsche Altertumskunde, I, 1870, II, 1887, III, 1892, IV, 1900 (nueva edición, 1920), V, 1891.

---

[4] La influencia romana se acentúa con exceso por A. DOPSCH, vid. la literatura citada en el § 2, y, recientemente, sobre el problema de la continuidad: G. AUBIN, en Hist. Aufsaetze f. Schulte 1927, 30 ss. KIRN, Zum Problem der Kontinuitaet zwischen Altertum u. M. A., Arch. f. L Trkundenforschung, 10, 128 ss.

§ 2. La vida económica

Los germanos practicaban la caza; pero ello no permite situarles en la etapa cultural de un pueblo de cazadores. La ganadería constituía el punto central de su vida económica. El ganado era dinero. Las penas pecuniarias se pagaban en cabezas de ganado. Su posesión, y no la posesión territorial, era la base principal de la riqueza. Con todo, no encontramos a los germanos en los tiempos históricos en la condición de un pueblo de pastores nómadas. Tienen domicilios y cultivan las tierras de labor, aunque ciertamente no de un modo intensivo sino solo superficial y es presumible que lo hicieran según el método llamado por los economistas «de cultivo de las praderas»[5].

Por el tiempo de César no existía sobre los inmuebles ni propiedad privada ni disfrute separado[6]. La tierra se asignaba anualmente, para su utilización en común, a las asociaciones por razón de la genealogía y a las agrupaciones por razón del parentesco de sangre existentes en el distrito (*pagus*). En tiempo de Tácito se encuentra ya en propiedad separada del particular por lo menos la casa y el huerto. En la tierra de labor (*arativa terra*) existía la llamada comunidad del campo, con una distribución variable de la *hufe* (vid. infra). Se reputa propietario al conjunto de los vecinos procedente de la *sippe* (§ 3), a la vez que mediante sorteo repetido periódicamente se asigna a los individuos su cuota en el terreno de la *marca* para su utilización por separado. A causa de que nadie tenía interés en recibir más de lo que podía cultivar, fue posible que las cuotas individuales se estructuraran de modo diferente en atención a las fuerzas de trabajo de que cada uno disponía. No existe propiedad separada ni disfrute separado en la marca común, *allmende* (= de todos, *communitas, commarchia*), cuyas partes integrantes principales eran el bosque y el prado. Aquí ejercitan los comarcanos o vecinos, en la medida de sus necesidades, la caza y los derechos de pastoreo, aprovechamiento de madera y leña y la roturación. Donde contra la regla general no se hizo la colonización en pueblos sino en caseríos aislados, existió desde el principio una propiedad por separado, no solo sobre la casa y el huerto, sino también sobre la tierra de labor. El derecho de los comarcanos sobre el suelo, el derecho a la casa y huerto, a la tierra laborable y a la *marca* común, se resume como unidad económica en la expresión *hufe*[7]. Después de la invasión de

---

5 Sobre esto, NEURATH-SIEVEKING, Historia de la economía I 204 ss. (COLECCIÓN LABOR).

6 La literatura dirigida en parte contra esta afirmación y en parte contra las exposiciones siguientes (DOPSCH, ERNST y otros) construye sobre una base documental insuficiente para producir un convencimiento. De un lado pasa por alto la clara situación de las tierras germánicas del Norte (Dinamarca, Suecia meridional); de otro no considera como tales las especialidades del territorio de la invasión posterior (alamanos, bávaros).

7 Según GRIMM, DRA. II, 59 ss. la *hufe* (*hube, huoba, hoba...*) es glosada en las fuentes con la palabra *mansus,* y en la versión latina del *Espejo de Sajonia* se traduce siempre *hufe* por *mansus.* La traducción propia de *hufe* – afirma – sería *fundus.* – Indica BRUNNER, DRG I 284 ss. que el uso de *mansus por hufe* se inicia desde mediados del siglo VII en las fuentes francas. También tuvo particular aplicación en Cataluña, ejemplos en HINOJOSA, «El régimen señorial y la cuestión agraria en Cataluña durante la Edad Media», 1905, 41 ss MEITZEN, Volkshufe und Koenigshufe, 1889, 17 ss., alega como mención más antigua de *hufe* un lugar de la *Lex Visigothorum* (X, 1, 14) donde propiamente se habla de *aratra* y que el *Fuero Juzgo* traslada así: «... mas den a cada uno todavía por tal manera que *cuanto ellos labraron o* tomaron que sea todo contado de aquellos cincuenta arpendes...». Otras equivalencias de *hufe* (*hereditas, proprietas, allodium, res mea, omnius portio. sors...*) únicamente están autorizadas en casos muy concretos. Sobre las relaciones etimológicas de *hufe* y *hof,* B. CROME, Goettinger phil. Diss. 1901, 47 ss. y últimamente K. H. GANAHL, ZRG, 53 (1933) 237 ss. – El profesor FLORES DE LEMUS conjeturó la posible conexión de *hufe* y *huebra.*

los pueblos encontramos en todas partes la propiedad privada sobre la tierra de labor que se desarrolló de modo que, a consecuencia de una prolongada utilización privada, la distribución de la *hufe* vino a convertirse de variable en fija, correspondiendo al individuo su cuota con carácter permanente y, de tal suerte, de su simple derecho de disfrute nació la propiedad. Sin embargo, mucho después de este período han de quedar por doquiera residuos de la comunidad en las tierras cultivables, como en parte la constituida en tiempo posterior sobre la *terra novalis* señorial.

G. Hanssen, Agrarhistorische Abhandlungen, 1880, 1884. Roscher, Ansichten der Volkswirtschaft, 1861. v. Inama-Sternegg, Deutsche Wirtschaftsgesch., I, 1909. Lamprecht, Deutsches Wirtschaftsleben in Mittelalter, I, 1886. R. Koetzschke, Allgemeine Wirtschaftsgeschichte des Mittelalters, 1924. Kulischer, Allgemeine Wirtschaftsgeschichte des Mittelalters und der Neuzeit, I. 1928. Meitzen, Siedelung und Agrarwesen der Westgermanen und der Ostgermanen, der Kelten. Roemer. Finnen und Slawen (1895), 3 vols. y Atlas, cfs. sobre esto Jacques Flach, L'origine historique de l'habitation et des lieux habites en France. 1899. Steinbach, Gewanndorf und Einzelhof, Hist. Aufs. f. Schulte, 1927, 44 ss. Riezler, Die Landnahme der Bajuvaren. Münchener SB., 1920. L. v. Maurer, Gesch. der Markverfassung, 1856; — Einleitung zur Gesch. der Mark-, Hof-, Dorfund Stadtverfassung, 1854 y 1898; — Gesch. der Dorfverfassung, 1865, 1866. Gierke, Rechtsgesch. der deutschen Genossenschaft. 1868, 53 ss. Laveleye, Das Ureigentum, traducido y completado por Buecher, 1879 Schupfer, L'allodio, studi sulla proprietà dei secoli barbarici, 1885. Seebohm (traducido por Bunsen), Die englische Dorfgemeinde, 1885. Hildebrand, Recht und Sitte auf den verschiedenen wirtschaftlichen Kulturstufen 1907. Rhamm, Die Grosshufen der Nordgermanen, 1905; — Urzeitliche Bauernhoefe, I, 1908. Wopfner, Beitraege zur Gesch. der aelteren Markgenossenschaft, 1912 y 1913 (MJÖG, 33, 34), sobre esto Dopsch, Die Markgenossenschaft der Karolingerzeit, ibidem, 34, 401. — Die freien Marken in D, 1933, sobre esto J. Benbyto, AHDE, 10, 463 s. y Merk, ZRG, 54, 319-325. Staebler, Zum Streit ueber die aeltere Markgenossenschaft, NA, 39, 693. Schrader, Reallexikon der indogermanischen Altertumskunde, I, 6 ss. K. Schumacher, Materialien zur Besiedlungsgeschichte Deutschlands, 1913. Roessingh, Het gebruik en bezit van den grond bij Germanen ed Celten, 1915; sobre esto va Kan, ZRG, 37. 526. A. Dopsch, Wirtschaftliche und soziale Grundlagen der europaeischen Kulturentwicklung, I (1923); sobre esto Stutz, Alfons Dopsch und die deutsche Rechtsgeschichte, ZRG., 46, 31 ss.; von Schwerin, Ztschr., f. d. ges. Staatsw., 80, 699 ss., Stein, VjschrSozWG., XVI, 399 ss. C. Sánchez Albornoz, AHDE., 6, 523-27. V. Ernst, Die Entstehung des deutschen Grundeigentums (1926). Sobre esto, F. Beyehle, D.Lit.Ztg., 1926, 1670 ss.

§ 3. La Sippe (parentesco y genealogía)

La condición jurídica y social de los habitantes libres enraiza en su *sippe.*

La palabra *sippe* (gótico: *sibja,* antiguo alto alemán: *sippa*) tiene una doble significación. En un sentido designa el círculo total de los parientes de sangre de una determinada persona, los *magen* (*proximi holdun, affinis*), masculinos y femeninos, la *magschaft;* la comunidad de sangre puede transmitirse por los varones o por las mujeres. Dentro de esta asociación de parientes se hallan contrapuestos el grupo de los *magen* paternos y el de los *magen* maternos, según algunos Derechos la distinción se da entre las cuatro líneas y las ocho líneas avunculares, es decir, los grupos de la *magschaft* de la persona que sirve de partida cuya transmisión sobreviene por los cuatro abuelos o por los ocho bisabuelos respectivamente. Los parientes masculinos del tronco masculino integran *magen* de la espada o de la lanza, y los parientes femeninos y los varones de la línea femenina el *magen* del huso o de la rueca.

Pero *sippe* se llama también la asociación por razón del sexo (genealogía) y en este sentido tiene la *sippe* una significación de derecho público. Su organización era de tipo agnaticio y a la vez asociativo. Edificada sobre la base jurídico paterna, no materna como algunos creen, comprendía las personas descendientes en línea masculina de un tronco paterno común. La estructura de la asociación de la *sippe* descansa en la igualdad de derechos de sus miembros; es ajena a ella una cumbre patriarcal. En un tiempo tuvo una influencia más amplia en la vida económica, en el ejército, en el culto y en el derecho. En la época primitiva fue una asociación agraria y militar (*fara*); en razón de las honras comunes a los antepasados creó igualmente una comunidad de culto.

La *sippe* desempeñaba ciertas funciones jurídicas de carácter público, que en etapas culturales más desarrolladas incumben a la colectividad. Ella constituyó la asociación de paz más antigua, pues excluía toda hostilidad o enemistad entre sus individuos, asegurándoles venganza y protección. Si se daba muerte a un miembro de la *sippe* venían obligados los demás a procurar la venganza de la sangre o a reclamar el *wergeld* o *manngeld*[8] (entre los francos: *leudi;* los anglosajones: *wer*) que se distribuía entre ellos según una proporción determinada. Posteriormente, correspondía una parte, de hábito los dos tercios, entre los francos salios la mitad, en calidad de *compositio* hereditaria al heredero más próximo del fallecido, en tanto que el resto se debía a título de precio de la reconciliación de los parientes a «los *magen* comunes» de los cuales los más propincuos recibían mayor parte que los más lejanos[9]. A la venganza de la genealogía ofendida estaba expuesto, al igual que el malhechor, su *sippe,* que tenía que defenderle y contribuir, al menos en parte, al pago del *wergeld* a que aquél dio lugar.

La *sippe* presta también ayuda a sus miembros en la administración de la justicia. El juramento fue originariamente juramento de la genealogía. Cada uno jura con los miembros de la *sippe,* que por su parte estaban obligados a actuar de conjuradores.

---

[8] Literalmente: *compositio homicidii,* precio o dinero (*geld*) del hombre (wer = mann =vir).

[9] Según FICKER. Untersuch. z. Erbenfolge, I (1891), núm. 266, de quien procede todo lo que sigue, el *omecillo* de las fuentes hispánicas no es un pago por el que se excluya la enemistad, sino una suma general que debía satisfacerse en todo caso y que como en el derecho longobardo y también en los derechos escandinavos, se distribuía entre el rey y la víctima. Punto de vista que reproduce HINOJOSA. El elemento germánico (vid. bibliogr. al § 14), 43. Pero este llega a creer que dicho pago «jamás excluye el derecho de venganza de la parte ofendida, que, por el contrario, subsiste, debiendo ser por esto comprado separadamente por el malhechor». Prescindiendo de los casos en que se da *omecillo* y no enemistad (F.° Viejo II, 1, 3) hay alguno en que se equiparan *omecillo* y precio de la reconciliación en cuanto dineros que «si el ferido... los rescivier, devel perdonar» (F.° Viejo, I, 5, 15).—¿Fue práctica que precediera la reconciliación al pago del *omecillo.* cómo piensa FICKER a base del F.° de Escalona (MUÑOZ, Colección de Fueros..., I, 487)?—Sobre el reparto del precio de la reconciliación entre los parientes menciona el propio autor, ibid., núm. 267, las Costumbres de Castello-Bom, Castello-Rodrigo y Castello-Melhor (Port. Monutn. Leg. I, 777, 861, 907) y las de Alfaiates (ibid., 823, 837), datos que repite HINOJOSA. op. cit. 52-3. Añade FICKER que como en otros derechos germánicos, también en el hispánico desaparece antes la intervención de la *sippe* en el pago que en la percepción del *wergeld* (L. Visig. VI, 1, 8; Port. M. Leg. I. 785, 831), indicación recogida por HINOJOSA, ibid., 48-9.

El deber de protección que incumbe a la *sippe* se exterioriza en medida más elevada en relación a los menores y a las mujeres a quienes faltare el poder tutelar del padre o del marido, respectivamente. Unos y otras se encuentran bajo la tutela conjunta de la *sippe.* Esta instituye a uno de sus miembros como administrador para gestionar bajo su personal vigilancia y responsabilidad los negocios de la tutela que el actuar conjunto de la *sippe* no podría o no querría resolver. Si un miembro caía en la indigencia, la *sippe* estaba obligada a su mantenimiento, y si moría, a procurar una dotación de una cuantía tradicional.

La significación de la *sippe* como una asociación agraria, militar y religiosa desaparece tempranamente. Sin embargo, la historia del derecho de consentimiento en las enajenaciones, que estudiaremos más adelante (§ 57), parece referirse a la antigua propiedad de la *sippe* sobre los bienes raíces. La participación en la *inimicitia* y en la composición se extiende paulatinamente, al igual que las demás funciones de la genealogía, sobre el círculo de los miembros agnaticios de la *sippe*[10], primero a la *sippe* materna, después a los parientes de sangre en general, si bien la significación originaria de la asociación agnaticia siga actuando todavía con frecuencia según se advierte en varios Derechos donde los *magen* maternos o del huso solo participan subsidiariamente o en cuota menor en la composición, o bien ciertas partes integrantes de la composición quedan reservadas a los *magen* de la espada, o incumbe a uno de estos la iniciación de la *inimicitia*[11].

Por grande que fuera la importancia de la *sippe,* sin embargo, no llegó a constituir un Estado dentro del Estado. Su posición subordinada al poder estatal se manifiesta en que la pérdida de la paz sancionada por la comunidad política desligaba el vínculo de la *sippe* en tanto que rompía la comunicación del proscrito con su *sippe,* hecho que, por sí mismo, contradice la concepción de que la comunidad germánica estatal no llegara a superar la etapa del llamado Estado sobre bases genealógicas.

Así como de un lado estaba permitido cancelar los deberes para con la *sippe* mediante un acto público que determinaba el abandono voluntario de la *sippe* (*se de parentilla tollere*), de otra parte, la *sippe* podía excluir al miembro para quien no deseara existir abjurando de él en forma pública. Los Derechos nórdicos conocen la entrada de un extraño en la asociación de la *sippe* por medio de la llamada introducción en la genealogía (entre los longobardos: *affratatio*). La asunción de derechos y deberes, tal como tenía lugar entre los hermanos, se realizó entre hombres no emparentados, en virtud de la fraternidad artificial creada por juramento y mezcla simbólica de la sangre, institución a la que se reconduce el origen de corporaciones especiales, las *gildas*[12].

---

10 Por influencia de los contratos matrimoniales concertados entre personas pertenecientes a diversas *sippen.*

11 Entre los habitantes de Dietmarch, que durante la Edad Media conservaron con un desarrollo peculiar la organización por genealogías, el precio de la reconciliación de los parientes se distribuía *na eres slahtes rechticheit.* Dietmarcher Landrecht de 1539, § 41.

12 Acerca del paralelismo entre la familia española de la primera época de la Edad Media y la *sippe:* HINOJOSA, op. cit., 18 ss. MELICHER. Der Kampf zwischen Gesetzes-und Gewohnheitsrecht im Westgotenreiche, 1930, 214-30, resumen por R. RIAZA, AHDE. 8, 502-4. —En este punto es extraordinaria la significación de la terminología de nuestras fuentes; «sin ella apenas serían comprensibles las expresiones respectivas de las fuentes redactadas en idiomas germánicos» (FICKER, ibid., número 34). «Los nombres españoles de las

K. MAURER, en el Kritischen Ueberschau, I, 52, III, 26. v. AMIRA, Erbenfolge und Verwandschaftsgliederung nach den altniederdeutschen Rechten, 1874. GIERKE, Genossenschaftsrecht, 15. H. BRUNNER, Sippe und Wergeld nach niederdeutschen Rechten, ZRG., 3, 1. FICKER, Untersuchungen zur Erbenfolge der ostgermanischen Rechte, I (1891), 235 s. HENNING, Die germanische Fara, Z. f. D. Altertum. 36, 316. KOEGEL, Die altgermanische Fara, 39, 217. KLUGE, Sippensiedlungen und Sippennamen. VschrSozWG., 1908, 73 ss. S. RIEZLER, Die bayr. u. schwaeb. Ortsnamen auf ing und-ingen, Muenchener SB., 1909, 2.ª Abhandlg. VINOGRADOFF, Geschlecht und Verwandschaft im altnorwegischen Rechte, ZSchrSozWG., 7, 1 ss. SEBING. Erbrecht und Agrarverfassung in Schleswig-Holstein, 121 ss. WILDA, Das Gildenwesen im Mittelalter, 1831. PAPPENHEIM, Die altdaenischen Schutzgilden, 1885: —Ueber kuenstliche Verwandtschaft im germanischen Rechte, ZRG. 29, 304, cf. también Z. d. Ges. f. Schleswig-Holstein vol. 47. HINOJOSA. La fraternidad artificial, R. de Archivos, 1905, XIII, 1 ss.

§ 4. La condición de las personas

La población se estructura en libres, *lites* y siervos. El estado de los libres se divide en dos clases: los libres comunes que formaban el núcleo del pueblo y los nobles, miembros de la estirpe dominante de hecho, que gozaban de la más alta consideración y que soban suministrar al pueblo los reyes, los príncipes y los eclesiásticos. Sin embargo, para los *nobiles* del tiempo de Tácito no es comprobable, como distintivo de su condición, el disfrute de privilegios considerables. El siervo carece de derechos, es tenido por cosa y equiparado a los animales domésticos. Había siervos asentados que vivían al modo de colonos y otros que servían como criados de la casa y de la corte o cortijo. Los *liten, leten, laten, aldios* o *barscalci*[13] ocupan un grado medio entre los libres y los siervos, estado de semilibres que deben su nacimiento a la sumisión voluntaria al vencedor, mientras que el aprisionamiento en guerra y la subyugación por la fuerza explican el origen de la servidumbre. El *lite* es sujeto de derecho, pero carece de libertad de domicilio y por la razón misma de su nacimiento viene obligado a prestar servicios a su señor. El siervo puede ser promovido a la condición de semilibre mediante la manumisión o franqueamiento, sin que faltaran formas de manumitir privilegiadas que determinan la libertad plena (§ 45). Las diferencias de condición se manifiestan claramente desde que tuvo lugar una fijación jurídica de la cuantía relativa del *wergeld,* de la suma que para reconciliación por el homicidio se pagaba a los parientes de la víctima. El siervo carece de *wergeld* y el del lite importa solo la mitad del que causa el libre[14]. En época más tardía corresponde al valor de la posesión normal, de la *hufe*[15]. Sobre la condición de las personas, en

---

relaciones de parentesco... dan expresión a una antiquísima concepción de la estructura de la *sippe* germánica». (ibid., núm. 238).

Sobre la fraternidad artificial vid. el estudio de HIXOJOSA mencionado en la literatura a este § 3.

[13] GRIMM, DRA. I, 429, apunta la posibilidad de relación entre *aldio* y nuestra aldea. —*Barscalci* = servidor (*scal*) libre (*bar* o *par*), como senescal = servidor (*scal*) más antiguo (*senex*), GRIMM, loc. cit. 420. Véase la curiosa etimología que imaginaron nuestras Partidas, II, 9, 17.

[14] Noticia sobre el problema del *wergeld* de los hispanorromanos: C. SÁNCHEZ ALBORNOZ, AHDE. I, 194 nota 59.

[15] K. H. GANAHL, ZRG, 53, 208 ss. (resum. 237 ss.) niega la posibilidad de equivalencia entre *wergeld y trufe,* por afirmar que *trufe* no designa nunca el patrimonio de un hombre libre.

este período hay que rechazar la teoría llamada de los señoríos territoriales, de reciente formulación, y según la cual los libres comunes, núcleo y masa del pueblo, vivían como señores territoriales y caudillos terratenientes que abandonaban el cuidado de su subsistencia a los siervos y semilibres asentados en sus propiedades.

HUELLMANN, Geschichte des Ursprungs der Staende in Deutschland, 1830. GAUPP, Die germanischen Ansiedlungen und Landteilungen in den Provinzen des roemischen Westreiches, 1844, 96 ss., 115, I, ss., 162 ss., 498. ROTH, Feudalitaet und Untertanverband, 1843, 280 ss. v. SAVIGNY, Beitrag zur Rechtsgeschichte des Adels, Vermischte Schriften, IV, 1 ss. KONRAD MAURER, Ueber das Wesen des aeltesten Adels der deutschen Staemme, 1846;—Kritische Geberschau, I, 405, II, 30 ss., 388 ss. NECKEL, Adel und Gefolgschaft, Beitraege zur Geschichte der deutschen Sprache und Literatur, 48 (1916), 385 ss. Werner WITTICH, Die Grundherrschaft in Nordwestdeutschland, 1896, VI, 104;—Die Frage der Freibauern, ZRG., 22, 245; E. MAYER, Zur Lehre vom germanischen Uradel, ZRG., 37, 93 ss. KOETZSCHKE. Die Gliederung der Gesellschaft bei den alten deutschen, D.Z. f. GW., VIII, 269 ss, MAX WEBER, Der Streit um den Charakter der altgermanischen Sozialverfassung, Jahrb. f. Nationaloekonon. Vol. 83, 433. SEEBOHM, Tribal Custom in Anglo-Saxon, 1902. POTGIESSER, De statu servorum, 1736. Boos, Die Liten und Aldionen, 1874. SCHUPFER, Aldi, Liti e Romani, Enziclop. giur. ital., 1887. A. JAXDA, Die Barschalken, 1926. WEIXHOLD, Aldnord. Leben, 1856, 432 ss.

§ 5. El Derecho y la formación del Derecho

El Derecho (*reht, lag, éwa, ê, wizzod*) era entendido como el ordenamiento de la paz general; no está escrito y predominantemente es Derecho consuetudinario. Íntimamente fundido con la religión y los usos sociales, se desenvuelve y perfecciona por la inmediata aplicación de las normas jurídicas en la vida del derecho. El hombre libre conoce el Derecho en razón de la parte que obligadamente toma en la jurisprudencia pública. La concepción ingenua que aparece reflejada en el propio lenguaje del Derecho, y la riqueza de formas y símbolos en que vienen investidos los pensamientos jurídicos, contribuyen a mantener vivo el Derecho en la conciencia del pueblo. Es antiquísima la práctica de recoger las normas jurídicas en refranes o en versos de fácil apego a la memoria. Como sujetos de derecho solo se cuentan los miembros libres del pueblo. El siervo y el extraño carecen de derecho. No obstante tener fundamentos comunes, el derecho es diverso en los diferentes grupos de pueblos. Una vez realizada la formación del tronco, en sentido jurídico, cada uno de ellos se encuentra en posesión de un derecho especial. Las comunicaciones de los escritores latinos nos suministran el conocimiento del Derecho durante este período, especialmente la *Germania* de Tácito, redactada en los primeros años del gobierno de Trajano; también es instructiva la comparación de las fuentes de época posterior que en parte contienen antiguo Derecho consuetudinario que se extiende hasta los tiempos anteriores a la migración de los pueblos. La investigación filológica comparada proporciona importantes resultados concretos en tanto que estudia el repertorio de voces que los idiomas y dialectos germánicos tienen de común desde antiguo con los lenguajes de los demás pueblos arios. La Historia comparada del Derecho puede colmar muchas lagunas de nuestras fuentes al valorizar las noticias sobre las situaciones jurídicas más antiguas en otros pueblos, particularmente en los pueblos arios.

Graf y Dietherr, Deutsche Rechtssprichwoerter, 1863. Koehne, Gewerberechtliches in deutschen Rechtssprichwoertern, 1915;—VJschr.SozWG., 15, 64 ss. cfs. la introducción en Gengler, Germanische Rechtsdenkmaeler, 1875, 8 ss. Seiler, Deutsche Rechtssprichwoerterkunde, 1922. Winckler, Deutsches Recht im Spiegel deutscher Sprichwoerter, 1927. J. Grimm, Poesie im Recht, Z.f. gesch., RW., II, 25. H. Fehr, Kunst und Recht: I Das Recht im Bilde, 1923, sobre esto, v. Amira, ZRG. «, 64, 329 ss. Stuk, Deut. Lit. Zeitung, nueva serie, I, 161 ss.—II Das Recht in der Dichtung, 1931, sobre esto, J. M. Ots, AHDE., 8, 544. Borchling, ZRG. 52, 350 ss. v. Amira, Ueber Zweck und Mittel der germanischen Rechtsgeschichte, 1876. Gierke, Jugend und Altern des Rechts in der Deutschen Rundschau, 1879;—Der Humor im deutschen Rechte, 1882. Frensdorff, Recht und Rede in den historischen Aufsaetzen fuer Waitz (1886), 433 ss. v. Amira, Die Handgebaerden in den Bilderhandschriften des Sachsenspiegels, 1905 (Muenchner Abhandlungen, 24, II);—Der Stab in der germanischen Rechtssymbolik, 1909 (ibidem 25, I). Reineke, Die Bedeutung der Geloebnisgebaerde, ZRG., 40, 280 ss. E. Mayer, Die Einkleidung im germ. Recht, Wachfestschrift, 1913;—ZRG., 34, 419; 35, 431; 36, 439 y Stutz, ibidem 34, 724. J. Herwegen, Germanische Rechtssymbolik, 1913. Borchling, Rechtssymbolik i. germ. u. roem. Recht, Vortraege Wartburg, 1923-24, 227 ss. Wolf, Beitrag zur Rechtssymbolik aus span. Quellen (Wiener SB., 51, 67 ss.). Bernhoeft, Geber Zweck und Mittel der vergleichenden Rechtswissenschaft, en ZvglRW., I Zur Methode der Rechtsvergleichung, v. Schwerin, Einführung (cfs. supra, pág. 4), 125 ss. La Germania de Tácito comenta y explica Muellenhoff, Deutsche Altertumskunde, IV, nueva edición, 1920. Edición comentada de la Germania por Schweizer-Sidler. octava edición, elaborada por Schwyzer, 1923. Como edición manual del texto es excelente la de W. Reeb y colaboración de Dopsch, Reis y Schumacher, Germania, 1930. Una ed. española en la Colección Universal, núm. 85. E. Norden, Die germanische Urgeschichte in Tacitus Germania, 1922; sobre esto, E. Mayer, Ztsch. f. d. Altertum, 62, 226 ss. Peterka, Die Germania des Tacitus und die rechtsgeschichtliche Forschung, 1929. Frahm, Caesar und Tacitus als Quellen f. d. altgerm. Verfassung HistVjschr., 24, 145 ss.

§ 6. La organización política

El antiguo Estado germánico se ofrece como una corporación para la guerra y para el derecho de los miembros libres del pueblo; descansa, pues, sobre bases democráticas, si al afirmarlo se prescinde del dato de que carece de derecho la parte de la población que vivía en servidumbre y que la aptitud para tomar las armas constituía el supuesto previo de la capacidad jurídica plena.

Los escritores romanos distinguen en los germanos la *civitas* y el *pagus,* nación, y el *gau* (distrito, cantón), designaciones que tuvieron una aplicación técnica inicial a las relaciones constitucionales de los celtas y que después se trasladaron a los germanos. La *civitas* es una comunidad de población singular, cerrada y con sustantividad política. El *gau* es una subdivisión, una asociación territorial, que presumiblemente procede del asentamiento de una *millena.* Las gentes del *gau* se encuentran ordenadas en un cierto número de pequeñas agrupaciones personales, las *centenas,* que sirven a los fines del ejército y de la administración judicial. Las *centenas* constituyen en el ejército una asociación militar. En tiempo de paz eran convocadas para el servicio judicial y, como tribunal comunal, forman el órgano más importante de la administración de justicia. La *centena* no era todavía un distrito territorial en la época anterior a la invasión de los pueblos. Solo más tarde se transforma revistiendo tal carácter en algunos troncos germánicos y con varia estructura[16].

El centro de gravedad político de la *civitas* descansa en la asamblea del país, *concilium civitatis.* Se reúne en épocas determinadas, habitualmente en el novilunio o plenilunio, abriéndose y clausurándose con actos religiosos. Los miembros del pueblo acuden armados. El *concilium* es asamblea del ejército y sirve para la revista militar. Decide sobre la guerra y la paz y sobre otros asuntos importantes de la *civitas.* Es en el *concilium* donde se arma a los jóvenes y donde se recibe a los manumitidos como asociados de pleno derecho. También es asamblea electoral donde tiene lugar la elección y reconocimiento del rey y la designación de los príncipes de los distritos y la del duque. Actúa como asamblea judicial y juzga especialmente sobre delitos políticos y militares, traición a la patria, deserción al enemigo y cobardía. La significación del *concilium* explica los rasgos relativamente movedizos de la organización germánica y la facilidad con que de la reunión de varias naciones surgieron nuevos Estados compuestos. Las alianzas mantenidas por largo tiempo hacen necesaria una asamblea común del ejército, y en ella se contiene en germen el órgano constitucional de la alianza que llega a convertirse en Estado.

En todas partes, la dirección de la *civitas* compete a una o a varias estirpes dominantes. Los escritores de la Antigüedad caracterizan a los soberanos germánicos como *reges* y como *príncipes.* Para aquéllos el rasgo específico del *rex* consistía en la dominación indivisa sobre toda la *civitas.* Hablan de *principes* donde la Nación se encuentra bajo una pluralidad de pequeños reyes o reyes de distrito. Aunque sean diversas en extensión la potestad del *rex* y la del *princeps,* ambas ofrecen en lo esencial una homogeneidad de contenido. De tiempo en tiempo, dentro de una misma Nación, se truecan recíprocamente realeza y principado. Los *príncipes* actúan como jueces en el *pagus,* acaudillan en la guerra la sección del ejército de su distrito y, en su conjunto, forman un consejo de la *civitas* al que incumbe resolver los asuntos ordinarios y preparar los de mayor importancia que correspondían al *concilium civitatis.* A causa de que los Estados constituidos en principado carecían de una autoridad suprema permanente, se hizo indispensable elegir un duque[17] para la dirección del ejército en caso de guerra y, de otro lado, la necesidad de la representación sacral de toda la *civitas* condujo a la formación de una especial jerarquía eclesiástica territorial. En cambio el rey, como tal, es jefe del ejército y sumo sacerdote de la Nación y tiene la cualidad de juez presidente en el *concilium.* Bajo él se encuentran como virreyes los principales de cada distrito, de los que se aconseja en los asuntos públicos antes de llevarlos al *concilium.* El rey es elegido de la estirpe real; la elección sustituye el defecto de un orden

[16] En oposición a lo dicho en el texto, se rechaza reiteradamente la *millena* como una institución germánica general y se concibe la *centena* como la única subdivisión de la *civitas* germánica (RIETSCHEL, V. SCHWERIN, L. SCHMIDT). En ello ha decidido, junto a la deficiencia de pruebas satisfactorias sobre la *millena,* el hecho de que en la *civitas* todas las funciones estatales se encontraban distribuidas entre el país y la *centena,* sin que para el supuesto distrito intermedio manifiesten las fuentes o sean presumibles funciones estatales.

[17] E. SCHROEDER, Herzog und Fuerst, ZRG. 44, 1 ss.; MUCH, Herzog, ibidem, 45, 1 ss. BARGES, Das Herzogtum, en Aus Politik und Geschichte, 1928, 17 ss. E. SCHROEDER, Herzog, en Nachrichten der Goett. Ges. d. Wiss. Phil. Kl., 1932, 182 ss. H. ZEISS, Herzogsname und Herzogsamt, separata de la Wiener Praehisto rischen Zeitschr. 29, 1932, 145 ss. M. LINTZEL, ZRG. 54, 232 nota 2.

fijo de sucesión[18]. Pero también en la elección de los *príncipes* se atiene el *concilium* a las genealogías dominantes tradicionalmente, en cuanto poseyeran hombres idóneos. La monarquía en una primera época representada especialmente en los troncos orientales penetra también más y más con el curso del tiempo en los pueblos occidentales. Cuando se hubo realizado la formación del tronco alemán surgió, en unos lugares antes que en otros, una monarquía del tronco a la cabeza de los demás troncos singulares. Únicamente los sajones conservaron la organización en principado.

Los Estados constituidos en el Sur de Europa por los troncos germánicos orientales no se sitúan en oposición inmediata a la ordenación estatal romana, sino que se introducen formalmente en su marco en la medida que lo permitieron sus intereses. Los reyes se hacen conceder las dignidades y los títulos de las magistraturas de Roma o Bizancio. El gobierno de los ostrogodos permanece en la más íntima relación con la Roma oriental, y, antes como después, considera a Italia como parte integrante del Imperio romano, dejando subsistir la organización administrativa romana en tanto que se reserva a los romanos el servicio civil y a los godos el servicio militar. Las fundaciones de reinos de los visigodos, de los burgundios y de los vándalos han pasado también por una etapa inicial de análoga dependencia jurídico-política. Las instituciones internas de estos reinos se conexionan en muchos puntos a las instituciones romanas preexistentes, que, desde luego, sufren una transformación esencial, sobre todo entre los visigodos y los burgundios, pues aquí, y no solo aquí, desaparece en sus rasgos capitales la separación entre la administración civil y la militar, La población romana conserva su libertad, su derecho y sus bienes y solo tiene lugar una distribución de la tierra basada en el sistema romano por cuarteles (*hospitalitas*). Cada *possessor* romano tuvo que ceder una parte de su fundo al germano que le había sido atribuido por sorteo, siempre con el fin de asentamiento permanente y no para un acuartelamiento transitorio. A causa de que esta clase de asentamiento distribuía espacialmente los nuevos moradores entre los provinciales romanos, quedó facilitada en grado sumo la rápida fusión de ambas nacionalidades.

Thudichum, Der altdeutsche Staat, 1862. Waitz, Deber die príncipes in der Germania des Tacitus, en Forschungen zur deutschen Geschichte, II. M. Lintzel, Germanische Monarchien und Republiken in der Germania des Tacitus, ZRG., 54, 227 ss. v. Sybel, Entstehung des deutschen Koenigtums, 1881. Koepke, Anfaenge des Koenigtums hei den Goten, 1859. Dahn, Die Koenige der Germanen, 12 volúmenes, 1861-1909 (1.°, 2.°, 6.°, en 2.ª edición, 1910,1911, 1885). Erhardt, Aelteste germanische Staatenbildung, 1879. Wilh. Sickel, Der deutsche Freistaat, 1879;—Zur germanischen Verfassungsgeschichte, en las MJÖG., Erg., VI, 1, 7. Mommsen, Schweizer Nachstudien, en Hermes, 16, 486 ss. Sohm, Altdeutsche Reichsund Gerichtsverfassung, I, 1871. Heusler, Deutsche Verfassungsgeschichte, 1905. Meister, Deutsche Verfassungsgeschichte, 1922, 3. Karl Lehmann, Der Koenigsfriede der Nordgermanen, 1886. S. Rietschel, Die germanische Tausendschaft, ZRG., 27, 234.—Untersuchungen zur Geschichte der germanischen Hundertschaft, ibidem 28, 342;—Zur Hundertschaftsfrage, ibidem 30, 193. v. Schwerin. Die altgermanische Hundertschaft, 1907;—Zur Hundertschaftsfrage, ZRG., 29, 261. E. Mayer, Hundertschaft und Zehntschaft, 1916, sobre esto, v. Schwerin, ZRG., 37, 688 ss. y E. Mayer, Vjschr.SozWG., 14, 483 ss. Die Hundertschaft insbesondere nach ostniederlaendischem Recht, ZRG.,

[18] Este enlace de la elección y la sucesión de la estirpe se llama derecho de la sangre.

46, 290 ss. F. LIEBERMANN, The national assembly, 1913 y sobre esto, H. BRUNNER, ZRG., 34, 454 ss.;—L. SCHMIDT, Zur Stammesversammlung der Sachsen, Korr. Bl. des Ges. Vers. d. Deutsch. Gesch., V, 64, 9-10, sobre esto, HOFMEISTER, Hist. Z., 118, 189 ss.—Vjschr.SozWG., 21, 234 ss. GAUPP, Die germanischen Ansiedlungen und Landteilungen, 1844. BINDING, Geschichte des burgundisch-romanischen Koenigreichs, 1868. SALEILLES, De l'établisement des Burgundes sur les domaines des Gallo-Romains, Dijon, 1891. MOMMSEN, Ostgotische Studien, en el Neuen Archiv., 14. E. STEIN, Geschichte des spaetroemischen Reiches, I (1928), 566 ss. L. M. HARTMANN, Geschichte Italiens im Mittelalter, I (1897), 83 ss.

§ 7. El ejército y la administración de la justicia

Las necesidades de la comunidad eran cubiertas por las prestaciones personales de los habitantes. De carácter general eran los deberes militares, judiciales y de policía. Todo hombre libre presta gratuitamente el servicio militar. El ejército era el pueblo en armas. Así como la religión de los germanos tenía un corte bélico, toda la materia de la guerra se desenvuelve bajo representaciones religiosas. El servicio de la guerra era servicio a los dioses nacionales. El dios de la guerra acompaña al ejército. Las imágenes de los dioses sirven como enseñas militares. Antes de la guerra y del combate se consultaba la voluntad de los dioses y a bote de lanza se ofrecía el enemigo a las divinidades. En su nombre y como por mandato suyo se mantenía la disciplina del ejército y se castigaban los delitos militares. La muerte gloriosa en la batalla es tenida por el destino supremo a que puede aspirar el hombre. En una parte de los troncos germánicos se estructura el ejército por *sippen* (§ 3), en otras, especialmente los germanos del Este, por millenas y centenas. La principal fuerza bélica de los germanos descansaba en los peones, que solían atacar ordenados en batalla en forma de cuña. Sin embargo, algunos pueblos fueron célebres por su excelente caballería. También existió una tropa especial, seleccionada y compuesta de soldados de caballería y de a pie con armas ligeras.

Una relación de servicio y de fidelidad nacida al impulso de la actividad guerrera y preferentemente dirigida a empresas bélicas fue el acompañamiento, compañía o séquito[19]. Hombres libres armados se dedican como gente de acompañamiento al servicio del rey, o de los *príncipes,* o también de otras personalidades destacadas por la consideración y la riqueza. Juran fidelidad al señor del acompañamiento y reciben de él protección, manutención y armamento, acompañándole en la paz como en la guerra[20]. La juventud noble acude principalmente al servicio de acompañamiento como alta escuela de heroísmo guerrero. A semejanza de la asociación doméstica reunida en torno al padre de familia, se desenvuelve en el

[19] *Gefolgschaft* que los escritores romanos traducen por *comitatus* y por *comites* los *gefolgsgenossen,* ocasionalmente también *clientes* y *satélites;* los términos germánicos correlativos: *gasindi, gisindo,* tienen la significación radical de compañero o acompañante de viaje o camino. Los antiguos francos usaron la palabra *trust* latinizada en *trustes,* con sentido de *protectio, tuitio,* de aquí el nombre de *antrustiones* (*protectores*) para el acompañamiento regio (§ 17).—Las fuentes castellanas utilizan la palabra compañía (conpannia, conpanna...). R. MENÉNDEZ PIDAL, Cantar de Mío Cid, 1911, II, 584; en las Partidas, II. 1, 9; II, 9, 9, 15, 16, 22, 27; II, 16. 3; II, 18, 4, 16, 19, 21; II, 21, 1; II, 22, 21, 22; IV, 20, 2; V, 5, 5...; E. MAYER, Historia (cit. completa en la lit. al § 10), I, 195 ss. M. TORRES, AHDE. 3, 338, nota 102.

[20] *Germania* c. 14: illum (principem) defendere, tueri, sua quoque fortia facta gloriae eius assignare praecipuum sacramentum est.

acompañamiento una relación de señorío que en su desarrollo venía llamada a transformar los fundamentos de la organización germánica. Con todo, no es lícito sobreestimar su importancia para el antiguo Estado alemán. A causa de que la gente de acompañamiento vivía en la casa de su señor; su número solo pudo haber sido relativamente pequeño, hecho que por sí excluye la opinión, hace poco muy extendida, de que las grandes migraciones de los germanos pudieran reconducirse, en lo esencial, a incursiones de acompañamientos de espíritu aventurero.

La declaración del derecho tenía lugar en la asamblea judicial pública (*ding, warf,* antiguo alto alemán: *madal, mahal, mallus*). Todo habitante libre estaba obligado a frecuentar la asamblea y a participar en la administración de la justicia. La apertura de la asamblea se iniciaba por las preguntas solemnes, revestidas de formalidades sacrales, que el juez hace al *ding* sobre la procedencia de la convocatoria, y, seguidamente, se declaraba la paz sagrada del *ding*. Terminada la asamblea se procedía a su clausura, con observancia de determinadas formalidades de derecho. La sentencia no se adoptaba por el juez, que era solo «interrogador del derecho», sino que se acuerda por la asamblea reunida, a base de una propuesta de sentencia que originariamente pudo solicitar el juez de cada uno de los miembros de la asamblea presentes. Con posterioridad, la propuesta de sentencia correspondía, entre los altos alemanes y frisones, a un *iudex* permanente que declaraba el derecho (*êsago, âsega*), entre los francos era de la competencia de un comité de la asamblea designado por el juez, los llamados *raginburgii,* es decir, vecinos o burgueses consejeros. Si la propuesta encontraba el asentimiento y conformidad de los circunstantes, que solía manifestarse golpeando las armas (en los países nórdicos: *vápnatak* = *armorum tactus*). el juez dictaba un mandamiento de derecho correspondiente a la sentencia.

En cumplimiento del servicio de la administración de la justicia todos estaban obligados a la captura del malhechor sorprendido en flagrante y a participar en la ejecución de la proscripción o pérdida de la paz.

Véase la literatura al § 6, además: WEINHOLD, Beitraege zu den deutschen Kriegsaltertuemern, Berliner SB., 1891, 543 ss. K. LEHMANN, Altnordisches Kriegs- und Beuterecht, 1913. v. PEUCKER, Das deutsche Kriegswesen der Urzeiten, 1860 s. H. DELBBUECK, Geschichte der Kriegskunst im Rahmen der politischen Geschichte, II, 1921. SCHRADER, Reallexikon d. indogerm. Altertumskunde, I, 468 ss. F. W. UNGER, Die altdeutsche Gerichtsverfassung, 1842. BEAUDOUIN, Participation des hommes libres au jugement dans le droit franc, 1888. BUBCHARD, Die Hegung der deutschen Gerichte im Mittelalter, 1893.

§ 8. El delito y sus consecuencias

El Derecho penal germánico descansa en la idea de que quien rompe la paz se sitúa él mismo fuera de la paz[21]. El quebrantamiento de la paz lo es de tal naturaleza que solo determina para el autor la enemistad de la víctima y de la *sippe* (§ 3) de esta (la llamada pérdida de la paz relativa), o bien le hace enemigo de la comunidad. En aquel supuesto, es cosa de la victima, respectivamente de su *sippe,* procurarse la satisfacción. El malhechor no es protegido por la comunidad ante la *sippe*

21 En lo que sigue se expone el derecho penal público. Sobre el derecho penal privado existente dentro de la *sippe* cf. v. AMIRA, op. cit. infra y su Compendio, 248 s.; His, Gesch. d. Strafrechts, 47 s.

contra la que ha roto la paz, sino que *ipso iure* queda expuesto a la enemistad y a la venganza del contrario, si este no prefiere exigir el *wergeld* (§ 3) o multa. El derecho a la enemistad y a la venganza, que comprende también a los parientes próximos del malhechor, existe en los casos relativos a delitos de sangre o contra el honor. La muerte dada, en el supuesto de que fuera procedente la venganza, ha de manifestarse públicamente o llevarse a cabo en forma que por sí misma le dé publicidad; de no obrar así se considera como una muerte ilícita. En casos leves está prohibido el derecho de venganza y existe solo una pretensión judicial a la reconciliación (*compositio*). El *wergeld* sirve especialmente como reparación de la muerte violenta; en otras hipótesis, la mayor parte de las transgresiones jurídicas se apreciaban por el pago de multas que, o bien resultaban de una división del *wergeld,* o hacían referencia a una determinada cifra tipo, variable según los diferentes Derechos. Si la multa y el *wergeld* eran exigidos judicialmente, el culpable tenía que pagar al poder público o a la comunidad una cuota del total de la *compositio,* según algunos Derechos; según otros, una cantidad expresada en una suma fija, el dinero de la paz, *fredus,* como precio de quien lo percibía por su intervención en el restablecimiento de la paz. En los delitos graves el delincuente incurre en la proscripción o pérdida de la paz. Quien está incurso en ella no solo queda excluido de la comunidad de paz y de la comunidad de derecho, sino que puede y debe ser muerto por cualquiera, sin sanción alguna, como enemigo del pueblo. En la época primitiva la pérdida de la paz no tuvo solo, como suele oírse todavía con frecuencia, el contenido de que el comprendido en ella quedara expuesto a la posibilidad de ser muerto lícitamente, antes bien, *debe* ser tratado por la comunidad como adversario suyo. La proscripción reclama su ejecución; pero adviértase que ni se organiza ni se lleva a cabo por la comunidad como tal, sino que la persecución de quien ha perdido la paz es deber público de cada miembro del pueblo; aquél es tenido en la condición de animal dañino en libertad, como el lobo, *wargus,* «gerit caput lupinum». Como consecuencia jurídica inmediata pierde su cualidad de miembro de la genealogía, de marido y de padre. Ni la *sippe,* ni los parientes más próximos pueden protegerle o albergarle. Su patrimonio queda sujeto a la destrucción o a la confiscación[22]. Su casa es derruida o quemada y se destruye la obra de sus manos. Su hacienda es confiscada, es decir, el poder público la tiene por suya en tanto que la víctima no se haya procurado satisfacción sobre ella. Posteriormente, la pérdida de la paz se manifiesta en una forma rigurosa y en otra atenuada. Aquélla, la más antigua y primitiva, no admite expiación; esta concede la facultad de comprar la paz por una determinada prestación pecuniaria[23]. En los hechos ignominiosos y sacrílegos que afectaban directamente al pueblo y a sus divinidades, el culpable era sacrificado a los dioses para expiación de la comunidad. La muerte propiciatoria se ofrece en esta aplicación

[22] Sobre estas penas en el antiguo derecho español cf. los textos que cita HINOJOS. El elemento germánico, 73-79. Sobre esto, E. MAYER, El antiguo derecho de obligaciones español según sus rasgos fundamentales, 1926, 137 s. Otros datos, MENÉNDEZ PIDAL, La España del Cid, 1929, II, 553, 816. v. KELLER, Freiheitsgarantien fuer Person u. Eigentum im Millelalter, 1933, 229 ss.

[23] Los Derechos germánicos excluyen a la mujer de la pérdida de la paz. BRUNNER, DRG. I. 23, nota 47. Se exceptúan los Derechos noruego, islándico e hispánico. FICKER, Sobre el íntimo parentesco (cit. completa en la lit. al § 14), 85; HINOJOS. op. cit. 36; MELICHER, Der Kampf..., 48 y 57, resumen por R. RIAZA, AHDE. 8. 508. crítica por F. BEYERLE, ZRG 51, 557. Según BEYERLE en los Fueros de Cuenca y Teruel, no se trata, a este respecto, de pérdida de la paz ni de venganza privada, en sentido estricto, sino del derecho penal doméstico o privado que ha puesto de relieve v. AMIBA en su Todesstrafen.

como una pena de muerte pública, cuyo carácter sacral se exterioriza en que no es procedente un tipo cualquiera de muerte sino uno de clase bien determinada, que, de acuerdo con las concepciones religiosas del pueblo, era diversa en los diferentes crímenes sancionados con la muerte[24].

Se comete delito (literalmente: *malum, factum, malfecho*) por la producción antijurídica de un mal. Presupone, pues, un resultado dañoso. La responsabilidad penal es, consiguientemente, responsabilidad por el resultado (responsabilidad por causalidad), no responsabilidad por culpa[25]. El Derecho penal se atiene al hecho. Y, así, el concepto de la tentativa fue ajeno al antiguo derecho alemán. La tentativa no se castiga, a no ser que los actos que la integren, caracterizados por un supuesto de hecho determinado, vengan a considerarse como transgresiones independientes de menor punibilidad, o sea, formalmente, como delitos consumados (los llamados delitos de tentativa)[26]. A su vez, en daños que por lo regular permiten apreciar como involuntario un supuesto de hecho típico, cualificado en general, los llamados sucesos por caso fortuito o negligencia, está excluida desde luego la enemistad y el precio de la paz. Por hechos de tal índole se tienen los reconocidos por el ordenamiento jurídico como carentes de intención[27]. Si falta la concordancia entre el hecho y la voluntad, el momento volitivo no viene en cuenta para el caso singular sino para un tipo general de supuestos de hecho en los que el Derecho popular admite bien la existencia de una voluntad antijurídica a pesar de no concurrir el daño o bien la inexistencia de tal voluntad no obstante haber sobrevenido el daño. Prescindiendo de esto, los castigos se miden en su gradación punitiva según el resultado del acto. Así, todavía en el Derecho popular de los francos ribuarios, que corresponde al período siguiente, se dice: si alguien fuera herido de suerte que de la herida saliese un hueso tal que lanzado contra un escudo colocado a doce pies de distancia le hubiera hecho resonar, pagará el culpable treinta y seis sólidos como multa. Las circunstancias externas del hecho deciden sobre la naturaleza del delito. Así, la muerte violenta se caracteriza como asesinato si el autor procura borrar las huellas del delito. De otra parte, el carácter típico de la voluntad maligna fue decisivo para el concepto de los crímenes e iniquidades, delitos graves que suelen cometerse con ánimo perverso.

WILDA, Strafrecht der Germanen. 1842. Hts, Geschichte des deutschen Strafrechts bis zur Karolina, 1928. METZGER, Die Verbrechen und ihre Straffolgen im Barler Recht d. Spaeteren Mittealt., I, 1931. v. WORINGBN, Beitraege zur Geschichte des deutschen Strafrechts, 1836. KOESTLIN, en la ZDR., 12 y 14. C. G. v. WAECHTER. Beilagen zu Vorlesungen ueber das deutsche Strafrecht. 1881 (Adic., 22). DAHN. Fehdegang und Rechtsgang der Germanen, Bausteine, II, 1880, 76 ss. FRAUENSTAEDT,

[24] Según la opinión sustentada en las anteriores ediciones, la pena de muerte era una ejecución de la pérdida de la paz. En contra especialm. v. AMIRA. Todesstrafen (vid. infra) 28. Cfs. sobre esta controversia. BRUNNER V. SCHWERIN, DRG. II, 762.

[25] Pero causado un resultado dañoso se presumía fundamentalmente la intención lesiva. His, op. cit. infra, 51.

[26] Contra esta opinión sobre la tentativa. R. HEMMER, Studier roerande straffutmaetningen i medeltida svensk raett. 1928, 15, y más concretamente en su artículo: Om straffbarheten av foerberedelse och foersock till brott enliget Sveriges medeltidslagar. 1928. Acerca de esto v. SCHWERIN ZRG. 51, 717 y 719 s. Réplica del autor en ibidem 52, 579 ss., respuesta de v. SCHWERIN. ibidem. 583.

[27] Son ejemplos el tiro errado, la cura desafortunada, las lesiones ocasionadas por la calda de un árbol en la corta hecha en común.

Blutrache und Totschlagsuehne im deutschen Mittelalter, 1881. WEISWEILER, Busse, 1930, sobre esto, His., ZRG., 51, 541 ss. OSENBRUEGGEN, Straffecht der Longobarden, 1863. PASQUALE DEL GIUDICE, La vendetta nel diritto longobardo, en sus Studi di storia e diritto, 1889, 246 ss.;—Diritto penale germanico rispetto all'Italia, 1905. V. AMIRA, Altnorwegisches Vollstreckungsverfahren, 1874. GUENTUER, Die Idee der Wiedervergeltung in der Geschichte des deutschen Strafrechts, I, 1889. H. BRUNNER, Abspaltungen der Friedlosigkeit (Forschungen, 444 ss.);—Ueber absichtslose Missetat, ibidem 487 ss.—Zum aeltesten Strafrecht der Kulturvoelker, Fragen zur Rechtsvergleichung, 1805, 53 ss. K. HAFF, Sobre la historia de la Erfolgshaftung, Arch. f. R. u. Wirtschaftsphilosophie, 26, 202 ss. Resumen y ejemplos de Derecho español, J. L. ALVAREZ, Rev. d. Derecho Público, 3, 30 s. MOGK. Die Menschenopfer bei den Germanen, 1909. BINDING, Die Entstehung der oeffentllchen Strafe im germ. deutschen Recht, 1909. v. AMIRA, Die germanischen Todesstrafen, 1922, sobre esto, U. Stutz, ZRG., 43, 334 ss. PAPPENHEIM, Ztschr. f. d. Phil., 50, 443 ss. E. MAYER, Die Entstehung der germanischen Todesstrafe. Gerichtssaal, 89 (1924), 353 ss. ALLFELD, Entwicklung des Begriffes Mord bis zur Karolina, 1877. v. AMIRA, Deber altgerm. Privatstrafrecht, Muenchner SB., 1913, 7.ª. E. MAYER, Germanische Wergelder sowie Weiderechte und roemische multa, Tijdschr., VIII, 1 ss. A. COLLIN, Die Wuestung, Zeitschr. f. engl. Rechtsw., 32, 332, ss. His, Der Totenglaube i. d. Geschichte d. germanischen Strafrechts, 1929. sobre esto, A. SCHULTZE, ZRG., 51, 548.

§ 9. El Derecho procesal

Junto al ejercicio judicial del derecho tenía un amplio campo de acción la facultad de autoayuda, que se exteriorizaba como enemistad con fines de venganza o como prenda por acto propio.

La persecución del derecho ante el tribunal, en lo que de las fuentes del período siguiente puede estimarse como procedimiento según el Derecho popular, se caracteriza por un formalismo sencillo, pero riguroso. El procedimiento era público y oral, y descansaba por entero en el principio acusatorio, de manera que estaban abandonadas a las partes la iniciación y la continuación del proceso y que como cúspide del procedimiento aparecen los contratos procesales de los litigantes. En el supuesto de transgresiones jurídicas expiables se tiende a sustituir la lucha[28] por un contrato de conciliación entre las partes. La autoridad del tribunal era muy limitada y, en parte, venía a quedar sustituida por la coacción jurídica del formalismo. El proceso se iniciaba por el convenio litigioso en que las partes se obligaban a ventilar su contienda ante el tribunal. Sin embargo, el demandante podía también unilateralmente, y sin colaboración del tribunal, citar en forma a pleito a su contrario. En sus intervenciones procesales las partes estaban en relación inmediata con el tribunal. A la parte con plena capacidad jurídica no le estaba permitido litigar por medio de representante. El demandante interpone su propuesta de demanda con palabras solemnes y bajo la invocación de los dioses; a seguido, el demandado jura contestar la demanda. Solo se consideraba como contestación una afirmación plena o una negativa rotunda de los términos de la demanda con los que debía coincidir formalmente con toda exac-

[28] Aun dentro de la vía judicial tuvo el procedimiento carácter de lucha. Le conserva también en fuentes españolas de época posterior. Véanse, por ejemplo, los documentos que de los siglos XI y XII cita HINOJOSA, Estudios sobre la historia del derecho español. 1903, 95, nota 1; también MELICHER Der Kampf, 215, nota 3.

titud[29]. Por consiguiente, la contestación excluía las excepciones. Cuando más adelante fueron permitidas, tienen la significación de una legitima negativa de contestación, de una defensa contra la exigencia de contestación. Los *ragimburgii* dictaban la sentencia a requerimiento del demandante. Entre los germanos del Oeste, si el demandado había negado y eventualmente estaba obligado a una prestación, la sentencia tenía dos momentos: de un lado era sentencia sobre la prueba en la medida que regulaba las cuestiones de prueba, y de otro sentencia final en cuanto determinaba el resultado de la práctica del procedimiento probatorio. Resolvía, por ejemplo, que el demandado prometiera jurar o pagar. Quien quedara descontento de la sentencia podía impugnarla, es decir, interponer una querella contra el juzgador por causa de sentencia injusta, cuya resolución no tenía lugar por un examen material de la sentencia impugnada sino por medios de prueba formales y, en algunos pueblos, mediante duelo. En el procedimiento de proscripción y sobre hechos castigados con pena de muerte regían principios especiales. A causa de que no era posible un contrato de reconciliación, solo cabía pronunciarse en la sentencia a favor o en contra de la proscripción o de la muerte, respectivamente.

En correspondencia al contenido de la sentencia, las partes concluyen ante el tribunal un contrato en que se promete la práctica de la prueba o, en su caso, la satisfacción del contrario (promesa de cumplimiento de la sentencia). La prueba remite un litigante a otro litigante y no al tribunal. Por tanto, los medios de prueba eran de naturaleza formal, de suerte que el resultado no requiere una revisión judicial. A la imposición de la prueba por la sentencia de este nombre parece haber precedido un estadio jurídico en que las partes pactaban libremente en cada caso sobre la prueba. Según los principios de Derecho rectores de la sentencia sobre la prueba incumbía por lo regular al demandado la carga probatoria[30]. Jura este la improcedencia de la querella mediante un juramento depuesto unipersonalmente o con un número determinado de cojuradores (*conjuratores, consacramentales*) que declaran que el juramento es «puro y sin perjurio». El juramento con conjuradores fue originariamente un juramento solidario de la genealogía. Los conjuradores eran llamados con intervención de la parte contraria, o según los principios tradicionales de la *sippe* del jurador. La forma del juramento era corporativa, puesto que los cojuradores juraban a voz común. El concepto de los testigos era más limitado. Se tenían por tales los hombres que en la celebración de un acto jurídico contribuían a su perfección (testigos del negocio) y los vecinos que declaraban sobre las circunstancias y los sucesos de la comunidad (testigos comunales). El conocimiento que pudiera obtenerse casualmente no bastaba para fundar la condición de testigo. Los testigos del demandante excluyen el juramento del demandado. Cuando se trataba

---

[29] Una Glosa nos aclara la terminología: intentio et depulsio verba rhetorica snnt, id est accusatio et defensio sive impulsio et depulsio, barbarice mali unde uueri. Cf. BRUNNER, DRG, I, 255, nota 20.

[30] Por qué fuera esto solo lo regular y se dieran junto a ello excepciones, es cuestión que se ha intentado explicar recientemente admitiendo que viene a la prueba la parte cuya producción conjunta lleva en sí la mayor probabilidad (v. SCHWERIN, ZRG. 36 (1915) 523 y cumplidamente MAYER-HOMBERG, Beweis und Wahrscheinlichkeit nach aelterem deutschen Recht, 1921). Sobre el tema STUTZ, ZRG. 49 (1929) 1 ss.; BECHERT, ibidem, 26 ss. La decisión de este problema no puede obtenerse solo del procedimiento penal donde, en términos generales, e incluso según la teoría de la probabilidad, vale casi sin excepción la regla del texto.

de testigos del negocio, fue hábito que el propio demandado concluyera un contrato de prueba mediante la aportación de testigos, de suerte que, llegado un momento contencioso, debía dejarse la decisión a la prueba testifical. Si ambas partes presentaban testigos en relación a los mismos hechos, llevaban precedencia, los del demandado. El juramento testifical era asertórico, de contenido determinado por la sentencia. Subsidiariamente tienen aplicación como medios de prueba los juicios de Dios[31]. Como tales se conocían las ordalías del fuego (*iudicium ignis*) y del agua (*examen aquae frigidae*), la ordalía de la suerte (*ad sortem ponatur*) y el duelo (*pugna duorum*); si el demandado estaba autorizado y pronto a liberarse de la querella por un juramento con cojuradores cabía, en asuntos de importancia, que el querellante le cerrara la vía sacramental por impugnación del juramento y desafío. Asimismo está permitido interponer la acción de perjurio que llevaba implícitamente al duelo, es decir que solo podía decidirse en virtud de duelo judicial. Responde a principios diferentes el procedimiento probatorio que estructura con peculiaridad el Derecho popular de los salios antiguos. Conoce en medida más amplia la prueba testifical y tiene principal aplicación la ordalía caldaria (*iudicium aquae ferventis, caldariae*). Pero estas particularidades han quedado sin influencia determinante sobre el desarrollo genérico del Derecho probatorio alemán.

El demandado que no comparece a la citación del tribunal incurre en una multa, salvo que pueda disculpar su ausencia por un verdadero caso de necesidad (*sunnis*). La incomparecencia, empero, solo tenía efectos jurídicos si a la puesta del sol se comprobaba por la parte contraria, mediante una protesta de ausencia alegada en forma, acto que aparece entre los francos bajo el nombre de *sol satire* («sol puesto»)[32]. La contumacia del demandado en su desobediencia le conducía finalmente a la pérdida de la paz.

Al procedimiento jurídico del período germánico fue ajeno una ejecución forzosa por vía judicial. Prometido en forma jurídica por el sentenciado el cumplimiento de la sentencia, estaba facultado el demandante a proceder, con observancia de ciertas formalidades, a la prenda extrajudicial y procurarse así satisfacción. Contra la parte que se negara a prometer el cumplimiento de la sentencia no se disponía de más recurso que la pérdida de la paz, que no solo comprendía la persona sino también el patrimonio[33] de quien perdió la paz.

El acreedor al que su deudor hubiere hecho una promesa de deuda en forma jurídica, si había certeza sobre la conclusión del contrato de deuda, podía hacer valer este negocio jurídico por vía extrajudicial pura, ya que, intentadas sin éxito varias conminaciones, estaba facultado para proceder a la prenda.

Ante hechos *in fraganti* y de tal índole que llevaran aparejada la pérdida de la paz, no era menester un procedimiento ordinario para castigarlos. El espectador

---

31 Se discute el momento en que sucediera la introducción del juicio de Dios en el proceso. Es particularmente defendida la opinión de que solo tuvo lugar en conexión con la cristianización. Sobre este problema últimamente PAPPENHEIM, ZRG. 48, 136 ss.

32 F.º de Brihuega, ed. J. CATALINA GARCÍA, 1887, 128: «los que no vinieren seer a derecho hatal viernes en la noche, el sol puesto: salgan enemigos por siempre...». Cf. HINOJOSA. El elemento germánico, 29, nota 4. GRIMM, DRA. II, 441 ss. Sobre la fórmula «de sol a sol», WOLF, op. cit. en el § 575; el «visa stella» como momento procesal para fijar la «absencia adversarii», ibid., 77.

33 Vide supra pág.

podía iniciar el clamoreo (*clamor, apellido*)[34] que llamaba a los vecinos al auxilio y al testimonio[35]. A su vista le era lícito dar muerte inmediata—en razón de la publicidad—al malhechor que por el delito mismo hubiera perdido la paz. Sin embargo la muerte requería su divulgación pública en determinadas formas y, a petición de interesado, había que justificarla como muerte, conforme a derecho, de un desposeído de la paz. El medio más seguro para prevenirse en tales casos contra una querella de homicidio y contra la venganza de la sangre de los parientes, era la interposición de una querella «contra el hombre muerto», practicada en presencia del cadáver; mientras el querellante juraba ser la muerte con arreglo a derecho era «interpelado» el muerto; sus parientes, como parte contraria, podían impugnar el juramento y defenderla inculpabilidad del interfecto.

A los tiempos primitivos se remonta presumiblemente una forma de la querella por homicidio interpuesta jurídicamente con el hombre muerto, o sea en presencia del cadáver conducido al tribunal. El muerto no tuvo originariamente el sentido de *corpus delicti,* antes bien, se le imaginaba a él mismo en función de querellante que pretendía la reparación. El derecho más moderno permitió ulteriormente que la conducción del cadáver quedara sustituida por la exhibición de su sola mano derecha separada, reemplazándose así la querella con el hombre muerto por la interpuesta con la mano muerta.

ROGGE, Ueber das Gerichtswesen der Germanen, 1820. Lud. MAURER, Geschichte des altgermanischen und namentlich altbayerischen Gerichrsverfahrens, 1824. SIEGEL. Geschichte des deutschen Gerichtsverfahrens, 1857. G. SALVIOLI, Storia della procedura..., 1925, sobre esto. M. TORRES, AHDE., 4 483-98. SOHM. Des Prozess der Lex Salica, 1867. v. BETHMANN-HOLLWEG, Der germ. roman. Zivilprozess im Mittelalter, I, 1868. BEHREND, Zum Prozess der Lex Salica, 1873 (Festgabe fuer Heffter). THONISSEN, Organisation judiciaire de la Loi Salique, 1881. SACHSSE, Das Beweisverfahren nach deutschem mit Beruecksichtigung verwandter Rechte des Mittelalters, 1855. KONRAD MAURER. Das Beweisverfahren nach deutschen Rechten, Kritische Ueberschau. V;—Altnorwegisches Gerichtswesen, en sus Vorlesungen ueber altnord. RG., I, 2, 1907. SOHM, Altdeutsche Reichs-und Gerichtsverfassung, 1871. H. BRUNNER. Entstehung der Schwurgerichte, 1872. F. BEVERLE, Das Entwicklungsproblem im germanischen Rechtsgang. I. Suehne, Rache und Preisgabe in ihrer Beziehung zum Strafprozess der Volksrechte, 1915, sobre esto, v. Schwerin, ZRG.«, 36, 503 ss. R. LOENING, Der Reinigungseis bei Ungerichtsklagen, 1880. v. AMIRA, Ueber salfraenkische Eideshilfe, Germania, 20, 53 (1875). COSACK, Die Eidhelfer des Beklagten, 1885. MAIER, Geschichte der Ordalien, 1795. VVILDA en la Enciclopedia de ERSCH y GRUBERS, v. Ordalien. UNGER, Der gerichtliche Zweikampf, 1847. NEILSON, Trial by combat, 1890. H. C. BRUUN, Om Txekampens Stilling i oldgermansk Rettergang..., 1930. WAECHTER, Beitraege zur deutschen Geschichte, insbesondere zur Geschichte des deutschen Strafrechts, 1845. PFALZ, Die germanischen Ordalien, 1866. DAHN, Studien zur Geschichte der

---

[34] Cf. la conocida definición que de *apellido* dan las Partidas (II, 22, 24). El Fuero de Zamora (§ 83) indica como voces de apellido: «prendeldo ladrón» o «matador» o «feridor». Sobre el *viafor* usado en Cataluña, HINOJOSA. El régimen señorial, 108. Para la significación militar de *apellido,* E. MAYER, Historia I, 102, 276 s.

[35] Ejemplo de *apellido* de simple testimonio, Libro de los fueros de Castiella. § 20: «... sv... foradaren la casa de noche e leuaren algo de los romeros... quando se leuanteren en la mannana e firiere el huespede apellido quelo ovan sus vesinnos e vengan y e vean el forado...».

germanischen Gottesurteile, Bausteine, II, 1880. K. MAURER, Das Gottesurteil im altnordischen Recht, Germania, 19, 139 ss. KAZGI, Alter und Herkunft des germanischen Gottesurteils, 1887. F. PATETTA, Le ordalie, 1890. R. KOESTLER, Der Anteil des Christentums an den Ordalien, ZRG., Kan., 2, 200 ss. J. FICKER, en las MJÖG., 2. Erg.Bd., 493 ss. v. SCHWERIN, Rituale fuer Gottesurteile, 1933. A. C. SCHMIDT. Echte Not, 1888. v. AMIRA, Altnorwegisches Vollstreckungsverfahren, 1874. H. SCHERER, Die Klage gegen den toten Mann, 1910. Sobre esto, A. Schultze., ZRG., 31, 627. H. BRUNNER, Die Klage mit dem toten Mann und die Klage mit der toten Hand. ZRG., 31, 235. G. FROMMHOLD, Zur Klage mit dem toten Mann, ZRG., 36, 458.

B) El período franco

I. HISTORIA GENERAL DEL DERECHO

§ 10. El reino franco

El tronco de los francos salios, partiendo de unos comienzos imperceptibles, llega a alcanzar una significación histórica universal. El reino franco somete a todas las demás naciones de Alemania y estructura—exceptuada la España visigoda—la serie de Estados que han erigido los pueblos germánicos sobre el continente romano. En la fundación y extensión del reino franco se conjugan, equilibradas con regularidad muy notable, las conquistas de los núcleos de población románicos y germánicos, de suerte que hasta el fin conserva su carácter mixto de un Estado romano germánico. Con la cristianización de los francos se introduce un nuevo poder en su vida jurídica, la Iglesia católica, que favorece intensamente la expansión del reino franco bajo Clodoveo y sus hijos. Después de la muerte de Lotario I (561) siguió un tiempo de turbulencias intestinas provocadas por las luchas de sucesión al trono entre los reyes merovingios fraccionarios. La guerra civil favoreció el engrandecimiento de una aristocracia poderosa que sobrepasó a la monarquía. En este respecto es uno de los jalones capitales el Edicto de Lotario II, de 614, también llamado la *Magna Charta* del reino franco, porque en ella confirma el rey por escrito a los magnates eclesiásticos y laicos una serie de limitaciones de la potestad real y la enmienda de prácticas abusivas[1]. Hacia la mitad del siglo VII, nacen paulatinamente soberanías territoriales. El reino parece encaminado a su ruina. Uno de esos magnates territoriales, el duque de Austrasia, consiguió vincular a su linaje el cargo supremo del reino, la dignidad de mayordomo, y de este modo fortalecido quebranta la resistencia de los demás poderes territoriales, salva la amenazada existencia del reino y reconstruye un poder estatal robusto. La restauración formal de la monarquía se produjo cuando el último de los mayordomos se hizo erigir rey de los francos, prescindiendo de la estirpe real merovingia. Después que Carlomagno convirtió el reino franco en una monarquía universal romanogennánica, el Papa León III le coronó emperador la Nochebuena del 800, y, como tal fue adorado, hecho que llevaba en germen la disolución del Imperio franco. La dignidad de emperador que debía dar expresión jurídico-estatal a la unidad eclesiástica de la cristiandad occidental y que por ello presuponía conceptualmente la indivisibilidad de la potestad de gobierno, dio impulso a innovaciones que intentaban eliminar, o cuando menos debilitar, los principios sobre la sucesión al trono, tradicionales entre los francos y contradictorios de aquel ideal.

---

1 Quod contra rationis ordinem acta vel ordinata sunt, ne inantea, quod avertat divinitas, contingat, disposuimus Christo praesole per huius edicti nostri tenorem generaliter emendare. MG. Cap. I, 20.

Estos intentos condujeron a las luchas internas que bajo Luis I y sus hijos desmoronaron el Imperio. Pero todo fue inútil, ya que en el tratado de Verdón (843) fue repartido de nuevo el Imperio de conformidad con las antiguas costumbres francas de particiones. De otro lado, la fuerza del Imperio había menguado en tal medida que, pese a la reunión transitoria de los reinos fraccionarios, los asuntos interiores y los enemigos del exterior no le dejaron subsistir y, finalmente, se desmembró en cinco pequeños reinos. Formó uno de ellos el tronco alemán puro que hacia mediados de noviembre de 887 nombró rey al carolingio Arnulfo. Desde este tiempo existe un reino alemán. El tratado de Verdón no determina la fecha de su nacimiento porque con posterioridad, no obstante las divisiones, permanece viva todavía la idea de la soberanía conjunta y bajo Carlos el Gordo sobrevino una nueva reunión de las partes del Imperio. El reino alemán no puede fecharse en la desaparición de los carolingios francos del Este. La dinastía carolingia ha sobrevivido al Imperio franco que, a su vez, había perdurado más allá de la caída de la estirpe real merovingia. Para la consideración histérico-jurídica no es decisivo el momento dinástico, sino la separación duradera producida en 887 entre los francos del Oeste y los francos del Este[2], en cuya unión había descansado la esencia de la monarquía universal franca. No disolvió ella, como la romana, las formaciones nacionales, sino que fue intermediaria del nacimiento de Estados nacionales, no sin crear al propio tiempo ciertos fundamentos del derecho y de la cultura que han sido durante la Edad Media y, en parte, son todavía hoy patrimonio común de los Estados de la Europa central y occidental.

WAITZ, Deutsche Verfassungsgeschichte, II, 1882, III, 1883, IV, 1885. SOHM, Fraenkische Reichs-und Gerichtsverfassung, 1871. DOENNIGES, Das deutsche Staatsrecht und die deutsche Reichsverfassung, 1842. LOEBELL, Gregor von Tours und seine Zeit, 1869. KAUFMANN, Deutsche Geschichte bis auf Karl den Grossen, II. 1881. ARNOLD, Deutsche Geschichte, fraenkische Zeit, 1881. DAHN, Die Koenige der Germanen, VII, 1894, 1895, VIII, 1897 ss., IX, 1902 ss., X, 1907, XI, 1908, XII. 1909. E. MAYER, Deutsche und franzoesische Verfassungsgeschichte vom 9. bis zum 14. Jahrhundert, 1899;— Italienische Verfassungsgeschichte, 1909;—VON SCHWERIN, Rituale fuer Gottesurteile, 1933. MUEHLBACHER, Deutsche Geschichte unter den Karolingern, 1896. E. DUEMMLER, Geschichte des ostfraenkischen Reiches, 1887 s. ANDREAS HEUSLER, Deutsche Verfassungsgeschichte, 1905. FUSTEL DE COULANGES, Histoirc des institutions politiques de l'ancienne France. La monarchic tranque, 1888. JULES TARDIF, Etudes sur les institutions politiques et administratives de la France, 1. 1881. GLASSON, Histoirc du droit et des institutions de la France. II. 1888. III, 1889. VIOLLET, Histoire des institutions politiques et administratives de la France, 1, 1890. E. LOENING. Das Kirchenrecht im Reiche der Merowinger, 1878. The Cambridge Medieval History, I, 1911. II, 1913 (en ella se encontrarán especialmente trabajos de ALTAMIRA, SEELIGER, VIXOGRADOFF, PFISTER, etc.).

§ 11. Los fundamentos económicos y sociales de la formación del derecho

I. *La vida económica.* – La agricultura, desplazando la explotación de tipo pratense, viene a ocupar el punto central de la vida productiva; en lugar de la estricta comunidad de los campos, llega a ser forma de posesión predominante la propiedad separada sobre la tierra de labor.

---

[2] Chron. reg. Franc. SS. III, 214: Hic divisio facta est inter Teutones Francos et Latinos Francos.

El contacto con la cultura romana, la recepción del cristianismo, la conquista del territorio romano, el robustecimiento del poder real y los efectos de la distribución de los terrenos de cultivo determinaron profundas modificaciones en las relaciones económicas del pueblo. Desaparece la uniformidad media en las relaciones de posesión inmobiliaria. En los francos no tiene lugar una distribución de tierras con los romanos provinciales al modo de la emprendida por los visigodos y los burgundios. Mediante las conquistas, solo el rey llegó a ser inicialmente gran propietario territorial al hacer suyos los bienes del fisco romano y la tierra que había pertenecido a los soberanos vencidos de los troncos alemanes incorporados[3]; solo por la gracia del rey llegan a ser propietarios los francos leales a quienes recompensaba con posesiones inmobiliarias por los servicios prestados. Desde un principio, los nobles, al menos en algunos troncos, se destacaban de los libres comunes por sus grandes posesiones. La Iglesia, que en las Galias llega a ser gran terrateniente, consolidó también esta posición en los territorios alemanes. El derecho de rotura de tierras condujo necesariamente de modo paulatino a una mutación del *status* posesorio a causa de que la disponibilidad de una copiosa mano de obra solo ofrecía a los más ricos un medio para practicar en gran escala la obtención de tierras nuevas. En razón a que las grandes posesiones eran, en general, de mayor rendimiento económico que las pequeñas, se acumula el número de los no libres en las cortes o cortijos de los grandes señores territoriales, mientras en las pequeñas posesiones se hizo perceptible una disminución de los siervos. Así como de una parte nacía una gran posesión territorial, de otra se reducía la posesión normal porque con frecuencia no podía soportar las cargas públicas que la afectaban y el poseedor caía muchas veces por empobrecimiento o por la violencia, bajo la dependencia de los señores territoriales[4]. La gran posesión inmobiliaria, nacida de tal suerte, forma bien un complejo territorial cerrado y en cohesión, o bien—según fue regla en los territorios de población alemana—la llamada propiedad dispersa en cuanto compuesta de cortes diseminadas en diferentes pueblos o marcas que permanecían en la asociación del pueblo y de la marca. Un cierto número de cortes dependientes se reducía a veces a una unidad de explotación, a la llamada villicación. Constituía el punto central de esta unidad de explotación del señorío territorial, la corte señorial, *villa dominica, sala, curtis salica, curtis indominicata,* habitada por el señor o por un administrador suyo y en la que se rendían los tributos debidos o los servicios de las cortes dependientes.

La formación de la gran posesión territorial fue compensada en sus consecuencias económicas por el nacimiento de numerosas relaciones de *precaria*[5] que distribuían entre muchos particulares la utilización inmediata[6]. Los grandes señores

---

3 En el territorio conquistado se constituyeron sobre las tierras del patrimonio real cortijos reales según el modelo franco, colonizados en parte con francos y que servían como punto de apoyo de la dominación franca.

4 Este proceso de movilización se inicia ya en los tiempos merovingios y avanza en los carolingios. Sobre su conexión con las cargas públicas Dumas, Quelques observations sur la grande et la petite propriété à l'époque carolingienne, Nouv. Rev. hist., 1926, 213 ss. 613 ss.

5 El *leihe* franco procede, según la opinion dominante (Brunner, Schupfer), del *precarium* romano. v. Voltelini opina, en cambio, que deriva directamente del *ususfructus* romano del que ha recibido su contenido, refiriéndose solo su forma al *precarium* (VjschrSozWG. 16, 259 ss.)

6 La acepción medieval de la palabra *leihe* encuentra difícil equivalencia técnica en castellano. Cf. J. A. Rubio, AHDE. 9, 5, nota 5; Hinojosa, El régimen señorial..., 61 ss. Sánchez

territoriales reservan solo una parte de sus propiedades (*terra dominica, ager salicus*) para su explotación directa ejercida desde la corte sálica. Una parte considerable de sus posesiones rústicas era distribuida como *terra beneficiata,* a lo que obligó especialmente la falta de una suficiente mano de obra servil. La tierra dada a *precarium* reviste dos formas fundamentales que han dominado durante siglos las relaciones agrarias de Alemania. Una es la tierra acensuada que consiste en una relación de *precarium* libre que no perjudica la independencia económica y personal del prestatario, o bien en una relación incorporada en el organismo del señorío territorial, caracterizada por la dependencia económica de la corte dominical y por la naturaleza del censo y de los servicios. La otra forma es el feudo (en el moderno sentido de la palabra), una relación de *precarium* de orden superior que debe su nacimiento a fines de derecho público y que trae consigo servicios jurídicos públicos del feudatario, en particular servicios militares. Ambas formas posesorias operan conjuntamente para preservar el mundo germano románico, mediante la distribución de las rentas territoriales, de contrastes sociales crasos como los existentes en el Imperio romano al tiempo de su caída.

La moneda germánica se conexiona inicialmente con la romana[7]. Sin embargo, poco después de la conquista de las Galias tiene lugar entre los francos una nueva ordenación que cuenta por cada sueldo de oro cuarenta denarios de plata[8]. En los francos salios fue usual apreciar las multas elevadas en cientos de denarios (*chunnas*), mientras los demás troncos contaron por *schilling*[9]. De la libra de oro se acuñaban el principio setenta y dos *schilling* áureos, y cincuenta y dos desde la segunda mitad del siglo VIII. Al lado de estas monedas circulan también en otras partes del reino *schilling* de peso diferente. No mucho antes de la mitad del siglo VIII se acepta la moneda de plata. Cuenta doce denarios de plata por cada sueldo. De la libra de plata se acuñaron en un principio veintidós, y más tarde veinte sueldos en denarios[10]. Carlomagno introdujo hacia el 781 una libra nueva más pesada que la romana (de 327 gr.) y cuyo peso se discute.

II. *La sippe.* – Casi en todas partes las funciones jurídicas de la *sippe* ya no corresponden a la asociación de genealogía agnaticia, sino al parentesco de sangre,

ALBORNOZ, Estampas 101. El sentido de aquel término en las fuentes jurídicas alemanas contemporáneas (C. c. § 598, *leihe* = comodato) no tiene ya la holgura primitiva. Sobre la base de la amplitud terminológica de las fuentes latinas francas (BRUNNER, DRG. I, 304) y de las observaciones de HUEBNER, Grunzuege, § 45, se traducirá simplemente por *precarium,* sobreentiéndase *iuris germanici.*

7 Los fundamentos y las particularidades de la moneda franca son en el día puntos de discusión no esclarecidos. Véase especialmente, a más de la luego citada, esta literatura: E. MAYER, Zum fruehmittelalterlichen Muenzwesen, VSchrSoz-WG. XIII. 337 ss.; sobre esto F. BEYERLE, ZRG. 48, 356 ss. También H. JAEKEL, Die leichten Goldschillinge der merovingischen Zeit und das Alter der Lex Salica, ZRG. 43, 103 ss. E. MAYER, Die fraenkische Waehrung und die Entstehung der Lex Salica, Tijdschr. VII, 147 ss. (i El sueldo *gallicano* es el sueldo franco? C. SÁNCHEZ ALBORNOZ, AHDE. 5, 309 s.)

8 En circulación se encontraban especialmente los tercios del sueldo de oro, *tríenles, tremisses.* Los bávaros y los alamanos dividían el sueldo en doce *saigae.*

9 *Schilling* es el nombre alemán del *solidus,* como *pfennig* el del denario. Literalmente, *schilling* (*scilling*) quiere decir moneda sonante. BRUNNER, DRG. I, 313.

10 Los sueldos de oro y *tremisses* de Carlomagno hallados en Ilanz (Grisones) contienen una aleación de plata tan fuerte, que el *schilling* carolingio lleva un contenido de oro casi idéntico al de un *triens* merovingio del siglo VI. V. LUSCHIN, Beitraege zur Muenzgeschichte im Frankreich, NA. 33, 437 ss.

y por este tiempo de fortalecimiento del poder estatal sufren una importante debilitación. La enemistad con el fin de venganza quedó limitada, en primer término, por la prohibición de ciertos actos vindicativos y por la reducción del círculo de parientes expuestos a ella; finalmente, los carolingios ordenaron la innovación de que en los casos donde el derecho popular permitía aún la *inimicitia,* las partes deseosas de enemistad podían ser compelidas por funcionarios públicos a un contrato de reconciliación y, en virtud de mandato oficial, a recibir o a prestar, respectivamente, la composición. En varios pueblos, especialmente en los altos alemanes, llegó a desaparecer ya en este período la responsabilidad de la *sippe* por el *wergeld* en que se hubiera incurrido. Prescindiendo de ciertos casos excepcionales, el juramento con cojuradores no necesita hacerse con parientes de sangre. La tutela de la *sippe* viene a quedar reducida por los derechos del tutor nato a una situación de alta vigilancia tutelar, como la que, al menos teóricamente, asume el poder del Estado. La legislación, contradiciendo los antiguos derechos de los troncos germánicos, opone a la permanencia de la propiedad territorial en el seno de la familia una libertad de enajenación limitada del poseedor. La Iglesia, en conflicto con el espíritu familiar exclusivo y gracias a la ayuda del Estado, pone en vigor una amplia prohibición de matrimonios entre parientes.

III. *La condición de las personas.* – A ritmo paralelo con la transformación de las relaciones posesorias se opera un cambio en la ordenación del estado de las personas. Dentro del círculo de los libres nacen relaciones personales y reales de protección y dependencia. Los libres menesterosos de defensa se entregaban como hombres *sub tuitio* (*mundmann, munditio*) al dominio tutelar de un poderoso que debía protegerles de las violencias y en caso de necesidad representarles ante los tribunales. Pagaban la protección concedida en censos fijos o servicios y a consecuencia de esta tutela de estado dejaban de contarse entre los plenamente libres. Junto a esta relación de advocación de orden inferior, nació en el vasallaje una relación de protección y servicio de orden superior que, sin mengua, podía concertar los derechos de su condición con los de las personas libres. La aceptación de una tierra a censo con dependencia económica podía conducir a una aminoración de la libertad plena si, como vino a resultar consecuencia cierta, los *subiecti* desprovistos de otro patrimonio entraban en una relación de protección con el señor territorial de la que nacía una responsabilidad permanente del señor por el *subiecti* frente a terceros y frente al poder público.

Mientras una parte de los libres desciende por bajo del nivel de la libertad común, contribuyendo a salvar la distancia entre libertad y servidumbre, otra parte asciende por cima de la condición de los libres comunes. En ella toman partida los comienzos de una nueva nobleza cuya razón de existencia fue el servicio del rey. En su prestación obteníanse mayores derechos y, sobre todo, *wergeld* más cuantioso, pudiendo constituirse tal relación por la asunción de un alto cargo real o por la entrada en el séquito regio. Advertidas estas y análogas relaciones, se tienen en mano todos los caracteres del estado social más elevado. En los Derechos populares de la mayoría de los troncos encontramos una nobleza de nacimiento cuyos miembros (*nobiles, adalingi*) disfrutan un *wergeld* de mayor cuantía que los libres comunes (*liberi, ingenui*). En los francos se limitó la nobleza a la estirpe regia[11]. En los demás

[11] La terminología de las fuentes francas utiliza con relativa frecuencia la expresión *nobiles* para una capa de los libres comunes de mayor relieve social, pero sin *wergeld* más elevado.

troncos el noble se encuentra total o parcialmente en la nobleza de servicio real. Conocen una nobleza inferior los alemanes (*mediani*) y los burgundios (*mediocres*). Su fundamento es la gran propiedad, lo que también es admisible para el *adalingus* sajón y quizá también para el *homo francas* de los chamavos.

El contraste entre libres y no libres sufre también una debilitación gradual de las capas inferiores a las superiores ya que, en general, se hace participes a los siervos de una capacidad jurídica limitada y algunas clases de siervos obtienen una condición próxima a la semilibertad, o bien ingresan directamente en el estado de los semilibres. Logran una posición jurídica de preferencia los *servi casali* o *mansionarii,* siervos asentados en un *mansus* del señor que no pueden ser enajenados por este sin el *mansus,* y por ello son contados entre los inmuebles, Siervos de rango más elevado eran los menestrales, *vassi, pueri,* personas no libres que sirven en torno al señor y que especialmente ocupan uno de los cuatro cargos domésticos tradicionales: trinchante, camarero, escanciador y mariscal. Quien de entre ellos llevara al mismo tiempo la vigilancia superior sobre la administración doméstica era llamado senescal (*maior domus*). No rara vez solían armar los señores a los siervos que con ellos convivían para formar una *protectio* de soldados privados. Los menestrales del rey y los *servicasati* del fisco alcanzan el *wergeld* y la posición de los semilibres. También tienen privilegios generales los siervos de la Iglesia. La expresión *mancipio* designa el grado ínfimo de los no libres. Podían ser enajenados como bienes muebles.

Véanse las obras de MEITZEN, INAMA-STERNEGG, LAMPRECHT, V. MAURER, SCHUPFER, WOPFNER, DOPSCH y STAEBLER, citadas en el § 2, además, WAITZ, Ueber die altdeutsche Hufe in dessen gesammelten Abhandlungen, I, 1896, 123. HAUPTMANN, Hufengroessen im bayerischen Stammes-und Kolonialgebiet, VSchrSoz, WG., 21, 386 ss. GIERKE, Erbrecht und Vicinenrecht im Edikt Chilperichs, ZRG., 12. v. INAMA-STERNEGG, Die Ausbildung der grossen Grundherrschaften in Deutschland waehrend der Karolingerzeit en Schmollers Staats-und sozialwissenschaftlichen Forschungen, I, 1878. DOPSCH. Die Wirtschaftsentwicklung der Karolingerzeit. I, II, 1921-22;—Westgotisches Recht im Cap. de villis, ZRG., 36, 1 ss. (cf. I. IGEN, Hist. Z., 113, 188 y también infra § 19)—Wirtschaftliche und soziale Grundlagen der europaeischen Kulturentwicklung, I, 1923. SCHROEDER, Die Ausbreitung der salischen Franken, Forschungen zur deutschen Geschichte, 19;—Die Franken und ihr Recht, ZRG., 2, 49. K. RUEBEL, Die Franken, ihr Eroberungs-und Siedlungssystem, 1904, también Z. f. Thuer. Gesch., N. F., 21, 2 (1913). Cf. STUTZ en ZRG., 26, 349 y BRANDI, Goett. gel. Anz., 1908, 1 ss. BETHGE. Zu den karol. Grenzbeschreibungen, etc., VSchrSozWG., 12, 71 ss. RHAMM, Die Grosshufen der Nordgermanen, 1905. H. CARO, Beitraege zur aelteren deutschen Wirtschafts-und Verfassungsgeschichte, 1905;—Neue Beitraege, 1911. SCHILL-KRAEMER. Organisation und Groessenverhaeltnisse des laendlichen Grundbesitzes in der Karolingerzeit, VSchrSozWG., 17, 247 ss. HOFBAUER, Die Ausbildung der grossen Grundherrschaften im Reiche der Merowinger, 1927. HALBAN-BLUMENSTOCK. Entstehung des deutschen Immobiliareigentums, I, 1894. L. v. MAURER, Geschichte der Fronhoefe, der Bauernhoefe und der Hofverfassung in Deutschland, I. 1862. W. SICKEL, Die Privatherrschaften im fraenkischen Reich, Westd. Z., 15, 16. SEELIGER, Die soziale und politische Bedeutung der Grundherrschaft, 1903. GUERARD. Polyptyque de l'abbé Irminon, 1844. LONGNON, Poliptyque de l'abbaye de S. Germain-des-Prés, 1895. K. H. GANAHL, Studien zur Verfassungsgeschichte der Klosterherrschaft St. Gallen, 1931. LEICHT, Studi sulla proprietà fondiaria nel medio evo, 1907. LUSCHIN V. EBENGREUTH. Handb. d. oesterr. Reichsgesch., I, 50 ss. C.

BRINKMANN, Freiheit und Staatlichkeit. 1912. G. WOLFF, Die suedliche Wetterau in vor-und fruehgeschichtlicher Zeit, 1913.

H. GROTE, Muenzstudien, II, 1862. WAITZ. Ueber die Muenzverhaeltnisse in den aelteren Rechtsbuechern des fraenkischen Reiches, Gesammelte Abh., I, 260. SOETBEER, Beitraege zur Gesch. des Geld-und Muenzwesens, Forschungen z. d. Gesch., I, 11, IV, VI. LUSCHIN V. EBENGREITH, Alt. Muenzwesen en el HOOFS Reallexikon, III, 257 ss. ENGEL et SERRURE, Traite de Numismatique, I, 1891. M. PROU, Introduction au catalogue des monnaies mérovingiennes, 1892;—des monnaies carolingiennes, 1896. Edw. SCHROEDER, Studien zur Muenzgeschichte, Z. f. vgl. Sprachwissensch., 48, 141 ss., 241 ss;—Hans. Gesch.-BI., 1917, 1 ss. HILLIGER, Studien zu mittelalterl. Massen u. Gewichten, HistVjschr., 1900:—Der Schilling der Volksrechte und das Wergeld, ibidem, 1903. 175, 453;—Der Denar der Lex Salica, ibidem, 1907, 1;—Alter und Muenzrechnung der Lex Salica, ibidem, 1910, 281. VINOGRADOFF, ZRG., 23, 126. H. JAEKEL, Chunnas und twalepti, ZRG., 30, 251. LUSCHIN V. EBENGREUTH, Der Denar der Lex Salica, Wiener, SB., 1910, vol. 163, 4.ª sección. Sobre esto, H. BRUNNER en ZRG., 31, 475. S. RIETSCHEL, Die Muenzrechnung der Lex Salica, VSchrSozWG., 1911, 31. Vide supra, pág. 29, nota 2.

Acerca de las clases sociales véase la literatura citada en el § 4, además, CHABERT, Bruchstuecke einer Staats-und Rechtsgesch. der deutsch-oesterr. Laender, Denkschriften der Wiener Akademie, III, IV. DAHN, Gesellschaft und Staat in den germ. Reichen der Voelkerwanderung, Histor. Taschenbuch, 5, F., III. HECK, Altfriesische Gerichtsverfassung, 1894, 298 ss.—Die Gemeinfreien der karol. Volksrechte, ZRG., 19, 76;—Staenderechtliche Probleme, ibidem, 23, 193. VINOGRADOFF, Wergeld und Stand, ZRG., 23, 123;—Zur Wergeldfrage, VSchrSozWG., 1905, 534. R. SCHROEDER, Der altsaechsische Volksadel, ZRG. 24, 347. VORMOOR, Soziale Gliederung im Frankenreich (Leipziger histor. Abhdl.), 1907. GUTMANN, Die soziale Gliederung der Bayern zur Zeit des Volksrechts, 1906. (Cf. v. Schwerin, ZRG., 28, 533). F. BEYERLE, ZRG., 49, 273 s. v. SCHWERIN, Goetting. Gel. Anzeigen, 1909, 804 ss. (contra la teoría de HECK sobre las clases sociales nórdicas). E. MAYER, Leudes curiales, ZRG., 36, 438. F. THIBAULT, La question des «Gemeinfreie», Nouv. Revue hist., 46 (1922) 391 ss. HARSIN, Contribution á l'étude de la condition des personnes en Germanie, Rev. belge de philol., VI (1927), 147 ss. KROELL, Étude sur l'institution des lites, Études Girard, II (1923), 125 ss.

§ 12. La formación del Derecho

Dentro del reino franco se conserva la especialidad del Derecho por nacionalidades y troncos. Incluso dentro de cada tronco no se daba un Derecho unitario. Así, entre los francos tenían derecho diferente los salios, los ribuarios y los chamavos. En los sajones era muy diverso, en varias relaciones, el Derecho de los westfalianos del de los ostfalianos y angrivarios. En Frisia los Derechos de los frisones orientales y de los occidentales se diferenciaban mucho entre sí y respecto del Derecho de los frisones del centro.

Para las relaciones de intercambio de súbditos del reino franco se desarrolló el principio de la personalidad del derecho, en cuya virtud cada uno era juzgado según la *lex originis,* es decir, en la que hubiese nacido[12]. Principios especiales regían

[12] *Lex Ribuaria,* 31, 3: ut infra pago Ribuario tam Franci, Burgundiones, Alamanni seu de quacumque natione conmoratus fuerit, in iudicio interpellatus, sicut lex loci contenit, ubi natus fuit, sic respondeat. 4: Quod si damnatus fuerit, secundum legem propriam, non secundum Ribuariara, damnum susteneat.

la decisión del problema acerca del Derecho competente cuando en una relación jurídica intervenían varias personas con diferente Derecho de origen[13]. Por razón del matrimonio, la mujer adquiere el Derecho del tronco en que viva su marido. La Iglesia era juzgada según el Derecho romano[14]. En lugares de población mixta, especialmente en Italia, fue costumbre que las partes indicaran ante el tribunal o en los negocios jurídicos el Derecho en que vivían y que estas declaraciones[15] se incluyeran en los documentos judiciales o en los de escrituración del negocio.

Donde era más densa la población romana se vivía según el Derecho romano. Este sufre en ella una quiebra análoga a la del latín que sé hablaba. En los provinciales romanos se desenvuelve particularmente un Derecho vulgar que, adaptándose a las circunstancias, se ofrece como una continuación o corrupción del Derecho romano puro. Las instituciones germánicas penetran también en el Derecho de la población romana, especialmente en materia de familia y contratos. A su vez, ya en la época franca, los troncos germánicos que habían entrado en íntimo contacto local con los romanos reciben algunas concepciones e instituciones jurídicas romanas, no sin transformarlas y desenvolverlas con peculiaridad. El lenguaje de la legislación y de los documentos está tomado generalmente del romano. Y de modo paralelo a cómo el lenguaje se encuentra bajo la influencia del latín vulgar, en la recepción de los materiales jurídicos romanos no sirve de punto de vinculación el Derecho romano de las colecciones jurídicas, sino el Derecho vulgar de los provinciales romanos.

En correspondencia a la posición dominante de los francos, su ordenamiento jurídico ha desempeñado en el reino franco el papel rector entre los derechos de los troncos alemanes. Prescindiendo de las constituciones y ordenaciones reales que promovieron la aplicación de las normas jurídicas francas, y preponderantemente de las francas salías, más allá del territorio del tronco de los francos, realiza una función unificadora la jurisprudencia del tribunal real franco, y los numerosos francos que, como *missi*, condes, administradores de las posesiones reales o titulares de las dignidades eclesiásticas, actuaban en lugares del reino no habitados por francos, hacen valer consciente o inconscientemente su influencia en favor del Derecho franco. Pese a los comienzos de una unificación del Derecho construida sobre bases jurídicas predominantemente francas, el desarrollo del Derecho dentro del reino franco frustra las tentativas de superar los contrastes entre los Derechos de los diversos troncos. Nada lo prueba mejor que la aparición de proyectos para conseguir por vía legislativa la deseada unificación jurídica. Carlomagno, después de su coronación imperial, concibió el plan de eliminar las diferencias entre los dos Derechos populares francos. Un obispo burgundio, Agobardo de Lyon, escribía a Luis

---

[13] El *wergeld* y las multas se regían normalmente según el Derecho de origen de la víctima; las penas públicas según el Derecho del autor. Sin embargo, desde el siglo IX empieza a penetrar en el Derecho penal el derecho del lugar del suceso, al principio solo para ciertos delitos. El demandado se defendía ante el tribunal según su Derecho de origen. En los contratos cada parte se obligaba de conformidad con el Derecho en que había nacido. De aquí que la celebración del matrimonio tuviera que observar el Derecho de ambos contrayentes. El Derecho hereditario se determina según el Derecho del causante.

[14] *Lex Ribuaria,* 58, 1: secundum legem Romanam, quam ecclesia vivit. Esto no es aplicable a las iglesias propias para las que era competente el derecho personal del propietario. Las iglesias en propiedad o bajo protección especial del rey franco disfrutaban el Derecho franco.

[15] Llamadas en la literatura germánica *professiones iuris.*

el Piadoso que debía elevar a Derecho general del reino el derecho del tronco franco para que de la misma suerte que todos se encontraban bajo la denominación de un rey se encontraran también bajo la soberanía de un derecho. Estos planes, que no llegaron a realizarse, arrojan una luz esclarecedora sobre el alcance de aquellas tendencias de centralización, tales como maduraron en los días de Carlomagno y como en los de Luis el Piadoso fueron representadas por las dignidades eclesiásticas francas; de otra parte, muestran cuán lejos se estaba en realidad de la unidad jurídica en un tiempo en que los deseos de unificación logran su punto culminante en la monarquía franca.

El desarrollo jurídico se produce en parte por vía consuetudinaria y en parte por derecho estatuido. Llamamos Derecho popular al Derecho que debe su nacimiento a la participación inmediata del pueblo en la jurisprudencia y en la producción jurídica. La realeza no ejerce solo la facultad de colaborar en la constitución del Derecho popular, llevada a cabo no rara vez a iniciativa del rey y en su nombre, sino que el monarca se convierte en factor sustantivo de la formación del Derecho. Mediante la práctica administrativa y las ordenaciones reales se producen nuevas normas e instituciones jurídicas que con el auxilio del poder público judicial consiguen aplicación en los tribunales populares. Las novedades que tienen punto de partida en el poder del rey y de sus funcionarios o en la jurisprudencia del tribunal real, suele designarse en la literatura histórico-jurídica posterior con la expresión de Derecho real, para diferenciarlo del Derecho popular. En parte completa este Derecho popular, en parte le contradice y en parte entra inicialmente en concurrencia con él para desplazarle en último término. Con frecuencia el Derecho real se trasvasa, en el curso del tiempo, en el Derecho popular gracias al Derecho consuetudinario o al estatuido. El desarrollo del Derecho real prospera con máxima amplitud en el tribunal regio donde, por efecto del extraordinario poder judicial del rey, se crean una serie de instituciones que, como tales, permanecen ajenas a los tribunales populares.

Acerca del principio de la personalidad del Derecho tratan v. SAVIGNY, Geschichte des roem. Rechts im Mittelalter, I. 115 ss. STOBBE, Personalitaet und Territorialitaet des Rechts en el Jahrbuch des gemeinen d. R., 6, 21. STOUFF, Étude sur le principe de la personalité des lois, 1894. NEUMEYER, Die gemeinrechtliche Entwicklung des internationalen Privat-und Strafrechts. I, 1901, II, 1916;—ZRG. 39, 309 ss. L. CHIAPELLI, La donna Pistojese del tempo antico, 1914 (professiones juris), según NA., 40, 468.—Sobre Derecho romano vulgar H. BRUNNER, Zur Rechtsgeschichte der roem. u. germ. Urkunde, 1880, 1, 113. Cf. MITTEIS, Reichsrecht und Volksrecht in den oestlichen Provinzen des roem. Kaiserreichs, 1891, 3 ss.—Sofbt, Fraenkisches Recht und roem. Recht en la ZRG., 1;—Die fraenkische Reichs-und Gerichtsverfassung, 1871, 102 ss. E. MAYER-HOMBERG, Die fraenk. Volksrechte im Mittelalter, I: die fraenk. Volksrechte u. das Reichsrecht, 1912. Gerhard SEELIGER, Volksrecht und Koenigsrecht? en la HistVjschr., I, 1898. v. HALBAJ?, Das reom. Recht in den german. Volksstaaten, I—III, 1899-07. P. VINOGRADOFF. Roman Law in medieval Europe, 1909. M. CONRAT, Roem. Recht im fruehesten Mittelalter, ZRG. Rom., 34, 13 ss.

§ 13. Los monumentos jurídicos

Durante este período brotan abundantes las fuentes del Derecho escrito. Por doquier descubren las nuevas relaciones de vida la necesidad del nuevo Derecho y de fijar al Derecho consuetudinario existente. La influencia de la cultura romanocristiana da el impulso decisivo para la fijación escrita del Derecho. Se explica así que los pueblos primeros en tener contacto duradero con ella sean los que más tempranamente nos ofrecen la escrituración de su Derecho. Entre las fuentes de Derecho de este periodo hay que distinguir las *Leges,* también llamadas *Leges barbarorum* por los nuevos Derechos populares, las ordenaciones de los reyes y de los mayordomos francos, las Colecciones de fórmulas y los documentos, así como algunos Tratados jurídicos.

1. Las *Leges* están destinadas a recibir el Derecho del tronco respectivo. En parte se ofrecen como Derecho estatuido y en parte como resultado de las encuestas jurídicas sobre el Derecho consuetudinario vigente (*weistuemer*). La producción y fijación del Derecho procede del pueblo o, donde no era así, como sucedía en relaciones excepcionales en los pueblos sometidos por la fuerza, tiene lugar con participación del pueblo[16]. Pues el rey, en sí, no está facultado para modificar unilateralmente el Derecho del tronco. Sin embargo, con el creciente poder de la realeza aumenta la parte que toma en la producción y redacción del llamado Derecho popular. Juegan también con ello la influencia de algunas *Leyes* por los Derechos de otros troncos, especialmente por el derecho burgundio y el visigótico.

El contenido de las *Leyes* es en gran parte de naturaleza jurídico-penal y procesal; constituyen un núcleo importante las determinaciones de las penas pecuniarias. Por lo demás, los Derechos populares no aspiran a ofrecer el estado del Derecho de un modo exhaustivo, dan por conocido no poco del Derecho vigente y se limitan a aquellas normas jurídicas cuya fijación ofrecía un interés especial. En la mayoría de los troncos el contenido de la *Lex* redactada originariamente recibe adiciones y sufre enmiendas con posterioridad por nuevos actos legislativos. El procedimiento por el que se incorporaban tales Novelas en el texto de la antigua *Lex* fue diverso en los distintos troncos. En varios se incapitulaban las Novelas de la *Lex,* es decir se intercalaban o añadían oficialmente el cuerpo de la *Lex* bajo determinado número de títulos o de capítulos. O se prescindía de concordar de oficio la nueva *Lex* con la antigua, así que se dejaba abandonado a los copistas la producción del texto aplicable. Entre los longobardos nos han llegado las Novelas del modo en que cada rey las agregó como adiciones al antiguo Derecho popular, ya que en ellas se hace constar así y también el nombre de su autor. Entre los visigodos la redacción primitiva se sometió varias veces a una reelaboración oficial.

En las noticias más antiguas se atribuye un cuidado especial en la redacción y reforma de los Derechos populares a los merovingios. Lotario II y Dagoberto I, así como a Carlomagno, este singularmente con motivo de una Dieta del Imperio celebrada en Aquisgrán por el año 802-3[17].

---

16 La dación del Derecho se concebía como un convenio. De aquí que no rara vez se la llame *pactus.* También la norma jurídica singular solía iniciarse con las palabras: hoc convenit observare.

17 *Annales Laureshamenses,* año 802, Non. Germ. hist. Scriptores I, 38: imperator... congregavit duces, comites et reliquo Christiano populo cum legislatoribus et fecit omnes leges in regno suo legi et tradi unicuique homini legem suam et emendare ubi necesse fuit et emendatam legem scribere. Los comisarios regios a quienes se confiara la fijación inquisitoria y la redacción de los diversos derechos populares tenían a su disposición en Aquisgrán manuscritos de las *Leges* más antiguas, especialmente de la *Lex Ribuaria,* de la *Lex Alamannorum* y de la *Lex Baiwvariorum.* que utilizaron en el desempeño de su misión.

La *Lex Salica* interesa como el más primitivo y de mayor antigüedad de todos los Derechos populares alemanes. Según el prólogo, sobre el Derecho popular salio, ya en época anterior a Clodoveo se llevó a cabo entre los francos salios una redacción del derecho por hombres sabedores de la materia elegidos de entre el pueblo. Solo que la estructura fundamental, ostensible en los textos más antiguos conservados, únicamente puede haberla recibido la *Lex* de un tiempo 9 en que los francos estuvieran ya cristianizados en parte, de forma que el cristianismo y el paganismo, ignorados por igual en las normas jurídicas[18], mantuvieran aún recíprocamente el equilibrio en la masa del pueblo, de un tiempo en que el reino franco se encontraba ya bajo la soberanía de un rey, limitaba con el reino de los visigodos y había sobrepasado el Loira, y luego de una modificación del sistema monetario sucedida poco antes, según la cual cuarenta denarios componían un sueldo[19]; puntos de referencia que excluyen el tiempo anterior a Clodoveo y a su guerra con los visigodos. La *Lex* es más antigua que una ley de paz territorial (*pactus pro tenore pacis*) de Childeberto I y Lotario I (511-557) y que un Edicto del rey Chilperico (561-584), en razón de que ambas leyes hacen referencia a la *Lex Salica.* Si en atención a la unidad de la monarquía, presupuesta en la *Lex,* descartamos los años desde la muerte de Clodoveo hasta el 558, resultan los 508-511 como tiempo presumible de su nacimiento.

Algunos pasajes y normas jurídicas de la *Lex* tienen por base la utilización de las leyes del rey visigodo Eurico. Los textos más antiguos contienen la llamada *Glosa malbergense,* interpolación de antiguas palabras francas añadidas con posterioridad al texto latino de la *Lex,* para explicarle o completarle con las expresiones usuales en el tribunal (*in mallobergo*)[20]. El contenido de la *Lex,* prescindiendo de la transformación jurídico-consuetudinaria del antiguo Derecho salio, fue modificado numerosas veces por nuevos actos legislativos de los que varios fueron dictados solo para alguno de los reinos fraccionarios merovingios. No es comprobable, y sí poco presumible, que el texto del Derecho popular haya sufrido una reelaboración oficial después de Clodoveo[21]. Las Novelas no se incapitulan por lo regular en la *Lex,* ni siquiera se ponen en contacto con ella por mano oficial, sino que las más veces quedó en la de los copistas intercalarlas o añadirlas a su arbitrio en la *Lex,* de suerte que los manuscritos ofrecen formas muy vacilantes y divergentes. La clasificación tradicional de los manuscritos ha sido impugnada hace unos años con varios fundamentos, sin que se haya conseguido un resultado nuevo y seguro. Junto a una recensión en sesenta y cinco títulos, se encuentra una recensión neustria en noventa y nueve títulos (el llamado texto de los cien títulos) que se adapta más que aquélla a las *Leges Eurici* utilizadas como modelo. Las formas del texto de una familia de manuscritos que eliminan la *Glosa malbergense* y que intentan ofrecer un latín puri-

---

18 Recientemente F. Beyerle. ZRG. 44, 249 ss. ha hecho probable que también las formas del texto más antiguas que nos han llegado ofrecen interpolaciones cristianocarolingias.

19 El esquema de los catálogos de las penas pecuniarias: sexcentos denarios, qui faciunt solidos quindecim culpabilis iudicetur, permite colegir que la modificación afecta al valor del denario a causa de que es este el que se considera necesitado de aclaración y no el valor del sueldo. Por tanto la acuñación de sueldos de oro ligeros desde mucho antes de 561 no tiene fuerza decisoria sobre el tiempo de nacimiento de la *Lex.* Parece, además, imposible que la *Lex Salica* fuera, por su parte, con su cómputo monetario la causa determinante de la modificación de la valuta.

20 Como restos de un texto alemán perteneciente al tiempo de Clodoveo I la reputa de nuevo y últimamente E. Mayer. Tijdschr. III, 192 ss.

21 Más insegura es todavía una pretendida redacción de Pipino sobre los años 763-64.

ficado de los barbarismos más inconvenientes, se conocen con los hombres de *Lex Salica emendata* o *reformata.* De una parte de la tabla de rúbricas, del primer título y de una parte del segundo título ha llegado a nosotros el resto de una traducción al franco oriental hecha en el siglo IX.

La *Lex Ribuaria,* el Derecho popular de los *francos ribuarios,* solo ha sido transmitida en un texto que procede de la época carolingia, probablemente del siglo VIII, en todo caso antes del 803. Pero la redacción de la *Lex,* que está compuesta de varios elementos heterogéneos, se remonta al período merovingio. Ha sido elaborada con utilización de la *Lex Salica* y contiene también referencias a la *Lex Burgundionum.* Una de sus primeras partes integrantes se caracteriza por su sistema de penas pecuniarias de estilo ribuario antiguo, una segunda parte se identifica como elaboración sistemática del Derecho popular salio, que de propósito pasa por alto las instituciones jurídicas extrañas a los ribuarios y los títulos ya anticuados del modelo. Una tercera parte, así como algunas leyes reales incluidas en la segunda, parecen haberse producido bajo Dagaberto I (628-639), mientras que la primera y segunda deben pertenecer al siglo VI. Algunos pasajes son agregación ocasional a la redacción carolingia.—Poseían un Derecho especial, divergente en el detalle del Derecho ribuario, los francos chamaros de quienes toma nombre, pueblo este que habitaba en la Hamalandia, sita en el Rhin inferior y en el Yssel, y en algunos distritos vecinos. Hacia fines del siglo VIII o comienzos del IX, presumiblemente por los años 802-3, se recibió una encuesta, o definición de los *sapientes* sobre el Derecho especial de los chamaros. Una redacción jurídica hecha sobre su base es la *Ewa Chamavorum.* Contiene cuarenta y ocho breves capítulos de los que algunos aparecen influidos en su texto por el Derecho popular bávaro.

La redacción más antigua transmitida del Derecho popular de los *alamanos* es el llamado *Pactus* que solo ha llegado a nosotros en cinco fragmentos. Trátase de Derecho estatuido que emplea las expresiones jurídicas específicas de los francos salios y que probablemente nace en la primera mitad del siglo VII, al parecer bajo Dagoberto I.

Un Derecho estatuido más extenso y mejor ordenado recibe el tronco de los alamanos por la *Lex Alamannorum,* de la que solo poseemos una redacción (*Lantfridana*) hecha probablemente de 710-720, en tiempo del duque Lantfrido de Suabia († 730) sobre una compilación del tronco alamano. Carece de fundamento la admisión de tres redacciones diferentes de está *Lex.*

El Derecho popular bávaro, la *Lex Baiuwariorum*[22], fue redactado con fuerte utilización de aquellas leyes del rey visigodo Eurico que habían permanecido vigentes en los territorios de las Galias abandonados por los visigodos después de la caída de Alarico II. La ordenación de materias, el contenido y el propio tenor literal del texto manifiestan muchas veces un próximo parentesco con la *Lex Alamannorum,* relación que cabe explicar por la utilización de un modelo más antiguo común a ambas *Leges* y que no ha llegado hasta nosotros. La redacción de la ley que poseemos *Odiloniana*) se debe a la colaboración del poder estatal franco y los *iudices* bávaros, probablemente bajo el duque de Baviera Odilo, sobre los años 741-743. Un cierto número de normas jurídicas se remontan a una ley real de contenido jurídico eclesiástico y público dada presumiblemente en tiempo de Dagoberto I (629-634),

[22] Sobre el discutido modo de escribir este nombre, últimamente KRUSCH, NA. 47, 31 s.

destinada para varios ducados francos y que fue también utilizada para la confección de la *Lex Alamannorum*[23]. Forman un apéndice del Derecho popular bávaro dos novelas de Tassilo III, procedentes de resoluciones de las asambleas del tronco bávaro, a las que dan nombre los lugares de su celebración: son los *decreta* de Dingolfing, y los algo posteriores de Neuching del 14 de octubre de 771.

Para el tronco de los *sajones* nos han llegado numerosas constituciones de Derecho del tiempo de Carlomagno. Presumiblemente en el año 782 (785 ?) dictó Carlomagno la *Capitulatio de Partibus Saxoniae,* en cierto modo una ley sobre la condición de las personas llamada a procurar mediante penas severísimas la dominación de los francos y del cristianismo. Menos riguroso es el *Capitulare Saxonicum* proveniente de los acuerdos de una asamblea del reino habida en Aquisgrán el año 797 con participación de los sajones. Con posterioridad a este capitular y posiblemente en conexión con aquella Dieta imperial de Aquisgrán de los años 802 y 803, donde Carlomagno intervino en la redacción y complemento de los Derechos nacionales[24], se redactó el texto que hemos recibido de la *Lex Saxonum.* En él se utilizaron, junto a una antigua redacción del Derecho sajón, la *Lex Ribuaria,* teniendo en cuenta el complemento que había recibido por un capitular del año 803.

Aproximadamente al mismo tiempo aparece la *Lex Thuringurum,* llamada en una de las dos formas del texto que conocemos *Lex Angliorum et Werinorum, hoc est Thuringorum.* Es una constitución de Derecho para el tronco de los anglos establecido en Turingia, que vivía en el territorio de Unstrut (*pagus Engelheim*), y de los varinos sus vecinos orientales (*Werenofeld*). Está basada en la *Lex Ribuaria* y en algunos pasajes utiliza también la *Lex Saxonum.*

La llamada *Lex Frisionum* no se ofrece como una *Lex* sino como una compilación de materiales de diverso carácter y también de diferente tiempo de origen. En parte, contiene normas jurídicas que presuponen la práctica del cristianismo y, en parte, otras indicativas de la supervivencia local del paganismo[25]. El sistema monetario y la cuantía de las multas revelan una amplia diversidad. Forma el núcleo de la llamada *Lex* una redacción compilatoria sobre el Derecho de los frisios del centro (entre el Fli, la desembocadura del Zuidersee y el Laveke) que, al lado de otros, utiliza el contenido del Derecho popular estatuido y de leyes reales de carácter penal del siglo VIII, como también referencias orales. Puede haberse originado bajo Carlomagno, quizá en conexión con una *inquisitio*[26] oficial del 802-3, en calidad de trabajo preparatorio para una redacción oficial omitida después por causas no sabidas. Algunas normas jurídicas, así como la estructura conjunta, ofrecen parentesco con la *Lex Alamannorum.* Un lugar (tít. 17, c. 4) acusa la utilización de la *Lex*

23 Nuevas investigaciones han hecho probable que además de estas descansen también otras normas jurídicas de ambos derechos populares en una legislación merovingia para los troncos alto alemanes.

24 Vide supra, nota 1 de la pág. 40.

25 *Lex Fris.* Add. tit. 11: hoc trans Laubachi de honore templorum. Qui fanum effregerit et ibi aliquid de sacris tulerit, ducitur ad mare et in sabulo, quod accessus maris operire solet, finduntur aures eius et castratur et immolatur diis, quorum templa violavit.

26 No se trata de un «protocolo», a menos que se quiera hacer un mal uso de la palabra. Por un protocolo sobre las definiciones de derecho de los *sapientes* tiene RIETSCHEL la *Lex Frisionum,* en oposición a HECK que caracteriza la parte principal como un protocolo de los acuerdos de una asamblea legislativa, mientras considera la *Lex* en su todo como una codificación.

Thuringorum. Forma un apéndice la llamada *Additio sapientum,* colección de *weistuemer* sobre el Derecho frisio proveniente de dos juristas de nombres Wlemaro y Saxmundo. Tanto en la *Lex* como en la *Additio* se recibieron adiciones sobre el Derecho especial de los frisios del Oeste (desde el Fli hasta Sinksal, al Norte de Brujas) y de los frisios del Este (desde el Laveke hasta el Weser).

2. *Los Capitulares.* – La producción regia del Derecho de la época merovingia lleva los nombres de *edietum, praeceptio, decretum, decretio, auctoritas.* En la época carolingia llegó a ser denominación técnica de aquella actividad la palabra *capitulare. Capitulum* quiere decir una sección del documento donde se estatuye el Derecho. El conjunto de los capítulos nacidos y escriturados simultáneamente fue llamado *capitulares* o *capitula.* La forma de reducirlos a documento está emparentada con la usual en los concilios eclesiásticos. Según que trataran de asuntos eclesiásticos o laicos, los capitulares se dividían en *Capitula ecclesiastica* y *Capitula mundana.* Sin embargo, hay algunos que podrían llamarse *Capitula mixta,* es decir, que regulaban materias tanto eclesiásticas como seculares. De la masa de los *Capitula mundana* destacamos tres clases típicas de capitulares: 1.° Los *Capitula legibus addenda,* que debían tener igual fuerza legal que el derecho popular. En ellos se crea bien derecho del tronco, y por tanto, derecho personal de los pertenecientes a un tronco singular, o bien un derecho común para los pertenecientes a diversos troncos, según que debieran adicionarse a una determinada *Lex o* a todas las *Leges*[27]. Donde la jurisprudencia fue, como entre los francos, cosa de los tribunales comunales, los *Capitula legibus addenda* requerían fundamentalmente el asentimiento del pueblo[28], como sustitución del cual solía valer el consenso de las gentes reunidas en la Dieta del reino. 2.° Los *Capitula per se scribenda,* ordenaciones propias que creaban derecho territorial del Imperio o del país. El rey se aconseja regularmente de los grandes del reino, cuyo consentimiento pesa cada vez más desde Luis I. 3.° Los *Capitula missorum,* capitulares dirigidos a los *missi* reales. Por lo común les eran entregados al partir para su distrito, fuera como instrucciones para sus actividades de funcionarios o bien para ser publicados por ellos con el fin de observancia general. Por el tiempo en que pasaron a los mayordomos importantes derechos reales, dictaron también capitulares[29].

No se hicieron colecciones oficiales de los capitulares. Una colección privada de capitulares de Carlomagno y de Luis I con precedencia de los capitulares eclesiásticos, por lo demás, ordenada cronológicamente, reunió en el año 827 el abad Ansegiso de Fontanella (Saint-Wandrille, diócesis de Rouen), trabajo que el poco tiempo mereció la consideración de una colección oficial. Para complemento de la de Ansegiso se publicó una colección de falsas capitulares hecha en Vestfrancia, 847-857, probablemente 848-850, de la que se declara autor Benedictus Levita de Maguncia. La obra es en gran parte una falsificación emprendida al servicio de intereses eclesiásticos partidistas. A fines del siglo X consiguió vigencia en Italia una colección de capitulares, hecha por el mismo, llamada simplemente *Capitulare* o *Capitulare Langobardorum.*

---

27 Así por ejemplo el *Capitulare legi Ribuariae additum* del año 803. los *Capitula ad legem Baiuwariorum addita* de 801-813. los *Capitula legi Salicae addita* de 820.

28 Quoniam lex consensu populi et constitutione regis fit, dícese en el *Edictum Pístense* de 864 c. 6, Cap. II, 313.

29 De un capítulo del *Capitulare legibus addendum* 818-19 poseemos una traducción al franco medio (Cap. I, 378) que probablemente apareció en Lorena a fines del siglo IX o comienzos del X.

3. *Las Colecciones de Fórmulas y los Documentos.* – En el Imperio franco se compusieron numerosas colecciones de fórmulas al objeto de ofrecer formularios para la redacción de documentos. Son trabajos jurídicos privados que dominan la diplomática durante siglos, como puede comprobarse en ejemplos concretos. De tales colecciones mencionaremos como de mayor importancia: 1.° Las *formulae Andecavenses,* presumiblemente el libro de fórmulas de un escribiente de la curia municipal o de un actuario del tribunal de la ciudad de Angers, a principios del siglo VII. 2.° Las *formulae Marculfi,* redactadas por el monje Marculfo y dedicadas a un obispo Landerico, considerado por unos obispo de París y por otros obispo de Meaux. Su colección, cuya época de nacimiento cae en la segunda mitad del siglo VII, ofrece en un primer libro muestras para *cartae regales* y en el segundo un formulario para documentos privados, *cartae pagenses.* 3.° Las *jormulae Turonenses,* más modernas que las de Marculfo, pero pertenecientes aún a la época merovingia, provistas de lugares escogidos de la *Lex Romana Visigothorum* o de un extracto de ella y redactadas en Tours, presumiblemente hacia la mitad del siglo VIII. 4.° La *Collectio Flaviniacensis,* es una reelaboración de las fórmulas de Marculfo y de las turonenses, que aparece en el claustro burgundio de Flavigny (diócesis de Autun) en la segunda mitad del siglo VIII y que contiene algunos fragmentos propios importantes. 5.° Las *formulae Senonenses,* llamadas también inadecuadamente *Appendix Marculfi,* probablemente el libro formulario de un escribano del conde de Sens. El núcleo principal de la colección proviene de los años 768-775. 6.° Las *formulae Bituricenses,* compilación extraordinariamente desordenada de elementos de varias épocas y que con probabilidad fueron recogidas en Bourges hacia los últimos tiempos del reinado de Carlomagno. 7.° Las *formulae Bignonianae,* aparecidas antes de 775 en territorio jurídico de los salios. 8.° Una colección de fórmulas francas occidentales, que ha publicado por vez primera Merkel (*formulae Salicae Merkelianae*), redactadas primeramente en la época carolingia y en un lugar con densa población salía, pero completadas por el año 775 con un apéndice tomado de las fórmulas *Bignonianae* y provistas más tarde de nuevas adiciones. 9.° Las *formulae Salicae Lindenbrogianae,* colección que dio a conocer Lindenbruch, redactada en tierra de los antiguos salios, presumiblemente en el territorio del Mosa y el Escalda, a últimos del siglo VIII. 10. La Colección *Pithoucense,* recopilación de más de cien fórmulas o fragmentos de fórmulas para negocios de Derecho privado que estaba contenida en un manuscrito desaparecido perteneciente al erudito Franz Pithou. Procede de un territorio de Derecho salió, cabe presumir que de los alrededores de París, todavía dentro del siglo VIII. Solo conocemos fragmentos y extractos. 11. Las *fórmulas imperiales,* fórmulas para los documentos imperiales reunidas sobre el 830 en la cancillería de Luis I. 12. Las *formulae Augienses,* tres colecciones aparecidas en el claustro de Reichenau y de diferentes épocas, de las cuales la *Collectio* B., perteneciente en parte al siglo VIII y en parte a la primera mitad del IX, encierra los datos de mayor interés histórico jurídico. 13. El llamado formulario del obispo *Salomón III* de Constanza, que reunió en San Gall el monje Notker el Tartamudo, a fines del siglo IX. 14. Los fragmentos de *San Emmeram,* restos de una gran compilación del siglo IX, que recibe las fórmulas *Lindenbrogianae* y una reelaboración de las fórmulas de Marculfo.

La diplomática germánica reconoce su procedencia de la diplomática antigua, pero en el curso de su desarrollo sustentativo ha sufrido profundas transformaciones. Los documentos se dividen en documentos reales y documentos privados. Solo los documentos reales, de los cuales los *diplomala, capitularia, placita* e *indiculi* son los más valiosos como monumentos jurídicos, son públicos, es decir, hacen prueba por sí mismos (auténticos), porque son documentos irrefragables[30]. A diferencia de los documentos privados, podían carecer de testigos, característica que comparten con ellos los documentos judiciales longobardos. Los documentos privados se dividen en *cartae* y *notitiae*. La *carta* es documento constitutivo, documento del negocio. El negocio jurídico que incorpora no queda simplemente probado en el documento sino que se celebra en él. El documento se libra por la parte contraria del destinatario, es decir, del que debe recibirlo. Constituye la forma del negocio jurídico concluido por carta el acto documental al que es de esencia la *traditio cartae*, la entrega del documento (con frecuencia inconcluso), de mano de su librador a la del destinatario[31]. En la entrega, se emitían por el librador declaraciones verbales sobre el negocio jurídico en celebración, a las que correspondía el texto del documento en las partes que contenían el acto de disposición jurídica. Después de la tradición de la carta incompleta llevaban a cabo los testigos la *firmatio, roboratio, stipulatio,* la imposición de manos, consistente en que tocaban el documento (*cartam tangere*), o signaban o suscribían. La forma del librador es usual, pero no esencial. Ultima el actuario el documento suscribiéndole. La *firmatio* de los testigos o del librador, o de ambos, viene indicada o corroborada, no sin frecuencia, por la cláusula (ambigua), *stipulatione, adstipulatione subnixa*[32]. Entre los francos, alamanos y otros troncos germánicos se da una forma especial de la tradición del documento. Aquí es práctica que concretamente el librador recoja la *carta* del suelo (*cartam levare;* compárese el *finem levare* en el derecho inglés, levantar protesto en Derecho cambiario) para ofrecérsela al destinatario. La *notitia* es simple documento probatorio, es decir, tiene solo la misión de servir como medio de prueba y, por ello, tiene el estilo de un relato. En *notitiae* se escrituran actuaciones judiciales o negocios jurídicos extrajudiciales. En este caso, el negocio jurídico no logra su existencia gracias al documento, sino independientemente de él. El propio destinatario puede ser librador de la *notitia*. Los testigos de la *notitia* no lo son del acto documental, sino del negocio jurídico que fue concluido antes de la escrituración. Aquí no es necesaria una *firmatio testium*. Basta que la *notitia* dé cuenta en su contenido de la presencia de los testigos, es suficiente la relación del acto escriturado.

---

30 Se relaciona con esto la confirmación de documentos privados por documentos reales (*auctoritas*). Cf. BEYERLE, ZRG. 48. 310 ss.

31 El propio documento incompleto (en algunas circunstancias el solo pergamino) es llamado *carta*. Así es perceptible en documentos réticos con data separada: carta tracta (traiecta) est anno... et scripta anno. El material del documento está destinado a llegar a ser documento; hay, pues, que concebir desde luego el acto documental como un acto unitario, por lo que la *carta* no puede ser tenida como simple documento probatorio. Encierra un acto dispositivo que cuando menos habría que entender como un acto de reconocimiento.

32 La discrepancia de FREUNDT (Wertpapiere, I. 1910, 218) se resuelve en el hecho de que no ha utilizado la 2.ª edición de la DRG. de BRUNNER. [Una indicación sobre este problema. J. A. RUBIO, AHDE. 9, 17-19 notas 32-35. Refiriéndose a la polémica Freundt-Brunner escribe M. TORRES (Lecc. hist. der. esp. II, 1934, 149 s.): «... creemos que no puede negarse en nuestro sistema documental... la diferenciación entre ambas clases de documentos y la eficacia constitutiva de la *traditio cartae*. La validez de la *traditio cartae*, como dice Rubio (loc. cit) está reconocida al menos una vez en la ley V, 2, 6 del Líber. Si nos atenemos a documentos posteriores, ese valor constitutivo se confirmaría». Más literatura HVEBNER, Grunzuege § 88, y además ZCHULTZE-V. LASAULX, Beitraege zur Geschichte des Wertpapierrechts, 1931. especialmente 1-58 (anuncia nuevas investigaciones), sobre esta obra y con particular referencia al estado actual de la crítica sobre la teoría de Brunner, H. Mever, ZRG. 52. 470-76. Se afirma en las observaciones de Schultze-v.

4. *Tratados jurídicos.* – A la época merovingia y con cierta probabilidad al siglo VII, o comienzos del VIII, pertenece un tratado sobre los funcionarios. Ofrece una consideración etimológica sobre la jerarquía de los funcionarios y está redactado presumiblemente a base de un antiguo catálogo de funcionarios de la baja Roma y cerca de una corte real franca. En la época carolingia, son particularmente notables una exposición de la administración de la corte debida al arzobispo Hincmaro de Reims († 882), inspirada en un *libellus de ordine palatii* que había escrito el abad Adalardo de Corbie († 826), uno de los consejeros de Carlomagno, y además un *libellus de exordiis el incrementis rerum ecclesiasticarum* de Walafrido Strabon († 847), sobre el origen de las instituciones eclesiásticas que son comparadas con las seculares.

STOBBE, Geschichte der deutschen Rechtsquellen, I, 1860. GAUPP, Das alte Gesetz der Thueringer, I: Ueber die Familien der altgermanischen Volksrechte, 1834. SCHROEDER, Zur Kunde der deutschen Volksrechte, ZRG. 7, 17. Un resumen del contenido de los derechos populares en DAVOUD-OGHLOU, Histoire de la législation des anciens Germains, 2 vls., 1845. En cuanto a las ediciones generales más antiguas de las fuentes de derecho de este período véase STOBBE a. a. O., pág. 8 ss. H. BRUNNER, Deutsche Rechtsgeschichte, I, 413, 417. F. WALTER, Corpus juris Germ. antiqui, 1824. Ha sido emprendida una edición total en los Monumenta Germaniae histórica. La edición en folio quedó cerrada con el quinto tomo. Los Monumenta publican una nueva edición en 4.°. Una selección de extractos y ejemplos para el uso académico en GENGLER, Germanische Rechtsdenkmaeler (con glosario), 1875.

Lex *Salica*. Ediciones: PARDESSUS, Loi Salique, 1843. WAITZ, Das alte Recht der salischen Franken, 1846 (ofrece el texto a base de los cuatro manuscritos de la hasta hoy llamada primera familia) con un apéndice de MUELLENHOFF acerca de las palabras alemanas de la L. Salica. MERKEL, Lex Salica, 1850 con un prólogo de J. GRIMM. Lex Salica editada por BEHREND, 2.ª edic., 1897. Lex Salica para el uso Heinrich GEFFCKEN, 1898. La edición que se basa en la comparación de manuscritos más extensa es la de HESSEL, Lex Salica: the ten texts with the glosses and the lex emendata, con explicaciones sinópticas acerca de las palabras francas de la Lex por H. KERN, London, 1880. Ocho manuscritos sueltos han sido imprimidos en seis cuadernos por Alfred HOLDER, Lex Salica, 1879-80. Ofrece una traducción y un comentario (pero en cuya utilización es aconsejable cautela). Knut Jungbohn CLEMENT Forschungen ueber das Recht der salischen Franken, 1876. Literatura: WAITZ, loc. cit. BEHREND, Die Textentwicklung der Lex Salica, en la ZRG., 13. HARTMANN, Beitraege zur Entstehungsgeschichte des salischen Rechts, en las Forsch. z. deutsch. Gesch., 16, 609 ss. SCHROEDER, Untersuchungen zu den fraenkischen Volksrechten, Festschrift fuer Thoel, 1879;—Die Franken und ihr Recht, en la ZRG. «, 2. M. KRAMMER, Kritische Untersuchungen zur Lex Salica, NA., 30, 263;—Zur Entstehung der Lex Salica, Festschrift fuer H. Brunner, 1910, 405 ss. Forschungen zur Lex Salica, NA., 39, 599 ss., cf. ibiden 40, 461;—die Titel de filtorto und de vestigio minando, ZRG., 36, 336 ss.—S. RIETSCHEL, Der Pactus pro tenore pacis y die Entstehungszeit der Lex Salica, ZRG., 27, 253;—Die Entstehungszeit der Lex Salica, ibidem 30, 117. H. BRUNNER, Ueber das Alter der Lex Salica und des Pactus pro tenore pacis, ibidem 29, 136. HILLIGER, Lex Salica, Epilog und Hunderttiteltext, HistVjschr., 1911, 153. KRUSCH, Der Umsturz der kritischen Grundlagen der Lex

Lasaulx. MERK, en el Festschrift Ernst Mever. 1932, 125 ss. También en sentido de revisión, HAZELTINE. en el General Preface al D. WHITELOCK, Anglo-Saxon Wills, 1931, sobre esto último WUERDINGER. Geschichte der Stellvertretung..., 1933, 81-88].

Salica, NA., 40, 499 ss. v. SCHWERIN, Zur Textgeschichte der Lex Salica, ibidem, 583 ss. KRAMMER (réplica), ibid. 41, 103 ss. O. GIERKE, R. HUEBNER, P. REHME, R. SCHROEDER, v. BELOW, LEVISON, SEELIGER, MEYER-LUEBCKE, NORDEN, VOLLMER, Gutachtliche Aeusserungen, NA., 41, 375-418. E. HEYMANN, Zur Textkritik der Lex Salica, ibidem 419 ss. STACH. Lex Salica und Codex Euricianus, HistVjschr., 21, 385 ss. SEELINGER, Die Lex Salica und Koenig Chlodowech, Arch. I. Urk.-Forsch., 9, 149. F. BEYERLE, Ueber Normtypen und Erweiterungen der Lex Salica, ZRG., 44, 216 ss. Véase también en la pág. 33 la bibliografía sobre el sistema monetario de la Lex Salica. VAN HELTEN, Zu den Malbergischen Glossen en las Beitraegen zur Geschichte der Deutschen Sprache, 25, 225 ss. SCHRAMM, Sprachliches zur Lex Salica, 1911. F. BEYERLE, ZRG., 49, 400 ss. GOLDMANN, Beitraege zur Interpretation der Kapitularien zur Lex Salica, MJÖG., 36, 575 ss.—Beitraege zur Geschichte des fraenk. Rechtes. I, 1924. Neue Beitraege zur Geschichte des fraenkischen Rechts, 1928.

Lex Ribuaria. Ediciones: SOHM, en los Mon. Germ. Leges V, y también una reimpresión de su texto en 8.°, 1883. Sinópticamente con la Lex Salica en LASPEYRES, Lex Salica. 1833. Cf. ROGGE, Observationes de peculiari legis Ribuariae cum Salica nexu, 1823. SOHM, Ueber die Entstehung der Lex Ribuaria, en la ZRG., 5, 380. E. MAYER, Zur Entstehung der Lex Ribuariorum, 1886. Cfs. sobre esto, Kritische Vierteljahresschrift, 29, 167. J. FICKER, Die Heimat der Lex Ribuaria en las MJÖG., 5, Erg.-Bd., pág. 52. B. KRUSCH, Die Lex Bajuvariorum, 1924, 333 ss. Sobre esto, F. BEYERLE, ZRG., 45, 431 ss. B. KRUSCH, Neue Forschungen ueber die drei oberdeutschen Leges, 1927, 142 ss. Sobre esto, F. BEYERLE Die Lex Ribuaria, ZRG., 48, 264 ss. F. BEYERLE, asistido por R. BUCHNER, prepara una nueva edición de la Lex Ribuaria, que se publicará en los Mon. Germ. H.

Lex Francorum Chamavorum. Edición: SOHM en los Mon. Germ. Leges V y en la edición del texto de la Lex Ribuaria. Cf. PERTZ, Das Xantener Recht, en las Abhandl. der Berliner Akademie, 1846. GAUPP, Lex Franc. Ghamav. o. das vermeintliche Xantener Gaurecht, 1855. ZOEPFL, Die Ewa Chamavorum, ein Beitrag zur Kritik und Erlaeuterung ihres Textes, 1856. SCHROEDER, Untersuchungen zu den fraenkischen Volksrechten, 1879. FROIDEVAUX, Études sur la Lex dicta Francorum Chamavorum, 1891. FRUIN, Het vaderland van de notitia de illa ewa quae se ad Amorem habet. Bijdr. v. vaderl. Gesch. en Oudh., 5. R., IX, 161 ss.—Opmerkingen over de ewa, quae se ad Amorem habet, Vers. en Meded. d. Ver. tot uitg. d. bronnen van het vaderl. Recht, VII, 571 ss.

Leges Alamannorum. Edición MERKEL en los Mon. Germ. Leges III y posteriormente en la edición en 4.° de las Leges V, 1 por Karl LEHMANN. MERKEL, De republica Alamannorum, 1849. ROZIÈRE, en la Revue historique de droit français et étranger L Heinrich BRUNNER, Ueber das Alter der Lex Alamannorum en los Berliner SB., 1885, 149 ss. Karl LEHMANN, Zur Textkritik und Entstehungsgeschichte des alamann. Volksrechts, en el NA., 10, 469 ss. B. KRUSCH, Die Lex Bajuvariorum. 1924, 305 ss. F. BEYERLE, ZRG., 45 434 ss. B. KRUSCH, Neue Forschungen (Cf. supra), 107 ss. Sobre esto, F. BEYERLE, Die sueddeutschen Leges und die merowingische Gesetzgebung, ZRG., 49, 264 ss. E. MAYER, Die oberdeutschen Volksrechte (1929). Sobre esto, F. BEYERLE, D. Lit. Ztg., 1929, 1980 ss.

Lex Baiuwariorum. Edición MERKEL, en los Mon. Germ. Leges III y v. SCHWIND en la edición de 4.ª de las Leges V, 2. Reproducción en fototipia del manuscrito de Ingolstadt en K. BEYERLE, Lex Baiuwariorum (1926). Sobre esto, J. A. RUBIO, AHDE., 4, 478. ROTH, Ueber die Entstehung der Lex Baiuwariorum, 1848;—Zur Geschichte des bayerischen Volksrechts, 1869. Merkel, Das Bayrische Volksrecht, in Pertz Archiv 11. Waitz, Gesammelte Abhandlungen, I, 341 ss. Riezler, Ueber die Entstehungszeit der Lex Baiuwariorum, en las Forsch. z. deutsch. Gesch., 16, 409 ss. Gengler, Beitraege zur RG., Bayerns, I (1889), 1 ss. H. Brunner. Ueber ein verschollenes merowingisches Koenigsgesetz des 7. Jahrhunderts, Berliner SB., 1901, 932. E. v. Schwind, Kritische Studien zur Lex Baiuw. NA., 31, 401 ss., 33, 605 ss., 37, 415 ss. B. Krusch, Die Lex Bajuwariorum (1924)—Neue Forschungen (véase antes). Sobre esto, F. Beyerle, ZRG., 45, 434 ss.; 49, 264 ss. H. Meyer Goett. Gel. Anz, 1927, 241 ss. K. Beyerle, loc. cit. Eckharnt, Die Lex Baiuwariorum, 1927. E. Heymann, Zur Textkritik der L. Baiuw., Kehr-Festschrift, 1926. 116 ss. Merk, Hist. Ztschr., 139, 366 ss. v. Kralik, Die deutschen Bestandteile der Lex Baiuw., NA., 38, 13 ss.; cf. v. Grienberger, MJÖG., 36, 402. Werminghoff. Zu den bayrischen Svnoden am Ausgang des 8. Jahrh. Festschrift f. H. Brunner, 1910, 39.

Lex Thuringorum. Edición Karl. Fr. v. Richthofen, en los Mon. Germ. LL.V. v. Schwerin, Leges Saxonum et Lex Thuringorum (Mon. Germ. Font. Jur. Germ. Ant. 8.°), 1918. Gaupp, Das alte Gesetz der Thueringer, 1834. v. Amira, en la Hist., Ztschr., 40, 310. Schroeder, Zur Kunde der d. Volksrechte, ZRG., 7, 19.

Lex Saxonum. Edición Karl Fr. v. Richthofen, en los Mon. Germ. LL. V. Gaupp, Recht und Verfassung der alten Sachsen in Verbindung mit einer kritischen Ausgabe der Lex Saxonum. 1837. Leges Saxonum et Lex Thuringorum. editada por v. Schwerin, 1918 (vide supra). Karl Fr. v. Richthofen, Zur Lex Saxonum, 1868. Boretius en v. Sybels histor. Zeitschr., 22. v. Amira, ibidem, 40, 305. Walter Schuecking, Ueber die Entstehungszeit und die Einheitlichkeit der Lex Saxonum., NA., 34, 631. v. Schwerin, Zu den Leges Saxonum, ZRG., 39, 390. Lintzel. Die Entstehung der Lex Saxonum, ibidem, 47, 130 ss.

Lex Frisionum. Edición Karl Fr. v. Richthofen, en los Mon. Genu., I.L. III. En 1866. la «Societas frisiaca» publicó una reproducción en 8.° que va acompañada de un estudio de Geer, sobre la composición de la Lex, véase su traducción al alemán en la ZRG., 8. Patetta, La Lex Prisionum, Studii sulla sua origine e sulla critica del teste, 1892 (Memorie della reale Accad. delle scienze de Torino, Serie II, tomo 43) con una reproducción crítica del texto, págs. 70-90. Gaupp, Germadistische Abhandlungen, 1853. Hugo Jaekel. Zum Heroldschen Texte der Lex Fris., NA., 32, 265 ss.—Die Entstehung der Lex Frisionum, ZRG., 46, 1 ss. Rietschel, Das Volksrecht der Friesen, Festschrift f. Gierke, 1911, 223. Ph. Heck, Die Entstehung der Lex Fr sionum. Sobre esto. v. Schwerin. ZRG., 49. 481ss. F. Reverle. D. Lit. Ztg., 1929, 2408.

Ediciones de los *Capitulares* y de sus colecciones: Baluze, Capitularía regum francorum, 1677 y Pertz, en los Mon. Germ. LL. I. II. A causa de la insuficiencia de esta edición, los Capitulares fueron editados de nuevo en los Mon. Germ. como Legum sectio II, Capitularía regum Francorum, I, 1883 (hasta 827), ed. Boretius, II, 1897, ed. Boretius et Krause con un extenso Indice. Boretius, Die Kapitularien im Longobardenreich, 1864 y la Sección: De capitularibus.., in Italia editis en el prólogo de su edición del Liber Papiensis en los Mon. Germ., LL. IV, 46 ss. Boretius, Beitraege zur Kapitularienkritik, 1874. Thevenin, Lex et Capitula, 1878. Seeliger, Die Kapitularien der Karolinger, 1893. Sobre esto, Rud. Huebner en Goettinger gel. Anz., 1894, núm. 10 y Schroeder, Neuere Forschungen zur fraenk., RG., en HistZtschr. N. F., 43. 226 ss. Stein, Lex und Capitula, MJÖG., 41, 289 ss. Emil

SECKEL, Studien zur Benedictus Levita, Neues Archiv 26, 29, 31, 34, 35, 39, 40, 41.— Benedictus Levita decurtatus et excerptus, Berliner Brunner-Festschr., 1914. J. JUNCKER, continúa los trabajos que sobre Benedictus Levita emprendiera SECKEL, cf. ZRG., Kan., 1934, 269 ss.; ibidem, 1935. 1 ss. y prepara una edición del texto, en los Mon. Germ. H.

Colecciones de fórmulas y documentos. Una edición de las distintas colecciones de fórmulas en los Mon. Germ., LL, sectio V: Formulae Merowingici et Karolini aev ed. ZEUMER, 1886. Ofrece una colección sistemática de las fórmulas: ROZIÈRE. Recueil general des formules usitées dans l'empire des Francs, 3 vols., 1859-1871. René POUPARDIN. Fragments du Recueil perdu de Formules franques dites «Formulae Pithoei», Bibl. de l'école des chartes, t. 69, 1908. SEIDENSTICKER, Commentatio de Marculfinis aliisque similibus formulis, 1815. ZEUMER, en NA., 6, 1 ss.; 8, 475; 11, 313; 14, 589; 30, 716. SCHROEDER. Ueber die fraenkischen Formelsammlungen ZRG., 4, 75. v. SCHWERIN, Sobre las relaciones entre las formulas visigóticas y las andecavenses, AHDE., 9, 177 ss. KRUSCH, Ursprung und Text von Marculfs Formelsammlung, Goetting. Nachr., 1916, 231 ss. LEVILLAIN, Le formulaire de Marculf, Bibl, de l'écol. d. Ch., 84, 25 s. SPROEMBERG, Marculf und die fraenkische Reichskanzlei, NA., 47, 77 ss. F. BEYERLE. ZRG., 49, 422 s. ZATSCHEK, Die Benutzung der Formulae Marculfi und anderer Formelsammlungen in Privaturkunden. MJÖG., 42, 165 ss. LEVISON, Das Formularbuch von St. Denis, NA., 41, 283 ss., cf. Buchner, HistVjschr., 18, 353 ss. Sobre documentos reales SICKEL, Acta regum et imp. Karolinorum, I, 1867. HUSSL, Formelbenutzung in der Kanzlei der Karolinger, etc., 1913. Sobre documentos privados, H. BRUNNER, Carta und Notifia, en Festgaben fuer MOMMSEN, 1877;—Zur Rechtsgeschichte der roem. und germ. Urkunde. I, die Privaturkunden Italiens, das angelsaechsische Landbuch, die fraenk. Privaturkunde. 1880. PARTSCH, Der griechisch-roemische Einschlag in der Geschichte des Wertpapiers, Ztschr. f. Handelsr., 70, 437 ss. H. STEINACKER, Die antiken Grundlagen der fruehmittelalterlichen Privaturkunde, 1927. KIRN, Zum Problem der Kontinuitaet zwischen Altertum u. MA., Arch. r. Urk. Forsch., 10, 128 ss. VOLTELINI, Fluch-und Strafklauseln ma. Urkunden u. ihre antiken Vorlaeufer, MJÖG. Erg. Bd., 11. 64 ss. Julius FICKER, Beitraege zur Urkundenlehre. 1877-78. Harry BRESSLAU, Handbuch der Urkundenlehre fuer Deutschland und Italien, I, 1889, I., 1912, II. 1, 1915;—Arch. f. Urk.-Forsch., 6, 1916. GIRY, Manuel de Diplomatique, 1894. ERBEN—SCHMITZ-KALLENBERG—REDLICH. Urkundenlehre, I, 1907 (documentos imperiales y reales), III, 1911 (documentos privados). REDLICH, Geschaefts-und Beweisurkunde. MJÖG., 6. Erg.-Bd., 1. TANGL, Urkunde und Symbol, Festschrift f. H. Brunner, 1910, 76. G. FERRARI, La degenerazione della stipulatio... e la clausola «cum stipulatione subnixa», 1910 (Istituto Veneto, t. 69, parte 2.ª). GOLDMANN, Cartam levare MJÖG., 35 (1914), 1 ss. STEINACKER, Der Ursprung der traditio carta und des westgotischen Urkundenwesens (en el Festschrift des akadem. Ver. s deutscher Historiker), 1914, 7 ss. HEUBERGER, Cartam tradidi, Veroeffentl. d. Ferdinandeums, 8, 93 ss. BOYE, Ueber die Poenformeln, Archiv f. Urk.-Forsch., 6, 77 ss. Los documentos regios merovingios se han publicado, en edición no irreprochable, por K. PERTZ, Mon. Germ. hist. Dipl., I, 1872. Edición facsímil por LAUER et SAMARAN, Diplomes originaux des Mérovingiens (1908). Documentos reales y privados de los tiempos merovingios en PARDESSUS, Diplomata... prius collecta a De Bréquigny. 2 vol, 1843. Los documentos reales carolingios son registrados por BOEHMER-MUEHLBACHER, Die Regesten des Kaiserreichs unter den Karolingern, 2.ª edición, 1908. Los documentos de los Carolingios (hasta 814) han sido editados por MUEHLBACHER, Mon. Germ. hist. Dipl. Karol., I, 1906.

Tratados jurídicos. Max CONRAT, Ein Traktat ueber romanischfraenkisches Aemterwesen, ZRG., 29, 239. P. E. SCHRAMM, Studien zu fruehmittelalterlichen Aufzeichnungen ueber Staat und Verfassung, ZRG., 49, 170 ss. Hinematus de online palatli ed. KRAUSE in Cap. II, 517. Edición con comentario por Maurice PROU. Walafridi Strabonis libellus de exordiis... ed. KRAUSE en Cap. II, 475.

§ 14. (Continuación). Los monumentos jurídicos de los visigodos, de los burgundios y de los longobardos

Cuando una parte de los visigodos, como los burgundios y los longobardos vino a quedar bajo el dominio franco, conservó su Derecho nacional.

En el reino visigodo la legislación fue al principio distinta y con posterioridad común para los godos y para los romanos. Los godos reciben ya un código del rey Eurico (466-485). El *Codex Euricianus* nació probablemente hacia el año 475 (469 ?) y debía valer no solo para los litigios entre los godos sino también para los habidos entre estos y los romanos. Es lamentable que solo conservemos fragmentos. La obra legislativa de Eurico fue decisiva en la historia de la legislación germánica. No es solo la legislación más antigua del mundo germánico, sino que, además, fue utilizada directa o indirectamente en la mayor parte de los derechos populares de la época merovingia; así aconteció especialmente en los Derechos populares, salio, burgundio, longobardo y bávaro.

En conexión con las leyes de Eurico apareció hacia el 510, presumiblemente en Provenza, una redacción jurídica que también se relaciona con el derecho ostrogodo (*Capítulos de Holkham*).

El rey visigodo Leovigildo († 586) emprendió una revisión de las *Leges Eurici,* con el ánimo de nivelar los contrastes entre godos y romanos. Su resultado fue el *Codex revisus* de Leovigildo que no ha llegado a nosotros.

El rey Chindasvinto (642 hasta 653) dictó numerosas y extensas leyes de reforma que debían tener vigencia tanto para los godos como para los romanos[33]. Su cogobernante y sucesor Recesvinto (649-672) hizo (no antes del 654, pero con probabilidad durante este año), con leyes de sus predecesores y propias, un *Líber iudiciorum* ordenado sistemáticamente como Código para godos y romanos, la *Lex visigothorum Reccessvindiana.* Las leyes procedentes del Código de Leovigildo llevan el sobretítulo de *Antiqua.* Las más modernas, siguiendo el modelo de las colecciones de Constituciones romanas, llevan en cabeza como inscripción el nombre del legislador. El rey Ervigio publicó en 681 una nueva redacción que modificaba por adiciones una gran parte de las antiguas leyes (*Lex visigothorum Ervigiana*). Su sucesor Egica (687-702) dictó, ciertamente, una serie de Novelas, pero sin llegar a una nueva edición de la *Lex Visigothorum.* Mucho menos, su hijo Wittiza al que se atribuyen dos leyes aisladas recibidas en la *Lex.* Una forma de texto de la *Ervigiana,* que había agregado las Novelas más recientes, obtuvo la consideración de una *Lex Visigothorum vulgata.* En contraste a la legislación, que deja advertir su progresiva decadencia, se recibe muchas veces un Derecho consuetudinario gótico divergente de aquélla[34], que se

---

[33] Ya en 546 había dictado el rey Teudis una ley sobre costas procesales, destinada tanto para la población goda como para la romana.

[34] MELICHER, Der Kampf, declara en la Introducción (pág. 12) su propósito de ofrecer « una estampa viva de la lucha dramática entre el Derecho legislado y el Derecho consuetudinario en el reino de los visigodos». Pero—como ha observado ya BEYERLE, ZRG. 51, 555—

nos ofrece en los antiguos *Fueros* españoles y que por su parentesco con los derechos nórdicos acusa su origen germánico puro. En la primera mitad del siglo VII (613-621) aparece en el reino visigodo una colección de fórmulas para documentos privados y escritos procesales, que en gran parte estaban destinadas para los negocios y el tráfico jurídico de ambas nacionalidades.

El código de los *burgundios*, la *Lex Burgundionum*, colección oficial de la legislación de los reyes burgundios, es en su mayor parte obra del rey Gundobado (474-516) de quien toma también el nombre de *Lex Gundobada*. Antes del 501, el rey Gundobado dispuso la confección, con leyes de sus predecesores y propias, de un *Líber constitutionum* destinado a servir no solo para el trato jurídico entre los burgundios sino también entre estos y los romanos. Pronto se hizo sentir la necesidad de Novelas. Y así, se dictaron por Gundobado mismo y por sus sucesores Segismundo y Godomaro, incluyéndolas o agregándolas (incapituladas) en los lugares pertinentes de la *Lex*. El código de Gundobado solo ha llegado a nosotros con la transformación sufrida por la legislación de Novelas.

Ofrecen la creación más destacada en el ámbito de la legislación germana de la época de los derechos populares las fuentes del Derecho longobardo. Fue este redactado por vez primera en tiempo del rey Rothario, no sin utilización de fuentes romanas y visigodas (Codea: *revisus* de Leovigildo) y publicado el 643 con el nombre de *Edictus*[35]. Bajo sus sucesores se agregaron adiciones de Grimoaldo, la extensa legislación de Liutprando y algunas leyes de los reyes Ratchis y Aistulfo[36]. Sobre el *Edictus Langobardorum* se compuso, de los años 829-832, un libro de derecho para uso del duque y margrave Ebenhardo de Friul, que reúne las leyes de los diversos reyes referentes al mismo objeto, siendo por ello llamado *Concordancia de singulis causis*. A base del Edicto, de los Capitulares y de leyes reales posteriores se desarrolla en Italia una intensa actividad jurídica que tuvo su punto de partida en la Escuela de derecho de Pavía. Con el Edicto se fundió en un cuerpo el *Capitulare Langobardorum, Líber legis Langobardorum* (*Líber Papiensis*). Entre 1019 y 1037 apareció, con destino a la enseñanza del Derecho, una colección que agregaba al texto de la ley glosas y fórmulas jurídicas. Para la práctica de los tribunales se redactó poco después de 1070 un extenso comentario (*Expositio*) al *Líber Papiensis*. El Libro recibió, antes de 1100 una nueva forma, la llamada *Lombarda*, que ordenó sistemáticamente y a su vez glosó los materiales jurídicos, y qué fue comentado en el siglo XII. De entre las

---

el cumplimiento de la anunciada tarea es lo más desatendido del ensayo de Melicher. Cf. TORRES, Lecc. de II. del D. E., II. 114 s.—Ya FICKER aludió a tal disparidad en la monografía que se menciona en la literatura a este § y en Untersuch. z. Erbenfolge..., I (1891) núms. 123, 134 y 207 ss.—Indicación bibliográfica, sobre la pretendida influencia franca en el derecho germánico de los Fueros castellanos, HINOJOSA. El elem. germ., 8. nota 1.

35 Recientemente, E. MEYER, sostiene con fundamentos dignos de consideración que el *Edictus* descansa en parte en una legislación franca de principios del siglo VII, utilizada también en las *Leges* de los ribuarios y de los troncos alto alemanes.

36 El antiguo Derecho longobardo ofrece un sorprendente parentesco con los Derechos sajón y anglosajón, explicable por la patria originaria bajo alemana del pueblo. (Cf. LIEBERMANN, Die Gesetze der Angelsachsen, 1903-1916). El parentesco todavía más notable con el Derecho escandinavo proviene quizá de las relaciones de los longobardos con los hérulos (germanos del Este), en cuya supremacía se encontraron largo tiempo los longobardos antes de su emigración a Italia.

demás fuentes del derecho longobardo hay que destacar el *Cartularium Langobardicum.* Es una colección de fórmulas, procedentes del siglo XI probablemente de Pavía, observadas en la *traditio cartae* por el librador o su *prolocutor,* y en las declaraciones verbales que precedían a la redacción de las *notitiae* judiciales.

Leges Visigothorum. Los fragmentos parisienses del Codex Euricianus y la Lex Visigothorum en sus distintas formas han sido editados, con apéndices, por KAKL ZEUMER como Leges Visigothorum en la serie en 4.° de la Monumenta Germaniae hist., sección Leges, sectio I, tomus I, 1902. Una edición manual de las Leges más antiguas había precedido en 8.° y bajo el título: Leges Visigothorum antiquiores ed. a K. ZEUMER. Las fórmulas visigodas se encuentran en ZEUMEH. Formulae, página 575. Sobre esto, BIEDENWEG, Commentatio ad formulas Visigothicas, Diss. inaug., 1856. Para la literatura del derecho visigodo. HELFFERICH, Entstehung und Geschichte des Westgotenrechts. 1858. DAHX, Westgotische Studien. 1874. WAITZ. Abhandlungen zur deutschen Verfassungs-und Rechtsgeschichte. I. 1896. 391 ss. A. B. SCHMIDT, ZRG., 9, 223, pero sobre todo K. ZEUMER. Geschichte der westgotischen Gesetzgebung en NA., 23, 419 ss., 24, 39 ss., 26, 97 ss. Acerca de dos leyes visigodas recién descubiertas, ibidem. 23. 75 ss. v. SCHWERIN, AHDE., 1, 33 s. Rafael de UREÑA y SMENJAUD. La Legislación gótico hispana. Madrid. 1905. FICKER. Ueber naehere Verwandtschaft zwischen gotisch-spanischen und norwegischislaendischem Recht en MJÖG., 2. Erg.-Bd., 455. traducido al español por José ROVIRA. Barcelona. 1928. E. de HINOJOSA, Das germ. Element im spanischen Rechte. ZRG., 31. 282 (traducido al español por Galo SÁNCHEZ. Madrid, 1915).

Lex Burgundionum. Edición de BLUHME, en los Mon. Germ., LL. III. 525. mejor por R. v. SALIS, en la serie en 4.° de las Leges, Sectio I. tomus. 2. 1892. una reproducción exacta de algunos manuscritos en VALENTIN-SMITH. La Loi Gombette, 1889 s. Cf. ZEUMER, Zur Textkritik und Geschichte der Lex Burgundionum en NA.,. 25, 259. PETOT. un nouveau manuscr. de la loi Gombette. Nouv. Rev. hist. de droif? 1913. 337 ss., cf. Mitteis. ZRG. 34, 407.

Edictus Langobardorum. Edición de BLUHME, en los Mon. Germ., I.L. IV como edición escolar en 8.ª bajo el título Edictus ceteraeque Langobardorum leges, 1869. Liber legis Langobard. Papiensis dictus. editado por BORETIUS, ibidem. Concordia und Lombardae rubricae, editado por BLUHME, ibidem. BALDIA VESME, Edicta regum Langob., 1855 (en los Monum. hist. patriae), impresos por NEIGEBAUR. 1855. Die Lombarda-Commentare editados por ANSCHUETZ, 1855. Summa Legis Longobardorum. Longobard. Rechtsbuch aus dem 12. Jahrh., editado por ANSCHUETZ, 1870. El Cartularium Langobard, ha sido editado por BORETIUS, en Mon. Germ., LL, IV, 595. PADELETTI, Fontes iuris italici medii aevi, 1877.—SCHUPFER, Manuale di storia del diritto italiano. Le fonti, leggi e scienza, 1908. PASQUALE del GIUDICE, Storia del diritto italiano. I. 1, 125 ss. MERKEL, Geschichte des Langobardenrechts, 1850. TAMASSIA, Fonti del Editto di Rotari, 1889.—Roemisches und westgotisches Recht in Grimoalds und Lutprande Gesetzgebung, ZRG. 18, 148. E. MAYER, Die oberdeutschen Volksrechte, 1929. PASQUALE del GIUDICH, Le tracce di diritto romano nelle leggi longobarde en los Studi di storia e diritto. 1889. 362. SOLMI. Diritto longobardo e diritto nordico, 1898. KJER. Edictus Rotari, Studier vedroerende Longobardernes Nationalitet. 1898;—Dansk og langobardisk Arveret, 1901 (sobre esto, PAPPENHEIM. ZRG., 22. 366). FICKER, Das langobard. und die skandinav. Rechte, MJÖG., 22. SIEGEL, Die Lombarda-Commentare. en los Wiener. SB., 40. BRUCKNER, Die Sprache der Longobarden, 1895.

§ 15. (Continuación) Los libros de Derecho romano

También el Derecho romano bajo el que vivían la población romana y la Iglesia, ofrece una serie de fuentes jurídicas nacidas en los Estados germánicos. Mientras las *Leges* germánicas debían remediar la carencia de Derecho escrito, las fuentes romanas de Derecho tuvieron por razón de existencia en los reinos germánicos, el exceso de materiales jurídicos transmitidos en cuyo manejo se encontraba importante la práctica jurídica. Olvidada la supremacía espiritual de las fuentes del Derecho romano, se hicieron necesarias colecciones jurídicas selectas y breves. Para los romanos del reino visigodo hizo recoger Alarico II (506) el Derecho romano en la *Lex Romana Visigothorum* (*Breviarium Alaricianum*) al mismo tiempo que prohibió la aplicación de toda otra fuente de derecho romano. La *Lex* contiene una selección de Constituciones del *Theodosianus,* Novelas *postheodosianae* (hasta 463), el llamado *Liber Gaii,* las *Sententiae* de Paulos, Constituciones procedentes del *Codex Gregorianus* y *Hermogenianus* y un lugar de las Respuestas de Papiniano. A excepción de los textos de Gayo, va todo acompañado de una glosa sucesiva (*Interpretatio*). Recesvinto derogó en el reino de los visigodos la *Lex Romana Visigothorum.* Pero siguió en frecuente aplicación entre la población romana del Imperio franco. Como un epitome suyo se ofrece la *Lex Romana Curiensis* aparecida en Curretia antes de terminar el siglo VIII. Es una fuente importante para el conocimiento del Derecho romano vulgar, que al mismo tiempo revela una influencia considerable de prácticas jurídicas alemanas sobre el Derecho de la población romana. De Curretia procede, además, otra fuente de Derecho, que pertenece a primeros del siglo IX, los llamados *Capitula Remedii,* redacción en doce capítulos de contenido jurídico predominantemente penal.

Como una pieza de la *Lex Gundobada* aparece en Borgoña bajo el rey Gundobado, antes del 506, para los provinciales romanos, la *Lex Romana Burgundionum.* Esta elaborada de modo que reúne de las fuentes jurídicas romanas los lugares paralelos pertinentes de la *Lex Gundobada.* Como la *Lex Romana Burgundionum* no excluyó la aplicación de las demás fuentes de derecho romano logró en Borgoña un uso tan preponderante la *Lex Romana Visigothorum* que terminó por desplazarla.

En el reino de los ostrogodos fue inicialmente común la legislación para la población germana y para la romana. Las leyes de los monarcas ostrogodos se llamaban Edictos, no *Leges.* Pues si bien los reyes ostrogodos se atribuyen el fus *edicendi* que un día poseyeran los magistrados romanos, siguen, empero, considerando la legislación propiamente dicha como un derecho privativo de los emperadores romanos de Oriente. Se inspira exclusivamente en fuentes romanas un Edicto compuesto de ciento cincuenta y cinco breves capítulos que ordenó antes de 508 el rey Teodorico. Además, estuvo vigente para los ostrogodos el Derecho godo consuetudinario que como Derecho personal de los restos de la población romana ostrogoda se mencionan todavía en *professiones inris* de 769 y 1045 y en fórmulas del *Cartularium Langobardicum.* Al Edicto siguieron disposiciones aisladas de Teodorico y de su sucesor Atalarico. También conservamos una ordenación de Odoacro, predecesor de Teodorico, de contenido eclesiástico. Después de la destrucción del reino ostrogodo cae en olvido la legislación ostrogoda y la dominación romana de Oriente puso en vigor los libros de derecho de Justiniano que permanecieron vigentes en Italia aun después de la invasión de los longobardos.

Lex Romana Visigolhorum. Edición de HAENEL, 1849. CONRAT, Breviarium Alaricianum, Roemisches Recht im fraenkischen Reiche in systematischer

Darstellung, 1903;—Geschichte de Quellen und Literatur des roem. Rechts im fruehoeren Mittelalter, I. 1889 ss. v. WRETSCHKO, De usu Breviarii Alariciani en Mommsens Theodosianus. I. 307 ss. FITTING, Ueber einige Rechtsquellen der vorjustianischen spaeteren Kaiserzeit. ZRG., 10, 11. HITZIG, ibidem, Rom., 14, 187. CONRAT, Die Entstehung des westgotischen Gaius, 1905;—Der westgotische Paulus, 1907. Lex Romana Raetica Curiensis ed. K. ZEUMER, en Mon. Germ., LL, V, ibidem, los Capitula Remedii. Cf. STOBBE. De lege Romana Utinensi, 1853. SCHEPFER, La legge Rom. Udinense, 1881 y 1888;—Nuovi studi sulla legge Rom. Ud., 1882;—Il testamento di Tello e la legge Rom. Ud; 1889. WAGNER en ZRG., 4, 54. v. SAUS, ibidem, 4, 141. H. BRUNNER, ibidem, 4, 263. ZEUMER, ibidem, 9, 1. ZANETTI, La Legge Romana Retica-Coirese o Ud., 1900. v. VOLTELINI en MJÖG., 6. Erg.-Bd., 145. Enrico BESTA, Per la determinazione dell' età e della patria della cosi detta Lex Romana Rhaetica Curiensis, 1901. Ernst MATER, Zur Entstehung der Lex Utinensis, MJÖG., 26, 1. L. SCHMIDT, Zur Frage nach der Romanisierung Raetiens, MJÖG., 35, 140, DURRER, en Festschr. fuer Meyer v. Knonau, 1913.

Lex Romana Burgundionum. Edition de BLUHME, en los Mon. Germ., LL. III, por R. v. SALIS, en la edición en 4.° de las Leges.

Edictum Theoderici. Edición de BLUHME, en los Mon. Germ., LL. V. GAUDENZI, en ZRG., 7, 29. SCHUPFER. L'Editto di Teodorico, 1888. TAMASSIA. Una professione di legge in un documento Mantovano del 1045, 1902.

II. EL DERECHO POLÍTICO Y ADMINISTRATIVO

§ 16. La monarquía

La monarquía nacional germánica queda desplazada en el reino franco por otra de nueva concepción, cuyas conquistas acrecentaron su poder en tal medida que reunió en sus manos la plenitud de la soberanía estatal. En la población galorromana predominó una clase de súbditos habituados a una dominación ilimitada. No en poco contribuyeron a fortalecer la posición de la monarquía las circunstancias de que empleara para aumentar el poder público las instituciones romanas existentes en los territorios romanos, que pusiera a su servicio la poderosa influencia de la Iglesia católica y que los bienes de la corona, en creciente aumento, suministraran medios para acrecentar el séquito regio y la burocracia regia y para llevar a cabo amplias donaciones territoriales. Al desmedido engrandecimiento durante el siglo VI siguió en el VII una debilitación continuada del poder real, en grado que hizo posible que el titular del cargo de mayordomo trajera así facultades de la realeza. Sin embargo, esta pérdida quedó en cierto modo compensada porque el último mayordomo, al ser erigido rey por los francos, reintegró a la monarquía los derechos originariamente reales y, a la sazón, detentados por la mayordomía. Los carolingios prepararon inicialmente el camino hacia un fortalecimiento del poder real por la expansión y desarrollo del germen del feudalismo y por la estrecha amalgama de la Iglesia y el Estado. Pero por obra y gracia de tales inspiraciones, que provocaron aquel robustecimiento sin acertar a mantenerlo durante largo tiempo, el reino inició, desde Luis I, una decadencia incontenible.

El rey merovingio llevó el título de *rex Francorum,* incluso cuando lo fue solo de una parte del territorio. Carlomagno, desde la sumisión de los longobardos (774), se llamó *rex Francorum et Langobardorum ac patricius Romanorum.* Después de la coronación imperial, el título de *Patricius* cedió ante el de emperador. Este se expresa, a partir de Luis I, con los términos *imperator augustos*. Luis el Germánico se tituló solo *rex*, lo que también satisfizo a sus sucesores, que tampoco llevaron el título de emperador. Probablemente inspirado en un modelo anglosajón, agregó Carlomagno al título de rey la fórmula reverencial del *gratia Dei*. En la época merovingia fueron insignias del poder real la lanza, el estandarte (*gundfano*), así como también el báculo y el cetro (se discute su procedencia del báculo del mensajero) y el sitial elevado (*cathedra*), trono (*solium regni*). En la época carolingia se añaden la corona, la espada y la cruz.

Originariamente va unido también entre los francos con el derecho sucesorio de la estirpe regia un derecho de elección del pueblo, que decae desde Clodoveo. Solo tiene derecho a la sucesión el tronco masculino de la casa real merovingia, sin distinción por nacimiento intra o extramatrimonial. Si existen varios miembros de la dinastía con derecho a la sucesión, se divide entre ellos la administración del reino a partes y derechos iguales, así que ninguno de los gobernantes parciales posee sobre los demás derechos de soberanía como un rey de rango superior. Desde el último cuarto del siglo VII se ejercita por los nobles al principio y luego por los mayordomos el derecho de erigir rey mediante la elevación al trono (*elevatio*) del miembro de la estirpe regia elegido por ellos.

La llegada de Pipino al trono lo fue también de su casa a la stripe real franca. Bajo los carolingios—y no fue de otro modo con los merovingios—se dividía la administración del reino en partes iguales con iguales derechos. En la provisión del trono y en las divisiones del reino concurría con el derecho sucesorio de los carolingios la participación del pueblo, especialmente, de los magnates. Los hijos del rey habidos fuera de matrimonio no tienen derecho alguno al trono frente a los *in matrimonium*. En oposición al principio tradicional de la división, exigía la idea del Imperio, por presuponer la monarquía universal, que se introdujese la sucesión individual. La *ordinatio imperii* del 817 *y* de Luis I, que ensayó un término medio entre aquellos extremos mediante una división en partes y derechos desiguales, resultó impracticable y, tras una serie de contiendas sin éxito, tuvo que ser repuesto en vigor el antiguo principio de división y así se hizo en el tratado de Verdún (843).

La mayoría de edad y la aptitud para el manejo de las armas no fueron requisitos previos de la sucesión al trono. El reino pasa también al vástago real menor de edad. El Derecho político franco, al igual que el bajo Derecho romano[37], no tiene en cuenta la edad de la cabeza suprema del Estado. Los actos de gobierno se realizan—en cuanto era viable—por el rey menor de edad o en su nombre, sin hacerse precisa una representación de Derecho público. Averiguar quién reinara en realidad por aquel tiempo era cuestión de hecho, como lo fue en época muy posterior en el llamado gobierno de camarilla. Atendían al cuidado de los negocios de la gobernación los grandes del reino, en cuyo ámbito de potestad se encontraba el rey menor de edad. Los intentos esporádicos de una regencia tutelar quedaron sin eficacia duradera. Al prosperar los mayordomos fueron ellos quienes obraban por el rey menor, llegando, finalmente, a limitar al rey—aunque contara su mayoría de edad—a las funciones de un menor, a la representación externa de la monarquía. Un precepto de la *ordinatio imperii* del 817 determinó que el reino fraccionario del rey menor de edad debía ser administrado por su hermano mayor y que este actuaría como tutor: pero tal disposición no se puso en práctica. El Imperio franco no pudo

[37] MOMMSEN, Stilicho und Alarich en Hermes, 38 (1903), 101.

transmitir principios jurídicos fijos sobre el gobierno en tutela al Imperio alemán, laguna que contribuyó esencialmente a que este se constituyera como un Imperio electivo puro.

El acceso al gobierno fue, entre los merovingios, un acto estrictamente laico. Se verificaba por la solemne exaltación al trono; así se practicó al principio para los herederos del trono menores de edad y por último, en general, por la elevación al trono (*elevatio*). Como señal de la toma formal de posesión, el rey merovingio solía emprender un viaje circular por el reino (*circumire*). Desde Pipino y por influencia anglosajona, que a su vez entronca con el ejemplo del antiguo pueblo judío, se hizo usual la unción eclesiástica[38]. En el siglo IX, seguía a la unción la coronación del rey, consistente en un acto eclesiástico o laico, pero que al igual de la unción carece de significación jurídico-pública para la obtención de la dignidad real.

Cuando el rey Pipino fue elevado en 754, por el Papa Esteban II a *Patricius Romanorum,* debió obtener con ello una posición como la que antes correspondiera *ipso iure* al exarca de Ravena en calidad de representante del Imperio bizantino. Carlomagno, después que hubo recibido en 734 el nuevo título, consideró dicho territorio como una parte de su reino. El año 800 el título de emperador romano vino a desplazar el de *patricius.* La dignidad imperial no proporcionaba simplemente a su titular el derecho de protección sobre la Iglesia católica romana, sino también la dominación sobre el territorio romano. Carlomagno en un principio consideró el grado imperial tan solo como una dignidad personal y únicamente el año 813 la vinculó con su reino y con su genealogía. La coronación de emperador, oriunda de costumbres bizantinas, se realizó en Carlomagno como un propio acto pontifical[39]. Luis I y Lotario I fueron coronados por sus padres; pero ambos se hicieron luego ungir y coronar por el Papa. Desde mediados del siglo IX, la unción se ofrece como el acto que otorga la dignidad imperial. Gracias a las desavenencias habidas en la casa real carolingia, consiguió la Curia romana imponer, frente a la concepción de Carlomagno y Luis I, la suya de considerar el acto de otorgamiento de la dignidad imperial como un monopolio del Papa.

El rey tiene frente a todos los súbditos el poder del coto regio, es decir, el derecho de mandar y prohibir bajo pena. Coto se llama a una orden de esa índole y a las consecuencias de su transgresión[40]. Resultado de la inobservancia del coto regio es, por lo regular, una multa de sesenta sueldos[41]. Este poder real se manifiesta como coto de la paz para proporcionar a personas o cosas una paz de grado superior, como coto de la administración para el mando del ejército y gobierno de

---

[38] *Annales regni Francorum* (recognovit Fr. KURZE) año 750: Pippinus secundum morem Francorum electus est ad regem et unctus per manum sanctae memoriae Bonefacii archiepiscopi et elevatus a Francis in regno.

[39] Trata recientemente las diversas teorías que han intentado explicar la génesis de la coronación imperial del año 800, K. HELDMANN, Das Kaisertum Karls des Grossen. 1928. Sobre esto ROSENSTOCK. ZRG. 49. 509 ss.

[40] Coto significa, además, la situación creada por el mandato, así, por ejemplo, la paz que él determina. Cf. infra § 47 pág. 200. [Sobre las acepciones de la palabra coto, y su equivalencia con el *bann* germánico, P. MEREA, En torno da palaura «Couto», en Estudos de Historia do Direito, 1923, 109 ss. E. MAYER, Historia, II, 21, nota 75, insiste en una interpretación que en el lugar preindicado criticó MEREA.]

[41] Suma reiteradísima en las fuentes hispánicas medievales. Ejemplos en L. G. de VALDEAVELLANO, AHDE. 8, 294, nota 282; 302 ss.

los tribunales y de la policía y como coto de la reglamentación para dictar mandatos o prohibiciones administrativos. La potestad que contenía fue la determinante más eficaz en la formación del derecho real que modificara el derecho popular.

Los súbditos deben al rey fidelidad; en la época merovingia llámanse *leudes* u *homines* del rey y fortalecen su obligación de fidelidad con un juramento de fidelidad[42]. De otro lado todos los súbditos están bajo la protección del rey. La paz general se ofrece ahora como paz regia. La pérdida de la paz por orden del rey se llama en las fuentes *extra sermonem regis ponere.* Junto a la paz común existen otros grados superiores de paz[43]. Uno de ellos es la que protege la persona del rey y se extiende al palacio y al séquito regio, de manera, que el mismo delito se castiga con mayor rigor[44]. Lo es también la que obtienen algunas iglesias y personas particulares por el otorgamiento de una protección regia especial, a la que llega el protegido mediante la encomendación, y que se hace constar en una *carta* regia de *mundeburde* o de protección.

El rey tiene potestad sobre el ejército, determina en cada caso la medida en que deben contribuir al servicio militar los obligados a formar en el ejército. Es él quien pasa revista y acaudilla las tropas, salvo que las nombre un jefe especial. Es titular de la jurisdicción suprema y la administra personalmente en el tribunal regio. Representa al reino en el exterior y decide sobre la guerra y la paz. Es el órgano supremo de la conservación de la paz. El rey tiene derecho a intervenir en los asuntos eclesiásticos, especialmente el derecho a la convocatoria de sinodos y a la provisión de las dignidades episcopales. Ejerce la soberanía administrativa y es propietario del patrimonio fiscal. Le corresponden el derecho de moneda, las aduanas, los impuestos de tránsito, la hacienda del proscrito y la herencia relicta.

El rey vivió en el periodo merovingio según el Derecho salio y conforme al ribuario en la época carolingia[45]. La palabra real goza de alta veracidad[46]. Su testimonio no puede impugnarse en el procedimiento, bajo pena de muerte. Interpuesta

---

42 Según Marculfo, I. 40, los súbditos tenían que fidelitatem et leudesamio (homagium) promittere et coniurare. El contenido del juramento del súbdito descansa en una hechura de juramento del séquito. A ello corresponde el hecho de que junto a la significación más amplia dada en el texto al término *leudes,* existiera otra originaria más estrecha, que solo entendía por *leudes* aquellas personas que se encontraban con el rey en una relación de servicio o en calidad de miembros de su séquito.

43 Según el derecho germánico, la casa gozaba de una paz especial independiente del rey. En el derecho nórdico se equiparan los términos casa y paz. Constituye un delito especial el quebrantamiento de la casa. El daño cometido en ella se paga al duplo (por ej.: F.° Zorita de los Canes § 114). Las heridas o muerte causadas dentro de la casa están penadas con multa doblada (por ej.: F.° Soria, § 469 *in fine*). Cf. BRUNNER-V. SCHWERIN, DRG. II § 131. Otro tipo de ejemplos, HINOJOSA. El elemento germánico, 59, 86; v. KELLER, Freiheitsgarantlen..., 216 ss.

44 Algún dato sobre el ámbito de la *seguranza* regia en Castilla y Aragón, E. MAYER, Historia, II, 39 ss.

45 Discute esto MAYER-HOMBERG, Die fraenkischen Volksrechte im Mittelalter, I, 376 ss., que estima también competente para la epoca carolingia el derecho salio. Sobre lo infundado de esta opinion, BRUNNER-V. SCHWERIN, DRG. II. 45, nota 12, y recientemente, A. SCHULTZE. Das Testament Karls des Grossen (1928). 59, 78, 80.

46 A este principio del derecho franco se reconduce lo que en el ano 1224 declaró un tribunal inglés: testificatio domini regis per cartam vel viva voce omnem aliam probacionem excedit. Bracton's. Note Book ed. Maitland. II, núm. 239 (1887)

acción en nombre del rey, su representante está desligado de la obligación de fortalecer la demanda por un juramento previo.

Véase la literatura al § 10. Pontus Fahlbeck, La royauté et le droit royal frascs, 1883. Havet, Questions Mérovingiennes, 1885. Schulze, Geschichtl. Entwicklung der fuerstlichen Hausverfassung im deutschen Mittelalter, ZRG. 7. v. Pflugk-Harttung, Zur Thronfolge in den germanischen Stammesstaaten. ZRG., 11, 177 ss. Hubbich, Fraenkisches Wahl-und Erbkonigtum zur Merowingerzeit, 1889. E. Mayer. Zu den germanischen Koenigswahlen. ZRG., 23, 1. M. Buchner, Grundlage der Beziehungen zwischen Landeskirche und Thronfolge im Mittelalter, Hertlingfestschrift (1913), 234. Schmitz, Ursprung und Geschichte der Devotionsfonnein (Stutz A.), 1913. — Haedicke, Die Landesteilungen d. fraenkischen Koenige u. d. Fuersten im Mittelalter, 1896. Kraut, Die Vormundschaft nach den Grundsaetzen des deutschen Rechts, III. 113. 130 ss. v. Amira. Goetting. gel. Anzeigen. 1896, 196. W. Schuecking, Der Regierungsantritt, I: Die Urzeit und die Zeit der ost-und westgermanischen Stammesreiche, 1899. E. Mayer, Schilderhebung, ZRG., 34. — Doellinger, Das Kaisertum Karls des Grossen und seiner Nachfolger. Muenchner histor. Jahrbuch, 1865, 299 ss. H. Brunner, und K. Zeumer, Die Konstantinische Schenkungsurkunde, 1888. A. Gaudenzi. La falsa donazione di Gonstantino, R. Accad. di Bologna. I. 6 (1913), 59 ss. Kirsch. Die sog. Confessio der Konstantinischen Schenkung, Roem. Q. Schr., 27, 169 ss.; — E. Caspar. Pippin und die roem. Kirche, 1914; sobre esto, Brackmann, Goettinger Gel. Anz., 1918, 401 ss. W. Sickei, Die Kaiserkroenungen von Karl bis Berengar, Hist., Z. NF., 46, 1; — Zum karolingischen Thronrecht, 1903 (Strassburger Festschrift fuer A. S. Schultze); — Zur Geschichte des Bannes, Marburg. 1886. Ed. Eichmann, Die Ordines der Kaiserkroenung, ZRG., Kan., 2, 1 ss.; — Die Adoption des deutschen Koenigs durch den Papst, ZRG., 37, 291 ss. Die roemischen Eide der deutschen Koenige, ZRG., Kan., 6, 240 ss. — Studien zur Geschichte der abendlaendischen Kaiserkroenung, Hist. Jahrbuch. 51, 21 ss. N. Tamassia. L'alta tutela dell' antico re germanico, Arc. giuridico, XCIV (1928); — «Verbum regis» franco, ibidem, LXXXCIII (1922).

§ 17. La corte del rey y la administración del reino

El Derecho estatal de la monarquía franca fue primordialmente Derecho administrativo. Aquí es por completo extraña la separación entre el servicio civil y el militar, característica del bajo Derecho romano. La administración suprema del reino se lleva por el rey mismo. Ni, en la época merovingia ni en la carolingia tuvo una residencia permanente. El rey tiene una corte variable en los palacios que eran patrimonio real en las diferentes partes del reino. En los últimos años de Carlomagno y durante Luis I, disfrutó Aquisgrán del carácter propio de sede regia. De las personas que formaban parte de la corte, *aulici, palatini,* solo algunos tenían un cargo determinado. Los restantes estaban a disposición del rey. Entre aquéllos se encuentran los titulares de los cuatro cargos domésticos germánicos (trinchante, camarero, mariscal y escanciador), provistos aquí en personas de condición libre, con frecuencia en los más significados del séquito. Sin embargo, en el lugar del trinchante, y ciertamente con la condición de funcionario supremo de la corte, aparece el senescal o *maior domus.* El camarero se llama en la época merovingia *thesaurarius* o *cubicularius;* en la carolingia *camerarius.* El mariscal recibe ahora el título romano de *comes stabuli.* No está llamado a los negocios del Estado, propiamente dichos, y tampoco el escanciador supremo, *princeps pincernarum, buticularius.* Entre los carolingios funciona como maestro de ceremonias un *summus ostiarius,* y como maestro aposentador de la corte un *mansionarius.*

El *maior domus*, mayordomo, cargo que también encontramos entre los ostrogodos, burgundios, vándalos, longobardos y anglosajones, tenía en la corte real franca, con probabilidad desde el principio y sin duda a partir del año 600 aproximadamente, la dirección del séquito real, de los llamados *anlrustiones*. Como estos constituían lo más selecto de la aristocracia franca, llegó a ser aquél su representante político. Desde los acontecimientos que determinaron la caída de la reina Brunilda, el funcionario supremo de la administración de la corte real vino a ser el primer funcionario de la administración del Estado. Por ello, sus funciones administrativo-domésticas se transmitieron a un senescal especial. El mayordomo fue nombrado originariamente por el rey; durante algún tiempo hicieron su propuesta los magnates del reino, o le elegían ya directamente. Por último, el cargo, que se había incorporado derechos esenciales a la realeza, quedó como patrimonio hereditario de la estirpe ducal de los Arnulfo de Austrasia. Cuando el último mayordomo fue erigido rey de los francos, ordenó la extinción del cargo de mayordomo y desde este momento la monarquía persiguió la política de impedir la existencia de funcionarios centrales del reino poderosos y permanentes.

La cancillería regia estuvo en la época merovingia bajo el *referendarius* y en la carolingia bajo el canciller. El referendario merovingio intervenía en las actuaciones del tribunal del rey y cuidaba de la confección de los documentos reales del tribunal, que hacía escribir por los empleados de la cancillería (*cancellarii, notarii*)[47]. En la época carolingia se separa de la competencia del canciller la factura de los documentos judiciales, transmitida a escribanos especiales del tribunal, sometidos al conde palatino, novedad que se relaciona con el diverso tratamiento de la prueba documental en los derechos salio y ribuario.

El conde palatino ocupó en el período merovingio puesto preferente entre los asesores del tribunal regio. Cuando el rey no asistía en persona a las actuaciones, tenía que darle cuenta de ellas (*testimoniare*) proporcionándole así los fundamentos de la sentencia[48]. El conde palatino carolingio tenia, además, que informar al monarca de los asuntos laicos y actuaba como juez en lugar del rey, en cuya condición procedió como representante permanente, al menos, en cuestiones de menor importancia. Los eclesiásticos que vivían en la corte, a los que en la época carolingia pertenecían también los funcionarios de la cancillería, se encontraban bajo la vigilancia y dirección del primer capellán de la corte (*primus capellanus, archicapellanus*) que informaba al rey sobre los asuntos eclesiásticos. Más tarde, Luis el Germánico fusionó el cargo de capellán de la corte con el de canciller. Desde que el director de la cancillería fue igualmente cabeza de los eclesiásticos de la corte, consiguió una influencia política preponderante. En materias de la administración de la corte y del reino se aconsejaba al rey en primer término, como fue siempre natural que así ocurriera, de aquellas personas de la corte que gozaban de su especial confianza. Pídeles consejo cuando tiene gusto de oírle. Pero había, además, consejeros profesionales del rey, elegidos por él de entre su acompañamiento permanente o traídos de fuera a su corte. Llevaron el título oficial de *consiliarii* y fueron también llamados *senatores* o *consiliarii a secretis*.

Los *domestici* fueron, entre los merovingios, funcionarios para la administración de los dominios reales. Existía un *domesticus* en la corte real que ejercía la

47 El referendario tenia que contraseñar (*recognoscere*) y reconocerlos de este modo por exactos y auténticos.

48 De aquí la fórmula = decrevimus in quantum comes palatii nostri testimoniavit.

inspección suprema sobre la administración de los dominios. Además, los *domestici* ejercían funciones administrativas en las varias provincias del reino. Todavía en el período merovingio eran del mayordomo las funciones de *domesticus* de la corte. En la época carolingia la administración provincial de los dominios se encontraba bajo la vigilancia y control de los *missi* reales. Los funcionarios permanentes de los dominios se conocen por entonces con el nombre de *actores dominici*. Los grandes complejos de bienes fiscales (*fiscus*) están divididos en un número de *ministerio,* cada uno de ellos atribuido a un funcionario subordinado del *actor,* a un *maior.*

El rey acostumbraba a tratar los asuntos públicos con los grandes del reino en las Dietas del reino de la corte, celebradas por lo común, en relación con solemnidades cortesanas. Tales reuniones contienen el germen histórico jurídico de nuestros cuerpos de representación permanente y parlamentaria. La participación en dichas asambleas no se concibe desde el punto de vista de un derecho, sino como un deber, y se limita de hecho a los supremos funcionarios laicos y eclesiásticos y a los *antrustiones* del período merovingio; en el carolingio, los vasallos reales. En el mes de marzo, desde 755 en el de mayo, se pasaba revista al ejército: esta es la razón de que tales concentraciones militares se llamaran campo de marzo, después campo de mayo (y así también aunque alguna vez tuvieran lugar ya bien entrado el verano). En esta ocasión se manifestaba el pueblo reunido sobre resoluciones importantes para determinar la aclamación, procedimiento en que se ofrece el único momento de la organización franca que recuerda la posición de los antiguos organismos comunales territoriales. Desde Luis I, la colaboración en el gobierno que estos ejercieran un día empieza a adquirirse, bajo circunstancias diversas, por la Asamblea de la corte y la Dieta del reino.

PERTZ, Geschichte der merowingischen Hausmeier, 1819. BONNELL, De dignitate maioris domus Francorum, 1858. HERMANN, Das Hausmeieramt ein echt germ. Amt 1880. PERNICE. De comitibus palatii commentatio, 1863. H. BRUNNER, Das Gerichtszeugnis und die fraenkische Koenigsurkunde (Festgaben fuer Heffter), 1873. BRESSLAU, Handbuch der Urkundenlehre, 1, 352 ss. HEUBERGER, Fraenkisches, Pfalzgrafenzeugnis und Gerichtsschreibertum, MJÖG., 41, 46 ss. H. E. MAYER, Die Pfalzgrafen der Merowinger und Karolinger, ZRG., 42, 320 ss. SEELIGEB, Erzkanzler und Reichskanzleien, 1889. HALBEDEL, Fraenkische Studien, 1915. Rud. His, Die Domaenen der roem. Kaiserzeit, 1896. W. SICKEL, Die merowingische Volksversammlung, MJÖG., 2. Erg.-Bd., 295;—Zur Gesch. d. deutschen Reichstags, ibidem, Erg.-Bd., 1, 220.

§ 18. Las divisiones administrativas y sus funcionarios

El reino se dividió en gran número de condados (*comitatus*) *o* distritos[49]. En tiempo de los merovingios existía sobre el condado, en algunas partes del reino, una circunscripción administrativa más amplia, el ducado, *ducatus*. El condado se estructuraba en un cierto número de centenas (*centenas*) que habían recibido la significación de distritos territoriales. En las Galias la subdivisión territorial del condado se llama *vicaria*.

---

[49] La palabra *gau* (*pagas*) no designa de modo absoluto y exclusivo el distrito de un condado, sino que se emplea también para distritos de mayor o de menor extensión. En ocasiones hacen las veces de la expresión *gau* otros vocablos, asi: *bant* y *land, para, eiba, feld.*

Al frente del condado se encuentra un funcionario de nombramiento real, *comes, grafio*. Tenía mando militar, que presumiblemente constituyó el punto de partida del cargo; le incumbe en especial la recluta y caudillaje de las tropas del condado. En los nuevos territorios francos asumió la jurisdicción de los gobernadores provinciales romanos. En las antiguas regiones francas, todavía por el tiempo de la confección de la *Lex Salica*, estaba limitado a la ejecución. Aquí, tan solo en el curso del siglo VI, alcanza la posición de un juez, después de conseguir la remoción de un funcionario de los francos salios sin carácter de empleado real, el tungino, *thunginus*, que hasta entonces actuaba como presidente de la asamblea judicial pura (§ 19 *in fine*) de las centenas. El conde tenía, además, el mando de la policía en el distrito y era funcionario de la finanza real. No tuvo remuneración fija[50]. No obstante, recibía un tercio de los derechos judiciales y del importe de las multas del coto[51] y el rendimiento de los inmuebles que como patrimonio del cargo estaban vinculados al condado (*res comitatus, pertinentia comitatus, fiscus comitialis*). Durante sus viajes en actos de servicio podían exigir de las gentes del distrito alojamiento gratuito, transporte y servicio de postas. No le fue transmitido en su integridad el poder judicial regio; en su propia esfera de actuación recibía solo un coto de quince sueldos (*bannus comitis*). Sin embargo, ya en el periodo franco percibía el coto regio de sesenta sueldos en ciertos casos (los condes sajones en general por las *causae maiores*), a virtud de que la potestad del conde acusa una paulatina progresión. Originariamente pudo el rey nombrar y separar libremente a los condes. Bajo Luis I y sus sucesores la concesión del cargo tuvo lugar según los principios jurídicos feudales. A últimos del período franco fue regla común, iniciada en la Vestfrancia, la transmisión hereditaria del condado de padres a hijos.

Ya la época merovingia conoció como representante del conde, nombrado en cada caso concreto, el *missi comitis*. Bajo los carolingios se encuentra en Vestfrancia y en Italia un funcionario especial como representante permanente del conde en la administración del condado y que lleva el título de *vicecomes*.

En el período merovingio existió sobre varios condes un duque (*dux*) que reunía en su mando las fuerzas militares de una circunscripción territorial más extensa y ejercía un poder judicial superior al de los condes. Pero no había un ducado en todas partes, ya que eran numerosos los condados no incluidos en un ducado. Al tiempo de la debilitación de la monarquía merovingia consiguieron los duques en algunos lugares del reino una posición de extraordinaria independencia en la que, si reconocían ciertamente la soberanía del rey, dejaron, empero, de considerarse simples funcionarios. Este nuevo ducado con independencia sancionada por el derecho público puede llamarse a diferencia del antiguo ducado, concebido como un cargo, ducado del tronco o nacional, tipo que los carolingios consiguieron, a su vez, desplazar en todas partes. La organización carolingia no conoció un ducado especial. No obstante, encuéntrase el título de *dux*. Con cierta frecuencia lo ostentan los margraves (*praefectus limitis, custos limitis, marcae, comes marcae, matchio, marchensis, marchisus, marqués*), que ejercían sus funciones en las fronteras del reino, territorio que comprendía varios condados, para hacer posible una defensa fronte-

50 Por lo regular percibía las multas del coto militar. Sin embargo, Carlomagno empleó también para esta función *haribannatores* especiales.

51 *Lombarda Commentare*, Ariprandus, I, 2: Plane si compositionem (regalem) comes exegerit, tertiam sibi partem retinebit... si non ipse set missus dominicus, integra ad palatium veniat compositio.

riza conveniente. Solo en la época merovingia se encuentra el cargo de *patricius* que o bien es un funcionario central militar y civil (Borgoña) o bien un gobernador provincial (Provenza).

En las centenas su presidente (*centenarius, hunno*), designado por elección popular, llegó a convertirse muchas veces, aunque no siempre, en un subalterno del conde nombrado por este con participación del pueblo. Le estaba confiada la ejecución judicial y la recaudación de los ingresos fiscales; de aquí que también aparezca bajo el nombre de *sculthaisus*[52]. Toma asiento en el tribunal al lado del conde como su ayudante. En la asamblea judicial rogada (§ 19 *in fine*) podía representarle en su calidad de juez. El conde de Neustria tenía en los territorios romanos un funcionario subalterno, el *vicarius*, para la circunscripción de la *vicaria*. Una vez que en la época carolingia se convirtió el *centenarius* en funcionario subordinado del conde, se usaron como equivalentes las expresiones *vicaria* y *centena*, vicario y centenario.

El Derecho ribuario conoció el cargo de un escriba judicial permanente, *cancellarius*, que estaba presente en el tribunal y que cuidaba él mismo de la confección auténtica de los documentos. La institución ritmaría penetró también en el campo jurídico de los salios y de los alamanos; pero desde la segunda mitad del siglo IX se inició su decadencia en todas partes. Por el contrario, en Italia se conservaron los actuarios oficiales y permanentes de los tribunales del condado establecidos en la época carolingia, hecho que se relaciona con el nacimiento de un notariado público.

Carlomagno creó un instrumento eficaz para la centralización de la administración del reino en la institución de los *missi dominici*. Ya con anterioridad habían enviado los reyes, en cada caso, a las diferentes partes del reino, apoderados con mandatos especiales (*missi ad hoc*). Carlomagno hizo de ello una institución orgánica de la administración en tanto que dividió el reino en grandes parroquias de *missi* (*missatica legationes*), por las que viajaban con regularidad varios de estos funcionarios, habitualmente dos, un magnate laico y otro eclesiástico. Tenían que controlar y enmendar la actividad de los funcionarios residentes. Celebraban Dietas territoriales y, provistos de poder extraordinario del rey, asambleas judiciales. La condición de estos *missi* circulantes ordinarios (*missi discursores*) no era permanente. Las más veces se nombraban anualmente nuevos *missi* para cada distrito por recorrer. Al modo de una potestad existente entre la monarquía y el condado, la institución de los *missi* vino a ser un sustituto del ducado que, como ya sabemos, no se toleró por los carolingios. Los *missi*, en calidad de inmediatos representantes del rey, pusieron en vigor en todas las partes del reino la reforma de la corte real. En tiempos de Luis I, empezó a degenerar la institución. En la medida que el cargo de *missi* se transmitía a las autoridades locales del *missaticum*, se desarrolló la institución de los *missi* residentes. Los *missi discursores* se enviaron ya solo en casos excepcionales. En el reino franco del Este, desde Luis el Germánico, se encuentran únicamente *missi* residentes y *missi ad hoc*.

---

52 Literalmente significa el que manda o lleva a cumplir lo debido, el que cobra, recauda o ejecuta la deuda. Su circunscripción se llama *sculdasia*. Como términos equivalentes a su sentido propio emplean las fuentes los de *exactor* y *quaestionarius*. Para su relación con el *tribunas*. BRUNNER-V. SCHWERIN, DRG. II § 84.—Según MAYER, Historia. II. 49 s., el *maiorinus* (merino) «está en íntima relación con la justicia, aunque no es por sí mismo un juez, y recauda, entre otros emolumentos regios, derechos judiciales, correspondiendo en absoluto su cargo al *schultheiss* germánico».

EICHORN, Urspruengliche Einrichtung der Provinzialverwaltung im fraenk. Reich, Z. f. geschichtliche Rechtswissenschaft, VIII. LANDAU, Beschreibung der deutschen Gaue. 1855, 1857. THUDICHUM, Die Gau-und Markverfassung in Deutschland, 1860. A. PERNICE. artículo «Graf», en la Encyklopaedie de Ersch y Grubers. W. SICKEL, Wesen des Volksherzogtums, Hist. Z. NF., 16, 407.—Der fraenkische Vicecomitat, 1907 u. Ergaenzugen, I, 1908. STENZEL, De marchionum in Germania origine et officio publico, 1824. LIPP, Das fraenkische Grenzsystem unter Karl d. Gr., 1892. HOFMEISTEB, Markgrafen und Markgrafschaften im ital. Koenigreich, 774-962, en las MJÖG., 7. Erg.-Bd., 215. SCHUCHHARDT. Ausgrabungen am Limes Saxoniae Z. f. Lueb. Gesch., 15, 1 ss. Alfr. WEBER, Der Centenar nach den karoling. Kapitularien, 1894. v. SCHWERIN, Die altgermanische Hundertschaft (1907), 138 ss. GLITSCH, Der alemannische Zentenar und sein Gericht, 1917. F. LOT, La Vicaria et le Vicarius en la Nouv. Revue hist., 1893, 281. Víctor KRAUSE, Geschichte des Instituís der missi dominici, 1890 (MJÖG., 11, 193). CAM, Local government in Francia and England, 1912.

§ 19. La administración del reino y las prestaciones de los súbditos

En el reino franco sería igualmente inútil buscar una administración financiera regular. No se distingue el patrimonio del Estado y el patrimonio particular del rey, como tampoco en la posición de la monarquía sus funciones jurídico-públicas de las jurídico-privadas, rasgo característico del que consiguientemente participan también los funcionarios. No se conocía una obligación tributaria general de los súbditos. La organización fiscal romana decae y degenera. Algunos pueblos dependientes pagan tributos. Por la cesión y utilización de los dominios reales, sobre todo de la tierra roturable, se percibían cánones de naturaleza jurídico-privada (*stuofa, medem*). Constituían otros ingresos del fisco real, sobre los que disponía el rey a voluntad los derechos judiciales, el coto regio, el patrimonio del proscrito, los censos de protección, aduanas y derechos de tránsito (*pulveraticus, pontalicus, portaticus, rotaticus*)[53], las donaciones anuales (*dona annuaria*), que, para la Iglesia, reciben desde Carlomagno el carácter de prestaciones obligatorias. Pero la fuente principal eran los rendimientos de las posesiones reales. Nos ofrece una fiel estampa de la administración de los dominios reales el llamado *Capitulare de villis,* ordenación económica de los bienes reales en explotación propia, que procede de la Francia meridional, presumiblemente de Aquitania, y aparecida antes de fines del siglo IX.

Por lo demás, la comunidad se remitía a las prestaciones personales de los súbditos que venían obligados al servicio militar, al servicio judicial, al servicio de la policía pública (persecución vecinal y territorial) y a ciertos servicios públicos procedentes en parte del sistema de transporte de correos romano (*mansiones, mansionaticum, humanitas, pastus, paratas facere; veredi* y *paraveredi; angariae* y *parangariae*)[54].

En el ejército tiene lugar una transformación importante. Ciertamente bajo los carolingios no se realizó una modificación orgánica de la obligación al servicio de las armas; pero la creciente incapacidad contributiva de los pequeños propietarios y las novedades en el arte de llevar la guerra condujeron paulatinamente a la

53 Para estos impuestos de tránsito en las fuentes castellanas y leonesas medievales, L. G. DE VALDEAVELLANO, AHDE. 8, 332-353, y su referencia a MAYER.

54 Mención de las indicaciones de DAHN, PÉREZ PUJOL, GAMA-BARROS y HERCULANO, sobre restos del correo romano en el reino godo, MAYER, Historia, I, § 8. nota 18.

extinción del coto militar, que descansaba sobre la obligación general de los súbditos, y determinaron una administración del ejército que sustituyó la leva del pueblo por las milicias feudales, y las tropas de peones por la caballería. En principio, los deberes militares gravan en el reino franco a todos los hombres libres armados. Una orden real determinaba en cada caso la cuantía de la recluta de los obligados al servicio militar; para ello fueron puntos de vista normativos las exigencias de las fuerzas del ejército y la capacidad de prestación del particular. En atención a estas circunstancias se fijaba en cada llamamiento una cuota patrimonial, variable según mandato regio, con el sentido de unidad correspondiente al servicio militar personal. Las personas de condición libre y pobre eran reunidas en grupos, de suerte que solo a *una* de ellas se exigía el servicio militar personal, mientras las otras estaban obligadas a un impuesto (*adiutorium*)[55]. Quien contra derecho incumple su obligación tiene que pagar el coto regio. La ejecución del llamamiento es cosa de los condes, titulares también de un derecho de dispensa limitado. En la época carolingia los *subjecti* y los vasallos tenían que ser ofrecidos por su *senior* al señor territorial o feudal. Cuando se trataba de la protección del territorio contra ataques enemigos, todos, sin excepción, estaban obligados a seguir el llamamiento en defensa del país (*lantwêri*).

Mientras la administración del ejército se vio impelida a desgravar progresivamente la carga que el deber militar imponía a los pequeños poseedores inmobiliarios, de otra parte, y a virtud de una modificación de naturaleza técnico militar, fue cada vez menos preciado el servicio de la guerra que podían prestar. El ejército que realizó la fundación del reino franco se componía casi exclusivamente de peones; únicamente iban montados los jefes y los que formaban el séquito. En el cuarto o quinto decenio del siglo VIII, a causa de las luchas con los árabes, se hizo sentir la necesidad de crear una caballería eficaz. Al servicio de este propósito Carlos Martel y sus hijos se apoderaron del patrimonio de la Iglesia. Estos bienes fueron entregados a los magnates francos quienes, por su parte, en sucesivas concesiones a vasallos menores, pusieron a estos en situación de procurarse el equipo para servir en la caballería. El aumento de los contingentes de tropa montada obligó a Pipino a trasladar a mayo el campo de marzo. Paralelamente con el feudalismo se extiende la caballería de Oeste a Este. En Vestfrancia, a mediados del siglo IX, el ejército se forma casi de un modo exclusivo de fuerzas de caballería compuestas en parte de vasallos y en parte de menestrales, siervos pertrechados para el servicio en la caballería. En los pueblos de la derecha del Rhin solo se opera esta evolución durante la época postfranca.

La obligación de asistir al tribunal gravaba capitalmente a la centena, cuyas asambleas judiciales tenían competencia sobre los litigios de todo el condado. Aquella obligación extiéndese igualmente a la asamblea judicial pura del Derecho popular, reunida en tiempo y lugar tradicionales por el conde (*placito non indicta*), como a la asamblea judicial rogada (*placita indicta*) que en virtud de su función pública convocaban según las necesidades el conde o el *centenarias* y en la que solo podían resolverse las *causae minores*, no así las *causae maiores*, reservadas a la asamblea

[55] El Fuero de Castrojeriz (Muñoz: *Colección*, 38) de 976, presenta por primera vez en vigor un sistema parecido al del *adiutorium* franco, mucho más antiguo. « Et si illo comite tenuerit arcato faciant se tres pedones in uno et de uno illo asino et vadant illos duos», Sánchez Albornoz, Estampas de la vida en León hace mil años (3). 80, nota 18. Más textos por Mayer. Historia, I, 105 y 277 s.

judicial pura[56]. Como por la desigualdad de las relaciones posesorias se hizo excesivamente gravosa para los libres pobres la obligación general de concurrir al tribunal, fue necesario en la época carolingia limitar anualmente a tres las asambleas judiciales generales (*placita generada*), y en las convocatorias rogadas se sustituyó dicha obligación mediante el establecimiento de sentenciadores permanentes, de los escabinos (*escabini*).

BRUNNER—v. SCHWERIN, DRG., II, §§ 91, 90. HUELLMANN, Deutsche Finanzgeschichte des Mittelalters, 1805. ILSE, Gesch. des deutschen Steuerwesens. I: Staatsausgaben, Zeit der Karolinger, 1844. GUÉRARD, Des impositions publiques dans les Gaules, Biblioth. de l'école des chartes, I, 336. DAHN, Zum erowing. Finanzrecht en Abhandl. f. Konrad von Maurer (1893), 335 ss. THIBAULT, Les impôts directs dans les royaumes des Ostrogoths, Wisigoths et Burgundes, 1901. FALKE. Geschichte des deutschen Zollwesens, 1869. WETZEL, Das Zollrecht der deutschen Koenige von den aeltesten Zeiten bis zur goldenen Bulle, 1892. SCHIFFMANN, Die Zollurkunde von Raffelstetten, MJÖG., 37, 479 ss., 715 ss. v. BELOW, Zur Raffelstetter Zollordnungs VjschrSozWG., 17, 346 ss. GUÉRARD, Explication du capitulaire de villis, Mémoire. de l'Institut de France, Académie des inscriptions et belles lettres, 1857, tom. 21. GAREIS, Bemerkungen zu Kaiser Karls des Grossen Capitulare de villis en Abhandl. f. K. v. Maurer (1893), 209 ss.;—Die Landgueterordnung Karls des Grossen, 1895 (edición comentada). DOPSCH. Die Wirtschaftsentwicklung der Karolingerzeit, I, 28 ss. BAIST, Zur Interpretation der brevium exempla und des capitulare de villis, VjschrSoz., WG., 12, 22 ss. DOPSCH, Das Capitulare de villis, die brevium exempla und der Bauplan von St. Gallen, ibidem, 13, 41 ss., 609 (cf. la literatura preindicada en el § 11);—Carlomagno y el Capitulare de villis, AHDE., 2, 3 ss. Th. MAYER, Zur Entstehung des Capitulare de villis, VjschrSozWG., 17, 112 ss. E. MAYER, Der Ursprung des Capitulare de villis, Tijdschr., VII, 1 ss.;—Dopsch y el capitulare de villis, AHDE., 1, 86. M. BLO. Fc. L'origine et la date du C. d. V. Revue hist., 143, 405. WEISS, Staatliche Baufronden in fraenkischer Zeit, VjschrSozWG., 15, 341 ss.; GANSHOF. La Tractoria, Tijdschr., VIII, 69 ss.—Les origines romaines du «rouage», en Mél. Cornil, I, 385 ss. CARO, Ein Urbar des Reichsguts in Churraetien, MJÖG., 28, 261 ss. GLOECKNER, Ein Urbar des rheinfraenkischen Reichsguts, MJÖG., 38, 381 ss. SCHMITT, Das Koenigsgut in Hessen-Nassau, etc. Nassauische Annalen, 47, 118 ss. STUTZ, Karls des Grossen divisio von Bistum und Grafschaft Chur, Zeumerfestschr., 1910.—ZRG., 36, 612.

BRUNNER-v. SCHWERIN, DRG., II, § 88. STENZEL, Versuch einer Geschichte der Kriegsverfassung Deutschlands im Mittelalter, 1820. A. BORETIUS, Beitraege zur Kapitularienkritik, 1874. 71 ss. H. BRUNNER, Der Reiterdienst und die Anfaenge des Lehnswesens (= Forschungen, 39 ss.). BALDAMOS, Das Heerwesen unter den spaeteren Karolingern, 1879. H. DELBRUECK, Gesch. d. Kriegskunst, II, 1921; III, 1907. FEHR. Landfolge und Gerichtsfolge im fraenk. Reich, Sohmfestschr., 1914. KOENIGER, Militaerseelsorge der Karolingerzeit, 1918. F. BEYERLE. Zur Wehrverfassung des Hochmittelalters, en Festschr. Ernst Mayer, 1932, 31 ss.

BRUNNER-v. SCHWERIN, DRG., II, § 89. HERMANN, Ueber die Entwicklung des altdeutschen Schoeffengerichts, 1881. W. SICHEL, Die Entstehung des Schoelfengerichts, ZRG., 6, 1. H. BRUNNER, Die Herkunft der Schceffen (= Forschungen, 248). BEAUCHET, Histoire de l'organisation judiciaire en France, 1886. Ed. BEAUDOUIN, La participation des hommes libres au jugement dans le droit franc. 1888.

[56] Las fuentes distinguen entre *causam finire,* terminación del procedimiento por sentencia (y ejecución) y las simples actuaciones. Solo aquélla requiere en las *causae maiores* la asamblea judicial pura. Cf. SEELMANN, op. cit. en el § 22.

§ 20. Los comienzos del Estado feudal

Mientras la constitución de la antigua época de los merovingios descansaba en lo esencial sobre el principio de la igualdad de subordinación de todos los súbditos a la monarquía, a fines del siglo VII déjase sentir una profunda transformación que sitúa a una parte de los súbditos en una relación más próxima con el rey, a la vez que en ciertas relaciones aleja a otros de la intervención directa del poder público, de suerte que sobreviene una remoción de la comunidad general de los súbditos. Contribuyen a encaminar esta transformación diversas relaciones provenientes en parte de las Galias y de la época romana postrera. De entre ellas, son de especial consideración los beneficios, el vasallaje, el señorío territorial, la inmunidad y la posición de la Iglesia respecto del Estado.

Las donaciones de tierras de los reyes merovingios constituyen un precedente de los *beneficios*. Bajo los merovingios fue primero costumbre, convertida luego en exigencia política, asegurar a los magnates a la monarquía mediante la donación de bienes de la corona. La donación de tierras merovingia, de acuerdo con el concepto germánico de donación, concedía solo al donatario una propiedad limitada, salvo que expresamente transmitiera la propiedad libre. La donación era donación de fin, con la que se quería que lo donado permaneciese en mano del donatario y no en la de un tercero cualquiera; síguese de ello la necesidad del asentimiento del donante para las enajenaciones y que revierta a este bajo determinados supuestos, particularmente si el donatario fallecía sin descendencia masculina. Cuando Carlos Martel y sus hijos se dedicaron a practicar donaciones en gran escala, a fin de constituir la ya necesaria caballería, fue insuficiente el exhausto patrimonio de la corona. Según el derecho canónico, los bienes de la Iglesia, de que se sirvieron con aquel destino, no podían entregarlos en propiedad, sino únicamente como un derecho de *precarium*. Por ello, las donaciones sobre el patrimonio eclesiástico se hicieron bajo el punto de vista jurídico del *beneficium*[57], que fue también decisivo para las concesiones de bienes de la corona. Concedía este al beneficiario un derecho de disfrute limitado temporalmente que después de su fallecimiento (muerte del hombre) no se transmitía a sus herederos, y que se extinguía al fallecer el concedente[58] (muerte del señor). No fue el rey, respectivamente el mayordomo, el único que concedió beneficios; también los otorgaron la Iglesia y los magnates laicos.

Aquí entra en vinculación con el beneficio otra relación que en su origen fue independiente, el *vasallaje*. Tenía el rey en la época merovingia un séquito de organización militar que le servía de guardia montada de su vida y honor, los *antrustiones*. Las gentes de acompañamiento que fueran de otras personas recibieron el nombre de *gasindi*, luego, también *vassi, vassalli*. Los *antrustiones* desaparecieron antes del siglo VII. Viene en su lugar el vasallaje más numeroso, como reminiscencia y continuación del acompañamiento. El vasallaje era una relación de protección y servicio que se constituía por un juramento de fidelidad y por el acto simbólico de la comendación,

---

57 LESXE, Les diverses acceptions du terme « beneficium». Nouv. Rev. Hist., 48, 1 ss. [Sobre *beneficium* como sinónimo de *defensio* y *tuitio* y su relación con *benefactoría*, SÁNCHEZ ALBORNOZ, AHDE, I, 190 s., 218 s. Según este autor, la palabra beneficio—en el sentido de entrega de tierras a título temporal a cambio del servicio militar y de corte—no se encuentra en las fuentes castellanas, sino sustituida por la de *prestimonio* o *precaria*, AHDE. 10, 525.]

58 Originariamente solo si el otorgamiento tuvo lugar con motivo de una relación de servicio y fidelidad; no, en cambio, si fue hecho según las normas del beneficio puro.

mientras de otro lado el señor ofrecía alguna donación al vasallo. Este se obliga para con su señor a servicios que en las personas libres no determinaban aminoración de la libertad plena. Pero había también vasallos no libres. No fue privativo del rey tener vasallos; podían tenerlos también los súbditos. La significación primordial de la relación de vasallaje residía en el servicio de la guerra. A prestarlo venía obligado el vasallo ante su señor, así como también al servicio en la caballería, si su señor le pertrechaba para ello o le procuraba los medios para que se equipara él mismo. La participación en la comunidad doméstica del señor, tal como fue regla general en el acompañamiento en sentido propio, se limitó en los vasallos que no vivían en la corte del señor a que cuando este llamara al vasallo ausente tenía que acudir a la corte señorial. El avituallamiento que la casa del señor procurara a los miembros del séquito se sustituyó regularmente por la concesión de un beneficio: así que en este respecto el vasallo aparecía como un hombre de acompañamiento de nuevo estilo. La masa principal de los bienes de la Iglesia donados por los mayordomos en favor de la creación de la caballería franca, fueron a manos de vasallos. En la medida que fue costumbre, más y más acentuada, dar al vasallo un beneficio y llegar a ser por el beneficio un vasallo, quedan recíprocamente fundidos beneficio y vasallaje. El producto de estos factores es el feudalismo[59]. Ya tempranamente surge la tendencia a la continuación hereditaria o, más bien, a la determinación de un *precarium* forzoso a la muerte del señor y a la muerte del beneficiario, en tanto que, fallecido el señor, su heredero renovaba voluntariamente el *precarium* al feudatario de su predecesor y, así también, fallecido el feudatario, hacía lo propio el señor del feudo con un hijo del muerto. Posteriormente esta renovación, simple costumbre un día, se hizo forzosa bajo ciertos supuestos. El feudalismo no solo comprende, en rápida expansión, la propiedad inmobiliaria, sino que pronto empieza también a desnaturalizar la organización de los cargos. Desde el siglo IX fue práctica corriente que el rey concediera a vasallos los cargos más elevados, o que sus titulares se entregaran en vasallaje. Inicialmente, las posesiones territoriales vinculadas al cargo de conde, *pertinentia comitatus,* fueron tratadas como *beneficium.* Al igual que de esta manera recibió el cargo una base jurídica privada, las facultades mismas inherentes a él recibieron paulatinamente el carácter de feudo.

El señorío territorial. Las personas asentadas sobre los bienes de los señores territoriales no se encontraban solamente en dependencia económica y jurídico privada, sino que el señor territorial ejercía sobre ciertas clases de ellos facultades soberanas que constituyeron la esencia del señorío territorial y que, en el curso del tiempo, cobraron significación jurídico-pública. En el señorío territorial dentro del reino franco hay que distinguir las raíces de derecho romano y las de derecho alemán.

[59] Esta concepción del nacimiento del feudalismo no ha sido superada por las críticas de A. DOPSCH. Vide la literatura al fin del capítulo. [La construcción de BRUNNER ha sido atacada desde diferentes puntos de vista, por ej.: sobre las relaciones de beneficio y vasallaje, o admitiendo una *divisio* ya en época merovingia, etcétera. De particular interés son las objeciones en torno al influjo de la caballería árabe, cfs. GARANDE. AHDE. II. 277 s. y SÁNCHEZ ALBORNOZ, Estampas de la vida en León, 78, nota 12. Este último critica no la influencia, sino la propia existencia considerable de la caballería árabe, AHDE. 10, 517 s. Para TORRES, Lec. cit. II, 331, SÁNCHEZ ALBORNOZ ha remozado contra BRUNNER la tesis de PÉREZ PUJOL de que, al menos en tiempos de la invasión árabe, el ejército visigodo era fundamentalmente montado; estima que la copia de pruebas hoy aportada no es definitiva. SÁNCHEZ ALBORNOZ anuncia para el AHDE, noticia documentada de su interpretación].

Según el Derecho alemán, el señor territorial responde por sus hombres no libres, por los semilibres y por aquellos libres que le pertenecen en protección. La terminología jurídica merovingia los resume todos como *homines unde mithio redebet*, es decir, como las personas por las que debe responsabilidad, expresión que desaparece en la época carolingia, durante la que solo se habla de *homines* o de *homines commanentes*. El señor responde o por la multa en que se haya incurrido o por la presentación del *homo* ante el tribunal público, si lo requiere un tercero. En casos en que concurrieran penas públicas, el señor territorial está obligado a entregar a su gente al juez público, quien por su parte tenía el derecho de apoderarse directamente del culpable. En consideración a aquella responsabilidad del señor territorial, fue costumbre que el tercero se dirigiera, en primer término, extrajudicialmente al señor o a sus encargados; procedíase luego a la instrucción del asunto y con su resultado se resolvía. No dándose el tercero por satisfecho, podía dirigirse al juez público. Los pleitos entre sus gentes no libres eran juzgados por el señor, bien personalmente o por medio de sus funcionarios, en virtud de su poder de señorío corporal (§ 25). Para semejante jurisdicción de señorío corporal se originó un determinado procedimiento que, en parte, recibió sus formas del procedimiento judicial popular. Los *subjecti* libres, de tener entre ellos tráfico jurídico, podían dirigirse al tribunal público o comprometerse a la resolución del señor o de sus encargados. Cuando se tratase de proceder contra terceros les estaba permitido servirse de la representación del señor o de quien representara a este.

En las Galias, y ya en la época prefranca, ejercieron las grandes iglesias y los grandes terratenientes (*homines potentes*) una jurisdicción propia sobre sus gentes, al menos, cuando estas litigaban entre sí, facultad jurisdiccional que corresponde a la competencia del *defensor* del Derecho romano postrero. Tanto aquélla, en lo que va afirmándose, como la jurisdicción especial que tenía la Iglesia sobre ciertas clases de población bajo su dependencia, se transforman en la inmunidad, cuya importancia para la historia de la organización jurídica consiste, en parte, en que por necesidad encuadra en el marco general de la organización judicial franca los restos de una jurisdicción inorgánica.

Quedó ya mencionada[60] la significación militar del señorío territorial, con expresión en la leva de los *subjecti* por el señor. Desde la transformación del ejército es absorbida por el vasallaje y el menestralazgo.

Las raíces de la *inmunidad* se remontan a la época romana. Entre los francos toma su punto de partida en la condición del patrimonio real que no se encontraba bajo los condes y sus empleados subalternos, sino que era administrado por funcionarios especiales de los dominios de la corona. Así como en el Imperio romano los dominios imperiales estaban exentos de impuestos y de faenas públicas, de igual modo disfruta esta inmunidad (en las fuentes más antiguas *emunitas*) el patrimonio de los reyes francos. Ya en la época merovingia, y por privilegio real, pasó la inmunidad a los bienes de la Iglesia, lo que bajo Luis I se ofrece como regla general. Con la concesión del *beneficium* disfrutan de ella los magnates laicos, pues el beneficio, como propiedad de la corona, conserva jurídicamente su carácter de patrimonio real. El contenido de la inmunidad experimenta ampliaciones esenciales en el curso del período franco. Lo que primero fue solo una exención fiscal, se completa por una liberación limitada del poder público. Consiguientemente, la

[60] Vide supra pág. 71.

inmunidad coarta los privilegios de inmunidad de los funcionarios públicos: 1.°, la entrada en calidad de funcionario en el territorio inmune (prohibición de *introitos*); 2.°, la exigencia de prestaciones fiscales pecuniarias o de servicios públicos, las llamadas *functiones publicae* (prohibición de *exactiones*), y 3.°, la aplicación directa del poder público contra las gentes inmunes (prohibición de la *districtio*)[61]. Junto a las exenciones, contenía en si la inmunidad, en el derecho franco, la jurisdicción sobre las gentes inmunes, en tanto que los asuntos poseyeran un carácter financiero y meramente fiscal y se tratara del precio de la paz y de las multas en que hubiesen incurrido aquellas personas. El señor de la inmunidad tiene jurisdicción sobre ellas en las *causae minores*[62]. Y comprendía a los *subjecti* libres, extendiéndose, por consiguiente, más que la jurisdicción del señorío corporal, a la que regularmente absorbe. Corresponden al señor de la inmunidad todas las costas judiciales causadas por las gentes inmunes. A lo que parece, interpuestas acciones por terceros, tenía originariamente que presentar a sus *subjecti* ante el tribunal público; pero más tarde, en la segunda mitad del siglo VIII, exigió el procedimiento que el tercero acusara a los inmunes, en primer término, ante el tribunal de la inmunidad. En los asuntos criminales está obligado el señor, ahora como antes, a presentar al demandado ante el tribunal del conde. El señor inmune ejercía la propia jurisdicción mediante un funcionario especial, *advocatus,* que por lo regular percibía una parte (un tercio) de las costas judiciales que correspondían al señor inmune[63]. La designación del *advocatus* fue materia que trajeron a su regulación las disposiciones de la monarquía franca. No se trataba de un funcionario puramente privado, sino que se hallaba bajo el control del *missi,* igual que los funcionarios públicos. El *advocatus* debía ser designado de entre los propietarios libres del condado, con intervención al menos del conde y del pueblo.

Desde la época carolingia la inmunidad proporcionó a las iglesias una paz objetiva de rango superior, e independiente de los privilegios de protección subjetiva del rey.

Posteriormente, la circunscripción inmune se convierte en un coto territorial, por compra, permuta, donación, conquista o finalmente por el hecho de que se transmitió a los señores el poder público sobre los poseedores de tierras en régimen de propiedad libre residentes en la circunscripción. Así nacieron los llamados señoríos de coto o inmunidades de coto.

La *Iglesia franca* fue, bajo los merovingios, Iglesia territorial nacional y, por tanto, estuvo subordinada a la monarquía. Los concilios eran concilios nacionales

---

[61] Iubemus ut nullus iudex publicus neque quislibet iudiciaria potestate... in ecclesias aut loca vel agros seu reliquas possessiones... ad causas audiendas vel freda ex genda aut mansiones aut paratas faciendas aut fideiussores tollendos aut homines ipsius ecclesiae tam ingenuos quam servos iniuste distringendos sive ullas redibitiones... requirendas ullo unquam tempore ingredi audeat vel ea quae sunt supra memorata exactare praesumat. Luis I para Viviers, año 815, MUEHLBACHER, Regesten ° nr. 585.

[62] En todo caso, fue así en la época carolingia. Por el contrario, parece que en el período merovingio la jurisdicción del señor de la inmunidad se limitó a la que, según lo antes dicho en la página 68. tenia como señor territorial. El reconocimiento o la concesión de una jurisdicción inferior al señor de la inmunidad por los carolingios significa, por tanto, la recepción de la jurisdicción de carácter privado del señorío territorial en la organización estatal.

[63] Ariprandus, I, 2 (supra, pág. 64, nota 2): Unde obtinet advocates ecclesiarum quoque tertiam causarum partem lucrari.

convocados por el rey o congregados con su licencia. En cambio, no existió soberanía alguna del Papa en asuntos de la administración eclesiástica. Desde mediados del siglo VIII se opera una transformación. Bonifacio, legado pontificio, organizó la cristianización de los pueblos del Este del Rhin en inmediata dependencia de Roma. La Iglesia franca llegó a quedar subordinada al Papado, lo que inicialmente solo ocurrió cuando era grato al rey. El Estado, que utilizó y fomentó el cristianismo como fundamento político de la unidad del Imperio, asumió tareas puramente eclesiásticas, mientras que la Iglesia y la clerecía entraron al servicio de funciones directamente estatales. La unión entre la Iglesia y el Estado, que esto determinó, se exterioriza, sobre todo, en el intenso gobierno de la Iglesia por el rey. Mediante sus *capitularía ecclesiastica* ejercita el derecho de legislación sobre materias eclesiásticas. Carlomagno se atribuyó, además, el derecho de examinar por sí las cuestiones de fe y de adoptar resoluciones. Pero desde Luis I volvió a perder la monarquía esta posición normativa. Los sínodos del Imperio se celebraron con dependencia del Papa. En los círculos eclesiásticos empezó a acentuarse el rango preferente del poder espiritual sobre el secular. Las grandes falsificaciones de Derecho canónico de mediados del siglo IX, la Colección de capitulares de Benedictus levita, las Decretales pseudoisidorianas y los *Capitula Angilramni* se desarrollan en el mismo sentido de dirección.

La provisión del episcopado venía determinada ya en la época merovingia por la voluntad del rey. Ciertamente, tenía vigencia, en teoría, la norma de Derecho canónico de que el obispo fuera elegido por el clero y la comunidad. Solo que el elegido no podía ser consagrado sin la confirmación regia. Con frecuencia influía el rey en la elección, o simplemente proveía el obispado por nombramiento unilateral. En tal medida fue esto la regla, que bajo los carolingios se necesitaba un privilegio real especial para elegir el obispo (con reserva de la confirmación regia). La transmisión del obispado se hacía por el rey, y sin duda en el siglo IX, con entrega del báculo episcopal[64].

Según las disposiciones canónico romanas, todo el patrimonio eclesiástico era propiedad inalienable de la iglesia episcopal. La administración correspondía a la Ubre apreciación del obispo. Una concepción jurídica germánica, divergente, basada en la condición jurídica del templo propio germánico (templo, no habitación) de la época pagana, empezó a construir frente a aquélla el instituto de las iglesias propias. Según sus principios, la iglesia singular se encuentra en propiedad del señor territorial, que percibe sus rendimientos y que, de no ser él mismo eclesiástico, nombra y remunera al clérigo (con frecuencia un no libre). Constituye el punto central del patrimonio de la iglesia propia la base del altar con el ara, al que corresponden, en calidad de pertenencias, el edificio de la iglesia, la casa parroquial, el ajuar, los diezmos, etc., todo lo cual constituye un patrimonio especial perteneciente al señor de la iglesia propia[65]. En el reino franco existieron junto a las antiguas iglesias, propiedad directa del obispado, numerosas iglesias propias. De ellas fue particular propietario el rey (*ecclesiae, monasterio in dominio regis*). Tenían tal

[64] Cum pontificalis baculi iuxta morem commendatione. concedió Luis el Germánico en 865 a Rimberto el obispado de Brema. *Vita Rimberti* c. 11, en los MG. SS. II, 770.

[65] Sobre la concepción de la iglesia propia como una empresa, recientemente OPPIKOFER, Das Unternehmensrecht, 1927, sobre esto H. Meyer, ZRG. 48, 540. [La monografía de Oppikofer contiene una cuidadosa agrupación documental sobre las designaciones de las haciendas agrícolas en la Edad Media (cf. su § 4 Die Verkoerperungen in Sprach und Recht).]

condición las construidas sobre suelo fiscal o las iglesias entregadas al rey. Desde el siglo VII predominó en tal grado el sistema de las iglesias propias, que incluso aquellas iglesias que pertenecían directamente al obispado fueron consideradas como iglesias propias del obispo. La legislación carolingia intentó producir una cierta subordinación de los eclesiásticos de los señores territoriales al obispo. Para ello se dispuso que los señores no pudieran nombrarlos sin la aprobación del obispo. Se prohibió la provisión de las iglesias propias con clérigos no libres. Fue costumbre cada vez más acentuada la de conceder al eclesiástico todos los emolumentos de la iglesia en calidad de *beneficium* según los principios del derecho beneficial puro (no del que producía vasallaje)[66]. El papa Eugenio II reconoció el 826 en un sínodo romano la propiedad del señor territorial sobre las iglesias propias y los monasterios propios.

La incautación de los bienes de la Iglesia (*divisio*) hecha por los mayordomos carolingios para responder a fines militares, y que en 743 encontró reconocimiento eclesiástico, fue pensada al principio solo como un préstamo sobre el patrimonio de la Iglesia, a causa de que sucedida la muerte del concedente debía revertir el *beneficium* a la Iglesia. Pero fue lo cierto que tales cesiones limitadas condujeron a la secularización, porque se hizo necesario conceder de nuevo regularmente los beneficios caducados, ya que de otro modo se hubiera debilitado en breve tiempo la fuerza militar del Estado. Para indemnizar a la Iglesia en su conjunto, Pipino y Carlomagno introdujeron los diezmos eclesiásticos en el derecho laico. De esta forma se ha restituido a la Iglesia, con intereses, en el curso de los siglos, lo que perdió por la secularización.

ROTH. Geschichte des Brenefizialwesens, 1850;—Feudalitaet und Untertanverband, 1863;—Die Saekularisation des Kirchenguts unter den Karolingern, 1864. WAITZ, Die Anfaenge des Lehnswesens en sus gesammelten Abhandlungen, I. 318. H. BRUNNER, Die Landschenkungen der Merowinger und der Agilolfinger (= Forschungen, 1 ss.). WAITZ, Anfaenge der Vasallitaet, gesammelte Abhandl., I, 178. EHRENBERG. Kommendation und Huldigung, 1877. H. BRUNNER, Zur Gesch. des Gefolgswesens (= Forschungen, 75 ss.). GUILHIERMOZ, Essai sur l'origine de la noblesse en France au moyen âge, 1902. E. MAYER, Sohmfestschrift, 1914, cf. STUTZ, ZRG., 36, 483. v. BELOW, Deutscher Staat, I, 231, ss., 327 ss. DOPSCH, Wirtschaftliche und soziale Grundlagen. II. 294 ss., sobre esto, v. SCHWERIN, Ztschr. f. d. ges. Staatsw., 80, 719 ss. v. VOLTELINI, VjschrSozWG., 16, 279 ss. DORSCH. Die leudes und das Lehnswesen, MJÖG., 41, 35 ss. DUMAS, Fidèles ou vassaux, Nouv. Rev. hist., 44, 159 ss.; 347 ss.

L. MAURER, Geschichte der Fronhoefe, der Bauernhoefe und der Hofverfassung in Deutschland. 1862 ss. Georg MEYER, Die Gerichtsbarkeit ueber Unfreie und Hintersassen, ZRG., 2, 83; 3, 102. H. BRUNNER, Mithio und Sperantes en el Festgabe fuer Beseler, 1885. E. MAYER, ZRG., 34, 405. W. SICHEL, Zum Ursprung des mittelalterlichen Staats, MJÖG., 2. Erg.-Bd., 203;—Die Privatherrschaften im fraenkischen Reiche, Westdeutsche Zeitschr. f. Geschichte u. Kunst, 15, 111 ss. SEELIGER, Soziale und politische Bedeutung der Grundherrschaft, 1903;—Forschungen zur Gesch. der Grundherrschaft, Histor. Vjschr., 1905, 305 ss.; 1907, 305 ss. RIETSCHEL, Landleihen, Hofrecht und Im m unitaet, MJÖG., 27, 385. STENGEL, Grundherrschaft und Immunitaet, ZRG., 25, 286. KROELL, L'immunité franque, 1910. HIRSCH, Die

[66] El *beneficium ecclesiasticum* no conoció la muerte o caducidad del señor. Vide supra pág. 70, nota 2.

Klosterimmunitaet, 1913. de BLECOURT, Heerlijkheden en heerlijke rechten, Tijdschr., I, 45 ss.; 447 ss.; 489 ss.; II, 42 ss.; 163 ss. LEVILLAIN, NOUV. Rev. Hist., 50, 38 ss. T y c. L'immunité de l'abbaye de Wissembourg, 1927. MONTAG, Geschichte der staats buergerlichen Freiheit oder der Rechte des gemeinen Freyen, des Adels und der Kirchen Deutschlands, 1812. Th. SICKEL, Beitraege zur Diplomatik, III, IV, V, 1864 ss. v. BETHMANN -HOLLWEG, Zivilprozess des gemeinen Rechts, V, § 77: Die Gerlchtsimmunitaeten. PROST, L'immunité en la Nouv. Revue hist., 1882. v. WICKEDE, Die Vogtei in den geistl. Stiftern des fraenkischen Reichs, 1886. SENN, L'Institution des avoueries ecclésiastiques en France, 1903. PERGAMENI. L'Avouerie ecclésiastique belge, 1907. v. BELOW, Deutscher Staat, I, 252 ss.

E. LOENING, Geschichte des deutschen Kirchenrechts, II, 1878. HINSCHIUS, Kirchenrecht, II, 517, 522; III, 539, 547, 699, 702; IV, 2, 849 ss. HAUCK, Kirchengeschichte Deutschlands, I (1904); II (1912). U. STUTZ, Geschichte des kirchlichen Benefizialwesens von seinen Anfaengen bis auf die Zeit Alexanders, III, I, 1, 1893;—Die Eigenkirche als Element des mittelalterlichgermanischen Kirchenrechts, 1895;—Das Eigenkirchenvermoegen, 1911, Festschrift fuer Gierke pág. 1187;—Lehen und Pfruende, ZRG., 20, 213;—Eigenkirche, Eigenkloster, en la Realenzyklopaedie fuer protest. Theologie de Hauck, volumen suplementario a la 3.ª edición, 1912 (resumen); cf. ZRG., Kan., 6, 405 ss.; 7, 401 ss. LESNE, Histoire de la propriété ecclésiastique en France I, II, 1910-22. v. SCHUBERT, Staat und Kirchein den arianischen Koenigreichen un dim Staate Chlodwigs, 1912. TORRES, El origen del sistema de «iglesias propias», AHDE. 5, 83 ss. La doctrina de las «iglesias propias» en los autores españoles, AHDE., 2, 402 ss. K. PUCHNER, Patrozinienforschung und Eigenkirchenwesen, 1932. STUTZ, Das karolingische Zehntgebot, ZRG., 29, 180. E. PERELS, Die Urspruenge des karolingischen Zehntrechtes, Archiv f. Urkundenforschung, III, 233. K. VOIGT, Die Karolingische Llosterpolitik, 1917. NOTTARP, Das Ludgersche Eigenkloster Werden, JHist. Jahrn. 37, 80 ss.;—Die Bistumserrichtung in Deutschland im 8. Jahrh., 1920. WERMINGHOFF, Geschichte der Kirchenverfassung Deutschlands im Mittelalter, I, 1905;—Verfassungsgeschichte der deutschen Kirche im Mittelalter, 1913. TANGL, St. Bonifacii... epistolae, 1916 y sobre esto, NA., 40, 642. H. BOEHMER, Z. f. hess. Gesch., 50, 171 ss. F. BEYERLE, ZRG., 49, 301 ss. (sobre la elección de obispos).

III

§ 21. El Derecho penal

En relación a las causas sancionadas con pena de muerte, proscripción y penas pecuniarias, la influencia de la Iglesia, que combatió por razón de principios las penas corporales y la de muerte, determinó una transformación importante. El sistema de penas pecuniarias experimentó un progreso considerable a expensas de la pena de muerte, de la proscripción y de la enemistad. En los derechos populares merovingios tuvieron un predominio indiscutible el *wergeld* y las multas[67]. En numerosos casos que con anterioridad tenían por consecuencia la pena de muerte o la proscripción, se exigen ahora solo penas pecuniarias. La muerte del que ha perdido la paz se mantiene casi exclusivamente para el caso de hechos *in fraganti,* y la pérdida de la paz o proscripción queda reservada para el procedimiento en rebel-

[67] Las cuantías de las multas y su explicación es objeto, desde hace tiempo, de una viva controversia, enlazada a su vez con la mantenida sobre el sistema monetario franco. Cf la literatura indicada en el § 11. además. BRUNNER-V. SCHWERING, DRG. II, § 137.

día. Sin embargo, todavía en el transcurso del período franco sobreviene una reacción contra la expansión del sistema de multas, advirtiéndose que en casos de penas pecuniarias se retorna a la proscripción o a la pena de muerte.

La antigua pérdida de la paz o proscripción se desintegra en una serie de penas, penas punitivas, a saber: penas corporales, especialmente penas de mutilación: además, el destierro, la privación de libertad en la forma de internamiento (encarcelamiento), de detención y de reducción a servidumbre penal, la confiscación del patrimonio y la entrega en la potestad del ofendido[68]. Sin embargo, en las penas punitivas siguen operando principios provenientes del ámbito de la pérdida de la paz expiable, en tanto que al culpable, así como anteriormente podía comprar su reintegración a la paz, se le permite ahora sustituir la pena por dinero. Pero la suma de sustitución no corresponde, como la multa primitiva, a la parte, sino al poder público. La Iglesia favoreció esta evolución y en defensa de los criminales contra las penas punitivas hizo valer un derecho de asilo de las iglesias (§ 42).

El tratamiento de la infidelidad da lugar al desarrollo de un sistema penal propio. El quebrantamiento de la fidelidad de los súbditos se castiga por el Derecho popular con pena de muerte y confiscación del patrimonio. Como el ámbito de los deberes de fidelidad, interpretados según el juramento que los constituía, alcanzaron, sobre todo en tiempo de Carlomagno, una extensión inadecuada, no fue posible sancionar con la muerte toda violación de dichos deberes; antes bien, se dio paso a una potestad penal de arbitrio regio, cuyos límites extremos quedaron comprendidos en el marco de la pérdida de la paz. Como la determinación de la pena era efectuada por la libre apreciación del rey, el culpable se encontraba *in potestate regis.* situación jurídica con la que se funde el concepto del disfavor real, de la pérdida del afecto regio[69], formado originariamente en la relación de servicio de los miembros del séquito y de los funcionarios reales. Sobre ciertos hechos ilícitos que el Derecho popular no prohibía, o no lo hacía en medida suficiente, se impuso la multa de coto que, con el tiempo y en calidad de pena según el derecho real, desplazó el precio de la paz de los derechos populares del tronco respectivo.

Da un avance considerable la idea de la potestad penal general del Estado y la inteligencia de que por el delito se ataca a la comunidad. Ello se manifiesta en la reducción de la enemistad que, por medio de la legislación y a virtud del poder dispositivo del rey, quedó limitada a la vía administrativa. También lo revela que en el hecho *in fraganti* interviniera el juez de oficio y se reservara al poder público la ejecución del condenado. Se limita la *taidigung* o *compositum,* es decir, el arreglo

[68] Las penas corporales proceden también, en parte, del ritual de la pena de muerte sacral de la época pagana (v. AMIRA, Grundriss, 242; Die germanischen Todesstrafen, 1922, 198 s.). Observa v. SCHWERIN que la historia de las penas corporales no está lo suficientemente esclarecida para dar por probada dicha procedencia en todas las penas corporales. Queda por indagar el momento y la posibilidad de tal derivación.—También se discute que la pena de muerte derive de la proscripción. Para todo esto, DRG. II, 763.

[69] Con análogo sentido se halla en diversas fuentes hispánicas el «perder el amor» o «perdat meum amorem»: Cortes de León y Castilla, I, 40; F.° de Navarra, I, 1, 4; III, 17, 15; España Sagrada, 49, 383, 386, 395, 419 (*gratia vel amore*) 50, 411, 420-21-22.—Cuando el Cid vuelve a la gracia del rey, se dice que recobra su *amor:* «Aquí uos perdono e douos mi amor» (v. 2.034) Comp. HINOJOSA, Estudios, 88 s.; MAYER, Historia, II, 36; MENÉNDEZ PIDAL, Cantar de Mio Cid. II, voces *agror* y *amor.*

extrajudicial del ofendido con el malhechor, a lo que contribuye, en parte, el deseo del fisco de no ser privado de su pretensión al precio de la paz. Finalmente, la introducción del procedimiento de denuncia pública posibilita la persecución de los delitos, aunque el ofendido silencie su daño.

El factor intencional gana terreno sucesivamente en la apreciación de los delitos. Se amplía el concepto de los hechos fortuitos y por negligencia (*nolens, non volens, extra voluntatem, casu faciente, negligentia*) a la vez que se aminora su penalidad. Adquiere más holgura el círculo de los delitos de tentativa y el de aquellos hechos antijurídicos que presuponen la intención como elemento conceptual. La instigación y la complicidad (*consilium, exponere, elocare*) caen bajo sanciones penales tratándose de determinados delitos. Se perfila más la distinción de los malos hechos[70]. Al asesinato ya no le caracteriza la conducta del autor después del hecho, sino la muerte perpetrada a traición, taimadamente (*homicidium absconse perpetratum, interfectio furtiva, quod nullo vidente, nullo sciente clam perpetratur*). Tiene pena más grave la muerte producida sin provocación por parte de la víctima, que la ocurrida por arrebato con motivo de una lucha (*dolore autindignatione compulsus*).

Véase la literatura al § 8. K. J. FREDERIKS, Het oud-nederlandsch strafrecht, I, 1918;—OSENBRUEGGEN, Strafrecht der Langobarden, 1863:—Das alamannische Strafrecht, 1860;—Die Teilnahme am Verbrechen nach dem altdeutschen Rechte, ZDR., 18, 82. LUDEWIG, Beitraege zur Geschichte d. unerlaubten Handlungen, I, 1925. D'OLIVECRONA, La peine de mort, 2.ª éd., 1893. THONISSEN, Mémoire sur les peines capitales dans la législation mérovingienne, 1877. GUENTHER. Gesch. Entwicklungd es Verbrechens der Koerperverletzung, 1884. H. BRUNNER. Duodezimalsystem und Dezimalsystem in den Busszahlen der fraenkischen Volksrechte (= Forschungen, 483 ss.). SCHREUER, Die Behandlung der Verbrechenskonkurrenz in den Volksrechten, 1896. GROELL, Elemente des kirchlichen Freiungsrechtes, 1911. KOESTLER, Huldentzug als Strafe, 1910. K. BEYERLE, Von der Gnade im deutschen Recht, 1910. E. HEYMANN, NA., 41, 444 ss., 466 ss.

IV

§ 22. El Derecho procesal

En las actuaciones procesales se deja sentir el fortalecimiento del poder público por la limitación de la autoayuda y la transformación del procedimiento

---

[70] Principio característico de este período es el llamado de la atomización de los delitos. De él hay muestras paralelas en las fuentes francas, en las islándicas y en las castellanas. Compárense, por ejemplo, los textos que de aquéllas citan B. v. Sch., DRG. II, § 125 ns. 33-4, con el § 502 de F.º de Soria. El propósito de estas menciones cierra paso a los interesantes problemas que suscita el preindicado § 502, por ejemplo: el hecho de disponer que en el delito de aborto se « peche el omeziello doblado» y de que el *feridor* «peche omeziello por la criazon», ¿no reconoce al no nacido personalidad jurídica a los efectos penales? Que esta apreciación jurídico penal—no, en cambio, jurídico hereditaria (ibid. § 323)—de la *spes homini* fue rechazada en otras fuentes muestra el § 198 del L.º de los F.º de Castiella, donde no se paga *calonnya:* «pues que la criatura non era nascida».—También se refleja aquel paralelismo en punto al principio de acumulación de las penas. B. v. Sch., DRG. II, página 711 s., consecuencia en la práctica del de atomización, así en cit. F.º § 484. § 6, este último lugar responde al criterio de estimar el daño en los campos por el número de cabezas, medida que de la L. Visig. recoge repetidamente el F.º astecllano, y a la que hacen referencia B. v. Sch., op. cit. pág. 709.

judicial. El desplazamiento de la autoayuda se manifiesta en la disminución del derecho de venganza y en la restricción de la prenda extrajudicial por deudas. Las reformas del procedimiento judicial determinaron una atenuación del derecho escrito, habiendo recibido, en general, su punto de partida en las formas de proceder del tribunal regio. Desde aquí se extendieron en parte al procedimiento de Derecho popular, quedando en otra parte reservadas al tribunal real. Las modificaciones que experimenta el procedimiento de los tribunales populares ofrecen las siguientes directrices:

1. *La cristianización de las formalidades procesales.* – Las antiguas formas paganas son desechadas y sustituidas por las cristianas. Mientras en tiempo anterior el demandante interponía su acción invocando las divinidades del paganismo, ahora, entre los francos, tiene que ofrecer un juramento previo (en los anglosajones, *antejuramentum*), y jurar, a no ser que existieran otros comprobantes del hecho o ciertos motivos de sospecha; según los derechos de otros troncos, la acción se interponía ante Dios y los Santos. La forma normal del juramento fue el hecho sobre las reliquias o sobre los evangelios. De las formas paganas de juramento se conservaron, en casos excepcionales o como juramento menos valioso, el juramento por las armas, es decir, el hecho sobre las armas bendecidas (*arma sacrata*). Los francos ribuarios conocían un juramento sobre el anillo y la rama de avellano (*in circulo et in hasta*)[71] que desaparece en la época carolingia. Por el contrario, conservaron los frisios, como un juramento menor, el después llamado juramento del ganado (*in vestimento vel pecunia*) que el jurador tenia que prestar con imprecación de sus vestiduras, que tocaba con la mano izquierda, y de todo su patrimonio (ganado). La Iglesia recibió las ordalías y las dotó de ceremonial eclesiástico. Con suerte pasajera se introdujo una ordalía típicamente cristiana, la prueba de la cruz (*iudicium crucis, stare ad crucem*), prohibida en 818-19.

2. *El incremento de la autoridad judicial.* – Trae en consecuencia una limitación del principio acusatorio y del contrato de las partes vinculado con él, y, además, una debilitación del formalismo, a lo que lógicamente sigue una transformación de toda la estructura del procedimiento. En lugar de las antiguas instituciones procesales del Derecho popular, arraigan una serie de innovaciones de Derecho oficial que sustituyen por órdenes judiciales el tráfico mediato de las partes y el acto formal que esto requería. Las nuevas instituciones se encontraron en un primer momento en una relación de concurrencia con las formas del Derecho popular, que, finalmente, fueron desplazadas por completo. De este modo desaparece la citación jurídico formal a cargo de las partes (*mannitio*), paulatinamente sustituida por un nuevo tipo de citación mediante mandato judicial (*bannitio*). Así como antes tuvo la parte que requerir por sí misma, mediante un acto formal, a su contrario, para la contestación y para el juramento, y solicitar del sentenciador la determinación de la sentencia, ahora persiguen igual efecto jurídico las órdenes judiciales de contestación y juramento y la interrogación judicial sobre la sentencia; con ayuda de esta última actuación del juez, la parte vencedora en el procedimiento probatorio puede hacer que se pronuncie judicialmente la finalización del litigio por una sentencia declaratoria. Junto a la decisión sobre la sentencia impugnada mediante juramento, duelo o una

[71] Según otra opinión (v. AMIRA, Der Stab in der germanischen Rechtssymbolik, 1909, 93, GOLMANN, Zur Geschichte des fraenkischen Eidganges, Festschrift f. K. v. Amira. 1908, 86 s.) era el juramento hecho dentro de un círculo trazado en el suelo.

ordalía unilateral[72], tiene lugar un examen libre de los fundamentos de la sentencia discutida y llevada a conocimiento del tribunal regio, que no está vinculado a las reglas probatorias del Derecho popular. En directa oposición al principio acusatorio del procedimiento, se introdujo en la época carolingia el sistema procesal del interrogatorio, *inquisitio*. El funcionario real elegía un cierto número de vecinos dignos de crédito que procedía a inquirir, previa promesa jurada, de decir verdad. Esta *inquisitio* se utilizaba en asuntos administrativos y en los procesos. Entre otros casos, se aplicaba como procedimiento de denuncia para perseguir a los criminales contra los que no se presentase querella privada o, interpuesta, no fuera formalmente válida. El acusado se salvaba por juramento con cojuradores y, eventualmente, por una ordalía. Si la prueba le era adversa, procedía su condena de oficio, lo mismo que en el caso de delito *in fraganti* si faltara querellante privado. El procedimiento que la Iglesia franca puso en práctica en los tribunales de legados eclesiásticos descansa en una recepción del descrito procedimiento de denuncia.

El procedimiento por delitos *in fraganti* es ya regularmente en este período un procedimiento de derecho que reserva al juez la ejecución de la pérdida de la paz. El malhechor perseguido o capturado en *apellido* no podía ser muerto sin más, sino solo apresado y conducido ante el juez que se hacía cargo del detenido. El malhechor aprehendido, que no tenía derecho a la contestación y que estaba privado de la prueba de su inocencia, era juzgado de oficio sin necesidad de citación ni de querella interpuesta conforme a derecho, siempre que el autor de la detención—que en hechos determinantes en general de la pérdida de la paz no tenia que ser el propio ofendido—jurara con cojuradores el delito *in fraganti* y probara de este modo la juridicidad de la detención y apresamiento. Para enjuiciarle bastó la asamblea judicial rogada, incluso un tribunal de necesidad convocado con urgencia, que, en el fondo, venía a ser una asamblea judicial rogada. Con todo, en ciertos delitos, de los que es ejemplo el robo nocturno, se permitió, como anteriormente, dar muerte inmediata sin previa tramitación procesal al malhechor sorprendido *in fraganti*.

3. *La formación de un procedimiento de ejecución judicial.* – La prenda extrajudicial, como la permitida por el Derecho popular al acreedor a base de una promesa judicial o extrajudicial, se enlaza, en la mayoría de los troncos germánicos, al supuesto previo de la autorización judicial. El Derecho franco introdujo, en lugar de la prenda privada, el embargo del deudor practicado por el conde, o por sus funcionarios; novedad del derecho real que, entre los francos, hizo caer en desuso la prenda privada. Si el deudor de una pena pecuniaria era insolvente y no se pagaba por sus parientes o por un tercero, era entregado a la potestad y arbitrio del demandante; no obstante, el derecho real carolingio permitió al deudor eludir esa consecuencia extrema por su entrega voluntaria en servidumbre por deuda, regulada jurídicamente. El procedimiento en rebeldía que, en un principio, se traducía exclusivamente en la pérdida de la paz, amplió su margen de soluciones admitiendo primeramente el embargo judicial y la detención por asuntos penales. La pérdida de la paz, en cuando era decretada, se ofrece como una privación de la protección real a la que el derecho de la época merovingia hacia preceder, como etapa inicial,

---

72 Encuéntrase esto en una fuente posterior, que en este punto puede reconducirse a influencia del derecho franco. *Usatici* de Barcelona en Giraud, Essai sur l'histoire du droit français 1846, II, c. 113: Vere iudex aliter non erit, nisi hoc, quod iudicavit, ad verum traxerit per sacramentum et per batayam (duelo) vel per iudicium aque calide sive frigide.

una *bannitio* provisional del conde (*forbannitio*). Así como el embargo judicial se extendía solo a los bienes muebles, se desarrolló bajo los carolingios un tipo de ejecución judicial comprensivo de todo el patrimonio del demandado, inclusive el inmueble, la confiscación (*missio in bannum regis, proscriptio confiscandi, fronung*). También fue esta una derivación de la pérdida de la paz, por cuanto se dirigía solo contra el patrimonio, no contra la persona de quien se hallaba en situación de rebeldía. La propiedad del demandado era embargada por el conde y, en lo que no se invirtiera en la satisfacción del demandante, correspondía definitivamente al fisco si el confiscado no cumplía sus responsabilidades jurídicas dentro del plazo de un año; en caso de hacerlo así, el juez tenía que levantar el embargo, *res joras bannum mittere.*

4. *La reforma del procedimiento probatorio.*—La prueba de cojuradores fue gravada por el hecho de que se hacía jurar al cojurador por separado. Cuando el jurador tenía el derecho de elegir los cojuradores, ya no tuvo, por lo regular, que limitarse al círculo de sus parientes. En determinados casos, se permite a la parte contraria del ofrece la prueba, solicitar el aumento del número de cojuradores y constreñirle a la renuncia de la práctica probatoria o al juramento con igual número de cojuradores. Con el fin de acrecentar la autenticidad del testimonio, se hizo depender la capacidad para ser testigo de la posesión de una determinada masa patrimonial; además, antes de proceder al juramento, se hacía un interrogatorio de los testigos y se permitía la alegación de testigos de descargo. Si las declaraciones de los testigos no coincidían con las de los contratestigos, se decidía por duelo entre los testigos. La prueba documental se estructura diversamente para los documentos reales y para los documentos privados. Estos últimos requerían la presencia de testigos, pues los documentos privados controvertidos no proporcionaban por sí mismos prueba alguna, sino que era necesaria la intervención de los testigos del documento que testificaran la verdad de su contenido. Los derechos populares francos conocieron una impugnación de los documentos simples (*falsam adclamare*) y otra con formalidades jurídicas. Se caracterizaba esta última porque el que rechazaba el documento le perforaba (*transforare, transpugnere, perforare*) delante del tribunal (forma jurídica general para invalidar un documento); seguidamente los testigos (derecho salio), a veces acompañados del escribiente (derecho ribuario), adveraban (*adverare, idoneare*) la exactitud del diploma mediante juramento o eventualmente por duelo judicial. Por el contrario, el documento real es irrefragable. En razón a que *per se* suministra prueba plena no requiere testigos. Por ello los reyes francos (y los últimos mayordomos) no utilizan testigos en sus documentos.

En el tribunal del rey y en el del conde palatino y en los tribunales de los *missi* reales, ramificaciones todos de aquel tribunal regio, Podían tener aplicación normas procesales especiales. En principio, el tribunal del rey era competente para toda clase de litigios y, por tanto, concurría con los tribunales populares; especialmente resuelve cuando el tribunal ordinario dilata o deniega la justicia o no está en condiciones de procurarla. Para fundar formalmente en casos singulares la competencia del tribunal regio, estuvieron en uso mandamientos escritos de la cancillería real, los llamados *indiculi regales,* que se entregaban en mano del querellante. Además, el rey está facultado para derogar en casos concretos las formas de derecho estricto y resolver según la equidad, y le era licito también conceder privilegios procesales. De este modo otorgaba en las cartas de *mundeburde,* a quien había recibido en un grado superior de protección, el derecho de reclamación, o sea el derecho de sustraer en proceso al conocimiento del tribunal de distrito y determinar la competencia del tribunal del rey donde era resuelto *secundum aequitatem.* Mientras el procedimiento del derecho popular prohibía por principio la representación ante el tribunal, el órgano jurisdiccional del rey la permitió en casos de verdadera necesidad de una de las partes litigantes, que, por un privilegio especial del rey, podía obtener la prerrogativa de hacerse representar ante cualquier tribunal. Fueron medios probatorios reservados al tribunal del rey el testimonio judicial y la prueba de inquisición. Así como anteriormente los actos judiciales, caso de ser objeto de ulterior impugnación, tenían que ser probados por los medios formales de prueba del procedimiento del Derecho popular, en el tribunal del rey podían hacerse constar por testimonio judicial, no sujeto a impugnación alguna[73]. La prueba de inquisición consistía en la aplicación del procedimiento interrogatorio como medio de prueba en los asuntos civiles, sobre todo en litigios relativos a la propiedad inmobiliaria, a la libertad y a los siervos. Los testigos de inquisición se designaban de oficio, se les citaba ante el coto regio donde, prestado juramento, eran inquiridos. Su veredicto no está sometido a impugnación de parte. La potestad de inquisición, es decir, la facultad de ordenar la prueba inquisitorial la poseía solo el rey que, a tal fin, dictaba mandamientos especiales (*brevia, indiculi inquisitionis*). Los *missi* reales tenían un apoderamiento especial de inquisición y, en este respecto, estaban encomendados a su especial guarda las viudas, los huérfanos y los desvalidos. Algunos litigantes tenían derecho de inquisición, o facultad de exigir ante todo juez la aplicación de la *inquisitio* en sus procesos; así sucedía con el fisco en lo atinente al patrimonio real, dotado con múltiples prerrogativas procesales, y así también con numerosas iglesias a las que el rey concediera especialmente este derecho.

Cfs. la literatura al § 9, además WETZELL, System des ord. Zivilprozesses 1878, 33. v. BETHMANN-HOLLWEG, Zivilproz., IV, V, v. DANIELS, System und Geschichte des franzoesischen und rheinischen Zivilprozessrechts. 1849. KOESTLER, Anteil des Christentums an den Ordalien, ZRG., Kan., 2, 206. COHN, Die Justizverweigerung im altdeutschen Recht, 1876. H. O. LEHMANN, Der Rechtsschutz gegenueber Eingriffen von Staatsbeamten nach altfraenk. Recht, 1833. W. SEELMANN, Rechtszug im aelt. deutschen Recht, 1911. v. MEIBOM, Das deutsche Pfandrecht, 1867. HEINZE. Zur Geschichte der Sicherheitsstellung im germanischen Strafverfahren, ZRG., 10, 450 ss. H. BRUNNER, Abspaltungen der Friedlosigkeit (= Forschungen z. G. d. deutschen und franz. R., 444). PLANITZ, Die Vermoegensvollstreckung im deutschen mittelalterlichen Recht, I, 1912. R. SOHM, Die Pfaendung durch den Glaeubiger im langobardischen und fraenkischen Recht, Sohmfestschrift, 1914. Alex. GAL, Die Prozessbeilegung nach den fraenkischen Erkunden des 7. bis 10. Jahrhunderts, 1910;—Rechtskraft des fraenkischen Urteils?, ZRG., 33, 315. H. MITTEIS, Studien zur Geschichte des Versaeumnisurteils, ZRG., 42, 137 ss. RUTH, Zeugen und Eideshelfer in der deutschen Rechtsquellen des MA., I, 1922. MAYER-HOMBERG, Beweis und Wahrscheinlichkeit im aelteren deutschen Recht, 1921. LÉVY-BRUHL, Les temoins de la loi salique, Tijdschr., III, 387 ss.

V. DANIELS, Ursprung und Wert der Geschworenenanstalt, 1848. KOESTLIN. Wendepunkt des d. Strafverfahrens im neunzehnten Jahrg., 1849. DOVE, Die fraenk. Sendgerichte, Zeitschrift fuer Kirchenrecht, IV. BIENER, Beitraege zu der Geschichte des Inquisitionsprozesses und der Geschworenengerichte, 1827. H. BRUNNER, Zeugen- und Inquisitionsbeweis (= Forschungen, 88);—Das Gerichtszeugnis und die

[73] J. LÓPEZ ORTIZ. AHDE. 9, 232. apunta la analogía de este procedimiento de autenticación con el seguido por los tribunales musulmanes en España.

fraenkische Koenigsurkunde, 1873;—Carta und notitia, en Conmentationes in honorem Mommseni, 1877, 583 ss. Richard SCHMIDT, Die Herkunft des Inquisitionsprozesses, 1902;—Sohmfestschrift, 1918, vease infra, § 13. E. MAYER, Geschworenengericht und Inquisitionsprozess, 1916, sobre esto, v. AMIRA, ZRG., 37, 527 ss. PAPPENHEIM, Goett. Gel. Anz., 1920, 129 ss. E. MAYER, Zur Entstehung der Schwurgerichte, Archiv fuer Strafrecht, 63, 353 ss. HAFF, Beweisgang und Ruegeverfahren, ZRG., 38, 130 ss. MEYERS, Trial by jury, Tijdrseh., VH, 361 ss. H. BRESSLAU, Urkundenbeweis und Urkundenschreiber im aelteren deutschen Recht, Forschungen zur deutschen Geschichte, 26, 29 ss.;—Handbuch der Urkundenlehre fuer Deutschland und Italien, I, 635 ss. Rudolf HUEBNER, Der Immobiliarprozess der fraenkischen Zeit, 1893. KIRN, Aequitatis iudicium, ZRG., 52, 53 ss.

C. El Imperio alemán hasta la terminación del siglo XV

I. HISTORIA GENERAL DEL DERECHO

§ 23. El Imperio alemán

El Imperio alemán fue considerado después de su nacimiento primeramente como una parte[1], o como la continuación de la monarquía franca. Se le llamó primero reino franco del Este o reino franco, *Francia orientalis* o *regnum Francorum,* y luego también *regnum Teutonicorum.* Desde Conrado II se adopta la designación *Romanum imperium* en el estilo de la cancillería y en la literatura. Bajo Federico I se usó también el título de imperial *sacrum imperium*: desde Guillermo de Holanda se le nombra *sacrum Romanum imperium,* para lo que adquirió carta de naturaleza en los textos alemanes esta traducción: *heiliges roemisches Reich.*

Cerca de medio siglo tuvo que luchar la nueva concepción del Estado por su consolidación[2]. En los territorios de cada tronco nació, o comenzó a iniciarse, una potestad de los ducados nacionales con la que tuvo que luchar la monarquía. Durante un período aparece dudoso si permanecieron unidos los troncos germánicos que surgieron bajo Arnulfo. Los vínculos que, con todo, les reunían, fueron el poder real y la dura necesidad de defenderse contra los ataques de los enemigos exteriores, especialmente de los húngaros. Desde que Enrique I, gracias a su mucha condescendencia con los ducados, consiguió el reconocimiento y tolerancia del poder real, Otón I estableció los fundamentos duraderos de la unidad política. Con él empieza aquel período de la historia alemana que podemos designar como la época del pleno desarrollo del poderío del Imperio alemán[3]. Alcanzó este su punto máximo bajo Conrado II (1024-1039). La fuerza de la monarquía residía en su unión con un episcopado dependiente de ella, favorecido por ella, y de miras nacionales. En su rápido engrandecimiento consiguió el Imperio alemán la supremacía indiscutible en Europa; Italia en 961 y Borgoña en 1034 entraron en relación de unión real con Alemania. La batalla de Lechfelde (955) puso término a las invasiones de los húngaros. Bohemia y Moravia pasaron a formar parte del Imperio, Polonia y Hungría quedaron en dependencia transitoria. Los territorios véndicos hasta el Oder fueron sometidos en su casi totalidad; pero en 983 volvieron a perderse en gran parte por largo tiempo para el Imperio a consecuencia de una fuerte sublevación, Otón I se hizo coronar emperador en 962. Desde entonces la dignidad real alemana dio derecho a la dignidad imperial romana.

---

1 Otto Frising. Chron., VI, 17: Mihi videtur regnum Teutonicorum, quod modo Romam habere cernitur, partem esse regni Francorum.

2 Arnulfo, 887-891. Luis IV (el Niño)? 900-911. Conodar I. 911-918. Enrique I, 919-936.

3 Otón I, 936-973. Otón II. hasta 983. Otón III, hasta 1002. Enrique II, hasta 1024. Conrado II, hasta 1039. Enrique III. hasta 1056.

La posición universal del rey alemán, obtenida gracias a la dignidad imperial, condujo a prolongadas luchas con la jerarquía ultramontana, y a una debilitación definitiva de la soberanía real. Una política de Imperio basada de modo primordial en el episcopado, solo era practicable cuando el rey dominara a la Iglesia y concretamente nombrara a los obispos. Pero la dominación del episcopado alemán únicamente podía asegurarse permanencia si los reyes alemanes se mantenían firmes en Italia, para así tener en dependencia al Papa. Solo después que el Papado consiguió de manos de una reforma parcial de la Iglesia favorecida por Enrique III su propósito de independizar el poder eclesiástico frente al poder laico, llegó a convertirse el Papa de protegido de la monarquía en su enemigo. Inició la lucha Gregorio VII con la prohibición de la investidura laica. La guerra de las Investiduras terminó ciertamente en el Concordato de Worms (1122), pero sin poder dar fin a la oposición entre el Imperio y el Papado. En la guerra de las Investiduras adquirió el Pontificado un poder de igual rango al de la monarquía alemana[4]. La dirección de las Cruzadas puso en sus manos la dirección política de Occidente, lo que dio lugar a continuos rozamientos entre ambas potestades. El período de luchas entre el Imperio y el Papado[5], que encontró aliados en los príncipes alemanes, se cierra con la caída de los Staufer.

En Alemania recogieron los frutos de la contienda los príncipes alemanes. La necesidad de repetidas intervenciones en Italia—cuya dominación constituyó la verdadera manzana de la discordia—desplazó a la monarquía alemana de sus misiones patrias. Mientras consumía su fuerza en el extranjero, perdió los fundamentos de su autoridad en Alemania donde, entre tanto, los altos funcionarios del Imperio se elevaron a la condición de señores de soberanía territorial en sus distritos. Después del interregno, se olvidó ya la monarquía de reincorporar la idea de la unidad del Imperio. A causa de que desde entonces la elección del monarca pasa de una estirpe real a otra, los reyes alemanes, en la inteligencia de que la corona no permanecería en su familia, ejercieron el cargo a favor del engrandecimiento de su casa. De esta forma contribuyó el propio poder central a robustecer las soberanías territoriales y dio ejemplo de miras particularistas. Cuando el Imperio no encontró ya una base firme en la monarquía, los estamentos del Imperio se vieron obligados, en interés propio, a mirar por el del Imperio, que paulatinamente se fue transformando sobre principios federativos para venir a tomar el carácter de una república de Estados[6].

DOENNIGES, Das deutsche Staatsrecht und die deutsche Reichsverfassung (bis ins 12. Jahrh.), 1842. WAITZ, Deutsche Verfassungsgeschichte, V.2, cuidada por ZEUMER, 1893. VI, reelaborada por SEELIGER. 1896, VII, 1876, VIII, 1878. DEVRIENT Die deutsche Reichsverfassung unter den saechsischen und salischen Herrschern en los Richters Annalen der deutsch. Gesch., III, 2, 714 ss., 1898. FICKER. Forschungen zur Reichs-und

[4] Otto Frising. Chron. VII. 16: exhinc ecclesia Ilbertarti ad plenum restituía paceque ad integrum reformata in magnum montent crevisse... invenitur.

[5] Enrique IV, hasta 1106. Enrique V, hasta 1125. Lotario, hasta 1137. Conrado III. 1138-1152. Federico I, hasta 1190. Enrique VI, hasta 1197. Felipe, 11981208. Otón IV. 1198-1218. Federico II. 1212-1250. Guillermo de Holanda. 1247-1256.

[6] Rodolfo I, 1273-1291. Adolfo de Nassau, hasta 1298. Alberto I. hasta 1308. Enrique VII, hasta 1313. Luis el Bávaro, 1314-1347. Carlos IV, 1346-1378. Wenceslao. hasta 1400. Ruperto, hasta 1410. Segismundo, hasta 1437. Alberto II, 14381439. Federico III, 1440-1493.

Rechtsgeschichte Italiens, 1868-1874, 4 vols. E. MAYER, Deutsche und franzoesische Verfassungsgeschichte vom 9.-14. Jahrh., 2 vols., 1899. Andr. HEUSLER, Deutsche Verfassungsgeschichte, 1905. NITZSCH. Geschichte des deutschen Volkes, 3 vols., 1883-1885. RANKE, Weltgeschichte, VI-IX. LAMPRECHT, Deutsche Geschichte. IV-IV, 1892 ss. HAMPE, Deutsche Kaisergeschichte im Zeitalter der Salier und Staufen 4.ª edición, 1919. v. BELOW, Die italienische Kaiserpolitik des deutschen Mittelalters. 1927. [—La alta edad media occidental, en la Historia Universal de W. GOETZ. III, trad. esp, 1933. págs. 349-671...]—sobre esto, v. VOLTELINI, ZRG., 48, 510 ss. KERN, Der deutsche Staat und die Politik des Roemerzuges, en Aus Politik und Geschichte, 1928, 32 ss. LORENZ. Deutsche Geschichte im 13. und 14. Jahrhundert. 1863-1867. LINDNER, Deutsche Geschichte unter den Habsburgern und Luxemburgern. 2 vols., 1890-1893. WERLNSKY. Geschichte Kaiser Karls, IV. und seiner Zeit. 1880-1892. J. LOSERTH, Geschichte des spaeteren Mittelalters, (11971492), 1903. V. v. KRAUS, Deutsche Geschichte im Ausgang des Mittelalters, 1905. Georges BLONDEL, Etude sur la politique de l'empereur Frédéric II en Allemagne et sur les transformations de la constitution Allemande dans la première moitié du 13e siècle 1892. Zeumer, Heilig. roem. Reich d. Nation. 1910. BITTNER. Der Titel «heil, roem. Reich d. N.» MJÖG., 34, 526. v. BELOW, Deutscher Staat, I, 129 ss. O. v. GIERKE-MAITLAND, Les théories politiques du moyen âge, 1914. HOFMEISTER, Deutschland und Burgund im fr ueheren Mittelalter, 1914. KOESTER, Die staatlichen Beziehungen der boehmischen Herzoege und Koenige zu den deutschen Kaisern, 1912. E. BERNHEIM. Mittelalterliche Zeitansehauungen in ihrem Einfluss auf Politik und Geschichtsschreibung, I, 1918. H. FINKE, Weltimperialismus und nationale Regungen im spaeteren Mittelalter. 1916; sobre esto, K. WENCK, Hist. Z., 118, 304 ss. A. SCHULTE, Fuerstentum und Einheitsstaat in der deutschen Geschichte, 1921. P. E. SCHRAMM, Kaiser, Rom und Renovatio, I, II, 1929.

§ 24. Las relaciones de posesión

Al contraste económico de grande, media y pequeña posesión territorial, tal como se había abierto camino en el período franco, se agregan numerosas distinciones en la calificación jurídica de la posesión. La corriente de la época tiende a dotar de carácter real a relaciones jurídicas que, según su naturaleza, no llevan ese carácter. Casi todos los derechos y deberes públicos se adscriben a la tierra. El derecho subjetivo se convierte en exención, la obligación en gravamen. De este modo el derecho público tiene un sello esencialmente jurídico privado, de derecho de cosas, sin destruir por ello, en modo alguno, el carácter jurídico público del Estado medieval.

Se extienden las formas de *precaria* surgidas en el período franco, a las que se añaden otras nuevas. La gran posesión inmobiliaria alodial se convierte en feudo. La pequeña es absorbida en buena parte por los señoríos territoriales, que dan su impronta a la economía rústica de la baja y alta Edad Media[7]. La clase de los campesinos libres disminuye sin llegar a desaparecer. Aunque no en número considerable, se encuentra en todos los lugares del territorio. La mayor parte de la tierra se halla todavía en nexo con relaciones de *precarium.* Cabría decir que está situada en la gradación de la jerarquía feudal, de suerte que la pequeña posesión dependía de la grande. No solo el hombre, sino también el patrimonio, tiene su escala de condición jurídica feudal, tiene su *beneficialis clypeus* (*heerschild,* infra § 25). En comunidad con extensos derechos de soberanía, constituye la posesión de que estaba dotado el

[7] Para su calificación jurídica cfs. la literatura indicada en el § 20.

cargo de príncipe convertido en feudo, el fundamento real del principado. Como posesiones de elevada condición jurídica existían, además, los señoríos territoriales, con jurisdicción más o menos amplia sobre sus sometidos. Tienen también aquella condición los bienes que habilitaban para el cargo de escabino y para la prestación del servicio en la caballería. La pequeña posesión fue gravada con censos y cargas. En el grado último de esta escala se encuentran los *precaria* inferiores provenientes de la esfera del derecho curtense (§ 30).

Desde el siglo IX hasta el XIII se organiza el cultivo del suelo al Oeste del Elba por rotura de las tierras yermas[8]. De esta suerte se extienden las marcas rústicas existentes y se establecen y colonizan otras en tierra de bosque. La rotura de nuevas tierras se emprende principalmente por señores eclesiásticos y laicos.

La economía agraria señorial descansa las más veces en los *precaria* del derecho curtense y sobre el sistema de la corte o cortijo dominical (sistema de villicación). Las posesiones del señor territorial, que con frecuencia no constituían un complejo homogéneo de bienes sino propiedades dispersas, eran entregadas en gran parte a los *subjecti,* censuales semilibres o libres. El punto central de las cortes reunidas en una unidad de administración (*villicatio*) era la corte dominica o *curtis salica.* Por lo regular estaba a su frente, como empleado del señor, un *villicus* (*meier*). Él es quien dirige la explotación de las tierras del señor (*terra salica*) pertenecientes directamente a la *curtís salica,* quien ejerce en nombre del señor los derechos sobre los *subiecti* y sus parcelas de cultivo y quien, como administrador de las rentas dominicales, percibe los censos, diezmos y exacciones. En los señoríos territoriales muy extensos existían como grado medio entre los señores y los *villici* grandes cortijos llamados capitales o mayores, a los que estaban subordinadas varias villicaciones.

Junto con el derecho de dirección económica y de provisión de los funcionarios económico-administrativos, se reúnen en la mano del señor la facultad de establecer derechos de explotación exclusiva (derechos de coto), y una jurisdicción señorial inferior, diversa según el territorio, resto en algunos lugares de la jurisdicción por dominio corporal, debida en mucho a la inmunidad y denominada desde el siglo XII en las fuentes alemanas del Mediodía *twing* y *bann.* Donde el señor territorial conseguía extender su poder sobre todo el territorio de una vecindad, o si el pueblo fue de señorío inicialmente, nacía un señorío local[9].

Las marcas comunes o *allmenden* sufren una reducción progresiva. Son raras las marcas de toda la centena; por lo regular solo hay marcas de uno o varios pueblos y comunidades rústicas. Además de las comunidades de la marca que tienen carácter libre, existen las señoriales y las mixtas. Los derechos de disfrute de los comarcanos, en un principio sin límite, se transforman en limitados. Así el derecho a la pradera se limita muchas veces al número de cabezas de ganado que el particular pudiera mantener durante el invierno, el derecho de roturación solo se permite

---

[8] Durante los últimos siglos de la Edad Media sucede en diferentes lugares de Alemania el nacimiento de las villas despobladas (que las fuentes latinas denominan *villae desolatae. desertae, non habitatae;* en alemán *wuestungen*), al deshabitarse establecimientos de población o reunirse varios en uno mayor.

[9] También este puede llamarse *zwing* y *bann.* Pero el concepto queda impreciso si recientemente se emplea para designación de los derechos de la comunidad comarcana sobre la marca y se refiere a la época de la colonización.

quantum unum malleum a se longius projicere potest[10], o se restringe a la autorización de la comunidad de la marca. Regularmente, solo participaban de las utilidades quienes tenían en la marca fuego propio y humo propio, es decir, los vecinos con casa abierta. Sobre los asuntos de la marca trata y decide la asamblea comarcana, reunida bajo la dirección del jefe de la marca, conde silvestre o conde lignario; ella regula el disfrute de la marca, elige sus funcionarios y juzga las transgresiones del derecho de la marca. En aquellas de tales comunidades que tenían carácter señorial era siempre su jefe el señor territorial; en las de carácter mixto hizo suyo el cargo las más veces.

Durante el siglo XII se inició una fuerte emigración de elementos campesinos hacia el Este en los territorios conquistados a la derecha del Elba y en tierras no alemanas. Desde el siglo XIII las marcas del Este y los países orientales vecinos del Imperio atraen sistemáticamente a colonos alemanes para fomentar la cultura y el bienestar. Si un príncipe, una iglesia o un señor territorial querían poblar una tierra con colonos alemanes, encargaban la recluta y asentamiento a un empresario, *locator*. Recibía este algunas *hufen* libres y el cargo de *sculthaisus*, transmisible por herencia. Los labradores alemanes recibían sus *hufen* en calidad de censo hereditario. Donde quedaron asentados campesinos véndicos en tierras fronterizas alemanas, tenían comúnmente un menguado derecho de posesión que, más tarde, recibió el nombre de *lassitica*[11], en cuya virtud solo se transmite la tierra hereditariamente a los hijos idóneos. En las marcas alemanas del Este era proporcionalmente menor la posesión de los caballeros en relación a la de los campesinos. Por término medio recibía el caballero de cuatro a seis *hufen* de tierra, que presumiblemente hacía cultivar por *cotarii*[12] eslavos obligados a servir. Solo a la caída de la Edad Media se llegan a formar al Este del Elba grandes propiedades y cotos cerrados de los caballeros.

En una parte del territorio de los troncos alemanes, especialmente en el Noroeste y en Hesse, se inició en el siglo XIII una evolución que condujo a la desaparición del sistema de villicación en algunas localidades. En los grados de posesión del derecho curtense se había originado una sucesión hereditaria ilimitada o limitada del derecho de los *subjecti*. Las prestaciones de estos quedaron determinadas por normas jurídicas consuetudinarias duraderas; las exacciones en especie, en tanto superaban las necesidades de la economía de la corte o de la casa del señor, se transformaban en rentas pecuniarias fijas. El interés del señor en aumentar sus ingresos le llevó a sustituir los *precaria* según el derecho curtense por las relaciones de *precarium* según el derecho territorial, y a entregar en arrendamiento temporal directo de uso y disfrute las cortes hasta entonces colonizadas con asentados en la tierra. De este modo desaparece el cargo de *villicus*. El desalojamiento de las *hufen* de los labradores o favoreció en el caso necesario la manumisión de los siervos respectivos o bien los arrendatarios permanecieron asentados en sus casas, como

---

10 Véanse ejemplos de este procedimiento de delimitación en el F.° de Navarra, v. gr.: «toda Bustalizia (pastos para bueyes) debe ser al menos quanto pueda echar doze veces a quatro partes la segur...», VI, 1. 17. Sobre esto ya F. WOLF, op. cit. en el § 5, págs. 79 s. Datos que repite MAYER, El antiguo derecho de oblig. español, 102, nota 91-3.

11 La Glosa al Espejo de Sajonia llama *lassen* (*laten*) a los vendos de la marca Brandenburgo [Cf. GRIMM. DRA., I, 425].

12 *Cotarii* o *kossaeten* se llamaron originariamente los que no poseían ninguna *hufe* de tierra de labor, sino que estaban limitados a una reducida vivienda (*kot*), a un pequeño huerto y al uso de la pradera. Cf. GRIMM, DRA., I, 440; SCHROEDER v. KUENSSBERG. DRG., § 41, nota 6.

caseros, si no las abandonaban. Las cortes dadas en arrendamiento de uso y disfrute temporal se llamaron en el territorio alemán del Noroeste bienes de *villicus*[13], en Hesse, bienes de colonización territorial. Ambos tipos de posesión tuvieron carácter hereditario.

De modo diverso que en el campo abierto se desarrollaron las relaciones posesorias dentro de los muros de la ciudad. Aquí se opera el tránsito de la simple economía natural a la economía dineraria. En el siglo XIII el desarrollo del tráfico comercial determinó directamente un rápido crecimiento de las ciudades y de su nivel de vida. La progresiva importancia económica que adquieren los bienes muebles se refleja, en las ciudades, en las relaciones de posesión inmobiliaria. La tierra que en ellas existía poseída a título de *precarium* según el derecho curíense o de arrendamiento hereditario, conforme al derecho territorial, fue desplazada, dentro del término municipal, por la propiedad inmobiliaria peculiar de la ciudad, poseída como patrimonio libre y propio o concedida por el señor territorial en *precarium* urbano según el derecho burguense o de) símbolo del burgo (§ 26). La posesión urbana a título de propiedad y la tenida en *precarium* estaban sometidas a la jurisdicción municipal y sirvieron de fundamento al derecho burguense. Mientras en el campo abierto se fue gravando de modo progresivo, la posesión inmobiliaria rural, en las ciudades se fue desgravando paulatinamente la posesión dada en arrendamiento, por cuanto los derechos de superficie cedidos contra el pago de un censo pasaron a propiedad del censatario y la propiedad originaria del otorgante se transformó en un derecho de renta que, finalmente, se extinguió por redención.

La organización de la moneda pierde el sistema unitario carolingio. La monarquía alemana no se cuidó antes del siglo XIV de una política monetaria unificadora. Por causa de las numerosas concesiones del derecho de batir moneda a príncipes y municipios, el sistema monetario obtuvo un carácter territorial. Cierto que, como antes, la libra de plata contaba 240 denarios o *pfennig* (20 *schilling* por cada 12 denarios, en Baviera 8 por cada 30). Pero el denario tenia valor diverso, a más de que el derecho de moneda dio margen muchas veces a su mal uso para depreciar sistemáticamente las monedas[14]. A diferencia de las monedas reales limitadas a un simple sector de circulación local, adquirieron las monedas territoriales una aceptación general; así sucedió, durante algún tiempo, en el Sur y en el Este, con el denario ratisbonense y en el Norte y en el Oeste con el de Colonia. Desde el siglo XI, y por influencia anglosajona, se aceptó en esta ciudad el cómputo en marcos, ya que la libra de plata quedó sustituida por el marco (mitad de una libra antigua; marco de Colonia igual 234 gramos) del que se acuñaban 160 denarios y, luego que el marco descendió de peso hasta los 210 gramos aproximadamente, de cada marco 144 denarios (12 *schilling* por cada 12 *pfenning*). En el segundo cuarto del siglo XIV, comenzó de nuevo en Alemania la acuñación de monedas de oro (a semejanza del

---

[13] En esta parte de Alemania se transformó el cargo administrativo del *villicus* en un arrendamiento de uso y disfrute temporal. El *villicus* se hizo independiente en tanto que ya no entregó al señor los rendimientos periódicos de la tierra *salica y* de las parcelas arrendadas, sino una cantidad alzada. Posteriormente, las villicaciones fueron arrendadas al *villicus* por un tanto fijo. Como de ello se siguieran inconvenientes, los señores territoriales entregaron directamente en arrendamiento a labradores singulares las parcelas de la villicación, en la forma llamada a derecho de *villicus o meierrecht.*

[14] *Espejo de Suabia.* Ldr. L. c. 192 c.: Alle die phennige, die man in tiuschen landen sleht, die suln mit rehte phundig unde wiz sin. Nu gestattent die kunige. daz man si anders sleht, unde tuont daran wider reht.

florín de Florencia), entre las que consiguió más dilatado reconocimiento y circulación el florín renano. El derecho a la acuñación del oro perteneció inicialmente solo al rey alemán y al rey de Bohemia. Mediante privilegio real especial se fue concediendo a ciudades y a príncipes, la Bula de oro generalizó el derecho a los príncipes electores. Desde el último cuarto del siglo XV, se acuñaron monedas de plata de gran tamaño (también esta vez sobre modelo italiano) con el valor del florín renano y que terminaron por desplazar del tráfico las monedas de oro.

Véase los trabajos citados en los §§ 2 y 11, publicados por v. INAMA-STERNEGG. LAMPRECHT, MEITZEN, KOETZSCHKE, KUBISCHER, V. MAURER, WOPFNER, ERNST. Además, BECHTEL, Wirtschaftsstil des deutschen Spaetmittelalters (1350-1500), 1930. SPAXGENBERG, Territorialwirtschaft u. Stadtwirtschalf., 1932. WOPFNER, Urkunden zur deutschen Agrargeschichte, 1925 s.—LAMPRECHT, Das Schicksal des deutschen Bauernstandes bis zu den agrarischen Unruhen des 15. und 16. Jahrh. Preuss. Jahrbuecher, 56, 173 ss. v. INAMA-STERNEGG, Deutsche Wirtschaftsgeschichte, II (de los siglos X-XII), 1891, III (en los últimos siglos de la Edad Media), 1.ª parte, 1899, 2.ª parte, 1901. LUSCHIN V. EBENGREUTH. Handb. der oesterr. Reichsgesch., I, 9 y 40. ADLER, Zur Rechtsgeschichte des adligen Grundbesitzes in Oesterreich. 1902. MIASKOWSKI, Die schweizerische Allmend... vom 13. Jahrh. bis zur Gegenwart, 1879. HAFF, Gesch, einer ostalam. Gemeinlandsverfassung, Z. d. hist. V. f. Schwaben. 29. VARRENTRAPP, Rechtsgesch. und Recht der gern. Marken in Hessen, I, 1909. K. WEIMANN, Mark-und Walderbengenossenschaften des Niederrh. s, 1991. VAN DER VEHEN, Marken in Overijssel, 1924. D. PHILIPPI, Die Erbexen., 1920, sobre esto. FROELICH, ZRG., 42, 558 ss. H. MEYER, D. Lit. Ztg., 1927, 2268 ss. NIESCHLAG. Beitr. z. Gesch. der Mark Maurmuenster, 1913. BERGDOLT, Badische Almenden, 1926. OMLIN, Allmendkorporation Sarnen, Diss., 1913. GRUETER, Die Luzernischen Korporationsgemeinden, 1914. LAPPE, Die Wuestungen der Provinz Westfalen. Einleitung; Die Rechtsgeschichte der wucsten Marken, 1916;—Entstehung und Feldmarkverfassung von Werne, 1917;—Stadtgruendung u. Stadtverfassung im Gebiete der Einzelhoefe (Werne i. Muensterlande), 1932. FROELICH, Staedte und Wuestungen, VSchr. Soz. WG., 15, 146 ss. WITTICH. Die Entstehung des Meierrechts und die Aufloesung der Villikationen in Niedersachsen und Westfalen, VSchrSozWG., 2, 1;—Die Grundherrschaft in Nordwesdeutschland, 1896. FEHR. Die Grundherrschaft im Sachsenspiegel, ZRG., 30, 264 ss. GOTHEIM, Die Hofverfassung auf dem Schwarzwald. Z. f. Gesch. des Oberrheins, 40. 257 ss.—Agrarpolitische Wanderungen im Rheinland. Festgabe f. Knies, 1895. Oesterr. Urbare. 1.ª sección. I: Die landesfuerstlichen Urbare Nieder-und Oberoesterreichs, 1904 (Dopsch, Levec); II: Die landesfuerstlichen Gesamturbare der Steiermark, 1910 (Dopsch, Mell); 3.ª sección. Urbare geistliche Grundherrschaften (Fuchs, Schiffmann), 1906, 1912, 1913, 1915. K. BEYERLE, Die Grundherrschaft der Reichenau, in Kultur der Abtei Reichenau, I, 452 ss. JECKLIN, Urbar des Hospizes St. Peter aufd em Septimer, 1915. WAMPACH, Geschichte der Grundherrschaft Echternach, 1915.—Geschichte der Grundherrschaff Echternach im Frueh. MA., I, 1, 1929. MAYBAUM, Die Entstehung der Gutsherrschaft im nordwestlichen Mecklenburg. 1926.—ARNOLD. Zur Geschichte des Eigentums in den deutschen Staedten, 1861. ROSENTHAL, Zur Geschichte des Eigentums in der Stadt Wirzburg, 1878. JAEGER. Die Rechtsverhaeltnisse des Grundbesitzes in der Stadt Strassburg, 1888. DES MAREZ, Étude sur la propriété foncière dans les villes du moyen âge et spécialement en Flandre, 1898;—Le problème de la colonisation franque et du régime agraire dans le Basse Belgique, 1926, sobre esto, E. IBARRA, AHDE., 5, 522 ss. BEYERLE, Grundeigentumsverhaeltnisse und Buergerrecht im mittelalterlichen Konstanz, I, 1: Das Salmannenrecht, 1900, Il: Die Konstanzer Grundeigentumsurkunden, 1902.—v. INAMA-STERNERGG, Deutsche

Wirtschaftsgeschichte, II, 392 ss.;—Die Goldwaehrung im Deutschen Reiche, en el ZSchr.Soz. WG., 3, 1. WAITZ, Deutsche Verfassungsgeschichte, VIII, 336. A. NAGL, Die Goldwaehrung und die handelsmaessige Geldrechnung im Mittelalter, Wiener numismatische Zeitschr., 36. LUSCHIN V. EBENGREUTH, Das Wertverhaeltnis der Edelmetalle in Deutschland waehrend des Mittelalters, 1892;—Das Muenzwesen in Oesterreich zur Zeit Rudolfs, I, 1882 (Festschrift zur, 600 jaehrigen Gedenkfeier der Belehnung des Hauses Habsburg);—Wiener Muenzwesen im Mittelalter, 1913. His, Strafrecht der Friesen, 1901, 16 ss.

§ 25. La condición de las personas

El estado social de las personas sufre, respecto del desarrollo de la época franca, una transformación lenta pero profunda, por cuanto ciertas clases profesionales consiguen, en primer término, una posición social especial, convertida luego en condición o estamento profesional para desembocar, por último, en la aparición del *status* social por razón del nacimiento. Con ello se superaron los contrastes entre libertad y servidumbre dentro de cada clase profesional, de tal suerte que, por razón de la profesión, personas no libres alcanzaron su libertad, sin faltar la corriente inversa de libres que decaen a la condición de servidumbre.

La estructuración del estado de los libres es diversa en el Derecho territorial y en el Derecho feudal. Conforme al primero, constituyen los príncipes el estamento más elevado, en su raíz nobleza oficial, procedente de la aristocracia franca de los cargos públicos. Por ello, en la alta Edad Media aparecen en primer término como príncipes los titulares de ciertos altos cargos, especialmente arzobispos, obispos, y abades del Imperio, el canciller del Imperio, duques, margraves y condes, que podían tener sus cargos y feudos o directamente del rey o de otro príncipe. Sin embargo, el círculo de los *príncipes* no está cerrado todavía con rigidez; así que, de una parte, personas importantes política o económicamente se consideraban entre los príncipes aun careciendo de cargo, mientras, de otro lado, los detentadores de cargos no siempre fueron tenidos por príncipes. Simultáneamente con la eliminación del ducado de tipo nacional, tal como ocurrió por la caída de Enrique el León, sobreviene una modificación que limita el concepto de principado según puntos de vista jurídico-feudales. Concretamente, desde 1180 nace el llamado nuevo estamento de príncipes del Imperio que presuponía la relación inmediata con el Imperio. De entre los señores laicos solo se reputaron príncipes los que, por lo menos, llevaran un condado en feudo directamente del rey alemán, y ningún otro principe laico del Imperio era hombre de feudo. A los príncipes seguían, según la doctrina del Espejo de Sajorna, los señores libres poseedores de señoríos alodiales, o con características feudales, con señorío jurisdiccional más o menos extenso. Como un estamento inferior a los señores libres cita el Espejo de Sajorna los libres capaces para ser escabinos, *scepembare lude*. Entre estos se cuentan los poseedores de un mínimo de tres *hufen* de tierra, miembros de una genealogía de libres antiguos que han conservado ciertos residuos de la constitución agnaticia de la *sippe* y capaces para el servicio en la caballería y para el cargo de escabinos en los tribunales del condado[15], no perdían

[15] En el Espejo de Sajonia la calificación de libre capaz para el escabinato comprende en si también, en varios pasajes, a los señores libres que igualmente podían ser escabinos, y, de este modo, quedan incluidos los tres primeros estamentos del Derecho territorial. Los limites superiores resultan de la relación. Así, por ejemplo, en III, 54, 1, están comprendidos los príncipes y los señores libres, y excluidos en I, 3, 2 y II, 45, 1.—Las

su condición si, previa reserva de su capacidad para el escabinato, ingresaban en los menestrales del Imperio que, obtenida su manumisión, habían recibido un cargo de escabino o la posesión territorial necesaria[16]. El cuarto estamento territorial le forman, según el derecho de Sajonia los *pfleghaften* o *biergelden* (*bargilden*)[17], poseedores libres de fincas rústicas que podían prestar el servicio militar, que en este tiempo era servicio en la caballería, y por ello gravados con una exacción permanente pagadera al conde[18]. El quinto estamento comprendía un tipo de arrendatarios rústicos carentes de patrimonio propio, cultivadores de tierra ajena, sin estar adscritos a la gleba y sin sumisión a otra jurisdicción que la pública.

A fines del siglo XIII solo se conocía en la Alemania meridional como estamento inferior al de los príncipes, el de los caballeros libres y el de los labradores libres. Los caballeros dividíanse, a su vez, en libres, superiores y libres medios.

Los menestrales, hombres de servicio, formaron un estamento especial. Originariamente fueron, estos, gentes en condición jurídica de propios de cuerpo a quienes el señor confiaba cargos domésticos o administrativos[19]. Establecido el servicio en la caballería fueron empleados preferentemente en él, siendo llamados también otros no libres a la prestación del mismo servicio. De este modo, hacia el siglo XI solo aparecen como menestrales los caballeros no libres. En su evolución adquieren ahora los menestrales, como antes los vasallos, independencia económica, ya que se separaron de la economía doméstica del señor corporal y son dotados con feudos de servicio, forma de posesión que reunía en sí las características de la tierra acensuada y del feudo puro (feudo de hombre). El desempeño del servicio de la caballería elevó socialmente a los menestrales al rango de los caballeros libres, posición con la que rara vez contrastaba la cualidad jurídica de la falta de libertad. Los menestrales se pronunciaron frente a la población campesina, consiguiendo que una ley del Imperio prohibiese a los hijos de labradores llegar a ser caballeros[20]. De otro lado, para recibir feudos de servicio, cuya concesión era más ventajosa para el señor que la concesión de feudos puros, personas de condición libre plena entraban con cierta frecuencia en la condición de los menestrales, con reserva de ciertos derechos de libertad, particularmente la capacidad para el escabinato en los tribunales del con-

nuevas investigaciones han hecho de la posición de los *schepenbâre lûde* el objeto de un importante problema de la historia de la condición de las personas. ZALLINGER, Die Schoeffenbarfreien des Ssp., discute la existencia de dicho estado como creada arbitrariamente por el redactor del Espejo de Sajonia. Pero de su realidad dan garantía los documentos. Cf. MEISTER, Ostfaelische Gerichtsverfassung, 193 ss.

16 En punto a las penas pecuniarias y al *wergeld* son iguales los tres primeros estamentos del Derecho territorial. Según los derechos de Magdeburgo y Goslar, los burgueses tenían el mismo *wergeld* que los libres capaces para el escabinato. LABAND, Magdeb. Rechtsquellen, 10, § 17. Goslarschen Statuten, 85, 16.

17 Es insostenible la opinión mantenida por HECK, de que los *pfleglfäften* y *biergelden* del Espejo de Sajonia deban considerarse como burgueses municipales.

18 Los campesinos de otras partes de Alemania tenían que pagar una exacción semejante. Aparece en las formas de suma del conde, censo del rey, censo libre. Se transforma pronto en un impuesto de carácter real (en el sentido de no personal) y en la baja Edad Media adopta el tipo de una carga real impuesta sobre el fundo. BEYERLE, ZRG., 35, 286 ss. v. MINNIGERODE, Koenigszins, Koenigsgericht, Koenigsgastung, 1928.

19 Los menestrales podían pertenecer por su origen a una genealogía libre.

20 *Constitutio contra incendiarios* de 1186, c. 20: De filiis... rusticorum statuimus, ne cingulum militare assumant et qui iam assumserunt per iudicem provinciae a milicia pellantur. MG. Const., I, 451.

dado (se les llamaba menestrales con reserva). Entre los menestrales fueron los del rey, menestrales del Imperio, los más considerados. También había menestrales de los príncipes y de los señores libres. En la Alemania meridional solo los príncipes podían tener menestrales en sentido propio. Donde tuvo vigor esta regla dividíanse los caballeros no libres en dos estamentos, oponiéndose a los menestrales los demás, llamados *milites* o simplemente caballeros. A estos les faltaba la capacidad feudal activa y también la igualdad de nobleza con los hombres de servicio, en su verdadero sentido. La distancia entre la condición social y jurídica de los menestrales y de los caballeros no libres se salva paulatinamente desde el siglo XIII. Entran en el círculo de los caballeros libres y suministran el contingente principal de la nobleza inferior de la nueva época[21]. Sin embargo, se encuentran menestrales no nobles hasta el nuevo período entre los hombres de servicio libres de los territorios renanos inferiores. Desde un principio los menestrales no desempeñan papel alguno en las tierras de colonización a causa de que en ellas la mayoría de los caballeros eran libres.

La división de los estamentos según los principios jurídicos feudales nos la revelan los Libros de derecho del siglo XIII en el sistema del escudo feudal (*beneficialis clypeus*). Tiene el primero el rey. En el segundo están los príncipes eclesiásticos, y los laicos en el tercero; según el Espejo de Sajonia, tienen el cuarto los señores libres aptos para el escabinato y los menestrales; el sexto los hombres de los titulares del quinto; el séptimo queda innominado en el Espejo de Sajonia. Según el Espejo de Suabia están en el cuarto los libres superiores, en el quinto los libres medios[22], en el sexto los menestrales, en el séptimo todas las demás personas pertenecientes a la clase de los caballeros. La significación práctica de este sistema consiste en que nadie podía tomar feudo de persona perteneciente al propio escudo feudal sin descender de condición y ser excluida de la comunidad de su estamento[23]. Como traba onerosa al tráfico de feudos, las reglas del *beneficialis clypeus* fueron primeramente eludidas y desvirtuadas por medio de negocios simulados, y, ya en el siglo XIV, caen paulatinamente en desuso.

En las ciudades el desarrollo de la condición de las personas no muestra una tendencia de diferenciación, sino más bien niveladora, Ello proviene de que desaparecen los estamentos por razón del nacimiento, existentes al principio y, con motivo de la supresión del contraste de origen, nace una burguesía libre de igual condición. La población de las antiguas ciudades se divide, por lo regular, en libres, menestrales del señor de la ciudad y artesanos en relación de dependencia. Desde el siglo XI se introducen en las ciudades nuevos elementos de población libre provenientes del

---

21 Cf., para esto v. BELOW, Hist. Ztschr. 135, 415 ss. No es convincente la opinión representada por V. ERNST (Die Entstehung des niederen Adels, 1916; Mittelfreie, 1920; Entstellung des deutschen Grundeigentums, 1926) de que toda la nobleza inferior descansa sobre el estamento, del derecho popular, de los libres medios libres de origen. Vide la nota siguiente.

22 La cuestión de si en la Alemania meridional existió también, según el derecho territorial, un estamento de libres medios situados entre los nobles superiores y los libres comunes y reconducible a los *mediani* (cf. supra pág. 35), requiere ulterior esclarecimiento. Para ello V. ERNST, Mittelfreie, 1920 y el comentario hecho a este estudio por GLITSCH. ZRG., 41, 410 ss.; v. MINNIGERODE, Vschr. Soz. WG., 17, 192 ss. E. MAYER, Tijdschr. f. Rechtsg., VIII, 113 ss.

23 Espejo de Sajonia, Ldr. III, 65, 2: wirt en man sines genoten man, sine bord noch sin lantrecht ne hevet he nicht gekrenket darmede; sinen herschilt hevet he aver genederet.

campo. Al erigir un lugar en ciudad, al fundar una ciudad se produce casi siempre una colonización del nuevo centro urbano por comerciantes y artesanos libres. Finalmente, la libertad personal de los habitantes fue una característica de la ciudad.

Numerosas ciudades, sobre todo las de nueva fundación, recibieron el privilegio que la nueva literatura germánica condensa en el dicho: «aire hace libre». Privilegios de tal contenido aparecen primordialmente en el siglo XII en Francia, Inglaterra, Flandes y Alemania. Disponen que un no libre o semilibre dependiente que sin reclamación por parte de su señor more en la ciudad durante año y día sea considerado como perteneciente al señor de la ciudad o a la ciudad misma en calidad de burgués[24], o bien que transcurrido el plazo sea hombre libre[25]. Excepcionalmente se aumenta el efecto liberador del aire de la ciudad, hasta el punto que inmediatamente luego del establecimiento adquiere la libertad[26]. En interés de la ciudad, las cartas municipales de época posterior hicieron depender la adquisición de la libertad de la adquisición del Derecho burguense. Para robustecer su poder acostumbraron las ciudades a recibir en la comunidad urbana, mediante la concesión del Derecho municipal, a propietarios territoriales y a otras personas que vivían fuera de la ciudad. Tales burgueses estaban sometidos a la jurisdicción municipal, tenían la facultad de vender en la ciudad y también la obligación de prestar a ella servicio de guerra. Llamábanse estos *ausburgueses* o *pfahlburgueses*[27]. Dentro de la burguesía, los ricos y principales, burgueses antiguos, burgueses mayores, burgueses hereditarios, se diferenciaban de los artesanos y los pequeños comerciantes provistos de menos derechos y, en un principio, excluidos de los cargos municipales y del concejo de la ciudad. Los menestrales, en lo que no fueron desplazados totalmente de la ciudad, entran en la clase de los burgueses antiguos.

Según las diversas industrias se reunían los artesanos[28] en corporaciones llamadas oficios, *officia,* uniones, gremios, *gaffel* y *gildas.* Eran asociaciones forzosas

---

24 Derivación del principio: «aire hace propio». Vid. infra pág. 100. Bair. Landfriede de Rodolfo I de 1281: Versoumet er sich ein iar (el señor), so beleihet er (el poblador) der stat.

25 Iura indaginis de Brunswick c. 10: quicumque per annum et diem in civitate manserit sine alicuius impeticione, de cetero líber permanebit. Braunschw. U. B., I, 2 [empero si los filis daquells pagesos, o encara aquells pagesos se partiran sens voluntat dels Senyors de sos Locs, e puys habitaran en Vitas del Princep, o de Esgleyas, o dels Nobles de Cathalunya, e dins vn any e vn dio no sera a ells de lur Senyor contradir, o no seran requests ques reeman de lurs Senyors, passat aquell any, e vn die, segurs. e francs poden de antiga, e aprovada costuma de Cathalunya romanir, ne los Cavallors, o encara Esgleyas poden aquells demanar. Pere Albert, Cost. gener. de Cathal. c. 35 (en Const. y altres drets de Cathal., vol. I, 1, IV, t. 30, reed., 1909, 336; cf. MAYER, Historia, I, 251, n.° 48: numerosas referencias de fuentes portuguesas, ibid. 90, n.° 54].

26 Consecuencia de la idea del asilo. Schwerin cirea, 1160. Aquisgrán, 1166, también frecuente en otros lugares. [Ya tempranamente en fuentes hispánicas (Carta de Población de Cardona de 986, MUÑOZ, Colección, 52-14), que dejan ver clara la conexión frecuente de esta institución con el derecho de asilo. Más pruebas CUELLO CALÓN, Derecho Penal, I, 1930, 82, núms. 95-7. Testimonios de derecho español comparados con fuentes extranjeras y cuestión de prioridad de las hispanas en v. KELLER, Freiheitsgarantien..., 1933, 118-141, resumen por R. RIAZA. AHDE., 10, 445-446, crítica por Planitz, ZRG., 54, 390-391.]

27 Corrupción de *palpulger,* del antiguo alto alemán *palo, balo,* malo, falso. ZEUMER, ZRG., 23, 96. Otra opinión, E. MAYER, ibid. 44, 294 s. Cf. también Shcmidt, Zíschr. f. Kulturgesch. IX, 241 ss.

28 En el amplio sentido medieval de *mercator.* Hubo también *gildas,* por ejemplo: de pescadores, merceros, sastres.

aprobadas por la autoridad municipal, en las que venía obligado a ingresar todo el que quería ejercer una industria. De la coacción gremial así instituida resultaba una defensa contra la concurrencia de artesanos no agremiados, a los que se llamó más tarde *boenhasen*[29]. Los gremios obtuvieron la significación de corporaciones de derecho público, tenían jurisdicción y autoridad de policía en materias industriales, poseían la facultad de imponer contribuciones a sus miembros, se dieron una organización de tipo militar y, en el curso del siglo XIV, primero en el Sur y luego en el Norte de Alemania, iniciaron una lucha con los burgueses antiguos por la igualdad de derechos, cuyo resultado fue en todas partes una democratización más o menos amplia de la organización municipal. Las agrupaciones de artesanos se extendieron más allá del sector de cada ciudad; en ellas se reunían los maestros de la misma industria para la gestión de determinados asuntos de la vida industrial, como, por ejemplo, los relativos a los agremiados.

Al predominar en el ejército el servicio en la caballería, la población campesina que no le prestaba fue caracterizada frente a los caballeros como estado de labradores, con los nombres de *rustid, homines rusticani, homines rusticanae conditionis.* Una parte de los rústicos se contaba entre los estamentos libres del derecho territorial, fueron de ellos quienes poseían un patrimonio gravado con exacciones y los que tenían sus *hufen* en *precarium* hereditario del derecho territorial o en arrendamiento de uso y disfrute temporales. Eran de inferior condición las gentes del campo con dependencia de la corte de un señor territorial. Ocuparon el grado ínfimo los que pertenecían en cuerpo a un señor.

En las cortes de los grandes señores territoriales, la población ofrece todavía en el siglo X un abigarramiento estamental análogo al de las ciudades. Componíanla menestrales, *homines advocaticii* libres, semilibres dependientes y gentes de propiedad[30]. Pero mientras en las ciudades logró preponderancia el estamento de los libres y ascendieron de posición las clases inferiores, el desarrollo en las cortes de los señores territoriales ofrece en ocasiones dirección opuesta. Aquí, una vez segregados los menestrales o *milites,* se reunían frecuentemente los elementos de diferentes estamentos en una comunidad dependiente del señor. Constituían el grueso de esta población los semilibres, los *laten* del Norte, los *barscalci* del Sur. Con ellos se mezclaron los *mansionarii* libres mientras de otra parte los siervos asentados en las cortes rústicas fueron considerados como *laten* sin necesidad de manumisión especial. Comparecían conjuntamente ante el tribunal del señor, estaban vinculados al suelo (*glebae adscripti*), pagaban capitación, *maritagium* y gabelas sobre la herencia en cuanto poseían derecho de sucesión hereditaria[31].

De condición inferior eran los siervos no asentados en explotaciones agrícolas, los no libres de servicio doméstico y los jornaleros del campo (*dagescalci, dagewerchten, servi cotidiani*). Estos fueron principalmente los llamados desde el siglo XIII *homines propii de corpore,* desde el siglo XIV, *lipeigen* (= propios de cuerpo).

---

29 Explicado recientemente como = *butenhensesch,* el que está fuera de la *hansa* (corporación). BRINKMANN en «Aus Sozial-und Wirtschaftsgeschichte», 1928, 197 ss.

30 En la Crónica del claustro de Ebersheim, c. 3, MG., SS., XXIII, 433, se dice: his curtibus subiecta familia trifarie secemitur. Prima ministerialis... adeo nobilis et bellicosa, ut nimirum libere condicioni comparetur. Secunda vero censualis et obediens permagnifica et sui iuris contenta. Tertia nihilominus est. que servilis et censualis dicitur. Sed tamen omnes sub dominio episcopi et ab ipso rectoris constituti consistunt.

31 Vide infra §§ 45, 56.

Prestan sin medida algunas faenas personales, o el servicio de criados y domésticos y son propiedad de su señor en persona y bienes. La población servil, no muy numerosa desde el primer momento, desaparece ya a fines de la Edad Media en algunas partes de Alemania. Sin embargo, ocasionalmente, se afirma, incluso para los *mansionarii,* en varias de sus consecuencias la servidumbre rigurosa.

Bien por privilegio o en virtud del derecho consuetudinario, adquiere naturaleza en las cortes señoriales desde el siglo XI, el principio de que: «el aire hace propio», es decir, el nuevo poblador que permanecía año y día entre las personas dependientes de un señor quedaba también en relación de dependencia. Transcurrido el plazo adquiría el señor sobre él una investidura legítima (§ 47). De este modo perdía el libre su libertad y el no libre cambiaba de señor. Con todo, en determinadas circunstancias, cabía una mejora de condición, como sucedía en el caso del siervo que recibiera entrada en una relación de protección por parte de sus nuevos iguales en condición.

Entre los frisios pervive la antigua tripartición de estamentos en los *ethelinge,* los libres comunes (*frilinge*) y los *lites.* Sin embargo, tiene lugar una transformación ya que gran parte de los siervos ingresan en la condición de los *lites,* mientras los descendientes de los antiguos *lites* ascienden al estado de los libres. Desde entonces se dividen estos en dos grupos: los *frimen,* nacidos libres y los *frilinga,* en sentido estricto, grupos de libres que alcanzan esta condición *a posteriori.* La clase de los libres (*letslachte*) se integra primordialmente de siervos emancipados y sus descendientes, y solo en pequeña parte de los descendientes de los *lites* antiguos.

FICKER, Vom Reichsfuerstenstande. I, 1861, II, 1-3, publicado y reelaborado por Puntschart, 1911-23. SCHOENHEBR. Die Lehre vom Reichsfuerstenstand, 1914. KEUTGEN, Der deutsche Staat des Mittelalters, 1928, 55 zs. MOELLER, Die Neuordnung des Reichsfuerstenstandes, ZRG. 39, 1 ss. Sobre los príncipes del Imperio, cf. también infra, § 38, especialmente la literatura sobre la caída de Enrique el León. HUELLMANN, Geschichte des Ursprungs der Staende in Deutschland, 1830. STOBBE, Die Staende des Sachsenspiegels, ZDR., 15, 311. v. JNAMA-STERNEGG, Staende in Conrad und Elsters Handwoerterbuch der Staatswissenschaften, 2.° suplemento, 1897. SCHALK, Die niederoesterreichischen weltlichen Staende des 15. Jahrh. em las MJÖG., 2.° vol. suplementario, 421. v. ZALLINGER, Die Schoeffenbarfreien des Sachsen Spiegels, 1887. Sobre esto, E. Mayer en la Kr. V., 31, 149 ss. His, Zur Rechtsgeschichte des Thueringischen Adels, Z. des Ver. f. thier. Gesch., XXII. HECK, Die Biergelden, Hallesche Festgabe fuer Dernburg, 1900. Cf. Stutz en ZRG., 21, 127. HECK, Der Sachsenspiegel und die Staende der Freien, 1905. Sobre este libro, véase v. AMIRA, ZRG., 27, 379, 28, 435 y sobre la anticrítica de HECK, «Karl v. Amira und mein Buch ueber den Ssp.», 1907. v. SCHWERIN, ibidem, 28, 547. HECK, Pfleghafte und Grafschaftsbauern in Ostfalen, 1916, sobre esto, v. Schwerin, ZRG., 37, 679 ss. HECK, Die Ministerialentheorie der Schoeffenbaren VSchr.-Soz. WG., 14, 206 ss.—Die Standesgliederung der Sachsen im fruehen Mittelalter, 1927, sobre esto Beyerle, ZRG., 48, 491 ss. HECK. Uebersetzungsprobleme un fruehen Mittelalter, 1931, esp. investig., 3 y ss. LINTZEL, Die Staende der deutschen Volksrechte, haups. der Lex Saxonum, 1933, sobre esto, Beyerle, ZRG., 54, 292 ss. MEISTER, Ostfael. Gerichtsverfassung im Mittelalter. 1912. K. BEYERLE, Die Pfleghaften, ZRG. *, 35, 212 ss.; sobre esto, Hofmeister, Hist. Z., 114, 445. HECK, Z. des hist. Vereins fuer Niedersachsen, 80, 1916. F. PHILIPPI, Pfleghaften, Eigen und Reichsgut, MJÖG., 37, 39 ss. D. PHILIPPI, Die Erbexen, 1920. FEHR, Das Waffenrecht der Bauern im Mittelalter,

ZRG., 35, 111 ss.; 38, 1 ss. V. FUERTH, Die Ministerialen, 1836. KEUTGEN, Die Entstehung der deutschen Ministerialitaet, VSchr.Soz. WG., 1910. STENGEL, Ueber den Ursprung der Ministerialitaet. Festschrift f. Kehr, 1926, 168 ss. Aloys SCHULTE, Der Adel und die deutsche Kirche im Mittelalter, 1910, con apéndice, 1922;—Zur Gesch. des deutschen Adels, MJÖG., 34, 43. WERMINGHOFF, en ZRG., Kan., 1, 33 ss. BRUCK, Stand und Herkommen der Insassen Meissnischer Kloester, 1913. FORST, Ahnenproben der Mainzer Domherren, 1913. K. SCHUMACHER, Die Dienstmannschaft der rheinischen Stifter, 1912 (Beitraege zur Gesch. d. Nied. Rhs., 25). G. WINTER, Die Ministerialitaet in Brandenburg, 1922. Sobre esto, U. Stutz, ZRG., 44, 390 ss. P. KLUCKHOHN, Die Ministerialitaet in Suedostdeutschland vom 10. bis zum Ende des 13. Jahrhunderts, 1910. MOLITOR, Der Stand der Ministerialen vornehmlich auf Grund saechs., thuering. und niederfraenk. Quellen 1912. sobre esto, Al. Schulte, ZRG., 34, 572. DOPSCH, Die staatsrechtliche Stellung der Ministerialen in Oesterreich, MJÖG., 39, 238 ss. BLAST, Die Ministerialitaet des Erzstifts Trier, 1918. v. ZALLINGER, Ministeriales und milites, 1878;—Die ritterlichen Klassen im steir. Landrecht, MJÖG., 4, 393. SIEGEL, Die rechtliche Stellung der Dienstmannen in Oesterreich, Wiener SB., 102, 235 ss. FOCKEMA ANDREAE, Opmerkingen over de Ministerialiteit in Nederland, 1896 (Verslagen en Mededeel. d. Akad. v. Wetensch., 3, reeks, Deel XII). GANZENMUELLER, Die flandr. Ministerialitaet, Westd. Z. f. Gesch. u. Kunst, 25, 371. F. L. GANSCHOF, Étude sur les ministeriales en Flandre et en Lotharingie, 1926. Sobre esto, M. BLOCH, Rev. Hist., 1928, 46 ss. JOETZE, Die Ministerialitaet im Hochstifte Bamberg, 1916. K. WEIMANN, Die Ministerialitaet im spaeteren Mittelalter, 1924. NITZSCH, Ministerialitaet und Buergerthum, 1859;—Die oberrheinische Tiefebene und das Deutsche Reich im Mittelalter en sus Deutsche Studien, 1879;—Deutsche Staende und Parteien, ibidem, WITTICH, Altfreiheit und Dienstbarkeit des Uradels in Niedersachsen, 1906. BODE, Der Uradel in Ostfalen (Nïedersaechs. Forsch., 2-3), 1911. FICKER, Von Heerschilde, 1862. v. DÜNGERN, Der Herrenstand im Mittelalter. 1908. FORST-BATTAGLIA, Genealogie en Meisters Grundriss, 1913;—Vom Herrenstande, I, 1916, II, 1915. C. MEYER, Die Capitanei von Locarno, 1916. K. H. SCHAEFER, Deutsche Ritter u. Edelknechte in Italien, 1915. EBERBACH, Die deutsche Ritterschaft bis, 1495 (1911). M. BLOC, Liberte et servitude personnelles au moyen âge, AHDE, 10, 19 s.

Sobre la historia de las clases sociales de las ciudades véase la literatura al § 41. Paul SCHUETZE, Stadtluft macht frei, 1903. H. BRUNNER, Luft macht frei, 1910 (y en el Festgabe der Berliner jur. Fakultaet fuer Gierke).—Sobre la historia de los gremios; ARNOLD, Das Aufkommen des Handwerkerstandes im Mittelalter, 1861. v. BELOW, Die Entstehung des Handwerks in Deutschland, ZSchr.Soz.WG., 5, 124 ss., 225; 12 ss.; Zur Geschichte des Handwerks und der Gilden, Hist. Z., 106, 268. Probleme der Wirtschaftsgeschichte, 1920, 258 ss. SEELIGER, Handwerk und Hofrecht, HVSchr., 16, 472 ss. ibidem. SANDER, 366 ss. STIEDA, Zur Enstehung des deutschen Zunftwesens, 1876. J. C. AKKERMAN, Het ontstaan der ambachtgilden, 1919. THIMME, Das Kammeramt in Strassburg, 1913. SCHMOLLER, Die Strassburger Tucher-und Weberzunft, ein Beitrag zur Geschichte der deutschen Weberei und des deutschen Gewerberecbts, 1879. NITZSCH, Ueber die niederdeutschen Genossenschaften des 12. und 13. Jahrh., SB. der Berliner Akad., 1879;—Ueber niederdeutsche Kaufgilden. ibidem, 1880, 370);—Die niederdeutsche Kaufgilde, ZRG., 13, 1;—Die niederdeutschen Verkehrseinrtichtungen neben der alten Kaufgilde, ibidem, 16. WEHRMANN, Die aelteren luebeckischen Zunftrollen, 1872. H. v. LOESCH, Die Koelner Zunfturkunden, 2 vols., 1907. WITT, Die Verlehnten in Luebeck, Z. d. Ver. f. Lueb, Gesch., 18, 157 ss. BUECHER-SCHMIDT, Frankfurter Arnts-und Zunfturkunden. I. 1914, II, 1915. BUECHER. Abh. der Kgl. Saechs. Ges. d. Wiss.

vol. 30, Nr., 3. Jak. HOEHLER. Die Anfaenge des Handwerks in Luebeck, 1903. EBERSTADT, Magisterium und Fraternitas in Schmollers Forschungen, XV. cuaderno 2, 1897. EBERSTADT. Der Ursprung des Zunftwesens, 1915 (cf. v. BELOW, Deutscher Staat. I. 127. mim. 3 y Jahrb. f. Nat., 106, 292 ss.). HEGI, Geschichte der Zunft sur Schmiden in Zuerich 1912. BUECHER. Mittelalterliche Handwerkerverbaende, Ztschr. f. d. gesamten Staatswissensch., 77, 295 ss. SOLMI, Associazioni in Italia, 1898. UHLIRZ en el 2. vol. de Geschichte der Stadt Wien, 1901, 600. TECHEN, Das Brauwerk von Wismar, Hans. Gesch.-BL, 21, 263 ss. PETERKA, Die buergerlichen Braugerechtigkeiten in Boehmen, 1917. KOBHNE, Z.f. Sozialwissenschaft N. F., 8, 325 ss.—Gewerberechtliches in deutschen Rechtssprichwoertern (Cohnfestschrift), 1915;—Zur Geschichte der Zwangs—und Bannrechte, VSchr.Soz. WG., 13, 180 ss. EICHHOLZER, Ueber Zwangsund Bannrechte, 1914.

L. v. MAURER, Geschichte der Fronhoefe, der Bauerhoefe und der Hofverfassung in Deutschland, II, III, V, 1862 s. KINDLINGER, Geschichte der deutschen Hoerigkeit. 1818. FOCKEMA-ANDREAE, Bijdragen tot de nederlandsche Rechtsgeschiedenis 3 Bundel; Hoorigheid, 1892. SEELIGER, Bedeutung der Grundherrschaft, 1903. RIETSCHEL, Landleihen, Hofrecht und Immunitaet en MJÖG., 27, 385. v. VOLTELINI, Immunitaet, gründ—und leibherrliche Gericht sbarkeit in Suedtirol, 1907 (Archiv, f. oest.Gesch., 94, 2). ROERIG, Luft macht eigen, Festg. f. Seeliger, 1920, 51 ss. DOPSCH, Zur Gesch. der patrimonialen Gewalten in Niederoesterr., MJÖG., 29, 594. STRNADT, Die freien Leute der alten Riedmark, Arch. f. oesterr. Gesch., 104, 207 ss. DEUTSCHMANN, Zur Entstehung des deutsch-tiroler Bauernstandes, 1913 y sobre esto, Stolz, VSchr.Soz.WG., 12, 266 ss. SCHOTTE en Beitraege zur Geschichte des westfael. Bauernstandes, 1912. Al. MEISTER, Studien zur Geschichte der Wachszinsigkeit, 1914. BREBAUM, Das Wachszinsrecht im suedl. Westfalen, en Z. f. Alt.-Kunde Westfalens, 1913. v. MINNIGERODE, VSchr.-Soz.WG., 13, 184 ss. ZYCHA, Ueber den Anteil der Unfreiheit am Aufbau von Wirtschaft und Recht, 1915.

Sobre las clases sociales entre los frisios, JAEKEL, Etheling, Frimon, Friling und Szeremon, ZRG., 27, 275 y 30, 49. HECK, Die fries. Standesverhaeltnisse in nachfraenk.Zeit., 1907. E. MAYER, Friesische Staendeverhaeltnisse, 1910.

§ 26. La formación del Derecho

El derecho escrito del periodo anterior pierde lenta y continuadamente su frecuencia de aplicación dentro del Imperio alemán. Las *Leges* y los Capitulares caen en olvido porque aquí no fueron utilizados constantemente en la enseñanza del Derecho, ni se cultivó sobre ellos la literatura jurídica como sucediera en Italia. La transformación de los principios de la organización política, la nueva estructura del estado de las personas, las concepciones jurídicas cambiantes con la nueva etapa cultural son factores que eliminan los principios jurídicos precedentes, con pausa, pero sin cesar, desarraigando incluso los vertidos por la práctica en el Derecho consuetudinario[32]. Después de la disolución del reino franco desaparece el contraste entre Derecho popular y Derecho oficial. El principio de la personalidad del Derecho se debilita en el sentido del principio de la territorialidad, que configura el Derecho popular como un Derecho territorial competente por sí mismo para todos los habitantes del territorio. Hasta el siglo XIII el Derecho torna a ser predominan-

[32] De las concepciones medievales sobre la esencia del derecho y su fundamento trata KERN, Recht und Verfassung im MA., HistZtschr., 120 (1919), 1 ss. y últimamente la conferencia de WACKERNAGEL, Die geistigen Grundlagen des mitelalterlichen Rechts, 1929.

temente Derecho no escrito, desarrollado por las sentencias de los escabinos y que, en casos dudosos, se fija por las definiciones de los sapientes, es decir, mediante un pronunciamiento sobre el Derecho vigente que a instancia oficial emiten los hombres verídicos y sabedores en materias de Derecho.

La formación del Derecho sigue la misma directriz que el desarrollo político: la línea de la singularización y del particularismo, fenómeno que se explica en casi todo por la falta de una organización judicial unitaria y por el establecimiento de numerosos tribunales especiales. Prescindiendo de la peculiaridad proveniente del período anterior de los Derechos de los troncos germánicos, aparecen nuevos sectores de Derecho para ciertas relaciones jurídicas, para determinadas clases de población y para delimitados territorios, movimiento que va paralelo al de la constitución de tribunales especiales. Los litigios sobre relaciones feudales, lo mismo que los habidos entre el señor y el feudatario y también los que surgieran entre personas de esta última condición, eran resueltos por el tribunal feudal donde el señor actuaba como juez y los hombres de feudo como sentenciadores[33]. El Derecho que aquí recibe nacimiento es el Derecho feudal con el que hace contraste el Derecho territorial aplicado en los tribunales públicos del condado y de la centena[34]. Ciertos pleitos de los arrendatarios se ventilaban en el tribunal curtense del señor. Los funcionarios del señorío, *advocatus; villicus* o *maior,* eran los jueces, investigando los vecinos la sentencia según el Derecho curtense, cuya estructura era muy varia en las cortes de los diferentes señoríos. Los hombres de servicio hacían valer su derecho ante el tribunal del señor del servicio, órgano jurisdiccional llamado igualmente tribunal curtense. Ante la progresiva importancia de los menestrales ceden las barreras del Derecho de servicio y, en lo relativo a su feudo, participan del Derecho feudal común; para los demás asuntos es competente el Derecho territorial.

La ciudad no constituyó al principio un distrito especial de jurisdicción y de derecho; las diferentes clases de la población municipal carecían de un tribunal común y de un derecho común. Los libres vivían según el Derecho territorial, los menestrales según el Derecho de servicio, los semilibres según el Derecho curtense (§ 30). Pero con el desenvolvimiento de la vida urbana, y sobre la base de la inmunidad poseída de antemano o concedida al señor de la ciudad, se creó un tribunal municipal especial para los burgueses de la ciudad y con jurisdicción sobre los asuntos del mercado. En este órgano está dado el punto de partida de un derecho municipal característico de las ciudades. El Derecho de la ciudad se llama, en Alemania del Norte y del Centro desde la segunda mitad del siglo XII, *weichbild*[35]. Solo en algunas ciudades se ha desarrollado independientemente el derecho municipal (derecho originario). En cambio, muchas ciudades recibieron su derecho por concesión, es decir, por transmisión del Derecho municipal formado en otra ciudad.

---

[33] Tribunales feudales de tipo específico se encuentran en las cámaras judiciales existentes en la Renania inferior. LENAERTS, Die Mannkammem des Herzogtums Juelich, 1923.

[34] La coexistencia del derecho territorial y el derecho feudal podía conducir a que el mismo proceso se juzgara tanto según uno como según otro derecho y a que existiera al lado de un procedimiento de derecho territorial otro de derecho feudal. Cf. la literatura indicada en el § 38, sobre el proceso de Enrique el León.

[35] *Weichbild* (wikbilethe) está compuesto de la palabra del medio alto alemán *wich* (derivada del lat. *vicus*) = lugar, ciudad, y de *bil-lich* del medio alto alemán. *bilida* = derecho. SCHROEDER. Ein Woerterbuch der aelteren deutschen Rechtssprache, en el Festschrift f. den 26, deutschen Juristentag, 1902, 118 s. Cf. DRW., voz *billig.* No parece hoy aceptable la opinión de SOHM. resumida por L. G. de VALDEAVELLANO, AHDE., 8, 385.

Por medio de la concesión nacen extensas familias de Derechos municipales, entre las que fueron más importantes las de los Derechos magdeburguense y lubicense. La ciudad del Derecho matriz permaneció, habitualmente, como corte judicial superior, en vinculación duradera con la ciudad del Derecho filial. Cuando los escabinos no conocían este Derecho preguntaban para ilustración jurídica del caso a los escabinos de la corte judicial superior, o sometían directamente el litigio a su resolución. Lübeck, Magdeburgo, Eisenach y Francfort del Main fueron las cortes judiciales superiores de mayor renombre[36]. El Derecho municipal alemán se extendió más allá de las fronteras del Imperio y penetró en los próximos países eslavos y húngaros. Las numerosas colonias fundadas por alemanes en estos territorios observaron el Derecho municipal alemán. En Polonia el Derecho magdeburguense fue elemento esencial al concepto de la ciudad y se trasplantó como Derecho municipal incluso a lugares de población completamente no alemana.

Cuando, por causa del encumbramiento de la soberanía territorial, se separaron del territorio originario del tronco territorios independientes, se forma en algunos de estos un derecho territorial distinto del derecho general del tronco primitivo, derecho especial que encuentra su punto de cristalización en el tribunal de la soberanía territorial. Así, por ejemplo, en Baviera, donde la desintegración del Derecho unitario operó con mayor intensidad, se elaboran Derechos territoriales especiales para Austria, Salzburgo, Alta Baviera y Estiria. Además de esto, en varios pequeños lugares, en varios distritos, surge un Derecho local privativo.

El único órgano central de la formación del Derecho, el tribunal del rey de Alemania, solo podía oponerse de modo muy incompleto a los varios factores de la particularización del derecho, no ocupó, efectivamente, la posición dominante que hizo suya el tribunal de los reyes francos. Mientras en los tribunales inferiores se cuidaba las más veces por escabinos permanentes la jurisprudencia en las asambleas judiciales tradicionales, función encomendada a un cargo vitalicio y con frecuencia hereditario, de modo diverso en las reuniones del tribunal del rey no se fallaban las sentencias por funcionarios permanentes, sino por los magnates y menestrales del Imperio casualmente presentes. Por lo tanto, en la lucha entre la unidad y la pluralidad jurídicas se encontraron desde luego en una posición ventajosa en su constitución fija los órganos de la producción del Derecho local.

Entre los Derechos de los troncos germánicos obtuvo el sajón la máxima consistencia y la formación más homogénea gracias a la literatura jurídica que versó sobre él. Los Derechos de los suabos, bávaros y turingios estaban bajo la influencia predominante del derecho franco, cuyas instituciones encontraron también arraigo en el campo de aplicación del Derecho sajón a consecuencia de la intensa colonización franca. El Derecho bávaro se desintegró en una serie de derechos territoriales independientes; nunca tuvo lugar aquí el intento de una exposición unitaria del Derecho, como ocurrió en tierras de los sajones, de los suabos y de los francos. Con un cierto hermetismo y en un ámbito de aplicación limitado prosigue el desarrollo del Derecho frisio, cuyas fuentes jurídicas se caracterizan ante todas las demás por la notable antigüedad de sus prescripciones.

---

36 La posición de la corte superior no descansa siempre en la circunstancia de la concesión. Así. por ejemplo, las de Ingelheim y Aquisgrán pueden relacionarse con la pertenencia del lugar filial a un distrito del patrimonio de la corona. LOEBSCH, Der Ingelheimer Oberhof, 1885. SCHWABE. Der Aachener Oberhof, Ztschr. d. Aachener Geschichtsver., 47, 83 ss., 48-49, 61 ss.

Desde el siglo XIII aparece en Alemania Derecho escrito en cuantía de consideración. Tiene su origen bien en el Derecho estatuido, o en simples redacciones del Derecho, o en la relaboración jurídica del Derecho (Libros de Derecho). Como idioma de las fuentes jurídicas se usa en el siglo XIII, junto al latín, el alemán, que mediado este siglo consigue la preponderancia[37]. Al lado del Derecho escrito, las normas consuetudinarias no escritas conservan un extenso campo de aplicación.

O. STOBBE, Geschichte der deutschen Rechtsquellen, I, 266 ss. HUGELMANN, Studien zum Recht der Nationalitaeten im MA., Hist. Jahrb., 47, 275 ss. ROEPPELL, Ueber die Verbreitung des Magdeburger Stadtrechts im Gebiete des alten polnischen Rechts ost waerts der Weichsel, 1857. HALBAN, Zur Geschichte des deutschen Rechts in Podolien, Wolhynien und der Ukraine, 1896. v. BRUENNECK, Zur Gesch. des Magdeburger Rechts und der Statuten der Armenier in Lemberg, ZRG., 35, 9 ss. WEIZSAECKER, Der Einfluss des deutschen Rechts auf die boehmische Rechtsentwicklung, Mitt. d. Vereins f. Gesch. d. Deutschen in Boehmen, 66, 1 ss.—Das deutsche Recht der baeuerlichen Kolonisten Boehmens und Maehrens, ibidem, 51, 476 ss.—Saechsisches Bergrecht in Bohemen, 1929. FRENSDORFF, Das Alter niederdeutscher Rechtsaufzeichnungen, Hans. Gesch.-Blaetter, 6, 97 ss. E. HEYMANN, Ungarisches Privatrecht, 1917, 9 ss., 51 ss., 68 ss., 79 ss.

§ 27. Fuentes del Derecho del Imperio

Hasta la mitad del siglo XII el Derecho del Imperio solo suministra fuentes en medida escasa. La legislación regia actuó en el tiempo de los Staufer, que hicieron incluir en el *Corpus iuris civilis* alguna de sus leyes con el fin de que consiguieran más expansión y un mayor aprecio. Las leyes del Imperio se dictaban por el rey con el asentimiento de los magnates, dado en las Dietas imperiales. Según el contenido tenemos que distinguir principalmente dos grupos de leyes del Imperio:

1. *Las leyes de paz territorial, constituciones pacis* (o simplemente *pax*). – Desde que alcanzó predominio la condición de los caballeros se extendió tan sin medida la venganza por enemistad en los círculos caballerescos, y en tal grado quebrantó la seguridad del derecho la justicia a mano propia, que el poder público fue impotente para reaccionar contra las violaciones de la paz mediante los solos recursos normales de la administración de la justicia ordinaria y de los preceptos jurídico-penales del Derecho de los diversos troncos. Ello puso a los reyes alemanes en la necesidad de dictar de tiempo en tiempo leyes de paz territorial que sancionaran con penas más graves, de carácter expiatorio en su mayoría, el quebrantamiento de la paz. Por lo regular, la constitución de la paz territorial tenía el carácter de un acuerdo jurado; los magnates que la habían convenido con el rey prestaban su adhesión jurada, juramento que luego obtenía por su parte una expansión territorial. Las leyes de paz territorial o bien prohibían en absoluto la enemistad o vinculaban su existencia a determinadas circunstancias y límites. La ley se dictaba unas veces sin término de vigencia; otras, en cambio, alcanzaba solo un número de años prefijados, de suerte que por este tiempo creaba una especie de Derecho estamental jurado. Las prescripciones sobre la ruptura de la paz son ciertamente el núcleo, pero no el contenido único de las leyes de paz territo-

[37] La paz territorial bávara de 1256, redactada en alemán, prescribió el uso de la lengua alemana bajo pena de cinco libras al duque. Dice su c. 32: Ez sol chain rihter an dem gerihte sitzen, er *hab den frid teusche* bi im *gescriben;* oder er muz dem herzog funf phunt geben.

rial, donde también se contienen otras normas jurídico-penales, más algunas procesales y de policía. Las leyes de paz territorial del Imperio fueron precedidas o coexistieron con numerosos acuerdos de tregua provinciales[38].

Las paces territoriales ordenadas para todo el Imperio se remontan hasta la época de Enrique. IV. En el año 1103 se juró en Maguncia una paz territorial por cuatro años. Federico I dictó en 1152 una ley de paz que, entre otras materias, regulaba también un proceso sumario de posesión del feudo y la fijación del precio de los cereales. Igualmente proceden de Federico I la *constitutio pacis* roncaba de noviembre de 1158 y la paz territorial de Nuremberg contra los incendiarios, *constitutio contra incendiarios* de 29 de diciembre de 1186[39]. Del rey Enrique (VII), hijo de Federico II, y procedente de la renovación acordada en Francfort el año 1223 (o 1221) de una paz territorial más antigua dada para Sajonia, tenemos la *treuga Heinrici,* aparecida en Wurzburgo presumiblemente el 1224, y la ley de paz de Francfort de 1234. La más importante y famosa ley de paz territorial es la *Constitutio Maguntina,* de 15 de agosto de 1235, que además de la enemistad y las violaciones de la paz contiene otras muchas materias, así por ejemplo, régimen de aduanas y de monedas, *ius conductus,* la abogacía eclesiástica y la organización del tribunal de la corte, elaborada en lengua alemana; fue sancionada en redacción oficial en la Dieta del Imperio reunida en Maguncia. Además se redactó por la cancillería su texto latino. Hacia 1400 escribía una glosa sobre ella el jurista Nicolás Wurm. En la paz territorial de Maguncia de 1235 se fundamentan en lo principal las paces territoriales dictadas después del interregno por Rodolfo I y sus inmediatos sucesores. Intenta abrir nuevos cauces el proyecto de paz territorial de Alberto II presentado en 1438, que se proponía suprimir el derecho de enemistad y que para el mantenimiento de la paz proyectaba una división del Imperio en cuatro distritos (según una redacción posterior, en seis). Por el contrario, volvió a reconocerse un derecho de enemistad condicionado en la Reforma de Francfort de Federico III de 1442, que, además, trataba del derecho de embargo, del *ius conductus,* de la moneda y del tribunal secreto (§ 43). El propio Federico III ordenó en 1467 una paz territorial por cinco años y en 1474 otra por diez. Por último, en 1495 fue acordada una paz territorial perpetua, cuya publicación se reiteró varias veces en sucesivas Dietas del Imperio, donde, a la vez, recibió aclaraciones y complementos.

2. *Leyes de organización política.* – Con inclusión de los concordatos, hay que nombrar entre ellas el Concordato de Worms, de 23 de septiembre de 1122, que puso término a la guerra de las Investiduras, la *Sententia de regalibus* de Federico I y de 1158, sobre los derechos de regalía en Italia, luego recibida en Alemania a base de su recepción en los *Libri feudorum,* además dos leyes importantes para el desarrollo de la soberanía territorial: el privilegio de 1220 para los príncipes eclesiásticos y el *Statutum in favorem principum* del rey Enrique, acordado en una Dieta del Imperio celebrada el 1231 en Worms, confirmado con algunas modificaciones en 1232 por Federico II en Cividale, la ley de Luis el Bávaro publicada en una Dieta del Imperio reunida en Francfort el 6 de agosto de 1338, y que empieza con las palabras *Licet iuris*[40], la Bula de oro de Carlos IV, ley fundamental del Imperio para la elección real y para

[38] Contra esta opinión dominante desde ZEUMER (vid. infra lit.) se pronuncian últimamente con fundamentos muy dignos de consideración v. VOLTELINI, Zeitschr. d. hist. Vereins f. Steiermark, 26 (1931), 73. STEINACKER, MOJG., 46 (1932), 188. (v. SCHWERIN).

[39] La ley hace depender la declaración de enemistad de la notificación correspondiente, más tarde, «widersage», *diffidatio.*

[40] En la literatura se la llama también *constitutio de iure et excellentia imperii.*

la posición jurídica de los príncipes electores, pero que también contiene disposiciones sobre la paz territorial, los *pfahl* burgueses y otras materias. Su primera parte (c. 1-23) fue publicada el 10 de enero de 1356 en Nuremberg; su parte segunda (c. 24-31) el 25 de diciembre de 1356 en Metz[41], el concordato de Constanza de 1418 y el llamado concordato de Viena (entre Federico III y Nicolás V) de 17 de febrero de 1448.

Además de las leyes, se cuentan dentro de las fuentes del Derecho del Imperio los mandamientos y privilegios ordenados o concedidos por el rey y las sentencias del tribunal regio; muchas veces la resolución adoptada en cuestiones dudosas debía servir como norma para futuros casos análogos. A la actividad del tribunal del rey deben también su nacimiento las sentencias del Imperio, definiciones de Derecho de los príncipes que contienen declaraciones generales sobre materias jurídicas.

Las leyes imperiales y otras fuentes del Derecho imperial hasta el año 1313 se encuentran en PERTZ, Mon. Germ. hist. Leges II. Una colección mejor y más completa ofrece la edición en 4.° de las Leges bajo el título: Constitutiones et acta publica imperatorum et regum, I ed. Weiland, 1893 (911-1197), II ed., Weiland, 1896 (1198-1272), III ed., Schwalm, 1904-1906 (1273-1298), IV ed., Schwalm, 1906, 19081911 (1298-1313), V. ed., Schwalm, 1909-1913 (1313-1324), VI, 1 fasc., 1. y 2. ed., Schwálm, 1914 (1325-1330), tom. VIII, 1 ed., Zeumer et Salomon, 1910 (1345-1347), 2. y 3. ed., Salomon, 1919-1926. Las leyes del Imperio más recientes se encuentran actualmente en la nueva y más completa Sammlung der Reichsabschiede (Senckenberg-Kochsche Sammlung), 1747. Mejores textos de las partes más importantes ofrece ZEUMER, Quellensammlung z. Geschichte der Deutschen Reichsverfassung in Mittelalter und Neuzeit, 2.ª ed., 1913. La paz territorial de Maguncia de 1235 en WILHELM, Corpus der altdeutschen Originalurkunden, I, 5 ss., 1929. Deutsche Reichstagsakten, publicación de la Comisión Histórica de Munich, hasta ahora 15 volúmenes de la serie antigua comprendiendo la época de 1376 hasta 1442, edición cuidada por WEIZSAECKER, KERLER y otros. WEILAND, Friedrichs, II. Privileg fuer die geistl. Fuersten en los Aufsaetzen f. Waitz, 1886, 249. ZEUMER, Der deutsche Urtext des Landfriedens von 1325, NA., 28, 437 ss.;—Studien zu den Reichsgesetzen des 13. Jahrhunderts, ZRG. 23, 61;—Ludwigs des Bayern Koenigswahlgesetz: Licet iuris, NA., 30, 85 ss.;—Die Goldene Bulle Karls IV, 1908. Nove Constitutiones domini Alberti, o sea der Landfriede v. J., 1235 con las glosas de Nicolaus Wurms, publicado por v. BOEHLAU, 1858. FRANKLIN, Sententiae curiae regís, Rechtssprueche des Reichshofes im Mittelalter, 1870. ALTMANN, U. BERNHEIM, Ausgewaehlte Urkunden zur Erlaeuterung der Verfassungsgeschichte Deutschlands, 1.ª ed., 1909.

GOECKE, Die Anfaenge der Landfriedensaufrichtungen in Deutschland, 1875. EGGERT, Studien zur Geschichte der Landfriedensaufrichtungen, 1875. NITZSCH, Heinrich IV, und der Gottes-und Landfrieden en las Forschungen zur deutschen Geschichte, 21, 269 ss. HERZBERG-FRAENKEL, Die aeltesten Land-und Gottesfrieden, ibidem, 23, 117 ss. WEILAND, Saechsischer Landfriede aus der Zeit Friedrichs II. und die sogen. Treuga Henrici regis, ZRG., 8, 88. WYNEKEN, Die Landfrieden in Deutschland von Rudolf I. bis Heinrich VII. 1886. KUECH, Die Landfriedensbestrebungen Friedrichs I, 1887. SCHWALM, Landfrieden in Deutschland unter Ludwig dem Bayern, 1889. v. ZALLINGER, Kampf um den Landfrieden, MJÖG., 4.° vol. suplementario, 443. BOCK, Der Kampf um die Landfriedenshoheit in Westfalen, ZRG., 48, 379 ss. LUSCHIN V. EBENGREUTH, Der

---

[41] La Bula de oro (que solo recibe esta denominación a fines del siglo XIV) utiliza en algunos lugares el llamado Espejo de Suabia.

deutsche Text des Mainzer Landfriedens u. das oesterr. Landesrecht en NA., 25, 539 ss. PRUTZ, Die Friedensidee im MA., Muenchner Abhdl., 1915. GOERRIS, de denkbeelden over orlog, 1912. His, Das Strafrecht des deutschen, MA., I, 2 ss. P. W. FINSTERWALDER, Die Gesetze des Reichstags v. Roncalia v. 11. Nov., 1158, ZRG., 51, 1 ss.

§ 28. Los Libros de Derecho[42] territorial y los de Derecho feudal

El Espejo de Sajonia. La elaboración literaria del Derecho tiene su punto de arranque, iniciador de una época, en la exposición del Derecho sajón que nos ofrece el Espejo de Sajonia. Fue redactado por el escabino sajón y juez Eike de Repkow, probablemente en el tercer decenio del siglo XIII, en todo caso, concluido entre 1220 y 1235. El pueblo de Reppichau (distrito de Serimunt), de donde tomó nombre la familia de Eike allí establecida, se encuentra entre Koethen, Dessau y Aken. El propio Eike aparece en documentos de 1209, 1215, 1218, 1219, 1224 y 1233. Perteneció este a los Ubres capaces para el escabinato que ingresaron en el menestralazgo. Es presumible que en su juventud recibiera una educación erudita. Si, como es probable[43], redactó también la Crónica universal sajona, aparecida por los años 1237-8, tuvo que entrar en el estado eclesiástico después de la terminación del Espejo de Sajonia, ya que el autor de la Crónica se cuenta entre la clerecía[44]. Eike escribió primero en latín su Libro de derecho, y después, a instancia del conde Hoyer de Falkenstein (*advocalus* fundacional de Quedlinburgo), le redactó en idioma alemán, probablemente en la forma de un dialecto bávaro bajo. Preceden al texto del Libro de derecho cuatro prólogos, de los cuales el primero, la llamada *praejatio rhythmica,* tuvo por autor de sus dos partes al propio Eike, circunstancia que arroja luz sobre el nacimiento de su obra[45]. Entre los manuscritos fechados del

---

[42] Con la expresión de Libros de Derecho se designa una serie de redacciones privadas del Derecho vigente en cada territorio. La denominación procede de la antigua terminología que ya en el siglo XIII conoció dichos trabajos con tal nombre. La importancia de estas fuentes radica en su conexión con la vida jurídica, y en su deseo—singularísimo en la época—de ofrecer una exposición lo más comprensiva posible de todas las materias jurídicas. Ninguno de ellos poseyó inicialmente fuerza de ley; pero varios se aplicaron en la práctica como leyes. Hay Libros de Derecho territorial, de Derecho feudal y de Derecho municipal. Para estos últimos infra § 31 (v. SCHWERIN).

[43] Hoy parece cierta la paternidad de Eike sobre la Crónica universal sajona (la más antigua en lengua alemana), cuya fecha es insegura; frente a la indicada en el texto propone últimamente ECKHARDT los años 1230-31 (Rechtsbuecherstudien, 2.° cuad. Die Entstehungszeit des Ss. u. d. sächsischen Weltchronik, 1931). Vid. crítica por v. SCHWERIN, ZRG., 52 (1932), 388 y 396.

[44] Es un punto discutido, así como la educación erudita de Eike. No hay prueba convincente que incline la decisión en uno u otro sentido. No es comprobable que Eike fuese discípulo del canonista Johannes zem Ecke (Johannes Teutonicus). Sobre Eike v. SCHWERIN, Verfasserlexikon d. d. MA., I, 1933, 518, con amplia literatura. MOELLENBERG, Eike von Repgow und seine Zeit, 1934.

[45] La *praefatio rhythmica* se compone de dos piezas. La segunda parte vers. 97280 ha sido redactada por Eike en rima pareada con utilización de una poesía didáctica de Werner de Elmendorf. La primera parte es más moderna. Fórmanla doce estrofas de ocho versos de un poeta del alemán medio, desconocido. Es una poesía de descargo, donde, en nombre del autor, se defiende el Espejo de Sajonia contra sus críticos. El segundo prólogo (*prolugus*) que empieza con las palabras: «des heiligen geistés minne», solo puede proceder de Eike a causa de que le utiliza en su prefacio rimado. El tercer prólogo (*textus prologi*) forma la introducción inmediata al Libro de derecho y en todo caso le es contemporáneo. El cuarto prólogo «von der Herren Geburt s fue redactado no después del año 1240.

Espejo de Sajonia el más antiguo procede del año 1295. El Espejo de Sajonia se divide en un Libro de derecho territorial (citado: Ldr.) y otro Libro de Derecho feudal (citado: Lehnr.). El primero fue dividido en tres libros por el glosador Juan de Buch, unos cien años después de su redacción[46]. El autor excluyó deliberadamente de su tarea la exposición del Derecho de servicio, del Derecho curtense y del Derecho municipal. No ha llegado hasta nosotros la primitiva redacción latina[47]. Eike de Repkow quiso, sin duda, exponer el Derecho sajón en general; pero muchas veces la vigencia de las normas jurídicas del Espejo de Sajonia se limita a la parte ostfalense del territorio del tronco sajón. Encuentran una atención especial las relaciones de la Marca sajona y el derecho especial de los suabos del Norte. La fuente principal del saber jurídico de Eike fue la vida del Derecho en los dominios de los obispados de Magdeburgo y Halberstadt. Probablemente utiliza la paz territorial sajona de Francfort debida a Enrique VII o una ley de paz territorial desconocida y emparentada con ella. Las indicaciones sobre la paz de Dios (II, 66, § 2) proceden mediata o inmediatamente de la *Summa decretalium* de Bernardo de Pavía, redactada a fines del siglo XII. El Espejo de Sajonia, derecho feudal, 12, § 2, se inspira en la ley de Federico II del año 1220, c. 6, sobre los príncipes eclesiásticos. Ocasionalmente trabaja Eike con materiales de la *histórica scholastica* de *Petrus Comestor,* «Vademecum de los estudios bíblicos de la Edad Media». Las normas jurídicas sobre elección e institución del rey alemán reflejan las opiniones que acerca de esto se habían formado en Sajonia a impulsos de las contiendas dinásticas entre Otón IV y los Staufer Felipe y Federico II[48]. Como se declara en el prólogo rimado, Eike persiguió, con el espíritu conservador de los bajos sajones, el propósito de exponer el Derecho suministrado por la práctica jurídica. Sin embargo, en algunos lugares una cierta predilección por la mística de los números enturbia la claridad de su visión. De otra parte, gracias a la finura de su intuición del Derecho y de la lógica jurídica, se ofrece como un reformador decisivo por cuanto con una atrevida fuerza constructiva formula normas jurídicas que únicamente llegan a ser derecho luego de ser redactadas por él y en razón de esta circunstancia[49].

El Espejo de Sajonia obtuvo rápidamente una gran consideración. Aunque trabajo de un particular, fue aplicado en los tribunales sajones como un código. Ya en el siglo XIV se le tenía por obra de la legislación imperial y se atribuía a Carlomagno gran parte del Libro de Derecho territorial y a Federico I el Libro de Derecho feudal. El Espejo de Sajonia no solo fue traducido en varios idiomas alemanes, sobre todo en el alto alemán y en el flamenco, sino que también recibió repetida versión latina e incluso traducción al polaco.

También se puso al servicio del Libro de Derecho la técnica medieval de las ilustraciones, y así para la representación de su contenido con imágenes acompaña-

---

46 Por esta división quedó rota la conexión existente entre los artículos II. 66 a III, 3.

47 Ha llegado a nosotros un Libro de Derecho feudal redactado en prosa latina rimada en el llamado Vetus auctor de beneficiis... Antes se vio en él generalmente el texto latino de Eike para el derecho feudal del Espejo de Sajonia. Pero contra esta opinión se han levantado objeciones considerables. La relación del auctor de beneficiis con el Espejo de Sajonia requiere todavía una investigación exhaustiva. Es difícil hacer conjeturas. Cf. ERNST en el NA., 26. 1901, 207.

48 Vide infra § 33.

49 Sobre las relaciones del Espejo de Sajonia y el derecho canónico, cf. HUGELMANN, ZRG., Kan., 7, 33; 9, 1; 13, 427. Para la influencia de « rlíogosenes» Das Verwandschaftsbild des Sachsenspiegels. 1890. 24 s.

ron al texto dibujos a pluma iluminados. De tales manuscritos con ilustraciones han llegado hasta nosotros del siglo XIV el de Heidelberg (1300-1315), el de Oldenburgo (de 1336), el de Dresde (alrededor de 1350) y el de Wolfenbuttel. Todos provienen mediata o inmediatamente de un manuscrito de Misnia de fines del siglo XIII, no conservado.

En el mismo siglo XIII fue glosado el Espejo de Sajonia. La glosa más antigua del Derecho territorial se debe al caballero de la Marca de Brandenburgo Juan de Buch, que había estudiado en Bolonia el año 1305 y que la escribe después de 1325, probablemente antes de 1335. Más tarde fue reelaborada y completada por Nicolás Wurm, todavía dentro del siglo XIV, y en el XV por los hermanos Bocksdorf[50]. Para el derecho feudal del Espejo de Sajonia se redactó según el modelo de la glosa de Buch, hacia mediados del siglo XIV, una glosa breve y luego una más extensa, que en 1386 fue relaborada por Nicolás Wurm. Aproximadamente medio siglo después de la glosa de Buch apareció en *Stendal* una glosa independiente que comenta tanto el Derecho territorial como el Derecho feudal del Espejo de Sajonia. El redactor no solo conocía los Libros de Derecho sajón y la glosa de Buch, sino también la práctica de los escabinos de Magdeburgo y de Stendal, la *Lombarda* (§ 14), así como los derechos extranjeros y su literatura; pero no acierta a liberarse de las fuentes jurídicas extrañas cuyas normas mezcla caprichosamente con las del Derecho patrio. Juan Klenkok, monje agustino sajón, impugnó por anticristianos y heréticos varios artículos del Espejo de Sajonia. Un escrito polémico contra esta obra de derecho que entregó al Papa en 1372 tuvo el efecto de que por la Bula: *Salvator generis humani* (1374), Gregorio XI condenara y prohibiera la aplicación de catorce artículos (*articuli reprobati*) del Libro de Derecho.

A base del Espejo de Sajonia apareció en la Alemania meridional, presumiblemente en Augsburgo hacia 1274-75, el *Espejo del pueblo alemán,* trabajo que no se limitó al Derecho particular de un tronco, sino que quiso ofrecer una exposición del Derecho alemán general[51]. En esta obra se elabora el Derecho territorial del Espejo de Sajonia hasta su parte II, 12, § 13, correspondiente a las relaciones del mediodía alemán, con utilización de diversas fuentes jurídicas alemanas y extranjeras, y a partir de aquel lugar es traducido con pocas modificaciones al alto alemán. Simple traducción es también el Derecho feudal. Por lo demás, el Espejo alemán fue desplazado pronto por el *Derecho territorial y feudal imperial,* llamado sin razón desde el siglo XVII *Espejo de Suabia,* cuyo desconocido redactor, persona de condición eclesiástica, llevó a término al trabajo inconcluso en el Espejo alemán al transformar todo el Espejo de Sajonia, tal como se le presentaba en el texto del Espejo alemán, en una exposición del Derecho alemán general[52]. Junto a una serie abigarrada de fuentes heterogéneas utilizó especialmente una elaboración alemana

---

[50] Una recensión atribuida a Brand de Tzerstede no fue redactada por él sino tomada de la Llave del derecho territorial.

[51] La obra se llama Espejo de todo el pueblo alemán. En el prólogo rimado las palabras:
Got hat die *sassen* wol bedacht sint diz buch ist vore bracht
fueron sustituidas de acuerdo con la tendencia de la obra por los versos:
Got hat *teuzelant* wol bedacht
So daz pouch wirt volbracht.
Es decir, en vez de la palabra «sajones» se colocaron las de «pueblo (país) alemán».

[52] Lo indicado en el texto sobre las relaciones del Espejo del pueblo alemán y el Espejo de Sajonia no deja de ser discutido. Cf. v. SCHWERIN, ZRG., 49, 528. sobre esto ECKHARDT, ibid. 50, 131 y réplica de v. SCHWERIN, ibid. 52, 260.

del Sermón de Bertoldo de Ratisbona. En el Derecho territorial del llamado Espejo de Suabia hay que distinguir tres partes: la primera construida sobre una redacción concluida en el Espejo alemán; la segunda que reforma y amplía la traducción del Espejo de Sajonia contenida en el Espejo alemán y, por último, como tercera parte, una colección de materiales incompletamente trabajados y que está formada, entre otras fuentes, de lugares de la *Lex Alamannorum,* de la *Lex Baiuwaiorum* y del *Epitome Aegidi*[53]. Su tiempo y su lugar de nacimiento son discutidos. Según una antigua opinión defendida sobre todo por Julio Ficker, y que con razón es la dominante, data de los años 1274 a 1275 y probablemente puede localizarse en Augsburgo. Por el contrario, Rockinger intenta demostrar que fue redactado en 1259 en la Franconia oriental, concretamente en Bamberg, y que con posterioridad, pero antes del año 1265, fue refundido en Wurzburgo. Mientras en el Espejo de Sajonia el desarrollo de los manuscritos lleva a un acrecentamiento del texto primitivo, en el llamado Espejo de Suabia conduce a una reducción. Como el Espejo de Sajonia, el Derecho territorial y feudal imperial alcanza una considerable expansión manuscrita y una aceptación duradera. Fue traducido al latín, al francés y al checo. A comienzos del siglo XV y con probabilidad en Leipzig se reunieron los textos aislados del Espejo de Suabia con los del Espejo de Sajonia y de su glosa, por orden de repertorio alfabético, para formar la *Clave del Derecho territorial sajón.*

Ambos Libros de Derecho sufrieron adaptaciones en consideración a las necesidades de cada localidad. Son refundiciones del Espejo de Sajonia: 1.° El *Libro de Derecho de Goerlitz* (derecho territorial y feudal) de principios del siglo XIV. 2.° El *Derecho territorial de Breslau,* al que aludiremos más adelante (§ 29). 3.° El llamado *Espejo de Sajonia holandés,* libro de Derecho de los Países Bajos redactado, quizá, en el territorio del obispado de Utrecht por un eclesiástico que utiliza el Espejo de Sajonia (de modo bastante independiente) y su glosa, y que contiene, además, Derecho mosaico y Derecho consuetudinario franco bajo. 4.° El Derecho de escabinos del *Libro municipal de Berlín* de 1397 (libro III), refundición del Espejo de Sajonia, de la glosa de Buch y de la Práctica judicial del Derecho territorial, con atención al Derecho brandenburguense. 5.° El *Espejo livonio,* extracto del Espejo de Sajonia que desconoce las normas sin valor práctico para Livonia, redactado probablemente el siglo XIV. El «Derecho livonio medio de los caballeros» es una fusión del Espejo livonio con un Libro de derecho feudal livonio llamado Derecho livonio antiguo de los caballeros. El llamado Derecho feudal de Wieck-Oesel es una composición del Espejo livonio con un Derecho determinado de los campesinos de Oesel y con el Derecho livonio antiguo de los caballeros[54]. Se basa en una refundición del Espejo de Suabia un Libro de Derecho territorial redactado para el obispado de Freising; es presumible que tuviera por autor al prolocutor *Ruperto de Freising,* que en 1328 redactó también un Libro de Derecho municipal de Freising, con utilización del Espejo de Suabia. En el siglo XV ambas obras fueron reunidas en un Libro de Derecho para el territorio y ciudad de Freising.

---

[53] El *Epitome Aegidii* es un compendio de la *Lex romana Visigothorum,* que aparece en el reino franco, no después de mediados del siglo VIII. cfs. BRUNNER, DRG., I, 515.— Fuentes del Espejo de Suabia son también las *Etimologías* de San Isidoro y la *Summa de poenitentia* de San Raimundo de Peñafort, cf. los estudios de ROCKINGER. cit. en la bibligr. Para la *Summa* como fuente del Espejo alemán, ECKHARDT, ZRG., 50, 117.

[54] Cf. ARBUSOW, Die livlaendischen Bauernrechte, Mittel. aus d. livlaendischen Gesch., 1924. LEESMENT. Ueber das Alter des Livlaendischen. Rechtsspiegels, ZRG., 50, 171-179.

En la época de Luis el Bávaro, presumiblemente en 1326-1340, escribió, con probabilidad en el Hesse franco, un autor que desconocemos, un Libro de Derecho que fue llamado *Pequeño Derecho imperial* (*lex, liber imperatoris*) o *Espejo de Franconia.* Se propone ofrecer el Derecho común como el que Carlomagno dio a toda la cristiandad. Para cada norma jurídica suele indicar en calidad de fuente el mandato del emperador, y está inspirado en la idea del Imperio universal a la manera cómo fue entendida en las luchas de Luis el Bávaro con la Curia romana. El Libro de Derecho aparece dividido en la mayor parte de los manuscritos en cuatro libros, que tratan de la organización de los tribunales, del Derecho privado y del Derecho penal, de los menestrales del Imperio y del Derecho municipal. Hace especial referencia sobre la condición de los hombres de servicio del Imperio y sobre las villas imperiales.

La *Práctica judicial del Derecho territorial* que redactó el antedicho Juan de Buch, con probabilidad hacia 1335, es un complemento del Espejo de Sajonia, particularmente, una exposición del procedimiento de los tribunales territoriales sajones. En el propio siglo XIV elabora un autor desconocido una obra que empareja con la anterior: la *Práctica judicial del Derecho feudal. En* la vida jurídica sajona son también de considerar dos pequeños trabajos de mediados del siglo XIV; la *Cautela* y la *Premis* de Germán de Oesfeld, que contienen advertencias y prevenciones sobre la forma de proceder ante los tribunales. Además, la *Verdadera ciencia del Derecho feudal,* breve escrito sobre el procedimiento feudal, los *Libros vestfalenses del tribunal secreto* (aparecidos después de 1437), y la *Informatio ex speculo Saxonum,* trabajo que presumiblemente nace en Vestfalia en la segunda mitad del siglo XV y que critica la práctica judicial de la época en lo que se desvía del Espejo de Sajonia. Finalmente, una colección de *Fórmulas judiciales* de Dietrich de Bocksdorf, de mediados del siglo XV. Provienen del ámbito del Derecho franco un formulario del procedimiento contra personas nocivas[55] «wie man richtet vber ainen mentschen», aparecido en Nuremberg y que pertenece a fines del siglo XIII o principios del XIV, además un Libro sobre la administración de la justicia en Francfort, del siglo XIV, llamado el *baculus iudicii,* utilizado por Fichardo en la redacción de la Reforma de Francfort (§ 63) y una Colección de fórmulas judiciales de Maguncia, que proviene del siglo XV.

HOMEYER, Die deutschen Rechtsbuecher des Mittelalters und ihre Handschriften, 1856; suplementos sobre esto, ofrece la ZRG. Está anunciada una nueva preparación de la obra. Su segunda Sección (Verzeichnis der Handschriften) se ha publicado en 1931 por Conrad BORCHBING y Julius v. GIERKE. ECKHARDT cuidará de las adiciones y rectificaciones que se adviertan. Cfs. las que este publica en ZRG., 53, 500; ibidem, 54 (1934), 497. STEFFENHAGEN, Deutsche Rechtsquellen in Preussen vom 13, bis zum 16. Jahrh., 1895.

SACHSENSPIEGEL: HOMEYER, Des Sachsenspiegels erster Theil (Landrecht), 3.ª ed., 1861. Des Sachsenspiegels zweiter Theil nebst den verwandten Rechtsbuechern, I, 1842, II, 1844. Ssp. Ldr. (obersaechsischer Text), publicado por v. WEISKE, 16.ª ed., 1929. Das Landrecht des Ssp. nach d. Bremer Handschrift vom 1342, publicado por v. BORCHLING. SACHSENSPIEGEL, Land-und Lehnrecht, Mon. Germ. Fontes iuris germanici antiqui. Nova serie, tomo I, 1933. Ed. preparada por Zeumer y Salomón, publicada por K. A. Eckhardt, en la introducción se resumen los nuevos estudios sobre sus fuentes. DE GEER, De Saksenspiegel in Nederland, 1888. Die Dresdener

[55] Llamado por su colector «Ordenanza del tribunal de la horca».

Bilderhandschrift des Ssp. publicado por K. v. AMIBA, 1, 1902, II (comentado), 1, 2 (1925-26). BATT, BABO, EITENBENZ U. MONE, Teutsche Denkmaeler, 1820. LUEBBEN, Der Ssp. der Oldenburger Handschrift, 1879, HOMEYER, Genealogie der Handschritten d. Ssp., Berliner Abhdl. 1859. v. AMIRA, Die Genealogie der Bilderhandschritten des Ssp., Muenchner Abhdl. I. CI. XXII, 2.ª sección, 1902.—Sobre el Prólogo rimado, FROMMHOLD, ZRG., 13, 125 ss. y especialmente ROETHE, Die Reimvorreden des Sachsenspiegels, 1899, Goettinger Abhdl., phil.-hist. Klasse, Neue Folge II. Nr. 8. Acerca de la personalidad de Eike von Repkow, véase WINTER, Eike von Repgow und der Sachsenspiegel en las Forschungen zur deutschen Geschichte, 14, 305; 18, 360. MOELLENBERG, HistZtsch., 117, 387 ss. De la rica literatura consten: HOMEYER, Die Stellung des Sachsenspiegels zum Schwabenspiegel, 1853. FICKER Ueber die Entstehungszeit des Sachsenspiegels und die Ableitung des Schwabenspiegels aus dem Deutschenspiegel, 1859. FRENSDORFF. Ueber das Alter niederdeutscher Rechtsaufzeichnungen, Hansische Geschichtsblaetter, 6, 97 ss.;—Beitraege zur Geschichte und Erklaerung der deutschen Rechtsbuecher in den Goettinger Nachrichten, 1888, 388 ss., 1894, 1 ss., 1921, 131 ss., 1923, 65 ss., 1924,194 ss., 1926, 1 ss. EICHMANN, Acht und Bann im Reichsrecht des Mittelalters, 1909, 81;—Kirchenbann und Koenigswahlrecht im Ssp. Hist. Jahrbuch, 1910, 323 ss. ZEUMER, Die saechs. Weltchronik ein Werk Eikes v. Repgow, Festschr. f. H. Brunner, 1910, 135, 839. BALLSCHMIEDE, Die saechs. Weltchronik, Niedrd. Jahrb., 40, 81 ss., sobre esto. HOFMEISTER, en Hist. Z., 115, 207:—Festschr. f. Schaefer, 1915, 112 s. PFALZ-VOLTELINI, Forschungen zu den deutschen Rechtsbuechern, II, III, 1924; sobre esto, Eckhardt, ZRG., 45, 472 ss. SALOMON, Der Ssp. und das Wotmser Konkordat, ZRG., 31, 137. ROSENSTOCK, Ostfalens Rechtsliteratur unter Friedrich II, 1912: sobre esto, J. v. GIERKE, ZRG., 34, 541 ss. SCHREIBER, Goett. Gel. Anz., 1913,353. ROSENSTOCK, ZRG., 37, 498 ss. K. SCHULZ, Speculum Saxonicum num latino sermone conceptum sit? 1875. ZEUMER, Ueber den verlorenen lateinischen Urtext des Ssp. Festschr. f. Gierke, 1911, 455. W. ERNST, Ueber das Verhaeltnis des Vetus auctor de beneficiis zum lehnsrechtlichen Teile des Ssp. en el NA., 26, 207. R. MOELLER, ZRG., 38, 309 ss. H. SIEGEL, Die. deutschen Rechtsbuecher und die Kaiser-Karls-Sage, 1899, Wiener, SB., vol. 140. FEHR, Die Staatsauffassung Eikes von Repgow, ZRG. «, 37, 131 ss. EICHMANN, Hist. Jahrbuch, 38, 718 ss.—Una edición crítica de la glosa, de la que todavía carecemos, fue preparada por Steffenhagen—actualmente trabajan en ella v. Schwerin y E. Sinauer. STEFFENHAGEN, Die Entwicklung der Landrechtsglosse des Ssp. Wiener. SB., vol. 98, 100, 101, 106, 110, 111. 113, 114, 167, 194, 195.—Der Einfluss der Buchschen Glosse auf die spaeteren Dokumente I (Cleve), Wiener, SB., 129, II (Berliner Stadtbuch), ibidem, 131. HOMEYER, Johannes Klenkok wider den Ssp., Berliner Abhdl., 1855, 377. BOEHLAU, ZRG., 4, 118. Georg COHN, Der Kampf um den Ssp., Zuericher Festschrift, 1914.

El *Spiegel der deutschen Leute,* publicado por FICKER, 1859. FICKER, Ueber einen Spiegel deutscher Leute und dessen Stellung zum Sachsenspiegel und Schwabenspiegel, 1857. E. v. MUELLER, Der Deutschenspiegel in seinem sprachlich-stilistischen Verhaeltnis zum Ssp. u. zum Swsp., 1908. PFALZ-VOLTELINI, Forschungen zu den deutschen Rechtsbuechern, 1, 1919. FRENSDORFF, Goett. Nachr., 1923, 65 ss. ECKHARDT, Der Deutschenspiegel. 1924;—Heimat und Alter des Deutschenspiegels, ZRG., 45, 13 ss.;—Rechtsbuecherstudien, I, 1927; sobre esto, v. Schwerin, ZRG., 49, 524 ss.—El llamado *Schwabenspiegel,* publicanlo Freiherr v. LASSBERG (Swsp. L.), 1840; v. WACKERNAGEL, Das Landrecht, Swsp. W.), 1840; GENGLER (Landrechtsbuch), 2.ª ed., 1875; v. DANIELS, en los Rechtsdenkmaelern des deutschen Mittelalters en sinopsis con el Sachsenspiegel y el franzoesischern Schwabenspiegel. MATILE, Le miroir de Souabe, 1843. Del Schwabenspiegel no existe ninguna edición crítica. Una edición de este tipo fue preparada por v. ROCKINGER, a base de extensas investigaciones; actualmente cuida de ello v. VOLTELINI. Cf. ROCKINGER, Berichte ueber die Untersuchung von Handschriften des sogen. Schwabenspiegels en los Wiener. SB., vol. 73-76, 79, 80, 107, 118-122. v. VOLTELINI, Berichte en el Anzeiger der Wiener Akademie, 1918, 1919, 1921, 1922, 1923, 1924, 1925, 1926, 1928, 1929, 1930. v. ROCKINGER. ZU Handschriften der juengeren Gestalt des Kaiser], Land—und Lehnsrechts en las Muenchner Abhdl., 1902;—Die handschr. Grundlagen d. Swsp.-Ausg. Muench. Abhdl., 1912. FICKER, Zur Genealogie der Handschriften des Schwabenspiegels, 1862;—Ueber die Entstehungszeit des Schwabenspiegels, 1874, Wiener. SB., vol. 77. HAISER, Zur Genealogie der Schwabenspiegel—Handschriften, 1876. ROCKINGER, Zur naehern Bestimmung der Zeit der Abfassung des sogen, Swsp., Muenchner, SB., 1867;—Berthold von Regensburg und Raimund von Peniafort im sogen. Schwabenspiegel. Muenchner Abhdl., 1877;—Der Koenige Buch und der sogen. Schwabenspiegel, ibidem. 1883;—Ueber die Abfassung des kaiserlichen Land-und Lehnsrechts, ibidem. 1888;—Von der Zeit der Abfassung... ibidem, 1906;—lieber die Spuren der Benutzung des kaiserlichen Land-und Lehnsrechts, Muenchner, SB., 1889. ECKHARDT. Die Witzenhaeuser Schwabenspiegelhandschrift, 1922;—Die handschriftliche Grundlage fuer die Neuausgabe des Schwabenspiegels, ZRG., 45, 50 ss.—SCHOENBACH, Studien zur Gesch. ed. D. Predigt, 6. Wiener, SB., 153 (1906).—G. LINDNER, Der Swsp. bei den Siebenbuerger Sachsen. ZRG., 6, 86 ss. Der Codex Altenberger ed. LINDNER. 1885.—Erika SINAUER, Der Schluessel des saechsischen Landrechts, 1928.

El *Goerlitzer* Rechtsbuch en HOMEYER, Sachsenspiegel. II. 2. De Spiegel von Sassen of zoogenaamde «Hollandsche Sachsenspiegel», según el único manuscrito conocido, publicado por J. J. SMITS, 1872, en Nieuwe Bijdragen voor Regtsgeleerdheid en Wetgeving, Deel XXII.—*Berliner Stadtbuch.* editado por FIDICIN. Histor. diplom. Beitraege zur Geschichte d. Stadt Berlin Th. I. para esto, índice y glosario en Th. III, 1837. Nueva edición por P. CLAUSWITZ, 1883. Sobre la influencia de la Glosa de Buch en el Berliner Stadtbuch. STEFFENHAGEN, Wiener, SB., 131.—El *Livlanendische Spiegel* en BUNCE, Altlivlands Rechtsbuecher, 1879. El libro de derecho municipal y de derecho territorial de RUPRECHT VON FREYSING, publicado por L. v. MAURER, 1839. KNAPP. Das Rechtsbuch Ruprechts von Freising (1328), 1916. Sobre esto, Ddw. SCHROEDER. Goett Gel Anz., 1917, 317 ss.

El *Kaiserecht* nach der Handschrift von. 1372. publicado por ENDEMANN, 1846. J. v. GOSEN, Das Privatrecht nach dem kleinen Kaiserrecht, 1866. Arthur SCHMIDT, Beitraege zur RG. der Provinz Oberhessen, Mitteilungen des oberhessischen Geschichtsvereins, II. 133 (1890);—Studien zum kl. Kaiserrecht, Feschtschr. fuer Gierke, 1911, 421. E. SCHROEDER, Ein altertuemliches Bruchstueck des kleinen Kaiserrechts, ZRG., 17, 120. ISAY, Zur Geschichte des kleinen Kaiserrechts, ZRG., 19, 145. SCHAAFFS, Ein Kaiserrechtsbruchstueck. ibidem, 26, 280. ECKHARDT. Frankensplegel-Studien. 1923. Sobre los manuscritos; v. ROCKINGER, en Muenchner, SB., 1874, 417 ss.

El *Richteig. Landrects,* Cautela y Premis, publicado por C. G. HOMYER. 1857. El *Richtsteig Lehnsrechts* en HOMEYER, Sachsdnspiegel, II, 1.—Sobre los *Femrechtsbuecher,* véase v. WAECHTER, Beitraege zur deutschen Geschichte, insbesondere zur Geschichte des deutschen Strafrechts. 1845. Heinrich DUNCKER, Kritische Besprechung der wichtigsten Quellen zur Geschichte der westfael. Fermgerichte, ZRG., 5, 147. LINDNER, Die Verne, 1888, 264 ss. HOMEYER, Ueber die Informatio *ex speculo saxonum,* 1856. Theoderich von BOOKSDORFFS *Gerichtsformeln,* comunicados por Boehlau en ZRG., 1, 415. G. KISCH, Dietrich von Bocksdorfs «Informaciones», 1923. Das Nuernberger

Formular en KNAPP, Das alte Nuernberger Kriminalverfahren en la Z. f. d. ges. Strafrechtswissenschaft, 12, 245 ss. El Frankfurter baculus iudicii, en THOMAS, Der Oberhof von Frankfurt a. M., 1841. Mainzer Gerichtsformeln aus dem 15. Jahrh., publicadas por Leopold HALLEIN, 1891.

§ 29. El Derecho de los Países y el de las Comarcas

Solo ha llegado a nosotros en escasa medida el Derecho estatuido para el territorio de todo un tronco. Ofrecen un ejemplo de Derecho ducal estatuido las Constituciones ranshofenses del duque bávaro Enrique II, que datan de fines del siglo X.

Entre las exposiciones del Derecho estatuido de los troncos tienen la mayor importancia las *kueren frisias,* que se cuentan entre las fuentes primeras y más antiguas de este período. Los distritos frisios entre el Zuidersee y el Weser, que estaban distribuidos en varios rondados, concertaron una alianza para seguridad de la paz en el interior y en el exterior, no con el fin de eliminar el poder condal, sino con objeto de completarle, ya que se había mostrado insuficiente y que, de otra parte, faltaba en Frisia una potestad ducal que ciertamente hubiera podido dar realidad a aquel cometido. Las comarcas aliadas tenían sus asambleas que se celebraban por representantes jurados (*iurati. deputati*) en Upstalsbom[56], en Asterga, no lejos de Aurich. Estas reuniones tuvieron, entre otras finalidades, la de resolver sobre el Derecho que debían observar los frisios. Con la actividad que las Dietas upstalsbómicas desplegaron para la fijación y enmienda del derecho frisón se relacionan una parte de las más antiguas fuentes del derecho frisón común. A ellas pertenecen: 1.° Las diecisiete *kueren* (*kesta, petitiones, electiones*), colección de normas jurídicas debidas a una pluma erudita, posiblemente eclesiástica, y que pretenden haber sido concedidas por Carlomagno a los frisones a petición suya[57]. 2.° Los veinticuatro *Estatutos o Derechos del País* (*londriuchta, constitutiones*) definiciones de los sapientes sobre el derecho en vigor entre los frisones, cuyo contenido coincide en parte con el de las diecisiete *petitiones.* 3. Las siete nuevas *petitiones* (*urkera*) cuyas tres primeras se refieren a la organización de la alianza. 4.° Las tasas generales de las penas pecuniarias, es decir, catálogo de este tipo de sanciones, con especial referencia a las cometidas por lesiones corporales. Las fuentes descritas han llegado todas a nosotros en lengua frisona, todas también—exceptuadas las nuevas *petitiones*—en un texto latino[58], y, salvo las tasas pecuniarias, en textos más modernos de formas dialectales del bajo alemán. El lugar de nacimiento de las fuentes frisonas comunes más antiguas es punto muy discutido e incierto[59]. Las *petitiones,*

---

[56] Según v. RICHTHOFEN árbol de los lugares altos. Según Sieb en HECK, Altfries., GV., 357 lugares del tribunal de la Unión. [Para GRIMM. DRA. II, 414: *stal* = locus y *upstat* = locus editus. A este propósito recuerda GRIMM el *árbol de Guernica* «do se suelen hazer las juntas generales del señorío de Vizcaya»].

[57] Como prueba: Hec est prima petitio et Karoli regis concessio omnibus Frisonibus quod universi rebus propriis utantur, quamdiu non demeruerunt possidere. En el texto frisón de Hunsingoe: Thet is thiu forme kest end thes kenenges Kerles ieft end riucht alra Fresena, thet alra monna hwelik end sine gode bisitte, alsa longe saret vnforwerkat hebbe.

[58] En una colección jurídica que se distingue de las modernas con el nombre de *verus ius Frisicum.*

[59] Según v. RICHTHOFEN las diecisiete *petitiones* han aparecido poco después de la *Constitutio* de Federico I *de pace tenenda* de 1156 (*recle* 1152), las *constitutiones* y las *taxas* pecuniarias

las *constitutiones* y las nuevas *petitiones* contienen normas jurídicas cuyo origen presupone una época durante las que las costas frisias sufrieron las correrías de los hombres del Norte, que vivían en el paganismo. Esto permite fijar como fecha de nacimiento de tales normas el siglo XI. En todo caso, la redacción se llevó a cabo antes del principio del siglo XIII.

La Federación upstalsbómica se disolvió después de 1231, pero fue rehecha en 1323, con tendencia algo modificada. Mientras la antigua alianza de paz no afectó las relaciones de las entidades locales con el conde, la alianza de 1323, cuyo Estatuto llevó el nombre de *leges Upstalsbomicae,* se revolvió contra el conde de Holanda, señor del País Westergoer, de quien había partido el estímulo para renovar la alianza. La nueva Federación volvió a disolverse cuatro años después. Un Estatuto redactado en 1361 en Groningen debió su nacimiento a la tentativa hecha por la ciudad de este nombre (que con la ayuda de los distritos comarcales frisios quería desvincularse de la soberanía territorial del obispo de Utrecht) para restaurar bajo su dirección la alianza de los distritos frisios.

Junto a las fuentes frisias comunes poseemos el derecho estatuido y las redacciones jurídicas especiales de algunos distritos y localidades, así los Derechos del *sculthaisus* del Lauwer occidental, las *petitiones* de Husingoer de 1252, los Estatutos de Ruestring (siglos XII y XIII) «verdaderas joyas de la antigua poesía jurídica frisia», y la Carta de Brokme, extensa y rica de contenido, de la época 1276 a 1345.

Producto de la formación autónoma del Derecho son los ordenamientos o estatutos de los frisios del Norte en el siglo XV, el Derecho territorial de Dietmarch, redactado por vez primera por un acuerdo del País y completado con Novelas hasta 1467, y los Estatutos o Libros territoriales de algunas comarcas de Suiza.

En los territorios donde se desarrolló la soberanía territorial ejercieron los príncipes el derecho de otorgar privilegios y cartas de franquicia y de establecer paces territoriales provinciales, y aun de dictar, con autorización de los grandes del país[60], normas obligatorias de carácter general. A semejantes ordenamientos de los Países, nacidos en el ejercicio de aquellas facultades, pertenecen los Privilegios de Kulm del gran maestre Germán de Salza, del año 1233, para el territorio de la Orden teutónica, el Ordenamiento del País salzburguense, de 1328, del arzobispo Federico III, el Derecho territorial de la Alta Baviera, del emperador Luis, hacia 1335, revisado y aumentado en 1346, el Derecho territorial de 1356, elaborado para el principado de Breslau y que se reduce a una refundición oficial del Espejo de Sajorna; también hay que mencionar el Derecho territorial de Drente, constitución no muy extensa del obispo de Utrecht, Federico de Blankenheim, que confirma el

algunos años más tarde, las nuevas *petitiones, circa* 1224. Las pruebas que alega no son convincentes, sobre todo respecto a las nuevas *petitiones*. Según HECK. estas últimas proceden de la época del reinado de Enrique IV, después de 1085; las *petitiones* y las *constitutiones* ascendieron por este mismo tiempo de fuentes del Derecho particular a fuentes del Derecho común frisio. HECK se apoya, entre otros datos, sobre el privilegio de Enrique V para Stavern en 1118 (?), cuya autenticidad es discutible (por la causa misma del sellado conjunto de los príncipes, en este tiempo por completo insólito, cfs. FICKER, Reichsfuerstenstand. I. 120). Borchling considera hacia 1200 como seguro *terminus ad quem.*

60 Sentcntia de iure statuum terrae del rey Enrique de 1231: ut neque principes neque alii quilibet constitutiones del nova iura lacere possint, nisi meliorum et maiorum terre consensus primitus habeatur. MG. Constitutiones, II, 420.

antiguo Derecho consuetudinario de la localidad que le da nombre. Aparece también esta fuente en un supuesto monumento jurídico que fue publicado como Derecho territorial de Rheingau, y cuya primera parte se ofrece como una traducción al alto alemán del Derecho territorial de Drente, o simple extracto suyo, mientras la segunda parte de esta falsa producción se compone de normas jurídicas tomadas de diversos fuentes del Derecho holandés. Como una simple compilación del Derecho vigente aparece la redacción más antigua y breve del Derecho territorial austríaco, hecha en el invierno 1236-37, para fijar el estado de derecho existente al tiempo del duque Leopoldo VI, y para obtener la confirmación del emperador Federico II; en cambio, la compilación extensa es presumiblemente una refundición del Derecho austríaco, emprendida en la segunda mitad del siglo XIII a base de la antigua y de otras fuentes. Son igualmente redacciones de Derechos territoriales, el Derecho de los caballeros y el Derecho territorial del condado de Berg, de los años 1355-1397, y un Derecho territorial estirio de mediados del siglo XIV, que se recibió también en Carintia.

Constituciones Henrici ducis *Ranshofenses,* ed. MERKEL, en Mon. Germ. hist. LL., III, 484. Schnellboegl, Die innere Entwicklung d. bayrischen Landfrieden, 1932. *Friesische Rechtsquellen.* publicados por K. v. Richthofen, 1840. Sobre esto, un diccionario del frisón antiguo del mismo autor, 1840. Oude friesche Wetten, publicado por DE HAAN HETTEMA, 1846-47. Las Ueberkueren y los textos latinos del Vetus ius Frisicum y las Leges UpstaLsbomicae en mejor forma por v. RICHTHOFEN, Untersuchungen ueber friesische Rechtsgeschichte. I, 1880, nebst Eroerterungen ueber ihren Charakter und ihre Entstehungszeit. Cfs. sobre esto, v. AMIRA en Goettingsche gelehrte Anzeigen del 26 octubre 1881. Die niederdeutschen Rechtsquellen Ostfrieslands, publicado por BORCHLING 1. Die Rechte der Einzellandschaften, 1908. Rudolf His, Die Ueberlieferung der friesischen Kueren und Landrechte en ZRG., 20, 29. Philipp HECK, Der Ursprung der gemeinfriesischen Rechtsquellen und der friesische Gottesfrieden en NA., 17, 567 ss.;—Die altfriesische Gerichtsverfassung, 1894, 7 ss.;—Die Gemeinfreien der karolingischen Volksrechte, 1900, 390. SIEBS, Westfriesische Studien, 1895 (Berl. Abh.), ibidem. 47 ss., die ersten, 16. Paragraphen des Schulzenrechts. STELLER. Das altwestfriesische Schulzenrecht, 1926. BORCHLING, Die aelteren Rechtsquellen Ostfrieslands, 1906;—Poesie und Humor im friesischen Recht, 1908. KLINKENBERG. Die Upstalsnomer Geschworenen des 13. Jahrhunderts. Emdener Jahrbuch. 16 (1907). Las fuentes procedentes de Frisia del Norte se encuentran en v. RICHTHOFEN, Friesische Rechtsquellen, 561. Sobre esto, PAPPENHEIM, Die Siebenhardenbeliebung, 1926. El *Dietmarscher Landrecht* por MICHELSEN, Sammlung altdithmarscher Rechtsquellen, 1842. *Kulmsche Handfeste* por LEMAN. Das alte Kulmische Recht, 1838. G. KISCH. Studien zur Kulmer Handfeste, ZRG., 50, 180;—Die Kulmer Handfeste, 1931. KOTHING. Das Landbuch von Schwyz, 1850. RUSCH, Appenzellisches Landbuch. 1869. WAGNER u. SALIS, Rechtsquellen des Kantons Graubuenden. 1887. Die Rechtsquellen des Kantons Bern, 2.ª parte: Rechte der Landschaft, I, II, preparado por TACHARNER, 1912, 1915. Die Rechtsquellen des Kantons Argau, 2.ª parte: Rechte der Landschaft, I, III, preparado por v. MERZ, 1923-1927. La *Salzburgische Landesordnung* en ROESSLER, Ueber die Bedeutung und Behandlung der Geschichte des Rechts in Oesterreich, 1847. *Bayzrisches Landesrecht* por FREVBERG, Sammlung historischer Schriften und Urkunden. 1827-1836, IV, 381. Kaiser Ludwigs erstes oberbaierisches Land-und Lehnsrecht, publicado por ROCKINGER en Muenchner Abhandl., 44, 763 (sinópticamente, ¿solamente proyecto?). ROCKINGER, Zur aeusseren Geschichte von Kaiser Ludwigs obcrbaierischem Land-und Stadtrechte, 1863 (oberbayer. Archiv, 23):—Muenchner, SB., 1873, 399; J. FISCHER, Das aeltere Rechtsbuch

Ludwigs des Bayern, 1908. Otto RIEDNER, Die Rechtsbuecher Ludwigs des Bayern, 1911. VON DER FFORDTEN, Studien zu Kaiser Ludwigs oberbayerischen Stadt-und Landrechten, 1875. OSENBRUEGGEN, Das Strafrecht in Kaiser Ludwigs Landrechtsbuch, en sus estudios sobre Deutsche und schweizerische Rechtsgeschichte, 1868. El *Drenter Landrecht* por v. RICHTHOFEN, Friesische Rechtsquellen, 1840, en mejor forma por MAGNIN, Overzigt van de Besturen in Drenthe, 11, 2, 229 ss. (1842).—El llamado *Rheingauer Landrecht* por BODMANN, Rheingauische Alterthuemer, 1819, 624 ss. y después por GRIMM, Weisthuemer, I, 539 ss. Cf. H. BRUNNER, ZRG., 3, 87, HERBERT MEYER, Das sog. Rheingauer Landrecht eine Faelschung F. J, Bodmanns. ZRG., 24, 309. ALBERTI. Der Rheingauer Landbrauch von, 1643, 1913.—*Oesterreichisches Landesrecht* en Archiv fuer Kunde oesterreichischer Geschichtsquellen X (ed. MEILLER), en Victor HASENOEHRL, Oesterreichisches Landesrecht im 13. und 14. Jahrh., 1867 y por v. SCHWIND y DOPSCH, Ausgewaehlte Erkunden zur Verfassungsgeschichte der deutsch-oesterr. Erblande, 1895, 55 ss. 101 ss.—De la amplia literatura: SIEGEL, SB. der Wiener Akademie, 35, 55, 102. HASENOEHRL, en el citado Archiv. 36. LUSCHIN V. EBENGREUTH, Die Entstehungszeit des oesterr. Landesrechts, 1872:—en NA., 25, 544 siguientes;—Handbuch der oesterr. Reichsgesch., I, 14y ss. DOPSCH. Entstehung und Charakter des oesterr. Landrechtes, 1892;—Neue Forschungen ueber das oesterr. Landesrecht (del Arch. f. oesterr. Gesch., 106), 1918. STEINACHER, Jahrb. d. Vereins f. Landeskunde Niederoesterreichs, 1916-17, 230 ss.—MJÖG., 39, 58 ss. WERTINSKY, Kritische Bemerkungen z. oesterreichischen Landrechtsfrage, 1924. HASENOEHRL, Beitraege zur Geschichte der Rechtsbildung und der Rechtsquellen in den oesterreichischen Alpenlaendern. 1905.—*Steiermaerkisches Landrecht* des Mittelalters, publicado por F. BISCHOFF. 1875.—El *Bergsche Landesrecht* por LACOMBLET, Archiv fuer Gesch. des Niederrheins, I, 79 ss.—Cf. von BELOW, Die landstaendische Verfassung in Juelich und Berg, 2.ª parte, 1886.

§ 30. Derechos de servicio y Derechos eurtenses

El Derecho de servicio (es decir, las redacciones del derecho de los menestrales) se configura con la mayor diversidad[61] en las cortes de los señores del servicio, porque faltaba a la condición de los menestrales un centro de unificación como el encontrado por el feudalismo en la monarquía. En las fundaciones eclesiásticas, donde antes que en otra parte adquirieron los menestrales una posición predominante, fue sentida primeramente la necesidad de redactar sus derechos y obligaciones. Los Derechos de servicio más antiguos tratan todavía a los hombres de servicio como a un grupo especial en la comunidad general del señor, la «familia» de la Iglesia, mientras que en las regulaciones posteriores el Derecho de los menestrales es considerado como el de un estamento social especial.

Varias de las redacciones del Derecho de servicio revisten la forma de derecho estatuido. En el curso del siglo XII, de modo especial por los fundadores eclesiásticos y, sobre todo, en las abadías imperiales, se intentó fijar, con la ayuda de falsificaciones de textos, las obligaciones y los derechos de los menestrales, que amenazaban a la Iglesia con su engreimiento. Sobre el año 1150 aparece en Reichenau la llamada *Constitutio de expeditione Romana,* Derecho de los hombres de servicio falsificado bajo el nombre de Carlomagno. Como de Dagoberto II circula un Derecho

61 Espejo de Sajonia, Ldr., III, 42, § 2: nu ne latet juck nicht wunderen, dal dit buk so luettel seget von dienstluede rechte, went it is so manichvalt, dat is nieman to ende komen kan; under iewelkem bischope unde abbede unde ebbedischen hebben die dienstluede sunderlik recht, dat umme ne kan ik is nicht besceiden.

curtense y de servicio para tres cortes dominicales, de la Iglesia de Estrasburgo. A nombre de Luis el Piadoso va un Derecho de servicio del claustro de Ebersheim, en Alsacia. El Derecho de servicio de Erstein, en Alsacia, se falsifica con cargo a la emperatriz Irmgarda (853), el de San Maximino (Tréveris) al de Enrique III (1056). Redacciones del Derecho de servicio que se apartan del camino de la falsificación son las de Bamberg (siglo XI), Colonia (1151-1176), Basilea (en lengua alemana de la segunda mitad del siglo XIII), Magdeburgo y Hildesheim (ambas del siglo XIII). Derecho de servicio de un señor laico son las llamadas *leges feudales Tecklenburgicae,* del conde Otón de Tecklenburgo, de fines del siglo XIII.

Los Derechos curtenses (*ius curiae*) se han producido y desarrollado ampliamente y en su mayor parte como Derecho consuetudinario. Son raros los actos de establecimiento de Derecho curtense. Uno de los más antiguos e importantes es la *Lex familiae Wormatiensis ecclesiae,* constitución de derecho del obispo Burcardo de Worms, de los años 1023-1025, motivada por el deseo de proteger a los siervos de la Iglesia contra los vejámenes por parte de los *advocati* de los *vicedomini,* y de los menestrales. La mayoría de los Derechos curtenses escritos se reconducen a definiciones de derecho de los sapientes (*weistuemer*). En las localidades de señorío territorial fue costumbre que cada año, en días determinados y a base de una *inquisitio,* se procediera a indagar el Derecho vigente. Los funcionarios señoriales, el *advocatus* o el *villicus,* preguntaban en la asamblea judicial por lo que fuera de derecho en un caso determinado. Vecinos curtenses jurados daban la contestación. En el trueque de pregunta y respuesta se puntualizaba más o menos la materia del Derecho consuetudinario. Muchas veces dio origen a este procedimiento la iniciativa de la soberanía, interesada en la fijación de los derechos y deberes en las relaciones rurales. A su vez, se relaciona con ello el frecuente parentesco de las definiciones de derecho nacidas bajo el mismo señorío, y la existencia de familias de *weistuemer.* Las asociaciones comarcanas, las aldeas libres y las comunidades campesinas imitaron esa costumbre de propuestas de Derecho duradero. En el curso del tiempo, por móviles muy diversos o por la consideración general de que la escritura es más firme que el recuerdo humano, se dio en escribir el Derecho fijado en la forma que queda dicha. Las redacciones recibieron nombres de acuerdo con su objeto: definiciones de los sapientes, *taidinge, bantaidingen, ehehaftaidingen*[62], *oeffnungen.*

FICKER, Ueber die Entstehungsverhaeltnisse der Constitutio de expeditione Romana, SB. der Wiener Akademie, 73, 173 ss. SCHEFFER-BOICHORST, Die Heimat der Constitutio de Expeditione Romana en Z. f. Gesch. des Oberrheins. N. F., III. 2, 173 ss.; Zur Geschichte des 12 und 13. Jahrg., 1897. Ibidem, pág. 386 das Dienstrecht von Erstein. ZEUMER en WAITZ, VG., V, 342. KLAPEER, Zur Ueberlieferung der Constitutio de expeditione Romana. MJÖG., 35. 725. DOPSCH. Die Ebersheimer Urkundenfaelschungen u. ein bisher unbekanntes Dienstrecht, MJÖG., 19, 577. WACKERNAGEL, Das Bischofs-u. Dienstmannenrecht von Basel. 1852. FRESSEL, Das Ministerialenrecht der Grafen von Tecklenburg. 1907. Los demás derechos de servado citados, en v. FUERTH, Ministerialen, 1836. FRENSDORFF, Das Recht der Dienstmannen des Erzbischofs von Koeln, 1883. v. LOESCH, Das kuerzere Koelner Dienstmannenrecht, ZRG., 44. 298 ss. KRAUT-FRENSDORFF, Grundriss. 6.ª ed., 1886, 37 s.

J. KUEHN. Zur Kritik der Weistuemer, Festg. f. Seeliger. 1920, 29 ss. ERNA PATZELT, Entstehung und Charakter der Weistuemer in Oesterreich. 1924.

---

62 DRW., I, 1223; ibid. II, 1226.

Weisthuemer, publicadas por J. GRIMM, obra que, después de la muerte de este autor, fue continuada por Schroeder, 6 vols., 1840-69 y un índice por Schroeder, 1878.

Luxemburger Weisthuemer als Nachlese z. J. Grimms Weisthuemern. coleccionadas por HARDT. 1870. Aargauer Weisthuemer, publicadas por v. ROCHHOLZ, 1876. HABETS, Limburgsche Wijsdommen, Dorpscostumen en Gewoonten, 1891. Las Weistuemer der Rheinprovinz, I. 1, publicadas por v. LOERSCH. 1900. II. 1, 1913. II. 2, 1914. publicadas por AUBIN. KNAPP. Die Zenten des Hochstifts Wuerzburg, I. Weistuemer u. Ordnungen. 1907. C. BRINKMANN, Badische Weistuemer und Dorfordnungen. I, 1917. Wuerttembergische laendliche Rechtsquellen, I. 1910. II. 1922. La Wiener Akademie der Wissenschaften prepara una edición completa de las *Weistuemer* austríacas, hasta ahora han aparecido Salzburgische Taidinge por Siegel y Tomaschek, 1870. die tirolischen Weistuemer por Zingerle, Inama-Sternegg y Egger, 4 vols., 1875-1891, die steirischen und kaerntnischen Taidinge por Bischoff y Schoenbach, 1881. suplementos, 1913 (por Mell y v. Mueller), die niederoesterr. Weistuemer por G. Winter, 4 partes. 1886-1913. Die Rechtsquellen des Kantons St. Gallen. 1.ª parte: Öffnungen und Hofrechte., I, II, preparadas por GMUER, I. 1903, II. 1906. Die Rechtsquellen des Kantons Zuerich, 1.ª parte: Öffnungen und Hofrechte. I, 1900, 11, 1915, preparados por HOPPELER, STUTZ, Hoengger Meiergerichtsurteile, 1912. Schoeffenbuch der Dorfgemeinde Krzemienica, editado por DOUBEK y SCHMID, 1931.

§ 31. Las fuentes del Derecho municipal

El Derecho municipal escrito ofrece como su fuente más antigua los privilegios (*handfesten* [literalm. = *manu-firmatio,* manifiesto]) que concedían el rey o el señor de la ciudad, especialmente en ocasión de las fundaciones de ciudades. Desde el siglo XIII obtienen los municipios, sea por ejercitarlo de hecho o por concesión expresa, el derecho a proceder con autonomía en la postura de su ordenamiento jurídico, facultad llamada *kuerrecht*[63] o derecho de legislar. De este modo las disposiciones municipales (*schraen,* es decir, acuerdos, estatutos)—ordenaciones del concejo, posturas de derecho de los escabinos—se introducen en el ámbito de las fuentes del derecho municipal. No rara vez dio motivo inmediato para la redacción del derecho municipal consuetudinario la petición de que se concediera a otro municipio. Así, gracias a esta práctica, completamos en gran parte nuestro conocimiento del Derecho magdeburguense por las comunicaciones o concesiones que del Derecho de Magdeburgo se hicieron a principios del siglo XIII al duque Enrique I de Silesia (el llamado Derecho de Magdeburgo-Goldberg), las de la ciudad de Halle, que había recibido el Derecho magdeburguense, a Neumarkt (1235) las de Magdeburgo mismo a Breslau (1261 y 1295), Görlitz (1304), Kulm (1338), Schweidnitz (1363) y Halle (1364). De este modo también se nos ofrece el Derecho de Lübeck en sus traslados para Tondern (1243), Reval (1257 y 1282), Danzig (1263), Elbing (1270) y Kolberg (1297). En este movimiento encontramos como fuentes de producción jurídica del Derecho municipal (sobre todo del Derecho municipal sajón) las colecciones de respuestas de los escabinos, especialmente de las recaídas en las cortes judiciales superiores a instancia de las consultas hechas por las poblaciones de Derecho filial a la sede del Derecho matriz (§ 26). En varios lugares se redactan

[63] El término *kuerrecht* expresa también en Derecho privado germánico el derecho que tiene el coheredero menor a elegir sobre la división hecha por el mayor. Cf. infra. § 56 y HUEBNER. Grunzuege, § 105, I.

Libros de sentencias, así, por ejemplo, en Stendal, en cuyo Libro, procedente del siglo XIV, se han recibido las instrucciones judiciales de Magdeburgo (de los años 1229-1340).

Entre las fuentes del derecho municipal ocupan un extenso campo los «Libros municipales», redacciones jurídicamente relevantes, de las autoridades municipales, ordenadas en forma de libro. Con el desarrollo de la administración local y de la cancillería municipal alcanzan dichas fuentes una importancia y variedad progresivas. Según su contenido pueden agruparse en las siguientes clases principales[64]: 1.° Libros de Estatutos sobre el derecho y organización de la ciudad, en los que se reciben Privilegios municipales, Estatutos y Ordenanzas del concejo. Así, por ejemplo, el concejo municipal de Goslar acordó, a fines del siglo XIII o comienzos del XIV, «poner en un libro» el derecho vigente. A este acuerdo deben su nacimiento los minuciosos Estatutos de Goslar. El mismo fin persiguieron, entre otros, el Libro municipal de Augsburgo, redactado en 1276 con autorización de Rodolfo I, y el *magnus civitatis líber* de Dortmund. 2.° Libros municipales dedicados a la jurisprudencia del tribunal o del concejo municipal: Libros de sentencias, Libros de escabinos o, genéricamente, Libros judiciales (Protocolos de los tribunales). A este grupo pertenecen también los Libros de los contratos procesales, Registros de las penas impuestas, Libros de las proscripciones, Registros de los encarcelamientos y de los destierros, como, por ejemplo, el Libro de los encarcelamientos de Stralsund (1310-1472). 3.° Libros municipales sobre actos de jurisdicción voluntaria, es decir, libros oficiales donde—a consecuencia de la progresiva especialización de la llevanza de libros—se encartaban por funcionarios públicos determinados negocios jurídicos de los vecinos, transmisiones inmobiliarias, compras de rentas, prendas, contratos de deuda, contratos hereditarios y testamentos. Estos libros aparecen como Registros inmobiliarios, Escrinios. Libros de garantías (también Libros judiciales o de escabinos), y como Libros de herencias (*líber resignationum*), Libros de deudas, de prendas, de rentas (*líber obligationum el censuum, líber impignorationum el reddituum*) y Libros de donaciones *ínter vivos,* particularmente usados en la Renania inferior y en los lugares influidos por el Derecho sajón. 4.° Libros municipales sobre la administración en sentido estricto, como el Libro municipal de Quedlinburgo (en el territorio de Magburgo). Muchas veces aparecen diversificados en: Listas del concejo y Libros de funcionarios (Listas de miembros del concejo y de funcionarios municipales), Libros de vecinos (sobre la admisión de nuevos avecindados). Libros del concejo, *Líber memorialis* sobre asuntos del concejo municipal y Libros sobre la hacienda municipal, Libros de cámara, de impuestos, de alcabalas, de construcciones (sobre la construcción de murallas y otras obras públicas), etc.

Entre los trabajos sobre el Derecho municipal hay que mencionar como fuentes de Derecho especialmente importantes, junto a las simples redacciones jurídicas, los Libros de Derecho municipal y también las Colecciones privadas y las relaboraciones de las sentencias de los escabinos municipales. El tratamiento literario del Derecho municipal tiene su punto de partida, como lo tuvo el Derecho territorial y el Derecho feudal, en Sajonia, donde ocupan primera línea los trabajos sobre el Derecho de Magdeburgo. Son de ellos los principales: 1.° El *Weichbild* (Derecho municipal) *sajón.* A fines del siglo XIII o comienzos del XIV se redactó, a base

64 Con ligera discrepancia los divide REHME, Ueber Stadtbuecher als Geschichtsquelle, 1913 en: 1.° Libros de Estatutos y Libros de Privilegios. 2.° Libros de Justicia (a los grupos 2 y 3 del texto) y 3.° Libros de Administración.

de definiciones de Derecho procedentes de Breslau de los años 1261 y 1295, el llamado Derecho de los escabinos de Magdeburgo. Entre 1237 y 1250 escribió un autor desconocido, con utilización de la Crónica universal sajona, el «Derecho del Weichbild», que en la reciente literatura suele llamarse también «Libro de derecho de la organización judicial», trabajo erudito sobre el derecho municipal y los tribunales de la ciudad y del territorio de Magdeburgo, todo precedido de una Crónica. Ambos trabajos fueron unidos sin una interna equiparación de sus materiales. El resultado de esta refundición fue el *Weichbild sajón,* tan utilizado, traducido al latín, al polaco y al checo y glosado con atención a los Derechos romano y canónico. 2.° El *Libro de derecho de Misnia* o *Libro de derecho por distinciones* (también, Derecho territorial de Silesia, Espejo de Sajonia aumentado), así llamado por su división en Libros, Capítulos y Distinciones. El autor quiere exponer en términos generales el Derecho municipal de tipo sajón y procura indicar las diferencias entre el Derecho territorial, el derecho municipal consuetudinario y el Derecho municipal según privilegio imperial. Para el primero utiliza el Espejo de Sajonia, para el segundo el Derecho de Magdeburgo y para el tercero el Derecho municipal de Goslar. El extenso Libro de Derecho apareció después de mediados del siglo XIV en la Marca Misnia. En la primera mitad del siglo XV fue transformado por el escriba municipal de Eisenach, Juan Rothe (†1434), utilizando otras fuentes sobre la vida jurídica de Eisenach, en un *Libro de Derecho de Eisenach.* El propio Juan Rothe redactó para la misma ciudad el llamado Libro de Derecho de Juan Purgoldt. 3.° La *Flor de Magdeburgo.* El jurista Nicholas Wurm, de Neu-Ruppin, de formación romanista y escritor tan sobrado de fecundidad como falto de gusto, escribió bajo este título, hacia 1386, un Libro de Derecho que se hizo pasar por trabajo del tribunal de escabinos de Magdeburgo. El mismo Wurm transformó más tarde su trabajo en una nueva obra que llamó Flor del Espejo de Sajonia. 4.° La *Compilación sistemática del Derecho del tribunal de escabinos,* de la mitad del siglo XV, basada en la comunicación del Derecho magdeburguense a Breslau y en las declaraciones de los escabinos de esta localidad. Su ordenación sistemática es de interés porque se mantiene en absoluto independiente del Derecho romano y del canónico. 5.° El *Libro de Derecho de Glogau,* de 1386, donde se utiliza ampliamente la Compilación sistemática del derecho de escabinos. 6.° El *Antiguo Kulm,* el Libro antiguo de Kulm, recensión de la citada Compilación del Derecho de escabinos que a fines del siglo XIV llega a Kulm en Prusia, es recibida en los tribunales prusianos y aumentada con adiciones extraídas del Espejo de Suabia. El Libro de Derecho recibió una glosa destacando los textos paralelos del Espejo de Sajonia y con utilización de diferentes Libros de derecho municipal sajón. 7.° Las *cuestiones magdeburguenses,* colección y elaboración de las consultas dirigidas a Magdeburgo como corte judicial superior y de los juicios dictados sobre ellas. La obra se presenta en tres recensiones: una asistemática, una sistemática y una alfabética. La asistemática es la más antigua, toma sus materiales de un Libro de sentencias que fue compuesto en Cracovia con resoluciones de Magdeburgo, con sentencias dictadas en Magdeburgo para Thorn y con el antiguo Kulm. Aparece entre los años 1366 y 1400 en Prusia, con probabilidad en Thorn. La colección sistemática tuvo, conjeturablemente, el mismo autor que la asistemática, frente a la que se caracteriza por su sistema y por una importante ampliación de la materia jurídica. Aparece igualmente en Prusia antes de 1400. La recensión alfabética, que entre otros elementos adiciona consultas jurídicas evacuadas para Pomerania, fue redactada en este territorio, presumiblemente en Stettin, en el siglo XV, a base de la asistemática. 8.° Los *Nueve libros de derecho de Magdeburgo* o Distinciones de Walther, empezados en 1400 y concluídos en 1402 por Walther Ekhardi, escriba municipal de Thorn, que para ello utilizó el Espejo de Sajonia y su glosa, el Libro de Derecho de Misnia, las Cuestiones magdeburguenses, el Weichbild sajón y el Antiguo Kulm. Una refundición abreviada emprendida con probabilidad por el mismo Walther antes de 1400, fue publicada, en primer término, por un notario de Koenigsberg, Alberto Poelman, y más tarde se la conoció por tal causa con el nombre de *Distinciones de Poelman.* 9.° El *Libro de escabinos de Danzig.* Hacia la mitad del siglo XV apareció en Danzig, sin utilización comprobable de otras fuentes, un Libro de Derecho independiente que llevaba el título de *Derechos usuales de Kulm;* contenía una exposición de las normas jurídicas puestas en uso en Prusia por la influencia de la corte judicial superior de Kulm; a este Libro de Derecho se unieron las posturas de Derecho de los escabinos de Danzig, y disposiciones de Derecho municipal y algunos lugares de las Distinciones de Poelman y del Libro de Derecho de Misnia, el resultado fue una obra de recopilación, perteneciente aún al siglo XV y publicada como Libro de escabinos de Danzig.

Adopta una posición autónoma respecto del Derecho de Magdeburgo el Libro de Derecho municipal de la ciudad de *Freiberg,* en la Marca Misnia. Es un trabajo privado producido entre 1296 y 1307, con detallada consideración del procedimiento judicial. Obtuvo vigencia oficial.

De los Libros de Derecho municipales del mediodía de Alemania hay que destacar junto al precitado (§ 28) de Ruperto de Freising, el Libro de Derecho municipal de Viena, redactado por un procurador de esta ciudad en la segunda mitad del siglo XIV, aumentado posteriormente con interpolaciones del Espejo de Suabia. También es digno de mención el Libro de escabinos de *Bruenn* (Brno), una de las mejores obras jurídicas de la Edad Media, que el escriba municipal de Bruenn, Juan (de Gelnhausen?), buen conocedor del Derecho romano y del canónico, compuso en lengua latina a mediados del siglo XIV recopilando, bajo rúbricas dispuestas alfabéticamente, Privilegios, Derecho municipal autónomo y Declaraciones de los escabinos, todo de la ciudad de Bruenn, sin falta de consideraciones del autor. Un trabajo privado que se dio la forma de una constitución de derecho del duque Leopoldo de Austria es el Derecho municipal de la *Ciudad nueva de Viena,* de la segunda mitad del siglo XIV.

Entre las fuentes del Derecho municipal del centro de Alemania sobresale por su importancia para la historia jurídica el Libro de Derecho de la ciudad turingia de *Muehlhausen,* aparecido hacia 1200, que también presta atención al Derecho territorial. De las fuentes de los Países Bajos ocupa rango destacado el Libro de Derecho de la ciudad de *Briel,* redactado a principios del siglo XV por el clérigo Juan Mathiae (Jan Matthijssen).

Indicaciones acerca de Derechos municipales y obras de colecciones: GENGLER, Codex iuris municipalis Germaniae medii aevi, I (hasta Duisburg). 1863. BISCHOFF, Oesterreichische Stadtrechte und Privilegien mit Literaturangaben und Anmerkungen, 1857. FOCKEMA ANDREAE, Overzigt van oudnederlandsche rechtsbronnen, 1927. Un breve resumen de las fuentes del derecho municipal (más importantes en KRALT-FRENSDOBFF, Grundriss 25 ss. Detalladamente por SCHROEDER v. KUENSSBERG, RG., 739 ss., 1063. Selección por KEUTGEN, Urkunden zur staedtischen Verfassungsgeschichte, 1901. GENGLER, Deutsche Stadtrechte des Mittelalters teils verzeichnet, teils vollstaendig oder in Probeaufzuegen, 1852. GALOPP, Deutsche Stadtrechte des Mittelalters mit rechtsgeschichtlichen Erlaeuterungen, 1851. Oberrheinische Strafrechte, I: Fraenkische Recht, 1895-1922; II: Schvraebische Rechte desde 1905; III: Elsaessische Rechte, desde 1902. Oberschwaebische Stadtrechte, I. 1914. (Leutkirch, Isny), II, 1924 (Ravensburg). Westfaelische Stadtrechte (en las publicaciones de la Hist. Kommission der Provinz Westfalen) desde 1901. Quellen zur R.-und Wirtsch.-Gesch. der rheinischen Staedte. Bergische Staedte, I, 1907 (Siegburg), II, 1911 (Blankenberg), III, 1928 (Ratingen). Kurkoeln. St., I, 1911 (Neuss) Kurtrierische St., I, 1915 (Trier). Juelichsche Staedte, I. 1920 (Dueren). Quellen zur R.-Gesch. der hessischen Staedte, I (Marburg, publicadas por Kuech), 1918, II. 1931. TZSCHOPPE y STENZEL., Urkundensammlung zur Geschiente des Ursprungder Staedte... in Schlesien und Oberlausitz, 1832. MEILLER, Oesterreichische Stadts rechte und Satzungen aus dem 12, u. 13. Jahrh., Archiv f. Kunde oesterr. Geschichtsquellen, X (1853). G. WINTER, Urkundliche Beitraege zur Rechtsgeschichte ober-und nieder—oesterr. Staedte, Maerkte und Doerfer, 1877. Rechtsquellen des Kantons Argau 1.ª parte: Stadtrechte, I-VII, 1898-1917, preparadas por MERZ y WELTI, Rechtsquellen des Kantons Bern, 1.ª parte: Stadtrechte, I (Murten). 1925, preparadas por WELTI. Rechtsqu. des Kantons Bern, 1.ª parte: Stadtrechte (Bern), 1902, preparadas por WELTI. TELTING, De friesche Stadtrechten, 1883.

GAUPP. Das alte magdeburgische und hallische Recht, 1826. Magdeburger Rechtsquellen, publicadas por LABAND, 1860. MEINARDUS, Das Neumarkter Rechtsbuch und andere Neumarkter Rechtsquellen, 1906. Sobre esto, KOETZSCHKE, Der Hallische Schoeffenbrief f. Neumarkt i. Schl., ZRG., 31, 146 y S. RIETSCHEL, en Thuerl-Saechs. Z. f. Gesch. und Kunst, I, 1. Sandow, Das Halle-Neumarkter Recht., 1932. SCHAUBE, Die beiden Hallenser Schoeffensprueche f. Neumarkt, Zeitschr. d. V. f. Gesch. n. Altertum Schlesiens, 65 (1931), 621. Th. NEUMANN, Magdeburger Weisthuemer aus den Originalen des Goerlizter Rathsarchivs, 1852. Schoeffenurteile en MASSERCHLEBEN, Sammlung deutscher Rechtsquellen, 1860;—Deutsche Rechtsquellen des Mittelalters, 1892 y por STOBBE, Beitraege zur Gesch. d. d. Rechts, 1865. Magdeburger Schoeffensprueche publicadas por FRIESE y LIESEGANG, I, 1901. G. KISCH, Schoeffenspruchsammlungen, ZRG., 39, 346 ss.;—Leipziger Schoeffenspruchsammlung, 1919;—Das Recht am Zeitzer Muehlgraben, Sachsen u. Anhalt, 5, 300 ss. La colección alfabética de las Magdeburger Schoeffensprueche se encuentra en WASSERSCHLEBEN, Deutsche Rechtsquellen des Mittelalters, 1892, 1 ss. HACH, Das alte luebische Recht, 1839. Cf. FRENSDORFF, Das luebische Recht nach seinen aeltesten Formen, 1872 y las indicaciones del mismo en KRAUT-FRENSDORFF, Grundriss, 26. DRAEGER, Das luebische Stadtrecht und seine Quellen in Hans.-Gesch., Bl., 1913, 1 ss. BOETTCHER, Gesch. der Verbreitung des lueb. R. s., 1913, sobre esto, Rehme Z. des V. s. f. lueb. Gesch., 16, 136 ss. ECKARDT, Die mitt. Rechtsg. der Stadt Bremen, 1931. LOENING, Unters, zum aeltesten Recht von Danzig, ZRG., 46, 206 ss. KEYSER, Das aelteste Danziger Stadtrecht, ibidem, 48, 194 ss. REINCKE, Die Herkunft des Hamburger Stadtrechts, Ztschr. f. hamb. Gesch., 29, 219 ss. F. BEYERLER, Das aelteste Breisacher Stadtrecht, ZRG., 39, 318 ss. HAFF, Z. f. Schweiz. Gesch., 38 (1918). Un Stendaler Urteilsbuch aus dem 14. Jahrh. (con extenso comentario), publicado por BEHREND, 1868.

HOMEYER, Stadtbuecher des Mittelalters, sobre todo das Stadtbuch von Quedlinburg, 1860. REHME., Stadtbuecher des Mittelalters, I, 1927. KOPPMANN, en Hans. Gesch.-Bl., 1872, 188 ss. BEYERLE, Die deutschen Stadtbuecher, en Tille's deutschen Geschichtsblaettern. XI, 145. Die Goslarischen Statuten, publicados por GOESCHEN, 1840. Das Stadtbuch von Augsburg, publicado por Chr. MEYER. 1872. Das rote Buch der Stadt Ulm, publicado por MOLLWO, 1904. Dortmunder Statuten und Urteile, publicados por FRENSDORFF, 1882. Das Stadtbuch von Quedlinburg, publicado por JANICKE en UB. der Stadt Quedlinburg, II (1882). 229 ss. KOHLER-KOEHNE-FEIST. Aelteres Wormser

Recht, 1915. Verfestungsbuch der Stadt Stralsund, publicado por FRANKE. 1875. Das Soester Nequambuch, 1924. HERTZBERG, Das aelteste bremische Nequambuch, Brem. Jahrb., 28, 1 ss. Acerca de los libros municipales de Derecho privado véase, infra. la literatura referente al§ 47. Acerca de publicaciones de la contabilidad municipal en la Edad Media informa Armin TILLE, en Deutsche Geschichtsblaetter, Dezember, 1899, 95 ss.—ABNECKE, Hildesheimer Stadtschreiber. 1913. sobre esto Rehme. ZRG., 34, 568 ss.

Libros de derecho municipal. El *saechsische Weichbildrecht,* publicado por THUENGEN. 1837. Según un manuscrito de 1381, con glosario, publicado por WALTHER, 1871. Dat buk wichbelde recht, publicado por v. DANIELS, 1853 y con la glosa en sus Rechtsdenkmaelern. I. 1858.—El *Rechtsbuch nach Distinctionen,* nebst einem Eisenachischen Rechtsbuch, publicado por ORTLOFF, 1836. cf. HELMBOLD, Job. Rothe und die Eisenacher Chroniken des 15. Jahrhdts. in Z. f. thuer. G., 1913.—El *Rechtsbuch Johannes Purgoldts* nebst statutarischen Rechten von Gotha und Eisenach, publicado por ORTLOFF, 1860.—La *Blume von Magdeburg,* publicado por BOEHLAU, 1868.—El *Magdeburg-Breslauer systematische Schoeffenrecht.* publicado por LABAND, 1863.—El *Gloaguer Rechtsbuch,* en Wasserschleben, Sammlung deutscher Rechtsquellen. 1860.—El *alte Kulm* en LEMAN, Das Kulmische Recht, 1838. Cf. STOBBE, ZDR., 17 y especialmente STEFFENHAGEN, Deutsche Rechtsquellen in Preussen, 1875, 201 ss.—LAS *Magdeburgburger Fragen,* publicado por BEHREND, 1865. Cf. v. MARTITZ, Die Magdeburger Fragen kritisch untersucht en ZRG., 11, 401 ss.—Los *neun Buecher Magdeburger Rechts,* no existen sino en publicaciones antiguas; la más antigua es de 1574. C.f. STEFFENHAGEN, Die neun Buecher Magdeburger Rechts. 1865.—El *Danziger Schoeffenbuch,* publicado por TOEPPEN, 1878.—Das *Freiburger Stadtrecht.* publicado por H. ERMISCH. 1889. PLANITZ, Das Zwickauer Stadtrechtsbuch, ZRG. 38, 321 ss.—Das Wiener Stadtrechtes—oder Weichbildbuch, publicado por SCHUSTER. 1873.—El *Bruenner Schoeffenbuch* por ROESSLER, Deutsche Rechtsdenkmaeler aus Boehmen und Maehren, II, 1852.—El aelteste *Kemnitzer Stadtbuch,* 1915. Cfs. JURITSCH, Die Deutschen und ihre Rechte in Boehmen und Maehren, 1905. SCHRANIL, Die sog. Sobieslawschen Rechte (von Prag), 1916.—El *Wiener Neustaedter Stadtrecht* des 13. Jahrh., crítica y edición por G. WINTER, 1880.—El *Muehlhaeuser Beichsrechtsbuch* publicado por H. MEYER, 1923.—en Muehlhaeuser Geschichtsbl., 30 (1931), 326; el Muehlhaeuser Reichsrechtsbuch (Liber iuris secundum ius imperii), edición, introducción y traducción por H. MEYER, 1934.—*Het rechtsboek van den Briel,* ed. J. A. FRUIN en POLS, 1880.

§ 32. Documentos y Libros de fórmulas

Los documentos reales, entre los que ya solo los privilegios más importantes son expedidos en forma de diplomas, se atienen, durante dos siglos, al modelo carolingio. En tiempo de Enrique IV se inicia una transformación esencial, ultimada con carácter de regla desde Lotario III, en cuyos días se operó un cambio completo del personal de la cancillería. El documento real deja de ser, como hasta aquí, en contraste al documento privado, un documento sin testigos. Da paso a la transición la costumbre, nacida durante Enrique IV, de hacer constar como testigos del acto de disposición real los nombres de las personas cuya intervención o consejo mencionaba antes el contexto del documento. Finalmente, los testigos vinieron a ser considerados como medio para acreditar la autenticidad del documento real, a igual que la firma y el sello. Hasta el siglo XII el sello se ponía en el documento. Desde Conrado III se introducen los sellos pendientes, práctica que fue la regular para los privilegios. Con posterioridad, a primeros del siglo XIII, se comienza a sellar conjuntamente los documentos reales por los príncipes como señal de consentimiento. En casos de gran importancia es costumbre declarar el consentimiento no solo por el sello conjunto, sino en un documento agregado, la carta de voluntad. En el siglo XIV el estilo de la cancillería distingue las cartas en *litterae patentes* (abiertas, patentes), en las que constaba o pendía el sello y en *litterae clausae,* cerradas con el sello.

En cuanto a los documentos privados, sobreviene un retroceso después de la caída de la monarquía franca. La *carta* desaparece allí donde era usual y es sustituida por la *notitia,* o por redacciones carentes por completo de fe probatoria. Las causas de esta degeneración de los documentos privados estriban en el desconocimiento del valor sustantivo de prueba del documento. El renacimiento de la diplomática privada arranca del sellado de los documentos. El sello, originariamente simple medio de clausura o signo de identificación, se convirtió, primero en los documentos reales (en estos ya en la época carolingia) y después en los documentos de los magnates eclesiásticos y laicos, en un medio de autenticación, llegando, por último, a ser el medio exclusivo de acreditar los documentos. La fuerza de prueba judicial de la carta y el sello se introduce casi en todas partes en el curso del siglo XIII. El librador del documento podía proveerle con su propio sello de tener derecho a usarlo. Ciertas personas, el rey, los príncipes, los señores, las dignidades eclesiásticas, las autoridades municipales y los jueces, poseían el derecho de autenticar con su sello documentos ajenos. En Italia, donde existía un notariado profesional, los documentos notariales alcanzaron la significación de documentos públicos. Desde el siglo XII fue costumbre general que el notario inscribiera en un registro el contenido esencial de los documentos extendidos por él. Estas inscripciones se llamaron *Imbreviaturae*[65]. La institución se introdujo también en el Tirol meridional alemán. Aquí encontramos notarios regulares primeramente en Bozen, donde estaba vigente el Derecho bávaro. De un notario de Bozen (Bolzano), Jacobo Haas, procede el Libro de imbreviaturas de 1237, el más antiguo que se conserva en tierra propiamente alemana. El notariado se extiende por Alemania vinculado a la legislación eclesiástica y, en primer término, en la archidiócesis de Colonia. El nombramiento de los notarios públicos fue en Alemania derecho imperial reservado (§ 66). Desde que este derecho de designación se transmitió del emperador a los condes palatinos, aumentó el número de los notarios alemanes, que adecuaron su estilo a los modelos italianos.

Paralelamente a la decadencia de la diplomática se interrumpe también en el periodo postfranco la producción de Colecciones de fórmulas. Solo desde los siglos XII y XII renace este tipo de literatura en Alemania. Junto a simples Colecciones de muestras de documentos aparecen Libros de fórmulas que añaden a sus formularios observaciones sobre documentos y sus diversas clases, como, por ejemplo, el Libro de fórmulas de Baumgartenberga (Linz), *Formularius de modo prosandi,* de comienzos del siglo XIV, o que contienen consideraciones puramente teoréticas sobre la diplomática, al modo de la *Summa de arte prosandi del magister* de Zurich, Conrado de Mure, de los años 1275-76.

Véase las obras antes citadas (pág. 000) de J. Ficker, Bresslau, Erbex y Redlich. Edm. Stengel, Die Immunitaetsurkunden der d. Kornige vom 10.-12. Jahrhundert, 1902;—Die Verfasser der deutschen Immunitaetsprivilegien des 10. u. 11.

[65] El Libro de imbreviaturas más antiguo que se conserva, el *notularium* del notario genovés Johannes Scriba, comienza con el año 1155. v. Voltelini, MJÖG., 41, 70.

Jahrhunderts, 1907;—Die Immunitaet in Deutschland bis zum Ende des 11. Jahrhunderts, I. Diplomatik der deutschen Inununitatsprivilegien vom 9. bis zum Ende des 11. Jahrh., 1910. LINDNER, Urkundenwesen Karls IV und seiner Nachfolger, 1882. POSSE, Lehre von den Privaturkunden, 1887. v. VOLTELINI, Suedtiroler Notariats-Imbreviaturen des 13. Jahrh., I, 1889 (con interesante introducción). Fritz KERN, Dorsual-Konzept und Imbreviatur, 1906. v. ECKART, Die glaubwuerdigen Orte Ungarns, MJÖG., 1915, vol. suplementatio 9, 395 ss. LENTZ, Die Entwicklung der Wiener Privaturkunde; Beitraege zur Geschichte der Wiener Ratsurkunde. 1916. E. His, Zur Geschichte d. Basler Notariats, Basler Ztschr. f. Gesch., 1922, 1 ss. ROECHLING, Untersuchungen ueber die Anfaenge des Notariats in Deutschland, 1925. HEUBERGER, Das deutsch-tiroler Notariat, 1927.

ROCKINGER, Ueber die Formelbuecher vom. 13, bis zum 16. Jahrh. als rechtshist. Quellen, 1855;—Briefsteller und Formelbuecher des 11. bis 14. Jahrh., 1863, en las Quellen und Eroerterungen zur bayrischen und deutschen Geschichte, IX. BAERWALD, Das Baumgartenberger Formelbuch en las Fontes rerum Austriacarum, 2.ª sección, XXV. Konrad v. Mure, extractos, por ROCKINGER, Quellen und Eroerterungen, IX, 450 ss. ROSENSTOCK, Ostfalens Rechtsliteratur unter Friedrich II, 1912. Max VANCSA, Das erste Auftreten der deutschen Sprache in den Urkunden. 1895.

§ 33. La sucesión al trono

El reino alemán fue una monarquía electiva indivisible. Sin embargo, la idea de la sucesión hereditaria en modo alguno se extinguió inmediatamente. Durante siglos se complementan la elección y la transmisión hereditaria[66]; la elección de rey se atiene, en un principio, a la estirpe reinante y con frecuencia en vida misma del rey es elegido el sucesor por él designado, costumbre que de proseguir ininterrumpida hubiera conducido a establecer una monarquía hereditaria pura. Pero en el curso de la lucha entre Enrique IV y el Pontificado sobrevino una transformación fatal para aquella práctica. Reunida el año 1077 una Asamblea de príncipes en Forchheim, declaró bajo influencia papal el derecho de libre elección frente a la que de hecho era tradicional. Siguióse un período de lucha entre los defensores de la libre elección y los del principio hereditario. En los años 1195 y 1196 intentó Enrique VI vincular hereditariamente la corona a su Casa[67]; para lograrlo ofreció a los príncipes, con el carácter de contraprestación, la concesión hereditaria de los feudos a las mujeres y a los parientes colaterales, la renuncia al derecho de espolio y la unión de Sicilia y Apulia con el Imperio. El intento fracasó ante la oposición irreductible de algunos príncipes. Con la caída de los Staufer se decidió la victoria por el principio de elección pura. Ello trajo como consecuencia el período llamado de las elecciones *per saltum* entre las diversas familias pretendientes. Desde fines del siglo XIII luchan por la corona real alemana, con resultado variable, las tres estirpes cuyas Casas alcanzaron mayor poderío en el Este del Imperio, la de los Habsburgos, la de los Luxemburgos y la de los Wittelsbach. Finalmente, afirmaron su predominio los Habsburgos, de cuya Casa fueron elegidos, desde 1438 hasta su extinción

---

[66] Así Enrique II (Documento de 15 de enero de 1003) invoca la concors populorum et principum electio y la hereditaria in regnum sine aliqua divisione successio. Mon. Germ. H., II, nr. 34 (pág. 38).

[67] Gesta episcop. Leodiensium abbrev., MG. SS., XXV, 132: ordinavit (Henricus) ut electio amplius non fieret sed per solam sanguinis successionem imperium conferretur ita ut propinquior imperatori hereditarie fieret imperator.

(1740), los reyes alemanes. Las pretensiones al examen y confirmación de la elección que el Papa solía reclamar, particularmente en casos de doble elección, quedaron rechazadas definitivamente por un acuerdo de la Asamblea de electores en Rense el año 1338.

En su origen la elección fue un derecho de todo el pueblo alemán. Aun cuando de hecho solo actuaran los magnates eclesiásticos y laicos, el resultado se tenía «por voluntad y obra de la comunidad»[68]. El resto del pueblo quedó limitado al papel de circunstante y al derecho de aclamación, desaparecido más tarde, en el siglo XIII. Si no estaba predeterminada la persona a elegir (como era el caso en las designaciones) antecedía a la elección una asamblea no solemne donde los magnates se ponían de acuerdo sobre la persona del nuevo rey (*dirigere omnium vota in unum*). En la elección propiamente dicha solo emitían su voto los electores más importantes, quienes con observancia de la fórmula de elección tradicional[69] llamaban por su nombre al elegido (*eligere*). Los demás asentían en voz común (*consensus, laudatio*). Hasta el final del siglo XII no existieron principios fijos sobre la regulación jurídica de la elección. Las formas presentan vacilaciones; sin embargo, viene de antiguo la especial importancia que en la elección del rey tenía el arzobispo de Maguncia, a quien correspondía la *prima vox* y la dirección de la elección. Era necesaria la unanimidad de los electores, de donde resultó que en la asamblea electiva la minoría estaba obligada a prestar asentimiento a la mayoría. Solo si elegían asambleas electivas separadas podía llegarse a una doble elección. Cuando en 1198 tuvo lugar la primera elección doble—hasta entonces solo se habían dado elecciones unánimes—dejaron entender algunas voces aisladas que la elección correspondía primordialmente a ciertos príncipes. De entre las opiniones en contienda alcanzó predominio el punto de vista de que el derecho de elección pertenecía en primer término a tres príncipes eclesiásticos y a otros tres laicos, número que ocuparon los príncipes con intervención jurídica en el acto de la coronación; concretamente, los tres arzobispos renanos y los titulares de los cargos supremos del Imperio a excepción del rey de Bohemia, que ciertamente era escanciador del Imperio, pero quedaba excluido de los príncipes electores por ser de condición no alemana. La coronación tuvo por entonces el carácter jurídico público de investidura en la monarquía. Solo mediante ella adquiría el elegido la potestad real. Precisamente en las luchas por el trono de Felipe y Federico II con Otón IV desempeñó un papel importante la cuestión de la coronación legítima[70]. Así pudo suceder que la intervención jurídica en el acto de la coronación, que encerraba en si un reconocimiento expreso del rey, condujera al nacimiento de una doctrina de la elección recogida y formulada primeramente por el redactor del Espejo de Sajonia, y que, por la influencia de este Libro de derecho y por corresponder a la necesidad indudable de reglas fijas sobre la elección real, empezara a practicarse en tiempos de Guillermo de Holanda. Según el texto del Espejo de Sajonia, son primeros en la elección los arzobispos de Maguncia, Tréveris[71] y Colonia, el conde palatino de

---

[68] WAITZ, Verfassungsgeschichte, VI, 190.

[69] eligo... in dominum regem atque rectorem et defensorem patriae (juez y *advocatus*).

[70] Con motivo de la doble elección del año 1198, Otón IV y sus partidarios consideraron que era lo decisivo la coronación efectuada en Aquisgrán por el arzobispo de Colonia; mientras para Felipe lo válido era la posesión de las insignias del Imperio. Inocencio III se pronunció por Otón teniendo en cuenta, sobre todo, la coronación en Aquisgrán. Felipe (1205) y Federico II (1215) hicieron seguir a su coronación en Maguncia, otra en Aquisgrán.

[71] En el texto originario del Espejo de Sajonia ocupaba lugar preferente Tréveris.

Renania, el duque de Sajonia y el margrave de Brandenburgo. Tras ellos eligen los demás príncipes. A los seis primeros solo les es lícito pronunciar su elección por aquel que la totalidad de los príncipes ha «irwelt»[72] (elegido) rey en una elección previa. Entre ellos emitía su voto en primer término el arzobispo de Maguncia, hasta la modificación de la forma de elección en el año 1273.

La práctica de la elección modificó la doctrina del Espejo de Sajonia, de suerte que los primeros en la elección llegaron a ser los únicos electores. Reconocido el derecho exclusivo de elección de los príncipes electores, con probabilidad, en una declaración sobre el derecho vigente hecha por los príncipes a fines del año 1256, consta ya en el acta de 13 de junio de 1257 donde se promulgó la elección de Ricardo[73] y asimismo en el proyecto no consumado de la bula de Urbano IV «Qui celum» de 1263, redactada en parte sobre el informe del legado de Ricardo[74]. Sobre el derecho de aclamación de los demás príncipes se rechazó la opinión de que la presencia de los príncipes no electores no invalidaba el acto de la elección. Además, la teoría de los cargos supremos del Imperio, es decir, la teoría de que su titularidad constituía el fundamento del derecho de elección, se perfiló de manera que se fundó el derecho de los arzobispos por sus cargos de archicancilleres, y se aumentó a siete el número de los príncipes electores. Y, ciertamente, el séptimo voto, después de admitir transitoriamente en la elección al duque de Baviera, fue atribuido en 1289 con carácter definitivo al escanciador del Imperio, al rey de Bohemia. Por lo que atañe a la forma de la elección se introduce en 1273[75] una novedad, en relación a los usos de la elección eclesiástica, consistente en que los príncipes electores, luego de un acuerdo previo no solemne (*nominatio*), otorgaban poder a uno de ellos para que emitiera el voto en nombre de todos (*electio per unum*). Así se hizo hasta 1314; en cambio, a partir de 1346 la declaración de la elección quedó sustituida por la emisión solemne del Derecho de voto primario de Tréveris, originariamente pública, luego secreta desde la elección de Alberto II. En oposición al antiguo derecho y por influencia de la teoría romano-canónica de la corporación, fue reconocido, durante las luchas de Luis el Bávaro con el Papa, el principio mayoritario. Le declaró por vez primera la Asamblea de electores de Rense en 1338. Recibió el carácter de ley fundamental del Imperio en la Bula de oro de 1356, que contenía también una extensa regulación del procedimiento y del derecho de elección. Se determinaba en ella que el arzobispo de Maguncia inquiriera el voto a los príncipes electores según su rango[76] emitiendo él después el suyo (el llamado derecho de voto final), preceptuándose, además, que la dignidad de elector estaba afecta al territorio del electorado, que este era indivisible y que en los territorios laicos se heredaba por derecho de primogenitura.

Según la doctrina del Espejo de Sajonia (Ldr. III, 54 § 3) el elegido no podía ser cojo, ni leproso, ni estar legítimamente excomulgado por el Papa. Debía proceder de nacimiento libre y legítimo y no haber perdido su derecho.

---

[72] Después de la enumeración de los seis príncipes electores mencionados, prosigue el Espejo de Sajonia, Ldr., III. 57, § 2: Die schenke des rikes, die köning von Behemen, die ne hevet nenen kore, umme dat he nicht duedesch n'is. Sind kiesen des rikes vorsten alle, papen unde leien. Die to'me ersten an'me kore genat sin, die ne solen nicht kiesen na iren mutwillen, wenne sven die vorsten alle to köninge irwelt, den solen sie aller erst bi namen kiesen.

[73] Constitutiones, II, 484. Menciona siete príncipes electores.

[74] Constitutiones, II, 522.

[75] STUTZ, Das Mainzer Erststimmrecht, ZRG., 42, 466 ss.

[76] Primero el arzobispo de Tréveris, de los laicos primero el rey de Bohemia.

Desde Otón I recibe el nuevo rey la unción y la coronación que, a partir de aquí, obtuvo significación jurídico-pública. Normalmente se celebró en Aquisgrán, que según el Espejo de Sajonia era la sede legítima de la coronación. Iban unidas con la ceremonia religiosa la entrega de las insignias del Imperio[77] y la elevación en el solio de Carlomagno[78], la entronización. La consagración y la coronación del rey fueron al principio una prerrogativa del arzobispo de Maguncia, al que, de estar presentes, asistían los otros dos arzobispos renanos. Desde Conrado II se transmitió tal derecho al arzobispo de Colonia. No faltaron alegaciones de su derecho por parte del arzobispo de Tréveris. La Bula de oro, de conformidad con el derecho vigente, atribuyó la facultad de la primera coronación del rey al arzobispo de Colonia. A la coronación seguía un banquete de este nombre, en el que ejercían sus funciones los cargos supremos del Imperio. Desde Rodolfo I la coronación perdió su carácter jurídico público. Este monarca fechó su reinado a partir de la elección. Entre sus sucesores la práctica es vacilante. Desde Carlos IV lo decisivo para la fecha es la elección. Según la Bula de oro, el elegido debía abstenerse de actos de gobierno en tanto no confirmara los privilegios y derechos de los príncipes electores[79].

La dignidad real daba derecho a la dignidad imperial. El rey alemán adquiría esta última en el momento de la coronación como emperador, que se hacía por el Papa[80]. Solo entonces alcanzaba el título de emperador y la potestad imperial. Lo

---

[77] Las insignias procedentes del tesoro de la corona normanda, y de labor sarracena, se convirtieron desde Enrique VI en insignias de la corona alemana. Cf. ahora, WERMINGHOFF, Von del Insignien und den Reliquien des alten heil. roem. Reichs, N. Jhrb. f. d. klass. Altertum, 23, 8. [Las *insignia regni* no sufrieron modificación (§ 16). La manzana del Imperio y la vestidura pontifical se añadieron como símbolos imperiales. El animal heráldico del rey fue el águila negra unicéfala sobre campo de oro, el del emperador fue más tarde el águila bicéfala. El estandarte llevó en la época heráldica el águila o una cruz blanca. Según H. MEYER, Die rote Fahne, ZRG., 50 (1930); 310-353, la bandera real fue roja desde muy antiguo. En contra ERDMANN, Kaiserfahne und Blutfahne. Berliner. SB., 1932, 868 y réplica de H. METER, ZRG., 53 (1933); 291-299.—La Glosa del Espejo de Sajonia indica los colores rojo y amarillo (v. Schwerin)].

[78] Espejo de Sajonia, Ldr., III, 52, § 1: svenne die gewiet wert von den biscopen, die dar to gesat sin, unde uppe den stul to aken kumt, so hevet he köninglike watt unde köningliken namen. El requisito de la coronación en Aquisgrán. la incapacidad de elección pasiva del excomulgado, la exclusión del de Bohemia (que en su condición de primero se había pronunciado por Federico II) sirvieron a los partidarios de Otón IV como argumentos contra los Staufer. La razonada doctrina del Libro de derecho muy bien puede considerarse como una cristalización de opiniones güelfas. Otra opinión HUGELMANN, ZRG., Kan., 9, 59 ss.

[79] No tuvo lugar para todos los reyes una coronación especial en Italia, KROENER, Wahl und Kroenung der deutschen Kaiser und Koenigc in Italien, 1906. EICHMAN, Zur Geschichte des lombardischen Kroenungsritus, Hist. Jahrb., 46, 516 ss.

[80] El primer emperador alemán de la Edad Media fue Otón I (962); la última coronación en Italia la de Federico III (1452). En intima conexión con la coronación imperial se encuentra la lucha desarrollada durante la Edad Media entre la Iglesia y el Estado; en la que la teoría de la Curia defendía la subordinación del *imperium* al *sacerdotium,* mientras sus contraídos propugnaban la independencia del Estado. La relación de las contrapuestas titularidades soberanas encuentra expresión en la teoría de las dos espadas tal como se ofrece de un lado en el Espejo de Sajonia (I, 1: Tvei svert lit got in ertrike to bescermene de kristenheit. Deme pavese is gesat dat geistlike, dem keisere dat wertlike) y de otro en el Espejo de Suabia (Prólogo: Daz weltlich swert des gerihtes, daz lihet der babest dem chaiser. Daz geistlich ist dem pabest gesetzet, dar er da mite rihte). Esto corresponde a la concepción papal reflejada en la Bula *Unam sanctam* (1302).

que ciertamente sucedió fue que, por influencia de las tendencias imperialistas, se desvirtuó, incluso en documentos oficiales, la estricta separación entre el poder real y el imperial[81]. En el año 1252 se decía en una declaración de derecho de los príncipes, dada en Brunswick, que el rey no tenía, en virtud de la elección, el título de emperador, pero sí la potestad imperial. Esta afirmación no trajo consigo consecuencias duraderas[82]. Todavía fue más lejos la *Constitutio Licet iuris* de 1338, que, durante las luchas de Luis el Bávaro con el Papa, determinó que el elegido por los príncipes electores *statim ex sola electione est verus rex el imperalor Romanorum censendus el nominandus.* Pero esto quedó sin resultado práctico en la Edad Media. Según la Bula de oro de 1356, el rey era elegido como *rex in imperatorem promovendus,* con lo que por ley del Imperio fue negado aquel principio de 1338 y, al mismo tiempo, se mantuvo el derecho del rey alemán a la dignidad imperial.

En el acto de la coronación, el emperador se constituía en *filius ecclesiae Romanae,* llamado también más tarde *filius specialis* del Papa. Debíale a este *oboedientia,* análogamente al obispo. En ello iba también incluído el deber de prestar al Papa, de encontrarse con él, el servicio de mariscal, es decir, de llevarle el caballo por las riendas (*officium stratoris*), extendido luego a tenerle el estribo (*officium strepae*)[83].

OLENSCHLAGER, Neue Erlaeuterung der goldenen Bulle, 1766. ZELMER, Die Goldene Bulle Kaiser Karls IV, 1908. PHILIPPS, Die deutsche Koenigswahl, Wiener SB., 1858. FICKER, Entstehungszeit des Ssp., 1859;—Art. Kurfuerstenthuemer en el Bluntschlis Staatswoerterbuch. VI;—Reichsfuerstenstand, II, 1, 5 ss. HAEDICKE, Kurrecht und Erzamt, 1872. SCHIRRMACHER, Entstehung des Kurfuerstenkollegiums, 1874. WEILAND, Ueber die deutschen Koenigswahlen im 12, u. 13. Jahrh., Forsch, z. d. Gesch., 20. TANNERT, Die Entwicklung des Vorstimmrechts und die Wahltheorie des Ssp., 1884. MAURENBRECHER, Geschichte der deutschen Koenigswahlen vom 10. bis 13. Jahrh., 1889. Theodor LINDNER, Die deutschen Koenigswahlen und die Entstehung des Kurfuerstentums, 1893;—Der Elektor und die Laudatio bei den Koenigswahlen, MJÖG., 19;—Der Hergang bei den deutschen Koenigswahlen, 1899. BRESSLAU, Zur Geschichte der deutschen Koenigswahlen in der D. Z. f. Gesch. W., Neue Folge, II, 122. SEELIGER, Forschungen ueber die Entstehung des Kurkollegs en la misma Z. N. F., II, Monatsblaetter, 1 ss.;—Koenigswahl und Huldigung. Hist. Vjahrschr., 4, 511. v. WRETSCHKO, Der Einfluss der fremden Rechte auf die deutschen Koenigswahlen bis zur Goldenen Bulle, ZRG., 20, 164.—Die electio communis bei den kirchlichen Wahlen im Mittelalter, Deutsche Z. f. Kirchenrecht, 11, 321. O. v. GIERKE, Geschichte des Majoritaetsprinzips, Essays in legalhistory, 1913. Ernst MAYER, ZRG., 23, 1. HUGELMANN, Die deutsche Koenigswahl im corpus iuris canonici, 1909;—Die Wahl Konrads IV, 1237, 1914, sobre esto, v. Wretschko, ZRG., 36, 550 ss. SCHEPELMANN, Die deutsche Koenigswahl, 1308, 1913. ZEUMER, Die boehmische und die bairische Kur im 13. Jahrh. Histor. Z., 94, 209 ss. E. PERELS, Zur Geschichte der boehmischen Kur im 14. und 15. Jahrh., ZRG., 45, 83 ss. KUEHNE, Geschichte der boehmischen Kur nach der Goldenen Bulle, Arch. Urk. Forschung, 10, 1 ss. M. KRAMMER, RGesch. des

---

[81] Los electores de Felipe escribían en 1199 al Papa: dominum nostrum Philippum in imperatorem Romani solii rite et solempniter elegimus.

[82] Cf. el Hostiense en la Glosa al c. 26. X, V, 40, ZEUMER, NA., 30, 405 s.

[83] N. HOLTZMANN, Der Kaiser als Marschall des Papstes, [1928 (sobre esto, v. Voltelini, ZRG., 50, 439)];—Hist. Z., 145, 301. EICHMANN, Die Adoption des deutschen Koenigs durch den Papst, ZRG., 37, 291;—Officium stratoris et strepae, Hist. Z., 142, 16. KEUTGEN, ibidem, 546.

Kurfuerstenkollegs, I. Der Einfluss des Papsttums auf die deutsche Koenigswahl, 1903;—Kurrecht und Erzkanzleramt en el Festschr. f. Seumer, 349;—Quellen zur Gesch. d. deutschen Koenigswahl u. d. Kurfuerstenkollegs, I, 1911;—Das Kurfuerstenkolleg von seinen Anfaengen bis..., 1338, 1913, sobre esto, Tosenstoch, ZRG., 34, 523 ss. y Krammer ibidem, 35. 641. KRAMMER, Der Ursprung der brandenburgischen Kur, Preuss. Forsch, 26, 353 ss.—Die Frage des Laien-Kurrechts vom Interregnum bis zur Goldenen Bulle, NA., 39, 433 ss. STUTZ, Die rheinischen Erzbischoefe u. d. deutsche Koenigswahl, Festschr. f. H. Brunner. 1910, 57 ss.;—Der Erzbischof von Mainz u. d. deutsche Koenigswahl, 1910; sobre esto, ZRG., 31, 444.;—Die Abstimmungsordnung der Goldenen Bulle., ZRG., 43, 217 ss.;—Reims und Mainz in der Koenigswahl d. 10, und zu Beginn d. 11. Jahrh., Berl., SB., 1921. OPPERMANN, Der fraenkische Staatsgedanke und die Aachener Koenigskroenungen des MA., 1929. Sobre esto, Stutz, ZRG., 50, 441. Max BUCHNER, Die Entstehung der Erzaemter, 1911;—Die Entstehung und Ausbildung der Kurfuerstenfabel, 1912;—Die deutschen Koenigswahlen und das Herzogtum Bayern, 1913;—Bayerns Teilnahme an der Koenigswahl im fruehern, MA., Riezler-Festschrift, 1913. 35 ss.;—ZRG., 35, 441 ss. E. HOYER, Die Selbstwahl in, vor und nach der Goldenen Bulle, ZRG., 42. 1 ss. FRENSDORFF, Beitraege zur Geschichte und Erklaerung der deutschen Rechtsbuecher, Goett. Nachr., 1923, 65 ss., 1924, 194 ss., 1926, 1 ss. WEIZSAECKER. Rense als Wahlort en las Abh. der Berliner Akademie, 1890, 1. HOEHLBAUM, Der Kurverein von Rense im Jahre, 1338, Abh. der Goettinger Ges. d. Wiss., NF., VII. ROSENSTOCK, Koenigshaus und Staemme, 1914, sobre esto, Platzhoff, ZRG., 35, 524. KRUEGER, Grundsaetze bei den Erhebungen der deutschen Koenige, 1911, sobre esto, Rosenstock, ZRG., 34, 514. v. DUNGERN, War Deutschland ein Wahlreich?, Wachfestschr., 1913, sobre esto, Haller Hist., Z., 113, 658, Hugelmann. MJÖG., 36, 405 ss. Fr. BECKER, Koenigtum der Thronfolger, 1913.

FRENSDORFF, Zur Geschichte der deutschen Reichsinsignien, Nachrichten der Goettinger Ges. d. Wiss. phil.-hist., Kl., 1897. 43 ss. GRITZNER, Symbole u. Wappen des alten Reiches, 1901. WAITZ, Die Formeln der deutschen Koenigs-und der roemischen Kaiserkroenung vom 10. bis zum 12. Jahrh., 1873. A. SCHULTE, Die Kaiser-und Koenigskroenungen zu Aachen. 812-1531, 1924. WERMINGHOFF en NA., 26, 31 ss. EICHMANN, Die ordines der Kaiserkroenung., ZRG., Kan., 2, 1 ss.—Die sogen. Roemische Kroenungsformel, Hist. Jahrb., 45, 516 ss. II. GUENTER, Die roemischen Kroenungseide der deutschen Kaiser, 1914;—Die Kroenungseide der deutschen Kaiser in Schaefer-Festschrift, 1915..—EICHMANN, Die roem. Eide der deutschen Koenige, ZRG., Kan., 6, 140 ss. BAETHGEN. Die promissio Albrechts I. fuer Bonifaz VIII, de Aus Politik und Geschichte, 1928, 75 ss. H. SCHROERS, Untersuchungen zum Streite Friedrichs I, mit Hadrian IV, 1915. J. HALLER, Heinrich VI, u. d. roemische Kirche. MÖJG., 35, 4. ZELMER, Ein Reichsweistum ueber die Wirkungen der Koenigswahl aus dem Jahre, 1252, NA., 30. 403;—Ludwigs des Baiern Koenigswahlgesetz «Licet iuris» ibidem, 30, 85;—Zur Kritik der Appellationen Ludwigs des Bayern ibidem. 37. 219. HUGELMANN, Die Wirkungen der Kaiserweihe nach dem Sachsenspiegel, ZRG. Kan., 9, 1 ss. SCHOLZ, Unbekannte pol. Streitschriften aus der Zeit Ludwigs des Bayern. 1911, 1914. R. MOELIER, Ludwig der Bayer und die Kurie, 1914; J. HOFER, Histor. Jhrb., 38,486 ss. KRAMMER. Wahl und Einsetzung des deutschen Koenigs im Verhaeltnis zueinander, 1905;—Der Reichsgedanke des staufischen Kaiserhauses, 1908. BLOCH, Die staufischen Kaiserwahlen und die Entstehung des Kurfuerstentums, 1911, sobre esto, Rosenstock, ZRG. 34, 487. Kalbfuss, MJÖG., 34, 502. E. Mayer, ZRG., 34, 418. Cf. H. SCHREUER. Die rechtlichen Grundgedanken der franzoesischen Koenigskroenung, 1911. KERN. Rex und sacerdos in bildlicher Darstellung. Schaefer-Festschrift. 1915. KOWALSKI. Die deutschen Koeniginnen und Kaiserinnen, 1913. sobre esto, Mitteis. ZRG., 34. 486.

§ 34. La potestad real

Según la práctica de la cancillería real, el rey alemán llevó primeramente el simple título de *rex*. Una vez que se introdujo para el reino la designación de *Romanorum imperium,* se usó desde Enrique III para el rey, como tal, el título de *Romanorum rex*. Después de la coronación imperial llámase el rey *imperator,* a partir de Otón III. *Romanorum imperator augustus.*

El rey vivía según el Derecho franco. Para entender en litigios sobre el rey tenían jurisdicción el conde palatino de Renania en los asuntos profanos y el Papa en los eclesiásticos. La deposición de Enrique IV creó un prejuicio sobre la posibilidad de destitución del rey. Desde que la elección del rey constituyó un derecho exclusivo de los príncipes electores, se atribuyeron el derecho de destituir al rey alemán[84].

En términos generales, los derechos del rey son en este período los mismos que en el anterior. Su número ofrece algún aumento. No obstante, la potestad real sufre una debilitación continuada. De un lado, se reduce su extensión por las numerosas exenciones, en cuya virtud, el titular de la inmunidad ejerce en nombre propio y en propia utilidad derechos hasta aquí públicos. De otro lado, el rey ya no ejercita, por lo regular, la potestad pública, en tanto que no actuaba él mismo mediante funcionarios en sentido propio, sino por feudatarios que ciertamente administran el cargo en nombre del rey, pero en su utilidad privativa.

El rey, en su condición de tal, es propietario del patrimonio del Imperio, que desde el cambio de la estirpe regia empieza a distinguirse de los bienes que en cada momento constituyen el patrimonio de su Casa. De los bienes de Imperio, que hasta el siglo XIII habían formado la clave peculiar del poderío real, quedan solo restos muy escasos después del interregno a consecuencia de las donaciones, concesiones y pignoraciones. Para impedir que fuese más lejos la disipación del patrimonio del Imperio, se limitaron las facultades de disposición del rey. Desde Rodolfo es principio reconocido como ley del reino que el rey para la enajenación de los bienes imperiales necesita el asentimiento de los príncipes electores, que estos solían conceder en la forma de «cartas de voluntad», o sellando conjuntamente el documento real.

El rey es señor de servicio de los menestrales del Imperio, señor municipal de las ciudades imperiales y como protector de las iglesias imperiales ejerce los derechos pertenecientes al Imperio sobre los bienes de las iglesias imperiales[85].

El rey es señor feudal supremo y por este título puede requerir de los feudatarios su presencia en la corte y su asistencia en las expediciones militares.

---

[84] La posibilidad de destitución del rey descansa en la concepción fundamental de la Edad Media de la relación del soberano con el pueblo como una relación de fidelidad recíproca. Viene considerablemente influido por la ideología jurídico feudal el fundamento del derecho de resistencia de los príncipes y del pueblo frente al rey infiel a sus promesas o simplemente al Derecho. Vid. los estudios de SCHMEIDLER y de KERN citados en la bibliografía.

[85] Tenía también el *ius primarium precum,* consistente en el derecho de exigir, por una sola vez después de su coronación, de las fundaciones o claustros con facultad de nombramiento, la concesión de una prebenda libre a una persona determinada. BAUER, Das Recht der ersten Bitte bei d. deuschen Koenigen bis auf Karl, IV, 1919 (v. Schwerin).

Posee también el *ius devolutionis*. Pero este derecho quedó limitado de modo esencial al introducirse la sucesión hereditaria de los feudos. Los simples hechos del cambio de monarca y del fallecimiento del feudatario ya no determinan por sí solos la extinción del feudo, sino que el sucesor del señor feudal fallecido está obligado a renovar la enfeudación al anterior poseedor del feudo, o bien se da la misma obligación de parte del señor del feudo respecto del heredero de su feudatario, siempre que en cada caso se solicitara así en tiempo y forma oportunos. De esta manera el *ius devolutionis* tenia solo sentido práctico cuando el último poseedor del feudo no dejaba descendiente con derecho a la sucesión. Todavía fue más lejos la coacción de renovar en los cargos públicos convertidos en feudos. Como el cargo exigía un titular de sus facultades y de sus obligaciones, el señor del feudo venía obligado a proveerlo de nuevo por enfeudación aunque el titular falleciera sin dejar un heredero del feudo. Esta coacción de renovar existía para el rey en los feudos de enseña, es decir, en los cargos de los príncipes convertidos en feudos que se concedían por el símbolo de la enseña o estandarte. Un feudo de enseña que tuviera propiamente este carácter no podía dejarse sin proveer por el rey; tenía que concederlo de nuevo dentro de año y día, limitación que cerró a la monarquía alemana el camino de asegurar al poder real la hegemonía sobre los soberanos territoriales mediante la reincorporación de los feudos de enseña revertidos[86], al modo cómo pudo hacerlo la monarquía franca respecto de los grandes feudos de la corona.

El rey tiene en este período, como en el precedente, la representación del Imperio en el exterior, el mando supremo del ejército[87], el derecho al mantenimiento de la paz y el poder judicial supremo.

Teóricamente posee el rey el poder judicial supremo en todo el territorio. Lo ejerce por sí, o lo transmite a otros. Pero a causa de que no todos los feudos de jurisdicción—los cargos con jurisdicción suprema habíanse convertido en feudos—eran concedidos por el propio rey, sino que en su mayoría constituían subfeudos, el poder judicial regio se exteriorizaba por lo menos en la concesión del coto gracias a la norma jurídica de que todo juez superior tenía que recibir personalmente el coto regio[88], y para ello era necesario prestar juramento de fidelidad al rey[89]. Los margraviados y los principados seculares de la Alemania del Sur no conocieron esta limitación. En la segunda mitad del siglo XIII desatendieron la mayor parte de los príncipes laicos el requisito de la concesión real del coto, en tanto que por sí

---

86 Sin tal coacción de proveer los feudos, hubieran podido revertir al Imperio, de 1282-1306, entre otros, Austria, Estiria, Carintia, Carniola y la Marca véndica, Misnia, Turingia, Bohemia y Moravia, y en 1319 Brandenburgo.

87 Cf. infra § 35.

88 Sentencia del Imperio de 1149, Constit., I, 181: quod nullus posset causas vel lites, quae ad advocatorum ius pertinerent, audire vel terminare vel placita advocatiae tenere, nisi qui banum de manu regia recepisset. Como resulta del motivo de esta sentencia descansaba en interés de la Iglesia que la abogacía fundacional necesitara la concesión del coto regio. Lo dicho en el texto se discute hoy en varias direcciones. En este punto se distingue especialmente entre una concesión del coto regio limitada a los sajones, como derecho de reunir la asamblea judicial pura bajo coto regio de sesenta sueldos, y la concesión del coto en lo criminal hecha ante todo a los *advocati* eclesiásticos como derecho a juzgar de causas criminales (v. Voltelini).

89 El juramento prestado con ocasión de la concesión del coto era juramento del cargo, no del feudo. Por la concesión del coto como tal no se rindió homenaje (*homagium*).

transmitían a los jueces que ellos nombraban el cargo y el poder judicial al mismo tiempo. Incluso los príncipes eclesiásticos adquirieron esa facultad, bien por privilegio real o por vía de usurpación. En general, la concesión del coto por el rey se conservó durante más tiempo en los territorios eclesiásticos que en los laicos, porque, según el derecho canónico, la transmisión del coto (jurisdicción) en lo criminal traía como consecuencia que el recipiendario quedara incurso en irregularidad, obstáculo que el Papa Bonifacio VIII suprimió definitivamente en 1298 a favor de los príncipes eclesiásticos. El propio rey ejercía la jurisdicción como juez supremo. En calidad de sentenciadores no funcionaba un escabinato palatino permanente, sino los príncipes, señores y menestrales presentes de momento en la corte, siéndolo las más veces los funcionarios de la corte imperial. A esta falta de sentenciadores fijos, así como a la inexistencia de una sede oficial permanente, hay que atribuir en lo principal que el tribunal regio alemán no ejerciese sobre la jurisprudencia de los tribunales populares aquel influjo centralizador decisivo que alcanzaron la *curia regis* francesa y la anglonormanda por el desarrollo de una práctica administrativa regular y mediante la técnica jurídica dotada de permanencia. El rey podía designar un representante en el tribunal regio. Hasta el siglo XIII se hizo así para cada caso, o por un tiempo de mayor duración. En 1235, Federico II creó el cargo de juez permanente de la corte que recibió el título normandosiciliano de *iusitiarius.* Sin embargo, ciertos asuntos, particularmente las *causae maiores,* estaban reservadas a los príncipes y personas de igual condición, y al rey la condena a la proscripción del Imperio. En el tribunal de la corte imperial se entendía de litigios por vía de instancia, por delegación de justicia y por retraso en su administración, así como de todos aquellos asuntos para los que eran incompetentes los tribunales inferiores. Además, podía traer a su conocimiento y resolución (*ius evocandi*) todos los litigios procedentes de cualquier tribunal, siempre que no hubiese recaído sobre ellos sentencia con autoridad de cosa juzgada.

En calidad de nuevos derechos adquiere el rey durante este periodo el derecho de espolio, comprobable con seguridad desde Enrique IV; concretábase en el derecho sobre la herencia mueble al fallecimiento de un prelado en inmediata relación patrimonial con el Imperio[90]; la regalía sobre las minas, a partir del siglo XI; el derecho a los tesoros que se encontraran enterrados, cuyo origen se remonta presumiblemente al período franco y, a lo que parece, referido en un principio a los tesoros funerarios; el derecho de acceso y regreso (*ius conductus*), las más veces unido al derecho de aduana, y la regalía de los judíos. Esta serie de derechos no determina, empero, un aumento esencial de la potestad real, mayormente habida cuenta de que el rey no podía conservarlos, bien porque en parte los renunciara o los concediera a los señores territoriales mediante enajenación o enfeudación, o por tolerancia de hecho, como también sucedió respecto del derecho de moneda, del derecho a las aduanas y de la regalía del mercado.

El principio del derecho franco: «el rey nunca miente», pervive y, según la doctrina de los Libros de derecho, una vez prestado por el rey juramento de fidelidad, no precisa jurar en lo sucesivo y su palabra, aun sin juramento, se reputa testimonio auténtico y *fides facta*[91].

Desde que en la sucesión al trono dominó plenamente el principio de la elección, se produjeron en el siglo XIII normas fundamentales fijas sobre el ejercicio

[90] Cf. infra § 36.
[91] Espejo de Sajonia, Ldr., III, 54, § 2; cf. supra § 16 fine.

interino de la soberanía del Imperio por los vicarios imperiales, administradores imperiales, durante el tiempo que el trono estaba vacante. La Bula de oro atribuyó el vicariato del Imperio en los países de derecho franco al conde palatino de Renania, y en los países de derecho sajón al duque de Sajonia. La concesión de feudos de enseña y la enajenación del patrimonio del Imperio no estaban comprendidos en los derechos del vicariato[92].

V. BELOW, Der deutsche Staat. I, 139 ss., 159 ss., 207 ss., 231 ss.—J. WEIZSAECKER, Der Pfalzgraf als Richter ueber den Koenig, 1886. Abhdl. der Goettinger Gesellschaft. DOMEIER, Die Paepste als Richter ueber die deutschen Koenige, 1897. EICHMANN, Das Exkommunikationsprivileg des deutschen Kaisers, 1911;—Die Exkommunikation Philipps von Schwaben, Hist. Jahrb., 1914, 373 ss. BAETHGEN, Die Exkommunikation Ph. s. v. Schwaben (MJÖG., 34, 209). SCHMEIDLER, Heinrichs IV. Absetzung. 1105-06, ZRG., Kan., 12, 168 ss. HVGELMANN, in den ban mit rechte komen, ZRG., Kan., 7, 33 ss.—KERN. Gottesgnadentum und Widerstandsrecht im frueheren MA., 1914; sobre esto, Stutz, ZRG., 37, 547. Fehr, MÖJG., 38, 1 ss. (cf., infra § 66).—C. FREY, Die Schicksale des koenigl. Gutes in Deutschland unter den letzten Staufern. 1881, cf. WEILAND en Goett. Gel. Anzeigen, 1881, números 49, 50. NIESE, Die Verwaltung des Reichsguts im 13. Jahrh., 1905. Ad. EGGERS, Der koen. Grundbesitz im 10. und beginnenden 11. Jahrh., 1909. STIMMING, Das deutsche Koenigsgut im 11. und 12. Jahrhundert, 1922. KVESTER, Das Reichsgut in den Jahren, 1273-1313, 1883. WELLER, Zur Organisation des Reichsguts, Schaefer-Festschr., 1915. FICKER. Fuerstliche Willebriefe, MJÖG., 3, 1. LAMPRECHT, Die Entstehung der Willebriefe, Forsch, z. d. Gesch., 21.

Rich. SCHOLZ, Beitraege zur Geschichte der Hoheitsrechte des deutschen Koenigs zur Zeit der ersten Staufer, 1896. BRUCKAUF, Fahnlehen und Fahnenbelehnung im alten Deutschen Reiche, 1907. KERN, Zur Frage der Reichslehntaxen, NA., 37, 290 ss. H. MITTEIS, Lehnrecht und Staatsgewalt, 1933, sobre esto, v. Schwerin, ZRG., 54 297-303. Georg MEYER, Die Verleihung des Koenigsbannes und das Dingen bei markgraeflicher Huld, 1881. v. ZALLINGER, Ueber den Koenigsbann. MJÖG., 3, 539.—Zur Geschichte der Bannleihe, ibidem, 10. 224 ss.;—Das wuerzburg. Herzogthum, ibidem, 11. 528. v. VOLTELINI, Koenigsbannleihe und Blutbannleihe en ZRG., 36, 290 ss. HECK, Die Bannleihe im Sachsenspiegel, ZRG., 37, 260 ss. HIRSCH, Die hohe Gerichtsbarkeit, 173 ss. FRANKLIN, Das Reichshofgericht, 1861, 69. FRANKLIN, De iustitiariis curiae imperialis commentatio iuris germ., 1860. VOGEL, Beitraege zur Geschichte des deutschen Reichshofgerichtes en ZRG., 2, 151 ss. Al. SCHULTE, Der hohe Adel des deutschen Hofrichters, Hertling-Festschrift, 1913, 532 ss.

WAITZ, Der Ursprung des sog. Spolienrechtes, Forsch, z. deutschen Geschichte, 13. EISENBERG, Das Spolienrecht, 1896. TANGL, Die Vita Bennonis und das Regalien- und Spolienrecht, NA., 33, 77 ss. ARNDT, Zur Geschichte und Theorie des Bergregals, 1879, 1916;—Z. f. Bergrecht, 1918, 317 ss. (Ssp., I, 35). ZYCHA, Das Recht des aeltesten deutschen Bergbaues bis ins 13. Jahrh., 1899. ZELMER, Der begrabene Schatz im Ssp., MJÖG., 22. K. LEHMANN, Ssp., I, 35 und das altnordische Schatzregal, Z. f. d. Philologie, 39, 275. HETTLAGE, Die Stellung d. Ssp. zum Schatzregal, zum Bergregal und zur Bergbaufreiheit, 1906. G. KISCH, Die Rechtsvorbehalte der Kulmer Handfeste, ZRG., 50, 180 ss. SILBERSCHMIDT, Deutsche Berggerichtsbarkeit, 1912. MOELLENBERG, Mansfelder Bergrecht, 1914. MUELLER-ERZBACH, Das Bergrecht Preussens, I, 1916, 1-117. STOLZ, Die Anfaenge des Bergbaues und Bergrechts in Tirol, ZRG., 48, 207 ss. SCHOENBAUER,

[92] Sobre la pretensión del Papa al vicariato del Imperio, vid. BAETHGEN, ZRG., Kan., 10, 168 ss.

Beitraege zur Geschichte des Bergbaurechts, 1929. Sobre esto, Zycha, ZRG., 50, 407–23. ZYCHA, Zur RGesch. der deutschen Salinen, VSchrSozWG., 14, 88 ss., 165 ss. HAUSRATH, Hist. Z. 113, 56 (*forestae*). – FISCHEL, Zur Entstehungsgeschichte des Zollgeleites, Vjschr. Soz. WG., 15, 466 ss. – Woher stammt das Zollgeleit?, ibidem, 19, 385 ss. – STOBBE, Die Juden in Deutschland waehrend des Mittelalters, 1866. SCHERER, Die Rechts-Verhaeltnisse der Juden in den deutschoest. Laendern, 1901. G. CARO, Sozial – u. Wirtschaftsgeschichte der Juden, I, 1924. J. SCHWARZ, Geschichte der Stadt Wien, V, 2, 1914. SUSSMANN, Das Erfurter Judenbuch, 1915. ZOELLNER, Das Zollregal der deutschen Koenige bis 1235, 1889. WETZEL, Zollrecht der deutschen Koenige von den aeltesten Zeiten bis zur Goldenen Bulle, 1892. BRAUNHOLTZ, Das deutsche Reichszollwesen waehrend der Regierung der Hohenstaufen u. des Interregnums, 1890. TRIEPEL, Das Interregnum, 1892. KUPKE, Das Reichsvicariat, 1891. WERMINGHOFF, Zum 5. Kapitel der Goldenen Bulle, ZRG., 36, 275 ss. HEINZE, Das kursaechsische Reichsvikariatsrecht vor der Goldenen Bulle, HistVjschr., 22, 1 ss. – II. SCHREUER, Das deutsche Koenigstum, Schmollers Jahrb., 42, 53 ss.

§ 35. El ejército y los impuestos

Las expediciones militares imperiales se trataban y decidían tradicionalmente en las Dietas de la corte y del Imperio. Desde Enrique V hasta el siglo XII el rey hacía jurar expresamente a los magnates presentes su concurrencia y participación en ellas. Pero no era este juramento lo que de modo primario daba origen al deber militar, sino que únicamente le fortalecía, según demuestra el hecho de que también podían ser convocados quienes estuvieran ausentes en la asamblea y no hubiesen jurado. Para la guerra del Imperio no se utiliza en lo sucesivo el coto militar general. Solo en los casos de peligro del País tenía lugar una convocatoria para la defensa del territorio, que estaban obligados a seguir todas las personas comprendidas en las fronteras nacionales, incluso las de condición no libre[93]. Teóricamente subsistió sin duda el principio de la obligación general del servicio de las armas; pero las modificaciones introducidas en el arte de la guerra exigían un tipo de servicio militar muy otro del que podía prestarse en virtud de aquella obligación. Desde Enrique V el ejército se componía casi exclusivamente de caballeros. Formaban su núcleo principal los caballeros con armamento pesado, caballeros con arnés. La prestación del servicio de caballería exigía una considerable posesión inmobiliaria y un adiestramiento continuado. De aquí toma fundamento visible que en las expediciones militares del Imperio (empresas guerreras que los obligados realizaban más allá de las fronteras del País) se limitase la convocatoria a aquella clase de la población que hacía profesión de su vida la formación bélica. De esta suerte desaparecen los campesinos alemanes de ejército del Imperio, que contra el pago de un impuesto militar podían permanecer en sus tierras. Ocupa el lugar de aquella obligación general de tomar las armas, la obligación del servicio de caballería que gravita sobre los vasallos[94], sobre los hombres de servicio y sobre los *milites* no libres. La convocatoria real – prescindiendo de los menestrales del Imperio, de los feudatarios directos del Imperio y de las ciudades imperiales – se hacía a los príncí-

---

[93] Pax Dei saec., XI, ex. c., 6, MG. Const., I, 608: si... bellum patriae ingruerit et clamor more patriae exortus fuerit, armati omnes insequantur. Cf. el Fivelgoer Recht en v. RICHTHOFEN, Untersuchungen zur fries. RG., II, 1045 s.

[94] Exceptuadas las marchas a Roma, es decir, las expediciones militares que iban a Italia con motivo de la coronación imperial, los vasallos alemanes no estaban obligados a servir más allá de los Alpes.

pes eclesiásticos y laicos, que por derecho público, en virtud de su cargo de principes (no por preceptos jurídicos feudales), estaban obligados a tomar parte en las expediciones militares del Imperio, y a reunir y dirigir sus huestes correspondientes. Las tropas de las ciudades imperiales[95] convocadas y los menestrales del Imperio estaban bajo el mando de los prebostes del Imperio. Cada príncipe no tenía que concurrir siempre con la totalidad de sus gentes disponibles y obligadas. En un principio fijaba el rey el número de escudos que debían reclutarse. En el curso del tiempo se formó sobre este punto una determinada tradición[96]. Fue particularmente gravado el patrimonio de las iglesias del Imperio. Más tarde la fijación del contingente requería el asentimiento de la Dieta imperial. Desde el siglo XV empieza a transformarse el ejército del Imperio en tropas profesionales mercenarias, y junto a los caballeros pasan a constituir un considerable elemento integrante del ejército los *lansquenetes* (literalmente, criados de la tierra).

No existen impuestos del Imperio generales y permanentes. Las contribuciones que desde la feudalización del servicio militar gravaron las posesiones rústicas exentas de prestarle, no ingresaban en el patrimonio del Imperio, sino que se percibían por los soberanos territoriales. Sin embargo, más tarde, desde el siglo XII, percibió el rey impuestos regulares de las ciudades reales, de las comunidades de judíos, del patrimonio de las iglesias del Imperio y de las villas imperiales. En parte tienen el carácter de sustitutos de los impuestos los rendimientos que las abadías y los obispados del Imperio y el patrimonio real prestaban, primeramente en especie, más tarde también en dinero, y que solían llamarse *servitum regis*. En la cámara del tesoro real existían matrículas especiales para la derrama de los impuestos en las localidades obligadas. Ha llegado a nosotros una matrícula que fija en siete mil marcos de plata los impuestos imperiales de setenta ciudades y veintinueve comunidades de judíos[97]. Junto a los impuestos ordinarios establecía el rey, por motivos especiales, impuestos extraordinarios. Así lo hizo, por ejemplo, Rodolfo I para la celebración de una Dieta de la corte. En ocasión de la guerra de los husitas se creó, bajo Segismundo, un impuesto general del Imperio que primeramente tomó el nombre de *pfennig* común, distribuido más tarde según el sistema de matrículas. La circunstancia de que faltaran una organización financiera completa y una administración regular de la hacienda, fue uno de los vicios capitales del Derecho administrativo del Imperio alemán. Desde la disipación de los bienes del patrimonio imperial, se vivía al día, recurriendo en la necesidad a la enajenación o pignoración de las fuentes de ingresos, en tanto que el rey no podía o no quería cubrir los gastos necesarios con los rendimientos del patrimonio de su Casa.

WEILAND, Die Reichsheerfahrt von Heinrich V. bis Heinrich VI, nach ihrer staatsrechtlichen Seite, Forsch. z. deutschen Geschichte VII. BALTZER, Zur Geschichte des deutschen Kriegswesens in der Zeit von den letzten Karolingern bis auf Friedlich II. 1877. SPANNAGEL, Zur Geschichte des deutschen Heerwesens vom 10, bis 12. Jahrh., 1885. DELBRUECK, Gesch. d. Kriegskunst, II (1926), III (1907). ROSENHAGEN, Die Reichsheerfahrt von Heinrich VI, bis Rudolf I, 1885. H. FISCHER, Die Teilnahme der Reichstaedte an der Reichsteerfahrt vom Interregnum bis zum Ausgang Kaiser Karls

---

95 Tampoco la obligación de las ciudades imperiales era de procedencia feudal, sino por razón de derecho estatal.

96 A comienzos del siglo XII, WAITZ, VG., VIII, 139, calcula como promedio del ejército imperial unos 30 000 caballeros, con escuderos y bagajes unos 100 000.

97 El inventario no es completo; entre otros datos faltan todas las ciudades sajonas.

IV. 1883. J. FICKER, Reichsfuerstenstand, II, 1, 286 ss. SCHRADER, Das Befestigungsrecht, 1909; COULIN, Befestigungshoheit und Befestigungsrecht, 1911. F. BEYERLE, Zur Wehrverfassung im HochMA., Festschr. f. Meyer (1923), 31. E. STHAMER, Die Verwaltung der Kastelle im Kgr. Sizilien, 1914. HEUSINGER, Servitium regis in der deutschen Kaiserzeit, 1922. ZEUMER, Die deutschen Staedetsteuern, insbes. die staedtischen Reichssteuern im 12. und 13. Jahrh. in Schmollers staats-u. sozialwissensch. Forschungen, 1878. SCHWALM, Ein unbekanntes Eingangsverzeichnis von Steuern der koenigl. Staedte, en NA., 23, 517 ss. Sobre esto, ZEUMER, Zur Gesch. der Reichssteuern en Histor. Z. NF., 44. 24 ss. A. SCHULTER, Z. f. Gesch. des Oberrheins, NF., 13, 42, K. BEER, Losungsbuecher und Losungswesen der boehmischen Staedte im MA., MJÖG., 1915, 31 ss. MACK, Die kirchliche Steuerfreiheit, 1916. WERMINGHOFF, Die deutschen Reichskriegssteuergesetze von 1422 und 1427 und die deutsche Kirche, ZRG. Kan., 5, 1 ss. (sobre esto, HERRE, HistVjschr., 19, 13 ss);—Hist. Z., 121 (1920), 166.

§ 36. La Iglesia

Como el rey tenía el derecho de nombrar los obispos y de proveer las abadías imperiales, en virtud de su propiedad sobre ellas, en la época postfranca fue política de la monarquía alemana buscar en el episcopado los fundamentos de su hegemonía, y dotar a los obispados y abadías del Imperio con derechos públicos y concesiones reales, de lo que comprensiblemente se siguió, a la vez, el deseo de aumentar la independencia de las iglesias imperiales. El obispado y la abadía eran cargos del Imperio que ofrecían la considerable ventaja de que el rey en su provisión no tenía que prestar consideración a pretensiones hereditarias como en los cargos laicos del Imperio. La toma de posesión (investidura) del obispado y de la abadía se efectuaba con la entrega del báculo pastoral o por medio del anillo y el báculo[98], sin que se hiciera distinción entre *temporalia* y *spiritualia.* Cuando el Papa Gregorio VII, con flagrante contradicción del derecho en vigencia, prohibió la investidura laica, fue esta una medida revolucionaria que el rey alemán no podía tolerar sin cometer un suicidio político. Por el Concordato de Worms de 23 de septiembre de 1122, que puso término a la lucha de las Investiduras, se reconoció, desde luego, la forma canónica de elección, y se excluyó la investidura por el anillo y el báculo. Pero la distinción de los *spiritualia* y los *temporalia* quedó formulada prácticamente en el sentido del punto de vista del emperador, al determinar que el elegido—en Alemania antes de la consagración[99]—, previo juramento de fidelidad y *homagium,* debía recibir del rey *per sceptrum* las regalías. Y como regalías se concebían el conjunto de los productos de la masa patrimonial perteneciente a cada obispado y de los derechos laicos, sin distinción por causa del título adquisitivo.

La terminación de la lucha de las Investiduras no modificó nada esencial en los derechos del rey sobre el patrimonio de las iglesias del Imperio y sobre las demás regalías pertenecientes a la iglesia: pero sí dio pase a una variación referente a la concepción jurídica de la relación de las iglesias imperiales con el Imperio. El patrimonio de las iglesias imperiales fue de hecho, a partir de este momento, una relación posesoria emparentada con el feudo puro. Con todo, inicialmente, no fue concebida como un feudo, si bien imponía al tenedor deberes y limitaciones proce-

[98] Cf. el lugar citado en el § 20, nota 1 de la pág. 75.

[99] En Italia y Borgoña dentro de seis meses después de la consagración. Ello fue una de las causas para la ulterior desintegración de Italia y Borgoña del Imperio alemán.

dentes en parte de un feudo puro y reconducibles en último término a los principios germánicos del concepto de donación. El rey o el Imperio no eran considerados propietarios del patrimonio de las iglesias; lo único factible por quien en cada momento fuese titular del cargo era proceder como con un bien donado por el rey[100]. El rey ejercitaba los derechos del donante. Su asentimiento es necesario para las enajenaciones, concesiones y constitución de gravámenes. Fallecido el titular del cargo, tiene el rey derecho de investir al sucesor; desde Federico I ejercitó también el *ius spolii*, procedente de la regulación jurídica de las iglesias propias. Consistía en el derecho de hacer suya, después de la muerte del obispo o del abad, la herencia mueble de estos, en cuanto se hubiese obtenido del patrimonio de la iglesia imperial. En *sede vacante* percibía el rey los frutos del patrimonio eclesiástico (*ius regalium*), y lo mismo en el caso de privación de las regalías que el rey podía imponer como pena por haberse quebrantado el juramento de fidelidad.

En la segunda mitad del siglo XII penetraron los principios del Derecho feudal puro en la posición de las iglesias del Imperio. La investidura con los *temporalia* fue concebida como enfeudación. Los obispos y los abades eran tenidos por feudatarios del Imperio[101], y como tales incorporados en los Libros de derecho en el sistema de las jerarquías feudales (*beneficialis clypeus*). A ciertas facultades, como el *ius regalium* y el *ius spolii* renunciaron expresamente Otón IV y Federico II. Desde el punto de vista jurídico-público los principados eclesiásticos eran tratados, por entonces, como un tipo característico de feudos del Imperio, concretamente como feudos de cetro, y tan solo algunas reminiscencias aisladas recuerdan la anterior condición del patrimonio de las iglesias del Imperio.

Solamente algún tiempo después de la terminación de la lucha de las Investiduras, abrió la Iglesia la ofensiva—primeramente diferida con aguda previsión por motivos tácticos—contra la propiedad laica sobre el patrimonio de las iglesias inferiores. Desde el Papa Alejandro III el derecho sobre las iglesias propias se transformó en un derecho de patronato cuya importancia inició una decadencia creciente.

Con esta lucha reñida por la Iglesia, para aumentar su poder, contra la monarquía alemana y contra el derecho germánico de las iglesias propias, se relaciona muy estrechamente la historia de la abogacía eclesiástica. Según la organización del reino carolingio, la Iglesia debía tener abogados necesariamente. El *advocatus* como funcionario del claustro (abogacía de oficio) ejercía la jurisdicción que en virtud de la inmunidad pertenecía a la iglesia sobre sus dependientes (abogacía inferior); además, tenía que defender a la Iglesia y representarla en el exterior, particularmente en los negocios jurídicos y en las cuestiones litigiosas. No era raro que la

---

100 Claramente se destacan la donación como fundamento de la dependencia del patrimonio de la iglesia en Wido de Ferrara. Mon. Germ. Libelli de lite. I, 564 s.: At vero iudicia secularia et omnia, quae a mundi principibus et secularibus hominibus aecclesiis conceduntur..., dicuntur tamen secularia. *quasi a secularibus concessa*.. illa vero (imperialia iura et regalia) ab imperatoribus et regibus concessa et eorum confirmationibus indigentia *imperatoribus sunt et regibus subdita, eo quod sunt per illos habita et per illos habenda.*— Federico I, reprochó a los clérigos de Cambrai en 1167 que habían violado los iura imperii, quod res episcopales decedente episcopo ad eamdem manum non redierunt, *de cuius munere esa constat descendisse.* Mon. Germ. Constit., I, 327.

101 En el formulario del juramento de los obispos alemanes de 1274, Constit., III, 57 (de la Colección de cartas de Viena) se dice: iuramus quod in omnibus et singulis, ad que prestiti vobis racione *homagii* aut ex debito *vassallatus* Romano tenumur imperio atque vobis, in omni devocione fideles perpetuo persistemus.

Iglesia tuviera varios *advocati* (abogacía dividida). Junto a la abogacía de oficio desempeñó un papel importante en la alta Edad Media la abogacía señorial, cuya esencia respondía a la protección del señor. Se manifiesta, sobre todo, en los conventos y, ciertamente, en conexión con el derecho de iglesia propia del fundador—que por lo regular era de condición noble—, en tanto que a este pertenecía la potestad sobre el clero y sobre las personas dependientes (abogacía del fundador). En cambio, estaba limitada fundamentalmente a la protección (*defensio, mundiburdium*) la abogacía suprema de los reyes en los obispados y, desde Otón II, supieron adquirirla sobre la mayoría de los claustros mediante la concesión de la inmunidad. Así, pues, la administración efectiva estaba entregada al *advocatus* correspondiente. Como tales *advocatus* eran nombrados muchas veces por la Iglesia, o la abogacía quedaba vinculada hereditariamente a una determinada genealogía, o bien era un feudo hereditario, la abogacía superior del rey se limitó con frecuencia a dar posesión al *advocatus*. Los claustros del Sur de Alemania se independizaron de la abogacía superior del rey y se entregaron a la inmediata protección del Papa. Pero en todos los casos necesitaba el *advocatus*, en el supuesto de tener la Iglesia la jurisdicción suprema y, desde luego, a partir del siglo XI, la concesión del coto regio[102]. La abogacía era un derecho remunerado. El *advocatus* tenía parte en los ingresos judiciales[103], recibía exacciones de las personas dependientes de la abogacía y manutención en las Dietas judiciales, tuvo derecho a un canon de protección o sobre las utilidades de las fincas rústicas vinculadas con la abogacía como tal. No era raro que fueran *advocatus* señores poderosos. Los duques y los condes se amañaban sistemáticamente para hacer suyas las abogacías de sus territorios. Frecuentemente los *advocati* de las grandes iglesias no administraban por sí mismos la abogacía, sino que designaban *advocati* subalternos, *subadvocati* o *viceadvocati* (*advocati minores*). De suceder así, el *advocatus* superior se llamaba *archiadvocatus, summus, primus advocatus*. Cuanto más creció el bienestar de la Iglesia, en tanto mayor grado llegó a ser la abogacía fuente de opresiones y de abusos. Los *advocati* se apoderaban de los bienes de la Iglesia, o de sus utilidades, se apropiaban del rendimiento total de la jurisdicción y exigían de las personas dependientes prestaciones abusivas. Todo hizo que en las iglesias naciera el deseo de limitar o eliminar a los *advocati*, por lo menos, a los *viceadvocati*, cuyos despojos directos a la Iglesia les había hecho particularmente gravosos. Además, la contienda sobre la abogacía se incluyó en la línea general de la lucha contra la dominación laica dentro de la Iglesia. Desde el siglo XII numerosas iglesias se procuraron privilegios auténticos o falsos que limitaban los derechos de los *aduocati* o que prohibían la constitución de *viceadvocati*, o que conducían a una plena desaparición de la abogacía eclesiástica, de modo que la Iglesia sustituyó los *aduocati* por funcionarios propios, mientras aseguraba gratuitamente su protección en el exterior por el rey o por los señores de soberanía territorial (la llamada abogacía de protección en contraste a la abogacía jurisdiccional). En las nuevas fundaciones de claustros la abogacía fue excluida, a veces, de antemano en las bases fundacionales. En razón de un privilegio general estaban libres de ella los establecimientos de la Orden del Císter.

---

[102] Los *advocati* de las inmunidades de los claustros obtuvieron durante los siglos IX a XI sobre los inmunes la jurisdicción superior llamada en las fuentes suabas «por robo y temeridad» (abogacía superior), pero sin comprender de hábito, por estar reservada a los condes, la jurisdicción sobre delitos de sangre, «an die drey sache, die an den tod geent» (bávaro). Solo adquirieron esta última en época posterior, si bien con extensión territorial variable y ejercida en común con los jueces inferiores de la inmunidad.

[103] Cf. supra § 20 nota de la pág. 74.

La llamada inmunidad menor (*muntat, emunitas,* libertad del recinto de la iglesia) estaba franca de la potestad del *advocatus* y, en general, sustraída a todo poder laico, y únicamente sometida al tribuna eclesiástico. Extendíase, por lo menos, al espacio comprendido entre los muros de la fundación o del claustro, aunque también podía abarcar mayor extensión.

D. SCHAEFER, Zur Beurteilung des Wormser Konkordats, Berliner Abhdl., 1905. BERNHEIM, Das Wormser Konkordat, 1906. H. RUDORFF, Zur Erklaerung des Wormser Konkordat, 1906. A. SCHARNAGEL, Begriff der Investitur in d. Quellen u. d. Literatur d. Investiturstreites, 1908. G. WEISE, Koenigtum und Bischofswahl vor dem Investiturstreit, 1912: sobre esto, E. Mueller, NA., 40, 337 ss.; STENGEL, Avignon u. Rhens. 1930. BORNHAK, Staatskirchliche Auschauungen u. Handlungen am Hofe Kaiser Ludwigs d. Bayern, 1933. DEMPF, Sacrum Imperium, 1919. D. SCHAEFER, concilio vel judicio Berl., SB., 1913, 718 ss. KAISER, Die Annahme des Wormser Konkordats durch Bischof Ruprecht von Strassburg. Z. f. Gesch. d. Ob. Rh. s., 68. 604. HOFMEISTER, Das Wormser Konkordat, Schaeferfestschrift, 1915, 64 ss. FEIERABEND, Die politische Stellung der Reichsabteien waehrend des Investiturstreits, 1913.

FICKER, Ueber das Eigenthum des Reichs am Reichskirchengute, 1873, Wiener, SB., 72. Sobre esto, véase WAITZ, Ges. Abhdl., I, 576;—VG., VII, 194 ss. HINSCHIUS, Kirchenrecht, II, 530 ss. HEUSLER, Institutionen d. deutschen Privatrechts, I, 314 ss. STUTZ, Die Eigenkirche als Element des mittelalterl. germ. Kirchenrechts, 1895;—Regalie en la Hauck-Herzogs Realenzyklop, f. protest. Theologie, XVI, 536. BOERGER, Die Belehnungen der dl. geistichen Fuesrsten, 1901. HOERGER, Die reichsrechtliche Stellung der Fuerstaebtissinnen, Arch. f. Urk.-Forschung, 9, 195 ss. POESCHL, Die Regalen d. mittelalterl. Kirchen, 1928; sobre esto. Degener, ZRG. Kan., 19, 719. GEFFCKEN, Die Krone und das niedere deutsche Kirchengut unter Kaiser Friedrich II. 1890. HAUCK. Kirchengeschichte, III, 1906-V, 1911. STUTZ, Kirchenrecht en la Holtzendorff-Kohlers Enzyklopaedie, V, 1914. 288 ss. WERMINGHOFF, Geschichte der Kirchenverfassung Deutschlands im Mittelalter. 1, 1905;—Verfassungsgesch. d. d. Kirche im Mittelalter en Meisters Grundriss der Geschichtswissenschaft, 1913. v. WICKEDE, Die Vogtei, 1886. DOPSCH, Die falschen Karolinger Urkunden fuer St. Maximin, MJÖG., 17, 30. H. BRUNNER, Exemtionsrecht der Babenberger. Wiener, SB., 47, 25 (1864). LUSCHIN v. EBENGREUTH, Geschichte des aelteren Gerichtswesens in Oesterreich. 1879, 152 ss. Ferdinand SCHULTZ, Beitraege zur Geschichte der Landeshoheit im Bistum Paderborn: Die Vogtei, 1903. MARTINI. Die kirchliche Vogtei im Erzstift Salzburg, 1906. A. PISCHEK. Die Vogtgerichtsbarkeit sueddeutscher Kloester, 1907; sobre esto. Stutz. ZRG., 28, 557. GLITSCH. Untersuchungen zur ma. Vogtgerichtsbarkeit, 1912. H. HIRSCH, Die Klosterimmunitaet seit dem Investiturstreit. 1913. sobre esto, Beyerle, ZRG., 34, 677 ss.—Die hohe Gerichtsbarkeit im deutschen, MA., 1922.—Ueber d. Bedeutung d. Ausdrucks Kastvogt, Zeitschr. d. hist. Ver. f. Steiermark. 26 (1931), 64. WAAS, Vogtei und Bede, in der deutschen Kaiserzeit. I. 1919. II. 1923. Sobre esto, Planitz. ZRG. 41. 121 ss., 44. 462 ss. OTTO, Die Entwicklung d. deutschen Kirchenvogtei im 10. Jahrh., 1933. RATHGEN, Untersuchungen ueber die eigenkirchenrechtlichen Elemente der Kloster und Stiftsvogtei. ZRG., Kan., 17. 1 ss. K. HOFMANN, Die engere Immunitaet in den deutschen Bischofestaedten. 1914. BUDDE, Ueber die rechtliche Stellung. St. Einmerans in Regensburg, Arch. f. Urk.-Forsch., 5, 153 ss. KUEHN, Die Immunitate der Abtei Gross St. Martin zu Koeln. 1913. SCHREIBER. Kurie und Kloster, I. II. 1910. BRACKMANN, Die Kurie und die Salzburger Klosterprovinz. 1912. PAUEN, Klostergrundherrschaft Heisterbach, 1913. WIRTZ, ZRG., Kan., 4, 116 ss. SCHREIBER. ibidem, 74.—STENZEL. Die geistlichen Gerichte zu Strassburg.

Z. f. G. des. Ob: 1913; sobre esto, Koeniger. ZRG. Kan., 4. 550 ss. HASHAGEN, Zur Charakteristik der geistl. Gerichtsbarkeit im spaeten M.-A., ZRG. Kan., 6, 205 ss. RIEDNER. Die geistl. Gerichtshoefe zu Speier. II, 1915.

§ 37. La corte del rey y la administración del Imperio

El rey de los alemanes, al igual que el de los francos, careció de residencia fija. Iba de palacio en palacio, en tránsito de una ciudad a otra, y tras él se movilizaba la corte y la administración del Imperio.

La disposición de los funcionarios en la corte real no solo careció de una estructura fija, sino que al principio estuvo tan desorganizada que el cargo de conde palatino perdió su carácter de cargo de la corte y, de otro lado, se hicieron con cargos en ella funcionarios que no tenían parte en el *status* cortesano. Así, la dirección suprema de la cancillería del Imperio, el cargo de archicanciller, fue a parar al arzobispo de Maguncia, que, con breves interrupciones, le conservó para Alemania, mientras que el cargo de archicanciller para Italia se vinculó por Conrado II con el arzobispado de Colonia, y a fines del siglo XIII se incorporó al arzobispado de Tréveris el cargo de archicanciller para Borgoña (*per Galliam et regnum Arelatense*). Tan solo en ocasiones de gran importancia y especial solemnidad actuaba personalmente el archicanciller. El canciller de la corte (*cancellarius, imperialis cancellarius*) nombrado por el rey, dirigía los negocios propios de la cancillería[104]. Bajo el canciller de la corte se encontraba el protonotario (*pronotarius aulae imperialis*), de quien eran subordinados un cierto número de notarios y escribanos (*magistri, notarii. dictatores, secretarti*). La cancillería del conde palatino, tal como surgió en la época carolingia, desaparece al dejar de ser el *comes palatii* cargo de la corte. En cambio, el juez supremo de la corte (*iustitiarius curiae regiae*), creado el año 1235, recibió una cancillería judicial privativa.

Las funciones de los cuatro altos cargos de la corte, del trinchante, del mariscal, del camarero y del escanciador, fueron desempeñadas en ocasiones especialmente solemnes, como la de la coronación, por los titulares de los cargos supremos. Los menestrales del Imperio prestaban el servicio cotidiano de la corte. A los cuatro altos cargos tradicionales se agregó, en la época de Felipe, el maestro de cocina (cargo de nueva creación fue también el de montero mayor del Imperio). Con el transcurso del tiempo estos cargos cortesanos se convirtieron en cargos hereditarios de determinadas familias.

Desde el siglo XII encontramos de nuevo como en el período franco (cfs. supra § 17) consejeros profesionales jurados, de carácter permanente, e igualmente personas de la confianza del rey, *cortsiliarii, familiares,* entre los que se cuentan también personas laicas. Su conjunto recibe el nombre de *consilium* (después, consejo de la corte) y ocasionalmente el de *curia.* En la época de los Staufer pertenecieron a este *consilium,* el canciller, el protonotario, varios funcionarios de la corte y los consejeros llamados a la corte.

Los nuevos cargos creados en la corte real desde el siglo XIII fue, ron tomados de la administración territorial, signo evidente de que el Imperio había dejado de

---

[104] Desde la terminación del siglo XIII pretendió el arzobispo de Maguncia ser nombrado canciller de la corte. Aunque este derecho le fue concedido por Alberto I. Enrique VII y Luis el Bávaro. no tuvo realidad práctica y aparece desconocido por la Bula de oro de Carlos IV.

ser, por sí, la fuerza determinante del desarrollo de los cargos públicos. Corresponde a este proceso el cargo de juez supremo de la corte, copiado del rey de Nápoles y Sicilia, y el cargo de magistral de la corte, formado en las cortes de los príncipes de la Alemania superior, que desde comienzos del siglo XIV aparece también en la corte real. El magistral de la corte (*magister curiae*), originariamente simple funcionario económico, llegó a compartir con la suprema dirección de la economía de la corte una intervención principalísima en los asuntos del gobierno. En tiempo de Ruperto se dividió este cargo según el patrón territorial, y así como los quehaceres de administración económica se asignaron a un magistral doméstico de la corte, los asuntos de gobierno fueron atribuidos a un magistral supremo de la corte. A su vez recibió este el primer lugar en el consejo real de la corte.

Oriundo de Italia fue el cargo de conde palatino de la corte (*comites sacri palatii*) que desde Carlos IV fue conferido en Alemania por el rey, y que tenía poder (*comitiva,* infra § 66) para el nombramiento de los notarios, para la *legitimatio per rescriptum principis* y para otros actos de jurisdicción voluntaria.

Como en la época franca, solía el rey aconsejarse sobre los asuntos importantes del gobierno del reino, de los magnates eclesiásticos y laicos del Imperio reunidos en las Dietas de la corte o del Imperio[105]. En la literatura germánica se ofrece una delimitación vacilante de la Dieta de la corte y la del Imperio. Recibe este último nombre la Dieta de la corte, que tiene una importancia de carácter general. Los obispos, abades del Imperio y feudatarios del rey estaban obligados a concurrir a las Dietas de la corte y a permanecer hasta que decidiera el rey. Quedaba al arbitrio real su convocatoria y la selección de los invitados. De este modo podía convocar solo a magnates de un País en una Dieta de la corte territorial. Al principio no existió para el rey obligación de pedir consejo o de seguirle. Pero desde el siglo XII nacieron paulatinamente del simple consejo, un derecho de los magnates a tomar resoluciones; de la medida de administración originaria, un principio de la organización del Imperio y de la obligación de concurrir a la corte, un derecho a la condición de estamento del Imperio, es decir, a la facultad de participar en las deliberaciones de las Dietas imperiales con derecho a escaño y voto. Consiguieron este derecho los príncipes electores, los demás príncipes y señores; pero no los menestrales del Imperio, que en la época de los Staufer concurrieron a las Dietas imperiales. Desde Guillermo de Holanda las ciudades tienen también representación en las Dietas imperiales, si bien en calidad de partícipes menores, pues solo intervenían en ciertas ocasiones como las de constitución de paces territoriales, mientras que en asuntos no concernientes a ellas directamente carecía de voto. También las ciudades imperiales y las episcopales adquirieron únicamente esta condición limitada de estamentos del Imperio. La competencia de la Dieta imperial no estaba circunscrita en normas jurídicas fijas. Los señores de escaso poderío buscaban el asentimiento de la Dieta, aunque según práctica tradicional fuera superfluo. Desde los días de los Staufer es necesaria la intervención de la Dieta imperial para las expediciones militares del reino, para los actos de legislación imperial, para el establecimiento de principados imperiales y para los tratados importantes con el Papa y con las potencias extranjeras. Quedaba al arbitrio real fijar el lugar de reunión. En Alemania las Dietas del Imperio se celebraron en las ciudades episcopales

105 La denominación de Dieta del Imperio aparece solo a fines del siglo XV. Hasta entonces se decía Corte, Conversación (común, real o imperial). Dieta, Asamblea, *Curia, Colloquium, Parlamentum.*

o en las ciudades imperiales. La Bula de oro reconoció como antigua tradición que todos los reyes debían convocar en Nuremberg la primera Dieta del Imperio. La adopción de acuerdos se producía en la forma seguida para investigar las sentencias judiciales. Desde el siglo XIV se advierte que los príncipes electores, los demás príncipes y señores y las ciudades decidían en reuniones por separado.

SEELIGER, Erzkanzler und Reichskanzleien, 1889. BRESSLAU, Urkundenlehre, I, 405 ss. M. BUCHNER, Entstehung des trierischen Erzkanzleramtes, Hist. Jahrb., 32, 1 ss.; FICKER, Die Reichshofbeamten der staufischen Periode, Wiener, SB., 40;—Reichsfuerstenstand, II, 1, 43 (Reichshofrat), II, 2 (Reichshoffahrt). SAMANEK, Der Marschall des Kaiser sim nachstaufischen Reichsitalien, 1912. SCHUBERT, Die Reichshofaemter und ihre Inhaber, MJÖG., 34. 427. SAMANEK. Kronrat und Reichsherrschaft im 13, u. 14. Jahrh., 1910. SEEEIGER, Dar deutsche Hofmeistcramt im spaeteren Mittelalter, 1885. H. v. WEDEL, Hasso der Rothe v. Wedel-Hochzeit und Hasso II v. Wedel-Falkenburg. 1897. 52 ss. GESLER, Der Bericht des monachus Hamerslebensis ueber St. Simon und Juda, 1914. SCHWARZ. Aragonische Hofordnungen, 1914. FRENSDORFF, Reich und Reichstag, Hans. Gesehichtsbl., 1910. 1 ss. BRACKMANN, Heinrich IV. und der Fuerstentag zu Tribur. HistVsehr., 5, 153 ss.—JOACHIM. Geschichte der teutschen Reichstaege, 1762. W. SICKEL, Zur Geschichte des deutschen Reichstags im Zeitalter des Koenigtums MJÖG., 1.° vol. suplementario. GUBA, Der deutsche Reichstag... in den Jahren, 911-1125. 1884. WACKER. Der Reichstag unter den Hohenstaufen, 1882. Herm. EHRENBERG, Der deutsche Reichstag in den Jahren, 1273-1378, 1883. Alf. VAHLEN, Der deutsche Reichstag unter Koenig Wenzel, 1891. WENDT, Der deutsche Reichstag unter Sigmund, 1410-1431, 1889. BEMMANN. Zur Geschichte des Reichstages im 15. Jahrh., 1907. BRUELCKE, Die Reichsstandschaft der Staedte, 1881. KEUSSEN, Die politische Stellung der Reichsstaedte mit besonderer Beruecksichtigung ihrer Reichsstandschaft unter ICoenig Friedrich III, 1140-1457, 1885. W. BECKER, Ueber die Teilnahme der Staedte an den Reichsversammlungen unter Friedrich III. 1440, bis 1493. 1891. LINTZEL, Die Beschluesse der deutschen Hoftage von 911—1056 (1924). Sobre el derecho de resistencia vide supra, la literatura referente al § 34.

§ 38. Los funcionarios en las diversas partes del Imperio

Después de la desintegración de la monarquía franca, quedó subsistente en Alemania la organización administrativa de los francos en la medida que llegó a penetrar en los diversos troncos alemanes. En este período, como en el anterior, ejerce el conde las funciones de juez en el condado, y en su actividad judicial recibe también el nombre de juez territorial, *iudex provincialis.* El subdistrito del condado, la centena o *zent,* en Sajonia *go,* estaba bajo el *centenarius, zentenaere, zent grave,* en Sajonia el *gôgreve,* El *sculthaisus* (*schulze,* en Frisia, *skelta*) condal era un órgano ejecutivo del conde. Pero cuando aquel cargo se fundió con el de *centenarius* llegó a ser frecuentemente un juez subalterno. Ocupó una posición superior en Sajonia del Este[106] donde se ofrece como el regidor independiente del tribunal del *sculthaisus* o tribunal libre[107] (§ 43), cuya asamblea estaban obligados a frecuentar los *pfleghaften* (§ 25); además, tenía derecho a tomar asiento en el tribunal del conde, mientras que

[106] Al Este del Ocker. No sin fundamento se discute que pueda decirse lo mismo para toda Ostfalia.

[107] Por el contrario las demás asambleas judiciales libres de Sajonia son tribunales del cande. Cf. también WAAS, Vogtei und Bede, II, 54.

como órgano ejecutivo del conde funcionaba un mensajero judicial. La organización del escabinato franco no penetró en todas partes, quedando subsistente en otras. En los frisones se conservan como sentenciadores fijos sus *asegas* (§ 7) característicos. En Baviera el juez nombra para la determinación de la sentencia un cierto número de asistentes de entre los que forman parte de la asamblea judicial, los llamados prolocutores del derecho.

La institución carolingia de los *missi* reales no ha persistido en los países de procedencia alemana. Pero a fines del siglo IX se sitúa entre la monarquía y la potestad condal un nuevo poder político, el ducado troncal o nacional (§ 18). El duque troncal acaudilla las fuerzas militares del tronco, ejerce en la extensión de su ducado una jurisdicción de grado superior y reúne Dietas de su corte a las que debían concurrir los condes que le estaban subordinados; en Baviera, también los obispos y margraves. Para crear un contrapeso a la potestad ducal, la monarquía procedió desde Otón I a instituir condes palatinos troncales o nacionales, cuyo cargo fue continuación del de los *missi regis* permanentes de Italia. El conde palatino, en representación del rey, tenia que velar por los derechos reales dentro de su territorio respectivo; sobre todo era de su incumbencia la inspección de los bienes e ingresos de la corona[108]. En la lucha contra el inquieto ducado troncal halló el rey alemán un aliado en los príncipes sometidos al duque. Este no pudo resistir largo tiempo la doble presión ejercida simultáneamente por la potestad superior y por los inferiores. La caída de Enrique el León decide la destrucción del ducado troncal.

Los acuerdos de paz territorial condujeron a) establecimiento de tribunales de dicho nombre, delegados para determinados distritos. La posición de hegemonía del landgrave de Turingia parece proceder de su actuación en la presidencia de los tribunales de la paz territorial, mientras que en otros casos correspondía el título de landgraves a aquellos condes que, una vez desaparecida la organización del *gau* (§ 6), habían conservado la jurisdicción superior y ciertos otros derechos condales en el antiguo distrito del cargo.

Los condes de la marca, margraves, tienen una posición de mayor independencia y una potestad sancionadora más intensa que los demás condes. Ejercían la jurisdicción superior personalmente o por medio de sus funcionarios representantes, sin que para ello se necesitara el requisito de la concesión real del coto. Como dice el Espejo de Sajonia (Ldr. II, 64 § 7. 65, § 1) el margrave juzga en su propio homenaje.

Sobre los grandes complejos de bienes de la corona y sobre las abadías de realengo actuaban los *advocati* imperiales como funcionarios de la administración pública y del ejercicio de la jurisdicción condal.

Tenían una condición exclusivamente militar los burgraves (*burggravius, castellanus, praefectus*), comandantes urbanos de las ciudades fortificadas, siempre que no se reunieran en la misma persona, a más de este cargo, el de un conde o de un *advocatus*. Encontramos el mismo título en las marcas de Sajonia superior para el comandante del burgo que, junto a las funciones defensivas, desempeñaba otras de

[108] Según la concepción más moderna, los condes palatinos no son una creación peculiar de la época de los Otones, sino la continuación de los condes palatinos de la corte que ya existían en la corte carolingia. LINTZEL, ZRG., 49, 233 ss.

carácter administrativo y jurisdiccional sobre un distrito municipal cerrado perteneciente al burgo[109].

HILLMANN, Das Gericht als Ausdruck deutscher Kulturentwicklung im MA., 1920. SCHROEDER, Gerichtsverfassung des Ssp. en ZRG., 5, 1;—Der ostfaelische Schultheiss. ibidem, 7, 1. E. MEISTER, Ostfaelische Gerichtsverfassung im Mittelalter, 1912; sobre esto. Beyerle, Die Pfleghaften, ZRG., 35. 212 ss., Philippi, MJÖG., 35, 209 ss. FEHR, Fuerst und Graf im Ssp., 1906. ECKERT, Der Fronbote im Mittelalter, 1897; cfs. la literatura citada anteriormente sobre la historia de las clases sociales, § 25 y sobre la concesión del coto, § 34. v. RICHTHOFEN. Untersuchungen ueber fries., RG., 1880 ss. HECK, Die altfriesische Gerichtsverfassung, 1894. JAEKEL, Foged, Skelta, Fräna und Bon, ZRG., 28, 205. PAULS, Zur Geschichte der Eideretedter Gerichtsverfassung, Ztschr. d. Gesellsch. f. Schlesw.-Holst. Gesch., 57, 169 ss. ROSENTHAL, Geschichte des Gerichtswesens und der Verwaltungsorganisation Baierns, I, 1889. v. VOLTELINI, Entstehung der Landgerichte im bayr.-oesterr. Rechtsgebiete, Archiv. f. oesterr. Gesch., 94, 25 ss. WOHLHAUPTER, Hoch-und Niedergericht in d. ma. Gerichts-verf. Bayerns, 1929. STOLZ, Geschichte der Gerichte Deutschtirols, Arch. f. oesterr. Gesch., 102. STRNADT, Grenzbeschreibung der Landgerichte des Innviertels, ibidem. GRUND, Beitraege zur Geschichte der hohen Gerichtsbarkeit in Niederoesterreich, ibidem, 99, 397 ss.—WEILAND, Das saechsische Herzogtum unter Lothar und Heinrich dem Loewen. 186. RIEZLER, Die herzogliche Gewalt in Bayern unter Heinrich dem Loewen und Otto I (Heigel u. Riezler, Das Herzogtum Bayern, 1876, 139 ss.). GRAUERT, Die Herzogsgewalt in Westfalen, 1877. JANSEN, Die Herzogsgewalt der Erzbischoefe von Koeln in Westfalen, 1895. Eugen ROSENSTOCK, Herzogsgeualt und Friedensschutz. 1910. KARNBAUM, Die Aufhebung des Herzogtums Francken, NA., 37, 786 ss. G. SCHMIDT, Das Wuerzburgische Herzogtum, 1913. ROSENSTOCK, Wuerzburg, das erste geistliche Herzogtum HistVjschr., 16, 68-77. HIRSCH, Die hohe Gerichtsbarkeit, 1922, 204 ss. FLAMM, Der Titel Herzog von Zaehringen Z. f. Gesch. d. Ob. Rh. s., 69, 254. KOESTER, Die staatlichen Beziehungen der boehmischen Herzoege und Koenige zu den deutschen Kaisern, 1912. DÜNGERN. Wie Bayern das Oesterreich verlor, 1930, sobre esto, Queterbock, Hist., Z., 147 (1933), 507. Sobre la calda de Enrique el León: GUETERBOCK, Der Prozess H. s. d. L., 1909;—Die Gelnhaeuser Urkunde und der Prozess Heinrichs des Loewen, 1920. HALLER, Arch. f. Urk. Forsch., 3, 241 ss., NIESE., ZRG., 34, 195 y HZ., 112, 548 ss., SCHAMBACH, Hist., Z., 16, 374 ss. Z. fuer Nieder-Sachsen, 1916, 1 ss., ZRG., 40, 366 ss. BIEREYE, Hist., Z., 115, 311 ss. u. HistVjschr., 18, 107 ss. P.J. MEIER, Braunschweiger Gesch., Z., 14, 1 ss., R. MOELLER, ZRG., 39, 1 ss. MITTEIS, Politische Prozesse, 1927, 48 ss. ERBEN en Festschrift fuer Kehr, 1926, 389 ss.—PFAFF, Geschichte des Pfalzgrafenamtes, 1847. FICKER, Forschungen zur Reichs—und RG. Italiens, I (1868), 312 ss. PUNTSCHART, Herzogseinsetzung und Huldigung in Kaernten, 1899, 292. H. SCHWARZ, Zur Gesch. d. rheinischen Pfalzgrafschaft in d. Westd. Z. f. Gesch. u. Kunst, XXVI, 145. SCHROEDER. RG., 546 ss. HAMPE, Die Pfaelzer Lande in der Stauferzeit, Hist., Z., 115, 1 ss. LINTZEL. Der Ursprung d. deutschen Pfalzagrafschaften, ZRG., 49, 233. HEINZE, Entwicklung der Pfalzgrafschaft Sachsen, in Sachsen und Anhalt. I (1925),

---

[109] Esta concepción del cargo de burgrave, formulada por RIETSCHEL, se discute hoy por ECKHARDT (ZRG., 46, 163), que ve en el burgrave un conde de la ciudad paralelo al conde del *gau* o distrito, en tanto que excepcionalmente no tuviera solo, como en Augsburgo, jurisdicción inferior, o (Estrasburgo) únicamente facultades de policía: en contra Fr. BEVERLE, Fest. f. E. Mayer (1932) 68, a cuya opinión se adhiere v. SCHWERIN.—Sobre los burgraves de Nuremberg. recientemente DANNENBAUER, Die Entstel ung des Territoriums der Reichsstadt Nuernberg, 1928, 67 ss.

20 ss. FRANCK, Die Landgrafschaften des heil. roem. Reichs, 1873. SCHENK ZU SCHWEINSBERG, Beitraege zur Frage nach der Bedeutung der Landgrafschaften in den Forsch. z. deutschen Geschichte, XVI. DOBENECKER, Ueber Ursprung und Bedeutung der thuering. Landgrafschaft, Z. d. Vereins f. thuering. Gesch., XV, 299 ss. Sobre las relaciones de los margraviatos. STENZEL, De marchionum in Germania origine et officio publico. 1824. KUEHNS, Geschichte der Gerichtsverfassung und des Prozesses in der Mark Brandenburg, 1865, 67. POSERN-KLETT, Zur Geschichte der Verfassung der Markgrafschaft Meissen im 13. Jahrh., 1863. KOETZSCHKE, Die deutschen Marken im Sorbenland, Festschr. f. Seeliger, 1920. W. v. SOMMERFELD, Beitraege zur Verfassungs- und Staendegeschlechte der Mark Brandenburg im Mittelalter, 1904. Heinrich BRUNNER, Das gerichtl. Exemtionsrecht der Babenberger. 1864, Wiener, SB., 47. Franz v. KBINES, Forschungen zur Verfassungs-und Verwaltungsgeschichte der Steiermark, I: Verfassung und Verwaltung der Mark und des Herzogthums Steier von ihren Anfaengen bis zur Herrschaft der Habsburger, 1897; IV, 1: Landesfuerst, Behoerden und Staende (1283-1411), 1900. LUSCHIN v. EBENGREUTH. Geschichte des aelteren Gerichtswesens in Oesterreich ob und unter der Ems, 1879.—RIETSCHEL, Das Burggrafenamt, 1905. K. BEYERLE, Die Faelschungen des Burggrafen Heinrichs III, von Arberg. 1913. ZELLER, Das Augsburger Burggrafenamt, Arch. f. Gesch. des Hochstifts Augsburg vol. 5, 321 ss. PETERKA, Das Burggrafenamt in Boehmen, 1906.

§ 39. La soberanía territorial

El nacimiento del señorío de soberanía territorial determina una completa transformación de los fundamentos jurídico estatales del Imperio. Este proceso tiene su peculiar punto de arranque y su centro en el poder condal, porque la soberanía territorial nace de este poder y se concentra en su derredor[110]. Dichas con brevedad, sus causas son las siguientes. La división proporcional del Imperio en distritos condales desaparece (fenómeno llamado de la disolución del *gau,* o distrito). Los distritos condales se dividen en varios condados. De otra parte, se reúnen por entonces en una mano varios condados, y con el poder condal se vinculan no rara vez derechos de inmunidad. Numerosas inmunidades en pleno desarrollo dividen la circunscripción del conde por razón del cargo, o se infiltran en ella. Los derechos condales se adquieren por las fundaciones eclesiásticas o por los señores laicos, las grandes iglesias llegan incluso a hacer suyos condados enteros. Estas adquisiciones se obtenían mediante privilegios o por vía de usurpación[111]. Fue un hecho decisivo la transformación de los cargos en feudos hereditarios; a causa de que el titular del cargo ejerce ciertamente los derechos públicos en nombre del rey, pero en utilidad propia, las facultades del cargo se convierten en derechos de disfrute[112] y encuen-

[110] Esto debe significar que solo los titulares de la jurisdicción superior llegaron a ser señores de soberanía territorial. Pero no que la jurisdicción superior baste por sí sola para constituirla. Para ella se requiere una potestad sobre los dependientes del distrito judicial que tenga alcances más dilatados que los de la jurisdicción.

[111] El titular del poder condal podía ser también señor de la tierra en su distrito judicial. Tampoco en este caso nace la soberanía territorial porque la dominación del señor se amplíe, en la forma del llamado señorío del coto, a lugares no correspondientes a aquella dominación, sino que descansa en la extensión de los derechos de inmunidad a distritos fuera de tal relación de señorío.

[112] Desde Otón III cabe probar documentalmente la transmisión de condados con atribución de todas sus utilidades. Dipl. Otton., III, 16, a. 985: quicquid camere nostre provenire poterat ex comitatu iam dicto ecclesie... cedendum permittimus. Dipl. Otton..

tran apoyo los deseos de autonomía de las personas e instituciones en posesión de la potestad condal.

Cuando, con la caída de Enrique el León, sucumbió el ducado troncal, no fue la monarquía, sino la potestad de los príncipes, la que recogió los frutos de esta victoria. Es también desde esta época cuando por vez primera encontramos la expresión *dominus terrae.* La germinación del señorío de soberanía territorial se vio favorecida en grado sumo por la política de los reyes alemanes dirigida sobre Italia. Para conseguir aquí triunfos momentáneos se allanaron los reyes a lo que vino en gusto a los príncipes. En cambio, quedó entorpecida en su desarrollo la vida municipal, único poder que todavía hubiera podido oponerse como contrapartida al de los príncipes. Es, sobre todo, a esta política a lo que deben su origen dos leyes imperiales del siglo XIII, el privilegio de 1220 para los príncipes eclesiásticos y el *Siatutum in favorem principum* de 1231-32, donde en primer término renuncia el rey en pro de los príncipes a importantes derechos, en parte detenta dos ciertamente por ellos con anterioridad y, además, dictó al propio tiempo en favor de los señores de soberanía territorial una serie de disposiciones con visible animadversión hacia las ciudades.

La soberanía territorial, sancionada de este modo por leyes imperiales, se desarrolló rápidamente en el período del interregno por la inexistencia del poder real y luego por su debilidad. Si en un primer momento llegó a nacer bajo la protección del feudalismo, en un segundo período de su crecimiento se esfuerza por romper las trabas del derecho feudal. Desaparece el requisito de la concesión del coto para los jueces superiores del territorio. Una vez que la transformación de los cargos en feudo hubo servido como palanca importantísima para la formación de la soberanía territorial, rompió esta con el feudalismo dentro de los territorios. Según el derecho feudal del Imperio, el titular de un feudo judicial estaba obligado a conceder a su vez los subfeudos contenidos en él. Desaparecida la concesión del coto, los señores territoriales eludieron la vigencia de dicha norma jurídica, va que en sus territorios no continuaron entregando en feudo los tribunales, sino que instituyeron a sueldo jueces territoriales, *advocati,* u oficiales, de modo que los feudos se transformaron en cargos en el sentido propio de la palabra. Así vino a resultar que mientras el rey seguía sujeto, como estuviera antes, en la provisión de los cargos de príncipes a la coacción de su otorgamiento, los príncipes quedaron libres, por su parte, de semejante limitación. La soberanía territorial hace nuevas adquisiciones—inicialmente solo para los territorios de los príncipes electores—en virtud de la Bula de oro. En ella se confieren expresamente a los príncipes electores el derecho de moneda, la regalía de minas, el derecho de aduanas y la protección de los judíos. Consiguieron, además, el privilegio *de non evocando,* es decir, la liberación de la Curlandia del *ius evocandi* real, y el privilegio *de non appellando.* Finalmente, se estatuyó la indivisibilidad de la Curlandia (territorio del electorado) y la sucesión por primogenitura. El grado de autonomía concedido a los príncipes electores fue objetivo que se propusieron alcanzar los demás señores de soberanía territorial; no pocos, del modo más desconsiderado. La falsi-

---

111, 366, a. 1000: Wurzburgo recibió dos condados eum omni utilitate rei publicae. Dipl. Heinr.. II. 225, a. 1011 para Paderborn: episcopus suique successores liberam habeant potestatem de eodem comitatu eiusque utilitatibus quicquid eis placuerit faciendi. Vide las referencias en WAITZ, VG., VII. 27.

ficación hecha en Austria del llamado *Privilegium maius*, supuestamente fechado en 1156 (confirmado por Federico III), muestra que no repudiaron medio alguno para conseguir su fin. En el siglo XV se impugnó seriamente el *ius evocandi* del tribunal de la corte del Imperio, y en 1487 se prohibió en absoluto al que era entonces tribunal cameral del rey.

La soberanía territorial se integró tanto en orden a los superiores como a los inferiores. El complejo de sus derechos ducales, condales, de señorío feudal, de inmunidad, de procedencia inmobiliaria o del señorío de servicios y de la abogacía, más las regalías del rey que le fueron transmitidas, desembocan en el concepto genérico del poder estatal. Cuando los derechos singulares no se distinguían ya según su procedencia histórica, aparecen como consecuencia de una potestad sobre todo el territorio, potestad que, según su esencia, tiene el carácter de soberana y unitaria.

La sucesión en los territorios laicos se configuró en un primer momento como sucesión individual, conforme a los principios del Derecho feudal. Cuando los señores de soberanía territorial desbordaron las limitaciones del Derecho feudal, estimaron como una conquista la división del territorio, cual si fuera un patrimonio propio, entre los herederos con igual derecho, y únicamente la experiencia de que las divisiones perjudicaban los intereses de la Casa y amenazaban pulverizar el poder de los príncipes, hizo nacer en numerosos territorios el deseo de que se estableciera su indivisibilidad de Derecho público, por leyes de la Casa, contratos de la familia o privilegios reales, y que se introdujera la sucesión por primogeniture según el modelo de los territorios del electorado laico.

La organización de los cargos fue diversa en cada territorio. Por lo regular se encuentra como órgano de la administración central al magistral de la corte, en cierto modo una edición reducida del mayordomo franco, y, además, el canciller, y de los titulares de los cargos domésticos, el mariscal y el camarero, que de funcionarios de la administración de la corte ascienden a cargos de la administración territorial. Había también gentes de la corte que en caso de necesidad estaban obligados a prestar consejo al soberano territorial. De aquí nacieron en algunos territorios, a partir del siglo XIV, cuerpos de consejeros de la soberanía territorial con el carácter de autoridades comisionadas. En la cúspide del distrito administrativo territorial se encontraban como funcionarios del señor los jueces territoriales, los *advocati*, oficiales o curadores. De este modo resultó que, de hábito, se reunían en la misma mano la administración pública y el ejercicio de la justicia. Sin embargo, se encuentran deslindadas en algunas partes del Imperio, como sucedió concretamente en la Alemania occidental y en Baviera, donde estaba subordinado al funcionario de la administración, al oficial o curador un juez oficial para el desempeño de las funciones judiciales.

Hacia el siglo XIII sobreviene una transformación fundamental en la organización de los tribunales, en tanto que la competencia de los órganos jurisdiccionales condales (tribunales territoriales, *iudicia maiora*) no se determina, para su deslinde de los tribunales menores (*indicia minora*), por el concepto de las *causae maiores* (delitos de sangre, litigios sobre la libertad y la propiedad), sino por la condición social de las partes. Los tribunales menores pierden toda competencia sobre las personas sinodales[113]; sobre ellas conocían los tribunales territoriales supremos,

[113] Statutum in favorem principum c. 9: Ad centas nemo sinodalis vocetur.

mientras que los tribunales de grado inferior (tribunales territoriales inferiores, tribunales de la centena, tribunales superiores), en calidad de nuevos tribunales superiores obtuvieron el coto de sangre sobre las clases de población inferiores y sobre la propiedad rústica. La jurisdicción menor fue ejercida por tribunales de los pueblos o tribunales de los señores[114]. De los órganos de jurisdicción territorial que presidían personalmente los señores de soberanía territorial, o de las antiguas asambleas judiciales para la paz territorial se desarrollaron como tribunales para los nobles y como tribunales profesionales, los tribunales de la corte de los príncipes territoriales, donde se nombraban jueces de corte permanente en representación de los príncipes.

La organización de los territorios recibe su estructura por el desarrollo de los estamentos del País. Los príncipes, al igual que los reyes, solían aconsejarse de los grandes del País (*maiores terrae*) sobre los asuntos del territorio en las Dietas de su corte a las que acudían los invitados a desplazarse a la sede del soberano. La constitución de los estamentos del País se forma en conexión con tales asambleas y viene favorecida por la creciente indigencia pecuniaria de los soberanos territoriales y por las alianzas que concertaban los señores, los caballeros y las ciudades[115]. El órgano más importante de los estamentos del País fueron sus Dietas respectivas, asambleas regulares por estamentos con derecho de intervención en los asuntos importantes del territorio. Adquirieron el derecho de estamentos del País los grandes terratenientes eclesiásticos y laicos (prelados y señores), los caballeros y las ciudades, excepcionalmente también los campesinos[116]. Constituía el núcleo de las facultades a que daba derecho tal condición la aprobación de los impuestos (*beden*)[117],

[114] El ejercicio de la jurisdicción criminal estaba dividida muchas veces entre el juez superior y el inferior, en tanto que aquél solo podía ejecutar sentencias sobre delitos de sangre, o bien era necesario que se le entregara el autor para su enjuiciamiento definitivo, o bien ambos jueces dirigían conjuntamente la gestión del tribunal.

[115] El origen de los estamentos no puede concebirse de un modo unitario. Solamente con reservas cabe estimar la Dieta de la corte como predecesora de los estamentos del País. Lo esencial fue, de un lado, las aspiraciones de poderío de los que habían de constituir ulteriormente los estamentos y, de otro, el interés del soberano territorial en poseer un órgano que adoptara resoluciones con fuerza de obligar para todo el territorio y que especialmente pudiera establecer impuestos (v. Schwerin).

[116] Por ejemplo, en el Tirol desde 1407, más tarde en la abadía de Kempten, en Frisia oriental, en Baden. Las curias respectivas actuaban por separado. En ellas se exigió regularmente unanimidad.

[117] *Bede* [latin m, *beda, bat* (*h*) *a.* DRW., 1, 133 s.], también impuesto, contribución, en latin *petitio, exactio.* Prescindiendo de las *beden* concedidas en cada caso, existió un impuesto regular de derecho público igualmente llamado *bede,* que gravaba la posesión inmobiliaria laica de titular no perteneciente a la condición de caballero. [Sloet, Oorkondenboek d. graafschappen Gelre en Zutfen tot 1288. I, 338: de cotidiana et gravi exactione, que vulgo bede dicitur (a. 1177); v. Inama-Sternegg, Deutsche Wirtschaftsgeschichte, III. 1, 110: tallia annua... vulgo bede (Colonia a. 1236)]. Según la opinión dominante (resumen en v. Below, Probleme der Wirtschaftsgeschichte, 1920, 622 ss.) deriva de la jurisdicción superior. Recientemente se explica como impuesto de protección (Waas, Vogtei und Bede, II, 75 ss.). [Advierte L. Diez Canseco, AHDE., 1, 338, núm. 1: «Que el *petitum* que se pagaba en León y Castilla anualmente es, con el *servitium,* el impuesto más antiguo entre nosotros, como lo es en Francia y en Alemania con el nombre, que tiene la misma significación, de *Bede.* En León y Castilla recibió también el nombre romanceado de *taja,* porque así el reparto como el cobro de él se asentaban en varas destinadas a tal fin por un sistema convencional de muescas y señales, siendo interesante que también en Francia, sin duda por la misma razón, vulgarmente se llamaba este impuesto *taille* y *tallia* en algunas regiones de Alemania según v. Below].

que, en las ocasiones de dificultad financiera del soberano territorial, se utilizó por los estamentos para obtener más amplias facultades de intervención en el gobierno. La preponderancia de los estamentos tuvo por consecuencia una debilitación transitoria del poder de la soberanía territorial; en varios territorios llevó incluso, en materia de los funcionarios locales, a instituciones anteriores de tipo feudal y determinó un crecimiento de los señoríos territoriales a causa de que los soberanos territoriales para mantener satisfechos a los *maiores terrae* se vieron precisados a entregarles por completo las gentes de baja condición. Pero de otro lado, la consciente comunidad de intereses de las clases directoras promovió una delimitación más fuerte del País frente al exterior, que tuvo por resultado una consolidación de la unidad y de la autonomía del territorio.

SANDER y SPANGENBEBG, Urkunden zur Geschichte der Territorialverfassung, 1922 ss.—BERCHTOLD, Die Entwicklung der Landeshoheit in Deutschland, 1863. Georges BLONDEL, Étude sur la politique de l'empereur Frédéric II. et sur les transformations de la Constitution Allemande, 1892, 84 ss. Konrad MAURER, art. Landeshoheit und Landstaende en el Bluntschlis Staatswoerterbuch. A. SCHULTE, Fuerstentum und Einheitsstaat in der deutschen Geschichte, 1921. WEILAND, Friedrichs II. Privileg fuer die geistl. Fuersten en los Aufsaetzen fuer Waitz, 1886, 249 ss. HAUCK, Die Entstehung der geistlichen Territorien, Abh. d. phil.-hist. KL der Leipziger Ges. d. Wiss., 1909, 646. HAUCK, Kirchengeschichte, V, 1, 66 ss. KNAPP. Zur Geschichte der Landeshoheit, 1932. HIRSCH, Kaiserurkunde u. Kaisergeschichte, MJÖG., 35, 60 ss. BERCHTOLD, Die Landeshoheit Oesterreichs nach den echten und unechten Freiheitsbriefen, 1862. LUSCHIN V. EBENGREUTH, Grundr. d. Oesterr., RG., 1918;—Handb. der oest. Reichsg., I, 1914. WERUNSKY, Oesterr. Reichs-u., RG., 1894 ss. RAUCH, ZRG., 38, 269 ss. STOWASSER, Das Land und der Herzog, 1925; sobre esto. Dopsch, Die Landerherrlichkeit in Oesterreich VSchrSozWG., 20, 460 ss. Stolz, Hist.VSchr., 24, 267 ss., E. Mayer, ZRG., 46, 440 ss. y nuevamente Stowasser, VSchrSozWG., 19, 413 ss. Sobre el *Privilegium maius*, FICKER, Wiener, SB., 23 (1857): TANGER, ZRG., 25, 258; *Steinacker,* MÖJG. vol. suplm., 11 (1929), 205; DUNGERN, loc. cit. en el § 38. WRETSCHKO, Zur Geschichte der Tiroler Landesfreiheiten, Schlernschriften, 9, 309 ss. STOLZ. Begriff, Titel und Name des tirolischen Landesfuerstentums, ibidem. 418 ss. BORNHAK, Geschichte des preuss. Verwaltungsrechts, I, 1884. H. SPANGENBERG, Hof-und Zentralverwaltung d. Mark Brandenburg, 1908. GUNDLACH, Die hessischen Zentralbehoerden, I-III (1930-31). O. HINTZE, Die Hohenzollern und ihr Werk, 1915 PFLUGK-HARTTUNG, Forsch. z. Preuss. Geschichte, 29, 371 ss. FEHR, Die Entstehung der Landeshoheit im Breisgau, 1904. ROEMER, Grafschaft Ziegenhain Z. f. hess. Gesch., 48, 1 ss.; K. WENCK, Erzstift Mainz in Z. f. hess. Gesch., 43. 278 ss. STIMMUNG, Die Entstehung des weltl. Territ. des Erzbistums Mainz, 1915. ROERIG, Entst. d. Landeshoheit d. Trierer Erzbischofs, 1906. O. MUELLER. Entst. d. Landeshoheit der Bischoefe von Hildesheim, 1908. P. RICHTER, Der Rheingau, 1913; sobre esto, Heymann, ZRG., 35, 513. CAVELTI, Entw. der Landeshoh. St. Gallen, 1914. GASSER, Entstehung u. Ausbildung d. Landeshoheit im Gebiete d. Schweiz. Eidgenessenschaft, 1930. AUBIN, Zur Entstehung der Landeshoheit nach niederrheinischen Quellen, 1920. v. GUTTENBERG, Die Territorienbildung am Obermain, 79. Bericht d. histor. Ver. Bamberg, 1927. WREDE, Territorialgeschichte der Grafschaft Wittgenstein, 1927. ILGEN, Herzogtum Cleve, I, 1921. H. SCHULZE, Das Recht der Erstgeburt in den deutschen Fuerstenhaeusern, 1851.—Sobre el *magister curiae,* véase la literatura citada en el § 37. v. WRETSCHKO, Das oesterr. Marschallamt im Mittelalter, 1897. HEUBERGER, Das Urkunden-und Kanzleiwesen der Grafen von Tirol MJÖG., vol. suplementario, 1915, 50, 265.—SCHROEDER, Gerichtsverfassung des Ssp. in der, ZRG., 5, 1. CARO, Hist.Vjschr., 15, 1 ss. GOETZ, Niedere Gerichtsbarkeit und Grafenherrschaft im Linzgau, 1913. MELL Y PIRCHEGGER, Die steirischen Gerichtsbeschreibungen, 1914. WOHLHAUPTER, Hoch-und Niedergericht in der ma. Gerichtsverfassung Bayerns, 1929. Sobre esto, Tellenbach, ZRG., 50, 500 ss. W. FABRICIUS, Die Herrschaften des unteren Nahegebietes, 1914. Beschreibung des Oberamts Tettnang, 1915. SILBERSCHMIDT, Die deutsche Berggerichtsbarkeit Rh. Z., 5, 44 ss. WEIMANN, Das taegliche Gericht, 1913. K. O. MUELLER, Das Gericht zu Ottendorf., ZRG., 44, 168 ss.—Fr. W. UNGER, Geschichte der deutschen Volksvertretung I: Geschichte der deutschen Landstaende, 1844. WILDA, Art. Landstaende en el Weiskes Rechtslexikon. VI, 791. HINTZE, Typologie der staendischen Verfassungen d. Abendlandes, Hist., Z., 141 (1930), 229. O. GIERKE, Rechtsgeschichte der deutschen Genossenschaft, 534 ss., 1868. H. SPANGENBERG. Landesherrl. Verwaltung, Feudalismus u. Staendetum Hist., Z., 103, 473 ss.;—Vom Lehnsstaat zum Staendestaat, 1912. v. BELOW, Die landstaendische Verfassung in Juelich und Berg, 1885 ss. Alb. JAEGER, Geschichte der landstaendischen Verfassung Tirols. 1881 s. LUSCHIN V. EBENGREUTH, Die Anfaenge der Landstaende, Histor., Z., 78, 427 ss. Rudolf SCHULZE, Landstaende der Grafschaft Mark, 1907. v. BELOW, Territorium und Stadt», 1923, 2 ss, 53 ss.—Zur Frage nach dem Ursprung der aeltesten deutschen Steuern, MJÖG., 25, 445. CROON, Die landstaendische Verfassung von Schweidnitz-Jauer, 1912. RACHFAHL, Waren die Landstaende eine Landesvertretung? Schmollers Jahrb., 40, 1141 ss.

§ 40. Entidades especiales de Derecho público

Algunas de las formas de transición que operaron la transformación de la potestad por razón del cargo en soberanía territorial y de la circunscripción del cargo en territorio, se conservaron en algunos lugares del Imperio más que en otros, dando así causa para la formación de instituciones peculiares. Aquí y allá conservan los tribunales superiores su conexión inmediata con el rey y con el Imperio y de este modo se diferencian de los tribunales que llegaron a perfilar su carácter territorial puro. Concretamente, tal fue el caso en el ducado de Westfalia, donde después de la condena de Enrique el León obtuvo la potestad ducal el arzobispo de Colonia, y en los obispados de Muenster, Osnabrueck y Minden. Por más tiempo que en otras partes permaneció aquí en vigencia el requisito de la concesión real del coto para los jueces superiores, los llamados jueces libres. Esto ofreció el punto de partida para la organización peculiar del tribunal libre que en virtud de una liga secreta solo era lícito proveer con los sabedores (*scientes*), es decir, con personas que hubiesen sido iniciadas en los secretos del tribunal[118]. Como tribunales reales se atribuyeron la facultad de juzgar en todo el Imperio si el juez ordinario no quería hacer justicia o no estaba en condiciones para ello. En el siglo XIV se desarrollaron estos tribunales por la rapidez de su justicia en lo criminal y por la eficacia de su actividad. De los reyes alemanes fueron favorecidos por Ruperto y sobre todo por Segismundo, con la esperanza de robustecer así la potestad real. Hacia mediados del siglo XV empiezan a desvirtuarse[119]. El poder ilimitado que alcanzaran fue ocasión de abusos y usurpaciones. Ciudades y príncipes se reunieron para su defensa común. La reforma general del procedimiento penal hizo super-

[118] Cfs. infra § 43, pág. 181.

[119] Redacción neerlandesa en un manuscrito del siglo XV en Verslagen en Mededeelingen der Vereeniging tot uitgave der bronnen van het oude vaderl. Recht, II, 516 (1892): Dit gherecht ofte officie is nu *seer vernedert,* wanttet ervet ende versterft van den vader opten zoon ende soe voirt altijt op dat naeste ende oudste bloet; aldus coemtet by wylen datter ghecken ende siechte menschen ofte andere quade ofte bose luyden dat gebruycken.

fluas sus inmisiones en la justicia de otras circunscripciones judiciales. Finalmente, vinieron a compartir el destino que ya habían sufrido mucho antes en el coto regio la mayor parte de los demás tribunales. Desde el siglo XVI quedaron reducidos a tribunales de soberanía territorial, con cuyo carácter perduran hasta el siglo XIX, si bien con una competencia muy reducida.

Por largo tiempo se afirman en una posición peculiar semejante, pero de menor importancia, algunos tribunales territoriales del Mediodía de Alemania que, como tribunales imperiales, reivindicaron igualmente una jurisdicción sobre todo el Imperio. Entre ellos se destaca el tribunal territorial imperial del burgraviato de Nuremberg, el del ducado de Franconia en Wurzburgo (derivado de un tribunal de la paz territorial), el tribunal imperial de la corte en Rottweil y el de Heide de Leutkirche en Suabia.

Las abogacías del Imperio, divididas desde el establecimiento de la organización municipal en abogacías locales y territoriales, no existieron únicamente sobre los bienes del Imperio y en las ciudades imperiales, sino también allí donde el rey, como *primus advocatus* de una iglesia, había conservado el derecho de nombrar el *advocatus*. Los *advocati* del Imperio recibieron también algunos territorios en los que se consiguió impedir la formación de un condado hereditario. Desde fines del siglo XIII se procedió a la reorganización de los *advocati* imperiales. En Suiza la abogacía del Imperio favoreció el tránsito de los comienzos de la soberanía territorial a la plena independencia. En los cantones de Uri, Schwyz y Unterwalden poseían los Habsburgo derechos de abogacía hereditaria, derechos condales y derechos señoriales. El intento de transformarlos en una soberanía territorial completa dio impulso para la formación de la Confederación helvética. Los posteriormente llamados Cantones primitivos obtuvieron de Enrique VII el reconocimiento de su conexión imperial inmediata y la exclusión de toda jurisdicción, salvo la del tribunal de la corte imperial y la del *advocatus* territorial del Imperio. También quedaron exentos de esta última, puesto que Wenceslao concedió en 1389 a los de Uri el derecho de elegir un juez facultado para juzgar con el coto regio, y Segismundo en 1415 otorgó a Schwyz y Unterwalden el coto de sangre (jurisdicción criminal). En la lucha con los Habsburgo, la Confederación helvética supo afirmar su relación inmediata con el Imperio y ampliar y contornear su territorio. A fines del siglo XV Suiza hizo valer contra el emperador y el Imperio su exención de los impuestos y de los tribunales imperiales. Cuando consiguió realizar sus pretensiones en la llamada guerra de Suabia de 1499 rompió de hecho todos los vínculos con el Imperio alemán.

De modo transitorio se manifiestan relaciones peculiares en las localidades de Frisia entre el Fli y el Weser, sin que de todas formas impliquen un contraste fundamental con el desarrollo orgánico general de Alemania. La soberanía territorial solo se ha desarrollado aquí en una época relativamente más tardía y, en cambio, el poder real obró con menos intensidad que en otros lugares. A causa de no existir un ducado y de que los condados eran concedidos las más veces a familias señoriales y a obispos extranjeros, y de que los condes vivían habitualmente fuera del país, alcanzaron una creciente autonomía los distritos territoriales frisios (*goe*). Para la observancia de la paz territorial y la defensa de los enemigos exteriores concertaron aquéllos una alianza de paz territorial, que mencionamos en la ocasión anterior de estudiar las fuentes del Derecho frisio (§ 29). En los subdistritos de los *goe* actuaba como juez un representante del conde (*skelia o frâna*), mientras que como sentenciadores permanentes funcionaban los *asegas* (§ 7) elegidos por el partido judicial. Desde el siglo XIII es otra la estampa que muestra la organización judicial frisona. Por entonces se constituyó el tribunal con los *rêdjevan* (cónsules), *riuchtera o êhera* (señores del derecho?) elegidos por un año entre los poseedores de determinadas cortes, y a quienes incumbía dictar sentencia, a la vez que uno de ellos ocupa la presidencia como *grêtman* o *kêthere* y se cuida de la ejecución del fallo. Los *rêdjevan* consiguieron también la administración política y con ella la posición de jefes del territorio.—De las alianzas de los *goe* frisios se ha deducido, sin razón, la consecuencia de que ya en tiempo remoto habían constituido un Estado libre que en esencia conservaba su organización republicana primitiva. Concepción esta a la que dio curso la tendencia política después de la heroica liberación de los Países Bajos del yugo español.

La parte de Prusia conquistada por la Orden teutónica a consecuencia de una cruzada contra su población pagana (1230-1283), recibió una organización militar jerárquica. A la cabeza de la Orden, que se dividía en hermanos caballeros, hermanos clérigos y hermanos sirvientes, se encontraba el Gran Maestre, que perteneció a los príncipes del Imperio y que desde un principio poseyó la soberanía territorial plena. La Orden llevó a cabo la colonización del territorio conquistado mediante la fundación de ciudades alemanas, que parte vivían según el Derecho magdeburguense y parte según el lubicense, pobladas por colonias de caballeros alemanes que no pertenecían a la Orden y por el asentamiento de campesinos alemanes que residían en pueblos cerrados. El territorio se dividía en distritos militares. La administración territorial estaba tan centralizada que el Estado de la Orden ha sido considerado no sin fundamento como el Estado de tipo más moderno de los siglos XIII y XIV. Debilitada por las discordias con las ciudades y con los caballeros establecidos en el territorio, la Orden sucumbió en las luchas con Lituania y Polonia. Por la paz. de Thorn de 1466 se cedió a Polonia la Prusia occidental, y la oriental quedó también bajo su dependencia.

Kopp, Die Verfassung der heimlichen Gerichte in Westfalen. 1794. WIGAND, Das Femgericht Westfalens, 1825. v. WAECHTER, Die Vehmgerichte des Mittelalters en sus Beitraegen zur deutschen Geschichte, 1845. LINDNER, Die Verne, 1888. v. AMIRA, Das Femgerichtsbild des Soester Stadtrchivs, 1927. HEROLD, Gogerichte und Freigerichte in Westfalen. 1909. A. MEININGHAUS, Die Dortmunder Freistuehle und ihre Freigrafen, 1910; el mismo en Beitraegen zur Geschichte Dortmunds, 1918. HEINE, Beziehungen der Stadt Zerbst zu den Fehmgerichten, 1912. Schnettler. Die Veme, 1932.—VOGEL, Des Ritters Ludwig von Eyb Aufzeichnung ueber das kaiserl. Landgericht des Burggrafenthums Nuemberg, 1867. G. SCHMIDT, Das wuerzburgische Herzogtum, 1913; sobre esto, Glitsch, ZRG., 34, 579, Rosenstock HisTVjschr., 16 68 ss. COULIN, VSchrSozWG., 15. 77 ss. WEHNER V. HELTENBERG, Alte und erneuerte Ordnung und Reformation des Hoffgerichts zu Rotweil, 1610. GREINER, Das aeltere Recht der Reichsstadt Rottweil, 1900, 26. GLITSCHY MUELLER, Die alte Ordnung des Hofgerichts zu Rottweil. ZRG., 41, 281 ss. Gut, Das ehemalige kais. Landgericht auf der Leutkircher Heide u. in der Pirs, 1907. H. O. MUELLER, Das Kaiserliche Landgericht der ehemaligen Grafschaft Hirschberg, 1911. KALISCH, Grafschaft und Landgericht Hirschberg, ZRG., 34, 141 ss.—v. RICHTHOFEN, Untersuch, ueber fries. RG., 1880, 1882, 1886. HECK, Die altfriesische Gerichtsverfassung, 1894, FOCKEMA, ANDREAE, Bijdragen tot de nederl. rechtsgeschiedenis, 4.° bundel: Hoofdstukken uit de geschiedenis van rechtsmacht en rechtsvonning, 1900. Hugo JAEKEL, en ZRG., 27, 114; 28, 164, 205. v. SCHWERIN, Zur fries. Gerichtsverfassung, MJÖG., 29, 467, RIETSCHEL, ibidem, 30. 136.—

INTERTHAL, Die Reichsvogtei Wetzlar, 1928. TEUSCH, Die Reichs-Landvogteien in Schwaben und im Elsass, 1880. Jos. BECKER, Gesch. der Reichslandvogtei im Elsass, 1905. BLUMER, Staats-und Rechtsgesch. der schweizerischen Demokratien, I, 1850, II, 1858. HEUSLER, Schweizer Verfassungsgeschichte, 1920. HUBER, Die Waldstaedte Uri, Schwyz und Unterwalden bis zur ersten Begruendung ihrer Eidgenossenschaft, 1861. DIERAUER, Gesch. der schweizerischen Eidgenossenschaft, 1887, 1892. NABHOLZ en Festschr. f. Meyer v. Knonau, 1913. K. MEYER, Freiheitsbrief Heinrichs VII, fuer Uri (Neujahrsblatt), 1916. FEHR, Die Entstehung der Schweizerischen Eidgenossenschaft, 1929. v. BELOW. Zur Entstehung der Schweizerischen Eidgenossenschaft, Ztschr. f. Schweiz. Gesch., 3, 129 ss.[120]. — VOIGT, Gesch. des deutschen. Ritterordens, 1857, 1859. LOHMEYER, Gesch. von Ost-und Westpreussen, 1880, 1881. WERMINGHOFF, Der Hochmeister des Deutschen Ordens und das Reich, H st., Z., 110, 473 ss.; — Die Urkunden Ludwigs des Bayern fuer den Hochmeister, Arch. f. Urk. Forsch. V, 21, ss. SERAPHIM, Zur Geschichte und Kritik der angeblichen Statuten des Hochmeisters Werner v. Orselen. Preuss. Forsch., 28, 1 ss. ZIESEMEB. Das Marienburger Aemterbuch, 1916. KISCH, Das Muehlenregal im Deutschordensgebiet, ZRG., 48, 176 ss. KEOIXMANN, Politische Geschichte des Deutschen Ordens in Preussen, 1932. ZIEKURSCH, Der Prozess zwischen Koenig Kasemir von Polen u. d. Deut. Orden in Yah, 1339, 1934.

§ 41. Las ciudades

Como distrito administrativo especial y como corporación política se destacan las ciudades en la época postfranca del marco general del derecho público del Imperio y de los Países. El desarrollo de la organización municipal alemana — desde hace tiempo objeto de una viva controversia científica — no se enlaza, como varios admiten, en la fenecida organización municipal romana, sino que su germen ha enraizado en instituciones germánicas. En el reino franco las ciudades estaban incluidas en la organización del *pagus* y de la *centena* sin una posición administrativa especial, de suerte que no existía una diferencia de Derecho público entre la ciudad y el campo. Cuando el concepto de la ciudad se hubo formado en sentido jurídico, pertenecen a él los caracteres de derecho de mercado, tribunal de la ciudad, derecho de amurallamiento y existencia de una comunidad municipal. El derecho de mercado (*ius mercatum habendi*) forma el punto de arranque para el nacimiento de la ciudad. Las ciudades romanas que sobrevivieron en tierra alemana al arrasamiento de la invasión de los pueblos poseían las más, de antiguo, el derecho de mercado. Desde el siglo VII este derecho tenía que ser concedido por el rey (regalía de mercado)[121]. Con el mercado se vincula una paz especial y, regularmente, la aduana del mercado, la moneda y la facultad de juzgar con el coto regio en los asuntos del mercado. Los lugares del mercado forman una comunidad de derecho especial para la que tiene vigencia el derecho del mercado en sentido objetivo (*ius fori, ius forense*).

---

120 La literatura sobre la historia del derecho de Suiza se comunica y comenta regularmente por U. Stutz en la ZRG., así, 50, 595, 605 ss.; 51, 742 ss.; 52, 501 ss.; 53, 435 ss.; 54 (1934), 438 ss.

121 Según otra opinión, solo desde la época carolingia (Rietschel). Adviértase que no todo mercado llegó a ser ciudad. Sobre esto últimamente GERLACH, Ueber den Marktflecken- und Stadtbegriff im spaeteren MA. und in neuerer Zeit. Festgabe f. Seeliger 1920. 141 ss. GROSS, Stadt und Markt im spaetern Mittelalter, ZRG., 45, 65 ss. [Para estas cuestiones y buen número de las que siguen véase L. G. DE VALDEAVELLANO, El mercado. Apuntes para su estudio en León y Castilla durante la Edad Media, AHDE., 8, 201-405; concretamente acerca de la regalía de mercado. 262 ss; sobre el mercado y el origen de la ciudad, 374 ss.].

Las ciudades que no tienen su base originaria en un municipio romano, aparecen regularmente por fundación conexa con un establecimiento o residencia preexistente (palacio, burgo, inmunidad episcopal, claustro, pueblo señorial), de modo que junto al núcleo inicial se establecen comerciantes y artesanos libres que reciben sus viviendas a censo o, exentas de él, en propiedad. El nuevo establecimiento del mercado se manifiesta, por lo regular, en contraste a la antigua comunidad señorial; en todo caso coexiste con él, y forma primeramente una comunidad mercantil independiente. Sin embargo, y de modo especial en la Renania superior, se encuentran igualmente establecimientos de mercado que no solo están en relación externa, sino también orgánica con las comunidades señoriales (los llamados mercados conexos)[122]. Desde el siglo XII y por motivos económicos y políticos se fundaron ciudades sin enlace con colonizaciones preexistentes (la llamada «fundación sobre raíces libres»)[123] y se elevaron a la condición de ciudades, pueblos o colonizaciones semiurbanas a) transmitirse a ellas aquella organización de la ciudad que había llegado a ser típica.

Todo centro urbano tiene un señor de la ciudad. Es señor del mercado, se le deben aduana y moneda. En todo el territorio municipal o en una parte es señor territorial y señor del tribunal, sea por derecho propio o a título derivativo. Según que fuese señor de la ciudad el rey mismo, o un magnate eclesiástico o laico, se distinguían las ciudades en reales, como Francfort del Meno, episcopales, como Colonia y Magdeburgo, respectivamente ciudades abaciales y de soberanía territorial como Friburgo de Brisgovia, Viena y originariamente Lubeck. Las ciudades que fueron sede de obispados o de grandes abadías aventajaron a las demás en la primera fase del desarrollo municipal. Las dio una importancia muy elevada la política de los reyes alemanes que convirtió la alta prelatura en basamento capital de la potestad del Imperio.

La ciudad llegó a ser una circunscripción judicial independiente en virtud de la inmunidad estimulada por la jurisdicción del mercado que el señor territorial, convertido en señor de la ciudad, tenía *ab initio* o le era otorgada en la concesión del derecho de mercado[124]. El tribunal municipal no solo fue competente para los bur-

---

122 Sobre esto recientemente Fu. BEYERLE, Marktfreiheit u. Herrschaftsrechte in oberrhein. Stadtrechtsurkunden, Festgabe f. Paul Speiser, 1926, 39 ss. En contra v. BELOW, Eine Erneuerung der hofrechtlichen Theorie, VschrSozWG., 20 (1928), 109 ss.; réplica de v. BEYERLE, Zur Typenfrage in der Stadtverfassung. ZRG., 50 (1930), 1 ss. [¿Qué aplicación pueden tener las observaciones que hace sobre el coto de vino, el de pan y el de carne—págs. 9 ss.—a las situaciones análogas que revelan algunas de nuestras fuentes medievales? Cfs. MAYER, Historia, I, 311, número 114; II, 222. HINOJOSA, Estudios, 47;—El régimen señorial..., 110 ss., 275. COY Y COTONAT, El derecho llamado furnático en el siglo XIII, I Congr. de hist. de la Corona de Aragón (Barcelona, 1909), I, 190 ss. GOMEC, Contribució al estudi de la molinería valenciana mijeval, Ibid. III (Valencia, 1923), II, 695 ss.].

123 Según BEYERLE—loc. cit. págs. 6 y 7—el mercado no juega de igual modo en el origen de la ciudad en el caso del mercado conexo que en el de fundación «sobre raíces libres». Asegurada ya en el primer supuesto que la subsistencia de la población no es cosa del mercado el procurarla, sí, en cambio, en el segundo tipo donde es necesario el concepto del mercado a causa de no existir de antemano el suministro de los medios de vida.

124 Dentro de algunas ciudades, como por ejemplo, Colonia, existían comunidades especiales, llamadas también *Bauerschaften* [*burscapium, burscap, viciniae, parochiae, heimschaft,* cf. DRW. y CIERRE, Das d. Genossenschaftsrecht, I (1868), 333] que bajo un regidor denominado *bauermeister* [burgmagister, *magister vicinorum*] (heimburgués) tenían que desempeñar, de modo autónomo, funciones judiciales y administrativas. RIETSCHEL, Markt und Stadt, 169 ss. LAPPE, Die Bauerschaften der Stadt Geseke, 1908;—Bauerschaften und Huden der Stadt Salzkotten, 1912. Cfr. infra nota 8.

gueses en materia civil y, por lo menos, en los asuntos penales menores, sino que en la época de mercado tenía competencia sobre todos los que concurrían a este y en todas las transgresiones referentes al mismo[125]. Actuaba como juez un funcionario administrativo nombrado por el señor de la ciudad, el *sculthaisus, iudex* o juez de la ciudad. Como anteriormente, siguió correspondiendo al conde la jurisdicción superior. Pero en las ciudades episcopales el obispo tenía comúnmente los derechos condales, cuyo ejercicio encomendaba a su *advocatus* o al burgrave a quien confiara la abogacía; en cambio, las ciudades de realengo eran administradas por *advocati* del Imperio.

Las ciudades eran, por lo general, lugares fortificados. Burgo fue el nombre alemán más antiguo de la ciudad[126] [127]. Sin embargo, existieron burgos que solo fueron castillos, no ciudades, y ciudades que formaron los arrabales abiertos de los burgos. En el siglo XIII empieza a considerarse el amurallamiento como requisito jurídico de las ciudades. Una sentencia imperial de 1231 declaró que los obispos y los príncipes tenían facultad y obligación de amurallar sus ciudades. En la Colección de fórmulas de Juan de Gelnhausen del año 1366, las fórmulas para elevar un lugar a ciudad conceden, además de la jurisdicción y del derecho de mercado, la facultad de amurallamiento[128].

En la primera fase de su desarrollo la vida de la ciudad se desenvuelve bajo la protección del señorío municipal. Desde últimos del siglo XII comienza un segundo período de la historia de la constitución urbana, período durante el que las ciudades obtienen un derecho más o menos amplio a la administración autónoma, conseguido a costa del señor de la ciudad y, en parte, contra su voluntad[129]. Como órgano de

---

125 La exención fue declarada con carácter general como consecuencia del derecho de mercado por la sentencia imperial de 1218, Const., II, 75: si forte alicui per cirothecam nostram contulerimus forum annuale vel septimanale in aliquo loco, quod comes vel alius iudex aliquis illus provincie non debeat illic habcrre iurisdiccionem vel aliquam potestatem puniendi maleficia. Set si forte latro vel fur aut alius maleficus ad mortem fuerit condempnatus, comiti sive iudici provinciali de loco illo erit presentandus ad sententie in eum late executionem.

126 Desde el comienzo del siglo XII adquirió naturaleza la expresión « stat» con la que los moradores del burgo habían designado el «terreno de habitación contiguo». Edw. SCHROEDER, Stadt und Dorf in der deutschen Sprache des Mittelalters, Goettinger Nachrichten, 1906, cuaderno 2.

127 Otrosí dezimos que do quier que sea fallado este nome Ciudad que se entiende todo aquel lugar que es cercado de muros, con los arravales e con los edificios que se tienen con ellos. Partida VII, 33, 5; cf. Part. IV, 17, 16.

128 Collectarius perpetuarum formarum nr. 49, edit. por Juan KAISER, 1900, 47. Se pedia al emperador que permitiera al solicitante villam illam in opidum muratum erigere ipsumque muris fossatis, turribus, portis et ceteris universis et singulis monumentis, quibus cetera opida fortifican solita sunt, firmiter munire valeat, y que concediera al lugar los privilegios, derechos y libertades quibus opidum Frankenfurt a... Romanorum imperatoribus et regibus... est munitum.

129 En el círculo de las ciudades sajonas y turingias y en los territorios de colonización aparece desde el siglo XIII como emblema de la ciudad el gigante de madera o de piedra que empuñaba la espada de la justicia y que una vez divulgada la leyenda de Rolando, procedente del territorio franco occidental, recibió el nombre de *rolando.* De ser también originariamente emblema de la condición del titular de la jurisdicción superior fue más tarde concebido (así en Brema) como símbolo de la liberación del rey o del principe, expresivo de la autonomía municipal. Cfs. G. SELLO, Der Roland zu Bremen,

la creciente burguesía se manifiesta en todas partes el concejo municipal. La historia de su nacimiento es muy discutida. Parece que su origen responde a fundamentos distintos en las diversas ciudades. En las de fundación más antigua, la comunidad municipal poseyó desde un principio, o adquirió en otros lugares por privilegio del rey o del señor de la ciudad, una cierta autonomía sobre los pesos y medidas, así como en materia de los medios de subsistencia y de la policía de la industria, o en cuestiones sobre los bienes comunales. Cuanto más se acrecienta la importancia de la ciudad tanto mayor fue la acumulación de los asuntos que, por no pertenecer al circulo de actuación propio de los funcionarios señoriales de la ciudad, se dejaron a cargo de la comunidad municipal. La autonomía que le fuera concedida se ejerció por ella o como *universitas inordinata* o mediante juntas en las que se destacaban los consejeros de la ciudad, *consules, cives iurati,* hombres del concejo (concejales). Las ciudades de nueva fundación recibieron el concejo como donación del señor. En otras partes los escabinos del tribunal de la ciudad fueron los órganos de la administración autónoma del municipio. Solo por rara excepción llega a constituirse un concejo municipal a base de un consejo de funcionarios señoriales. Con frecuencia el modelo de otras ciudades provistas ya de concejales estimula a la burguesía para la designación por sí de los consejeros. A comienzos del siglo XIII, con motivo del concejo municipal y sobre todo en las ciudades episcopales, se desarrollan luchas encarnizadas entre el señor de la ciudad y la burguesía. Prescindiendo de las ciudades de soberanía territorial donde no es raro que el señor nombre o confirme a los consejeros municipales, el resultado de las insurrecciones comunales fue que, en lo esencial, la burguesía se liberó del señorío municipal, a la vez que los cargos, con el burgomaestre a la cabeza, ascendieron como representantes de la burguesía a la condición de autoridades municipales propias. El derecho a establecer impuestos, la jurisdicción, las-aduanas y la moneda y los demás derechos de soberanía del señor municipal corresponden ahora a la ciudad; las magistraturas que aquél estableciera quedan suprimidas y sustituidas por los órganos de la burguesía, que no ejercen sus facultades con carácter de derecho subjetivo privado sino en virtud de su cargo y en nombre de la comunidad municipal[130]. Las ciudades extienden su poder más allá

1901. H. MEYER, Freiheitsroland und Gottes frieden, Hansisch. Gesch. Bl., 56 (1931), 1;—Goettinger Nachrichten, 1933, 139.—[¿Qué significación tiene el *rollo* de los mercados castellanos medievales? vid. L. G. DE VALDEAVELLANO, loc. cit., 44 S.]

130 En numerosas ciudades el poder municipal no solo llamó a sí los derechos del señor de la ciudad, sino que hizo también presa en la administración de la iglesia. Junto a la elección del párroco, basada en el patronato de la iglesia, obtuvo la administración fiduciaria de las fundaciones anuales y de las de beneficios eclesiásticos y, con ello, el derecho a determinar la persona del beneficiado. La propia suerte corrió la gestión del patrimonio de la iglesia hecha por funcionarios municipales, y en algunos lugares comprendió también la administración de la ganadería de la iglesia. ALFR. SCHULTZE, Stadtgemeinde u. Kirche im MA. Sohmfestschrift, 1914, 105 ss.;—Int. Mon. Schr., 1912, 786 ss.;—Stadtgemeinde und Reformation, 1918. STOERMANN, Die staedtischen Gravamina gegen den Klerus, 1916. JACOBI, Patronate juristischer Personen, 1912. DORN, Der Ursprung der Pfarreien u. die Anfaenge des Pfarrwahlrechts im mittelalterl. Koeln, ZRG., Kan., 5, 112 ss. FROELICH, ZRG., Kan., 16, 410 ss. [Pero no faltó el reverso de esta estampa: «En el desarrollo de la constitución municipal ejerció influencia múltiple la organización eclesiástica. Es en Colonia donde se aprecia del modo más ostensible, pues aquí las circunscripciones especiales existentes dentro de la ciudad corresponden a las comunidades parroquiales preexistentes que asumen pronto quehaceres laicos, en concreto, la llevanza de los escrinios y por ende el estilo de los negocios inmobiliarios (§ 47 nota). Institución que en su actividad judicial tuvo como contrapartida los tribunales

del derecho municipal propiamente dicho, ya que reciben en la comunidad vecinal a personas con residencia fuera de la ciudad y adquieren soberanía sobre territorios extramunicipales. El creciente poder de las ciudades despertó la oposición de los príncipes, bajo cuya influencia la monarquía, que acudió en ayuda de estos, dictó de cuando en cuando leyes contrarias a las municipalidades; sin embargo, tales disposiciones fueron contrarrestadas por medidas administrativas a favor de las ciudades, de suerte que aquéllas no tuvieron eficacia para impedir el desarrollo de la vida municipal. En efecto, la importancia política de las ciudades descansaba primordialmente, por lo que hace a los señores de soberanía territorial, en su predominio económico que no pudo afectar la legislación del Imperio.

Las ciudades fueron las potencias pecuniarias de aquel tiempo, hecho que explican la formación de la economía dineraria, la existencia de una clase media numerosa y con capacidad de rendimiento y el sistema de impuestos municipales. Estos últimos descansaban en parte sobre contribuciones indirectas, sobre el llamado *ungeld o* alcabala[131]. Junto a este tipo se conoció la imposición directa, tasación que, sin embargo, en varias ciudades aparece solo excepcionalmente. Desde el siglo XIII empiezan las localidades a concertar empréstitos municipales en forma de enajenaciones de rentas vitalicias y de otros negocios de crédito. Para el florecimiento económico de numerosas ciudades tuvo importancia la adquisición del derecho de etapa o estadía. Era este el derecho de una ciudad a detener las mercaderías en tránsito y exigir que permanecieran en la ciudad por un tiempo determinado (tres días como mínimo) expuestas para la venta. No era extraño que con él fueran vinculados otros derechos tales como el de transporte, es decir, la imposición de transportar las mercaderías en vehículos pertenecientes a los vecinos de la ciudad de estadía, la prohibición de proseguir la marcha, la coacción de las vías principales, o sea la prohibición de llegar a la ciudad por caminos indirectos[132]. Siguiendo el curso de esta práctica, el derecho de estadía se extiende en el Este, donde alcanzó una estructura fija como derecho de «almacenaje», y recibe también expresión en el Oeste bajo el nombre de *stapel* (estapla). Las concesiones del derecho de estadía—que se remontan hasta la primera mitad del siglo XIII—no proceden del poder central, que no tenía ningún motivo especial para dar preferencia a una ciudad, sino que se hacían por los señores de soberanía territorial;

---

parroquiales, tan frecuentes» (v. Schwerin). Cfs. BEYERLF., Die Pfarrverbaende d. Stadt Koeln im MA., Jahresb. d. Goerresg., 1929-30;—ZRG., 51 (1931), 318. (Como indica Beyerle—334-335—la organización parroquial ni se da solo en la ciudad, pues existe también en los territorios, ni es privativa de Alemania, ya que cabe comprobar su existencia en Flandes, Inglaterra, Francia, Italia y España; aquí fueron llamadas *collationes*). FROELICH, Kirche und staedtisches Verfassungsleben im MA., ZRG., Kan., 22 (1933), 188-287 y el estudio de LOESCH cit. en la bibliogr.—Para la intervención de las autoridades eclesiásticas en la beneficencia municipal, últimamente, REICKE. Das deutsche Spital und sein Recht im MA., I, II. 1932. sobre esto J. LÓPEZ ORTIZ. AHDE., 10, 458.].

131 Según E. MAYER, Historia, I, 297, el *ungeld* corresponde a nuestra *alcabala* y a la *malatolta* francesa. Observa VALDEAVELLANO, loc. cit., 341 s., que también se encuentra en nuestras fuentes la palabra *malatola* o *matota*. El *ungeld* equivale a veces a *assisia*. las pruebas en MAYER, Deutsche u. franzoeschische VG., I. 79, nota 1.

132 Compárese GAMA BARBOS, Hist. da Administraçào Publica em Portugal, II (1896), 180-183. Fuero de Miranda de Ebro (a. 1099): Et omnes homines de terra Lucronii, aut de Naxera, aut de Rioxa, qui voluerint transire mercaturas versus Alavam, aut de alla terra quacumque versus Lucronium, aut Naxeram, aut ad Rioxam, transeant per Mirandam, et non per alla loca; et si non, perdant mercaturas. Muñoz, Colección, 352.

ciertamente, primero en aquellos territorios donde más tempranamente germinó la soberanía territorial. En algunas ciudades la adquisición del derecho de estadía descansa en un proceso consuetudinario que se produce en conexión con el tráfico mercantil y para su fomento.

La enemiga de los príncipes movió a las ciudades a actuar conjuntamente. Desde el siglo XIII se constituyen ligas de ciudades que intervenían de modo decisivo en los asuntos del Imperio y que tuvieron por consecuencia la entrada de las ciudades en las Dietas imperiales. Las ciudades episcopales y las ciudades imperiales nacidas sobre bienes originariamente de la corona anexionados a palacios reales y burgos, adquirieron de este modo la condición de estamentos del Imperio, que, por el contrario, fue negada a las ciudades de soberanía territorial. Entre las numerosas ligas de ciudades destacamos, del siglo XIII, la gran Liga municipal Renana y la Hansa. Fundada aquélla para fines políticos y para el mantenimiento de la paz territorial, se dio en 1254 una organización rígida de tipo estatal confederal; pero después de intervenciones decisivas en la política del Imperio perdió rápidamente su importancia cuando, por haber dado entrada a príncipes y señores, desvirtuó su carácter municipal puro. En cambio, la Hansa[133] fue una reunión de ciudades bajoalemanas para fines mercantiles y para la protección en el extranjero del *communis mercator* de nación alemana, careció de una organización rígida y, gobernada de hecho por Lubeck, alcanzó una importancia política duradera. A fines del siglo XIV, en el Sur de Alemania, la Liga municipal Suaba se puso al frente de un movimiento político dirigido contra el poderío usurpador de los soberanos territoriales, que terminó con la ruina de las ciudades suabas y de las reunidas con ellas (batalla de Doeffingen, 1338). A partir de esta victoria de la soberanía territorial, sufrió un apreciable retroceso el poder de las ciudades. La soberanía territorial quedó convertida en la única base de la organización alemana y las ciudades se agregaron como pequeños territorios de menor importancia, en los que la soberanía territorial pertenecía a las autoridades municipales.

En el curso del siglo XIV se opera una modificación de la constitución municipal, primero en las ciudades alemanas del Norte y con posterioridad en las del Mediodía. Así como al principio el regimiento de la ciudad fue privativo de los burgueses de pleno derecho, a consecuencia de las luchas de los gremios consiguieron los artesanos el acceso a los cargos municipales y a los colegios de consejeros. Donde la victoria de los gremios fue completa la organización gremial se convirtió en organización municipal, ya que se exigió a todos los burgueses el ingreso en algún gremio. En otros lugares el antiguo concejo fue sustituido por uno nuevo formado por los gremios; el concejo o era de gremiales simplemente o en el concejo ya existente se dio entrada a la representación gremial según una determinada proporción numérica. El cambio en las relaciones constitucionales se hace ostensi-

---

[133] *Hanse* (gótico y antiguo alto alemán: *hansa* = *cohors*) designa una corporación de comerciantes. En este significado es una ramificación de las antiguas *gildas* de protección. *Hansa* expresa también el derecho del asociado y, además, la contribución por la que aquél se adquiría, y finalmente es usada para designar el conjunto de las ciudades hanseáticas. Según SCHAUBE, Der Gebrauch von *hansa* in den Urkunden des Mittelalters (Festschrift des germ. Vereins in Breslau), 1902, 125 s. la palabra expresó originariamente un impuesto mercantil; cfs. también MAYER, Deut. u. franz. VG., II (1899), 49, Geleitsgeld und Hansa, especialmente, nota 8. Para su derivación del finlandés JAKOBSOHN, Hans. Gesch. B., 25, 77 ss.

ble en la distinta forma de proceder la ciudad. En sustitución de un arte de gobierno dirigido por tradiciones patricias, no falto con frecuencia de estrechez de miras, pero de línea constante, vino en uso una política cambiante y de alternativa a la que se debió en una parte la decadencia de las ciudades a fines del siglo XIV. En la otra parte fue primordialmente el resultado de la paralización que después de la mitad del siglo XIV sobreviene en el desarrollo de las ciudades alemanas. Desde este tiempo hasta la terminación del siglo XVIII no aumentan, por lo común, su extensión territorial.

KEUTGEN, Urkunden zur staedtischen Verfassungsgeschichte, 1901. EICHHORN, Ursprung der staedt. Verfassung in der Z. f. geschichtl., RW., I. II. H. PIRENNE, Les villes du Moyen Age, 1927 (sobre esto, J. A. Rubio, AHDE., 5, 543, Froelich, ZRG., 51, 626; contra Pirenne. DOPSCH, Naturalwirtschaft und Geldwirtschaft in der Weltgeschichte, 1930, 124). GAUPP, Ueber deutsche Staedt egruendung, Staedteverfassung und Weichbild. 1824. HUELLMANN. Staedtewesen des Mittelalters. 1826-28. ARNOLD. Verfassungsgeschichte der deutschen Freistaedte, 1854. G. I., v. MAURER, Geschichte der Staedteverfassung in Deutschland, 4 vols., 1869-1871. SANDER, Geschichte des deutschen Staedtewesens. 1922. HEUSLER. Der Ursprung der deutschen Stadtverfassung. 1872. NITZSCH, Ministerialitaet und Buergertum, 1859. v. BELOW. Zur Entstehung der deutschen Stadtverfassung en Histor. Z. NF., 22, 23;—Entstehung der deutschen Stadtgemeinde. 1889;—Ursprung der deutschen Stadtverfassung. 1892;—Das aeltere deutsche Staedtewesen und Buergertum 2.ª ed., 1906;—Territorium und Stadt, 1900, 299 ss.;—Stadtgemeinde. Landgemeinde und Gilde. VSchrSozWG., 1909, 411 ss.;—Zur Gesch. der deutschen Stadtverfassung. Conrads Jahrb., 105. 651 ss. H. AUBIN. Der Uebergang von der Roemerzeit zum MA., Hist. Aufsaetze f. A. Schulte. 1927. 30 ss.—RIETSCHEL, Die Civitas auf deutschem Boden bis zum Ausgang der Karolingerzeit, 1894;—Markt und Stadt in ihrem rechtlichen Verhaeltnis, 1897;—Die Staedtepolitik Heinrichs des Loewen, Hist., Z., 102, 237 ss.; sobre esto, BLOCH, Z. f. Lueb. Gesch., 16 (1914). und ROERIG, ibidem, 17 (1915). K. O. MULLER, Die oberschwaebischen Reichsstaedte, 1912. v. VOLTELINI. Anfaenge der Stadt Wien. 1914. ZYCIIA, Prag. 1913;—Ursprung der Staedte in Boehmen, 1914. KRABBO. Stadtgruendungen der Markgrafen Johann und Otto von Brandenburg. Arc. f. Urk.-Forsch., 4, 255. RUEBEL, Gesch. der Grafschaft und Reichsstadt Dortmund, 1917; sobre esto. STUTZ. ZRG., 38. 417. v. WINTERFELD, Reichsleute, Erbsassen und Grundeigentum in Dortmund, 1917.—Geschichte der freien Reichs-und Hansestadt Dotmund, 1934;—Gottesfrieden und deutsche Stadtverfassung, Hans. Gesch.—Bl., 32, 8 ss. K. RIBBECK, Gesch. d. Stadt Essen. 1915. P. J. MEIER. Untersuchungen ueber die Anfaenge der Stadt Braunschweig, 1912;—Anfaenge und Grundrissbildung der deutschen Stadt. Korr. Bl. des Ges. Vereins, 1914, 222;—Preuss. Forsch., 27. GERLACH, HistVSchr., 1916, 506. KEUSSEN, Topographie der Stadt Koeln im MA., 1910. Sobre esto. Beyerle, Goett. Gel. Anz., 1915, 569. FROELICH, Zur Verfassungstopographie von Koeln u. Luebeck im MA., Ztschr. f. Luebeckische Gesch., 23, 381 ss. H. DOERRIES, Entstehung und Formenbildung der niedersaechsischen Stadt, 1929. Sobre esto, FROELICH, RZG., 50, 644 ss. K. HOFFMANN, Die Stadtgruendungen Mecklenburg -Schwerins, 1930. Sobre esto, FEINE, ZRG., 52, 458 ss. A. SCHULTE, Ueber Reichenauer Staedtegruendungen im 10. u. 11. Jahrh., Z. f. Gesch. des Oberrheins, NF., V, 137 ss. K. BEYERLE, Die Marktgruendungen der Reichenauer Aebte. in Kultur der Abtei Reichenau, I, 513 ss. SOHM. Die Entstehung des deutschen Staedtewesens. 1890. KEUTGEN, Untersuchungen ueber den Ursprung der deutschen Stadtverfassung, 1895. HEGEL. Geschichte der Staedteverfassung von Italien. 1847;—Staedte und Gilden der germanischen Voelker im Mittelalter. 2 vols., 1891;—Die Entstehung des deutschen Staedtewesens. 1898. WIBEL. Die aeltesten deutschen Stadtprivilegien, Arch. f. Urk.-Forsch., VI. 1918. 234 s. SPIESS. Das Marktprivileg. 1916, cf. A. Schulte, ZRG., 37, 651 ss. SILBE-SCHMIDT, Die Bedeutung der Gilde, insbesondere der Handelsgilde, fuer die Entstehung der ital. Staedtefreiheit, ZRG., 51, 132 ss. KORNACKER, Geschichte d. Hildesheimer Schuetzenges. m. Verb. m. Begebenheilen m. Stadt Hildesheim, 1934. SCHAUBE, Urkundliche. Gesch. der Gruendung... der Stadt Brieg, 1934. POLTHIER. Bibliograph. z. Gesch. der Provinz Brandenburg u. d. Stadt Berlin, 1933. GENGLER, Deutsche Stadtrechtsalterthuemer, 1882. UHLIRZ, Neuere Literatur ueber deutsches Staedtewesen en MJÖG., 15, 488 y 676; 16, 523; 19, 173; 20, 113; 24, 449. K. BEYERLE, Die Faelschungen des Burggrafen H. s. III von Arberg. 1915; sobre esto, vease Minnigerode VSchrSozWG., 13, 1908. LUSCHIN V. EBENGREUTH, Handb. d. oesterr. Reichsgesch., 1914, 333, 35, 42. E. RUETIMEYER, Stadtherr und Stadtherrschaft in den rheinischen Bischofstaedten. 1928. Sobre esto. Froelich, ZRG., 49, 585 ss. v. LOESCH, Die Grundlagen der aeltesten Koelner Gemeindeverfassung, ZRG., 53 (1933), 89-207. SCHRANIL, Stadtverfassung nach Magdeburger Recht, 1915. FEINE, Der Goslarische Rat, 1913; sobre esto, Beyerle Goett. Hel. Anz., 1915, 4. FROELICH, Zur Ratsverfassung von Goslar im MA., Hans. Gesch. BL. 21, 1 ss.—Die Verfassungsentwicklung von Goslar inm MA., ZRG., 47, 287 ss.—Vor-und Fruehgeschichte Goslars, Niedersaechs. Jahrbuch. VI, 224; VII, 265; IX. 1. K. WOLTERECK. Zur Gruendung von Goslar und Braunschweig, Hist. Vjschr., 25, 23 ss. STEINBERG, Die Goslarer Stadtschreiber u. ihr Einfluss auf die Ratspolitik bis zum Anfang des 15. Jahrh., 1933. ROERIG, en Z. f. lueb. Gesch., 17, 27 ss.; 21, 157 ss. v. WINTERFELD. Versuch ueber die Entstehung des Marktes und den Ursprung der Ratsverfassung in Luebeck, ibidem, 25, 365 ss. v. BRUENNECK, Zur Gesch. der Ger. Verf. in Elbing, ZRG., 36, 24 ss.; in Frauenburg, ibidem, 37, 313 ss. A. HEUSLER, Basels Gerichtswesen im MA., 1922. DANNENBAUER, Die Entstehung des Territoriums der Reichsstadt Nuernberg, 1928. NEUKAM, Immunitaeten u. Civitas in Bamberg, Jahrb. d. histor. Ver. Bamberg, 1922, 189 ss. GRASS. Der Aachener Schoeffenstuhl, Ztschr. d. Aachener Geschichtsv., 41, 123 ss., 42, 1 ss. Luise v. GOELS V. d. BRUEGGHEN, Die Schoeffen des koeniglichen Stuhls von Aachen, ibidem, 50, a ss. SCHOENBERG, Basler Finanzverhaeltnisse im 14, u. 15. Jahrh., 1879; sobre esto, SOHM, Staedtische Wirtschaft, en CONRADS Jahrbuechern fuer Nationaloekonomie und Statistik, 34. v. BELOW, Die staedtische Verwaltung des Mittelalters als Vorbild der spaeteren Territorialverwaltung en Hist. Z. NF., 39, 396 ss. BUECHER, Frankfurter Amtsurkunden, 1915;—Staedtisches Beamtentum im MA., 1915. WEIDER, Das Recht d. deutschen Kaufmanngilden d. MA., 1931. LENTZE, Der Kaiser u. d. Zunftverfassung in den Reichsstaedten. 1933. ESPINAS, La vie urbaine de Douai, 1913. HAFEMANN, Das Stapelrecht, 1910 (del Seminario de H. Brunner); sobre esto, BEYERLE en ZRG., 31, 520. MOHR. Gaesterecht in d. niederoesterr. Staedten, Jahrbuch d. Vereins f. Landeskunde in Niederoesterreich, 1924.—Haltezwang und Wegerichtung, en Aus Sozial-und Wirtschaftsgeschichte, 1928, 115 ss. HAFERLACH, Geleitswesen der deutschen Staedte, Hans. Gesch. Bl., 1914, 1 ss.—WEIZSAECKER, Der rheinische Bund, 1879. SARTORIUS, Geschichte des hanseatischen Bundes, 1802 ss. SARTORIUS, Urkundliche Geschichte des Ursprungs der deutschen Hanse publicada por Lappenberg, 1830. FRENSDORFF, Die Hanse zu Ausgang des Mittelalters, Hans. Gesch. Bl., 21, 75;—Das Stadtrecht von Wisby, Hans. Gesch. Bl., 22, 1916. J. v. GIERKE, Die deutsche Hanse, 1918. VOGEL, Kurze Geschichte der deutschen Hanse, 1915. WITTE. Besiedlung des Ostens u. Hanse, 1914. Rud. MEISSNER, Hanse in der Goettinger Festschrift f. d. hansischen Geschichtsverein, 1900, 61. HOEHLBAUM, Hansisches Urkundenbuch, 1876 ss. «Recesse der Hansetage,» publicación de la Hist. Kommission der bayr. Akad. der Wissenschaften, preparada por

Koppmann, v. d. Ropp y Schaefer, 1870 ss. STEIN, Die Hansestaedte, Hans. Gesch. Bl., 1913-15. SCHLUETER, Die Nowgoroder Schra in 7 Fassungen, 1916. VISCHER, Geschichte des schwaebischen Staedtebundes. en Forschungen zur deutschen Geschichte, II, III. Alf. PUESCHEL, Der Umfang deutscher Staedte im 13, u. 14. Jahrh., Berl. Diss., 1909;—Anwachsen der d. Staedte in der Zeit der mittelalt. Kolonialbewegung, 1910.

II

§ 42. El Derecho penal

El Derecho penal de este tiempo se inspira esencialmente en los principios que se produjeron en el período franco; inicialmente tiene todavía lugar un movimiento de retroceso por cuanto las costumbres populares tornan de nuevo en parte a las rutas que habían procurado borrar los Derechos populares y el Derecho del reino franco. La extensión de las penas públicas a costa del sistema de multas, iniciada ya en la época carolingia, hace progresos considerables. El tratamiento de los hechos no flagrantes y, por lo regular, susceptibles de reparación pecuniaria, se aproxima al de los hechos *in fraganti* castigados con pena de muerte. En este sentido actúa con feliz resultado la legislación sobre la paz territorial. La desmembración de la jurisdicción y la creciente debilidad de la potestad del Imperio acarrearon el inconveniente de que las personas de condición social elevada se sustrajeran de modo efectivo a la aplicación del Derecho penal y que solo dentro de los territorios pudiera tener lugar una gestión vigorosa de la justicia en lo criminal.

Entre las acciones punibles se distinguía el *tuerto* (*ungerichte, unrecht*; la *iniuria latu sensu*) y la *temerilas* (*frevel, protervia*). Tuertos eran los delitos que llevaban aparejada una pena en cuello o mano, es decir, una pena de muerte o de mutilación; *temerilas,* las transgresiones leves castigadas en piel y cabello (*cutis el capilli*), o bien que solo tenían por consecuencia penas patrimoniales (*busse, wette*). Sin embargo, el concepto de tuerto se concibió en algunas fuentes con tal amplitud que comprendía los casos sancionados en piel y cabello y frente al que solo se distinguían los castigados con multa propiamente dicha. Como penas de muerte conoce el Espejo de Sajonia la horca, la decapitación y la hoguera[134] (también la de *in rota mittere*). Otras fuentes, en concreto las sudalemanas, ofrecen mayor variedad de penas de muerte, así por ejemplo, el anegamiento y el enterramiento en vida. En ciertos delitos, como el adulterio, el infanticidio y la violación, estaba unido al enterramiento en vida un empalamiento del malhechor o malhechora. El empalamiento del enterrado en vida, de ser originariamente un medio de seguridad contra la «resurrección» del muerto que mediante el poste quedaba sujeto a la tierra, llegó a convertirse en una pena de muerte independiente. Mientras el Derecho penal sajón del siglo X fue reputado cruel por la frecuente aplicación de la pena de muerte, el Derecho penal del Espejo de Sajonia es más benigno que el del Espejo de Suabia. A fines de la Edad Media y precisamente de mano de la rigidez y del arbitrio se introdujo en Alemania del Sur una atenuación de la justicia penal.

---

134 La muerte en la hoguera se introdujo en el siglo XII—inicialmente en el Oeste de Alemania por influencia francesa del Norte y luego extendida al resto del territorio—como pena laica de la brujería y ciertamente en conexión con el antiguo tratamiento de su análogo el delito de hechicería.

Tratándose de delitos castigados en cuello o mano, la composición de la pena en dinero quedaba sujeta a la autorización del juez y el querelloso. Por el contrario, las penas *culis el capilli* podían siempre liberarse de quererlo así el culpable. La condena a una pena infamante, aunque ya hubiera sido cumplida o liquidada, reducía la plena capacidad jurídica, convertía al reo en un ente sin derecho[135]. Ciertos delitos, los llamados hechos «deshonrosos», llevaban consigo dicho menoscabo como consecuencia inmediata. Del derecho de composición de la pena, y cuando el querelloso desistiera de la suma de reparación y de prestar su asentimiento, podía nacer un derecho de remisión del juez, bajo el supuesto de que el culpable se entregara voluntariamente a la gracia del juez. Sin embargo, la remisión era tan ineficaz como fuera la liberación de la pena para excluir la resultancia de la pérdida de la condición jurídica[136].

El *wergeld* del antiguo Derecho pierde en gran parte su importancia práctica, proceso que, entre otros signos, se refleja en el hecho de que sus grados no siguen un movimiento paralelo a la nueva estructura de las clases sociales según el Derecho territorial. Continúa percibiéndose en las muertes producidas por caso fortuito o negligencia. Otros homicidios se consideran como hechos con tuerto y son castigados penalmente. En la reconciliación por muerte violenta ya no se atienen en gran parte de Alemania a los principios fijos del *wergeld,* más bien el autor debe allanarse a solicitar el perdón en forma solemne, a emprender una peregrinación que, a su vez, en varias localidades podía sustituirse por una suma de dinero fijada tradicionalmente para el pago de misas por el ánima o con destino a fundaciones piadosas para la salud del alma del interfecto. La reconciliación mediante entrega del precio de este nombre se afirmó casi exclusivamente en las localidades bajoalemanas.—La multa debida a la víctima tiene el carácter exclusivo de dinero penal. La indemnización del daño que había ido incluida en la *compositio* del derecho popular, se ejercitó en este tiempo a la vez que la multa. La suma de dinero que el malhechor tiene que pagar al juez se llama ahora, en la baja Alemania, *wette, gewette;* en otras partes, *wande* (cuyo sentido propio es el de precio de la paz). En ella se integran el antiguo *fredus* y el *bannus.*

Solo los delitos típicos intencionales se reputan hechos torticeros. Se amplía el círculo de los hechos por caso fortuito o negligencia. Desaparece la responsabilidad del señor por los delitos de la servidumbre. En los delitos cometidos por animales domésticos el dueño podía librarse de responsabilidad entregando el animal. No

---

135 Cfs. infra § 45, núm. 6.

136 Adquirieron una influencia considerable en la administración del derecho penal los asilos (lugares libres) entre los que, además de las iglesias (§ 22), se contaban también muchas veces los claustros, cortes señoriales, molinos, posadas y naves. En ellos, el criminal quedaba protegido de la venganza de la víctima, de la aprehensión *in fraganti* y favorecían los tratos de reconciliación o facilitaban también la huida. His, op. cit. infra, 405 ss. v. KUENSSBERG, Faehrenrecht und Faehrenfreing. ZRG., 45, 144 ss., especialmente, 188 ss., para la terminología, 149 ss. [La paz de la casa (§ 16, nota) se extiende como un derecho de asilo a su morador declarado enemigo y, así, se prohíbe, al menos de momento, apresarlo, en su casa y darle muerte mientras permaneciera en ella. Cf. B. v. Sch., DRG., II, § 123 en cuya nota 6—a través de Hinojosa, El elemento germ., 59—se refieren a las fuentes hispanas). Careció de regulación fija las concesiones de gracia, repetidamente atestiguadas, hechas por intercesión de personas importantes, sobre todo de mujeres. SCHUE, Das Gnadebitten in Recht. Sage. Dichtung und Kunst. Ztschr. d. Aachener Geschichtsver, 40, 143 ss.

fue raro que la víctima o sus parientes se vengaran sobre el animal, desde luego en forma de suplicio ritual. Allí donde el procedimiento oficial en materia penal alcanzó pleno desarrollo, se derivaron de dichas penas de carácter privado ejecutadas sobre animales otras de naturaleza pública, antes que desapareciera la vieja concepción popular sobre el castigo de los animales.

Véase la literatura al § 8 y al § 21. Además His, Das Strafrecht des deutschen MA., I, 1920. HAELSCHNER, Das preussische Strafrecht, I: Geschichte des brandenburgisch-preussischen Strafrechts, 1855. JOHN, Das Strafrecht in Norddeutschland zur Zeit der Rechtsbuecher, 1858. v. WAECHTER, Beilagen zu Vorlesungen uebcr das deutsche Strafrecht, 1877, III, 2.ª sección: Zur Geschichte des deutschen Strafrechts. CROPP en TRUMMER y HUDTWALKER Kriminalistische Beitraege, II. KOESTLINEN, ZDR., 12. HIRSCH, Die Hohe Gerichtsbarkeit int d. MA., 1922. ZOEPFL, Das alte Bamberger Recht als Quelle der Carolina, 1839, 104 ss. W. SCHEEL, Das alte Bamberger Strafrecht, 1903. OSENBRUEGGEN, Der Hausfrieden, 1867;—Studien zur deutschen und schweizerischen Rechtsgeschichte, 1868. FICKER, Die gesetzliche Einfuehrung der Todesstrafe fuer Ketzerei, en MJÖG., 1. Julien HAVET, L'hérésie et le bras séculier au moyen âge jusqu'au treizième siècle. Bibliothèque de l'école des chartes, XLI, 1881. THELOE, Die Ketzerverfolgungen im 11. u. 12. Jahrh., 1913. KOEHLER, Ketzerpolitik der deutschen Koenige, 1152-1254, 1913. F. GFON, Ueber den Ursprung der Bestrafung in Effigie, Tijdschr., 13 (1934), 320 (donde se hace alguna pintoresca observación sobre España, págs. 334-35). H. BRUNNER, Ueber die Strafe des Pfaehlens im aelteren D.R., ZRG., 26, 258.—Das rechtliche Fortleben des Toten, D. Monatsschrift, April, 1907, 20 ss. COULIN, Die Wuestung, Z. f. vgl. RW., 32, 326 ss. K. O. MUELLER, Der Rechtsbrauch des Verpfaehlens, ZRG., 42, 110 ss. GOLDSCHMIDT, Das Ertraenken im Fass, Ztschr. f. vgl. RW., 41, 1 ss., 42, 1 ss.; sobre esto, R. Prieto Bances, AHDE., 5, 497 s. ABEGG, Ueber den Einfluss der Kirche auf die Suehne bei dem Totschlag. ZRG., 7, 259. FRAUENSTAEDT. Blutrache und Todtschlagsuehne im deutschen Mittelalter, 1881. GUENTHER, Hauptstadien der geschichtlichen Entwicklung des Verbrechens der Koerperverletzung, 1884. v. FREYMANN, Das Strafrecht der livlaendischen Bitterrechte, 1889. CASPAR, Darstellung des strafrechtlichen Inhalts des Schwabenspiegels und des Augsburger Stadtrechts, 1892. HARSTER, Das Strafrecht der freien Reichsstadt Speier, 1900. ULLMANN, Das Strafrecht der Staedte der Mark Meissen, der Oberlausitz, des Pleissner, Osterund Vogtlandes, 1928. KNAPP, Das alte Nuernberger Kriminalrecht nach Ratsurkunden erlaeutert, 1896;—Altregensburgs Gerichtsverfassung, Strafverfahren und Strafrecht, 1914 (cf. His. ZRG., 35, 582);—Das Rechtsbuch Rupprechts von Freising als strafr. Quelle (Arch. f. Strafrecht), 1914.—Schuld und Suehne im alten bairischen Recht, Arch. f. Strafrecht, 66, 221 ss., 70, 389 ss. FRIESE, Strafrecht des Sachsenspiegels, 1898. R. His, Strafrecht der Friesen im Mittelalter, 1901. KNAPP, Die Zenten des Hochstifts Wuerzburg II: Gerichtswesen und Strafrecht, 1907. STAHM, Das Strafrecht der Stadt Dortmund, 1920. RAU, Beitraege zum Kriminalrecht der Reichsstadt Frankfurt a. M., 1916. GLITSCH, Zum Strafrecht des Zuercher Richtebriefes, ZRG. 38, 203 ss. METZGER, Die Verbrechen u. ihre Straffolgen im Basler Recht d. spaet. MA., I, 1931. Fr. BEYERLE (Breisach), ZRG., 39, 333 ss. KOSTLIN, Der Diebstahl nach dem deutschen Rechte en Kritischen Ueberschau, III, 149 ss. His, Die Koerperverleztungen im Strafrecht des deutschen, MA., ZRG.,41, 75 ss. RIEGGENBACH, Die Toetung und ihre Folgen, ZRG., 49, 57 ss. J. v. GIERKE, Geschichte des deutschen Deichrechts, II, 1917, 665 ss. SPERLING, Zur Geschichte von Busse und Gewette, 1874. v. AMIRA, Thierstrafen und Thierprozesse. MJÖG. 12, 545. TOBLER, Thierprozesse in der Schweiz, 1893.

III

§ 43. El Derecho procesal

En el campo de la *autoayuda* se ha conservado la enemistad con el fin de venganza para el caso de muerte violenta. La familia ofendida estaba autorizada para ejercitar la venganza de la sangre siempre que en el caso concreto el poder público no consiguiera imponer a las partes enemistadas una paz provisional por un tiempo determinado (*treuga, trève*) o conducirlas a una reconciliación definitiva. En algunas partes del dominio jurídico sajón, en Frisia, pero especialmente en Holanda, Zelandia y Flandes, se afirmó la responsabilidad de los parientes por el precio de reconciliación debido, que en Holanda experimentó una ampliación a la totalidad del importe a causa de que el patrimonio del culpable era confiscado por el conde.

Desde la formación de la caballería, el ejercicio de la *inimicitia* rompió en todas partes las limitaciones impuestas por el antiguo derecho. En el círculo de los caballeros se afincó el mal uso y la concepción de que la autoayuda y el ejercicio de la enemistad no solo eran procedentes en los simples casos de venganza de la sangre, sino también con motivo de cualquier violación. La potestad del Imperio vióse obligada a tener en cuenta las circunstancias de hecho y las concepciones de la condición caballeresca, limitándose a oponerse a la *inimicitia*[137]. El mismo fin persiguió desde el siglo XI la Iglesia alemana por la proclamación de la paz de Dios (*treuga Dei*), en cuya virtud en determinado tiempo, especialmente en ciertos días de la semana, debía ceder toda enemistad y ciertas personas y lugares tener una paz permanente. Los preceptos de las paces de Dios fueron recibidos por la legislación de la paz territorial. Federico I declaró en sus leyes de paz territorial más antiguas una prohibición absoluta de la enemistad. Pero su observancia fue impracticable. Por ello la legislación posterior se dio por satisfecha con la sujeción del ejercicio de la enemistad a ciertas condiciones previas. Todavía Federico I vinculó su práctica a la condición de que la enemistad se anunciara en tiempo hábil por un heraldo[138]. Desde el cuarto decenio del siglo XIII las paces territoriales prohibían toda enemistad si previamente no se había acudido en vano a las vías jurídicas. De este modo se reconoció un derecho de enemistad subsidiaria, o sea un derecho de enemistad en defecto de una asistencia normal de la justicia. Solo la paz territorial perpetua de 1495 desterró el derecho de enemistad con carácter incondicionado, sin excepción y definitivo.

El *procedimiento ante tribunal* se caracteriza por un formalismo estilizado casi al máximo y que se extiende al más minucioso detalle. Para todos los que comparecían ante el tribunal, y especialmente para las partes, se exteriorizaba aquel rigorismo como *vare,* peligro, *verborum insidia*[139], palabra técnica que daba expresión al «formalismo con sus requisitos y efectos». Algunos principios que ya dominaban en el proceso alemán antiguo alcanzan ahora su acentuación máxima. Numerosas formalidades, de riesgo particularmente extremado en los actos formales del jura-

---

[137] Cfs. supra § 27.

[138] Const. contra incendiarios de 1186, c. 17. MG. Const., I. 451: ut quicumque alii damnum facere aut ipsum ledere intendat. tribus ad minus ante diebus per certum nuntium suum diffiduciet eum.

[139] También: *strictum ius, captio* o *captio verborum, captiositas, iuricapium,* etc. cf. SIEGEL. Wiener. SB., 51 (1866), 121, nota 3 y los lugares que indica.

mento y de la impugnación, dificultaban la actuación ante el tribunal. En las diligencias verbales era aplicado el principio de la interpretación estricta de las palabras. Cometida una falta de dicción, la puesta en juego del principio de: «un hombre, una voz» impedía a la parte enmendar el yerro (*qui cadit a syllaba cadit a tola causa*)[140]. Por eso los litigantes hicieron hablar en su voz a los *prolocutores* (*narrator, orator, causidicus*) cuyas palabras podía desmentir y rectificar la parte bajo ciertas condiciones (derecho de restitución y reforma). Sin embargo, en tales casos, el *prolocutor* pagaba una multa por haber hablado en un acto formal sin mandato de su señor y, consiguientemente, por autoridad propia, sin derecho para hacerlo. Solo paulatinamente se fue abriendo camino la convicción de que este rigorismo de la forma contradecía la exigencia del Derecho material, y únicamente con paso lento y con más prontitud en unos lugares que en otros se llegó a la atenuación o eliminación de la *verborum insidia.*

Si es cierto que se permitía una representación en voz, en cambio también durante este período quedó prohibida en general la representación en juicio: la gestión de un proceso de personas con plena capacidad por medio de un poderhabiente, gestor de la acción, *rnissus,* abogado, apoderado, *procurator* o *mandatarius*[141]. No constituye una excepción el auxiliar en el duelo del tullido, pues este es considerado por el derecho como incapaz en lo atinente al duelo. El tribunal del rey concedió el derecho de representación en casos de verdadera necesidad. Solo muy contadamente y bajo ciertos supuestos permitían ya los Derechos municipales del siglo XIII la designación de un representante, el «poner la acción en mano de otro», el «entregar la acción». En cambio en algunos derechos territoriales se tuvo por no permitida tal entrega de la acción hasta el siglo XVII.

En los municipios y con el fin de favorecer el tráfico, se concedieron facilidades procesales a los extraños a la ciudad; estaban libres del *vare* del procedimiento, tenían permitido el «juramento de amparo» y la designación de un representante y se les procuraba la rápida resolución de sus asuntos por el llamado tribunal de transeúntes (en Francia *cour des piedpouldreux, pedis pulverisati curia*).

Según el procedimiento sajón, el querelloso estaba obligado en ciertas acciones—según el derecho magdeburguense, en todas—a prometer la «gewere»[142] al querellado que la solicitara es decir, a prometerle en forma de derecho (*lingua et digito*) la garantía de que la acción promovida sería la única interpuesta por razón del asunto. La garantía de la acción podía exigirse inmediatamente después de formulada esta o bien luego de la sentencia. La garantía prometida a seguido de ser presentada la acción aseguraba al querellado de la ampliación y modificación de

---

140 En el Poema del Cid, escribe HINOJOSA—Estudios, 96—, «revela la existencia de la práctica formalista, en cuya virtud el demandante debía exponer consecutivamente y en un solo acto todos los puntos de la demanda, so pena de perder su derecho, la réplica de los Infantes creyéndose libres de la obligación de devolver el *axovar* de sus mujeres, por no haberlo reclamado el Cid al mismo tiempo que la devolución de Colada y Tizón», y así reponen: «Que al no nos demandasse, que aqui finco la boz», v. 3211.

141 Advierten BRUNNER-V. SCHWERIN, DRG., II, § 101, nota 26, que el principio germánico de que cada uno debe perseguir por sí sus asuntos tiene reflejo en los Usatici Barchinonae patrias c. 90, Giraud, Essai, II, 484: nullus absens aut accusari potest aut accusare.

142 *Genere* equivale en este lugar a *praestatio, cantío,* garantía, del verbo *wërn* = *praestare.* A institución distinta responde otra palabra de análoga grafía, estudiada más adelante (§ 46). Cf. GRIMM, DRA., II, 143 s. HUEBNER, Grunzuege, § 28. 200.

aquélla. Al querellado le era lícito rehusar la contestación, la prestación y la promesa de prestación hasta que le hubiera sido prometida la garantía. El quebrantamiento de la caución tenía que purgarse con multas y si la acción era por causa de delitos graves, con *werebute* (pérdida de la mano con la que hizo la promesa, o medio *wergeld*).

La estructura general del proceso corresponde ciertamente a las innovaciones del derecho oficial franco, en tal medida que desaparece el trato recíproco y directo de las partes ante el tribunal, como el conocido por el antiguo derecho popular, y los litigantes tienen que dirigir siempre al juez sus manifestaciones y pretensiones. Pero el juez está vinculado en su actividad rectora del proceso a las normas del derecho popular; no procede en virtud de poder propio, sino que a la vista de las pretensiones deducidas pregunta sobre la sentencia a los escabinos. Acerca del extremo fijado por una sentencia se sigue juzgando mediante nuevas cuestiones de juicio, de suerte que el proceso íntegro sigue su marcha de una sentencia a otra.

El *procedimiento probatorio* conserva su carácter formal. Como medios de prueba están en aplicación el juramento de parte (bien unipersonal o con cojuradores), el juramento de los testigos, el documento, el duelo y la ordalia unilateral. La prueba de testigos, cuya licitud estaba muy limitada, de modo particular en el derecho sajón, experimenta en todas partes durante la baja Edad Media una paulatina amplificación. En el procedimiento por delitos *in fraganti* se llega a un procedimiento de prueba material, en tanto que a quienes acudían al *apellido* – y que antes actuaban de cojuradores – se les exigía el conocimiento del hecho, por donde vinieron a convertirse en testigos. El procedimiento *in fraganti* sirvió de modelo para el tratamiento de los hechos notorios, puntualizándose la notoriedad en casos determinados por la manifestación de los testigos.

En los Libros de Derecho territorial y feudal sajón se desconoce la prueba por medio de documentos privados. Incluso algún Derecho municipal del bajo alemán, como, por ejemplo, el de Brema, niega hasta el siglo XV fuerza probatoria sustantiva a los documentos privados. En cambio, en el sur de Alemania se desarrolló el principio de que el sello privado da valor en prueba al documento[143], novedad que luego consigue también aceptación en el ámbito del derecho sajón. Por lo que se refiere a las ordalías, fueron prohibidas por la Iglesia en el año 1215 (IV Concilio Lateranense) cuando ya eran perceptibles huellas aisladas de la pérdida de fe en ellas; sin embargo, tal prohibición no determinó en Alemania su inmediato desuso[144].

Los medios probatorios de la prueba de inquisición y del testimonio judicial reservados en la época franca al tribunal del rey, pierden su condición excepcional y se ponen también en práctica fuera de aquel tribunal. La prueba de inquisición se encuentra en Sajonia como interrogación a los asistentes y en Alemania del Sur con el nombre de *kundschaft,* manifestación de personas honorables que declaran sobre

143 Cf. supra § 32.

144 Desde el siglo XIV se introduce en el procedimiento judicial un nuevo juicio de Dios, el *ius feretri, ius cruentationis,* prueba que ya había servido antes como medio de averiguación extrajudicial. El presunto autor de un asesinato era conducido desnudo ante el féretro del difunto; una vez depuesto el juramento exculpatorio tocaba el cadáver. Si de este empezaba a brotar sangre « se pronunciaba en contra» y el actor de la prueba era tenido por culpable. Para la teoría de la ordalía G. SCHREIBER, ZRG. Kan., 5, 460.

cuestiones posesorias; además, se utiliza para la fijación de derecho vigente por medio de definiciones de los sapientes. También se empleó en Alemania meridional, en el procedimiento interrogatorio sobre malhechores, como prueba de la culpa. El testimonio judicial aparece en dos formas principales, a saber: como testimonio propio de la asamblea judicial (así según el Espejo de Sajonia) que a instancia de parte libra el tribunal por si, representado por el juez y los escabinos, y como testimonio de los hombres de la asamblea judicial (así según el Espejo de Suabia), prueba que el litigante aporta ante el tribunal por sí mismo con dos o más miembros de la asamblea judicial. Participan de la fuerza probatoria del testimonio judicial los documentos o cartas judiciales expedidos por el tribunal, y, según el derecho municipal, las inscripciones en los libros públicos y también muchas veces los privilegios y cartas municipales librados por el concejo de la ciudad. En atención a su carácter de inimpugnable, el testimonio judicial y su escrituración adquirieron una importancia que trasciende del procedimiento probatorio. Por medio de un proceso simulado le puso a su servicio la vida del tráfico para dar firmeza a negocios jurídicos de toda índole, tales como transmisiones de propiedad, garantías, establecimiento de rentas, contratos de deuda y pagos. En momento más avanzado de su desarrollo la incorporación oficial de un negocio jurídico en un documento y su estimación judicial, exigidas originariamente por necesidad de pruebas, se convierten en una formalidad necesaria perfecta o simple y de carácter jurídico-privado. Fue así cómo de estas raíces procesales extrajo el Derecho privado—y antes que ninguno el Derecho privado municipal—toda una serie de instituciones prácticas y de gran importancia del derecho de cosas y del derecho de contratos.

En la división de las acciones no atiende el Derecho alemán a la causa jurídica, como hiciera el Derecho romano, sino al fin de la acción. De aquí que atendiendo al objeto sobre que versa la pretensión del litigante, las acciones sean penales cuando tiendan a castigo penal del querellado y civiles en los demás casos. Ocupan una posición intermedia las acciones «mixtas», es decir, aquellas que en el curso del proceso experimentan un cambio del fin de la acción, originariamente penal o civil.

Dentro de las *acciones civiles*, las acciones de naturaleza jurídico-patrimonial se configuran por su objeto en acciones sobre deudas, sobre haber mueble y sobre inmuebles. El demandante podía aducir llanamente su pretensión sin alegar un fundamento de derecho; trátase entonces de una acción simple a la que contesta el demandado con su juramento. Si el demandante no quería allanarse tenía que motivar su acción, es decir, aportar fundamentos de derecho determinados y positivos de los que se siguiera la obligación del demandado correspondiente a la pretensión accionada. Por su parte, el demandado podía también reponer a los fundamentos de la acción hechos que desvirtuaran la pretendida obligación. En virtud de las sentencias sobre la prueba, el hecho decisivo para la resolución del proceso es sometido según determinadas reglas a los medios probatorios, pudiendo advertirse la tendencia de favorecer al demandado y la consideración de la mayor o menor fuerza probatoria de los medios de prueba presentados por las partes. Una peculiaridad del procedimiento sajón fue que en las acciones por razón de deuda, exceptuado el testimonio judicial, estaba excluida toda prueba testifical contra el deudor.

En asuntos civiles no se permitió como ejecución un procedimiento de proscripción. Antes bien, se declaraba por la sentencia la prenda judicial. Consistía esta en dos actos perfectamente delimitados, de los cuales el primero tendía a constituir la garantía por medio de la prenda de los bienes muebles y la confiscación de los inmuebles, y el segundo iba referido a la satisfacción del acreedor. La confiscación se asimiló a la *missio in bannum* y tuvo el carácter de una prohibición de enajenar y el efecto de privar al deudor de la posesión. La satisfacción del acreedor se producía de modo que el patrimonio mueble prendado se le entregaba para su enajenación (*weldigen, ausantworten*) y el inmueble confiscado se le cedía en propiedad (por introducción en la finca—*anleite, anleiter* = *inductor possessionem* puesta en posesión) o se realizaba en dinero (por vía de enajenación). En las ciudades se estableció para la promesa de deuda declarada ante el tribunal o el concejo un proceso ejecutivo en cuya virtud el acreedor, en caso de incurrir en mora el deudor, podía solicitar la inmediata ejecución forzosa judicial sin necesidad de conseguir del tribunal una sentencia recaída sobre un pleito en forma. La deuda que reuniera tales características era, por consiguiente, una deuda que llevaba aparejada ejecución, siendo también documento ejecutivo la carta judicial o municipal expedida sobre ella. Frente al deudor que huía o cuya ausencia era de temer, se desarrolló un procedimiento de arresto sobre su persona y patrimonio, que surge como una ramificación de la pérdida de la paz[145]. Figura similar es el arresto de los forasteros practicado en las ciudades. A fines de la Edad Media, una espccialización y desgajamiento suyo da lugar a un procedimiento especial en materia de quiebras.

A excepción de algunos casos, las *acciones penales* tenían que interponerse necesariamente por medio del apellido, de la protesta a viva voz. La acción criminal de máxima eficacia era la fundada en un hecho *in fraganti*[146]. Integraban el concepto de hecho *in fraganti* la circunstancia de que a consecuencia del hecho se diera apellido y que el autor fuese prendido sobre el hecho o durante la huida[147]. La acción con motivo del flagrante delito tenía que presentarse en tiempo inmediato al suceso y con testimonio objetivo del hecho. Si no se conseguía capturar al querellado, era posible deducir una declaración de desafío bajo determinadas formalidades. Contra la acción penal interpuesta por hechos no flagrantes o sin desafío, podía defenderse el querellado por medio de cojuradores. Por lo demás, la victima era libre de no recurrir a la acción penal y entablar una acción civil (simple o fortalecida por testimonios). De quererlo podía también silenciar por completo su daño y entregar, por ejemplo, la conjetura del hecho al procedimiento de denuncia. Sin embargo, algunos derechos municipales establecieron como sustituto del procedimiento de

---

[145] ¿Puede interpretarse en igual sentido el texto que sigue del Libro de los Fueros de Castilla? § 114, Título de omne que deua deuda a otro: ante del plaso vase dela tierra e anda en mercaduría. Esto es por fuero de omne que deua deuda a otro e non es venydo el plaso e vase abeuyr por la tierra en mercaduría, et viene aquel aquien deue la deuda et dise quel de lo suyo, que dise que se ua a otra tierra morar et fuye por que non le de lo suyo: non es derecho que traue del nin de lo suyo fasta que venga el plaso. Mas sy es omne que non a rays ninguna e se va con muger e con fijos et con todo lo suyo que entiendan los onmes que fuye por la deuda que deue et alcancanle en la carrera yendo de tal commo este, deue trauar del. Et delo suyo quel de su deuda o quel de buen recaudo por lo suyo por que gelo de asu plaso.

[146] Espejo de Sajonia, Ldr., II, 35: Die hanthafte dat is dar, svar man enen man mit der dat begript, oder in der vlusht der dat, Oder dueve oder rof in sinen geweren hevet, dar he selve den slotel to dreget, it ne si so klene, dat man't in en venster steken moge.

[147] Et dicitur fuga facti. quae intenditur tuto illo tempore, donec durat persecutio facinerosi latitantis aut fugientis priusquam se recipiat ad locum securitatis, quam petit. Matth. Coler, Tract. de processus executionibus 1695, pág. II, c. 3, § § 72 ss., recibido por Carpzov, Practica rer. crim., pág. III, qu. 135, § 76.

denuncia una coacción de acusación, en cuyo efecto el concejo podía compeler a la víctima a que interpusiera la acción por causa de delito que significara un daño para la comunidad. En otros lugares fue uso que en los casos de no concurrir una acción privada o una denuncia procediera el tribunal de oficio, por cuanto el juez interponía por si mismo la querella o para respetar la observancia de la forma instituía un acusador.

Si el acusado, con desatención de reiteradas citaciones, no comparecía ante el tribunal, este podía relegarle y perdía la capacidad para realizar actividades procesales en la parroquia del tribunal correspondiente. Si era habido podía conducírsele preso ante el tribunal, donde se procedía con él como si fuera un malhechor apresado *in fraganti*. De modo inmediato le era admitida al querelloso la prueba contra aquél. Condenado, y de serlo lo era siempre a muerte, no podía impugnar la sentencia ni liberarse de la pena mediante composición pecuniaria. Según varios Derechos, el tribunal podía ordenar en seguida la ejecución de la pena de muerte sobre el capturado. En caso de contumacia duradera, la relegación se extendía a proscripción del Imperio, que tenía para todo el Imperio los mismos efectos que la relegación dentro de la respectiva parroquia judicial. Quien permaneciera año y día comprendido en la proscripción de) Imperio, incurría en la *secunda proscriptio* (*aberacht*, posteriormente *ueberacht, oberacht; bannum duplex, secundum, superius*), quedando en la condición de privado de la paz, a quien cualquiera podía dar muerte sin cometer por ello delito.

Mientras para los tiempos carolingios no es demostrable—si bien sea presumible—un procedimiento de denuncia repetida periódicamente, en la época postfranca hay testimonios de tribunales de denuncia regulares. La denuncia tiene lugar en la asamblea judicial pura. Se hace a base del interrogatorio judicial. O bien están obligados a ella la totalidad de los asistentes a la asamblea o solo los regidores de la comunidad, *magister vicinorum* o *heimburgués*. Después de propuesta la pregunta celebraban un coloquio los obligados a la denuncia y, por último, uno de ellos hacía la declaración pertinente. Junto a la denuncia por sospecha, de la que podía liberarse el denunciado, se conoció una denuncia con certidumbre, considerada prueba de convicción si, por lo menos, alguno de los que juraban la denuncia habían presenciado el hecho. En Baviera superior desapareció el procedimiento de denuncia en 1346.

Los tribunales westfalienses libres o *tribunales secretos* observaron en su procedimiento principios especiales. En Westfalia se conservó durante más tiempo que en otros lugares la organización judicial carolingia porque aquí la condición social de los libres comunes opuso una tenaz resistencia a la descomposición general de las clases sociales. Mientras en otras partes de Alemania desaparece el requisito de la concesión real del coto para los jueces superiores, los condes libres de Westfalia siguen recibiendo directamente del rey el coto judicial. A causa de que en el tribunal libre o tribunal secreto se juzgaba según el coto regio, se reputaban órganos jurisdiccionales reales, no de soberanía territorial, posición que, a consecuencia de la organización rígida que ya habían conseguido, afirmaron también más tarde cuando el rey Wenceslao concedió en 1382 al arzobispo de Colonia, como duque de Westfalia, el derecho de conferir por sí mismo la jurisdicción criminal a los condes libres por él instituidos. Los tribunales provistos del coto regio se caracterizaron desde entonces por ciertas formalidades que se recibieron en los tribunales libres de Westfalia y que de modo gradual fueron revistiendo el carácter de ser completamente secretos. Es así cómo pudo suceder que el tribunal libre, cuyo origen se remonta a Carlomagno, se organizara a la manera de una liga secreta, a sabiendas de su contraste con los tribunales de la soberanía territorial. A la cabeza de cada condado libre se encontraba un conde libre, que al igual que los escabinos libres tenía que ser persona de condición libre. La recepción como escabino libre solo podía hacerse sobre tierra roja (de Westfalia); tenía lugar en forma solemne: el que iba a ser admitido era iniciado en los secretos de la liga y hacía juramento de precaverlos de mujer y de niño, de la arena y del viento. En su calidad de verdadero tribunal real extendió su jurisdicción por todo el Imperio. Sus reuniones eran en parte asambleas judiciales públicas (comunes) y en parte secretas. A las primeras eran convocados todos los que tenían la obligación de frecuentar la asamblea judicial; a las segundas únicamente los sabedores. Al principio solo se constituía el tribunal secreto cuando se trataba de juzgar a un sabedor o si no comparecía a la citación una persona que no tuviese aquella condición. A causa de que, desde fines del siglo XIV ya no solían ser convocados los no sabedores para intervenir en las reuniones del tribunal, lo corriente fue la constitución del tribunal secreto, *iudicium secretum*. La competencia de este órgano jurisdiccional está especialmente referida a la jurisdicción penal. El que fuera prendido al menos por tres escabinos libres podía ser ahorcado inmediatamente por ellos. El procedimiento por hechos criminales no sorprendidos *in fraganti* se derivó del procedimiento de denuncia carolingia. La asamblea judicial secreta aparece también fuera de Westfalia; así sucede, por ejemplo, en Brunswick[148], donde reviste las características de un tribunal de denuncia de visibles coincidencias con el jurado de denuncia anglonormando que brota de las mismas raíces. En Westfalia encontró la institución aplicación más extensa, conservó forma rígida y de más acentuado carácter público, recibiendo momentos del procedimiento acusatorio. Los escabinos libres tuvieron aquí la condición de jurados de denuncia oficiales y permanentes, que recibían las denuncias de terceras personas. Por virtud de su juramento venían obligados a actuar de acusadores, es decir, a presentar la denuncia, siendo esto, a su vez, lo único para lo que estaban autorizados. Si el hecho correspondía a la denuncia del tribunal (*wroge*) se procedía a la citación ante la asamblea judicial abierta o secreta respectivamente. Si el querelloso juraba sobre siete cojuradores la culpabilidad del acusado en rebeldía, quedaba este en una condición que tenía para su persona los mismos efectos que la *secunda proscriptio*. Para proceder a la ejecución—que consistía en la horca—se designaba a un escabino, al que los demás sabedores debían prestar asistencia. En el procedimiento probatorio estaba excluido el duelo (como sucedió ya en el procedimiento de denuncia franco). La exclusión de las ordalías fue consecuencia evidente de la prohibición de la Iglesia. Como medio expurgatorio servía el juramento asistido por cojuradores que solo podían ser los escabinos; pero entre acusador y acusado tenía lugar una competencia para sobrepujar el número de los cojuradores ofrecidos, pudiendo así llegarse hasta un juramento con veinte cojuradores. En Alemania meridional se desarrolló un procedimiento más severo y de mayor energía contra las personas nocivas (*nocivi terrae*), que tenía contacto con el procedimiento sobre hechos *in fraganti*, construido a base de las leyes de paz territorial y con adhesión a su terminología. El concepto de *nocivi terrae* sirvió de motivo para llevar a la horca de oficio a los malhechores que no habían encontrado acusador, ni juez, ni persecución alguna. Hasta fines del siglo XIII se reputaban *nocivi terrae* los autores de robos y hurtos, los incendiarios (especialmente los forasteros y los que

[148] Redacción de derecho de hacia 1312, Urkundenbuch der Stadt Braunschweig, I, 1 (1861), pág. 28.

obraban contra las buenas costumbres, es decir cometiendo hechos deshonrosos) y todos los que incurrieran en pena de muerte, y también los malhechores naturales del país con el fin de hacerlos inocuos en interés de la colectividad. Contra los *nocivi terrae* podía y debía promoverse acción de oficio a falta de su aprehensión *in fraganti*, de acción privada y de denuncia. Si comparecía, era de su cargo la prueba compurgatoria. Si permanecía ausente era posible la declaración inmediata de la proscripción. Era licita la aprehensión de los *nocivi terrae* y, capturados, su acusación sobre siete cojuradores, o sea, que se aportaba prueba de convicción por el acusador (oficial) sobre siete cojuradores, siendo luego condenado según lo que resultara; en cambio, tratándose de hechos *in fraganti* (*binufte*)[149], bastaban dos cojuradores. En Austria y en Baviera, donde encontramos el procedimiento de denuncia con el nombre de pesquisa del país, se aplicaba un procedimiento sumario especial para limpiar el país de malhechores que solía llamarse pesquisa del país secreta, pesquisa secreta o simple pesquisa de las personas importantes. Consistía este procedimiento en que de tiempo en tiempo el juez competente emprendía una inquisición extraordinaria en la que preguntaba por los malhechores, sobre todo por los ladrones de caminos, por los autores de hurtos y por los asesinos. Las respuestas se emitían en secreto. El que era declarado por los jurados *homo nocivus, homo damnosus*, podía ser condenado sin concedérsele audiencia. Semejante sistema procesal, que con la fijación y mantenimiento de formas estrictas hubiera podido abrir camino a una institución emparentada con el jurado inglés, degeneró en un arbitrio desprovisto de formalidades.

FRAUENSTAEDT, Blutrache und Todtschlagsuehne im deutschen Mittelalter, 1881.— C. G. WAECHTER, Beitraege zur deutschen Geschichte, insbesondere zur Geschichte des deutschen Strafrechts, 1845;—Beilagen zu Vorlesungen ueber das deutsche Strafrecht, 1877, Beilage, 26. BORETIUS, De iure hellorum privatorum ex legibus impertí romanogermanici commentatio, 1858. KWCKHOHX, Geschichte des Gottesfriedens, 1857. HUBERTI, Studien zur Rechtsgeschichte der Gottes-und Landfrieden, 1892. Cf. Weiland en ZRG., 14, 152. KUESTER, De treuga et pace Dei. Der Gottesfrieden, 1902. His, Gelobter und gebotener Friede im deutschen Mittelalter, ZRG. 33, 139. KOHLER, Brunnerfestschrift, 1914, 191. Schnelboegl, Die innere Entwicklung d. bayrisch. Landfrieden d. 13. Jahrh., 1932. WOHLHAUPYER, Studien zur Rechtsgeschichte der Gottes- und Landfrieden in Spanien, 1933; sobre esto, R. Riaza, AHDE., 10, 481, 92, y Huettebraeuker, ZRG., 54, 317 s. H. MEYER, Histr. Zeitschr., 147, 1932, 298. Véase también la literatura sobre las paces territoriales, citada en el § 27.

J. W. PLANCK, Das deutsche Gerichtsverfahren im Mittellater nach dem Sachsenspiegel und den verwandten Rechtsquellen, 2 vols., 1878 ss. HOMEYER, Das Gerichtswesen nach dem Richtsteige, en su edición del Richtsteigs Landrecht; — Lehngerichtswesen, en su System des Lehnrechts, Sachsenspiegel, II, 2. DONANDT, Der bremische Civilprozess des 14. Jahrh., en Bremer Jahrbuch, V, 1870. FRANKLIN, Das Reichshofgericht im Mittelalter, II: Verfassung und Verfahren, 1869. KUEHNS, Geschichte der Gerichtsverfassung und des Prozesses in der Mark Brandenburg. II, 337 ss. RETZLAFF, Die Entwicklung des Rechtsganges nach dem Freiberger Stadtrechtsbuch, 1929; sobre esto, Ruth, ZRG. 50, 479. KLIBANSKY, Gerichtsszenen und Prozessformen in deutschen Dichtungen des 12.-14. Jahrh., 1925. v. BRUENNECK, Zur Geschichte des Kulmer Oberhofs, ZRG., 34, 1 ss. v. BUNGE, Geschichte des Gerichtswesens und Gerichtsverfahrens in Liv.,

149 *Binu(n)fte* (de *tomar*, compárese con *not-nnnft*, robo), significó originariamente la aprehensión *in fraganti*. DRW., I, 1546.

Est-und Kurland, 1874. KNAPP, Die Zenten des Hochstifts Wuerzburg, II: Gerichtswesen u. Strafr., 1907. J. VAN KUYK, Historische beschouwingen over het antwoord van den gedaagde, 1908. H. O. MUELLER, Landgericht Hirschberg (véase bajo el § 40), 68 ss.— NIETZSCHE, Commentatio iuris Germ. de prolocutoribus. 1831. SIEGEL, Erholung und Wandelung im gerichtlichen Verfahren, 1863. Wiener SB., 42;—Die Gefahr vor Gericht und im Rechtsgang, 1866, Wiener SB., 51. Cf. H. BRUNNER, Wort und Form im altfranzoesischen Prozess. Wiener SB., 57 [= Forschungen zur Geschichte d. deutschen und franzoesischen Rechts, 1894, 260 ss.]—Die Zulaessigkeit der Anwaltschaft. Forschungen, 389 ss. (Contra Brunner, WUERDINGER, Geschichte der Stellvertretung (agency) in England, 1933, 27—57). FRENSDORFF, Recht und Rede en los histor. Aufsaetzen fuer Waitz, 1886, 433 ss. A. S. SCHULTZE, Privatrecht und Prozess in ihrer Wechselbeziehung, 1883, 107 ss. H. RUDORFF, Zur Rechtsstellung der Gaeste im mittelalterlichen Prozess, 1907. A. SCHULTZE, Leber Gaesterecht und Gastgerichte Hist. Z., 101, cuaderno 3. HAFERLACH, Geleitswesen (véase supra, § 41), 31 ss. MITTEIS, Beaumanoir u. die geistl. Gerichtsbarkeit, ZRG., Kan., 4, 263 ss.

ALBRECHT, Commentatio iuris germanici antiqui doctrinam de probationibus adumbrans, 1827. PLANCK, Die Lehre vom Beweisurteil, 1848 y en ZDR., 10. JOLLY, Beweisverfahren nach dem Sachsenspiegel, 1846. HAENEL, Beweissystem des Sachsenspiegels, 1858. DELBRUECK, en ZDR., 14, 213. RUTH, Zeugen und Eideshelfer in den deutschen Rechtsquellen des MA., 1922; sobre esto v. Schwerin. ZRG.2, 43, 398 ss. HOLDEFLEISS. Der Bugenscheinsbeweis im mittelalt, deut. Strafverfahren. 1933; sobre esto, Wuerdinger, ZRG., 54, 400. v. BAR, Das Beweisurteil, 1866. A. S. SchultzE, Zur Lehre vom Urkundenbeweise, Z. f. d. Privat-u. oeffentl. Recht, XXII (1894). v. der PFORDTEN, Die Beweisfuehrung nach dem oberbayr. Landrecht, ZRG., 12, 346 ss. HASENOEHRL. Die Beweiszuertheilung im oesterr. Rechte des Mittelalters, 1898, Wiener SB., 139. K. LEHMANN, Das Bahrgericht, en Germanistischen Abhandlungen fuer Konrad v. Maurer, 1893, 21 ss. KNAPP, Beweis im Strafverfahren des Schwabenspiegels und des Augsburger Stadtrechts, Arch. f. Strafrecht, 67, 25 ss. WILLMANN, Die Hauptbeweismittel im Strafverf. d. Stadt Freiburg, ibidem. 62, 484 ss.—Véase también la literatura citada en el § 22.

LABAND, Die vermoegensrechtlichen Klagen nach den saechsischen Rechtsquellen des Mittelalters, 1869. BEHREND, Observationes de actione simplici, 1861 y sus notas al Stendaler Urteilsbuch. v. MEIBOM, Das deutsche Pfandrecht, 1867, § 2: Die Pfaendung im Exekutionsverfahren. HEUSLER, Zur Geschichte des Exekutivprozesses in Deutschland. ZRG., 6. PLANITZ, Die Vermoegensvollstreckung im deutschen mittelalterlichen Recht. 1812 (sobre esto. RINTELEN, Kr. VSchr., 53, 181 ss.);—Zur saechsischen Vollstreckungsgeschichte, Sohmfestschrift, 1914:—Der Schuldbann in Italien, ZRG., 52 (1932), 134;—Studien zur Gesch. des deutsehen Arrestprozesses, ZRG., 34, 49, 39, 223, 40, 87 ss.—Grundlagen des deutschen Arrestprozesses, 1922; sobre esto, E. Heymann, ZRG.43, 435 ss. KISCH, Der deutsche Arrestprozess in seiner gesch. Entwicklung, 1914;—Die Pfaendungsklausel, ZRG., 35, 41 ss. HAFF, Vollstreckungsordnung fuer Fuessen, ibidem. 34, 435. J. v. GIERKE, Gesch. des d. Deichrechts, II, 1917, 442 ss. SKEDL, Grundlage des oesterr. Konkursrechts. Wachfestschrift, 1913, 225 ss. BAUMGART, Die Entwicklung der Schuldhaft im italienischen MA., 1914. KOHLER, Die Vollstreckungsurkunde als Verkehrsmittel (Arch. f. Rechts-Phil., 1916-17 y 1917-18.)

BENNECKE, Zur Geschichte des deutschen Strafprozesses, 1886. v. KRIES. Der Beweis im Strafprozess des Mittelalters. 1878. FOCKEMA-ANDREAE, Het bewijs in strafsaken...

in de middeleeuwen, Tijdschrift voor Strafrecht Dl., X, 1, pág. 46. R. LOENING, Der Reinigungseid bei Ungerichtsklagen, 1880. BIENKO, De proscriptione secundum fontes iuris Saxonici medii aevi, 1867. PERTHES, De proscriptione et banno regio quid statuerit speculum Saxonicum, 1834. FRENSDORFF, Die Verfestung nach den Quellen des luebischen Rechts, Hans. Geschichtsquellen. I, página XIII ss. Cf. FICKER, Forschungen zur Reichs-und Rechtsgeschichte Italiens, I, 73 ss. v. KUENSSBERG, Acht Studien zur deutschen Rechtssprache, 1910. POETSCH, Die Reichsacht, 1911. LECHNER, Reichsacht, Hist. Vjschr., 17, 513. COULIN, Wuestung (véase supra, § 42). Sobre el proceso de Enrique el León, cf. supra, § 38. VOGEL, Beitraege zur Geschichte des deutschen Reichshofgerichte, ZRG., 2, 151. ESCHENBURG, De delicto manifesto iure Saxonico, 1866. H. KNAPP, Das alte Nuemberger Kriminalverfahren en Z. f. d. ges. Strafrechtsw., 12, 200 ss., 473 ss.;—Altregensburgs Ger.-Verf. (véase supra. § 42). ZOEPFL, Das alte Bamberger Recht, 3. Parte principal: Kriminalprozess, 1839. GOESCHEN, en su edición de los Goslarische Statuten, 366 ss. WILLMANN, Die Strafgerichtsverfassung der Stadt Freiburg i. Br. 1917;—Arch. f. Strafrecht, 65, 484 ss. ORTLOFF, Die oeffentliche Anklage in Deutschland en ZDR., 16, 254. OPET. Die Popularklage der Berner Handfeste, ein Beitrag zur Gesch. der Popularklage im deutschen Recht, Z. f. schweizerisches Strafrecht, 7 (1894). SIEGEL, Das pflichtmaessige Ruegen auf den Jahrdingen und sein Verfahren, 1891, Wiener, SB., 125, STUTZ, Das Stadtrecht gegen die Formstrenge im Strafverfahren, ZfRG., 38, 367 ss. R. SCHMIDT, Koenigsrecht, Kirchenrecht und Stadtrecht beim Aufbau des Inquisitionsprozesses (Sohm-Festschrift), 1918. E. MAYER, Geschworenengericht und Inquisitionsprozess, 1916; sobre esto, v. Amira, ZRG., 37, 527 ss. Pappenheim, Goett.Gel.Anz., 1920. 129 ss. Sobre el tribunal secreto véase la literatura en el § 40. v. ZALLINGER. Das Verfahren gegen landschaedliche Leute in Sueddeutschland. 1895. KNAPP. Die Zenten des Hochstifts Wuerzburg II, 464 ss.; —Das Uebersiebnen der schaedlichen Leute in Sueddeutschland, 1910,—Das Uebersiebnen der schaedlichen Leute, Ztschr. f. d. ges. Strafrechtsw., 44, 379 ss. 515 ss. K. O. MUELLER. Zur Gesch. des peinlichen Prozesses in Schwaben, 1910, sobre esto, Beyerle, VSchrSozWG, 11, 607. R. SCHROEDER, Eine strafprozessualische Verordnung Koenig Rupprechts, en ZfRG, 34, 433.

SEGUNDA PARTE

HISTORIA DEL DERECHO PRIVADO HASTA LA RECEPCIÓN DE LOS DERECHOS EXTRANJEROS

§ 44. Observaciones generales

Durante el tiempo que el desarrollo del Derecho alemán conserva su sustantividad no se llega a una diferenciación completa entre el Derecho público y el Derecho privado[1]. Numerosas instituciones jurídicas llevan un carácter mixto por razón de su pertenencia a ambos campos de Derecho. Sin embargo, en la práctica avanza más la distinción de lo que se refleja teóricamente en los monumentos jurídicos. Solo a fines de este período empieza el proceso de diferenciación conceptual en las fuentes de Derecho, mayormente en las de Derecho municipal; ritmo de diversificación que acentúa y completa la influencia del Derecho romano. Por lo demás, cuando las fuentes patrias hacen el intento de ofrecer una exposición sistemática del Derecho, no encontramos un sistema de relaciones jurídicas, sino más bien de relaciones vitales; no tanto un sistema jurídico, como una construcción económica que trata emparejados en su parentesco natural los fenómenos que en la vida se suceden unos próximos a otros[2].

Como aconteció en el Derecho romano, también el Derecho privado alemán se desenvuelve en íntima conexión con el Derecho procesal. Así, por ejemplo, la circunstancia de no estar permitida en principio la representación ante los tribunales, sirvió de punto de partida para toda una serie de instituciones del Derecho de contratos. La forma ulterior del derecho de prenda sobre inmuebles se ha desarrollado vinculada al procedimiento ejecutivo inmobiliario. Los principios sobre la protección de la propiedad en bienes muebles están en conexión con la acción reivindicatoria. La fijación escrita del testimonio judicial abre paso a la inscripción de los negocios sobre inmuebles en libros de carácter público y, con ello, da origen al moderno Registro inmobiliario. El Derecho privado, a semejanza del procedimiento judicial y del derecho penal, tiene también un carácter típico y, por ende,

---

1 Cf. en G. Kisch, ZRG., 50, 208-212, un resumen de las opiniones y literatura sobre el problema de la indeferenciación (doctrina dominante) o diferenciación (tesis de v. Below) de derecho público y derecho privado durante la Edad Media. En el sentido de v. Below, De Buen, Introducción al Est. del Derecho Civil, 17-18. Sobre la discutida naturaleza del Derecho feudal, Mitteis, Lehrecht und Staatsgewalt, 1933, Introducción, II, 2.

2 En este lugar solo es posible la mención del parentesco de esta sistematización con los recentísimos intentos—que se tienen por innovadores—de agrupar de nuevo el derecho privado.

formalista en tanto que la apariencia perceptible en su exterioridad es decisiva para la constitución y esencia de las relaciones jurídicas. De aquí el requisito de la forma para los negocios jurídicos privados, de aquí la diversidad de los negocios simulados, de aquí el rasgo típico de la mala fe[3], de aquí la significación de la *gewere* en el Derecho de cosas y de la comunidad doméstica en el Derecho de familia y en el hereditario, de aquí, finalmente, en parte, la profunda distinción entre el Derecho mobiliario y el inmobiliario.

El desarrollo del Derecho privado descansa en la atenuación o desaparición del carácter típico de las normas jurídicas, y en que junto a la forma empieza a concederse atención en mayor grado a la voluntad de celebrar el negocio jurídico. Por ello se da no rara vez una disparidad entre el lado interno y el externo de las relaciones jurídicas, ya que en interés del tráfico jurídico se mantiene más o menos a favor de los terceros el carácter típico, contraste que hasta ahora solía destacarse tan solo para algunas instituciones del moderno Derecho mercantil, pero que en rigor penetra también en el resto del Derecho privado alemán durante los diversos estadios de su desenvolvimiento.

La estructura del Derecho privado fue muy diversa en los diferentes derechos. Sin embargo, es exacto considerar los principios de las instituciones jurídicas más importantes como patrimonio común de todo el Pueblo.

Ofrece una selección de fragmentos de las fuentes de Derecho ordenada sistemáticamente, KRAUT, Grundriss zu Vorlesungen ueber das deutsche Privatrecht, 6.ª ed., por FRENSDORFF, 1886. Contiene una selección de documentos muy utilizable, LOERSCH SCHROEDER-PERELS, Urkunden zur Geschichte des deutschen Privatrechts, 3.ª ed., 1912. Según el modelo de esta colección están trabajados los Textes relatifs aux institutions privées et publiques aux époques Mérovingienne et Carolingienne publiés par Marcel THÉVENIN I: Institutions privées, París, 1887.

Hace una exposición resumida de las instituciones jurídico privadas más importantes de los Derechos germánicos v. AMIBA, Grundriss des germanischen Rechts, §§ 53—71. Realiza «el intento de exponer científicamente el derecho privado alemán de la Edad Media como un organismo jurídico sustantivo, el interesante y sugestivo libro de Andreas HEUSLER, Institutionen des deutschen Privatrechts, 2 vols., 1885, 1886. Entre los tratados de Historia del Derecho alemán debe citarse para el derecho privado, SCHROEDER, Deutsche RG.§§ 11, 35, 61. Ofrece un resumen v. SCHWERIN, Deutsche RG., en Meister Grundriss der Gesch. W. De los Tratados y Manuales sobre el Derecho privado alemán son, particularmente valiosos desde el punto de vista de su contenido histórico jurídico: STOBBE, Handb. d. d. Pr., 5 vols., 2.ª ed., 1882-85, vol. 1-4 en 3.ª ed., 1893-1900. O. GIERKE, Deutsche Privatrecht, I, 1895; II, 1905; II. 1917 (inacabado), y R. HUEBXER, Grundzuege des Deutschen Privatrechts 1930. SCHREUER. Deutsches Privatrecht, 1921. v. SCHWERIN, Gruudzuege des deutschen Privatrechts, 1928. PLANITZ, Grundzuege des deutschen Privatrechts, 1931. v. SCHWIND, D. PR. R., I. II, 1919-21. HAFF, Institutionen des deutschen Privatrechts, I, 1927; II, 1934. P. REHME, Geschichte des Handelsrechts en el Ehrenbergs Handbuch des ges. Hand.-R.s., I, 1913, 28 ss., 260 ss.

WEISKE, Grundsaetze des teutschen Privatrechts nach dem Sachsenspiegel, 1826. GOESCHEN, Systematische Zusammenstellung der in den Goslarischen Statuten

[3] Cfs. Espejo de Sajonia. Ldr., III, 7, § 4.

enthaltenen Rechtssaetze, en su edición de esta fuente de Derecho. 128 ss. v. GOSEN, Das Privatrecht im kleinen Kaiserrecht, 1866. ZOEPFL, Das alte Bamberger Recht, 1839, 181 ss. LINDEN, Das buergerliche Recht der Reichsstadt Regensburg, 1908. SEEBOTH, Das Privatrecht des Berliner Stadtbuches, 1928. PLANITZ, Hansisches Handels-u. Verkehrsrecht, Hans. Geschichtsbl., 31, 1 ss. HASSENOEHRE, Beitraege. zur Geschichte des deutschen Privatrechts in den oesterr. Alpenlaendern. 1908 (Archiv f. oesterr. Gesch., 97).—E. HEBER, System und Geschichte des schweizerischen Privatrechts, IV, 1893 (2.ª ed. en publicación, por MUNTZNER, I, 1932).—HUGO DE GROOT, Inleidinge tot de Hollandsche Rechts-Geleerdheid con observaciones y notas publicado por Fockema Andreae, 1895, en 3.ª ed. por v. APELDOORN, 1926. J. TELTING, Schets van het oud-Friesche privatreegt, 1867 ss. (Themis, regtskundig tijdschrift, 1868 ss). FOCKEMA ANDREAE, Het Oud-Nederlandsch Burgerlijk Recht, 2 vols., 1906.—Fr. SCHUPFER, II diritto privato dei popoli germaniei con speciale riguardo all Italia, I-IV, 1907 ss., 2.wed., 1913 ss. NANI, Storia del diritto privato italiano, 1902.

PLATNER, Ueber die historische Entwicklung des Systems und Charakters des deutschen Rechts, vorzugsweise des Privatrechts, 1852. 1854. v. ZALLINGER, Wesen und Ursprung des Formalismus im altdeutschen Privatrecht. 1898. PETERKA. Das offene zum Scheine Handeln im deutschen Rechte des Mittelalters, 1911. Sobre simbolismo jurídico, supra, § 5.

I

§ 45. La capacidad jurídica

La libertad, la cualidad de miembro de la colectividad, la comunidad de paz, el pleno disfrute del honor y la igualdad de condición o igualdad de nacimiento (*eadem generis*) eran los fundamentos de la capacidad jurídica plena.

1. En la época más antigua el niño nacido libre no adquiere inmediatamente por el hecho simple del nacimiento la plena capacidad jurídica, sino solo después de la imposición del nombre, que solía hacerse dentro de las nueve noches siguientes y que ya en los tiempos paganos iba unida al agua lustral o aspersión con agua. Hasta este instante el padre podía negar la admisión en su casa al niño recién nacido. Originariamente estaban vinculadas con la imposición del nombre la adquisición del *wergeld* pleno y de la capacidad hereditaria condicionada por la comunidad doméstica.

Para que un niño fuera considerado vivo exigía el antiguo derecho ciertas señales de vida típicas. Como la prueba se hacía necesariamente por el testimonio de hombres y, por razones de conveniencia, no podían ser testigos oculares del acto del nacimiento, se requería según numerosos derechos, especialmente según los derechos holandeses que regulaban el testimonio de oídas, que el niño hubiese gritado en las cuatro paredes de la casa, mientras que los derechos alto-alemanes preceptuaban que el nacido hubiese visto el tejado de la casa y las cuatro paredes. Las fuentes posteriores permiten o exigen la prueba del nacimiento por el testimonio de mujeres presentes al efecto[4].

[4] La salud y la integridad corporal influían también en la plena capacidad jurídica y en la capacidad de obrar. HUEBNER, Grunzuege, § 8, IV, § 10. Principio válido alguna vez para el Derecho español medieval. J. A. RUBIO, AHDE., 9, 15, nota 29. Sobre la errónea interpretación que ASSO Y MANUEL dieron al texto que cita RUBIO, cfs. MARTÍNEZ MARINA,

Según el antiguo derecho, la capacidad jurídica no termina, como hoy sucede, pura y simplemente por el hecho de la muerte. Antes bien, en ciertas relaciones se considera al muerto en calidad de sujeto de derechos, de obligaciones y de actividades jurídicas. La idea de que el muerto sobrevive jurídicamente—como nos fue dado advertir en la historia del procedimiento judicial (§ 9 *in fine*)—se exterioriza dentro del derecho privado, de modo especial en el Derecho hereditario, en las instituciones de la parte del muerto (*pars mortui*), de la donación por el alma (*donatio pro anima*), de la entrega de la mejor cabeza de ganado (*mortuarium*) y de la adquisición de la herencia, que hemos de considerar más adelante.

Los siervos y los semilibres (dependientes) carecen de libertad. Los siervos, al principio desprovistos por completo de derechos, adquieren en el curso del tiempo una capacidad jurídica limitada, que va ampliándose paso a paso. Asimismo, la extensión de la servidumbre sufrió una creciente reducción. Desaparece en las ciudades. Los menestrales y los caballeros no libres entran en la condición de los libres. Los siervos asentados, los *mansionarii*, se equiparan a los *lites*, donde no tuvieran lugar excepciones locales.

En el desarrollo de la capacidad jurídica de los siervos hay que distinguir la cara interna y la externa de la servidumbre, es decir, su relación con el señor y su relación con los terceros. La Iglesia prohíbe dar muerte o causar lesiones arbitrariamente a los siervos, les libera de sus faenas serviles los domingos y días festivos y procedió al reconocimiento de sus matrimonios, en un principio solo en el caso de que el señor prestara su asentimiento, más tarde aunque no se diera este requisito. En parte, contribuyó también a dulcificar la condición servil el poder público, que ya en la época franca prohibió la venta de siervos en el extranjero. Lo adquirido por el siervo pertenecía teóricamente al señor. El siervo no podía enajenarlo, y fallecido que fuera sin hijos correspondía al señor. Al comienzo el señor respondía frente a terceros del delito del siervo como del hecho propio; pero ya en los tiempos del derecho popular se limitó esta responsabilidad al caso de connivencia del señor, mientras que, por lo demás, si entregaba o relajaba al siervo culpable, todo se reducía a una responsabilidad por negligencia que finalmente desapareció por completo.

Las causas que originaban la servidumbre fueron estas: aprisionamiento en guerra, descendencia de padres sometidos a servidumbre corporal, aunque solo uno de ellos se encontrara en esta condición, matrimonio con una persona no libre, permanencia en el aire de servidumbre, es decir, convivencia entre los propios de cuerpo de un señor, siempre que se prolongara año y día (§ 25). Solo algunos derechos conocen como pena la reducción a servidumbre. Se tiene por generalmente admitida la entrega en servidumbre voluntaria, así como la dación en prenda de la libertad por parte del deudor (§ 50).

Ensayo histórico-crítico. 1808. 191. Además, MELICHER, Der Kampf, 86 ss., resumen por R. Riaza, AHDE., 7, 510. ¿Tienen su razón en aquel principio normas como la siguiente: F.º de Soria, § 458 ...njngun castrado non pueda rrecebir anjnguno por ffijo? ¿. Será simplemente: Por que rrecebimjento de ffijo es semeiable ala natura (ibid. § 457)? Compárese F.º Real, IV, 22, 3 y Partida IV, 16, 2 y 3.—Para casi todas las materias de la capacidad jurídica y conexas (plazo de viabilidad, manumisión, etc.), téngase por citada la obra de MELICHER, donde se hallarán referencias de la terminología de nuestras fuentes de más fácil utilización.

La forma más importante de poner término a la servidumbre fue el franqueamiento, que era un negocio jurídico sujeto a determinadas formalidades de derecho. En el reino franco se recibieron las formas romanas de manumisión, especialmente la manumisión por la entrega de una carta de libertad, *carta ingenuilatis*[5], que podía elevar al manumitido a *civis Romanus* con el *wergeld* de un romano libre (*cartularius*); también se recibió la manumisión de Constantino, practicada con mediación de la Iglesia ante el obispo y el clero. Por lo regular el franqueamiento no concedía al franqueado la condición de miembro de la colectividad plenamente libre. Si no alcanzaba el *status* de romano libre, le proporcionaba solo la condición de *lite*, o de semilibre. Quedaba bajo el patrocinio de su señor anterior, o de la iglesia que había intervenido en su manumisión (*tabularius*). O bien dejaba a voluntad del franqueado la decisión de colocarse bajo la protección de un señor y la elección de este. Sin embargo, desde antiguo se da un tipo de franqueamiento que concedía la libertad plena. Este efecto tuvo en un tiempo la entrega pública de las armas (*manumissio per sagittam*), e igual resultado producía en el período postfranco el franqueamiento hecho ante el rey mediante la *denariatio*, consistente en que quien iba a ser franqueado ofrecía un denario al señor a título de capitación, de *litimonium*, y el señor le dejaba caer a tierra (*manumissio per denarium*), formalismo expresivo de que el franqueado debía quedar libre de toda obligación de pagar censo. El así manumitido recibía el nombre de *homo denarialis*. En el período postfranco desapareció la manumisión de tipo romano, determinante de los *homines romani*. El acto del franqueamiento tenía lugar ante testigos o por medio de una carta de libertad, no rara vez con entrega a la protección eclesiástica que obligaba al franqueado a un censo anual (comúnmente un censo de cera, *cerarii* o *cerocensuales*), a una exacción con motivo del matrimonio y a la entrega de la mejor cabeza de ganado. Tuvieron también la condición jurídica de estos franqueados las personas libres que se confiaban a una iglesia mediante tradición.

Los semilibres o las personas dependientes de la tierra[6] solo tenían que prestar contribuciones y servicios moderados y poseían capacidad patrimonial. Sin embargo, después de su muerte, el señor tenía derecho bien a una cuota (la mitad) del patrimonio mueble, *búteil*[7], o a una gabela determinada, percepción mortuoria, *ius caduci, curmeda*[8], *mortua manus, mortuarium,* casi siempre la mejor cabeza de gana-

---

5 Puede recordarse incidentalmente que FICKER, Untersuchungen z. Erbenfolge, I, núm. 32, *in fine*, advierte la similitud que en algún giro de la fórmula de manumisión ofrece un documento portugués de 1094 (Port. Mon. Dipl., I, 479): in quattor angulos terrae, ubi volueris, perge, con las fórmulas usuales en varios troncos germánicos, como por ejemplo, el longobardo y el franco antiguo. Cf. las pruebas en GRIMM. DRA., I. 458. Comp. GAMA BARROS, Hist. da Administr. Publica em Portugal, II (1896), 81.

6 Es difícil trazar un limite fijo entre la capacidad jurídica restringida de los siervos y la posición de las personas semilibres, a causa de que al mejorar la situación de los siervos les fue transmitido un *status* de semilibertad, especialmente, una capacidad hereditaria limitada.

7 La parte de la herencia que correspondía a la corte señorial (*bu* = *bau*, en el sentido de corte sálica o señorial. [En un doc. de 1181: ut nemo aliquod sibi ius dicat in bonis mortuorum racione suppellectilis, que vulgo buteil, nominatur. Ius accipiendi partem utensilium quod vulgariter buteil nominatur (a. 1280), apud DRW., I, 1321]).—Sobre *buteil* e *intestia* E. MAYER, Historia, I, 267.

8 De *kur*, elección, porque el señor tenia el derecho de elegir la mejor pieza, y *mede, miete*, en el sentido de merced, precio, pago. Compárese con *bumede*, infra. La *curmeda* se originó como un censo de protección característico de la pertenencia en patrocinio.

do (*besthaupt, optimum capul*), el mejor caballo, la mejor res vacuna, y así de los demás animales hasta el gallo (buey mortuario, ganso mortuario), o el mejor vestido (*vestimentum optimum, indumentis melius*)[9], o ambas cosas; a veces una suma fijada en dinero como censo de redención (*utlose*)[10]. Al contraer matrimonio tenían que comprar el consentimiento del señor o pagar una exacción basada en la pertenencia en patrocinio *maritagium, vadimonium, beddemund, bûmede*[11] (a veces en pieles o pellejos, con lo que se relaciona la moderna significación rufianesca de aquellas palabras). Sobre la tierra que cultivaban adquirían un derecho sin carácter hereditario, o de este tipo, pero condicionado. Por su estado de vinculados al terruño, ni podían ser enajenados en la tierra ni abandonarla sin causa jurídica.

2. En la época más antigua carece también de derecho el extranjero (*alienígena, peregrinus, hospes, albanus*). Sin embargo, el derecho de hospedaje atenúa la dureza de este principio jurídico. Los extraños que frecuentaban los mercados patrios estaban protegidos por la paz del mercado. Además, podían ponerse bajo la tutela de un natural del país. Ya en época temprana se constituye una protección subsidiaria del rey a favor de los extranjeros (*luaregangi*), que carecieran de otro señor protector. La protección a los extranjeros fue en el Imperio alemán una regalía productiva que ejercían los soberanos territoriales en el sentido de apropiarse de la herencia del extranjero muerto en tierra de su señorío, o de hacer suya una parte de aquélla (*ius albinagii, droit d'aubaine*) o de exigir una gabela hereditaria[12] (*ius detractus*).

En la idea de la falta de derecho del extranjero tiene su base el derecho de aprehensión, de particular frecuencia en los territorios de derecho franco, y por cuyo efecto el señor de soberanía territorial hacía suyo como propio de cuerpo al

---

9 SCHULTZE, Augustin u. der Seelteil, 1928, 5, nota 20, cita este curioso pasaje de Covarruvias, de testamentis cap. 14, núm. 1 (Opera omnia, Francofurti ad Moenum, 1608, t. I, pág. 58): Solet tamen in plerisque diocesibus ex antigua consuetudine ex bonis et rebusa defuncto relictis dari Episcopo vel paroeciali presbytero *melior vestís* aut vas aliquod argenteum seu alla res, quam ipse Episcopus vel presbyter elegerit: quam consuetudinem propria sententia et judicio comprobavit. Rotae praetorium.—Para la terminología de la *optimum capul*. Fuero Viejo, I, 3, 2: «... una caveça de los mejores (ganados) que ovier: e a esto dicen mincion...»; o sea *nuncio*, genéricamente: *luctuosa*. En Cataluña: la mejor *flassada de cap de casa*. HINOJOSA, El régimen señorial..., 179.

10 Las menciones más antiguas de esta gabela se encuentran en documentos de las iglesias de la Renania inferior y de Lorena, que se remontan al último cuarto del siglo IX. Se refieren en parte a manumisiones y en parte a personas libres que se entregan al patrocinio de una iglesia a la que han de pagar un censo anual, una exacción matrimonial y una cantidad con ocasión de la muerte (las más veces doce denarios). Dicha gabela procede de la pertenencia, en patrocinio, y más tarde se extendió a los semilibres y a los siervos, extensión que tuvo para ellos el sentido de una mejora de su condición jurídica por implicar una atenuación del riguroso derecho señorial.

11 Bumede = baumiete. GRIMM, DRA., I, 531: si qua mulier de familia ecclesiae servo nostro... nupserit data iustitia quae bumeda dicitur. Ch. Lotharii, año 1035. Es similar a esta exacción el «derecho de *osas*» (*ossas, huessas, hosas, vesos...*) en alguna de las modalidades que ofrece en las fuentes españolas? Cf. MUÑOZ y ROMERO, Colección de Fueros Municipales, 223, núm. 3. MARICHALAR Y MANRIQUE, Historia de la Legislación... de España. II. 451, 487; III, 82. HELFFERICH, Entstehung u. Geschichte des Westgothen-Rechts, 1858, 291-293. WOLF. Wiener, SB., 51. 70-71.

12 La disposición de Federico II de 1220, MG. Const., II, 109, c. 9 (Authentica Omnes peregrini) que determinaba que la herencia del extranjero fallecido sin testamento se entregara por el obispo a los herederos o se destinase a fines piadosos, apenas tuvo repercusión práctica en Alemania, excepción hecha de los territorios eclesiásticos.

extranjero al que nadie «siguiese», o sea sin señor que le reclamase, después de año y día de residencia en tierras de aquél. De la carencia de derecho del extranjero provenía también el derecho de litoral o de naufragio, que no solo comprendía los bienes sino también la persona del náufrago. Federico II y Guillermo de Holanda prohibieron ciertamente la aplicación del derecho de naufragio; pero esta prohibición no consiguió un resultado duradero.

Poco después del siglo XIV aparecen en varios lugares, por influencia eclesiástica, corporaciones especiales, hermandades de extranjeros con el fin de beneficencia sobre los extraños.

3. Quien tuviera capacidad jurídica podía perderla por completo si era excluido de la comunidad de paz, si era condenado a la pérdida de la paz, a la proscripción. A quien ha perdido la paz, no solo podía dársele muerte sin incurrir en multa ni pena, sino que era considerado como muerto civilmente; en el estado de pérdida de la paz ni podía tener mujer legítima ni hijos legítimos; pierde su patrimonio, la capacidad patrimonial y la de actuar en juicio. Sin embargo, sus herederos podían reclamar sus bienes raíces si prometían bajo juramento no entregar nada de ellos al proscrito.

4. En cambio, se da solo una restricción de la capacidad jurídica por causa de la pérdida del honor en la llamada pérdida del derecho que encontramos más claramente que en otros en los Libros de Derecho sajón. Entre los privados de derecho hay que distinguir dos grupos principales: el de aquellos que carecen de derecho por causa del nacimiento o de una profesión infamante (hijos extramatrimoniales, *campeones* profesionales y sus hijos, histriones), y el de los que han incurrido en pena que llevara aparejada la pérdida del derecho[13] [14]. Las fuentes hablan también en el primer caso de ilegitimidad; en el segundo, de pérdida del derecho y pérdida del honor. Todo el que ha perdido el derecho carece de *wergeld* y de la multa común; sin embargo está dentro de la paz general. Quien le cause lesión incurre en penas públicas, o en casos leves tiene que pagar el precio de la paz. Pero a causa de que este correspondía siempre a una multa para la parte lesionada, se fijaron multas aparentes para el privado de derecho, expresándose de este modo que le procuraba capacidad jurídica subjetiva, pero no la protección de la paz objetiva[15]. Además, el privado de derecho no tenía capacidad feudal, ni podía ocupar determinados cargos

[13] Cfs. supra § 42, texto correspondiente a la nota 2. El Muehlhaeuser Reichsrechtsbuch usa para esta clase de privados de derecho la palabra muy expresiva de *givrat, givratit,* herido (en su derecho) de *fraton, sauciare,* comp. *fretten. Ciorat* era, entre otros, el delincuente por hurto o robo, el incendiario que causaba muertes, el falsario. El Muehlhaeuser Reichsrechtsbuch, edit. por H. Meyer, 106: wi givrat si.

[14] Más claramente, «si por una vez es lícito emplear conceptos romanos—escribe HUEBNER, Grunzuege, § 14, III, 1—la pérdida del derecho, de tipo alemán, que sobreviene a base de una sentencia podemos concebirla como *infamia inris mediata* y designar como *infamia iuris inmediata* la pérdida del derecho o del honor, de tipo alemán, determinada *ipso facto* por actividades innobles.

[15] Espejo de Sajorna, Ldr., III, 45, § 10: Unechter lude bute gevet al luettik vromen unde sint doch dar umme gesat, dat der bute des richteres gewedde volge. No existía necesidad alguna de conceder un *wergeld* aparente al privado de derecho, pues la muerte ilícita e intencional se castigaba penalmente, mientras que en caso de negligencia no se incurría en precio de la paz (cf. supra, § 8). Espejo de Sajonia, Ldr., III, 45, § 11: Ane weregelt sin unechte lude. Doch sve so ir enen dodet... unde den vrede an en brict, man sal over in richten na vredes rechte.

públicos, ni ejercitar ciertas actividades procesales que presuponían la integridad del honor. Estas últimas consecuencias fueron las únicas que constituyeron el contenido de la pérdida del derecho cuando desapareció completamente el sistema de la multa y del *wergeld.* El que ha incurrido en la privación penal del derecho no solo sufre las consecuencias generales de la pérdida del derecho, sino que carece también de capacidad para jurar. De la pérdida del derecho y del honor sobrevenida por condena deriva más tarde la pérdida del honor, que se exterioriza, entre otras consecuencias, por la incapacidad para ser testigo, y de la antigua ilegitimidad se desenvuelve la llamada indignidad[16].

5. La condición social influía en la capacidad jurídica, ya que era indispensable la igualdad de nacimiento para ciertas actuaciones judiciales (desafío, testimonio, investigación de la sentencia, actividad de *prolocutor*), para la tutela, para la sucesión hereditaria y para la celebración de un matrimonio con eficacia plena. Si un hombre casaba con una mujer de condición desigual, tenía lugar *in disparagium,* en sentido estricto, que no producía la totalidad de los efectos civiles de un matrimonio, puesto que ni la mujer ni los hijos compartían el nombre y la condición del padre, y los hijos no poseían derecho hereditario alguno frente al padre y a los parientes paternos. En cambio, la mujer de prosapia elevada descendía de condición durante el tiempo que se uniera en matrimonio con un desigual; también aquí dicen las fuentes que los hijos *secundum peiorem manum viuant* (*le pire emporte le bon*). Los efectos del *disparagium* podían fijarse también contractualmente por la celebración de un matrimonio «a zurdas», matrimonio morganático [o de simple *morgengabe* o *morganatica,* sin *wittum* (§ 52), también llamado *matrimonium ad legem Salicam*]. El concepto de la igualdad de condición era tan vacilante que en los diferentes casos de aplicación determinaba un descenso en la condición social unas veces mayor y otras menor.

Konrad MAURER, Ueber die Wasserweihe des germanischen Heidenthums en Muenchner Aakandlungen, 1. Kl., 15, vol. 3.ª secc. MUELLENHOFF en Anzeiger f. deutsches Altertum, 1881, 404 ss. y Altertumskunde, IV, 636. SCHREUER, Altgermanisches Sakralrecht, I, ZRG., 343, 13 ss.—Goetter und Tote als Rechtssubjekte, Essays in legal history, 1913;—Das Recht der Toten, ZvglRW., 33, 333 ss., 34, 1 ss., además literatura citada en el § 9.

POTGIESSER, Commentariorum iuris germ. de statu servorum veteri perinde atque novo libri quinque, 1736. HEINECCIUS, Antiquitates germ. tom., II, pág. 2 (1773). KINDLINGER, Geschichte der deutschen Hoerigkeit, insbesondere der sogenannten Leibeigenschaft. 1819. JASTROW, Zur strafrechtlichen Stellung der Sklaven bei Deutschen und Angelsachsen, 1878. KOEHNE, Die Geschlechtsverbindungen der Unfreien im fraenkischen Recht, 1888. ROERIG, Luft macht eigen, Festg. f. Seeliger, 1920, 51 ss. VINOGRADOFF, Die Freilassung zu voller Unabhaengigkeit in den deutschen Volksrechten, Forschungen zur deutschen Geschichte, 16, 599 ss. STOCK, Die Freilassungen im Zeitalter der Volksrechte, 1881. MOR, La «manumissio in ecclesia», Rivista di storia del diritto ital., I, 40 ss. H. BRUNNER, Die Freilassung durch Schatzwurf, en Historische Aufsaetze zum Andenken an Georg Waitz, 1886, 55 ss.;—Zur Geschichte der aeltesten deutschen Erbschaftssteuer, Festschr. f. F. v. Martitz, 1911. BODMANN, Historisch-juristische Abhandlung vom Besthaupt, 1794. STUTZ,

[16] *Anruechigkeit,* en la terminología posterior a la recepción = *infamia iuris inmediata* (v. Schwerin). Según el DRW., I, 705: infamis der heisset anruchtig (siglo XV).

Zweitbesthaupt. ZRG. 40, 282.—v. MOELLER, Die Elndenbruederschaften, 1906. K. BRUNNER, Der pfaelzische Wildfangstreit, 1896. STOLZ, Ueber das jus albinagii und das jus detractus in Tirol und Vorderoesterreich, VSchr.Soz.WG., 11, 219.—BUDDE, Ueber Rechtlosigkeit, Ehrlosigkeit und Echtlosigkeit, 1842. HILLEBRAND, Ueber die gaenzliche und teilweise Entziehung der buergerlichen Ehre, 1844.—GOEHRUM, Geschichtliche Darstellung der Lehre von der Ebenbuertigkeit. 1846. NIEBELSCHUETZ, De matrimonio ad morganaticam, 1851. R. SCHROEDER. Zur Lehre yon der Ebenbuertigkeit nach dem Sachsenspiegel en ZRG. 3, 461 ss. v. MINXIGERODE, Ebenburt und Echtheit, 1912 HOYER, Die El en minderen Rechts in der raenkischen Zeit, 1926. Sobre esto, Planitz, ZRG. 47, 774 ss.—Sobre los cerocensuales, véase supra, en el § 25.

II. EL DERECHO DE COSAS

§ 46. La «gewere»

Para la posesión tienen las fuentes de Derecho alemanas la palabra *gewere* (*vestitura, investidura*). En la acepción primeramente comprobable significa esta palabra el acto por el que se entrega en forma jurídica un inmueble y en que el hasta entonces poseedor declara abandonar la posesión[17]. Según el Derecho más antiguo, el acto tenía que practicarse sobre el inmueble mismo como vestidura corporal. Sin embargo, ya en el período franco aparecen formas de una vestidura incorporal (simbólica), que tiene lugar fuera del inmueble, como transmisión de la posesión y, a la vez, acto de desposesión consensual, con la entrega de determinados símbolos y partes del inmueble (un terrón, una rama).

La palabra *gewere* se amplió luego a la consecuencia regular de la vestidura, especialmente a la posesión como fenómeno externo típico de la relación de potestad de una persona sobre una cosa. Con este sentido se extiende la aplicación de la palabra *gewere* de los bienes raíces a los muebles, de la posesión transmitida a la posesión adquirida originariamente. En el sentido de posesión, tiene *gewere* sobre inmuebles quien percibe sus rendimientos. La utilización podía ser inmediata o, cuando se manifestaba respecto de servicios, censos o diezmos, mediata. De aquí la posibilidad de que sobre un inmueble existiera una *gewere* múltiple. La *gewere* sobre la cosa comprende también sus pertenencias muebles, especialmente los aperos de labranza necesarios para la explotación de la finca. En cosas muebles era titular de la *gewere* quien lo fuera de su tenencia. El *animus domini* no fue elemento de la *gewere*. Sí fue carácter suyo el ser heredable, es decir, al fallecer el causante el heredero entra en el momento de posesión que aquél tuviera (§ 56). Según el contenido del derecho en cuyo ejercicio se exteriorizaba la vestidura, se distinguían la *gewere* de propiedad, la *gewere* sobre el usufructo vitalicio, la *gewere* sobre el feudo, la de garantía, etc. No solo existió *gewere* sobre cosas corporales, sino que también era posible sobre derechos que fuesen susceptibles de un ejercicio duradero.

---

[17] Cómo se haya llegado a llamar *gewere* (vestidura, investidura) la *missio in possessionem* de un inmueble, es cosa no esclarecida aún de modo satisfactorio. Significaciones como investidura en la posesión de un inmueble, vestidura de la persona con la cosa, son demasiado trascendentales para la concreta mentalidad de los germanos (asiente HUEBNER. Grunzuege, 28. pág. 201) y, además, en el fondo, son descripciones de la palabra que a su vez requieren explicación. No está libre de reparos la opinión de que *vestitura* signifique el acto de vestir la mano con el guante (así HEUSLER, Instit., I, 97). Quizá el concepto (no la forma) de la vestidura se haya formado originariamente en las cosas muebles.

La *gewere* concede facultad de autoayuda. La *gewere* ajena no podía quebrantarse por propia autoridad[18]. El que quebranta por acto propio la *gewere* ajena, incurre en sanción penal. Las acciones sobre bienes inmuebles eran acciones por causa de privación o retención antijurídica de la *gewere.* Las acciones sobre bienes inmuebles descansaban en la pérdida involuntaria de la *gewere.* Sin embargo, el antiguo Derecho alemán no conoció una acción de posesión sustantiva. Tan solo desde el siglo XIII aparecen relacionados con el movimiento por la paz territorial algunos atisbos de un procedimiento posesorio.

La *gewere* fundamenta la presunción del derecho. De aquí que en los pleitos conceda ciertas prerrogativas. El poseedor tenía el papel de demandado. Para oponerse a la acción simple bastábale su propio juramento[19]. Si el demandante quería desvirtuar esta forma de defensa, venía constreñido a probar la existencia de una obligación a concederle la *gewere.*

En ciertos casos se atribuía la *gewere* sobre inmuebles a una persona, aunque no fuera ella sino otra la que tuviera la posesión sobre el bien raíz. Así como en la entrega de inmuebles la vestidura podía ser incorporal, se dio también como consecuencia suya una *gewere* incorporal, llamada ideal. Tal era la que se adquiría por la *exfestucatio* de un inmueble. Quien la recibiera tenía facultad de entrar en posesión o de reclamar ser puesto en ella judicialmente. El enajenante tenía que declarar frente al adquirente que evacuaba la posesión. La *gewere* incorporal autorizaba la desposesión violenta del perturbador que ha conseguido *gewere* por acto de propia autoridad y que, consiguientemente, tiene una *gewere* defectuosa, ilegítima, si aun no hubiera transcurrido año y día. Lo mismo sucedía para el heredero y para quien le fuera adjudicada la *gewere* por sentencia. También la *gewere* incorporal fundamenta la presunción del derecho y las prerrogativas procesales de la *gewere* corporal, pero no frente a todos los terceros poseedores. Antes bien, la *gewere* procedente de la *resignatio* se da solo frente al enajenante; la del desposeído ilegítimamente, contra el desposeedor; la del heredero, contra el que toma posesión en calidad de no heredero; la *gewere* judicial, contra quien ha sido desposeído de ella por sentencia.

ALBRECHT, Die Gewere als Grundlage des aelteren deutschen Sachsenrechts, 1828. KLIMRATH, Étude historique sur la saisine, en Travaux sur l'histoire du droit français, II, 1843, 339 ss. HOMEYER, System des Lehnrechts (Ssp., II, 2), §§ 30 ss. SANDHAAS, Germanistische Abhandlungen, 1852. STOBBE, artículo Gewere en la Enciclopedia de

---

[18] Renovatio pacis Saxon. a. 1223, c. 11, MG. Const., II, 395: nullus a possessione rerum quas possidet eicietur nisi possessio ab eo evincatur. Espejo de Sajorna, Lehnr., 38, § 4: Man ne sal niemanne von sinen geweren wisen, si ne si ime afgewunnen mit rechte. [sobre *afgewunnen* (*abgewinnen*), DRW., I, 96, III]. Vetus auctor de beneficiis, I, c. 94. Espejo de Sajonia, Ldr., II, 70, análogo al texto precitado.—En Inglaterra se recibió el mismo principio en la *Magna Charta* de 1215, § 39: Nullus líber homo... dissaisiatur nisi per legale iudicium pariorum suorum vel per legem terrae (Huebner).

[19] ¿La posición de preferencia en el procedimiento probatorio—que en derecho germánico, a diferencia del romano, consiste en la carga de la prueba—del titular de la *gewere* estriba en su simple condición de demandado (teoría dominante) o más bien en que por su calidad de poseedor está en mejores condiciones de saber cómo adquirió la *gewere* y ofrece mayores condiciones de credibilidad, de probabilidad? ¿Es este un caso de aplicación de la teoría de la probabilidad? Cfs. supra, § 9), nota 2. HUEBNER. que en la 4.ª ed. de sus Grunzuege prestó adhesión a la nueva doctrina se adscribe ahora (5.ª ed., 1930, § 28, pág. 210, nota 1) a la tesis dominante.

ERSCH y GRUBER. DELBRUECK, Die dingliche Klage des deutschen Rechts, 1857 y en ZDR., 14, 207 ss. BRUNS, Recht des Besitzes im Mittelalter und in der Gegenwart, 1848;—en Jahrb. d. gem. deutschen Rechts, 4, 197;—Die Besitzklagen, 1874. LABAND, Die vermoegensrechtlichen Klagen nach den saechsischen Rechtsquellen des Mittelalters, 1869. HEUSLER, Die Gewere, 1872;—Institutionen des deutschen Privatrechts, 11, 20 ss. COSACK, Der Besitz des Erben, 1877. PLANCK, Das deutsche Gerichtsverfahren im Mittelalter, I, 681, ss. POLLOCK y MAITLAND, The History of English Law, II, 1898. E. HUBER, Die Bedeutung der Gewere im deutschen Sachenrecht, 1894. O. GIERKE, Die Bedeutung des Fahrnisbesitzes fuer streitiges Recht, 1897. E. CHAMPEAUX, Essai sur la vestitura ou saisine, 1899. H. MEYER, Entwerung und Eigentum im deutschen Fahrnisrecht, 1902. Resumen sobre *gewere*, ALAS, DE BUEN y RAMOS, De la usucapión, 1916, 36 ss.; L. ALAS, La publicidad y los bienes muebles, 1920, 37 ss. J. GONZÁLEZ, Estudios de derecho hipotecario, 1924, 70 ss. Sobre *gewere* y *enguera*. J. GONZÁLEZ, ibidem, 95; E. MAYER, El antiguo d. de oblig. español, 82, nota 45;—Historia, I, 123, nota 158.

§ 47. Los derechos sobre inmuebles

La propiedad sobre inmuebles. La propiedad es el derecho más total que puede tenerse sobre una cosa. El concepto es antiguo, si bien solo aparezca utilizada desde el siglo XIII la palabra alemana que designa la propiedad[20]. La transmisión de bienes raíces exigía primero un negocio de enajenación, *sala* [de igual contenido al contrato real en el sentido del derecho alemán vigente[21]], y segundo, la entrega del inmueble, *vestitura, investitura,* actos que originariamente estaban vinculados en unidad indivisa, por cuanto se celebraban de modo simultáneo sobre el inmueble. La tradición obtenía su manifestación jurídica por la unión de dos actos formales. Uno de ellos consistía en la entrega de un terruño o de otra parte del inmueble idóneo para la tradición en mano; el segundo acto era el de la desposesión corporal del inmueble por parte del enajenante (*exire*). Pero pronto se encuentra en lugar de la salida corporal de la posesión, un contrato de desposesión que se celebraba por una declaración oral, y entre los francos, por la entrega de una *festuca* (bastón o tallo). Llamábase esto *per festucam se exitum dicere, exfestucatio, warpitio, resignado,* y, más tarde, *auflassung.* Junto a las formas germánicas de transmisión se encuentra en el reino franco otra que se había desenvuelto en el Derecho romano vulgar: la tradición *per cartam.* Consistía en que el enajenante entregaba al adquirente un documento de enajenación. Esta forma fue también aplicada por los germanos, sobre todo en las donaciones a las iglesias, y se transformó por ellos en un tipo de vestidura. El desenvolvimiento de la vestidura incorporal o simbólica vino a favorecer esta transformación.

---

20 *Eigentum* (*egindum*) por vez primera el 1230 en Colonia, HOENIGER, Koelner Schreinsurkunden, II, 1, 5. 5: per sententiam datum est ei, quod... per iudices deberet mitti in possessionem predicte arce vur hegindum; ita est in possessionem vur hegindum. La terminología más antigua usa, tratándose de inmuebles, las palabras *propio* o *heredad.* El sajón antiguo llamaba al propietario *Seso.* De aquí deriva *erfex,* el propietario de heredamiento. Cf. GRIMM, DRA., II, 20 y para *erfex* D. PHILIPPI, Die Erbexen, 1920.

21 Para este concepto M. WOLFF. Derecho de cosas (trad. esp. en publicación), § 38. II, 2 y 3. La naturaleza jurídica de la *sala* no se construye de un modo unánime. Para SOHM (Das Recht der Eheschliessung, 1875, 268), es un contrato obligacional de enajenación. GIERKE (DPR., II. 117, pág. 268), la configura como un contrato real. La opinión que acepta HUEBNER, aparece reproducida por J. GONZÁLEZ en sus Estudios de D. Hipotecario, 1924. 80, y debe tenerse en cuenta sobre la discutible referencia de J. A. RUBIO, AHDE., 9, 16, nota 30.

Originariamente, la vestidura tenía que hacerse sobre el inmueble mismo; solo existía una vestidura real (en el sentido de corporal). Pero a causa de la configuración de sus formalidades jurídicas, encerraba, desde luego, la aptitud y tendencia de liberarse del inmueble y quedar así transformada en una tradición incorporal. Primero en el tribunal regio y después en el tribunal popular, encontramos como una vestidura fuera del inmueble (incorporal) la declaración formal y procesal de desposesión producida ante el tribunal en virtud de sentencia judicial. A causa de que una sentencia semejante podía provocarse tanto en un litigio auténtico como en uno ficticio, se originó con el fin de transmisión un procedimiento comparable a la *in iure cessio* romana, en que el demandado se allanaba a la pretensión del demandante sobre la entrega del inmueble, y de conformidad con la sentencia renunciaba a él en forma jurídica. Posteriormente se desarrolló también como una vestidura incorporal la tradición *per cartam,* ya que el documento de enajenación se entregaba al adquirente ante el tribunal o extrajudicialmente con *partes pro tolo* y símbolos de tradición, como un terruño, césped y rama, llares (*andelangus*), guante, cuchillo y *festuca*[22]. Fue un paso de avance ulterior que se considerara como vestidura de efectividad sustantiva la hecha por la sola entrega del documento o por la simple entrega del símbolo de tradición sin la *carta.* En el derecho feudal, en el estatal y en el eclesiástico público, la entrega de los símbolos de tradición—que en este caso no iba acompañada de un acto de *resignatio*—sirvió bajo el nombre de investidura como forma de enfeudación y de transmisión de la potestad pública.

En la época de los Libros de Derecho, la *resignatio* judicial, también llamada *fertigung,* alcanzó mayor importancia, lo que en parte se explica por la fuerza probatoria perfecta del testimonio judicial y del documento judicial (§ 43). En el sur de Alemania se conservó junto a la *resignatio* judicial la transmisión por documento y por vestidura corporal. Sin embargo, diversos derechos municipales hacen obligatoria la *resignatio* judicial. Según el derecho territorial y el derecho municipal de Sajonia, liega a ser requisito condicionado de la transmisión. El procedimiento sigue siendo ciertamente judicial, pero la forma dominante no fue ya la de un litigio[23]. Las partes declaraban su propósito de querer realizar la *resignatio.* Los escabinos juzgan la posibilidad jurídica de lo intentado. La *resignatio* tiene lugar como modificación de los actos simbólicos, puesto que ya no se produce como entre los francos con mano y tallo (*festuca*), sino *ore et manu*[24]. Con la *resignatio* judicial iba vinculado un procedimiento de notificación pública que invitaba a los terceros para el ejercicio de su oposición eventual. De emprenderse esta en seguida, se daba término al procedimiento por el juez mediante la declaración de la paz hecha al adquirente y por el coto de la paz, que en Alemania testimonia semejante

[22] Fórmula de una *traditio venditionis* (documento de venta) im Cartularimn Langobardicum Mon. Germ. LL IV, 595: si est Salichus, si est Roboarius, si est Francus, si est Gothus vel Alamannus venditor: pone cartulam in terram et super cartam mitte cultellum, festucam notatam, wantonem et wasonem terrae et ramum arboris et atramentarium et in Alamannia wandilanc, et levet de terra; et eo cartam tenente dic traditionem. Cfs. supra, § 13, núm. 3, *in fine*. GOLDMANN, Der andelang, 1912;—Neue Beitraege zur Geschichte des fraenkischen Rechts, 1928, 111 s. explica el *andelang* (*wandilank*) como un llar. Según FREMMHOLD, ZGT., 35 (1914), 426-431, equivale a guante. Para E. MEYER, Einkleidung, 53, núm. 4, es igual a llave. El DRW„ I, 608, mantiene la incertidumbre.

[23] El proceso simulado al servicio de la transmisión se conservó en Inglaterra hasta 1833.

[24] En Alemania superior empuñando el báculo judicial.

aplicación desde la primera mitad del siglo XI. La *resignatio* judicial tenía *vim rei iudicatae*. El adquirente alcanza así una situación análoga a la obtenida de recibir el inmueble en forma jurídica de manos del primitivo poseedor. La *resignatio* judicial requiere la asamblea judicial pura. En las ciudades se borra por completo, aquí y allá, el carácter de acto judicial, ya que fue sustraído a la competencia de los escabinos—no sin viva resistencia por su parte—y entregado al Concejo municipal. La *resignatio,* como acto judicial, podía ser escriturada en una *notitia* judicial. Tempranamente fue usual en las ciudades inscribir de oficio en libros públicos especiales la escrituración de la *resignatio*[25]. La inscripción tuvo inicialmente la simple significación de escriturar el acto de la *resignatio,* pero luego asciende a requisito esencial de la transmisión. La institución de los libros públicos pasa de la ciudad al campo abierto y aparece conservada y desenvuelta por el sistema de los libros regístrales inmobiliarios de nuestro derecho actual.

Quien a base de una *resignatio* judicial y del coto de la paz judicial poseyera un inmueble durante año y día[26], sin contradicción por vía jurídica, adquiría la llamada *gewere* legítima. Los gérmenes de la *gewere* legítima—que encontramos también en el Nordeste de España y en los Derechos francés y anglonormando[27]—se remontan presumiblemente al período franco y se conexionan con la *missio im bannum regis,* que tuvimos ocasión de conocer en la exposición del procedimiento ejecutivo forzoso sobre inmuebles en el Derecho franco (§ 22, 2). Así como este dejaba abierto todo el plazo de año y día para retirar el bien raíz del coto regio, el coto de la paz

---

25 Primeramente demostrable en Colonia donde los actos de *resignatio* se inscribían dentro de cada parroquia en las llamadas cartas del escrinio o *rotuli*. Los documentos de este tipo más antiguos que conocemos se remontan a la primera mitad del siglo XII. Aproximadamente desde 1212 se opera el tránsito del sistema de cartas sueltas a la forma de libro. [Últimamente sobre los *schreinbuecher o scrineum*. K. BEYERLE, Die Anfaenge des Koelner Schreinwesens, ZRG., 51 (1931), 318-509. Sus noticias sobre las comunidades parroquiales (333-384) facilitará el estudio de la forma de actuación jurídica de nuestras parroquias (*collationes*), hasta ahora solo apuntada por MAYER. Historia. II. 249, 280, cuyos datos poco más que repite WOHLHAUPTER. Las corporaciones parroquiales en España y su paralelismo con instituciones alemanas. Investigación y Progreso. V (1931), 51-54.—Hay testimonios del siglo IX de que los documentos se encerraban en arcas o en escrinios. Cfs. textos y descripción de un escrinio en SÁNCHEZ ALBORNOZ. Estampas 61, notas 81-2].

26 El plazo de año y día comprendió originariamente un año y un día. Pero en diversos Derechos (así en Sajonia, Frisia y Suiza) al concebir el día como día judicial se amplió a un año y seis semanas (documento de 1190 para Zutphen, Espejo de Sajonia, Lehnr., 13, § 1; 16; 25, § 3, Munster en Biclefeld *circa* 1221 en Keutgen, Urk. z. staedt. Verfassungsgesch., 151, § 7), o a un año seis semanas y tres días (Espejo de Sajonia, Lehnr., 4, § 3), y otros aditamentos semejantes. La adición de cuarenta y cinco días se explica como un plazo judicial de seis semanas lunares.

27 Los testimonios ciertos proceden solo del siglo XI. Fuero de Miranda de Ebro, 1099; Et quilibet populator qui tenuerit haereditatem suam pro anno et die sine mala voce, habeat liberam et quietam; et alii qui comparaverint vel acceperint, habeant eam liberam et quietam ad forum de Miranda (Muñoz, Colección. 347) anteriores, por ej.: Fuero de Jaca de 1063, MUÑOZ, ibid. 237, sobre esto J. M.ª RAMOS LOSCEBTALES, Fuero de Jaca, 1927, XVI ss.; AHDE., 5, 408 ss. Fuero de Santa María de Alquezar, 1075: Valeat etiam eis tenezonem de annum et diem (Muñoz, ibid., 253). Carta de Ivon de Chartres con referencia a Beauvais en Migne. Patrol. lat., 162, nr. 77, pág. 98.—Sobre esto Enrique V para Spira 1111, Enrique I de Inglaterra (110-1135) para Nottingham, Luis VI de Francia para Beauvais (112-1137).

concedido al inmueble enajenado por *resignatio*[28] tenía el efecto jurídico de excluir los derechos de impugnación de los ausentes una vez transcurridos año y día. Según el Derecho franco, en los litigios sobre el inmueble el poseedor, después de cumplido este tiempo, solo tenía que probar contra el demandante la preexistencia de la *gewere* legítima, siéndole lícito denegar toda otra contestación. La *gewere* legítima opera en el Derecho franco como adquisición de la propiedad a causa del silencio del titular, es decir, a base de la circunstancia de que todos los que podían haber ejercitado derecho sobre el inmueble habían permanecido inactivos. La *gewere* legítima tuvo efecto más débil según los Libros de Derecho sajón. Quien la poseyera, solo tenía que admitir demandas en la inmediata asamblea judicial; no le era precisa la representación por su *auctor* (§ 48); pero no solo tenia que probar la *gewere* legítima, sino también afirmar mediante juramento su derecho sobre el inmueble.

El Derecho alemán conoció al lado de la transmisión por la que el enajenante se desapoderaba definitivamente de todo derecho a la cosa, actos de transmisión que solo procuraban al adquirente un derecho limitado en el tiempo e inalienable, a la vez que, bajo ciertas circunstancias, reservaban al transmitente un derecho de reversión. Era lo decisivo la voluntad manifestada del enajenante y la forma de la transmisión que carecía de la declaración de renuncia peculiar de la *resignatio.* Según el antiguo Derecho, originaba especialmente una propiedad limitada la donación de tierras. Pues la donación del Derecho germánico fue una donación de fin. Y, en la duda, se reputaba como finalidad de la donación que tuviera la cosa el donatario, no un tercero cualquiera. Va en ello la carencia de facultad de enajenación y el derecho de reversión (*droit de retour*) a favor del donante[29]. Luego de la época franca

[28] El privilegio real, prescindiendo en la ciudad respectiva del requisito de la *resignatio,* podía asegurar de antemano el coto de la paz a toda posesión inmobiliaria no impugnada transcurrido el año. coto que, en otro supuesto, determinaba el juez por vía judicial ordinaria sobre el inmueble resignado. Aquello sucedió especialmente en las antiguas cartas municipales. Esta prerrogativa, vinculada no rara vez con la máxima: aire hace libre en año y día (cfs. supra § 25), sirvió simultáneamente como privilegio de población. La *gewere* legítima penetró en el Derecho popular unida al requisito de la *resignatio.*

[29] A base de este carácter de la donación explicábamos con anterioridad (§ 20) la naturaleza jurídica de la donación de tierras merovingia. Véase también § 36. Para el principio de la no gratuidad de la donación, ahora, SCHREIBER, ZRG., Kan., 5, 434 ss.; 442, 464. [Últimamente, PAPPENHEIM, Ueber die Rechtsnatur der altgermanischen Schenkung, ZRG., 53 (1933), 35-88. El principio fue válido en nuestro Derecho medieval según apunta el propio PAPPENHEIM (pág. 51) y antes, A. SCHULTZE, ZRG., 35 (1914), 99, nota 2, HINOJOSA. El elemento germánico, 23; los textos en Estudios, 109, nota 1; repite estas noticias MAYER, El antiguo derecho de oblig. español, 30, nota 40, más completo en su Historia, I, 218. Textos en GAMA BARROS, Historia da administ. publica em Portugal, I, 56, nota 6; II, 352-353; III, 188. Según SÁNCHEZ ALBORNOZ, Estampas de la vida en León, 135, nota 19: « Es frecuente en donaciones de tierras, villas herrenes o molinos la entrega al donante por el favorecido con la donación de caballos, sillas, alhajas u objetos diversos, cuyo valor no era equivalente al de la cosa recibida, puesto que no se cedía como precio de la misma, sino que su entrega era expresión formularia de una idea jurídica de abolengo germánico. Tales contradonaciones se hacían *ad confirmandam istam cartam, in honore. in offertione, in roboramento...*». Más pruebas: HINOJOSA, Documentos para la historia.... de León y de Castilla, III, 3 *fine;* XVIII, 29; XXI. 33. Compárese, AHDE., 6, 447. La contraprestación del donatario se conoció en derecho longobardo con el nombre de *launegild,* entre los visigodos se usó la palabra *vicissitudo* (sobre esto y contra la opinión de FICKER, cf. PAPPENHEIM, loc. cit.). ¿Hay parentesco entre nuestro *galardón* y el *widerlôn* (*widerlage*) alemán? Cf. GRIMM, DRA., II, 151.

y en los Derechos germánicos occidentales solo se ha conservado para ciertas dádivas un derecho de reversión del donante; entre ellas: la donación de los padres (donaciones de los ascendientes a los descendientes *in matrimonium*), la llamada *hornungsgabe*[30] (donación a los descendientes *extra matrimonium*) y algunas donaciones con ocasión del matrimonio (§ 53). En determinados casos experimenta una acentuación el derecho del donante. Su derecho de reversión se convierte en propiedad, y el derecho del donatario es concebido simplemente por entonces como un derecho de disfrute sobre cosa ajena. Bajo el influjo de los *precaria* eclesiásticos, dicha concepción llega a realizarse ya durante el período franco en el *beneficium*, y mucho más tarde en la *leibzucht* (§ 53 *in fine*) del derecho de bienes matrimonial. Se advierte un desarrollo inverso en las dádivas de los padres, en las que el derecho de reversión del donante se reduce a un quebranto patrimonial en el momento de la sucesión intestada.

Según el sector jurídico en que se producía la concesión, hay que distinguir entre las relaciones de *precarium*, las concedidas a derecho feudal, a derecho de servicio, a derecho curtense, las de derecho territorial y las de derecho municipal.

La relación feudal tiene un aspecto de derecho personal y otro de derecho real. La obtención del feudo se produce por el acto doble de homenaje y de la investidura. El hombre (*homo, fidelis, miles, vassallus*) jura a su señor (*dominus*, menos frecuente *senior*) la fidelidad y obediencia que conforme a Derecho debe un hombre a su señor (juramento de fidelidad) y le rinde homenaje (*mannschaft, homagium, hominium, hominaticum*), poniendo sus manos cerradas en las del señor. La investidura consiste también en un acto simbólico; ella es la que concede el derecho a la ocupación del feudo. El vasallo no está facultado para enajenar el inmueble, pero puede darle en subfeudo. En caso de muerte del señor o del feudatario, hay que solicitar el feudo dentro de año y día; renovada la enfeudación, no revierte el feudo. Solo suceden en el feudo los descendientes varones del último poseedor; sin embargo, la enfeudación conjunta ofrece un medio para asegurar el feudo a los parientes colaterales. Si el heredero es menor de edad, tiene lugar la llamada tutela del feudo, o sea, que el señor percibe los rendimientos del feudo hasta que el feudatario esté en edad. De concurrir varios herederos del feudo, el señor solo estaba obligado a enfeudar a uno, al que ellos propusieran, principio que en relación con la tutela del feudo condujo a la norma de la primogenitura en la sucesión del feudo[31].

El feudo de servicio, que los hombres de servicio recibían de sus señores, se concedió originariamente a derecho curtense y, desde luego, sin homenaje. El hombre de servicio venía obligado ya por el nacimiento a prestar servicios al señor. El feudo de servicio concedido a derecho curtense ni podía enajenarse ni darse en subfeudo. Desde el siglo XII los menestrales fueron enfeudados con feudos propia-

---

[30] *Hornung*, alemán antiguo del Norte: *hornungr*, frisio: *horning*, en la Lex Romana Curiensis (IV, 6): *ornungus*, designa el hijo extramatrimonial. Para *horn* = *angulus* = *winkel* (*winkelkind*) cf. GRIMM, DRA., I, 655 nota.

[31] Para todo esto MITTEIS, Lehnrecht u. Staatsgewalt, 1933, 464 ss., son poco frecuentes las alusiones a nuestra historia jurídica. Recuerda, por ejemplo, que Pere Albert (c. 41) destaca con acierto la persistencia del vínculo personal en la sucesión hereditaria: axi es tengiet al senyor... de homenatge. per 90... representa la meteixa persona del deffunct, y anota también que el plazo de año, día precitado tuvo vigor igualmente en Cataluña (cfs. pág. 641, 653, nota 139, etc.). MITTEIS, ha dedicado posteriormente un estudio especial, Zur Geschichte der Lehnsvormundschaft, Festschr. A. Schultze, 1934, 129-174.

mente dichos (con homenaje, feudo de hombre) y los feudos de servicio se transformaron en feudos puros.

Con el feudo puro, con el de servicio y con las relaciones de *precarium* a derecho curtense, concurría una dependencia personal del concesionario respecto del señor concedente, basada en contrato o por razón del nacimiento, y que en los litigios sobre el inmueble, cuando menos, le sometía a la jurisdicción del señor. Por la libertad de tal dependencia se caracterizaban las relaciones de *precarium* del derecho territorial, arrendamiento temporal de uso y disfrute, arrendamiento hereditario (enfiteusis), tierra a censo hereditario y los *precaria* del derecho municipal, *precarium* a *weichbild* (§ 26, núm. 4), a derecho urbano.

Se desenvuelve un derecho peculiar sobre cosa ajena en las *cargas inmobiliarias* o cargas reales. Consisten en que el propietario de la cosa está vinculado a prestaciones periódicas, ante cuya omisión viene facultado el titular de la carga para apoderarse del inmueble. Las prestaciones podían consistir en censos, diezmos, faenas personales o rentas. El derecho se constituía por *resignado* y se contaba entre el patrimonio inmobiliario. El inmueble era el solo afectado, no el restante patrimonio del propietario. Las prestaciones demoradas permanecían gravando la cosa sin tener el carácter de una deuda personal de aquel en cuyo período de propiedad habían nacido. En las ciudades, el censo del *precarium* que pagaba el propietario de la casa por el suelo concedido para la construcción, se transformó paulatinamente en una carga real. El propietario de la casa podía también gravar el edificio con rentas a favor de tercero (§ 50 *in fine*). Una carga real pública fue la contribución para los diques, que gravaba los inmuebles de los propietarios inmobiliarios comprendidos en una corporación de tal finalidad. El incumplimiento de dicha contribución determinaba la pérdida del inmueble («no hay tierra sin dique»).

STOBBE. Die Auflassung des deutschen Rechts, en Jabrh. fuer Dogmatik, 12, 137. MICHELSEN, Ueber die fistuca notata und die germanische Traditionssymbolik, 1856. H. BRUNNER. Das Gerichtszeugnis, Festgaben fuer Heffter, 1873, 157 ss. SOHM, Das Recht der Eheschliessung. 1875, 79 ss. HAISS, Traditio und investitura, 1876. H. BRUNNER, Forsch. z. Gesch. d. deutschen u. franz. R., 1894,608. SOHM, Zur Geschichte der Auflassung, en Festgabe der Strassburger Fakultaet fuer Theol, 1879. W. SCHMID Die Auflassung im Mittelalter nach niederrheinischen Rechtsquellen, 1932. BEWER, Sala, traditio, vestitura. 1880. H. BRUNNER, Zur Rechtsgeschichte der roemischen und gennanischen Urkunde. 1880. PLANITZ, Konstitutivakt u. Eintragung in den Koelner Schreinsurkunden des 12. u. 13. Jahrh. en el Festschr. A. Schultze, 1934. 175—205. WESSELS BOER, Eigendoomsoverdracht van onroerend goed in Nederland, 1887. L. CABRAL DE MONCADA, A «traditio» e a transferência de propiedade immobiliaria no direito portugés (séculos. XII-XV), 1921, sobre esto, L. PERELS, ZRG. 42. 634 s. E. MAYER. El antiguo derecho de obligaciones español, 165 ss. (vid., § 49), MERK, Die Grundstuecksuebertragung nach dem alemannischen Volksrecht (en el Festschrift Ernst Mayer, 1932, 125 ss.). Para la historia del Registro inmobiliario: un resumen, WOLFF, Derecho de cosas. § 26, y J. GONZÁLEZ, Estudios de derecho, hipotecario, 1924, 82 ss. HOENIGER. Koelner Schreinsurkunden des 12. Jahrh., I, 1884 ss., II, 1893 s.;—Der Rotulus der Stadt Andernach (1173-1256), 1884, Annalen des histor. Vereins fuer den Niederrhein, cuaderno 42. Metzer Bannrollen des 13. Jahrh., publicado por WICHMANN, en Quellen zur lothringischen Geschichte, I-IV, 1908-16. AUBERT, Grundboegemes Historie, 1892, extracto traducido por Doublier en la ZRG., 14, como Beitraege zur Geschichte der deutschen Grundbuecher. REHME, Das luebecker Oberstadtbuch, 1895—

Zur Geschichte des Muenchener Liegenschaftsrechts en Berliner Festgabe fuer Dernburg, 1900, 281 ss.;—Geschichte des Muenchner Grundbuchs, 1903 (Festgabe f. Fitting);—Leber das aelteste bremische Grundbuch (1438-1558), und seine Stellung zum Liegenschaftsr., 1908;—Leber die Breslauer Stadtbuecher, 1909;—Zur Geschichte des Grundbuchwesens in Berlin, Gierkefestschrift, 1911;.—Stadtbuchstudien, ZRG., 37, 1 ss.;—Leber die Kieler Stadtbuecher, ibidem, 38, 146 ss. SCHUBERT, Das aelteste Glatzer Stadtbuch, ZRG. 45, 250 ss. ZANDER, Das rote Buch der Stadt Goerlitz, 1929. NAPIERSKY, Erbebuecher von Riga, 1888. REUTER, Das Kieler Erbebuch (1411-1604), 1897 (con detallada introducción). K. BEYERLE, Die Urkundenfaelschungen des Koelner Burggrafen usw., 1913, 138 ss.; sobre esto, MINNIGERODE, Vschr. Soz.-WGesch., 13, 108 ss. Alfr. SCHULTZE, ibidem, 10, 216 y 137. STBIPPEL, Die Waehrschafts-und Hypothekenbuecher Kurhessens, 1914. KOVÁTS, Pressburger Grundbuchfuehrung, ZRG., 39, 54; 40, 1 ss. HORCICKA, etc., Das aelteste Boehmisch-Kamnitzer Stadtbuch, 1915. HOLTZE, Leber die Entwicklung des Enteignungsrechts in der Mark, Preuss. Forsch., 31, 140 ss. E. MEYER, Zur Geschichte des Immobiliarrechts d. deutschen Schweiz, 1921. JAEGER, Die Entwicklung der Eigentumsuebertragung in Bremen, Veroeffentl. a. d. Staatsarch. Bremen, I, 1928. F. BEYERLE, Die Treuhand im Grundriss des deut. Privatrechts., 1932; SIEBERT, Das rechtsgeschaeftl. Treuhandverhaeltnis, 1933, 44-52, con amplia bibliografía. W. SICKEL, De possessione legitima diss., 1871. SOHM, Fraenkisches und roemisches Recht, ZRG., 1, 27 ss. H. BRUNNER, ibidem, 4, 237. FRUIN, Leber Vredeban. Verslagen en Mededeelingen de la Real Academia de las Ciencias de Amsterdam, Letterk. 2. Ser XII, 99 (1883). Von DUHN, Deutschrechtliche Arbeiten, Abh. ueber das Immobiliarsachenrecht, 1877. FOCKEMA-ANDREAE, Die Frist von Jahr und Tag und ihre Wirkung in den Niederlanden, ZRG., 14, 75;—en su edición de GROOT, Inleidinge, II, 83 ss. H. BRUNNER, Zur holl., RG. Para la historia de la *gewere* legítima cfs. especialmente sus Forsch, zur Gesch. d. deutschen u. franz. Rechts, 736. L. CABRAL DE MONCADA, A posse de Ano Dia..., 1928, sobre esto, E. Mayer, ZRG., 50, 583. MAITLAND, Possession for year and day, Law Quarterly Review, V, 253 (1889). M. BATESON, Borough Customs, II, 1906, Intr. pág. CXV. Cf. PLANIOL, Les appropriances par bannies en Nouv. Revue hist. de droit. 1890, 433 ss. G. BUECKLING, Die Wechselwirkungen gewererechtlicher und fronungsrechtlicher Elemente im Liegenschaftsr., 1911. SCHNEIDER, Friedewirkung u. Grundbesitz in Markt u. Stadt., 1913. v. VOLTELINI. Koenigsbannleihe u. Blutbannleihe, ZRG. 36, 297 ss. H. BRUNNER, Leber den germanischen Lrsprung des droit de retour, Forsch. zur Gesch. d. deutschen u. franz. Rechts, 676. FICKER, Erbenfolge der ostgerm. Rechte, II. 468 s., 485 ss., III, 108. E. HEYMANN, Ungar. Privatrecht, 1917, 51 ss.

HOMEYER, System des Lehnrechts en su Sachsenspiegel, II, 2. P. PUNTSCHART, Das Inwaerts-Eigen im oesterreichischen Dienstrecht des MA., ZRG., 43, 66 ss. PRAUSNITZ, Feuda extra curtem, 1929; sobre esto, Voltelini, ZRG., 51, 578. ARNOLD, Zur Geschichte des Eigentums in den deutschen Staedten, 1861. v. MAURER, Geschichte der Fronhoefe, 1862-63. GOBBERS, Die Erbleihe... im mittelalterl. Koeln, ZRG., 4, 130. v. SCHWIND, Zur Entstehungesch. der freien Erbleihen in den Rheingegenden und den Gebieten der noerdlichen deutschen Kolonisation, 1890. WOPFNER, Beitraege zur Gesch. der freien baeuerl. Erbleihe. 1903. RIETSCHEL, Entstehung der freien Erbleihe, ZRG., 22, 181. SCHREIBER. Erbleihe in d. St. Strassburg, 1909. HALLERMANN, Die Erbleihe an Grundstuecken in den westfaelischen Staedten, 1925; sobre esto, Froelich, ZRG., 46, 505 ss. KLEINAU, Der Grundzins in d. Stadt Braunschweig, 1929.—DUNCKER, Lehre von den Reallasten, 1837. RENAUD, Beitrag zur Theorie von den Reallasten, 1846. ALBRECHT, Gewere. 157 ss. NEUMANN, Geschichte des Wuchers, 1865. v. WYSS, Die Guelt und der

Schuldbrief nach Zuericher Recht, en Z. f. schweizerisches Recht, 9, 3 ss. v. SCHWIND, Die Reallastenfrage en Jahrb. fuer Dogmatik, 33, 1 ss. GILLMANN, Zum Problem vom Lrsprung des «ius ad rem», 1933. J. v. GIEBKE, Geschichte des d. Deichrechts, I, 1901, II, 1917. G. BUCH, Der Notweg, 1919, 22 ss. Para la comparación del «derecho de diques» y la regulación jurídica de las *vallas* contra inundaciones en tierras de Portugal, GAMA BARROS, Hist. da Administraçâo publica em Portugal nos seculos XII a XV, IV (1922), 61-69.

§ 48. Los derechos sobre cosas muebles

La propiedad sobre muebles se transmitía mediante negocio jurídico de enajenación y tradición de la cosa.

La adquisición de la propiedad por ocupación de ciertas cosas sin dueño presupone, además de la toma de posesión, un derecho de ocupación. Tiene este carácter la adquisición de la propiedad sobre los animales de caza y sobre los peces, fuera de las aguas públicas. Originariamente los derechos de caza y pesca correspondieron a los propietarios de la tierra, y en la marca común, a los comarcanos. Pero, últimada la formación de la soberanía territorial, y gracias al coto de los bosques—que ya ejercían los reyes francos[32]—, se desarrolló una regalía de caza de la soberanía territorial que comprendía igualmente los inmuebles ajenos. Con frecuencia existió también una regalía de pesca. La regalía de caza del soberano territorial solo se extendía regularmente a la caza mayor; en ocasiones se incluía la caza mediana, mientras la menor fue un derecho real que pertenecía a los poseedores de los bienes de caballeros. Desde fines de la Edad Media los campesinos se vieron privados por completo, casi en todas partes, del derecho de caza.

Quien se encontrara una cosa perdida debía dar aviso a la autoridad, que a su vez notificaba públicamente el hallazgo. Si el derecho-habiente no se manifestaba dentro de un plazo determinado, sobrevenía la caducidad de su derecho. En tal supuesto, correspondía al rey [regalía de hallazgo[33]], o al señor con soberanía territorial, al señor del tribunal o al simple señor de la tierra. Según numerosos derechos, el hallador recibe una parte.

Para la adquisición de la propiedad sobre los frutos vale el principio: «quien siembra, siega»[34]. Es decir, que los frutos se deben ya antes de su separación de la cosa matriz a aquel que de buena fe aportó el trabajo necesario y los gastos precisos para su obtención. De conformidad con ello, el derechohabiente al disfrute o su heredero tenía derecho de apropiación sobre los frutos pendientes si el derecho de disfrute se extinguía en el intervalo de la siembra a la cosecha. Asimismo, se deben

---

32 Los bosques que no eran propiedad de una corporación o de un particular estaban acotados (*forestae,* probablemente del latín *foris. foras*) en virtud del derecho de coto regio, es decir, quedaban reservados al monarca excluyendo la utilización general y especialmente el ejercicio de la caza. BRUNNER-V. SCHWERIN, DRG., II § 69, 101. THIMME, Forestis, Arch. f. Urk. Forsch., 3, 101 ss. GLOCKNER. Bedeutung und Entstehung des Forstbegroffs, Vjschr. Soz. WG., 17, 1 ss.

33 Sobre la regalía de tesoro supra § 34; para su validez en época posterior se alega, además de varios documentos de Enrique V y Conrado III, este lugar del Espejo de Sajouia, Ldr., I, 35, § 1: Al schat, under der erde begraven diepher den eyn pluch geit, horet zu der konineliche gewalt; sobre su discutido alcance HUEBNER, Grunzuege, § 60, 459.

34 Para este principio en fuentes castellanas. L. DOMÍNGUEZ GUILARTE, AHDE., 10, 304.

al poseedor de buena fe, contra pago del precio del arrendamiento, los frutos conseguidos por el laboreo de la tierra.

El derecho sobre las cosas muebles no estaba protegido en todos los casos por una acción absoluta (eficaz contra todos los terceros). Quien por sí confiara a otro una cosa, carecía de acción contra el tercer poseedor; más bien debía atenerse a la mano en que la entregó. *Hand muss hand wahren* (la mano debe guardar la mano, *mobilia non habent sequelam*). «Busca tu confianza donde la hayas puesto». Por el contrario, en el caso de desposesión involuntaria, en las cosas perdidas, sobre todo en las hurtadas o robadas, existió la llamada acción de *anefang* contra todos los terceros. Tiene por fundamento el hecho objetivo del hurto o robo sin interponer contra el adversario querella inmediata por el delito. Su limitación al caso de pérdida involuntaria de la posesión se conexiona históricamente con la circunstancia de que el Derecho alemán, a diferencia del romano, separa la sustracción del hurto, en tanto que considera la violación de la tenencia de otro como el dato conceptual del *furtum*[35]. El procedimiento de *anefang* se caracterizó primariamente por la forma específica de la iniciación extrajudicial del litigio. Si el que contra su voluntad ha sido privado de la cosa la encuentra en posesión de un tercero, emprende el procedimiento *de anefang* (*intertiafio;* en alto alemán también *fuerfang*)[36], es decir, hace aprehensión de la cosa bajo observancia de determinadas formalidades y afirma el hecho de la pérdida involuntaria. El *anefang* se considera jurídicamente como «iniciación de la querella». Presumiblemente, según el antiguo Derecho solo era licito para objetos tales que llevasen un distintivo de la casa[37] y tratándose de siervos. Para los animales domésticos se procedía con sujeción a formalidades especiales. La acción de *anejang* no fue, desde luego, una acción del propietario como tal, sino la acción del que había sido privado de la tenencia jurídica de la cosa. Si el poseedor no podía invocar la adquisición originaria sobre ella, en concreto su nacimiento en

---

35 Se cometía sustracción o retención furtiva si el autor obtenía la posesión de la cosa sin la voluntad del propietario, pero sin un acto punible. Es el caso del hallazgo que se encubre, del apresamiento y retención del siervo ajeno en la huida, del que desposee a un ladrón del objeto robado sin restituirlo, etc. Pero supuestos análogos se reputan a veces como hurtos, así, v. gr.: en la Lex Visig., VII, 6, 4, 4 (Brunner-v. Schwerin). Cfs. MEREA, Estudos.

36 La *versio latina* franca tradujo originariamente el *anefang* por *rem in tertiam manum mittere;* desde el siglo VI adquiere valor técnico la palabra *intertiare*. Cf. DRW., I, 623, V. Considerado el papel que, como se verá, juega el *auctor* u *olor* en este procedimiento, puede traducirse *anefang* por *otorificación*. No cabe duda que el *escodriñamiento* de nuestras fuentes equivale al procedimiento de *spurfolge,* de *scrutinium* o *inquisitio* de la cosa. Como ejemplos fácilmente comprobables de *otorificación.* y de *escodriñamiento* véanse, respectivamente, los §§ 11 y 205 del Libro de los fueros de Castiella, si bien el segundo no ofrezca un tipo puro (al modo del Fuero de Sepúlveda, Muñoz, Colección, 283), sino atenuado en consideración a los vecinos de buena fama, según me advierte el profesor LÓPEZ ORTIZ a quien también debo los términos *otorificación* y *escodriñamiento.* Otros ejemplos: Fuero de Nájera. Muñoz, Colección. 292: Et si... suspectam habuerint... scrutetur... omnes illas casas. Fuero de Daroca, ibid., 537: ... si voluerit actor, excrutetur domus rei. Fuero dado por Alfonso VI a la villa de Sahagún en 1084, ibid., 304. Pactos del año 1115 entre Alfonso I el Batallador y los moros de Tudela, ibid., 416. Fuero de Oña de 1190, Hinojosa. Documentos, 93, § 29. Fuero de Zorita de los Canes, §§ 841, 843, 129, etc.

37 Sobre el distintivo de la casa, ahora, GMUER, Schweizerische Bauern-und Holzurkunden, 1917, que complementa valiosamente al estudio de HOMEYER, Haus und Hofmarken (1870).

su casa (criazón), podía indicar el predecesor de quien la hubiese adquirido. Después—según los Derechos franco, alemán superior, visigodo (Lex Visig., VII, 2, 8) y burgundio—tenía que prometer presentar ante el tribunal al fiador o garante, *auctor* (*octor, otor*), o, como exigían los Derechos longobardo y sajón, el demandante era llevado ante el *auctor* contra el que se repetía el *anefang*. El predecesor podía a su vez remitirse a quien le hubiese precedido. Pero según muchos derechos, solo se permitió aducir tres *ductores*[38]. Si un predecesor se hacía cargo de la garantía, le era atribuida la cosa y pasaba a ocupar en el pleito el lugar del anterior poseedor. El poseedor decaído no solo tenía que restituir la cosa, sino que incurría también en la pena de robo de no acertar a salvarse en forma determinada de la imputación de tenencia ilícita que presuponía la acción de *anejang*. Si el poseedor juraba haber adquirido la cosa en el mercado público, se salvaba de la sospecha de robo, pero tenía que devolver la cosa al demandante[39]. Si quedaba vencida quien ejercitó la acción de *anejang*, incurría en una pena pecuniaria por la interposición injustificada. Los judíos solo tenían que restituir la cosa adquirida de buena fe previa indemnización del precio de compra[40].

BUDDE, De vindicatione rerum mobilium germ., 1837. HEUSLER, Die Beschraenkung der Eigentumsverfolgung bei Fahrhabe, 1871;—Die Gewere, Exkurs, II. GOLDSCHMIDT, Z. f. Handelsrecht, 8, 246 ss. A. DEL VECCHIO, Sulla rivendicazione dei beni mobili nell' antico diritto germanico, 1878. FRUIN, De anfang en de slichte clage umme varende have, Verhandelingen van de k. Acad. van Wetenschappen, 1871. JOBBÉ-DUVAL, Étude historique sur la revendication des meubles en droit français, 1880. LONDON, Die Anefangsklage, 1886. HERMANN, Die Grundelemente der altgerm. Mobiliarvindikation, 1886. K. RAUCH, Spurfolge und Anefang, 1907;—Gewaehrschaftspflicht u. Erbgang, Festschr. f. Zeumer, 1910. KERN, Entwicklung des Grundsatzes: Hand muss Hand

---

38 Tal fue el caso en el Derecho español, B. v. Sch., DRG., II, § 119, nota 58, HINOJOSA. El elemento germ., 25. MAYER, El antiguo derecho de oblig. español, 93.

39 Pruebas de nuestras fuentes por G. VALDEAVELLANO, AHDE., 8, 295, nota 283. Como indican B. v. Sch., op. cit. 663, influía también que el vendedor fuese comerciante. Lex Visig., XI, 3, 1. DAHN, Ueber Handel u. Handelsrecht der Westgothen. Zeitschr. f. das gesam. Handelsrecht, 16, 1871, 404.

40 Privilegio dado por Enrique IV el 11 de marzo de 1090 a los judíos de Espira, texto según L. GOLDSCHMIDT, Zeitschr. f. d. gesam. Handelsrecht, 8 (1865), 269270: Si autem res furtiva apud eos inventa, si dixerit Judeus se emisse, juramento probet secundum legem suam quanto emerit, et tantundem accipiat, et sic rem ei. cujus erat, restituat. Vide Espejo de Sajonia, Ldr., III, 7 § 3. Espejo de Suabia, c. 214. Esta excepción del Derecho germánico en favor del Derecho judaico fue uno de los más destacados *privilegia favorabilia* de los judíos. La odiosidad con que fue recibido por el tráfico comercial le hizo sufrir varias limitaciones e incluso llegó a extenderse a pequeños comerciantes no judíos. Bibliogr. en REHME, Geschichte des Handelsrecht, 1913, § 13, notas 147-149, sobre todo H. MEYER, Entwerung u. Eigentum, cit. infra, 166 ss. Cf. Fuero, Viejo de Castilla. III, 5, 5, lugar citado ya por FERNÁNDEZ y GONZÁLEZ, Instituciones jurídicas del Pueblo de Israel en... la Peninsula Ibérica, I (1881), 79. Privilegios concedidos en Barbastro el año 1320 (1.° de agosto) por el infante Alfonso a los judíos de Alcolea, BAER, Die Juden im christlichen Spanien, I (1929), núm. 175, pás. 219, 12: Item volumus et eisdem concedimus, quod si aliquis judeus recepit in pignus aliquam rem furtivam er in posse dicti judel inventa fuerit, ille (?), cui furtum fuit factum, teneatur, antequam re [m ablatam?] recuperet, solvere illi judeo, in cuius posse res inventa fuerit, tantum quantum super dicta re furtiva juraverit mutuasse, ipso similiter jurante se ignorare [ignorasse?] tempore contractus rem [esse f] urtivam; alias ad restituendum earn dictus judeus possidens minime compellatur, donec in capitali sibi, ut predic itur, fuerit satisfactum.

wahren, 1881. Para la discutida vigencia en derecho español del principio «hand muss hand walven», E. MAYOR, Das altspanisch. Obligationenrecht..., 1920-21, en contra MEFEA, Estudos de Historia do directo, 1923, 87 ss., réplica de Mayer en la ed. españ. del ensayo citado (1926, 45, nota 83; 112, nota 120). H. MEYER, Entwerung u. Eigentum, 1902 (sobre esto, Rehme en Goett. gel. Anz., 1905, 976 ss.); —Das Publizitaetsprinzip im deutschen buergerl. Rechte, 1909;—Gerueft, Handhaftverfahren und Anefang, ZRG., 37, 382 ss. Alfr. SCHULTZE, Geruefte und Marktkauf in Beziehung zur Fahrnisverfolgung, Festgabe f. Dahn, I 1905;—Die Bedeutung des Zuges auf den Gewaehren im Anefangsverfahren, Festschr. f. Gierke, 1911. FOCKEMA-ANDREAE, Die Intertiatio im fraenk. Fahrnisprozesse, ZRG., 33, 129. PLANCK, Gerichtsverfahren, I, 339 ss. 824 ss., II, 417 ss. E. MEISTER, Fahrnisverfolgung und Unterschlagung, Wachfestschrift, 1913, sobre esto, Stutz, ZRG., 34, 726. PLANITZ, ibidem, 424. M. KRAMMER, ibidem, 36, 336 ss. MERK, Entwicklung der Fahrnisverfolgung im franz. Recht. Rhein. Z., 7, 81 ss. GILLIS, Gewaehrschaftszug u. laudatio auctoris, 1913. W. SCHULZE, Beitraege zur Wort- und Sittengeschichte (zum Geruefte), Berliner, S. B., 1918, 481 ss. GOLDMANN, Tertia manus und Intertiation, ZRG., 39, 145 ss., 40, 199 ss. Véase también la literatura en el § 43, apartado 2 ss., HUEBNER, Der Fund, 1914, sobre esto, v. Schwerin, Hist. Z., 115, 158. A. B. SCHMIDT, Eigentumserwerb unter Kriegsrecht, 1918, 4 ss. Sobre las regalías, O. GIERKE, Deutsches Priv. R., II, 396. THIMME, Forestis, Arch. f. Urk.-Forsch., II, 101. BRUENNECK, Zur Geschichte des altpreussischen Jagd-und Fischereirechts, ZRG., 39, 88 ss. G. GOLDSCHMIDT, Eigentum und Eigentumsteilrechte, 1920.—Cf. las obras de ALAS, DE BUEN y RAMOS, citadas en el § 46, además, R. SALEILLES, La posesión de bienes muebles, 1927, 103 ss.

III. EL DERECHO DE LAS RELACIONES DE OBLIGACIÓN

§ 49. La deuda

En comparación con la madurez del desarrollo del Derecho de cosas, el Derecho de las relaciones de obligación aparece algo postergado hasta el desenvolvimiento del Derecho comercial entre las ciudades. Situación que se explica por el predominio que en la vida económica tuvo la posesión inmobiliaria. En la baja Edad Media, mucho antes de la recepción de los Derechos extranjeros, se advierte la influencia de los principios del Derecho comercial italiano en el círculo de la regulación jurídica de las sociedades y de las obligaciones mercantiles.

En los Derechos germánicos se hace diferencia entre deuda (*schuld, debitum*) y responsabilidad (*hafiung. obligatio*). Es posible una deuda sin responsabilidad, pero no una responsabilidad sin deuda. La deuda es un deber de prestación del deudor. Sin embargo, en el antiguo lenguaje jurídico se usa también la palabra deuda para expresar el deber por parte del acreedor de recibir la prestación; de aquí que el acreedor pueda llamarse igualmente deudor[41], y también que esta misma palabra sea la que emplea la novísima literatura jurídica para expresar tal deber de recepción de un acreedor de deuda[42].

---

41 Llamado en fuentes latinas *debitor,* así, por ejemplo, ya en la Lex Burgundíonum, XIX, 10: quicumque fideiussor noluerit satisfacere debítori... [No faltan pruebas en las fuentes jurídicas españolas, Libro de los fueros de Castiella, § 90: ... aquellos *deudores* aquien el deue la deuda...; otras muestras por MAYER, El antiguo derecho de oblig. español, 73, notas 30 y 128-9; nota 166].

42 Para esto véase A. REINACH, Los fundamentos apriorísticos del Derecho civil, trad. españ. por J. L. ÁLVAREZ, 1934, 69, nota; además, ENNECCERUS-LEHMANN. Derecho de Obligaciones,

Las principales causas del nacimiento de deudas eran el malfecho y el contrato de deuda.

El contrato de deuda requería una determinada forma audible y visible[43]. Entre las formas de contrato aparecen la *wadiatio, wadium dare, wadiare,* a la que era esencial la entrega de una *wadia, festuca stipula.* de una vara o de un tallo o de otro símbolo; además, la promesa (*fides facía*) *manu et ore,* es decir, con ofrecimiento de la mano (apretón de manos, *palmata*)[44] y palabras solemnes (*verba solemniter concepta*), o la promesa (*fidem facere*) *lingua et dígito*[45]. En la época franca obtiene también la significación de una forma de contrato el acto documental en que la entrega de un documento constitutivo de la deuda, de una *cautio,* sustituye la presentación de una *festuca*[46].

I, trad. españ. por B. PÉREZ GONZÁLEZ y J. ALGUER, 1933. 2, nota 2.—¿La distinción que el texto admite entre deuda y responsabilidad tuvo realidad histórica ¿De ser asi? cuáles son sus límites de tiempo y lugar? (Amplia bibliografía en HUEBNER, Grundzuege, § 68). ¿Es una distinción de esencia a las relaciones de obligación? Cf. BINDER, Schuld und Haftung, Iherings Jahrbuecher, 77, pág. 75 ss. (Resumen por W. ROCES, Revista de Derecho Privado, 14 (1927), 38-9), ibid., 78 (1928), 163 ss. El estado actual de la doctrina, sobre todo entre los historiadores, no justifica la negativa de la distinción sin mayores fundamentos de los que alega MAYER, op. cit. 305, nota 134, sobre este lugar HUEBNER, 496. La respuesta a alguna de las cuestiones planteadas no corresponde propiamente a la Historia jurídica sino a la Teoría general del Derecho, de este último campo y por la novedad que supone recojo resumida la interpretación hecha por F. SCHREIER, Reine Rechtslehre und Privatrecht, Festschrift Hans Kelsen (1931), 333-340: Los conceptos deuda y responsabilidad no significan otra cosa que norma sancionada (primaria) y norma sancionate (secundaria). La norma jurídica se caracteriza por su conexión con otra norma para el caso de que no se realice su consecuencia jurídica. La norma jurídica primaria regula la deuda, la secundaria la responsabilidad para el caso de incumplimiento de la norma primaria. De esta suerte, deuda y responsabilidad pueden reconducirse a los conceptos jurídicos generales del deber jurídico y de la sanción. Todo deber jurídico necesita una sanción; su defecto implica la inexistencia de aquél. Con esto se ha conseguido deductivamente la solución del problema de si hay deuda sin responsabilidad y responsabilidad sin deuda. Así como no puede darse deber sin sanción correspondiente y viceversa, no cabe sanción sin lo sancionado (deber), tan sin sentido como sería el pensamiento de una norma primaria sin la secundaria y a la inversa, es igualmente imposible deuda sin responsabilidad y responsabilidad sin deuda.

43 V. AMIRA, Grundriss des germanischen Rechts, § 70, págs. 221-222.

44 El apretón de manos como símbolo de la conclusión de contratos persiste en la práctica comercial ya muy avanzado el siglo XVII. He aquí cómo describe la celebración de un negocio bursátil en la Bolsa de Amsterdam el judío portugués don Joseph de la Vega, Confusión de Confusiones. 1688 (Bibliot. Nacional R-12407), página 209: Abre la mano uno, dale una palmada otro, larga por tal precio una partida, offrecele con otra palmada tal precio, buelvele á offrecer el primero mas con otra palmada, para que el segundo vuelva á ofrecerle mas, coloreanse á golpes las palmas (juzgo que de vergença de negocear los mas authorizados tan indecentemente á golpes) siguen las palmadas socorridas de los gritos, succeden á los gritos los atrevimientos á los atrevimientos los desahogos, hasta que ajustandosse el negocio, se halla que fueron corredores del acuerdo, los desahogos, los atrevimientos, los gritos, los golpes, las palmadas. Sobre esto ya R. EHBENBERG, Das Zeitalter der Fugger, II (1922), 343.

45 Confirmatio per digiti extensionem o more Saxonum.

46 Lo expuesto no deja de ser discutido. Cfs., por ejemplo. PLANITZ, Grundzuege des deutschen Privatrechts, § 59. Especialmente falta unanimidad sobre si las formas antedichas, de modo particular la de la *wadiatio,* sirven, y en qué medida, para la constitución de la deuda o de la responsabilidad. Vide infra, § 50.

No fue esencial la forma para los contratos en que una parte hubiera anticipado una prestación (*res*), es decir, para los contratos reales. La obligatoriedad de ciertos contratos reales se expresaba, desde luego, en el hecho de que la retención de la cosa recibida, que debía devolverse, estaba conminada con pena pecuniaria, y el no pago de esta podía traer consigo la pérdida de la paz. Por el pago de una suma en mano (*archa*), derivada de la prestación previa (*res*), recibió el contrato sin forma—ahora contrato de arras—la fuerza vinculante de un contrato real. Las arras podían ser destinadas inmediatamente a fines piadosos o benéficos (dinero de Dios [*denarius dei* o *sancti spiritus*]), o se gastaban en vino que bebían en común los contratantes y los testigos del negocio (conclusión del contrato por compra de vino)[47]. El contrato celebrado judicialmente tenía una eficacia de derecho privilegiada, particularmente según el sistema probatorio del Espejo de Sajonia. Según numerosos Derechos municipales, la promesa de deuda hecha ante los escabinos o el Concejo municipal, o conocida por ellos, sobre la que se librara una carta de la ciudad o de los escabinos, o de la que se hiciera una inscripción en los libros municipales, no alcanza meramente una fuerza probatoria más elevada: vale no solo como indudable, sino que en caso de mora permite la ejecución forzosa inmediata.

La percepción de la deuda presupone, en la época del Derecho popular, la intimación del deudor, que había de producirse en la morada de este. Por lo general, y en tanto no se hubiera estipulado otra cosa, la deuda era «deuda que buscar»: el acreedor tenía que buscar la prestación en casa del deudor. En el caso de intima-

---

[47] La tesis dominante (de SOHM y GIEBKE) que recibe el texto se rectifica ahora por Fr. BEYERLE, Weinkauf und Gottespfennig an Hand wetdeutscher Quellen, Festschrift f. A. Schultze (1934), 251-282. La compra de vino (*mercipotus, vinum testimoniale, vinicopium*) tal como se ofrece en el tráfico de inmuebles no tiene nada que ver con la *arrha*. Lo originario fue la espensa de vino, no el dinero. Quienes lo reciben son los testigos, no el enajenante. No se limita a los negocios de crédito, pues se da también en los al contado y en las permutas, incluso en la simple renuncia de un derecho; aparece también en derecho matromonial. Indica BEYERLE—pág. 253, notas—que la institución se encuentra igualmente en Francia (*vin du marché, denier á Dieu*), Suiza, Lombardía y Toscana, en el Este eslavo y en Escandinavia. Cabe añadir España como observó WOLF, Wiener, SB., 51 (1866), 102; aquí aparece con los nombres de *alboroque* (*alboroc, almroch, alvaroch, aloaroc, albaroche*, etc.), *robra, aliara, haliala*, etc. Según este autor lo primitivo fue la prestación en especie, sustituida luego por un tanto en dinero. Noticia de alboroque de pan y vino (siglo XI) en SÁNCHEZ ALBORNOZ, Estampas, 21, nota 15. ¿En qué consistía el alboroque de que habla la disposición 25 del Fuero de León de 1020? MUÑOZ Y ROMERO, Colección, 67, 82 y 132, solo nos dice, con el P. BERGANZA, que «es robra que confirma la compra». La alíala era una comida, con ocasión de alguna venta, entre contratantes y testigos, cf. YANGUAS, Diccionario de antigüedades, I (1840). 30; AHDE., 1, 401, 9. Sobre los *alialeros*, MAYER, op. cit., 173, nota 41; 183, nota 64, con indicaciones sobre la *revora* en Asturias (J. DE PEREDA, Obras, V, 50-62). Para la *rebora* en derecho portugués, GAMA BARROS, Historia... III, 436 ss. Además de prueba de los datos que mencionan estos autores, y como textos de importancia para evolución, Libro de los fueros de Castiella, § 142... Et sy compraren heredat por seer mas sanna, deue la comprar en llonca e dar les atodos de comer pan e vino e dar le pagamiento de paga e de camino e de precio; e de aluoroque deue dar de cada sueldo vn dinero, Ibid, § 203: Esto es por fuero: que a compra de heredat deue prouar con dos vesinnos derechos e deueles dar a comer pan et vino. Fuero de Calatayud (1131), AHDE., 1, 412, § 40: Et de hereditate qui fuerit vendita per L solidos et in suso, donet in roboracione qui comprat II solidos, et si noluerit dafe II solidos donet ad quator homines iantare. HINOJOSA, Documentos, pág. 104.

ción sin resultado, no se concedían al acreedor los intereses de la mora, sino que tenía lugar una multa de demora fijada legalmente. Así, pues, la mora aparece como un *tuerto* causado al acreedor por retención contra derecho. A ello corresponde también la validez del principio de la causalidad, de suerte que en el Derecho alemán medieval la llegada de la mora del deudor, igual que la mora del acreedor, era independiente de la existencia de una culpa subjetiva.

En la época de los Libros de Derecho, las deudas de dinero se consideraban «deudas que llevar»: el acreedor tenía que esperar en su casa el dinero que el deudor, incluso sin intimación, estaba obligado a llevarle al tiempo de cumplimiento. Las multas legales de mora desaparecen con la interpretación de derecho penal formal que se hace de la mora. Solo puede exigirse todavía una indemnización del daño por esta causa si había sido especialmente convenida en el contrato de deuda, y en la cuantía pactada. En atención a esta restricción del deber de indemnización del daño, fue usual que constara en la carta de deuda un ajuste especial del daño, en que el deudor se obligaba a indemnizar el daño por causa de mora eventual. Para facilitar su determinación no era raro que el acreedor hiciese prometer al deudor: *se credere de. damnis et expensis simplici verbo creditoris,* cláusula muy extendida durante la baja Edad Media en los documentos de deuda, y en cuya virtud el deudor concedía al acreedor el derecho de determinar el montante del daño por su propia y simple palabra, sin juramento y sin prueba de testigos. Sucedió a menudo que el contrato de deuda proporcionaba al acreedor el derecho de tomar «hincz den juden», a daño del deudor, la suma debida que hubiera quedado pendiente, es decir, el derecho de tomarla a préstamo con interés en casa de un judío por cuenta del deudor[48]. Las resultas legales de la mora (indemnización del daño, derecho de resolución) son conocidas solo en extensión limitada por los derechos municipales de la Edad Media.

El documento de deuda no tenía únicamente significación jurídico-privada para la constitución de las obligaciones, sino también para el ejercicio del crédito. Así como el acreedor contra pago de la deuda tenía que restituir la *wadia,* también el deudor solo tenía precisión de pagar contra entrega de la *cantío* librada por él. Fue peculiar de las *cautiones* de la época franca que la obligación de restituir la *cautio* se indicase expresamente en el documento de deuda. Cuando la devolución llegara a ser imposible, el acreedor libraba una carta mortuoria, una cédula de amortización, una *epístola evacuatoria* en que declaraba extinguida la deuda y sin valor la *cautio* que no tenía a mano. Pero sucedió que en la *cautio* se prometía el pago solo contra su entrega y con exclusión expresa de una *epístola evacuatoria*[49]. En el momento de la devolución acostúmbrase a invalidar la *cautio* por rotura o mediante anotación escrita (*cassatura*). Cuando la deuda de dinero perdió en general el carácter de deuda que requería intimación y solicitación por el acreedor, aparecen como tipo especial de documentos de deuda los papeles o títulos de presentación, es decir, aquellos en que por efecto de una cláusula especial el deudor solo estaba obligado a pagar contra entrega en mano del documento; la obligación tenía el carácter de «deuda que buscar», no de «deuda que llevar», y la mora no se determinaba por el vencimiento en sí, antes bien estaba condicionada a la presentación hecha el día en que venciera.

48 En Westfalia fue dable al acreedor procurarse el dinero por pignoración o venta de caballos. His, ZRG., 42, 481 ss.

49 Marculfo, II, 27. La *evacuatoria* no es simple acuse de recibo, sino declaración de invalidez del documento no devuelto.

Según el antiguo derecho alemán, no estaba permitida sin voluntad del deudor la transmisión del crédito proveniente de contratos de deuda[50]. A la acción del tercero, al que se hubiera transmitido el crédito, podía contestar el deudor simplemente: «que él no estaba en deuda de hacerle la prestación, puesto que no había prometido hacérsela a él». En el lugar del acreedor originario podía colocarse otro gracias a una «reproducción de la promesa»[51], en tanto que el acreedor hiciera que el deudor prometiese la deuda al nuevo acreedor. Cuando fue admitida—bien con carácter general o limitado—la representación judicial, se utilizó la concesión de apoderamiento procesal para atribuir la deuda a un tercero sin asentimiento del deudor. Esta atribución, «asignación de deuda», se producía encubierta en el apoderamiento. El tercero interponía acción en virtud del poder; si fallecía, el poder no pasaba a sus herederos, principios que se han conservado en el derecho inglés hasta 1873.

Ya la vida jurídica de la época franca conoció la licitud de contratos en que uno de los contrayentes prometía al otro la prestación a un tercero, o que sería así bajo ciertas condiciones. El tercero, como destinatario de la prestación, tiene el derecho de hacer valer el crédito en nombre propio, sin que precise manifestar la relación interna existente entre él y el promisario. Mientras la representación judicial estuvo prohibida o limitada[52], y se hallaba excluida la libre transmisibilidad del crédito procedente de contrato de deuda, ofrecíase para ambas vías una salida aproximada si al concluir el contrato el acreedor hacía prometer al deudor que haría la prestación a él o a un tercero. El tercero podía ser nombrado de antemano; pero cabía también que se abandonase al acreedor su determinación ulterior. La aplicación más importante de la promesa de hacer la prestación a un tercero se contiene en los títulos (papeles) a la orden y en los títulos al portador.

El título a la orden se remonta a los comienzos de la diplomática germanorrománica. Ya en fórmulas del siglo VII encontramos la cláusula de exacción[53], o sea una cláusula por la que el deudor se obligaba a pagar a un acreedor designado nominalmente o a aquel *cui dederit hanc cautionem ad exigendum.* Los documentos italianos ofrecen en el siglo VIII la cláusula *vel cui in manum miseris,* y en el siglo XII, como claro precedente de la actual cláusula a la orden, la forma *vel cui ordinaveris.* En los documentos medievales escritos en alemán encontramos la

---

50 No hace prueba en contra la transmisión de un crédito procedente de delito. En lugares como Liber imperatoris, II, 38, Libro de derecho municipal de Viena, c. 19, no se va más lejos con el alegato de su romanización y muchísimo menos si se considera con FREUNDT, Wechselrecht der Postglossatoren, II, 63, «como fuente presumible de derecho romano» para el Liber imperatori, II, 38 el Edictum Theodorici ostrogodo, la circunstancia de atribuir su conocimiento al redactor del Liber imperialis implica una despreocupación verdaderamente notable.

51 Rosa de Magdeburgo, II, 2 c. 98.

52 Véase anteriormente. § 22, núm. 4 y § 43.

53 Que la cláusula de exacción derive probablemente del estilo diplomático de la baja Roma es cosa que BRUNXER intentó fundamentar en sus Forschungen zur Geschichte d. deutschen u. franz. Rechts, 606 s. FBEÜNDT, Wertpapiere, II (1910), 48 ss.; aporta ciertamente los argumentos allí aducidos; pero no sabe que el autor contra quien se dirige los había alegado dieciséis años antes. El libro de FBEUNDT, estaba sin duda concebido como una polémica continua de los Aufsaetze zur Geschichte der Wertpapiere de BRUNNER, pero no tuvo la diligencia de utilizar la versión más completa que la doctrina impugnada recibiera en las Forschungen.

cláusula típica; o a quien detente esta carta con su voluntad (su buena voluntad)[54]. El efecto del título a la orden consistió en que el deudor estaba obligado a realizar la prestación al presentante del documento si este podía probar que el designado nominalmente le había entregado el título de buena voluntad. La prueba de este libramiento podía aducirse mediante un documento especial del nombrado (carta de voluntad, *littera creditiva*) o por otro medio discrecional de prueba. El requisito de la prueba del libramiento desaparece en los títulos al portador. Estos se caracterizan por la cláusula al portador que aparece como cláusula alternativa o como cláusula al portador pura. En la primera se promete que debe hacerse la prestación a una persona designada nominalmente o al portador; en la segunda, al portador simplemente. Ambas cláusulas aparecen por vez primera en documentos italianos; en el siglo IX la cláusula al portador alternativa[55], y aproximadamente un siglo después, la cláusula al portador pura[56]. Desde el siglo XIII hay testimonios de ellas en documentos alemanes. El presentante del título con cláusula al portador estaba facultado para el ejercicio judicial y extrajudicial del derecho incorporado en el título, sin necesidad de referirse a la relación interna en que se encontrara con el propietario o con anteriores titulares. El deudor no podía exigir la prueba de un apoderamiento, ni la sucesión en el derecho del primer tomador[57]; sin embargo, le estaba permitido oponer excepciones al portador por causa de adquisición ilegítima del título[58].

Stobbe, Zur Geschichte des deutschen Vertragsrechts, 1855. v. Asura, Nordgermanisches Obligationenrecht I: Altschwedisches OR., 1882, II: Westnordisches. OR., 1895. Esmein. Études sur les contrats, 1883. Wach, Arrestprozess, 1868, 10 ss. Sohm, Eheschliessung, 1875. 24 ss. Stobbe. Reurecht und Vertragsschluss nach aelterem deutschen Recht, 1876 y en ZRG., 13, 209. Franken, Das franzoesische Pfandrecht im Mittelalter. 1879. Thévenin, Contributions à l'histoire du droit germanique, 1880. Stouff, Étude sur la formation des contrats par l'écriture, 1887. Val de Lièvre, Launegild und Wadia, 1877. Wodon, La forme et la garantie dans les contrats francs, 1893. Siegel. Handschlag und Eid. 1894, Wiener, SB., 130. Puntschart, Schuldvertrag und Treugeloebnis des saechsischen Rechts, 1896. O. v. Gierke, Schuld

[54] En lugar de estas cláusulas se usa posteriormente la más breve de: «o al portador legítimo». después la cláusula de comisión: «o a su comisión». En el siglo XVII y bajo influencia francesa fueron desplazadas paulatinamente las antiguas cláusulas por esta: «a la orden».

[55] Tibi vel cui hoc scriptum in manu paruerit.

[56] Ad hominem. apud quem hoc scriptum in manu paruerit.

[57] En las sentencias de los escabinos de Magdeburgo (en la Sammlung deutscher Rechtsquellen de Wasserschleben. I, 402, cap. 47) se dice del portador de una carta con cláusula al portador alternativa que no necesita hacer prueba alguna, wenn daz er den vorsigilten brieff vorlege. La adición de que el demandante haya prometido la «wer»—a que se refiere Freundt, Wechselrecht der Postglossatoren, II (1909), 71—carece por completo de importancia para la esencia del título al portador, pues aquella añadidura hace referencia a la garantía («wer») de la acción familiar a todo germanista y que, según el derecho de Magdeburgo, podía exigir el demandado a todo demandante. Cfs. supra, § 43, por ejemplo, Planck, Gerichtsverfahren, I, 380.

[58] Sentencia de los escabinos de Inglau (en Tomaschek, Der Oberhof Inglau, página 152: das der statpryef recht hat czu dem gelde, das dor ynne geschryben stet, wenne der pryef nicht vorhalden ist, wenne dorynne geschriben stet: uvd welcherley den kegenwortigzn pryef hat, dem schollen alle dy recht, dye hye oben gdschriben sten. Wenne está usado ambas veces en sentido causal.

und Haftung im aelteren deutschen Recht, 1910, sobre esto, véase Amira, en ZRG., 31. 484; Puntschart. Goett. Gel. Anz., 1915, 633 ss. O. v. GIERKE, en la Enciclopedia de Holtzendorff, I, 266;—Deutsches Privatrecht. III. 1917. Schuldrecht. v. AMIBA, Die Wadiation, Muenchner, SB., 1911. E. MAYER. Die Einkleidung, 1913 (véase supra, § 5).—El antiguo derecho de obligaciones español, según sus rasgos fundamentales, 1926, trad. J. M.ª Ots, resumen por este mismo, AHIJE., 1. 417-27; 2. 546-49; sobre esto v. Voltelini, ZRG., 48, 532 s.—Fr. Ernst MEYER, Ueber das Schuldrecht der deutschen Schweiz in der Zeit des 13. bis 17. Jahrh., 1913. BAUER, Die ehrenwoertliche Bekraeftigungsform, ZRG., 54 (1934), 117 ss. Bich. LOENINO, Der Vertragsbruch und seine Rechtsfolgen. I, 1876. E. HEYMANN. Das Verschulden beim Erfuellungsverzug, 1913. HEUER. Der Annahmeverzug im aelt. d. Privatr., 1911. MITTEIS, Rechtsfolgen des Leistungsverzugs beim Kaufvertrag, 1918; sobre esto, Heymann, ZRG., 34, 651. KISCH, Das Schadennehmen, Rhein. Z., 5, 477 ss. BUCH, Uebertragbarkeit von Forderungen, 1912; sobre esto, Gál en ZRG., 33, 602 y Buch ibidem, 34, 429. H. BRUNNER, Die fraenkisch-romanische Urkunde en sus Forschungen, 524.—Zur Geschichte des Inhaberpapiers in Deutschland, ibidem, 631 ss.;—Das franzoesische Inhaberpapier des Mittelalters und sein Verhaeltnis zur Anwaltschaft, zur Zession und zum Orderpapier, 1879, traducido y aumentado con comentarios en la Nouvelle Revue historique, 1886. PLATNER, Ein Beitrag zur Lehre von den Inhaberpapieren, en el Archiv. f. zivil. Praxis 42. ss., 189 ss. KUNTZE, Die Lehre von den Inhaberpapieren, 1857. STOBBE, Zur Geschichte der Uebertragung von Forderungsrechten und der Inhaberpapiere en Z. f. Handelsrecht, 11, 428. BRUSCHETTINI, Trattato dei titoli al portatore, 1898. BRANDILEONE, en la Rivista di diritto commerciale, I, 375 (1903), IV, 525 (1906). CICCAGLIONE, I titoli al portatore nell' Italia Bizantina, 1906. SCHUPFER, I titoli al portatore nei documenti italiani del medio evo, Rivista ital. per le scienze giuridiche, 42, 175 ss. (1907). FREUNDT, Das Wechselrecht der Postglossatores, II, 1909;—Wertpapiere im antiken und fruehmittelalterlichen Rechte, 2 vols., 1910. PARTSCH, Der griechischroemische Einschlag in der Geschichte des Wertpapiers, Ztschr. f. Handelsr., 70, 437 ss. Más literatura, véase supra, § 13. Al. LATTES, en la Rivista del diritto commerciale, 1911, pág. 34 ss. H. VEIT-SIMON, Der Interimsschein, 1913, 67 ss. KOENNECKE, RGesch. des Gesindes, 1912. BEUKEMANN, Geschichte des Hamburger Maeklerrechts, 1912. O. v. GIERKE, Die Wurzeln des Dienstvertrages, Brunnerfestschrift. 1914. SCHMIDT-RIMPLER, Gesch. des Kommissionsgeschaeftes, I, 1915. KNORR, Das Ehrenwort Kriegsgefangener, 1916. CREBERT, Kuenstliche Preissteigerung durch Fuer- und Aufkauf, 1916. PRAUSNITZ, Die Geschichte der Forderungsaufrechnung, 1928, sobre esto, Mitteis, ZRG., 49, 661 ss. WACKERNAGEL, Die Viehverstellung, 1923.

§ 50. La responsabilidad

Haftung es responsabilidad por una deuda. Puede estarse afectado de responsabilidad sin estarlo de deuda. No solo puede responder una persona, sino que, según el lenguaje usado en las fuentes, puede responder también una cosa. La persona responde con su cuerpo, con su libertad, con su honor y con su patrimonio, o bien con uno de estos elementos de afectación. Se puede responder por deuda propia o por deuda ajena. Históricamente, la responsabilidad de tercero ha precedido a la responsabilidad propia.

Por deuda ajena responde la persona dada en prenda (*obses*), que se encuentra bajo la potestad del acreedor. Por deuda ajena responde el fiador[59] (en cierto modo

[59] En las fuentes alemanas *buerge* (variantes en DRW., II, 579 ss.), latinizado en *burgio* y en las glosas por *fideiussor, sponsor, satisdator, vas*. Según BEYERLE, ZRG., 47 (1927).

un *obses hypothecae loco*),[60] y de tal forma que el acreedor podía dirigirse en primer término al fiador, que según los derechos más antiguos estaba facultado a su vez para prendar extrajudicialmente al deudor[61] e incluso a entregar su persona al acreedor. El contrato de fianza exigía formalidades jurídicas: entre los francos se celebraba en la forma de *wadiatio*, en tanto que la *wadia*, aquí un bastón, se entregaba por el deudor al acreedor y de este al fiador, que así obtenía potestad sobre el acreedor[62]. La responsabilidad por fianza no pasa a los herederos si estos no se habían dado conjuntamente como fiadores. En casos en que se requería la fianza, desarrolló el derecho franco una fianza de sí propio, en la que el deudor que no hubiera podido dar fiadores se hacía responsable en la forma jurídica de fianza de la prestación prometida[63].

Desde antiguo existió dentro del marco de la pérdida de la paz una responsabilidad *ipso iure* por deudas derivadas de delitos y por deudas convertidas en he-

---

599-607. el sentido fundamental de *buergen* es custodiar, proteger, asegurar. Originariamente significa protección del deudor ante la potestad y venganza del acreedor. La entrega del deudor al fiador le procura asilo y una situación más soportable que en manos del acreedor. El fiador (*mediator*) media entre deudor y acreedor: como defensor del deudor se antepone a él en una relación de *prae-stare* Pero no de otro modo de cómo el tutor responde de la guarda del pupilo es responsable el *buerge* por el deudor y así se da también seguridad al acreedor. Que el sentido originario del fiador fue proteger de la venganza a quien se le confía se refleja.—dice BEYERLE, 621—en la Lex Visig., V, 7, 4.

60 Según una opinión nueva y de estimable fundamentación (F. BEYERLE), la fianza no se ha desarrollado de la institución del *obses*. Su forma más antigua fue la fianza de entrega en que el deudor era recibido fiduciariamente por el fiador pala hacer su entrega al acreedor llegado un cierto término. De este tipo se ha desenvuelto la fianza de ejecución en que el fiador prenda al deudor para procurar satisfacción al acreedor, respondiendo en todo caso al acreedor. Solo aquí se contiene una propia responsabilidad del fiador, sea por prenda infructuosa del deudor (fianza de ejecución del pago) o sin ella (fianza de pago pura). Según esto, la *wadiatio* se ofrece como un *obstagium* del deudor en mano del fiador que con la *wadia* recibe del acreedor la potestad sobre el deudor. Cfs. en contra PLNTSCHART, Ueber Gottesbuergschaft im angelsaechsischen Recht, Veroeffentl. d. Ferdinandeum, VIII, 501 ss., especialmente, 517. HLEBNDR, Grundzuege, § 69, II, 2, presta adhesión a BEYERLE.

61 Con este sentido simbólico se enlazan designaciones del fiador como estas: *manucaptor, manulevator*, la italiana de *mallevadore* (PUNTSCHART, en Hoops, voz *Burgschaft*, 3), en nuestras fuentes *manlevador* (*manulevator*), *caplcvador, captenedor, sobrelevator*, MAYER, El antiguo derecho de oblig. español, especialmente, páginas 245 ss.

62 Lex Burg., 19, c. 5-11, Extrav., 21, 8. Liutprando, 39. 40. [Para la génesis de los c. citados de la L. Burg. cfs. BEYERLE, loc. preindicado, 624-635. De la L. Baiw., 13, 1, comparada con la L. Burg., 19, Fragm. Gaudenz., 13, hay que concluir que al antiguo Derecho visigodo fue conocida la pignoración por el acreedor con licencia judicial, y la entrada en juego de la L. Visig., V, 6, 1; muestra que tal precedimiento solo fue derogado en tiempo de Recesvinto, vid. BRUNNER-V. SCHWERIN, DRG., II § 111, nota 11, pero sin que la prohibición recesvindiana evitara la persistencia de aquella práctica, cf. HINOJOSA, El elemento germánico, 80; MAYER, op. cit. 118].

63 Edictus Chilperici, c. 6: Similitei convenit, ut quicumque admallatus fuerit et in veritate testimonia non habuerit unde se aeducat et necesse est, ut inium prueba caldaria fidem faciant et non habuerit simi modo qui pro eum fidem faciat: ut ipse in sinestra manu fistucam teneat [como deudor] et dextera manu auferar [como fiador]. Vide GEFFCKEN, Lex Salica, 271 s. RINTELEN, Schuldhaft, 158. v. ASURA, Stab, 156; Wadiation, 28. GIERKE, Schuld und Haftung, 275. BEYERLE, loc. cit., 583 ss.

chos delictivos por la conducta antijurídica del deudor[64]. Es presumible que las formas contractuales de la *wadiatio* y de la *fides facta* – mencionadas en la página 209 – deriven de la asunción contractual de una responsabilidad, de negocios especiales de responsabilidad por los que el deudor afectaba para la deuda y sometía a la aprehensión del acreedor (independientemente de la pérdida de la paz) la persona (y el patrimonio), o solo el patrimonio (responsabilidad patrimonial[65] o la persona sin el patrimonio.

El antiguo Derecho abandona al arbitrio del acreedor al deudor que no podía pagar una deuda por multa o que no daba fiadores. El acreedor podía comportarse con él como con quien pierde la paz y queda a merced de su venganza: podía matarle, mutilarle, maltratarle, reducirle a prisión o tenerle en servidumbre forzosa. En el desenvolvimiento ulterior se atenúa el arbitrio del acreedor, pero no se agota por completo, ya que pone en su mano medios coercitivos para determinar que el deudor se entregue voluntariamente en servidumbre por deuda. Este sentido tenía el derecho de mutilación del acreedor, que todavía se encuentra aisladamente en fuentes más modernas, en cuyo ejercicio le estaba permitido, según el derecho de la localidad noruega de Drontheim, cortar al deudor un número de miembros tal que su valor conjunto equivaliera al importe de la deuda. Pero, en general, el derecho del acreedor quedó limitado a permitirle tener al deudor en prisión rigurosa sin quebranto de su salud. En lugar de la prisión privada aparece más tarde, y primero en las ciudades, la custodia del deudor en prisión pública por deudas, la prisión por deudas propia. Varios derechos siguen una evolución diferente regular – como, por ejemplo, ya el derecho longobardo – la entrega del deudor en la potestad del acreedor a título de servidumbre ejecutiva, que se encuentra igualmente en el derecho sajón, donde también se da la prisión por deudas. El Derecho franco desconoció la reducción a servidumbre ejecutiva. En cambio, se encuentra en él la entrega voluntaria del deudor al acreedor en servidumbre y en él se permite – para compensar el defecto de una reducción a servidumbre ejecutiva – una pignoración hipotecaria de la libertad[66]. Según el antiguo derecho, la reducción a servidumbre (voluntaria y ejecutiva) era de carácter definitivo; el acreedor podía vender al deudor como a otro cualquiera de sus siervos. No sin intervención de la Iglesia obtuvo la reducción a servidumbre el carácter de *vadium*, así que el deudor; estaba únicamente *loco wadii*. A su vez, esta servidumbre por deuda ofreció un tipo riguroso y otro atenuado. Aquél, el más antiguo, es una modalidad del *vadicensus*[67], el deudor sirve en la condición de siervo de la deuda hasta que se redime mediante el

---

64 Cabría incluir en este marco la responsabilidad por sucesos involuntarios en tanto que según el Derecho más antiguo solo se atendía propiamente a tales sucesos si el responsable prometía (*fidem facere*) o aseguraba (como en el *vapavaerk* condicional en Suecia) la prestación debida o cumplía ciertos requisitos por los que eludía una responsabilidad de mayor alcance.

65 No se trata de una responsabilidad hipotecaria del patrimonio, sino de un derecho de aprehensión; no de un derecho de prenda, sino de un derecho de embargo del acreedor, que descansa, empero, en una limitación de la responsabilidad personal que le sirve de base. Compárese la restricción de la pérdida de la paz al patrimonio del deudor en la aplicación de la *missio in bannum*. supra, pág. 179.

66 GUERARD, Polyptyque de l'abbé Irminon, I, 800, nota 6: debet unusquisque perscribere cartam quantos solidos recepisset et subscriptione firmare se reddituros; si autem aut ipse aut uxor eius aut infans eius. si forte an eis non redditur pretium, mancant in servitio feneratoris.

67 Cfs. infra, § 51, pág. 221.

pago de la suma debida, de manera que el acreedor se beneficie del rendimiento del trabajo. La servidumbre por deuda de tipo más moderno se ofrece como una institución análoga al *vadium* de amortización, pues solo duraba hasta que el deudor costeara con su trabajo el importe de la deuda (incluidos los gastos causados por su manutención). Contra los deudores morosos, sobre todo contra los de notoria mala voluntad, fue práctica en las ciudades expulsarles del término municipal[68].

La responsabilidad asumida contractualmente por el deudor o por el fiador podía configurarse muy diversamente en cada caso concreto. Queda a su elección ofrecer los más varios quebrantos jurídicos para el supuesto de violación del contrato. Puede declarar que quiere encontrarse en la situación del que ha perdido la paz, o quedar excomulgado[69], o que el acreedor disponga de su vida o de cierto número de miembros. Pone en contribución para el cumplimiento de su obligación la confianza y el honor que merece; en ocasiones quedaba afectado el honor de forma que en caso de mora obtenía el acreedor la facultad de agredirle en su honorabilidad de palabra y por medios gráficos (versos de mofa, imágenes ignominiosas). Una forma de responsabilidad proveniente de la antigua dación en prenda personal es el *obsiagium* (en Francia *ôtage,* en Aragón *oslalicum*) que como aquélla se designa también con la palabra *geiselschaft.* El fiador o el deudor (como fiador de sí mismo) prometía dar *obstagium* en el caso de no satisfacción del acreedor, es decir, someterse voluntariamente a una restricción de su libertad personal, al principio en la propia casa del acreedor o en el lugar por él determinado; fue modo general que el deudor se encerrara en un albergue y permaneciese en él hasta el pago de la deuda, o en tanto que el acreedor no le desligase de la promesa. Sobre todo los señores principales y poderosos contra quienes no era fácilmente realizable la cobranza judicial de la deuda, venían determinados a prometer *obsiagium.* Algunos derechos del sector jurídico franco conocieron también un deber legal de dar *obstagium.* A causa de que durante la estancia del rehén solían hacerse grandes gastos, vuelve en definitiva el punto de vista originario de la restricción de la libertad en tal medida, que en la prestación de *obstagium* podía el obligado poner un representante si hacía de su cargo los dispendios. Los gastos usuales del *obstagium* presionaban al obligado y a su *sippe* al pago de la deuda.

La realización de la responsabilidad patrimonial se produce fundamentalmente por vía de prenda (infra, pág. 220). Pero esta no excluye un efecto de la responsabilidad anterior a dicho momento. Tal efecto previo se advierte ya en la Edad Media en actos de disposición que concierta el deudor con la intención sabida por la otra parte de perjudicar al acreedor, las donaciones gratuitas e incluso, en ciertos casos, también las cesiones onerosas del deudor que huye. A tales negocios jurídicos se niega eficacia frente a los acreedores y consiguientemente se concede a estos un derecho de contradicción para oponerse a las enajenaciones inmobiliarias del deudor.

La responsabilidad de los herederos por las deudas del causante era limitada. Lo normal fue una responsabilidad con la herencia, que en todo caso tenía sus límites en el importe de la sucesión recibida. Donde el causante se encontraba

[68] En este punto es particularmente expresivo el lenguaje de las fuentes italianas: *forestare, exbannire, in bannum ponere de civitale, debitores expellam et exbanniam de cántate,* las pruebas en PLANITZ, ZRG., 52 (1932). 186 ss.

[69] Suscripciones de deuda con la pena contractual de la proscripción del Imperio; cartas de deuda al portador con la cláusula de excomunión.

vinculado en los actos de disposición sobre bienes raíces al derecho de consentimiento de los herederos[70], nunca respondían estos por más de la cuantía de los bienes muebles heredados; según el derecho del Espejo de Sajonia responden solo de las deudas del causante cuyo equivalente se hallara en las partes de la sucesión por ellos adquirida[71].

Por razón de la preindicada responsabilidad limitada de los herederos, adquirió práctica en Alemania un negocio pecuniario aplicado muchas veces, la compra de rentas, que al propio tiempo ofreció un sustituto de la función económica del préstamo a interés prohibido por la Iglesia. El comprador de la renta adquiría mediante la entrega de una suma de dinero el derecho a percibir una renta periódica sobre un inmueble pagadera por quien en cada momento fuese poseedor del mismo. El derecho de renta se constituía por acuerdo formal (*auflassung*) y afectaba el inmueble del vendedor como una carga real de carácter irrevocable y en un principio no sujeta a redención. En el curso ulterior de su desarrollo se operó muchas veces la conversión de la renta en un préstamo a rédito, en tanto que se desvirtuaba los rasgos de derecho real de esta relación jurídica, mientras en otras partes de la carga real derivó un derecho de prenda independiente de la causa de la deuda, una deuda inmobiliaria.

Véase la literatura citada en el § 48, especialmente las obras de AMIBA, PUNTSCHART y O. GIERKE. Además HORTEN, Personalexekution in Geschichte und Dogma. 2 vols., 1893, 1896. PLATNER. Die Buergschaft, 1857. HEUSLER, Buerge und Selbstzahler, Z. f. Schweiz. Recht, 9 (1861), 68 ss. v. AMIBA, Der Stab in der germ). Rechtssymbolik. 1909, 151 ss. (Muenchener Abhandl., XXV, I). KOHLEB, Shakespeare vor dem Forum der Jurisprudenz, 1919. H. BRUNNER, Abspaltungen der Friedlosigkeit en Forschungen z. Gesch. d. d. u. franz. Rechts, 444. EGGER, Vermoegenshaftung u. Hypothek nach fraenk. R., 1903. H. MEYER, Zum Ursprung der Vermoegenshaftung, Festschr. f. Gierke, 1911, 973 ss. HAFF, Studien zum Buergschaftsrecht, Ztschr. f. Schweiz. Recht., 43, 129 ss. F. BEYERLE, Der Ursprung der Buergschaft, ZRG., 47, 567. ss RINTELEN, Schuldhaft u. Einlager im Vollstreckungsverfahren d. altniederl. u. saechs. R., 1908. —FRIEDLAENDER, Das Einlager, 1868. LE FORT, L'ôtage conventionnel, en la Revue de législation française et étrangère. 1874. THUEMMEL, Das Einlager der altdeutschen Rechtsgeschichte, Z. f. Kulturgesch. NF., 3, 58 ss. A. WERMINGHOFF, Zur Rechtsgeschichte des Einlagers in Suedwestdeutschland, Z. f. d. Gesch. d. Oberrheins, NF., 13, 97 ss. LECHNER, Das Obstagium oder die Giselschaft nach schweiz. Quellen, 1906. —UPF. Scheltebriefe u. Schaubilder, 1930; sobre esto, Kisch, ZRG., 51, 514-520. —A. SCHULTZE, Ueber Glaeubigeranfechtung und Verfuegungsbeschraenkungen des Schuldners, ZRG., 44, 210 ss. —STOBBE, Ueber das Eintreten des Erben in die obligatorischen Verhaeltnisse des Erblassers nach deutschem Recht en Jahrb. d. gem. deutschen Rechts, 5, 293. LEWIS, Die Succession des Erben in die Obligationen des Erblassers, 1864. —NEUMANN, Geschichte des Wuchers in Deutschland, 1865. SCHAUB, Der Kampf den Zinswucher im Mittelalter, 1905. STOBBE, Zur Geschichte und Theorie des Rentenkaufs, en ZDR., 19, 178 ss. —Leibrenten, en sus Beitraegen zur Geschichte des deutschen Rechts, 1865, 25. AUER, Ewiggeldrecht en su edición del Stadtrecht von Muenchen, 1840, Introducción, §§ 37 ss. v. MEIBOM, Ueber Realschulden und Reallasten, en Jahrb. d. gem. deutschen

---

[70] Cfs. infra, § 57, págs. 244 y s.

[71] Espejo de Sajonia Ldr., I. 6, § 2: Dueve noch rof noch dobelspel n' is he (el heredero) nicht plichtich to geldene, noch neue scult, wande der he wederstadinge untving oder buerge was worden.

Rechts, 4, 242. PAULI, Die sogen. Wieboldsrenten en sus Abhandlgn. aus dem luebischen Rechte, IV, 1865. DONANDT, Versuch einer Geschichte des bremischen Stadtrechts, 1830, II, 303 ss. HOEPKEN, Das bremische Pfandrecht am liegenden Gut, Bremisches Jahrbuch, VII (1874). GAETJEN, Der Rentenkauf in Bremen, 1928 (publicación del Staatsarchiv Bremen I), para esto, Rehme, ZRG., 49, 623. Véase además la literatura sobre las cargas reales citadas en el § 47. Acerca de la naturaleza del Registro mercantil como registro de la responsabilidad. M. RINTELEN, Untersuchungen ueber die Entwicklung des Handelsregisters, 1914.

§ 51. La prenda

El Derecho alemán distinguió la prenda puesta de la prenda tomada.

Una cosa podía darse en prenda por una deuda [got. *vadi*, antiguo alto alemán, *wetti*, latín m. *wadium* (formas derivadas del verbo *vidan*—vincular, sujetar, trabar)] de manera que solo responda la cosa sin que exista a la vez una responsabilidad personal del deudor (responsabilidad objetiva pura). De ello se sigue que si la prenda se pierde sin culpa del acreedor, el prendatario no podía reclamar la plusvalía de la prenda, ni por su parte el acreedor ejercitar ulteriormente el crédito. Solo desde que fue usual unir al acto pignoraticio una *fides facta* o una *wadiatio*, existió responsabilidad del deudor por el hecho del menor valor eventual de la prenda y soportó exclusivamente el daño sobrevenido por la pérdida casual de la prenda.

El derecho de prenda se configura de modo diverso según que el objeto de la afectación pignoraticia sea inmueble o mueble.

El Derecho popular de la época franca conoció dos formas de prenda sobre inmuebles: la prenda de propiedad y la prenda de disfrute. En aquélla se empleaba la forma de la transmisión para instituir una garantía. La prenda se constituía mediante vestidura condicionada. La condición era resolutoria o suspensiva. En la vestidura condicionada en forma resolutoria se convenía que la propiedad transmitida al acreedor pignoraticio debía extinguirse una vez pagada la deuda. Este negocio jurídico era, por tanto, análogo a una compra con pacto de retroventa; posteriormente se le concibió con este carácter y, por último, se fundió con dicha institución. Con menos frecuencia se daba la vestidura condicionada en forma suspensiva, donde lo convenido era que la prenda se entendía transmitida al acreedor en propiedad de no pagarse la deuda dentro de un determinado término de vencimiento. De este modo el deudor podía permanecer en posesión del inmueble, en cuanto la pignoración se realizaba por vestidura incorporal. El tráfico jurídico longobardo utilizó para este fin la entrega de un documento de enajenación al acreedor pignoraticio, quien, por su parte, debía librar al deudor un resguardo de la prenda por el que se obligaba a devolver aquel documento de enajenación una vez obtenida la satisfacción correspondiente. A la vestidura condicionada en forma suspensiva se reconduce la pignoración por entrega de la carta de la casa (título de propiedad, documento adquisitivo) al acreedor pignoraticio tal como se comprueba en algunos derechos municipales bávaros.

La prenda de disfrute, la llamada por los germanistas *satzung* antigua[72], pone al acreedor en posesión y disfrute del inmueble hasta la cancelación de la deuda. El

[72] La constitución de este tipo de prenda ofrece las siguientes denominaciones: *accipere* (*suscipere, recipere*) *in vadio, in vadium ponere, in vadio habere* (*tenere*), *irwadiare*, posteriormente *impignorare*. Apud ALANITZ, cit. infra.—Según GIERKE y HUEBNER, la *satzung* antigua corresponde al *engagement* del derecho francés y la *satzung* moderna a la *obligation*.

deudor conserva la propiedad. Por lo regular el *vadium* fue *vadicensus* o de rédito. El acreedor percibe los frutos del inmueble mientras no se redima este por el pago de la suma debida, modalidad del derecho de prenda que se conservó después de la recepción del Derecho romano en las llamadas prendas del Imperio (constituidas por los empréstitos que de las ciudades imperiales recibían los reyes y donde la prenda tenía el carácter de censo perpetuo por no ser frecuente la redención del capital). Pero existió también la posibilidad de pactar que el acreedor tuviese que imputar los frutos percibidos al pago del capital de la deuda, de suerte que en el curso del tiempo debía redimirse la finca pignorada por su mismo rendimiento. Esta forma recibió el nombre de *vadium* de amortización[73].

En la época de los Libros de derecho aparece, sobre todo en las ciudades, una nueva forma pignoraticia, la llamada *satzung* moderna, prenda de derecho de ejecución que se configura como resultante del procedimiento ejecutivo sobre inmuebles y por consiguiente—al reconducirse este, en último término, a la confiscación del patrimonio del que ha perdido la paz—como una derivación histórica de la pérdida de la paz. El acreedor no adquiere la posesión ni el disfrute del inmueble; pero mediante el acto público de *invadiare* o *in vadium ponere* adquiere para el caso de mora los derechos de un acreedor que ha obtenido contra el deudor una sentencia condenatoria al pago y la confiscación del inmueble[74]. De aquí que para procurarse satisfacción sobre la prenda solo necesita la práctica del segundo estadio de la ejecución forzosa, consistente en la transmisión del inmueble o, según Derechos posteriores, su conversión en dinero. El *vadium* se hacía ante el tribunal o el concejo municipal. Como con el acto del acuerdo formal de transmisión o *auflassung* también con el de *invadiare* fue usual en las ciudades inscribirle en libros públicos, llegando, finalmente, a no celebrarse sin la inscripción. Sobre el *vadium* moderno se ha levantado la construcción del nuevo derecho de prenda inmobiliaria, que tiene con él de común la publicidad y el ejercicio judicial.

Sobre bienes muebles—prescindiendo de excepciones en los ordenamientos de los Derechos particulares—se da solo una prenda con *gewere* corporal. El pignorante debía quedar privado de la disposición de hecho sobre la cosa dada en prenda. De no redimirla en tiempo oportuno correspondía al acreedor. Desde que el deudor pignoraticio solía asumir también una responsabilidad personal, la prenda no determina al vencimiento la propiedad del acreedor, sino que se convierte en prenda de verificación en venta. El acreedor se procuraba satisfacción sobre el producto, cuyo excedente se devolvía al deudor pignoraticio.

---

73 En alemán *todsatzung* (*dodsate*); en cambio, en derecho francés fue llamada *vif-gage* y en el inglés *vivum vadium*, por entender que la prenda no permanecía estacionaria sino que exteriorizaba una actividad cancelatoria.

74 Cfs. § 43. [Contra la opinión del texto—que es la dominante, GIERKE, Deutsches Privatrecht, II (1905), 819, 822; HUEBNER, Grundzuege, 407 s.—se pronuncia PLAXITZ, ZRG., 54 (1934), 87, al menos para el procedimiento de ejecución de la *satzung* moderna tal como se desarrolla en las cartas de escrinio de Colonia. Estima que en la ejecución de la prenda en este tipo de *vadium* no se da una confiscación, ni una colocación del coto o incautación, sino un prendamiento que deriva del procedimiento de ejecución pignoraticia mobiliaria, sin perder por ello las peculiaridades de los inmuebles en punto a publicidad, consideración de los derechos de expectativa de los herederos, etc.].

La palabra *pfand* (bajo alemán, *pand, pant*)[75], no significó originariamente la prenda puesta, sino la prenda tomada. El prendamiento fue prenda privada o prenda con intervención pública. El poseedor del inmueble tenía derecho de prendar (encerrar, *schuetten,* de *schuett* = *vallum,* cercar, *cantare, encotar,* en la Lex Visig. VIH, 3, 13, *includere*) los animales ajenos que ocasionaran daños en su finca. Según el Derecho más antiguo el animal quedaba sometido a la venganza del perjudicado a quien era licito darle muerte. Sin embargo, esta facultad de matarle se conservó solo para ciertos animales (gansos, patos, gallinas), mientras que los demás no podían ser muertos por el perjudicado, sino que ya solo podía apresarlos y encerrarlos. Si el propietario no redimía los animales, el perjudicado podía buscarse remuneración sobre ellos. En Derechos posteriores el animal encerrado respondía al modo de una prenda sobre la que el perjudicado podía procurarse satisfacción. También estaba permitida la prenda contra la persona que producía daños en posesión ajena o la que sobre esta se arrogase de hecho una facultad dominical. Tenían derecho de prendar el señor del precario y el arrendador por causa del censo vencido, y el dueño de la renta por el no pago de esta. En casos de necesidad, concretamente ante el peligro de la pérdida del derecho por su no ejercicio, o sobrevenido riesgo en la mora, estaba permitida la prenda a todo acreedor.

Según los antiguos Derechos, por deuda variada podían ser prendados extrajudicialmente el deudor, respectivamente el fiador. Sin embargo, el ejercicio del derecho de prendar se vinculó ya en la mayoría de los Derechos populares a una autorización judicial y a la observancia de ciertas formas. Por causa del peligro de quebrantamiento de la paz, las leyes de paz territorial prohibieron la prenda privada por deuda. Constituyó únicamente una excepción el supuesto de la cláusula de prendamiento que aparece en la baja Edad Media, es decir, el caso de que el acreedor haga que en el documento de la deuda le confiera el deudor la facultad de prendar extrajudicialmente[76].

---

[75] Según HUEBNER, la significación fundamental de *pant, pfant* es la de *includere,* por su primitiva referencia a la prenda de animales. ¿Hay alguna relación entre *pfand, pannare* y el verbo español *a-pandar?* Sobre esto H. MEYER, Zum Ursprung der Vermoegenshaftung im deutschen Recht. Fest. f. O. v. Gierke, 1911, 977, nota 1. Sobre la terminología de nuestras fuentes MAYER, El antiguo derecho de obligaciones español, 80, 88, 90, 94, 106, 168; MEREA, Estudos, 121 s.

[76] Del estudio de KISCH, Die Pfaendungsklausel, ZRG., 35 (1914), 45, y como fórmula de la cláusula de prenda en el siglo XIV, reproduzco la siguiente: [Si vero ... non servaverimus, fecerimus, etc.], extunc supradictus [nombre del acreedor] plenam habet potestatem nos et omnia bona nostra mobilia et immobilia ubicumque sita sine omni stretipu judicii et querele arestandi, accupandi ac impignorandi proipsius libito voluntatis tamdiu, donec ipsi de capitali pecunia et omnibus dampnis ut premittitur per nos complete fuerit satisfactum. De MAYER, op. cit., 274, nota 47, tomo esta referencia: Cortes de Alcalá de 1348: « mandamos que ninguno omme non sea osado de prendar a otro... salvo sylo podiese fazer por quela otra parte se obligo e le dio poder, quello podiese prendar», es la ley 2 del tít. XVIII del Ordenamiento de Alcalá. HINOJOS, El elemento germánico, 101, nota 3. Colección de fórmulas jurídicas castellanas de la Edad Media (fines del siglo XIV), publicada por GALO SÁNCHEZ. Carta de debdo, AHDE., 2, 486: «... do poder conplido por esta carta a vos el dicho fulano o a qual quier alcallde o alguasil o entregador o vallestero o portero de nuestro sennor el Rey o otro ofiçial qual quier que vos quisierdes que me prendan al cuerpo e me prenden e tomen todos los dichos mis bienes muebles e rayses do quier que los yo aya e me fueren fallados syn coto e syn calonna alguna e para que los podades vender e mandar vender luego e rematar en el almoneda publicamente a vuestra pro e a mi danno e de los maravedís

v. MEIBOM, Das deutsche Pfandrecht, 1867. MADAI en ZDR., 8, 131 ss. BUDDE, ibidem, 9, 411 ss. STOBBE, Krit. Vierteljahrsschr., 9, 285. SOHM, Ueber Natur und Geschichte der modernen Hypothek. Z. f. d. Privat-u. oeffentl. Recht, 5, 1 ss. Al. FRANKEN, Das franz. Pfandrecht im Mittelalter, 1879. KOHLER, Pfandrechtl. Forschungen, 1882. WIGMORE, The pledge idea, Harvard Law Review, X (1897), 321 ss., 390 ss., XI, 1 ss. HAZELTINE, Die Gesch. des engl. Pfandrechts, 1907. H. MEYER. Neuere Satzung von Fahrnis und Schiffen, 1903 (aquí ejemplos de prenda mobiliaria sin desplazamiento posesorio), v. SCHWIND, Wesen und Inhalt des Pfandrechts, 1899. A. WERMINGHOFF, Die Verpfaendungen der mittel-und niederrheinischen Reichsstaedte. 1893. PLANITZ. Das Grundpfandrecht in den Koelner Schreinskarten, ZRG., 54 (1923), 1-88.

WILDA, Pfaendungsrecht en ZDR., 1, 167 ss. NAEGELI, Das germanische Selbstpfaendungsrecht mit besonderer Ruecksicht auf die Schweiz, 1876. SAMUELSOHN, Wirkungen der Privatpfaendung, 1878. W. BAYER, Das Recht aus erlaubter eigenmaechtiger Pfaendung, 1899. E. GALLUS, Die Privatpfaendung im geltenden Recht, 1908. PLANITZ, Die Vermoegensvollstreckung. I, 1912, 153 ss.—Der Schuldbann in Italien, ZRG., 52 (1932), 134-259.—HINOJOSA. El elemento germánico..., 79-106, sobre esto, Mayer, El aut. d. de oblig. español, 113-118.

IV. EL DERECHO DE FAMILIA

§ 52. El matrimonio

Las relaciones jurídico-familiares están construidas sobre el *mundium*[77] del cabeza de familia. Pero *mundium,* tutela, designa en general una relación de protección y representación, un concepto que rebasa los dominios del derecho de familia, a causa de que en él se incluyen, además, la relación del señor protector con el encomendado a su *defensio* y con los semilibres dependientes, la abogacía sobre los extranjeros, sobre las iglesias y la representación procesal de personas capaces, en la medida que excepcionalmente se permitía. El autor (*foramundo, muntporo, muntwalt,* ital.: *manovaldo, gerhabe. vogt*), representa al pupilo ante los tribunales, responde por sus delitos y recibe por él la multa y el *wergeld.* El concepto del *mundium* se fue reduciendo en el curso del tiempo, ya que algunas relaciones de representación perdieron su carácter jurídico privado y otras recibieron el de una sustitución de la voluntad revocable libremente. De otro lado, los casos concretos de aplicación del *mundium* se escinden en instituciones sustantivas de Derecho privado, puesto que la cara interna de la relación, particularmente la posición entre tutor y pupilo, se estructura de modo muy diverso, y la relación de representación aparece también diferenciada al exterior. Es así cómo los casos de la tutela familiar se diversifican en la tutela matrimonial, la paterna, la subsidiaria por razón de la edad y del sexo y la tutela por causa de deficiencia mental o defecto corporal.

Los supuestos previos de la *celebración del matrimonio* estaban determinados por el derecho popular. En el Derecho germánico más antiguo coexistentes dos formas de contraer matrimonio: el contrato entre hombre y mujer constitutivo de

que valieren que vos entreguedes o entreguen e fagan pago de los dichos maravedís del debdo prençipal e mas de los maravedís de las penas que se ende recrescieren de cada día...». La carta de obligaçion desaforada, ibid. 487-488, luego de términos análogos a los precedentes señala el carácter ejecutivo *sine omni strepitu judicii et querele:* «... ansi e tan conplidamente commo sy los dichos jueses e alcalldes lo ouiesen ansy judgado e mandado por juysio e sentençiado a nuestro pedimiento e consentimiento e la dicha sentençia fuese pasada en cosa judgada...».

77 Para esta palabra BRUNNER, DRG., I § 12, nota 6.

la barraganía[78] y el contrato entre el hombre y el tutor de la mujer que le transmitía el *mundium* sobre esta y determinaba un matrimonio con *mundium* o matrimonio legítimo[79]. Este último, llamado también compra de mujer, fue originariamente un negocio al contado y contrato real para ambas partes, puesto que la prestación del precio por el novio y la entrega de la novia por el tutor debían suceder *uno actu*. Pero ya en época temprana el contrato de compra de la mujer y su entrega se ofrecen como dos actos separados temporal y jurídicamente, de forma que la celebración del matrimonio se divide en los esponsales (*verlobung, desponsatio*) y en la *traditio* (*traditio puellae*). La *desponsatio* era un contrato de enajenación, concluido en forma de contrato real entre el novio y la *sippe o* el tutor de la novia y en cuyo efecto esta era vendida en matrimonio. Nada cuenta la voluntad de la novia. Ni siquiera necesitaba tener noticia de la *desponsatio*. Sin embargo, bajo la influencia del cristianismo se fue prestando atención creciente al asentimiento de la novia (que con ello se obligaba a la fidelidad) y se otorgó a las mujeres, primero a las viudas, la facultad de celebrar esponsales por sí solas en determinados casos. Para el precio de compra (*wittum*[80]; burgundio: *wittemo;* frisio: *wetma;* anglosajón: *weotuma;* antiguo alto alemán: *widemo;* los longobardos: *meta;* denominaciones latinas: *pretium nuptiale; pretium emtionis, dos*) existían normas legales de regulación diversa en los diferentes derechos de los troncos. En la época primitiva el pago del precio fue esencial para la fuerza vinculante de los esponsales. Regla modificada consiguientemente a la transformación general del derecho de contratos (§ 49). Para la conclusión del contrato bastó el pago de las arras que entre los francos importaban un *solius* y un *denarius*[81] y que paulatinamente revistieron el carácter de un precio simbólico. Además, estaba permitido prometer el precio con la entrega de una *wadia* y contraer bilateralmente los esponsales por medio de la *wadiatio*. Si bien

---

78 En Castilla y León por *wittum, arras*. HINOJOSA, El elemento germánico, edición alemana, ZRG., 31, 292, nota 4. MAYER, El antiguo derecho de oblig., 207, 209. RIAZA y GARCÍA GALLO, Manual HDE., núms. 605 ss.

79 El robo de la mujer no tenia por sí fuerza constitutiva de un matrimonio. Sin embargo, con asentimiento de la raptada podía convertirse en barraganía y llegar incluso a ser matrimonio con *mundium* por subsiguiente acuerdo con el tutor. [La opinión dominante afirmaba la eficacia matrimonial del rapto en el antiguo derecho germánico. La posición negativa que adopta el texto—así también v. SCHWERIN, Grundzuege, DPR., § 84. I, pág. 257; PLAXITZ, Grundzuege, DPR., § 81. I. 2, pág. 129—fué defendida especialmente por H. MEYER, loc. cit., 256 ss., cuyos argumentos juzga inconsistentes HUEBNER, Grundzuege, § 91, I, 1, *a*), pág. 626 ss., para quien, con palabras de RIETSCHEL (Hoops, 3, 460 ss.): « no cabe la menor duda de que los pueblos germánicos han conocido una celebración del matrimonio por robo de la novia y de que las huellas indelebles de este matrimonio por rapto aparecen también en los tiempos históricos».—« En algunos derechos el precio de la compra de la mujer coincide con la multa pagadera por rapto. Este paralelismo descansa presumiblemente en el hecho de que la enemistad causada por el rapto encontraba muchas veces su término en un matrimonio con *mundium*» (v. Schwerin).

80 *Friedelehe. Friedel* guarda relación filológica con *freund*, amigo. El gótico *frijon* es originariamente *amare*. Sin embargo, en el alto alemán medio *friedel* sirve para denominar a los dos cónyuges, no solo a la mujer. Que las antiguas formas nórdicas *fridla frilla* y del antiguo alto alemán *friudila, friedila* (literalmente = amada, amiga, querida) ofrezcan con frecuencia la significación de *kebse* (concubina) en nada afecta la diversidad de contenido del concubinato y la barraganía. H. MEYER, ZRG. 47, 225-226.

81 Fredegar III, 18 en Mon. Germ. Scriptores rerum Meroving., II, 100: Legati offerentes solido et dinari, ut mos erat Francorum, eam (Crotoquilda) partibus Chlodovei sponsant. En los esponsales de una viuda la prestación esponsalicia (*reipus*, dinero del tribunal) ascendía, según la Lex Salica, a tres *solidi* y un *denarius*.

según la concepción originaria se consideraba a la novia misma como objeto del contrato de compra[82], el desarrollo ulterior dio paso a una construcción de mayor finura. Donde se conservó la idea de la compra, al menos por la forma, ya no se tiene a la novia como objeto suyo, sino al *mundium* sobre ella que queda desligado (*demundiare, dismundiare*) por el precio (el *mundius* longobardo, *mundscet* frisio, precio del *mundium*). Por lo común desaparece la idea de la compra, incluso la forma, y de hecho la *desponsatio* se convierte en todas partes para el novio en la obligación de conducir a casa a la novia y dotarla con un *wittum* (*dos*), de forma que el *pretium* se convirtió en *dos* y la *puella emta* en una *puella dotata*. Ello tuvo como antecedente por los siglos VI al IX una modificación operada en los diferentes troncos del carácter y fin del precio. Según este proceso, fue costumbre que el padre o tutor entregase a la novia una parte o la totalidad del precio, resultado que, finalmente, fue preceptivo de derecho, destinándose lo atribuido a la novia para formar la dotación de su viudedad[83].

El segundo acto esencial de la celebración del matrimonio, la *traditio*[84], consistía en lo siguiente en el matrimonio con *mundium:* el tutor entrega la novia al novio en presencia de los parientes, en forma solemne, con ofrecimiento de determinados símbolos de tradición; en varios derechos comprendía la conducción de la novia al domicilio de su esposo, la carrera de la novia. Tan solo después de la *traditio* quedaba perfeccionado el matrimonio. Los esponsales por sí solos no transmitían el *mundium*. En las hipótesis de rapto o de huida de la novia antes de la *traditio* no percibía la multa el novio, sino el tutor de aquélla. La potestad del *mundium* y, por ende, la representación de la mujer contra terceros, únicamente pasaba del tutor al novio en el acto de la *traditio*. La unidad originaria de la *desponsatio* y la *traditio* se reflejó en el formalismo después de sobrevenida la separación conceptual de ambos actos; así muchas veces iba vinculada con la *desponsatio* una *traditio* simbólica (*per*

---

82 Las opiniones no son unánimes sobre este punto. Así, v. gr., según v. AMIBA, Grundriss, § 56, pág. 179: [por efecto de la prestación del novio se dibuja el concepto de la «compra», pero solo en su sentido antiguo, no en su acepción moderna. De este modo se explica suficientemente que dicho término se emplee por las fuentes con referencia a la celebración del matrimonio. La prestación del novio no es precio de la novia como mercancía, sino precio del *mundium*. Análogamente, PLANITZ, Grundzuege, § 81, I, 1 y v. SCHWERIN, Grundzuege, § 84, I, 1, pág. 258, in fine, este último explica semejante utilización de la palabra « compra» por su amplia significación antigua que solía comprender todo contrato bilateral. Contra la opinión de VON AMIBA, HUEBNER, Grundzuege, § 91, I, 1 *b*), pág. 630, ve aquí «una compra efectiva». Cfs. la nota siguiente. Sobre la *compra do corpo.* la *comparatio corporis* y la *mercado* (= matrimonio, Form. Visig., 18), HINOJOSA, El elemento germánico, 19; La condición civil de la mujer en el d. español antiguo y moderno, Disc. de la R. A. de C. Sociales y Políticas, VIII, 557, nota 11: el *pretium* significa solo que los visigodos consideraban el matrimonio como un contrato remuneratorio; en manera alguna que fuese para ellos la dote el precio real de la venta de la mujer, y esta como una mercancía].

83 La prestación del novio precedía a la entrega de la novia y la promesa de la prestación a la promesa de entregar la novia. Por tanto la dádiva del novio no puede concebirse como contradonación por la entrega de la novia según piensa VON AMIBA, loc. cit. BRUNNER, DRG., I § 12. nota 31.

84 *Trauung*. Palabra solo empleada desde el siglo XIII y en monumentos jurídicos por vez primera en el Espejo de Sajonia. La evolución de su significado—dirigida de la unilateralidad a la bilateralidad de la entrega—puede resumirse asi: al principio = *dare, tradere,* luego *committere* o *commendare* (confiar, encomendar) y, finalmente, *coniungere o copulare.* Apud KOESTLER, ZRG., Kan., 22 (1933), 14-28.

baculum)[85] y todavía con mayor frecuencia concurrió con la *traditio* una *desponsatio* simbólica (entrega de un precio simulado).

La barraganía existente junto al matrimonio legítimo se distinguía de este, sobre todo, en que el marido carecía del poder del *mundium* sobre la mujer y además, por la inexistencia de la *dos*. Su diferencia del concubinato estriba en que la barragana tenía la condición de dueña de la casa, sin ser solo compañera de lecho del marido. Fue también característico que recibía la donación matutina, *morgengabe,* o *matutinale donum.*

La preferencia de que la Iglesia hizo objeto al matrimonio con *mundium* condujo al desplazamiento de la barraganía, cuyas formas singulares de celebración se vincularon más tarde con las de aquél. Así que la mujer legitima recibía también la donación matutina y el contrato entre el hombre y la barragana se recibió en el coloquio de consentimiento celebrado en forma pública[86]. Esta unión tuvo por resultado la concurrencia de cuatro actos en la celebración del matrimonio, a saber: la *desponsatio,* que se completaba en la *traditio* determinante de la transmisión del *mundium* y el proceso, constitutivo del matrimonio, de los esponsales de presente producido entre los esposos en el que se incluían las bodas. A la influencia de la Iglesia y a los efectos de tal cadena de actos correspondió que, si la *desponsatio* se celebraba de modo directo entre el novio y la novia con asentimiento del tutor, la tradición perdiera su carácter de *traditio puellae* para convertirse en una *traditio* bilateral.

La costumbre popular desplazó el lugar de la *traditio* de la casa del tutor a la puerta de la Iglesia (*ante valvas ecclesiae*) para acrecentar la publicidad del acto y hacerle seguir inmediatamente de la bendición en la iglesia de la pareja desposada.

La pérdida de la paz del marido o de la mujer determinaba *ipso iure* la disolución del matrimonio[87]. Pero el matrimonio podía también disolverse en forma contractual y desde luego por un contrato de separación concertado entre el marido y la *sippe* de la mujer. Además, el marido podía disolver el matrimonio unilateralmente. El divorcio unilateral podía ser legítimo si respondía a una *iusta causa,* como por ejemplo, la esterilidad de la mujer, o ser antijurídico. En este caso disolvía también el matrimonio; pero el marido incurría en la enemistad de los parientes de la mujer, o bien el divorcio tenía por consecuencia una multa y otros quebrantos patrimoniales. El divorcio unilateral por voluntad de la mujer fue desconocido al antiguo derecho del matrimonio con *mundium.* Pero en la época franca admitió el derecho un divorcio por

---

85 Documento esponsalicio longobardo de 956, Cod. dipl. Cavensis, II, 31: guadia mihi dedit Petras... tali ordine ut isto mense februaruo... daret mihi ad legitimam uxorem habendum Monda filia sua... unde ividem presens per baculum ipse Petrus ipsa filia sua mihi legitimam uxorem tradidit et arre a me recepit pro ipsa filia sua solidum aureum costantinum unum et per ipsum... baculum ipsius Petri recommandavi ipsa filia sua usque in dictum constitutum, ut illam aput me legitimam uxorem remitteret... Para fortalecer la *desponsatio* el padre procedía a la tradición *per baculum* de su hija al novio, quien, a su vez, se la volvía a confiar con entrega del mismo símbolo hasta que llegara el término fijado para la *traditio.*

86 Lib. Papiensis al Rothari, 182: vis accipere ad coniugium legitimum earn?—volo, Deo volente—et tu, mulier, vis eum accipere ad legitimum coniugium?—volo. Deo volente. (MG., LL., IV, 333.)

87 Las fórmulas alemanas de proscripción imponen a la mujer del proscrito la condición de viuda y a los hijos la de huérfanos.

contrato de disolución de ambos cónyuges y la mujer obtuvo también en ciertos casos legales un derecho de divorcio unilateral. Desde Carlomagno los principios eclesiásticos sobre el divorcio penetraron en el derecho laico. En el siglo X adquirió la Iglesia la jurisdicción exclusiva en materias de divorcio, que a partir de aquí fueron juzgadas únicamente según el Derecho eclesiástico.

WEINHOLD, Die deutschen Frauen in dem Mittelalter, 1897. DARGUN, Mutterrecht und Raubehe, 1883. SOHM, Das Recht in der Eheschliessung aus dem deutschen und kanonischen Recht geschichtlich entwickelt, 1875;—Trauung und Verlobung, 1876. FRIEDBERG, Das Recht der Eheschliessung in seiner geschichtlichen Entwicklung, 1865;—Verlobung und Trauung, 1876. H. BRUNNER, en Jenaer Literaturzeitung, 1876, artículo 439. KOESTLER, Ringewwechsel und Trauung, ZRG., Kan., 22 (1933), 1 ss v. SCHEURL, Entwicklung des kirchlichen Eheschliessungsrechts, 1877. E. LOENING, Das Kirchenrecht im Reiche der Merowinger, 1878, 577 ss. DAUDET, Études sur l'histoire de la Jurisdiction matrimoniale: Les origines carolingiens de la compétence exclusive de l'église, 1933. v. WYSS, Die Eheschliessung in ihrer geschichtlichen Entwicklung nach den Rechten der Schweiz, en Z. f. Schweiz. Recht, 20, 85 ss. HABICHT, Die altdeutsche Verlobung in ihrem Verhaeltnis zu dem Mundium und der Eheschliessung, 1879. BAECHTOLD, Die Gebraeuche bei Verlobung und Hochzeit, 1914; sobre esto, Stutz, ZRG., 35, 632. FRENSDORFF, Verloebnis und Eheschliessung nach den hansischen Rechten, Hans.-Gesch.-BL, 1917, 291 ss., 1918, 1 ss. ZALLINGER, Die Eheschliessung im Nibelungenlied und in der Gudrun, 1923, Wiener, SB., 199.—Heirat ohne «Trauung» im Nibelungenlied und in der Gudrun, 1928, publicación del Ferdinandeum VIII.—Die Ringgabe bei der Heirat, Wiener SB., 212. 4 (1931); sobre esto, J. A. Rubio, AHDE., 9, 426.—H. MEYER, Friedelehe und Mutterrecht, ZRG., 47, 198-286 (de este ensayo, págs. 215 ss. 225 ss., procede la terminología aceptada en la traducción; ibid, sobre *barraganía,* págs. 233 ss.);—Die Eheschliessung im «Ruodlieb» u. das Eheschwert, ibid., 52 (1932), 276 ss.—ECKHARDT, Beilager und Muntuebergang, ZRG., 47, 174 ss. FROELICH, Hess. Bl. f. Volkskunde, 27, 144 ss. HOYER, op. cit. en el § 45, in fine. O. GOTHEIN, Beitraege z. Gesch. der Familie im Gebiete des alam. u. fraenk. R., 1897. K. LEHMANN, Verlobung und Hochzeit nach den nordgermanischen Rechten, 1882. NECKEL, Liebe u. Ehe bei den vorchristlichen Germanen, 1932; crítica por H. Meyer, ZRG., 53, 417. LAUFFER, Jungfernkranz u. Brautkrone, Zeitschr. des Ver f. Volkskunde, 40 (1930), 25. FOCKEMA ANDREAS, Bijdragen tot de nederlandsche rechtsgeschiedenis, I (1888), 65 ss. II, 1889. DEL VECCHIO, Le seconde nozze del conjuge superstite,1885. H. BRENNER, Zu Lex Salica tit., 44; De reipus, Berliner, SB., 1894, 1289. M. WOLFF, Zur Geschichte der Witwenehe im altdeutschen Rechts, MJÖG., 17, 369. GEFFCKEN, Zur Geschichte der Ehescheidung vor Gratian, 1894. H. BRUNNER, ZRG., 16, 105 ss. ZEUMER, NA., 24, 619, ss. OPET, Cum sacramento divortium facere, ZRG., Kan., 22 (1933), 332. Ofrece valiosas consideraciones de derecho comparado. VINOGRADOFF, Historical Jurisprudence, 1, 1920.

§ 53. El derecho matrimonial de bienes

En sus rasgos fundamentales el derecho de bienes del matrimonio legítimo se ofrece en la época franca como un sistema de comunidad de administración[88], basa-

[88] El giro «comunidad de administración» designa la comunidad objetiva de administración, no de administración común subjetiva, como piensan los contrarios a tal denominación. De todas formas no expresa con debida claridad su contenido: administración común de todo el patrimonio por el marido. Cf. SCHROEDER-V. KUENSSBERG, DRG., § 35, nota 196.

do en la potestad tutelar del marido. La *traditio* como entrega de la mujer lleva también consigo la de su patrimonio[89]. De aquí que el marido tenga la posesión y la administración del haber de la mujer, relación llamada más tarde *gewere* por causa de la tutela de derecho. En efecto suyo podía enajenar los bienes de la mujer para fines matrimoniales; solo tratándose de bienes inmuebles era necesaria la intervención de la mujer. La cara interna de la relación no quedó afectada por esta unidad patrimonial perceptible al exterior, ya que ambos cónyuges, sin entrar en una comunidad de derecho, siguen siendo titulares de sus patrimonios, de forma que antes y después había que distinguir los bienes del marido de los de la mujer.

Entre las partes integrantes de los bienes de la mujer se cuentan especialmente tres donaciones caracterizadas, tanto por su origen como por su fin. a saber: el *maritagium* o *dotalicium* (*aussteuer, heimsteuer,* longobardo: *faderfio* = *pecunia patris*) bienes que en ocasión del matrimonio llevaba consigo la mujer de la casa de sus padres o de la comunidad doméstica a que perteneciera. Además, las donaciones del marido consistente una en el *wittum,* también llamado *dos*[90], procedente del precio del *mundium,* y, finalmente, la donación matutina o *morgengabe,* en su origen simple regalo voluntario, aunque con fuerza de práctica consuetudinaria, que el marido ofrecía a la mujer la mañana siguiente a la noche de bodas[91]. Algunos Derechos de los troncos concedían a la mujer un *wittum* o una donación matutina con carácter legal en el supuesto de no haberse pactado contractualmente. De este modo, según el Derecho posterior de los francos salios, correspondía a la mujer como *dos* legal la llamada *tercia,* es decir, el tercio del patrimonio mueble e inmueble del marido.

Los francos y los westfalienses conocieron ya en la época franca una comunidad de bienes limitada: concedía a la mujer una parte en los gananciales, o sea en el patrimonio adquirido por los cónyuges durante el matrimonio mediante su trabajo o por negocios jurídicos onerosos (*conlaboratio, acquaestus coniugalis*). Sobre los gananciales existía una comunidad de derecho en la que la mujer participaba en un tercio según el Derecho franco y en la mitad según el Derecho westfaliense.

A la disolución de. la relación conyugal, el patrimonio reunido hasta este momento en la mano del marido se desintegra en sus partes. Sin embargo, el destino de las dádivas componentes de los bienes de la mujer se configura de modo diverso en atención al diferente carácter que poseen desde el punto de vista de la clonación de fin y en atención a la influencia que el nacimiento de un hijo vivo[92]

[89] Documento longobardo anterior a 769 en el Codex diplom. Langob., I, 134, nr. 74: Arichis tradidit nepte sua Magnerata Ancausi in die votorum cum omne substantia sua... Cf. Cartul. Langob., nr. 16, LL, IV, 599 donde el esposo promete quod mittet eam (la novia) sub mundio cum omnibus rebus mobilibus et immobilibus seu familiis, que ei legibus pertinent. Lex Burgundionum tit. 100; ut maritus ipse facultatem ipsius mulieris, sicut in ea habet potestatem, ita et de omnes res suas habeat.

[90] La *dos* alemana no fue, como la romana, una donación que recibía el marido, sino una dádiva del marido como la *donatio ante nuptias* romana. En el derecho romano postrero solía aportarse por la mujer al marido como *dos* la llamada *donatio ante nuptias in dotem redacta.* Por último llegó a ser llamada *dos* a secas. La fórmulas y los derechos populares recibieron la palabra *dos* del derecho romano vulgar con el sentido de una donación del marido.

[91] Inicialmente la donación matutina perteneció solo al derecho de la barraganía.

[92] Según el antiguo derecho si nacía un hijo vivo—aunque falleciera poco después del nacimiento—decaía una de las causas principales de divorcio: la esterilidad del matrimonio.

ejerce según varios Derechos en la regulación jurídica de los bienes al determinar una estrecha comunidad entre los cónyuges[93]. Si fallecía el marido, la mujer tomaba sus bienes, aunque frecuentemente el *wittum* la correspondía solo en propiedad vitalicia inenajenable, pues en el matrimonio con herederos[94], quedaba afectado a los hijos y en el matrimonio sin sucesión estaba sometido a la reversión a los parientes del marido (del otorgante). Disuelto el matrimonio por muerte de la mujer, la donación matutina revierte al marido por su calidad de donante. En el matrimonio sin sucesión el *wittum* correspondía por lo común al marido; en el matrimonio con hijos a estos. En el matrimonio estéril el *dotaliciurn* vuelve al otorgante o a sus herederos: en otro caso pertenecía a la herencia de la mujer. Sin embargo, según los Derechos alemanes superiores y posteriormente según el Derecho franco, en el matrimonio con descendencia el marido recibía el *dotalicium* de por vida. Entre los longobardos el marido heredaba a su mujer como titular del *mundium* sobre ella.

En la época postfranca la mayor parte de los derechos de los troncos alemanes permite comprobar una comunidad de bienes. Se origina por la celebración del matrimonio o por las bodas, o bien solo desde que del matrimonio haya nacido un hijo vivo[95]; en cambio, en el matrimonio estéril existe la comunidad de administración. El matrimonio durante largos años se equipara en muchos lugares al que tuviera descendencia. La comunidad de bienes lo era de los gananciales o de los bienes muebles, es decir, comunidad del patrimonio mueble y de los gananciales. Algunos derechos, especialmente el westfaliense y el franco, llegaron a una comunidad de bienes general. Como formas de transición encontramos en los francos las instituciones jurídicas del derecho de reserva y del derecho de partición[96]. La comunidad de bienes nacida de tal proceso lleva al establecimiento de una verdadera comunidad de derecho sobre los elementos patrimoniales que comprende y se

93 Piénsese en el refrán jurídico: el nacimiento de hijo rompe los pactos matrimoniales.

94 Matrimonio con heredero o heredado es el que tiene descendencia que sobrevive al matrimonio de que procede.

95 El llamado heredamiento del matrimonio. [Apunta HINOJOSA, op. cit., 20 que según el Fuero de Oviedo de 1145, el nacimiento de un hijo origina la comunidad de bienes entre los cónyuges: « las arras son muertas, portanço qui Dios lles dier». La expresión de que « las arras (*wittum*) son muertas» se encuentra también en una serie de fuentes jurídicas alemanas].

96 En el sistema franco-turingio-sudalemán el patrimonio de los cónyuges se dividía, sin atención a su origen, en dos masas: los bienes libres y los reservados. Aquéllos comprendían el patrimonio mueble y lo adquirido por el cónyuge supérstite después de la disolución del matrimonio: todos los inmuebles que hasta dicho momento hubiesen poseído ambos y los adquiridos en propiedad separada por el supérstite constante el matrimonio eran bienes reservados a los hijos. Si el cónyuge viudo contraía nuevo matrimonio subsistían los bienes reservados en su condición de tales, pero sin que sobre ellos se concediera derecho a la descendencia del nuevo vínculo y al propio tiempo sin que los hijos del primer matrimonio tuvieran derecho sobre la restante masa patrimonial del segundo casamiento. Para evitar el trato inicuo entre la primera y la subsiguiente descendencia se desarrolló con carácter legal desde la segunda mitad del siglo XIII el derecho de partición—practicado anteriormente como costumbre—en cuya virtud el que celebraba ulteriores nupcias estaba obligado a un convenio con los hijos preexistentes y a entregarles desde luego una parte de los bienes, tanto del patrimonio libre como del reservado previa renuncia de aquéllos al patrimonio restante que se aportaba al nuevo matrimonio con carácter de *haber* reservado exclusivamente a la nueva descendencia. SCHHOEDER-V. KUENSSBERG, DRG.§ 61, pág. 810 s.

exterioriza prácticamente sobre todo en la responsabilidad por las deudas y en el destino de los bienes una vez disuelto el matrimonio.

En contraste a los tipos de comunidad de bienes formados en los Derechos franco, westfaliense, frisio y en el sur de Alemania, el Derecho sajón ostfalense, tal como ha llegado a nosotros en el Espejo de Sajorna y en las fuentes del Derecho magdeburguense, conserva el sistema de la comunidad de administración. Uno de sus rasgos propios es a institución de la *gerade*[97] (*utensilio, ornamenta muliebria;* turingio: *rhedo;* longob.: *malahereda*), integrada por los objetos destinados al uso personal de la mujer y de los pertenecientes al ámbito de sus quehaceres domésticos, tales como los que solían constituir el *maritagium.* Al disolverse el matrimonio la mujer recuperaba la *gerade* en lugar del *maritagium* aportado en el caso concreto y como sustitución suya. Además, después de la muerte del marido recibía la mujer la donación matutina, la llamada *musteil* (*musdele,* Esp. de Sajonia I, 22, § 3) o *cibaria doméstica,* es decir, la mitad de las viandas existentes en la corte o cortijo, y el *wittum* que consistía bien en el usufructo vitalicio sobre inmuebles (*leibgedinge, leibzucht*), o bien en la *ursale* (Esp. de Sajonia I, 44): propiedad sobre inmuebles con libertad de enajenación y de sucesión hereditaria. A la disolución del matrimonio por muerte de la mujer su *gerade* corresponde a su más próximo pariente femenino (*niftelgerade*).

En la concepción de una separación jurídico-patrimonial después de la muerte del marido descansa el derecho de llaves de la viuda que encontramos en varios ordenamientos jurídicos como en el franco. Para liberarse de la responsabilidad por las deudas del marido a su fallecimiento, la viuda tenía facultad de renunciar a su cuota sobre el patrimonio conyugal poniendo las llaves, o el ceñidor de que pendieran, sobre el cadáver o sobre el lecho mortuorio o en el ataúd o sobre la tumba del marido. Los actos de privación o devolución de las llaves se ofrecen como signos de la disolución del matrimonio entre cónyuges vivos.

SCHROEDBR, De dote secundum leges gentium germanicarum antiquissimas, 1861. SCHROBDER, Geschichte des ehelichen Gueterrechts in Deutschland. 1683—74. S. ADLER, Eheliches Gueterrecht und Abschichtungsrecht nach den aeltestcn bayrischen Rechtsquellen, 1893. H. BRUNNER, Zu Lex Salica tit., 44; De reipus, Berliner SB., 1894, 1289 ss.;—Die fraenkisch-romanische dos, Berliner SB., 1894, 545 ss.;—Die Geburt eines lebenden Kindes und das eheliche Vermoegensrecht en, ZRG., 16, 63. SCHROEDER, Zur Geschichte des ehelichen Gueterrechts en ZRG, 10, 426;—Das eheliche Gueterrecht und die Wanderungen der deutschen Staemme im Mittelalter, Hist. Zeitschr., 31, 289 ss. v. MARTITZ, Das eheliche Gueterrecht des Sachspiegels und der verwandten Rechtsquellen, 1867. AGRÍCOLA, Die Gewere zu rechter Vormundschaft als Prinzip des saechsischen ehelichen Gueterrechts, 1869. HAEMEL, Die eheliche Guetergemeinschaft in Ostfalen, ZRG., 1, 273. BRAUDE, Die Familiengemeinschaften der Angelsachsen, 1932; sobre esto, v. Schwerin, ZRG., 53, 421 s. SANDHAAS, Fraenkisches eheliches Gueterrecht, 1866. WILLECKE, Das eheliche Gueterrecht im Braunschweiger Stadtrecht, 1929; sobre esto, Minnigerode, ZRG., 50, 477. HUBER, Die historische Grundlage des ehelichen Gueterrecht der Berner Handfeste, 1884. ROTH, en Jahrb. d. gem. deutschen Rechts, 3, 313 ss.;—en Krit. Vjschr., 10, 169;—Bayrisches Zivilrecht, I, 317 ss. (1871);—Das deutsche eheliche Gueterrecht, en Z. f. vergl.

[97] Para la difícil procedencia de esta palabra GRIMM, DRA. II, 102, cuyos datos utiliza ya MEREA, AHDE., 1, 76, nota 3. Una minuciosa relación del contenido de la *gerade* (*rade*) en el Espejo de Sajonia, I, 24, 3.

Rechtswissenschaft, 1, 39 ss. MAYER-HOMBERG, Studien zur Geschichte des Verfangenschaftsrechts, I. 1913; sobre esto, Herbert Meyer, ZRG., 39, 610-618. O. STERN, Ursprung der saechsischen Leibzucht, 1896. v. WYSS, Eheliches Gueterrecht der Schweiz in histor. Entwicklung, 1896. MERZ, Die historische Entwicklung des aargauischen ehelichen Gueterrechts, 1923. Repetidamente alude a cuestiones del régimen de bienes matrimonial (con utilización de fuentes españolas). J. FICKER, Untersuchungen zur Erbenfolge der ostgermanischen Rechte, 1891 ss. Marg. BERENT, Die Zugewinnstgemeinschaft der Ehegatten, 1915. HRADIL, Ueber eheliche Errungensch. gemeinschaft, ZRG., 36, 459 ss. E. HEYMANN, Das ungarische Privatrecht, 1917, 68 ss. Luigi CHIAPELLI, La donna Pistojese, 1914, supra, § 12.

§ 54. La filiación

El hijo está bajo el *mundium* y la potestad del padre en tanto que le pertenezca el *mundium* sobre la madre. Dura mientras el hijo viva en casa del padre en cuya custodia se encuentra. El padre tiene en administración y disfrute el patrimonio del hijo, pero a la vez responde de sus delitos. La adquisición del *mundium* o mayoría de edad no tiene en sí influjo sobre la existencia de la patria potestad. Se extingue esta por muerte del padre, por la salida de la comunidad doméstica paterna y por su terminación con las formalidades de derecho. En las hijas, la salida tiene lugar por el matrimonio; en los hijos, tan pronto constituyeran un hogar independiente o entraran en una comunidad doméstica ajena. El establecimiento de la independencia económica por parte de los hijos se producía también las más veces con ocasión del matrimonio. Cuando no era este el caso, exigieron las fuentes posteriores, sobre todos los Derechos municipales francos, un acto jurídico formal por el que el padre ante el tribunal excluía al hijo de su pan, al propio tiempo que le asignaba un determinado ingreso patrimonial; este acto fue llamado *exseparare, emancipare, forisfamiliare,* excluir de pan y de obligación, *mettre hors de pain et pot.* Según varios Derechos, estos formalismos podían manifestar un efecto jurídico sustantivo; en su virtud el hijo se consideraba emancipado, aunque permaneciese en la casa paterna, y también si se reintegraba a ella después de una larga ausencia por un término legal. En la época más antigua fue causa determinante de la extinción de la potestad paterna la entrada a formar parte de un séquito o compañía, porque tenia como consecuencia la introducción en una comunidad doméstica ajena: la del señor de la compañía.

En varios troncos como los de los francos, longobardos, ostrogodos, burgundios y en los germanos del Norte es comprobable también la adopción (prohijamiento), por la que el adoptado se introducía en la comunidad doméstica del padre adoptivo. El acto de la adopción consistía en que el padre consanguíneo entregaba el hijo al padre efectivo, sobre el que este emprendía otros actos que por intervenir, además, el padre natural daban expresión jurídica a la relación paterna. Como actos de tal carácter fueron usuales en la adopción los de sentar en el regazo al adoptado, la genuposición, el abrazo, la colocación bajo el manto del adoptante[98], el corte de

[98] HINOJOSA, El elemento germánico, 21. nota 1. recuerda como adopción bajo el manto la relatada en la Leyenda de los Infantes de Lara (ed. MENÉNDEZ PIDAL, 1. 1934). KOGLER, ZRG., 25 (1904). 167-168, menciona sobre la adopción de Mudarra el siguiente texto del Padre Mariana: Eius adoptionis hic ritus fuit, rudis quidem sed insignis gentique solennis: Quo die (Mudarra) nostra sacra suscepit et balteo militari donatus a Garsia Ferdinando comite Castellae est, novercae (Sanctiae) amplissimi indusii manica acceptus, collari etiam indusii capiti inserto additoque osculo in familiam transid. Ex eo more vulgare

cabellos (*capillaturiae*) y el acto de armarle, consistente en la entrega solemne de las armas. La forma de la adopción, concretamente la entrega a un tercero, que a su vez desvincula al adoptado de su casa y, por tanto, de su poder, sirvió en la época franca como acto de emancipación con eficacia propia si se eludía el requisito del patrimonio especial y el hijo después de su liberación de la potestad del padre debía reintegrarse a la casa paterna. En el período de los Libros de Derecho ya no encontramos empleadas con fin de prohijamiento las formas de adopción que nos ofrecen las noticias de la época franca. Su desaparición se conexiona presumiblemente con el disfavor de la Iglesia sobre la filiación extramatrimonial. Pues parece que aquéllas sirvieron con frecuencia en los tiempos antiguos para la adopción de hijos *extra matrimonium.*

El hijo habido fuera de matrimonio, el hijo natural (*hornung, horning*), tenía todavía por el tiempo de los derechos populares una condición relativamente favorable. Una vez reconocido por el padre, pertenecía a la casa paterna por lo menos si había sido concebido con una mujer libre en concubinato público (en un *kebsehe*). Los hijos extramatrimoniales tenían frente al padre un derecho sucesorio limitado o subsidiario. Solo a partir de la influencia de la Iglesia se empeoró la condición de los hijos fuera de matrimonio hasta reducirles a la «carencia de derecho». Perdieron todo derecho hereditario paterno. Incluso según varios ordenamientos jurídicos, que extendieron a todos los hijos naturales la condición jurídica del bastardo nacido de mujer no libre, carecían también de derecho a la sucesión materna. Entre los frisones estaban permitidas—y aun exigidas por la costumbre—al menos, las dádivas a los hijos extramatrimoniales (las llamadas *horningsgaben*). Por lo demás, el derecho de alimentos que posteriormente concedió el derecho común al hijo natural contra su progenitor, se remonta a principios jurídicos alemanes.

Cuando por influencia de la Iglesia se recibió la legitimación de los hijos naturales por subsiguiente matrimonio (*legitimatio per subsequens matrimonium*), se aplicó en el acto de la celebración del matrimonio una antigua forma de adopción: la de cobertura con el vestido (manto). Los hijos así legitimados se llamaron *mantelkinder* (*mantellati, mantiellati, enfans de mantean*).

STOBBE, Beitraege zur Geschichte des deutschen Rechts, 1865, I: Die Aufhebung der vaeterlichen Gewalt. Cf. v. SALIS, Beitrag zur Geschichte der vaeterlichen Gewalt nach altfranzoesischem Recht, ZRG., 8, 137 ss. W. SCHERER en Anzeiger fuer deutsches Altertum, 4, 86 ss. PAPPENHEIM. Ueber kuenstliche Verwandtschaft, ZRG. 29, 315. WILDA, Von den unecht geborenen Kindern, ZDR., 15, 237 ss. K. MAURER, Die unechte Geburt nach altnord. Recht, Muenchnener SB., 1883, 55 ss.;—Vorlesungen ueber

---

proverbium manavit « ingressus manica, collari tandem egreditus» de eo qui ad familiaritatem admissus maiora sibi in dies sumit. Historiae de rebus Hispaniae libri, 30, Lib. 8, cap. 9, edición Maguncia, 1605, pág. 341, edic. Toleti, 1592, pág. 383 ss.—DUGANGE, Dissertations ou reflexions sur l'histoire de S. Louys du sire de Joinville, París, 1785, Diss. 22, GRIMM. DRA., I, 639, WOLF, Wiener SB., 51, 91 y KOGLER, loc. cit., reproducen este otro ejemplo de Zurita, Indices rerum ab Aragoniae regibus gestarum lib. I (a. 1034). ed. 1578. pág. 23, en la Hispania illustrata, III, pág. 18: Adoptionis ius illorum temporum instituto more rite sancitum tradunt, qui is inoleverat, ut quae adoptaret per stolae fluentes sinus eum, qui adoptaretur, traduceret. Se trata de la adopción de Ramiro por la mujer de Sancho el mayor. Véase en KOGLER la conexión de estas formas con el simbolismo de otros derechos europeos; sustancialmente repite en este punto los datos de DECANGE.

altnordische, RG., III, 124. H. BRUNNER. Die uneheliche Vaterschaft in den aelteren geman. Rechten, ZRG., 27, 1; ibidem, 23, 198. FICKER, Untersuchungen zur Erbenfolge der ostgermanischen Rechte. III, 1896, 386 s. BUECKLING. Die Rechtsstellung der unehelichen Kinder, 1920. SVEND BENTZON, Unaegte Boern, 1906. KOGLER. Beitraege zur Geschichte der Rezeption und der Symbolik der legitimatio per subsequens matrimonium, ZRG., 25, 94. GOUOAUD, La legitimation des enfants sub pallio d'après les anciens rituels, Tijdschr., 7 (1926), 38-46. FEHR, Die Rechtsstellung der Frau und der Kinder in den Weistuemern 1912. HAFF, Das «Werven der echtinge» des Friedelskindes, ZRG., 53 (1933), 316. BISCHOF, Die Rechtsstellung der ausserehelichen Kinder nach den zuercherischen Rechtsq., 1931. FIEZ, Das Eltern-und Kindesverhaeltnis nach den Rechtsq. Querich, 1932.

§ 55. La tutela

En el sentido con que ahora empleamos la palabra *tutela* está comprendida la tutela familiar de aquellas personas menesterosas de protección y desprovistas de una relación de *mundium* paterno o marital. Dicha tutela perteneció originariamente a la *sippe,* que designaba una persona de su seno para la administración tutelar. En razón a que por la misma naturaleza de las cosas fue elegido normalmente el pariente *pars gladii* más próximo del pupilo, es decir, el más próximo pariente masculino de la línea masculina, se originó la norma de que fuese este el tutor nato. En relación con él se manifiesta el derecho de la *sippe* como una supratutela a la que corresponde la vigilancia, el derecho de consentimiento—sobre todo para contraer matrimonio el pupilo (Lex Visig. III, 1, 7), y también muchas veces en la enajenación de sus bienes—y el derecho de destituir al tutor por mala administración. De ser necesario ejercita, además, en varios lugares el derecho de nombrar un tutor (Lex Visig. IV, 3, 3). Así, por ejemplo, el Espejo de Sajonia holandés (art. 8) conoce junto al tutor nato otro elegido por las cuatro líneas de la *sippe,* es decir, por los parientes del pupilo que pertenecen a los cuatro troncos de la *parentela* procedentes de sus cuatro abuelos. Con la supratutela de la *sippe* entró en concurrencia la ejercida por el poder público, primeramente en las ciudades, y para cuya existencia se encuentran ya atisbos teóricos en la época franca. El resultado definitivo de esta evolución—que en parte rebasa las fronteras cronológicas de este período—fue diverso. O bien el poder público hizo suya por completo la supratutela, como sucedió principalmente donde la tutela superior de la *sippe* había adquirido poca importancia frente al tutor nato, o el Estado mediatizó a la *sippe,* como en tiempo especialmente temprano ocurrió en las ciudades flamencas y neerlandesas, al reducirla a un órgano de la administración de la tutela, específicamente a ser un consejo de familia.

La tutela familiar es tutela por razón de la edad, o por razón de sexo, o tutela sobre locos y mentecatos. Necesitan tutela de edad los menores, es decir, los que no habían cumplido los años del *mundium* propio. Los términos de la mayoridad ofrecen una determinación diferente en cada derecho de los troncos. De ser al principio relativamente breves, sufren un retroceso ulterior, ya que se prolongó la duración de la minoridad (a veces, menor en las clases profesionales superiores). Los términos más antiguos fueron los diez (originariamente en los anglosajones) y los doce años (francos salios, frisios y sajones) [originariamente los visigodos]. Por su aumento aproximado en la mitad se destacan luego los de quince (ribuarios, visigodos) y dieciocho años (Longobardos desde Liutprando). El menor no carecía en absoluto de la capacidad de obrar. Pero después de llegar a su mayoría de edad, podía revocar el negocio que hubiera celebrado. La gran parte de los derechos populares no llegan a una perfecta representación judicial de los menores. Según el derecho franco, los procesos sobre la fortuna hereditaria del menor se suspenden hasta su mayoría de edad.

El Espejo de Sajonia fija todavía los doce años como término en que se alcanza la mayoría de edad, como momento de la «llegada a sus años». Según el derecho sajón, las personas que ya han llegado a sus años, pero no hasta el veintiuno, y esto quiere decir «que no han llegado a sus días», y aquellas que pasaron de sus días (sesenta años)[99] tenían facultad de elegir un representante cuya posición se concebía igualmente desde el punto de vista de la tutela[100]. La posición del tutor nato se configura muy diversamente en cada derecho; lo decisivo es si se tiene o no por regla la comunidad doméstica entre tutor y pupilo. En general, el tutor lleva la administración de los bienes del pupilo, para cuya gestión debía constituir garantía y de la que, según varios derechos, debía rendir cuenta, mientras que, según otros ordenamientos, le correspondía una *tutela usufructuaria* sobre la fortuna del pupilo, que no podía «ni crecer ni menguar». Además, correspondía al tutor la representación judicial del pupilo y la representación o intervención en sus negocios jurídicos.

Bajo la tutela de sexo se encontraban las mujeres de por vida. Era tutor el pariente *pars gladii* más próximo; de la mujer casada, el marido; de la viuda, el pariente *pars gladii* más próximo del marido fallecido; pero si este no era de su misma condición, recaía en igual pariente de la *sippe* propia de la mujer.

KRAUT, Die Vonmundschaft nach den Grundsaetzen des deutschen Rechts, I-III. 1835, 1859. RIVE, Geschichte der deutschen Vormundschaft, I-II, 1862-75. v. AMIRA. en Krit. Vjahrsschr., 17, 421. BLUHME, Die Mundschaft nach Langobardenrecht. ZRG., 11, 375. WAITZ, Ueber die Bedeutung des Mundium im deutschen Recht, Berliner, SB., 1886, 375. WINKLER, Die Geschlechtsvormundschaft, 1868. ROSIN, Die Formvorschriften fuer die Veraeusserungsgeschaefte der Frauen nach langobardischem Rechte, 1880. OPET, Geschlechtsvormundschaft in den fraenkischen Volksrechten, MJÖG., vol. suplementario, 3,1;—Zur Frage der fraenkischen Geschlechtsvormundschaft ibidem, vol. suplementario 5, 193. R. HUEBNER, en Krit. Vjahrsschr., 35, 38 ss. BRISSAUD, Recherches sur la tutelle des femmes dans l'ancien droit franc, Mémoires de l'Académie des sciences de Toulouse, 9° Serie, tomo VII, 1895. GENESTAL, La tutelle, Études de droit privé normand, 1930.

V. EL DERECHO HEREDITARIO

§ 56. La sucesión hereditaria

El derecho hereditario germánico era un derecho de familia. Los herederos eran natos, no elegidos, en la medida que según algunos Derechos no se podía sustituir el parentesco de sangre mediante adopción. Las disposiciones de última voluntad o se desconocían o estaban prohibidas.

[99] Así, pues, las fuentes jurídicas sajonas hablan de «llegar a sus años hasta los veintiuno de vida; de aquí en adelante usan las fórmulas de «llegar a sus días» o «pasar de sus días». ¿La cuenta en *años* para la primera edad y en *días* para la posterior se deberá, como explica GRIMM—DRA., I. 571—, a la conciencia de que a medida que avanza la edad se precia más el tiempo?

[100] Esta facultad, cuya importancia práctica salta a la vista si se considera que en los demás supuestos no estaba permitida la representación judicial, poseíanla también los tullidos de cuerpo en el caso de duelo judicial.

Los comienzos del derecho hereditario se remontan a una comunidad patrimonial que en vida del causante existía entre él y los herederos reunidos en su hogar. Al hijo que se hacia independiente correspondió originariamente una partición de los bienes hereditarios, y la hija que el marido llevaba a su casa hacía suyo el *dotalicium* sobre aquellos bienes. Si la comunidad se disolvía por muerte del causante, tenía lugar una distribución entre los comuneros. De ella se exceptúa el equipo del muerto, conjunto de determinados objetos de uso personal, como, por ejemplo, el caballo, el ropaje y las armas, la barca o el carro, las viandas. Se empleaban para el enterramiento y se quedaban o enterraban con él para acompañar al muerto en el más allá. Si la herencia del causante no era suficiente para pertrecharle en forma adecuada para el más allá, se empleaban también contra derecho bienes ajenos. El *pactus* más antiguo del Derecho alamano impone multas especiales para el caso de que alguien coloque en la tumba de su muerto objetos de otro dueño[101]. Cuando después de la cristianización de los germanos asumió la Iglesia el cuidado por la salud del muerto en la otra vida, el equipo del muerto se convirtió en equipo del alma, parte del alma o dádiva del alma, *mortuarium*. Por entonces el muerto recibía su porción en la herencia de forma que se atribuía para la salud del alma a la Iglesia o a los pobres.

No era necesario entrar en posesión de la herencia. «El muerto hace herederos a los vivos» (*mortuus aperit oculos viventis*). Después de la muerte del causante, el heredero era considerado en sí poseedor de la herencia. *Le mort saisit le vif* (*saisina defuncti descendit in vivum*)[102]. Ambos refranes descansan en la idea de que el muerto, como tal, realiza un acto jurídico. Es el muerto quien transmite su derecho a los herederos, él es quien pone en posesión de la herencia a los vivos.

La partición entre los herederos solo podía tener lugar después de transcurridos treinta días a contar de la muerte del causante. El tiempo hasta el día trigésimo, ultimado con una fiesta religiosa, era tiempo de tribulación que no debían perturbar mudanzas en la vida doméstica[103]. Por el mismo tiempo permanecían en la casa del difunto la viuda y los criados. Durante este término estaba defendido el heredero de las pretensiones de los acreedores del causante.

En la partición hereditaria se aplicaba este principio: el mayor divide, el menor escoge[104]. No fue raro que después de la muerte del causante, los varios herederos poseyeran la herencia en estado de indivisión como coherederos, los llamados *ganerben*.

La idea de la comunidad doméstica sigue operante después de la formación de un derecho hereditario independiente de ella, puesto que dentro del círculo de

[101] Pactus Alam.. II, 42: Si quis superius mortuum suum de alienas res... in terra miserit. solvat solidos. 40. El delito no se castigaba como hurto, sino como *delictum sui generis*.

[102] Tiroler Weistuemer, III, 353, 23: der tot sol sich mit daz sein (con lo suyo) begraben und sol selgerait, und was durch seiner sel willen verzert wuerd, ausrichten. Sobre las relaciones de la mejor cabeza de ganado con el equipo del muerto, véase a continuación.

[103] No es otro el sentido en derecho político del proverbio: *le roi est mort, vive le roi* (v. Schwerin).

[104] El vigente Código civil alemán dice así en el § 1969, ap. I: Durante los treinta días siguientes al fallecimiento del causante, el heredero está obligado a procurar manutención a las personas pertenecientes a la familia del difunto que al tiempo de su muerte formaban parte de su casa y eran mantenidos por él, en la proporción que lo hiciera el difunto, y a permitirles el uso de la habitación y de los objetos del ajuar doméstico. El causante puede ordenar otra cosa por disposición de última voluntad.

los parientes consanguíneos se distingue un sector reducido de herederos que en los diferentes derechos estaba delimitado de forma diversa, pero que regularmente comprendía los hijos, los padres y los hermanos del causante. En primer término estaban llamados a heredar los descendientes y entre estos, con prioridad los hijos. Al principio los nietos, de existir hijos del causante, no tenían junto a estos derecho hereditario alguno. En defecto de descendientes heredaban los padres, y de faltar estos, los hermanos. El círculo más amplio de los herederos lo constituía la *magschaft* en sentido estricto, es decir, los parientes consanguíneos a partir de los abuelos y sus descendientes. Solo aquí se dejó sentir la necesidad del cómputo y prueba de la *sippe*[105]. Sin embargo, presumiblemente en la época antigua el derecho hereditario estaba limitado al círculo reducido de parientes, y todavía en la Edad Media solo se ha dado cabida a la *magschaft* en un límite sucesorio diverso en cada derecho.

La estructura de la *sippe* descansa en la agrupación de los parientes consanguíneos en las llamadas parentelas, líneas, *genu* o *genuculum*. Todos los parientes se agrupan en descendencias o parentelas próximas o más lejanas. Forman una parentela las personas emparentadas por el ascendiente más próximo. La parentela más próxima hereda antes que la más remota. Dentro de la parentela decide la distancia del ascendiente común. El origen del cómputo por parentelas es un extremo en discusión[106]. En todo caso procede de la antigüedad más remota. Es comprobable en seguridad en los Derechos sudholandeses y flamencos, en los frisios y en un grupo considerable de *Coutumes* franceses, en los Derechos anglonormandos en Austria[107], Tirol, en parte de Suiza y en Suabia[108]. Se encuentra en el Derecho feudal y en los órdenes de suceder de los nobles. Para la asociación de la *sippe* agnaticia se dio, desde luego, en la época primitiva la agrupación por descendencias. Cuando los cognados participaron en los derechos y obligaciones de la *sippe*, se llegó a la división de la *magschaft* en mitades (*magen* paternos y *magen* maternos) y en otros lugares en cuartos o *kruefte* (tronco avuncular) y octavos o *fachten* (tronco proavuncular). A veces no se contaba por las cabezas del tronco, sino por pares de hermanos del tronco. Si la *magschaft* en sentido estricto se computaba sobre la misma línea colateral que la persona que sirve de punto de partida, tiene lugar el cómputo por *primos* que se recibió especialmente respecto de la participación en la enemistad y en el *wergeld*, porque comprendía como representante de la parentela a

---

105 He aquí un texto citado por GRIMM, DRA., I, 660, que inspira su comentario a tal principio de partición: rex aliquando erat in quodam regno, in quo talis erat lex posita, quod frater senior hereditatem divideret et junior eligeret, cujus ratio est. quia majoris discretionis est dividere, quam eligere... Gesta Romanorum, c. 90, ed. Keller, Quedlinburgo, 1841.

106 SEIBERTZ, Ukundenbuch zur Landes-und Rechtsgeschichte des Herzogtums Westfalen, II, 115, 7: wey nu erve meynet to boiren, is de nicht kind off broder, dei moit sich dar tho besippen und sulcks bewisen mit fromen lueden, dat hei dei nehste sy.

107 BRUNNER, DRG., I, § 13, pág. 116. Posteriormente, MEIJERS, Eine germanische Zaehlung der Verwandtschaften, Tijdschr. voor Rechtsgesch., VI (1925), 1-52.

108 Véase en PLANITZ, Grundzuege, DPR., § 81, pág. 126, un gráfico del cómputo por «parentelas». Esta denominación no está exenta de reparos. *Parentela, parentilla,* se emplea en los antiguos monumentos jurídicos escritos en latín para designar a los parientes en general; es expresión de la *magschaft* en sentido amplio. No obstante, en cuenta a la antedicha y más frecuente acepción ulterior se omitió anteriormente (§ 3) la versión de *magschaft* por *parentela.* HUEBNER, Grundzuege § 106. II, 1.

la generación contemporánea de la persona de origen[109]. En varios derechos la ordenación por parentelas sufrió cambios y desviaciones. Los ascendientes fueron excluidos de la herencia o pospuestos a los parientes colaterales. En otros lugares heredaban todos los ascendientes antes que los parientes colaterales, de modo que los parientes se dividían en tres líneas (descendientes, ascendientes y colaterales). En los derechos que mantuvieron firme la idea del derecho hereditario con carácter de comunidad doméstica y que tenían por base las relaciones normales de partición, los hermanos eran preferidos a los nietos y descendientes más remotos, y también dentro de los parientes más lejanos se produjo una ruptura fundamental de la ordenación por parentelas.

Los parientes masculinos precedían a los femeninos, la *pars gladii* al *fusus*. En algún tiempo las mujeres parecen haber estado excluidas en absoluto de la herencia. Sin embargo, tenían el derecho a ser mantenidas en la casa y al *dotalicium*, de contraer matrimonio. Aquel principio sufrió pronto restricciones de muy varia índole. Las mujeres recibieron primeramente un derecho hereditario en el círculo reducido de herederos, en tanto que con motivo de la dotación no hubiesen recibido de antemano una cuota del patrimonio doméstico. En la mayor parte de los derechos, como en el sajón-longobardo y en el bávaro y suabo, el hijo excluía por completo de la herencia a la hija, al menos de la herencia del padre. Según los Derechos frisios, tenía una cuota menor que solo apresaba la herencia con «media mano». En otros lugares compartía con el hijo el haber mueble, pero quedaba postergada en los bienes raíces; tal sucedió en el antiguo derecho visigodo, donde ella solo recibía su parte a usufructo vitalicio; así especialmente en el Derecho franco, donde la posesión inmobiliaria, o bien la posesión inmobiliaria de abolengo, estaba reservada exclusivamente al tronco masculino. Este principio tuvo también vigencia en el Derecho anglovarino, donde, además, el hijo excluía a la hija de la herencia mueble del padre. Varios Derechos que daban preferencia al hijo sobre la hija concedían a las hermanas, a veces también a las hermanas del padre, a modo de compensación, un derecho sucesorio con prioridad a otros parientes masculinos del causante. En otros casos los parientes femeninos o bien estaban limitados a una cuota de la sucesión, o a una pequeña parte, o carecen de derecho hereditario, al menos en concurrencia con el tronco masculino, o como en derecho sajón, quedan excluidos del círculo reducido de herederos por el varón equidistante o concurren con él en igualdad de derechos, como fue el caso muchas veces en el círculo amplio de herederos.

El desarrollo ulterior condujo a una confusa pluralidad de situaciones intermedias y heterogéneas en el sentido de ampliar el derecho de la mujer y de llegar a la equiparación de ambos sexos en derecho hereditario, como sucedió primero y especialmente en las ciudades. Por el contrario, respecto de la posesión de bienes raíces, mantuvo la preterición de la mujer en el derecho feudal, en el de la nobleza y en el derecho de los campesinos.

109 Summa Legum del llamado Raimundo de Ciudad nueva de Viena, II, 65: Fratribus et sororibus et descendentibus ab ipsis non exstantibus, tunc secundum consuetudinem patriae patruus vel amita, avunculus vel matertera in omnibus a defuncto relictis succedunt. Istis vero non extantibus tunc filii eurum vel nepotes vel neptes et sic deinceps in loco parentum suorum succedunt (la tercera parentela sucede en defecto de la segunda y de la primera). TOMASCHBK, Ueber eine in Oesterreich in der ersten Haelfte des 14. Jahrhunderts geschriebene Summa legum incerti auctoris 1883, Wiener SB., 105, 291. G a 1, Die Summa legum 98 ss. Vide infra, 61.

Ciertos objetos de la herencia estaban sometidos a una sucesión especial. El equipo de guerra o arreos militares (*hereditas armorum* [atondo]), consistente en los objetos que el hombre necesitaba para las expediciones bélicas, desde que dejó de ser la dotación del muerto, correspondía al fallecimiento del hombre al pariente *pars gladii* más próximo[110] [111]. Según varios Derechos, así especialmente; según el Derecho sajón, a la muerte de una mujer la *gerade*, correspondiente en su contenido a la *gerade* de la viuda, se adquiría por su más próximo pariente femenino.

Las personas dependientes en protección, y después también los semilibres, tenían que entregar al señor una parte de la sucesión, la mejor cabeza de ganado o el mejor vestido o una suma fijada en dinero como censo de redención, gabela que, según la antigua concepción, pagaba el propio muerto a su señor, último censo que le pagaba; de aquí que también se llamara *ultimus census*[112] [113]. A causa de que el muerto mismo pagaba el *mortuarium* solo podía relacionarse con aquella parte de la sucesión debida al propio muerto, con el equipo del muerto. El *mortuarium* tiene su origen en el equipo del muerto convertido en equipo del alma[114], que se debía al señor de la protección eclesiástica. Solo en el curso del desarrollo la entrega de la mejor cabeza o del mejor vestido llegaron a ser una exacción general hacedera al señor territorial o corporal.

---

[110] A FICKER—Untersuchungen z. Erbenfolge, 1 núm. 237 ss.—se debe haber puesto de relieve este sistema de cómputo, estudio que tuvo su punto de partida en las fuentes españolas. Cfs. supra, § 3, nota 1. Gráficos en FICKER, ibid. números 260 y 263. Resumen por HUEBNER, Grundzuege, § 106, II, 3.

[111] Adiciones a la Eiderstedischen Krone der recáten Wahrheit, v. RICHTHOFEN, Fríes. Rechtsquellen, 568: isset averst disser nen... so stervet dat herwede na unsem landrecht mede in dat grafft. Sobre el enterramiento conjunto de la espada y el escudo si faltan parientes *pars gladii* cfs. STOELZEL, Der Brandenburger Schoeffenstuhl, I, 418. Que el último de la genealogía de Lindow y Ruppin fuese enterrado juntamente con escudo y yelmo parece prueba de la reversión del feudo.

[112] Fuero de Usagre (ed. Ureña-Bonilla y San Martín, 1907), § 79. Qui muriere que den su caualo per su anima: Tod omme que muriere, den su cauallo et sus armas a suo filio maiori. Et si gilio baron *pars gladii* non abuerit, dent sus armas et su cauallo pro sua anima, sine otra particione, et alios filios non accipiant integra, (Sobre la interpretación dada por MAYER—El antiguo der. de obligaciones español. 215—a este texto, hace G. DE VALDEAVELLANO—AHDE., 9 (1932), 156, nota 69—una advertencia tan exacta como extemporánea, cfs. MAYER, Historia, I (1925), 81, nota 16). Fuero Viejo de Castilla. V, 2, 4: Esto es, Fuero de Castiella: Quando fina algund fijodalgo, e a fijos, o fijas, e dejan lorigas, e otras armas, e cauallo, e otras bestias, non puede dejar a ningund de los fijos mejoría ninguna... saluo al fijo mayor, quel puede dar el cauallo, e las armas del suo cuerpo... Cf. MARTÍNEZ MARINA, Ensayo histórico-crítico, núm. 246.

[113] La exacción se pagaba *de mortua manu, pro mortua manu*, e incluso fue llamada *mortua manus*. Responde a una concepción más moderna, contradictoria de la terminología de las antiguas fuentes, estimar como obligados a los herederos o a la corte rústica. Al principio el siervo no tuvo derecho alguno al equipo del muerto, porque carecía de capacidad patrimonial. A su muerte lo que poseía correspondía *pro indiviso* al señor. Solo por el tiempo y en la medida que los siervos adquirieron capacidad patrimonial pudo extenderse a ellos la prestación de la mejor cabeza de ganado o *buteil* como una atenuación del antiguo derecho estricto. Véase supra, § 25 y 45.

[114] Según una definición o pesquisa de derecho de Weissenburgo, ZELSS, Traditiones Wizenburgenses, pág. 334, de no haber ganado se entregaba como *mortuariitm* un sueldo vur ein dot dencleid. El sueldo es precio de redención del mejor vestido con que debía ser enterrado el muerto; el derecho a la percepción del vestido recae sobre el del muerto por ser el mejor. Si al muerto no le estaba permitido redimirlo o no podía hacerlo, debía contentarse con un vestido peor.

En el derecho hereditario de los sajones tenía una posición especial la casa solariega[115], sede troncal de una genealogía libre con sus tierras pertinentes, que heredaba en indivisión el mayor de los *pars gladii.*

Por algún tiempo el bien donado—de acuerdo con los principios de la donación germánica—pasaba del donatario al donante de morir aquél sin hijos. Este derecho de reversión se conservó solo para ciertas donaciones de fin, especialmente en las dádivas de padres a hijos. En los derechos filiales del derecho franco se desenvolvió de tal concepto un derecho hereditario singular (*droit de retour*) de los padres sobre las donaciones paternas.

A falta del heredero llamado, el patrimonio del difunto corresponde, según se dispone ya en las fuentes francas, a la comunidad o al fisco, dentro del señorío al señor, desde la Edad Media muchas veces al soberano territorial, en su lugar al juez o a la ciudad. A causa que de esta suerte el bien hereditario retornaba muchas veces al lugar de donde le recibiera el difunto o sus ascendientes, se habla en los feudos de un *ius devolutionis* (§§ 20, 34).

v. SYDOW, Darstellung des Erbrechts nach den Grundsaetzen des Sachsenspiegels, 1828. SIEGEL, Das deutsche Erbrecht, 1853. v. FREYTAGH-LORINGHOVEN, Der Successionsmodus des deutschen Erbrechts. 1908. MILLER, Das langobardische Erbrecht, ZRG., 13, 38. J. FICKER, Untersuchungen zur Erbenfolge der ostgermanischen Rechte, I-IV, VI, 1, 1891-1904. H. BRUNNER, Der Totenteil in germanischen Rechten, ZRG., 19, 107 ss.—Das rechtliche Fortleben der Toten bei den Germanen. Deutsche Monatsschrift f. d. gesamte Leben der Gegenwart, April, 1907, 18 ss. GÁL. Totenteil und Seelteil nach sueddeutschen Rechten, ZRG., 29, 225 ss. F. KOGLER, Seelenrecht und Poenfall in Salzburg und Tirol, Festschrift f. II. Brunner, 1910, 175. RIETSCHEL, Der Totenteil in germ. Rechten, ZRG., 32, 297; cf. SCHREUER, supra § 45; Alfr. SCHULTZE, Der Einfluss der Kirche auf die Entwicklung des germ,. Erbrechts, ZRG. 35, 68.—Seelgeraet und Besthaupt, ZRG., 38, 306 ss.—Augustin und der Seelteil des germanischen Erbrechts, 1928, 1 ss., 66 ss.—Nachtraege zu «Augustin»..., ZRG., 20, 376 ss.; sobre esto, H. MEYER, ZRG., 50, 374; v. SCHWERIN, HistZ., 162, 549 ss., E. WOLLHAUPTER, Deutsche Lit.-Ztg., 1929, 1927 ss.—Kritische Vjschr. f. Gesetzgeb. u. Rechtswiss., 3. F., 23, 388 ss. E. F. BRUCK, ZRG., Rom., 50, 654 ss. F. BEYERLE, ZRG., 50, 394 ss. HAFF, Elucubratio Blasü Ekenbergers, I Parte: Libro I, 1932, 7 ss. E. BRUCK, Totenteil und Seelgeraet im griechischen Recht, 1926. Sobre esto, Schoenfeld, ZRG., 47, 855 ss. A base de los citados estudios de Schultze y Bruck, ofrece una importante contribución sobre el derecho sucesorio medieval, KORANYI, Podstawy sredniowiecznego prawa spadkowego, 1930, sobre esto, Schmid, ZRG., 51, 770-86. v. VOLTELINI, Nordgermanische Grabfunde in ihrer Bedeutung f. d. germ. Rechtsg., ZRG., 51, 111 s.

K. COSACK, Der Besitz des Erben, 1877. HOMEYER, Der Dreissigste, Berliner Abhandlungen, 1864.—MAJER, Teutsche Erbfolge, 1805 ss. SIEGEL, Die germanische Verwandtschaftsberechnung mit besonderer Beziehung auf die Erbenfolge, 1853.

[115] *Handgemal.* Término de etimología y significación muy discutidas. Se ha propuesto su conexión con *anthmallus* (lat. m.). Parece dudosa la identificación de *hantgemal* y *cyrographum* defendida por HOMEYER (cfs. bibliogr.). La acepción dominante es la del texto, con igual sentido: *proedium libertatis, principalis natalium locus.* SCHROEDER-V. KLENSSBERG, DRG., § 42, nota 6 y pág. 1044. MAYER, Historia, I, 83; II, 25. Véase el reciente estudio de H. MEYER que se cita en la bibliografía.

WASSERSCHLEBEN, Prinzip der Successionsordnung nach deutschem, insbesondere saechsischem Rechte, 1860;—Die germanische Verwandtschaftsberechnung und das Prinzip der Erbenfolge, 1864. HOMEYER, Stellung des Sachsenspiegels zur Parenteienordnung, 1860. RIVE, Zur Frage nach dem Prinzip der Successionsordnung im germanischen Rechte, Jahrbuch des gemeinen deutschen Rechts 6, 197. LEWIS, en Krit.Vierteljahrsschr., 9, 23; 14, 1: 17, 400. H. BRUNNER, Das anglonormannische Erbfolgesystem, ein Beitrag zur Geschichte dei Parenteienordnung, 1869. WASSERSCHLEBEN, Das Prinzip der Erbenfolge, 1870. v. AMIRA, Erbenfolge und Verwandtschaftsgliederung nach den altniederdeutschen Rechten, 1874. STUTZ, Das Verwandtsbild des Ssp., 1890. SEELIG, Die Erbfolgeordnung des Schwabenspiegels, 1890. SCHANZ, Das Erbfolgeprinzip des Ssp., 1883. HEYMANN, Die Grundzuege des gesetzlichen Verwandtenerbrechts nach dem, BGB, 1896, 1-44. PAPPENHEIM, Zur Erbfolgeordnung des altlangobardischen Rechts, Forschungen z. d. Gesch., 23, 616. MEIJERS, Le droit ligurien de succession en Europe occidentale, I, 1928. Sobre esto, José M.ª Ots, AHDE., 7, 517. MEIJERS, Het Ligurische erfrecht in de Nederlande, I, 1929 (sobre esto, H. Meyer «Ligurisches Erbrecht», ZRG., 50, 354).—II, 1932 (sobre esto, N. J. de Castro, AHDE., 9,444—50. FRITZ, Die gesetzliche Verwandtenerbfolge des aelteren schwedischen Rechts, ZRG., 36, 137 ss.—BESMIER. La représentation successorale en droit Normand, 1929; sobre esto, Mitteis, ZRG., 50, 565. GIDE, Étude sur la condition privée de la femme, 1885. GLASSON, Le droit de succession dans les lois barbares, Nouv. Revue hist. de droit, 1885. OPET, Die erbrechtliche Stellung der Weiber in der Zeit der Volksrechte, 1888. H. BRUNNER, Kritische Bemerkungen zur Geschichte des germanischen Weibererbrechts, ZRG., 21, 1 ss. ZELMER, en NA., 26, 95 ss. KLATT, Das Heergewaete, 1908. GROSSE, Heergeraete u. Gerade usw., Ztschr. d. Harzvereins f. Gesch, 53, 59 ss. H. BRUNNER, Zur Gesch. der aeltesten deutschen Erbschaftssteuer, Festschr. f. v. Martitz, 1911 HOMEYER, Ueber die Heimat nach altdeutschem Rechte, insbes. ueber das Hantgemal, Berliner Abhandl., 1852. HECK, Das Hantgemal en MJÖG., 28, 1, ILGEN, Zum Handgemal, ibidem, 28, 561. SOHM, Ueber d. Handgemal, ZRG., 30, 103. E. MAYER, Zum Handgemal und Siegelrecht, Hist. Vjschr., 15, 362. H. MEYER, Das Handgemal als Gerichtswahrizeichen des freien Geschlechts bei den Germanen, 1934.—H. BRUNNER, Ueber den germ. Ursprung des droit de retour, Forsch. zur Geschichte des deutschen und franz. Rechts, 1894, 676 ss. TOMASCHEK, Das Heimfallsrecht, 1882. BRUENNECK, Das Heimfallsrecht und die Guetervereinigung im aelteren boehmisch-maehrischen Recht, ZRG., 20, 1 ss. FISCHEL, Erbrecht und Heimfall auf den Grundherrschaften Boehmens und Maehrens, Arch. f. oesterr. Gesch., 106, 241 ss. POLL, Das Heimfallsrecht auf den Grundherrschaften Oesterreichs, 1925; sobre esto, M. Torres, AHDE., 3, 577-582; además Domínguez Guilarte, ibidem, 10, 291 ss., nota 10.

§ 57. El derecho de expectativa hereditaria y la donación «mortis causa»

El derecho hereditario se exterioriza ya en vida del causante en el derecho de expectativa hereditaria[116] de los herederos más próximos o en un cierto grado de proximidad. Este derecho se manifiesta en dos formas y con dos fundamentos diferentes. Una de ellas, llamada también antiguo derecho de expectativa, es consecuencia o evolución de la comunidad de derecho existente entre padre e hijos sobre todo el

[116] *Warterecht.* Se adopta la traducción que antecede en lugar de la de «legítima germánica», propuesta alguna vez, por parecer aquélla más adecuada a la naturaleza jurídica de esta institución, que propiamente no es una legítima. Cf. SCHÜPFER, op. cit. en el § 44, IV, 239-240.

patrimonio doméstico. A este tipo corresponden los que suelen llamarse derechos de la parte libre, es decir, los derechos según los que el causante solo podía disponer sobre una parte de su patrimonio mueble e inmueble en perjuicio de sus herederos con derecho de expectativa. En general, solo los hijos eran titulares de este derecho; a veces lo fueron también las hijas herederas[117]. Sobre la parte libre (cuota de libre disposición, *propria partio*) – desarrollada bajo la influencia eclesiástica[118] y en interés de las disposiciones a favor de la Iglesia—el causante solo pudo disponer originariamente cuando hubiese precedido la partición de lo correspondiente a los hijos (*debita portio*); más tarde no fue necesario este requisito. En varios troncos (en los longobardos y bávaros, presumiblemente también en los suabos y turingios) consistía en una parte *pro capite*. Según otros derechos, venía determinada en una cuota fija, en la mitad o en un tercio (según los Derechos francosalio y frisio), en un quinto o décimo de todo el patrimonio. La otra forma del derecho de expectativa, llamada moderna, es el derecho de consentimiento formal. Se extiende solo a los bienes raíces cuya enajenación hace depender del asentimiento de los herederos más propincuos, sin atención a que tales actos de disposición les perjudiquen materialmente y, por lo tanto, se da también en las enajenaciones onerosas. La enajenación hecha sin consentimiento de los herederos puede impugnarse por el más próximo dentro de año y día con el efecto de traer a sí el bien enajenado. Por el contrario, el causante sano de cuerpo puede disponer *ínter vivos* sobre el haber mueble. Solo es ineficaz la enajenación de cosas muebles realizada por un enfermo. El poder de disposición del causante se hace depender por tal motivo de ciertas pruebas de la fuerza del causante aducidas jurídicamente, limitación que combatió decidida la Iglesia, así como también el lugar respectivo del Espejo de Sajonia[119], que se cuenta entre los artículos del Libro de derecho reprobados por el Papa en 1374.

El derecho de consentimiento formal se encuentra primeramente con toda claridad en los sajones (Lex Saxonum, c. 62, 64). Ya con anterioridad (§ 3) hicimos la presunción de que tal derecho constituya un residuo de la propiedad originaria de la *sippe* sobre los inmuebles. En la época de los Libros de Derecho tuvo también aquí (Espejo de Sajonia, Landr. I, 52, § 1), una expansión considerable, hasta el punto de que se pasan por alto incluso los derechos de la parte libre, mientras en otros lugares la cuota libre de disposición solo conservó importancia práctica en las dádivas *mortis causa* y en las donaciones por el alma.

En circunstancias de verdadera necesidad, el causante no estaba vinculado al derecho de expectativa de los herederos más próximos, supuesto que su resultado

---

117 O sea, hijas junto a las que no existían hijos.

118 Particularmente decisivas fueron las predicaciones de san Agustín, cfs. infra, bibliografía. L. G. DE VALDEAVELLANO, resume las investigaciones de SCHULTZE en AHDE., 9, 132 ss. J. RUBIO, ibid., 9, 5, nota 6, traduce la síntesis hecha por HUEBNER. Grundzuege, § 110, pág. 785. PLANITZ, Grundzuege, DPR. Quellenbuch, núm. 355, reproduce como texto capital de la doctrina agustiniana este que transcribo del Sermo 86, cap. X: Fac locum Christo cum filiis tuis, accedat familiae tuae Dominus tuus, accedat ad prolem Creator tuus, accedat numerum filiorum tuorum frater tuus. Cum enim tantum intersit. et frater esse dignatus est. Et cum sit Patri Unicus, voluit habere coheredes. Ecce ille quam largiter! tu quare tam sterilitar? Duos filios habes. tertium illum computa: tres habes. quartus numeretur: quintum habes, sextus dicatur.

119 Espejo de Sajonia, Ldr., I, 52 § 2: alle varende have gift de man ane erven gelof... al de wile he sik so vermach, dat he begort mit eme sverde unde mit eme scilde up en ors komen mach von enem syene oder stocke euer dum elne ho, sunder mannes helpe, deste man ime dat ors unde den stegerep halde. Cf. supra, § 28.

les hubiese ofrecido en venta el inmueble que deseaba enajenar. Muchas veces el derecho de consentimiento se debilitó en un derecho de compra preferente o en un derecho de entrada o de retracto, en cuya virtud, previa entrada en las condiciones de la venta, el heredero más propincuo podía retraer dentro de año y día la heredad enajenada sin su consentimiento. Semejante derecho de retracto se desenvolvió a favor de los herederos más próximos, y también independientemente en otras relaciones jurídicas[120]. En la medida que se conservó el derecho de consentimiento se limitó por lo común al bien hereditario del causante con exclusión de los bienes ganados por él.

Desde muy antiguo se permitió que el causante cediera en vida su hacienda a los herederos más próximos con la carga vitalicia de su manutención y de un entierro conveniente, o bien con reserva vitalicia de una parte de su fortuna. Este negocio se encuentra ya en una colección de fórmulas francas del siglo VII[121] y desde el siglo XIII es comprobable bajo la denominación de *evelganc*[122] en lugares francos y frisios. Como cesión de la hacienda contra reserva de una porción, se practica todavía hoy sobre cortijos rústicos en una gran parte de Alemania.

Donde los principios jurídicos expuestos sobre la precedencia del tronco masculino, sobre la casa solariega y sobre el derecho de expectativa—que favorecían la conservación de los bienes raíces en el tronco masculino—no alcanzaron vigor o le perdieron o fueron insuficientes, podíanse adoptar actos de disposición en cuya virtud ciertos bienes permanecían de modo duradero en el tronco masculino. Entre los anglosajones se encuentran ya a partir del siglo VII cesiones de inmuebles con la determinación de que debían permanecer en el tronco masculino en calidad de inalienables. Solo más tarde aparecen en Alemania negocios con tendencia análoga. Para ella se utiliza la cesión en mano común con exclusión de los sucesores hereditarios cognados. Ofrece una de las muestras más tempranas un documento bávaro de 1075[123]. La relación constituida entre los mancomuneros, en la que por lo regular estaban excluidas la división y la enajenación, se llamó muchas veces *ganerbinatio*[124]. Los negocios jurídicos tendientes a su producción se llamaron paces del burgo[125], vinculaciones troncales, uniones de herederos, y forman el precedente de las ulte-

---

120 Sobre todo en el campo del derecho de cosas. Conste siquiera su enumeración, de por sí expresiva: además del retractus gentilicius o retractus consanguinitatis, el retractus ex iure incolonatus, el retractus ex iure vicinitatis, el retractus ex iure condominii, el retractus ex iure congrui y el retractus ex iure dominii directi. HUEBNER, op. cit. § 54. Para algún ejemplo del derecho de expectativa, del de consentimiento y de compra preferente en nuestros Fueros vide MELICHER, Der Kampf, 229-230. HINOJOSA, El elemento germánico, 22.

121 Form. Andecav. 58, MG. Legum Sectio, V. 24-25.

122 *Evel* = malo, alechigado, enfermo. Cf. NOORDEWIER, Regtsbudheden, 205; GRIMM, DRA., I, 674 s.; II, 97. FOCKEMA-ANDREAE. Oud-Nederlandsch Burgerlijk Recht, 1906, II, 263 ss. SERING, Erbrecht u. Agrarverfassung in Schleswig-Holstein. 1908, 170. En FRANS VAN MIERIS, Groot Charterboek der graaven van Holland en Zeeland. I (1753), 167 del año 1216 a los menestrales del claustro Egmont solo se les permitía el *evelgang* con asentimiento del abad.

123 Graf Hundt en las Abhandlungen der bavr. Akademie, histor. Klasse, XIV, 2, 78.

124 La relación de *ganerbinatio* podía crearse también contractual mente entre personas no emparentadas.

125 Denominaciones procedentes de la forma del negocio jurídico que también encuentra otras aplicaciones. En la asamblea judicial pública (*thinx*) el causante ofrecía al heredero adoptivo por mano de un tercero, del «fiador de la lanza», una lanza (*ger*) y de aquí el nombre de *gairethinx. thingatio.* Cfs. Ed. Rotbaw. 172.

riores instituciones fideicomisarias. En esta materia se encuentran también desde el siglo XIV establecimientos de una determinada sucesión individual.

Al principio estuvieron prohibidas las donaciones con ocasión de la muerte, porque según la concepción de la época el causante al hacerlas no tomaba de sí la cosa donada, sino que privaba de ella a los herederos. Sin embargo, el antiguo derecho conoció la posibilidad de que un causante sin descendencia hiciera atribución de su patrimonio a una persona para el caso de muerte si mediante adopción le hacía heredero. Este negocio se llamó en los longobardos *thinx, gairethinx*[126], en los francos *adfatimus.* La Lex Salica, con desvanecimiento de su carácter de derecho de familia, le puso al servicio de la transmisión del patrimonio producida de modo que la hacienda se transmitía en primer lugar a un intermediario (*salmann,* hombre que media en la *sala.* § 47), que después de año y día hace la transmisión al destinatario. La Lex Ribuaria permitió para el *adfalimus* la entrega de un documento. Desde los siglos VII y VIII fueron permitidas y usuales con carácter general, sobre todo a favor de la Iglesia, las donaciones *post obitum,* negocios jurídicos realizados por *traditio cartae,* en cuya virtud la propiedad sobre el objeto donado debía pertenecer al donatario después de la muerte del donante que en vida se reservaba la *propicias* inalienable[127]. Eran negocios del derecho de cosas para el supuesto de muerte. Únicamente ya en la baja Edad Media se desarrollaron, primero en Alemania meridional, en conexión con la donación por causa de muerte, los contratos hereditarios, contratos en forma jurídica que reservaban al causante la disposición *ínter vivos* sobre su hacienda, pero que concedían al favorecido un derecho hereditario inatacable y, por ello, eran contratos de derecho hereditario.

La Iglesia puso bajo su protección las disposiciones de última voluntad, exigió la jurisdicción en materias testamentarias y reclamó el cumplimiento de la última voluntad como un deber moral. En el derecho secular las disposiciones de última voluntad se llamaron «negocios» o «mandas», al principio para la parte del alma, luego reconocidas con fuerza de vinculación jurídica para otros supuestos. Pero no contenían instituciones de heredero en el sentido romano, sino solo legados singulares. Para independizar su ejecución de la buena voluntad del heredero se hizo uso[128] de ciertas personas intermediarias, fiduciarios, *erogatores,* ejecutores, a quien se confiaba la liquidación de la sucesión, institución de que toman origen los ejecutores testamentarios. Remóntanse estos a la tendencia de procurar al muerto un representante para la ejecución de la última voluntad. Originariamente el ejecutor testamentario debía cuidar por la salud del alma y acondicionar el aderezo del alma como lo pensara su dador, el propio muerto. Solo desde la recepción de los derechos extranjeros se practicaron en Alemania los testamentos en el sentido romano, con necesaria *heredis institutio.*

---

126 *Burgfrieden,* la expresión alude al tipo de paz especialmente fortalecida que debía gobernar las relaciones de los coherederos. DRW., II, 617, in fine.

127 Es así cómo la *donatio post obitum* se diferencia de la *donatio reservato usufructo.* transmisión incondicionada con reserva de usufructo para el donante. Otra opinión. SCHOENFELD, op. cit. en la bibliogr. [El problema es de interés para la interpretación de los lugares pertinentes de la Lex Visig. vide J. A. RUBIO, AHDE., 9, 9 ss.].

128 Como ya se hiciera en las *donationes post obitum.* [Sobre la posición de tales intermediarios (*elemosinarii* o *manumissores. mansesores, advocati, fiadores, spondalarii, spondarii. cavezalarii, cabeçaleros. capitales, guadiatores*) en el Derecho histórico español, MAYER. El antiguo derecho de oblig., 224-241. además de los textos que aquí se citan es fundamental para la naturaleza jurídica de la institución el § 124 del Libro de los fueros de Castiella].

SANDHAAS, Germanistische Abhandlungen, 1852, 163 ss. ZIMMERLE, Das deutsche Stammgutssystem, 1857. LEWIS, De origine facultatis heredibus in iure germánico concessae prohibendi alienationes rerum immobilium, 1862;—Die Succession des Erben in die Obligationen des Erblassers, 1864. PERNICE, en Krit. Vjahrsschr., 9, 70 ss. L. G. de VALDEAVELLANO, La cuota de libre disposición en el derecho hereditario de León y Castilla en la alta edad media, AHDE, 9, 129 ss. R. SCHROEDER, Zur Geschichte des Warterechts der Erben, ZRG., 9, 410. v. AMIRA, Erbenfolge, 51 ss. KIPPER, Das Beispruchsrecht nach altsaechsischen Rechte, 1879. v. FREYTAGH-LORINGHOVEN, Beispruchsrecht und Erbenhaftung, _ ZRG., 28, 69. Sigm. ADLER, Ueber das Erbenwarterecht nach den aeltesten bayrischen Rechtsquellen, 1891;—Eheliches Gueterrecht und Abschichtungsrecht nach den aeltesten bayrischen Rechtsquellen, 1893. J. FICKER, Erbenfolge, I, 229, 247, 271 ss.; II, 123 ss,. 358 ss.; III, 381; IV, 104 ss. V, 164 ss. H. BRUNNER, Beitraege zur Geschichte des german. Warterechts en Berliner Festgabe fuer Demburg, 1900, 39 ss. A. SCHULTZE, Augustin und der Seelteil des germanischen Erbrechts, 1928.—Nachtraege zu «Augustin».... ZRG., 50, 376 ss.—Das Testament Karls des Grossen, en «Aus Sozial-und Wirtschaftsgeschichte», 1928, 46 ss.—Die Rechtslage des alternden Bauers nach den altnordischen Rechten, ZRG., 51, 258 s. ZELMER. NA., 26, 138 ss. R. CAILLEMER, L'origine du douaire des enfants, 1904 (Studi in onore di Vitt. Scialoja). BODEN, Das altnorwegische Stammgueterrecht en ZRG., 22. 109.

H. BRUNNER, Zur RG. der roemischen und german. Urkunde. 1880, I, 190: Das angelsaechsische Familienfideikommiss. WIPPERMANN. Kleine Schriften: I: Ganerbschaften, 1873. Sally MEYER. Beitraege zur Geschichte der fideikommissarischen Substitutionen, insbesondere der buergerlichen Familienfideikommisse in Deutschland, 1878;—Apéndice en la ZRG., 1, 131. H. MEYER, Anfaenge des Familienfideikommissrechts in Deutschland. Sohm-Festschrift, 1914.—PAPPENHEIM, Launegild und Garethinx, 1882. F. SCHUPFER, Thinx e Affatomia, 1892. R. SCHMIDT, Die Affatomie der Lex Salica, 1891. LÉVY-BBUYL, Le rôle de l'intermédiaire dans l'affatomie. Nouv. Rev. Hist., 1924, 671 ss. Rud. HUEBNER, Die donationes post obitum und die Schenkungen mit Vorbehalt des Niessbrauches, 1888. J. A. RUBIO, «Donationes post obitum» y «donationes reservato usufructo» en la alta edad media de León y Castilla, AHDE, 9, 1 ss. G. ADERS, Das Testamentsrecht der Stadt Koeln im Mittelalter, 1932, sobre esto, A. SCHULTZE, ZRG., 54. 395-400. BESELER, Lehre von den Erbvertraegen, 1835 hasta 1840. KUGELMANN, Begruendung des partikulaeren Erbvertrages, 1877. HAHN, De diversis testamentorum formis quae in Germania obtinuerunt observationes, 1847. v. WYSS, Die letztwilligen Verfuegungen nach den schweizerischen Rechten der frueheren Zeit, Z. f. schweizerisches Recht, 14, 68 ss. FRIESE en su edición y en la de Liesegang de las Magdeburger Schoeffensprueche, I, 833 ss. O. SCHREIBER, Das Testament des Fuersten Wolfgang von Anhalt, 1913. BESELER, Von den Testamentsvollziehern. ZDR., 9, 144 ss. Alfred SCHULTZE, Die langobardische Treuhand und ihre Umbildung zur Testamentsvollstreckung, 1895;—Stadtgemeinde und Kirche, Sohm-Festschrift. 1914, 113 ss.;—Seelgeraet und Besthaupt. ZRG., 38, 301 ss. ROBERT CAILLEMER, Origines et développement de l'exécution testamentaire, 1901. W. SCHOENFELD, Die Vollstreckung der Verfuegungen von Todes wegen, ZRG., 42, 240 ss. DEMUTH, Die wechselseitigen Verfuegungen nach alamannisch-zuercherischem Recht, 1901. FERRARI, Ricerche sul diritto ereditario in occidente, sobre esto, Pappenheim, ZRG., 36, 565 ss.

LIBRO SEGUNDO

EL DESENVOLVIMIENTO DEL DERECHO DESDE LA RECEPCIÓN DE LOS DERECHOS EXTRANJEROS

I. HISTORIA GENERAL DEL DERECHO

§ 58. Decadencia y ruina del Imperio[1]

Desde la terminación de la Edad Media el Imperio romano alemán, para cuyo territorio alemán se introdujo desde 1512 la denominación de sacro romano Imperio de la nación alemana[2], marchó encaminado hacia su paulatina disolución. Su organización no pudo superar las formas decadentes del feudalismo, faltas ya de autenticidad. Los proyectos e intentos de una reforma orgánica que aparecen en el siglo XV fueron ineficaces en lo esencial. Entre el poder del Imperio o los poderes territoriales se configuró un paralelogramo de fuerzas, de suerte que mantenían recíprocamente el equilibrio sin que una pudiera enseñorearse de la otra. El punto de gravedad de la evolución política radicó en los Territorios, de los cuales Austria, en unión con Países no alemanes, aseguró a su genealogía de príncipes, a la Casa de los Habsburgo, la posesión ininterrumpida de la corona real alemana y el título de emperador, por entonces casi falto de contenido[3]. La política que la rama española

---

1	Maximiliano I.—1493-1519.	Leopoldo I.—1658-1705.
	Carlos V.—1556.	José I.—1711.
	Fernando I.—1564.	Carlos VI.—1740.
	Maximiliano II.—1612.	Carlos VII.—1742-1745.
	Rodolfo II.—1612.	Francisco I.—1765.
	Matías.—1619.	José II.—1790.
	Femando II.—1637.	Leopoldo II.—1792.
	Fernando III.—1657.	Francisco II.—1806.

2 Ya a fines del siglo XV se usaba en dicha conexión el título de « Imperio romano de la nación alemana» y con ello se pensaba el Imperio en cuanto era nación alemana. Los publicistas del siglo XVII extendieron la denominación: «sacro romano Imperio de la nación alemana» a todo el ámbito del Imperio y expresaban así su situación de sometido a la soberanía alemana. ZEUMER, Heiliges roemisches Reich deutscher Nation. 1910. FRENSDORFF, Reich und Reichstag, Hans. Geschichtsbl., 1910.

3 Con Carlos VI se extinguió el 20 de octubre de 1740 la genealogía de los Habsburgo. El 24 de enero de 1742 fue elegido emperador un Wittelsbacher, el príncipe elector Alberto de Baviera, que con el nombre de Carlos VII gobernó hasta el 20 de enero de 1745. Después correspondió la corona imperial al esposo de María Teresa, Francisco Esteban de Lorena (Francisco I) cuya Casa se consideró como una continuación de la genealogía de los Habsburgo, con recepción de su política y pretensiones.

de los Habsburgo desarrolló a favor de su Casa con desatención de los intereses del Imperio tuvo por consecuencia que Suiza, Países Bajos, Borgoña e Italia se alejaran de modo permanente del Imperio. Cuando la mayor parte de Alemania se pronunció por la Reforma, el movimiento de la Contrarreforma condujo a luchas internas y a la inmixtión de potencias extranjeras. La paz de Westfalia, que puso fin a la guerra civil, dejó, empero, subsistentes las disparidades religiosas y políticas que la habían provocado.

Desde la guerra de los Treinta Años la Marca de Brandenburgo se engrandeció hasta convertirse en el núcleo político que más tarde debía formar una nueva Alemania. El príncipe elector de Brandenburgo había conquistado en 1614 Kleve, Mark y Ravensberg; en 1618 entró en el gobierno de Prusia Juan Segismundo. La paz de Westfalia confirió a la casa del electorado de Pomerania inferior los obispados de Halberstadt, Minden, Kammin y la expectativa sobre el arzobispado de Magdeburgo. El acuerdo de paz de Oliva confirmó en 1660 al príncipe elector la soberanía en Prusia que poseía hasta este momento como feudo polaco. El príncipe elector Federico III recibió en Prusia el título de rey[4]. Por la conquista y afirmación de Silesia, el rey Federico II de Prusia entró en el número de las grandes potencias europeas.

A causa de que en la frontera occidental de Alemania, seriamente amenazada, no existía un poder territorial fuerte, idóneo para actuar como potencia defensiva, el Imperio sufrió precisamente en este lado considerables pérdidas de territorio. Por la paz de Ryswick se cedieron a Francia, en 1697. los territorios que habían tomado al Imperio en Alsacia. El último Habsburgo, Carlos VI, en los preliminares de la paz de Viena del 3 de octubre de 1735 aseguró la pertenencia de Lorena a Francia, que consiguió su posesión en 1766.

La Revolución francesa y sus consecuencias dieron el impulso para la definitiva caída del Imperio, que ya muy de antes venia careciendo de vitalidad. En la paz de Luneville se cedió, en 1801, a Francia toda la orilla izquierda del Rhin. El 1.° de agosto de 1806 notificó Napoleón a la Dieta del Imperio la fundación de la Confederación del Rhin, que el 12 de julio de 1806 habían concluido bajo su protectorado dieciséis príncipes alemanes. De conformidad con el precedente de los príncipes de la Confederación del Rhin, también el emperador Francisco II se declaró separado del Imperio con sus territorios hereditarios alemanes, luego que el 11 de agosto de 1804 había recibido ya el título de rey y la dignidad de emperador hereditario de Austria. Por la patente del 6 de agosto de 1806, resignó la corona imperial alemana al declarar que consideraba «extinguidos el cargo y la dignidad primordiales de Imperio» y que consiguientemente se tenía por desligado, lo mismo que todas las provincias alemanas y Países del Imperio, de la totalidad de obligaciones con el Imperio alemán. Como nos muestra la historia de los tiempos siguientes, dicho escrito significó para la dinastía de los Lorena-Habsburgo la renuncia irrevocable a la gestión jurídico-estatal del pueblo alemán. No llegó a adoptarse una resolución de la Dieta imperial que pronunciara la disolución del Imperio. Su plena consumación se llevó a cabo por los actos concluyentes de los miembros del Imperio.

En el período que media entre la disolución del sacro romano Imperio hasta la fundación del nuevo Imperio alemán, transcurrió Alemania por una serie de fases jurídico-estatales transitorias. Primeramente existió la Confederación del Rhin

[4] El 18 de enero de 1701 fue coronado en Koenisberg.

como un intento de construir Alemania con exclusión de las dos grandes potencias. No pasó de su condición de satélite de Francia, que la había engendrado. La guerra de liberación determinó su hundimiento. El acta confederal del 8 de junio de 1815 reunió los Estados alemanes, con inclusión de las dos grandes potencias, en una Confederación de Estados de Derecho público incompleta, que de ningún modo cumplió las esperanzas concebidas durante la guerra de liberación. Incapaz por su constitución fundamental de un desarrollo ulterior, ofrece bajo la dirección de Austria una simple forma encubierta de dominación extranjera.

Según el preámbulo del acta confederal, eran miembros de la Confederación «los príncipes soberanos y las ciudades libres de Alemania». El órgano de la Confederación fue la Dieta confederal de Francfort bajo la presidencia de Austria y dividida en el Pleno y en el Consejo menor. Del primero forman parte todos los Estados con un voto al menos, Austria, Prusia, Sajonia, Baviera, Hannover y Wurtemberg con cuatro votos, y otros varios Estados tenían tres o dos. En el Consejo menor solo once Estados tenían cada uno un voto; los demás, seis votos curiales. Aportaron un complemento esencial las resoluciones de Viena del 15 de mayo de 1820 para robustecer el poder de la Confederación, y la creación en los años 1821 y 1822 de una constitución de guerra confederal. Sin embargo, la Confederación no pudo satisfacer los deseos de unidad nacional, ni ofrecer realidad a la idea de la soberanía del pueblo.

La unidad nacional solo llegó a ser posible después de haber vencido a sus enemigos, Austria[5] y Francia, en las guerras de 1866 y 1870. En la paz de Praga del 23 de agosto de 1866, Austria prestó su asentimiento a la disolución de la Confederación germánica. Este momento fue el último del lento proceso de desintegración que un día iniciara el desarrollo de las soberanías territoriales. No paró, sin embargo, en dicho resultado negativo. La Confederación germánica del Norte, del 17 de abril de 1867, reunió primeramente bajo la dirección de Prusia los Estados alemanes del Norte en un Estado confederal. Con la fundación de la Confederación germánica del Norte, la unión de los Estados alemanes eludió de nuevo el derecho internacional público para afincarse en el campo del Derecho político.

La constitución de la Confederación germánica del Norte recibió de la Confederación germánica la Dieta confederal con el nombre de Consejo confederal como un órgano compuesto de representantes de los Gobiernos de los Estados particulares, de los titulares de la soberanía. Al lado de dicho órgano existió, en correspondencia a la Casa del pueblo del proyecto de constitución de Francfort, la Dieta del Imperio, Asamblea de los representantes del pueblo elegidos en virtud de derecho de elección igual y directo, ejercido en secreto. La presidencia de la Confederación estaba vinculada a la corona de Prusia. La potestad de la Confederación alcanzó un engrandecimiento considerable, especialmente por la extensión de la competencia legislativa y por la fuerza de obligar de las leyes y ordenanzas dictadas que no recaían únicamente sobre los Estados, sino de manera inmediata e individualizada sobre los súbditos del Estado.

[5] Memorándum del príncipe de Prusia sobre la situación política el 20 de febrero de 1851: «Austria tiene gran interés en que Alemania no consiga la unidad moral... De aquí que Austria esté pronta a impedir en absoluto toda verdadera unión de Alemania. Este es el camino seguido durante los treinta años de existencia de la Confederación y ha logrado su fin».

La guerra provocada por Francia en 1870 aceleró la entrada de los Estados alemanes del Sur por los tratados de noviembre de 1870 y terminó con la reconquista del antiguo País del Imperio que fue Lorena y con la de la Alsacia alemana. La Constitución del Imperio alemán del 16 de agosto de 1871, redacción poco modificada de la Constitución de 1867, cerró la serie de las fases jurídico-estatales transitorias.

Desde entonces el tratado de alianza con Austria-Hungría tiene la esfera de dominación geográfica de la Confederación germánica, que con Italia reconstruía la del sacro romano Imperio, solo que en lugar de las desavenencias infructíferas que en la época de la Confederación germánica embotaban las fuerzas de las grandes potencias alemanas, en lugar de las luchas con Italia decididas un día por las armas, que tuvieron el efecto de preparar la disociación del pueblo alemán y de impedir la unidad jurídico-estatal del italiano, se concertó una relación de alianza libre, basada en la comunidad de intereses[6].

Los tiempos de la Guerra mundial pusieron fin a la alianza con Italia. El momento de terminación de la Guerra europea abre un nuevo estadio en la Constitución del Reich. A consecuencia de las elecciones del 19 de enero de 1919 se reunió en Weimar, el 6 de febrero de 1919, la Asamblea nacional alemana Constituyente que después de dictar una Constitución de necesidad el 10 de febrero, aprobó el 31 de julio la nueva Constitución del Reich del 11 de agosto de 1919. En ella coexiste, al lado de fuertes tendencias unitarias, el carácter de un Reich federal que conserva su estructura sobre la base de los Estados particulares llamados por entonces Países, de forma que el cumplimiento de las empresas estatales, pese a la intensa acentuación de la competencia del Reich, se encuentra repartida entre este y los Países. A ello responde la persistencia de una representación de los Países en el Reichsrat, cuyas facultades quedaron reducidas esencialmente. Solución en concordancia con la idea de que la soberanía del Estado procede del pueblo. Principio al que intentó dar cumplimiento con un Reichstag de elección directa y secreta, con la elección del presidente del Reich hecha por todo el pueblo y con la legislación por *referendum* popular, sea en defecto de conformidad entre el Reichsrat y el Reichstag, sea a base de un deseo del pueblo. Significa una innovación la recepción de los derechos y deberes fundamentales en la Constitución con influencia del proyecto de Francfort, que en todo caso solo ofrece proposiciones parcialmente nuevas y que con frecuencia tienen únicamente significación programática.

En el tercer decenio del siglo XX la historia constitucional de Alemania recorre la nueva etapa que significa la concepción nacional socialista del Reich alemán. He aquí cómo resume su advenimiento y sentido v. Schwerin.

La eficacia real de la Constitución de 1919 fue muy otra de la esperada, porque no se tuvo en cuenta que las teorías políticas estatales no llegan a convertirse en reglas de vida por su formulación legal, y que los compromisos entre las concepciones políticas solo tienen significación en todo caso mientras los compromisarios continúen siendo los mismos interna y externamente. La situación de hecho del Reich puso de manifiesto la decadencia del sistema parlamentario. Lo apremiante de aquélla exigía de modo tan urgente una enmienda que en

[6] Escrito en mayo de 1889. Para los acontecimientos de la guerra mundial, véase la carta abierta de Brunner a sus colegas, Intern. Mon. Schr. Nov., 1914, 175, su publicación póstuma.

1928 decidió el Gobierno central someter a una conferencia de los Países el problema de la reforma del Reich. No se pasó de proyectos. De suerte que la modificación de la situación insostenible, hecha por vía legal y con respecto del carácter parlamentario de la Constitución, solo era posible si se formaba un grupo de partidos que con una directriz libre de intereses de clase y circunstanciales pudiera alcanzar la mayoría. Este supuesto previo para tal empresa tuvo existencia una vez que el partido nacionalsocialista obrero alemán ascendió en 1930 a ser el segundo en fuerza, y el primero desde 1932. Lo demás se llevó a cabo cuando en las elecciones del 5 de marzo de 1933 el partido nacionalsocialista con el nuevo frente de lucha «negro-blanco-rojo» se concentró en un grupo cerrado bajo la fuerza vinculante de una ideología nacional por encima de los partidos. Como así reunió más del 50 % de los votos, tenía los derechos que según la Constitución de 1919 correspondían a la mayoría parlamentaria y, por lo tanto, también la legislación que no modificara la ley fundamental. El Gobierno del Reich solicitó su confianza. Por la ley contra la crisis del pueblo y del Reich de 24 de marzo de 1933 (la llamada ley de poderes), el poder del Gobierno bajo la dirección del canciller del Reich Adolfo Hitler fue ampliado con la mayoría suficiente para la reforma constitucional. Comprendía desde la facultad de dictar leyes modificadoras de la Constitución y solo encontraba sus límites en «la institución del Reichstag y del Reichsrat como tales» y en los derechos del presidente del Reich. Por este proceso de progresión nacional, el desarrollo de la Constitución del Reich llegó a un momento de crisis tras del que solo podía continuar bajo la inspiración del unitarismo, con la mayor atención posible a la peculiaridad de los Países existentes y condicionada históricamente. Aquel desarrollo alcanzó su destino por la dominación de la idea de la comunidad del pueblo nacida del seno del auténtico sentimiento germánico de la unión de lo nacional con lo social.

La Constitución del Estado nacionalsocialista no es una Constitución escrita en el estricto sentido que esta palabra ha recibido en el siglo XIX. No obstante, ha derogado la Constitución de Weimar. Si algunas normas de esta son todavía derecho vigente, se debe a que forman parte de la Constitución no escrita del Estado actual. En este la dualidad y contraposición antigermánicas entre Estado e individuo quedan superadas por la composición trimembre de Estado, movimiento y pueblo, en tanto que el movimiento político trasciende al Estado igual que al pueblo y se concierta en un todo unitario. A ello responde la incorporación como principio básico de la Constitución del Estado nacionalsocialista de la idea germánica del caudillo fundada en las de fidelidad y séquito, en oposición a las de mando y dominación. En el *Fuehrer* o caudillo del Estado, del movimiento y del pueblo alemán se reduce a unidad la tripartición. Esta unidad obligaba con interna necesidad a la supresión de los Países como entidades autónomas de derecho público; así quedó expresado en las leyes del 31 de marzo y 7 de abril de 1933, se prosiguió en la del 30 de enero de 1934 sobre la nueva planta del Reich con transmisión de los derechos de soberanía de los Países, y recibió complemento en la ley del 14 de febrero del mismo, suprimiendo el Reichsrat (v. Schwerin). La Ley relativa al Jefe del Estado del Reich alemán del 1.° de agosto de 1934 determinó en su artículo 1.° que «el cargo de presidente del Reich estará unido al de canciller del Reich. En su virtud, se transmitirán al *Fuehrer* y canciller Adolfo Hitler las facultades actuales del Presidente...». Fallecido v. Hindenburg, último titular de la presidencia del Reich. entró en vigor dicha ley que, además, pone en mano de Hitler la designación de quien le sustituya].

§ 59. Las relaciones de posesión

El desarrollo de las relaciones de posesión sobre fincas rústicas ofrece un cuadro distinto en el Oeste de Alemania que en el Este. Forman la línea fronteriza de esta diversidad el Elba y el bosque de Bohemia, que *grosso modo* son igualmente los linderos entre las tierras de procedencia alemana y los territorios de colonización alemana. Desde la terminación de la Edad Media se aminoró en una gran parte de Alemania la seguridad jurídica de las situaciones de posesión campesina. Mientras en tiempos anteriores se había logrado muchas veces la sucesión hereditaria en las posesiones aldeanas o, por lo menos, la sucesión de hecho encontró favorable camino para obtener carácter hereditario en razón misma del derecho[7], desde el siglo XV se advierte un movimiento de retroceso, en tanto que los señores territoriales procuran suprimir el carácter hereditario de las posesiones rústicas, o bien impedir la formación de este tipo de sucesión. La jurisprudencia romanística dio impulso a estos deseos, no porque fuera directamente opuesta a los campesinos, sino por carecer de comprensión sobre la complejidad de las formas de posesión rústica del derecho alemán. A causa de que para su enjuiciamiento el Derecho romano ofrecía solo los conceptos del arrendamiento hereditario (enfiteusis) y el arrendamiento temporal, su aplicación operó un efecto nivelador: configuró numerosas formas intermedias bajo el patrón del arrendamiento temporal.

Cuando desde el establecimiento de las tropas asalariadas la caballería dejó de ser una profesión de vida; cuando desde la recepción de los derechos extranjeros los nobles tuvieron que ceder paso en los cargos públicos a funcionarios peritos en derecho, el caballero se convirtió en agricultor, en tanto que, sobre todo en el Este, dedicó cada vez más sus fincas a la explotación por cuenta propia. En la medida que fue necesario abandonó la corte del príncipe, la ciudad o el burgo, y se estableció en una residencia adecuada para la explotación agrícola. Para extender su explotación o para establecerla, los señores territoriales del Este iniciaron el «asentamiento de campesinos», es decir, la incautación de la tierra de los campesinos con destino a su explotación directa. O por lo menos se oponían al *precarium* hereditario para poder aumentar los servicios de los campesinos en las condiciones impuestas al hacer la nueva concesión con el fin de conseguir mano de obra en las parcelas campesinas convertidas en tierras de los caballeros, y en la explotación agrícola que por este tiempo tenía ya carácter intensivo. Favoreció esta tendencia el hecho de que los soberanos territoriales hubieran cedido a los señores territoriales el derecho de señoría jurisdiccional y otros derechos señoriales sobre los campesinos, así como la percepción de los impuestos y la circunstancia de que los señores territoriales tenían en su mano la clave de la legislación en las Dietas del País en las que no estaban representados los campesinos. Después de la guerra de los Treinta Años se llevó a cabo la repoblación de las tierras desoladas, hecha frecuentemente de modo que el señor, antes de proveer las parcelas que tenía desiertas, reconstruía el cortijo

---

7 En los bienes de *precarium* hereditario el heredero conservaba la finca pese a la denegación del *precarium,* como si se le hubiese renovado la concesión, supuesto que pagara el censo tradicional por el cambio de mano. Incluso en el arrendamiento temporal se reputó muchas veces evidente la renovación. Definición de los sapientes de Treyssen en Grimm, Weistuemer, IV, 643, § 5: Ob ess sach were. so dick und viel eines armen mans jahrziel ausswehren, so soll er wieder kommen vndt soll des guets wiederumb gesinnen: also viel jahr ers vor gehabt hat, sollen die herren ihm oder seinen Erben solches ungesteigt wiederumb vergoennen; dess soll er mit ihm pringen ein huen, dass soll sein vrkund sein.

derruido, así que los edificios del cortijo y sus pertrechos (el inventario de la finca o aperos) eran también propiedad del señor territorial, que por ello dictaba a su arbitrio las condiciones del *precarium*. De este modo se llegó en Alemania oriental a la constitución de señoríos inmobiliarios.

En el Este no se manifestó una evolución similar. El poderío de los estamentos del País se independizó aquí, antes que en el Este, de la potestad de soberanía territorial. Por ello los soberanos territoriales se adhirieron más tempranamente a los campesinos contra los señores territoriales. Así, por ejemplo, en Sajonia inferior y en el siglo XVI impidieron aquéllos el aumento de los censos de las tierras cedidas en arrendamiento temporal y se estableció su carácter hereditario. Las expropiaciones de las tierras de los campesinos en la medida que tuvieron lugar no determinaron el establecimiento de señoríos inmobiliarios, porque la posesión de los señores territoriales era predominantemente posesión dispersa dada en arrendamiento temporal y, consiguientemente, la tierra sálica era demasiado reducida para constituir el núcleo de una gran explotación de economía propia. En esta parte el caballero permaneció en la calidad de rentista que antes tuviera por la percepción de censos y exacciones.

En el Este el señorío inmobiliario amenazó la plena desaparición de la tierra de los campesinos por medio de su expropiación sistemática; pero solo en lugares aislados consiguió en su totalidad este resultado. El poder estatal, en los grandes Territorios donde se había fortalecido contra los estamentos, colocó bajo su protección la tierra de los campesinos, para mantener a estos en una condición más saludable y evitar la transformación de la tierra campesina sujeta a impuestos en tierra señorial exenta de ellos. Frente a los señores territoriales hizo valer una coacción de arrendar jurídico-pública, puesto que preceptuó que las posesiones campesinas vacantes se cedieran de nuevo en arrendamiento, con prohibición de convertir la tierra campesina en tierra señorial. En Brandenburgo los comienzos de la coacción de arrendar se remontan hasta fines del siglo XV. Federico Guillermo I (14 marzo 1739) y Federico el Grande (12 agosto 1749) la extendieron a toda Prusia. Recibió nueva sanción en el Derecho territorial prusiano (II, 7, § 15)[8].

La legislación agraria del siglo XIX puso fin a las relaciones de *precarium* campesino al transformar los bienes cedidos a los aldeanos en propiedad suya, libre de la prestación de servicios. En Prusia, el edicto del 9 de octubre de 1807 derogó la vinculación que a la condición social tenía el tráfico inmobiliario. En lo futuro fue lícito que los nobles adquirieran bienes sin proceder de la nobleza, y que los burgueses y los campesinos hicieran lo propio no solo con bienes burgueses o campesinos, sino también con los procedentes de la nobleza. Por un edicto del 14 de septiembre de 1811 y por la declaración del 29 de mayo de 1816 la legislación de Hardenberg realizó la redención (la transformación del derecho de *precarium* en propiedad del rentero) en las llamadas fincas *lassiticas* (§ 24). Los poseedores de bienes hereditarios de esta clase obtenían la propiedad de sus parcelas libre de servicios contra cesión de un tercio; los poseedores de tales fincas, pero sin derecho hereditario y los aldeanos con arrendamiento temporal en bienes señoriales, de-

---

8 Allgemeines Landrecht fuer die preussischen Staaaten, Parte H, Título 7, Sección 1.ª, § 14: Die Anzahl de baeuerlichen Besitzungen auf dem Lande soll weder durch Einziehung der Stellen und der dazu gehoerigen Relitaeten, noch durch das zusammenschlagen derselben vermindert werden.

bían entregar la mitad de la tierra campesina[9]. La declaración del 29 de mayo de 1816 limitó la redención con importantes excepciones, de manera que quedaron excluidas las parcelas pequeñas y las insuficientes para prestar servicios de tracción. Pero como quiera que la coacción de arrendar jurídico-pública se suprimió también para la tierra campesina no sometida a redención, al cabo de los años 1816 a 1848, vino a resultar que una buena parte de ella había revertido a los señores territoriales o se cedió en una simple relación de arrendamiento de uso y disfrute. Tan solo la ley del 2 de marzo de 1850, relativa a la cancelación de las cargas reales, extendió la redención a las tierras excluidas de la de 1816 por entonces existentes y, además, transformó las tierras a censo hereditario o dadas en enfiteusis en propiedad del censatario o del enfiteuta. La redención se operó esta vez sin cesión de tierra. Alguna de las cargas que gravaban a los campesinos, como los servicios de caza y la gabela mortuoria, fueron abolidas sin compensación, pero las más se sujetarían a un procedimiento de redención para cuya mayor facilidad se establecieron Bancos de rentas especiales de carácter provincial. En las comarcas alemanas que pertenecieron transitoriamente a Francia, la liberación de los campesinos se produjo al compás de la legislación de los tiempos de la revolución francesa. En la mayor parte de los demás Estados se hizo ciertamente sin cesión de tierras, pero sí de forma que para la indemnización de los señores territoriales colaboró el auxilio del Estado o de las provincias. La cancelación de las cargas reales cierra en la historia—en lo que a la posesión campesina se refiere—el proceso económico iniciado en la época franca por el establecimiento de la relación de *precarium* como reacción frente a la convergencia de la posesión inmobiliaria en pocas manos.

La nueva legislación agraria enderezó, además, su línea hacia la abolición de las marcas comunes, de las servidumbres de bosques y dehesas; procuró la concentración (la consolidación de los inmuebles en relación topográfica)[10]; derogó la mayor parte de los derechos de retracto legal; declaró sin trabas la divisibilidad de la posesión inmobiliaria, su sometimiento al derecho sucesorio común y limitó la libertad contractual en lo relativo al derecho inmobiliario, para así hacer imposible la constitución de derechos de disfrute hereditarios y de rentas inmobiliarias duraderas. Las consecuencias perniciosas de esta política agraria, en parte extremadamente radical, se reflejaron en el exceso de deudas hipotecarias de las tierras campesinas, o en la existencia de explotaciones agrícolas insignificantes y en la progresiva falta de mano de obra en el campo. Por ello la ulterior legislación agraria de Prusia vióse obligada a posibilitar nuevas soluciones: con el fin de conservar la posesión campesina reguló el derecho a la heredad o *ancrbenrecht,* y con el fin de acrecentarla permitió la formación de bienes rentarios.

Con la disolución del Imperio el feudalismo perdió su importancia de derecho público. Después que en tiempo de la dominación francesa se suprimió en una parte de Alemania el vínculo feudal, la legislación alemana de alodificación la puso término en la mayoría de los Estados, concretamente a partir de 1848. En Prusia la ley del 2 de marzo de 1850 suprimió la propiedad jerárquica del señor feudal en

9 La cesión de la tierra podía sustituirse haciéndose cargo de una renta correspondiente y, bajo determinadas circunstancias, también por pago del capital.

10 Ordenanza prusiana sobre la división de los bienes comunes del 7 de julio de 1821. La puesta en práctica de la redención y otras reformas agrarias se confiaron en Prusia a funcionarios especiales provistos de facultades jurídico-administrativas y judiciales, las Comisiones generales, organizadas por la ordenanza del 20 de junio de 1817.

todos los feudos del interior del país, con excepción de los feudos de la corona. Sin embargo, la cualidad de feudo que permaneció subsistente en el inmueble a favor de los titulares de la *expectativa feudalis,* solo llegó a desaparecer a consecuencia de las leyes de redención de feudos dictadas para cada provincia desde 1867.

Dentro de la población municipal se hizo perceptible a fines del siglo XV el contraste entre una clase de grandes comerciantes y una pequeña burguesía empobrecida. A comienzos del siglo XVI las grandes compañías comerciales y los consorcios, que tuvieron su sede principalmente en Alemania meridional y que monopolizaban el comercio, provocaron el disfavor de amplios círculos de población[11] y de los estamentos del Imperio. Carlos V en su capitulación electoral tuvo que prometer la supresión de las grandes compañías de comerciantes, en atención a los daños patentes que ocasionaban al Imperio y a sus habitantes, artículo reiterado hasta 1745 en todas las capitulaciones electorales, no obstante haber quedado sin objeto su contenido, puesto que desde la segunda mitad del siglo XVI, a consecuencia de la variación de las rutas comerciales, Alemania quedó poco menos que excluida del comercio mundial.

Cuando las turbulencias de la guerra de los Treinta Años apagaron casi por completo el tráfico y vida comerciales en Alemania y cuando el pueblo alemán de ser uno de los más ricos de Europa descendió a uno de los más pobres, sobreviene un retorno a la economía natural. Las ciudades ya no consiguieron recobrar su bienestar de otros tiempos. El artesanado revistió carácter exclusivo, los gremios monopolizaron el ejercicio de la industria, la organización gremial sufrió un enervamiento, la palabra gremio recibió por entonces su moderno sentido peyorativo. La osificación de los gremios y los numerosos abusos de los artesanos motivaron la intervención de la legislación del Imperio, especialmente el *recessus imperii* (§ 62), de 1731, que en cierto modo se ofrece como un ordenamiento gremial del Imperio. Los gremios quedaron bajo la vigilancia y tutelaje del Estado, policía que terminó por desbaratarlos completamente. La moderna legislación industrial rompió con la coacción gremial: en virtud de la Ordenanza industrial de 1869 y mediante la abolición de todas las trabas del Derecho industrial, estableció para todo el Imperio la libertad del ejercicio de la industria, en lo que fue va precedente Prusia en los años 1810-11.

Pero como no se crearon nuevas organizaciones del trabajo manual y de la industria fabril, como la libertad contractual degeneró en el tráfico de dinero hasta la libertad de la usura y como, por entonces, la ciencia y la opinión pública, la legislación y la administración se hallaban sometidas al señorío del dogma de que el Estado como tal no estaba llamado a inmiscuirse en el libre juego de las fuerzas económicas, se produjo una inclinación fatal de la ordenación de la economía y de la sociedad a favor del gran capital mobiliario, evolución cuyas consecuencias amenazaron con la explotación ilimitada de los económicamente débiles, con la acumulación de factores de provocación en las masas trabajadoras que se organizaban, con la destrucción de la clase media y la ruina de los campesinos y, consiguientemente, la indefectible aminoración de la fuerza nacional de resistencia. Las corrientes so-

[11] «Tienen en manos todas las mercaderías y así obran como les viene en voluntad... y oprimen y arruinan a los pequeños comerciantes, no de otra forma a cómo procede el sello con los peces menores, cual si tuvieran señorío en las criaturas de Dios y se encontraran exentos de todas las leyes de su fe y del amor». Así se pronunció Lutero en su sermón «De los tratos de los mercaderes y de la usura».

ciales contrarias que siguieron inmediatamente a las orgías de las doctrinas económicas individualistas pusieron en conocimiento de la ciencia y del Estado que también en el campo de las cuestiones económicas y sociales la legislación tenia que reconocer y realizar la idea de la comunidad de asistencia. Fruto provisional de dicho conocimiento son las leyes del Imperio sobre política social, empezando por la ley de usura hasta la ordenación de seguros del Imperio del 19 de julio de 1911 y las Novelas posteriores a la ordenanza industrial y los intentos de las leyes territoriales para reformar el Derecho agrario.

KEUSCHER, Allgem. Wirtschaftsgeschichte, II, 1929. v. BELOW, Probleme der Wirtschaftsgeschichte, 1920. SOMBART, Der moderne Kapitalismus, I, 1916, II, 1 y 2, 1917; BRENTANO, Die Anfaenge des modernen Kapitalismus, 1916. STRIEDER, Studien zur Geschichte kapitalistischer Organisationsformen, 1914. HAACKE, Wirtschaftliche Bestimmungen in den Reichsabschieden, Jahrb. f. Nationaloek. u. Stat., 116, 465 ss. HANSSEN, Die Aufhebung der Leibeigenschaft und die Umgestaltung der gutsherrlichbaeuerlichen Verhaeltnisse ueberhaupt in den Herzogtuemern Schleswig und Holstein, 1861. KORN, Geschichte der baeuerl. Rechtsverhaeltnisse in der Mark Brandenburg. ZRG., 11, 1 ss. GROSSMANN, Die gutsherrlich-baeuerlichen Rechtsverhaeltnisse in der Mark Brandenburg vom 16. bis 18. Jahrh., 1890. FUCHS, Zur Geschichte des gutsherrlich-baeuerlichen Verhaeltnisses in der Mark Brandenburg. ZRG., 12, 17. G. Fr. KNAPP, Die Bauernbefreiung und der Ursprung der Landarbeiter in den aelteren Teilen Preussens. 1887; – Grundherrschaft und Rittergut. 1897. FUCHS, Der Untergang des Bauernstandes und das Aufkommen der Hutsherrschaftcn nach archiva!. Quellen aus Neuvorpommern und Ruegen. 1888. MAYBAUM, Entstehung der Gutsherrschaft im nordwestl. Mecklenburg. 1926. 145 ss. II. BRUNNER. Der Leihezwang in der deutschen Agrargeschichte. 1897. Th. KNAPP, Gesammelte Beitraege zur Rechts- und Wirtschaftsgeschichte, 1902. – Neue Beitraege zur Rechts-und Wirtschaftsgeschichte des wuerttembergischen Bauernstandes, I, II, 1919. FRANZ, Der deutsche Bauernkrieg. 1933, sobre este libro, Th. KNAPP. ZRG.,54, 420-30. MERX, Akten zur Geschichte des Bauemkr. m. Mitteldeutschland. I. 1 (1923), 1, 2 (1934, por FRANZ). JESSEN. Die Entstehung und Entwicklung der Gutsherrschaft in Schleswig-Holstein. Ztschr. f. Schleswig-Holst, G., 51. 1 ss. CIEKURSCH. Hundert Jahre schlesischer Agrargeschichte, 1915. DORNO, Der Flaeming, 1911. Véase la literatura supra § 24 y la literatura sobre la condición de los aldeanos y sobre la propiedad corporal § 60. LETTE U. ROENNE, Die Landeskulturgesetzgebung des preuss. Staats. I. 1853. DERNBURG. Lehrbuch des preuss. Privatrechts, I, 479. A. GLATZEL. Die preuss. Agrargesetzgebung. Rueckblick und Ausblick en Z. f. d. Landeskulturgesetzgebung der preussischen Staaten 32 (1895). 479 ss. v. MIASKOWSKI, Das Erbrecht und die Grundeigentumsverteilung im Deutschen Reiche, 1882, 1884. Die Vererbung des laendlichen Grundbesitzes im Koenigr. Preussen en Auftr. des Ministeriums f. Landwirtsch, publicado por SERINO, 1897 ss. ADLER, Zur Rechtsgeschichte des adeligen Grundbesitzes in Oesterreich, 1902. v. BRUENNECK, Zum altpreussischen Jagd-und Fisehereirecht, ZRG., 39, 88 ss. – KLUCKHON, Zur Geschichte der Handelsgesellschaften und Monopole im Zeitalter der Reformation, en Histor. Aufsaetze f. Weitz, 1886, 666. J. MUELLER, VSchr.Soz. WG., 13, 153 ss. (Zur Imhofschen HdGes.). PETERKA, Z. f. HdR., 73, 387 (Fuggersche Gesellsch.) APELBAUM, Basler Handelsgesellschaften, 1915. SILBERSCHMIDT, Basler Handelsgesellschaften im 15. Jahrhundert, 1917. v. BRAKEL, Randglossen zur Gesch. der Handelsgesellschaften VSchrSozWG., 14, 343 ss. A. SCHULTE, Geschichte der grossen Ravensburger Handelsgesellschaft, 1380-1530, I-III. 1923. REHME, Das rechtliche Wesen der grossen Ravensburger Handelsgesellschaft. ZRG., 47. 487 ss. FRENSDORFF, Das Reich und die

Hansestaedte, ZRG., 20, 127.—Das Zunftrecht insbes. Norddeutschlands u. d. Handwerkerehre, Hans. Geschichtsbl., 34, 1 ss. Gebauer, Das Hildesheimer Handwerkswesen... und das Reichsgesetz von 1731, Hans. Geschichtsbl., 1917, 157 ss. Mascher, Das deutsche Gewerbewesen von der fruehesten Zeit bis auf die Gegenwart, 1866. Baasch, Handelskammer zu Hamburg (1665-1915), 1915. Koenig, Peutinger-Studien, 1914, 103 ss.—Nussbaum, Tatsachen im Kommissionsrecht, 1917, 1-12.—Silberschmidt, Pfaelzisches Bergwesen, 1913. Wuttke, Aus der Vergangenheit des schles. Berg-und Huettenwesens, 1913.—Freund, Die Emanzipation der Juden in Preussen, 1912.

§ 60. La condición de las personas

La transformación de las posiciones culturales en lo que separa la Edad Media de la época moderna no es un fenómeno exclusivo de Alemania, sino un acontecimiento europeo, y no necesita ser analizado aquí en su pormenor. A comienzos del siglo XVI se observa en el Imperio alemán un movimiento triple: religioso, político y social. El primero vence en una gran parte de Alemania al favor de los soberanos territoriales y por el espíritu de la burguesía. El segundo, tendiente a una modificación en la organización del Imperio, tomó arranque en la clase de los caballeros imperiales libres y encontró término en el fracaso, suerte compartida por el tercer movimiento encaminado a la rebelión de los campesinos oprimidos.

El Imperio conservó hasta el fin de sus días la jerarquización estamental. Conoció príncipes imperiales, condes y señores, caballeros imperiales, ciudades imperiales y campesinos imperiales. La nobleza del Imperio se dividía en un grado superior y otro inferior; el primero requería, además de la inmediatividad con el Imperio, el carácter de estamento imperial hereditario. Solo en las genealogías de la alta nobleza se conservó la asociación de la *sippe* agnaticia, revestida de una organización corporativa. Solo aquí se encuentra con permanencia su derecho especial de clase, determinado por leyes de la Casa, por observancias o costumbres familiares y por el conocido con el nombre de derecho privado de los príncipes. Desde la disolución del Imperio se contaban entre los nobles superiores las Casas soberanas y las mediatizadas de señorío estamental, es decir, aquellas que en 1806 habían poseído la condición hereditaria de estamento del Imperio. Los campesinos imperiales desaparecieron poco antes de la caída del Imperio. El viejo Imperio se extinguió cuando ya era una entidad estatal sin campesinos.

En los Territorios la distinción de las clases de nobles, burgueses y campesinos, tal como procedía de la Edad Media, después de una pasajera agudización de los contrastes, vino finalmente a fundirse en lo esencial para ceder paso al concepto de una ciudadanía general del Estado, como la que con anterioridad existiera en pequeños círculos en las ciudades. La nobleza de los Territorios dejó de ser un estamento profesional al introducirse el ejército permanente. A efecto de las concesiones nobiliarias se creó una nobleza de título que frecuentemente carecía de posesiones inmuebles, que en otro caso constituían el supuesto precio de la condición superior. Después de la guerra de los Treinta Años, la fuerza de resistencia de la nobleza, repetidamente ejercida, contra los soberanos territoriales, desaparece por doquier. Desde este tiempo la nobleza solo se mantiene como un factor de importancia política si consigue relaciones en la corte, o ingresa en la burocracia perita en derecho, o en un puesto de oficial del ejército permanente. Sin embargo, la nobleza de Alemania oriental tuvo la habilidad de mejorar durante mucho tiempo su posición social y económica gracias a la formación del señorío inmobiliario. Un régimen jurídico estatutario de los bienes familiares y de la sucesión hereditaria, el derecho al emblema heráldico y al uso de sello, un fuero judicial especial, la capacidad exclusiva para la adquisición de feudos y de bienes de los caballeros, la capacidad para ser miembro de la Dieta territorial, que iba vinculada con aquélla, la exención de impuestos, la jurisdicción patrimonial y las atribuciones de policía fueron hasta la misma época más moderna los privilegios disfrutados por los nobles inferiores en las comarcas respectivas.

Desde la terminación de la Edad Media empeoró la condición de los campesinos, cambio primeramente visible en Alemania occidental y que luego se extendió hacia el Este. Las cargas de Derecho público y las de Derecho privado que gravaban a los campesinos se aumentaron arbitrariamente, a la vez que descendieron los precios de los productos de la tierra. El concepto de la propiedad corporal se amplió abusivamente a los semilibres; la posesión campesina hereditaria quedó transformada, no rara vez, en un tipo de cesión esencialmente revocable; desde que el señor territorial de las tierras comarcanas llegó a ser el jefe de la marca, se limita o suprime la autonomía de los campesinos en asuntos de la marca común. Las tentativas de las gentes del campo para procurarse a si mismas remedio contra el empeoramiento de su situación promovieron en el Oeste y Sur sublevaciones de campesinos que los príncipes reprimieron por la violencia. En el Este dio origen a la existencia de súbditos por razón del nacimiento y a la formación de un nuevo tipo de propiedad corporal sobre los aldeanos[12].

En este período hay que distinguir dos tipos de propiedad corporal, a saber: el más antiguo o alemán occidental y el más moderno o alemán oriental. La propiedad corporal del primero, llamada en Westfalia pertenencia en propiedad y en el principado de Hildesheim «propiedad del cuello», se ofrece en formas atenuadas y en otras de mayor dureza, reconducibles a los rasgos de la antigua servidumbre o de la semilibertad. Consiste en la pertenencia personal a un señor corporal, que se exterioriza en el pago de un censo corporal, del *mortuarium,* del *maritagium,* en la obligación de servicios y en la coacción de hacer de criado y en la carencia de la libertad de domicilio.[13] En este o aquel lugar faltan algunos de estos caracteres o concurren otros. La propiedad corporal fue en Baviera relativamente más rigurosa. Presenta la máxima dureza en algunas partes de Westfalia; tal fue el caso, por ejemplo, todavía, según la ordenanza de la propiedad de 1741, para Minden y Ravensberg, que atribuía al señor la mitad de la herencia y la facultad de vender a los pertenecientes en propiedad[14].

---

12 Uno de los rasgos más relevantes de la guerra de los campesinos es haber sido «el único movimiento social que en la historia alemana tiene un carácter que trasciende del particularismo local». Su interpretación en puro sentido económico es insuficiente: jugaron mucho en la unidad y decisión del movimiento las corrientes de la reforma luterana, aunque Lulero se manifestara contra la rebelión. La imagen del Dios vengador que toman por enseña los aldeanos es sustituida por el Reformador con la imagen del Dios compasivo. Lulero en su discutido opúsculo « contra las bandas de aldeanos ladrones y asesinos» (mayo de 1525), salvó a la Reforma del peligro de ser aniquilada con la derrota de los campesinos. Del levantamiento de estos le hace responsable el propio Erasmo y. desde luego, los papistas. Cf. JOACHIMSEN, en la Historia Universal de W. GOETZ. V, trad. españ., 1932. 111-122.

13 Se encuentra independientemente del señorío jurisdiccional y del señorío territorial. Th. KNAPP, ZRG., 19, 19.

14 Cf. v. BRUENNECK, ZRG., 11, 130.

La propiedad corporal de tipo alemán oriental debe su origen a la necesidad de los señores territoriales de asegurarse entre los campesinos la mano de obra para su gran industria de explotación agrícola. Todavía en el siglo XVI era libre el campesino del Este. Sin embargo, ya por entonces se exigía que si el campesino deseaba abandonar el cortijo ofreciera al señor un sustituto, y los hijos que quisiera arrendar como criados tenía que ofrecérselos primeramente al señor para tal servicio. Estas obligaciones se aumentaron en grado que el campesino para abandonar el cortijo necesitaba siempre el consentimiento de) señor y los hijos quedaban sometidos a una coacción incondicionada de servicios como criados. Las prestaciones personales de los campesinos, al principio mesuradas, se ampliaron más y más por la creciente necesidad del señor que llegó a ser para ellos señor jurisdiccional y autoridad. Para contraer matrimonio, para el aprendizaje de un oficio manual, precisaba la licencia señorial. La relación de este contenido fue llamada posteriormente de súbdito por razón del nacimiento, y en lo esencial es conocida todavía por el Derecho territorial prusiano. Tan solo con la obligación de prestar servicios y las limitaciones de la libertad de domicilio se construyó a fines del siglo XVI, con el auxilio de textos romanos, el concepto de la propiedad corporal. Las secuelas de la guerra de los Treinta Años, el influjo del Derecho polaco y las vacilaciones del lenguaje hicieron posible en los Países particulares la obtención de las consecuencias prácticas de aquella teoría. El propio de cuerpo fue tenido por *pars fundí,* es decir, del fundo de caballero a que pertenecía. El cortijo y la tierra que le entregara el señor tenía la solo con carácter revocable. Si el señor se la quitaba, podía seguir prestando trabajo como jornalero del fundo. Venía obligado a servicios personales desmedidos. Aquí y allá llegó a ser derecho la posibilidad de su libre enajenación por el señor.

Únicamente el absolutismo del poder público intervino para mejorar la situación de los campesinos, por cuanto, por el camino indirecto del carácter general de súbdito llegó al concepto de la ciudadanía general, del Estado. La propiedad corporal, tanto la de tipo alemán occidental como la del oriental, fueron abolidas por el Estado en parte en el siglo XVIII y en parte durante el XIX[15]. Ert Prusia la reacción se produjo primeramente contra la deformación jurídica de la propiedad corporal. En primer término fue suprimida en los dominios reales bajo Federico Guillermo I, después en las provincias orientales en 1773 por Federico el Grande, y con carácter general por el Derecho territorial prusiano. Con todo, quedó subsistente la relación de súbdito por razón del nacimiento, si bien en una forma atenuada; tan solo se decidió su derogación por el edicto de Stein del 9 de octubre de 1807, relativo a la posesión desgravada y al libre uso de la propiedad inmobiliaria, así como a las relaciones personales de los habitantes del campo.

En el curso del siglo XIX fueron abolidos casi por completo los derechos y deberes fundados sobre la base de la condición social que incumbían a algunos sectores de la población. Ya solo la alta nobleza conservó privilegios esenciales, especialmente la autonomía y la igualdad de nacimiento, mientras que los nobles inferiores únicamente en algunos Estados pudieron conservar privilegios aislados, como, por ejemplo, en Baviera la capacidad fideicomisaria. La constitución de 1919 ordenó la abolición de todos los privilegios y menoscabos por razón del nacimiento y de la condición social. Principio al que se dio ejecutoriedad en Prusia por la ley del 23 de junio de 1920 sobre la nobleza.

---

15 En Austria por José II. 1781 y 1782. Hannóver tan solo el año 1836, prohibió la pertenencia en propiedad aquí existente.

KULISCHER. Allgemein. Wirtschaftsgeschichte d. MA. und der Neuzeit» II. 95. ss., 436 ss. BIEDERMANN, Deutschlands politische, materielle und soziale Zustaende im 18. Jahrh., 1880. J. J. MOSER, Familienstaatsrecht der deutschen Reichsstaende. 2 volúmenes. 1775. HEFFTER, Die Sonderrechte der souveraenen und reichsstaendischen Haeuser Deutschlands, 1871. ABT. Missheiraten in den deutschen Fuerstenhaeusem. 1911. v. CAEMMERER, Die Testamente der Kurfuersten von Brandenburg. 1915., sobre esto, Heymann. ZRG., 37, 579 ss. HEYMAXN, Das Testament Koenig Friedrich Wilhelms. III. 1925. ROTH VON SCHRECKENSTEIN. Geschichte der ehemaligen freien Reichsritterschaft. 1859, 1871;—Der Freiherrntitel einst und jetzt.

SUGENHEIM, Geschichte der Aufhebung der Leibeigenschaft, 1861. BOEHLAU. Ueber Ursprung und Wesen der Leibeigenschaft in Mecklenburg. ZRG., 10, 357;—Mecklenburgisches Landrecht. II. 1872, 50 ss. v. BRUENNECK, Die Leibeigenschaft in Ostpreussen. ZRG. 8. 38;—Die Leibeigenschaft in Pommern, ibidem. 9. 104;—Die Aufhebung der Leibeigenschaft durch die Gesetzgebung Friedrichs des Grossen und das allgem. preuss Landrecht ibidem. 10, 24; 11, 101. v. TRANSCHE-ROSENECK. Entstehung der Schollenpflichtigkeit in Livland. Mitt. a. d. Livlaend. Gesch., 23. 485 ss. GRUENBERG, Die Bauernbefreiung in Boehmen, Maehren und Schlesien. 1884. 1893. REDLICH, Leibeigenschaft und Bauernbefreiung in Oesterreich, ZSchr.SozWG., 3, 258. Th. LUDWIG, Der badische Bauer im 18. Jahrh., 1896. FRASS; Der oberdeutsche Bauer, Oberb.Arch., 62, 1 ss. Tg. KNAPP, Ueber Leibeigenschaft in Deutschland seit dem Ausgang des Mittelalters en sus «Gesammelte Beitraege zur Rechts-und Wirtschaftsgeschichte», 1902.—Neue Beitraege (véase § 58). MAURER en Schmollers Jahrb., 38, 297 ss. RUDLOFF, Sur Bauernbefreiung in Kurhessen. Konrads Jahrb., 105, 802 ss. Jan v. JORDAN-ROZWADOWSKI, Die Bauern des 18. Jahrh. und ihre Herren en Jahrbuecher fuer Nationaloekonomie. 3. Folge, 20 (1900) AUBIN, Der Einfluss der Rezeption d. roem. Rechts auf den deutschen Bauernstand, ibidem, 44 (1912). A. MELL, Die Anfaenge der Bauernbefreiung in Steiermark unter Maria Theresia und Josef II, 1901. v. BRIESEN, Die Rechtslage der Eigenbehoerigen in MindenRavensberg, 1907. J. v. GIERKE. Die erste Reform des Freiherrn von Stein. 1924.

§ 61. La recepción de los Derechos extranjeros

Cuando se habla de la recepción de los Derechos extranjeros quedan mentados el Derecho romano, el Derecho canónico y el Derecho feudal longobardo. La recepción del Derecho romano, en cuya compañía se recibieron los otros dos Derechos extranjeros, no se produjo en Alemania por un acto repentino, sino que es el resultado de un proceso de larga duración en el que podemos distinguir la recepción teórica y la práctica. Esta tuvo en aquélla su condición previa. La recepción teórica descansa en el advenimiento de la convicción de que el Derecho romano tenía justificada pretensión de vigencia en Alemania. Consiste la práctica en la penetración del Derecho romano en la judicatura alemana. Aquélla se remonta al siglo XII y enraiza en la idea de que el sacro romano Imperio significaba una continuación del antiguo Imperio romano, de que consiguientemente las leyes de los emperadores romanos eran leyes de los antecesores de los reyes alemanes y que, como tales, poseían vigencia subsidiaria. Las relaciones sostenidas por los reyes procedentes de la Casa de los Staufer con los maestros del Derecho romano en Italia dieron intensa vitalidad a la expansión y arraigo de dicha idea. Llegó a ser más viva y vigorosa cuanto más exuberante se mostró el particularismo en la Edad Media alemana y cuanto mayor fue la diversificación local del derecho patrio. Aquí se dejó advertir un rasgo repetido con frecuencia en la historia alemana: que el particularismo extremado persigue y encuentra su complemento en un ilimitado universalismo. Ya los Staufer, Federico I y Federico II, habían hecho insertar algunas de sus leyes en el *corpus iuris civilis*. Enrique VII ordenó la inclusión de una ley de 1312 sobre los herejes, que permaneció sin consecuencia. Desplegaron una intensa actividad romanizante los reyes de la Casa de los Luxemburgo, particularmente Carlos IV, que, entre otros, extendió los preceptos de) Derecho romano sobre el *crimen laesae maiestatis* a los príncipes electores. El conocimiento del Derecho extranjero llegó al país por medio de las escuelas de Derecho de Italia, cuya nombradía mundial atrajo también a numerosos discípulos de Alemania, con un estímulo puramente práctico a causa de que el Derecho canónico—que por entonces abarcaba numerosas cuestiones de la vida civil—se construía en no pequeña parte sobre el Derecho romano. La influencia jurídica extranjera se recibió primeramente en la literatura jurídica alemana. El Espejo de Suabia dio ya cabida a varias normas jurídicas romanas. En la Glosa al Espejo de Sajonia se hizo el intento de ofrecer una concordancia entre el Derecho sajón de una parte y las *leges* y *cánones* de otra. Todavía fue mayor el influjo del conocimiento del Derecho extranjero sobre los trabajos de Nicolás Wurm y del escribano municipal Juan de Bruenn[16].

La recepción práctica tiene sus raíces en el nacimiento de una judicatura perita en Derecho. Los juristas formados en el Derecho extranjero—para quienes con harta frecuencia este derecho era sencillamente el derecho por antonomasia—solo fueron empleados al principio en cuestiones administrativas. Donde más tempranamente tuvieron acceso a la jurisprudencia fue en la corte del rey que confiaba a su consejo los asuntos que muchas veces decidía personalmente como juez arbitral, y posteriormente los consejeros con que proveía su tribunal de cámara fueron elegidos en parte del círculo de los jurisperitos. Cuando en 1495 se creó el tribunal de la cámara del Imperio, se hizo jurar a los asesores—que en la mitad de su número debían ser jurisperitos—que juzgaran según el Derecho común del Imperio[17]. fórmula en la que estaba comprendido el Derecho romano. Una vez afirmado en su precedencia el tribunal supremo del Imperio, los tribunales territoriales y locales tuvieron que seguirle necesariamente por su condición de instancias inferiores. En Suiza y en Schleswig, donde no alcanzó competencia el tribunal de la cámara del Imperio, solo tuvo lugar en medida muy escasa la recepción del Derecho romano. Por lo demás, en la mayor parte de los Territorios había precedido un proceso análogo al de la corte regia, puesto que de un lado las partes (no rara vez con intervención de sus asesores jurisperitos), eludían sus cuestiones jurídicas a los decadentes tribunales de escabinos y buscaban la sentencia de los funcionarios de la soberanía territorial de formación jurisperita, y de otro lado los tribunales superiores territoriales fueron provistos según el modelo del tribunal imperial con personas de cultura jurídica. El Derecho de las pequeñas localidades se mantuvo libre de mezclas extrañas más tiempo que ningún otro; sus fuentes, las definiciones de derecho de los sapientes, suministraron todavía por largo tiempo un caudal de concepciones jurídicas populares.

---

16 En opinión del jurista español en Polonia, PEDRO RUIZ DE MOROS, las exigencias de la vida jurídica dieron particular motivo de frecuencia a esta recomendación de la Glosa del Espejo de Sajonia: uní ista deficiunt recurrendum est ad I.eges et Cánones. Cf. KORANY, AHDE., 5, 234.

17 «Auch nach redlichen, erbern (ehrbaren) und leidlichen Ordnungen, Statuten und Gewohnheiten der Fuerstentumb, Herrschaften und Gericht, die *fuer sie pracht werden*». Según esto, el derecho particular solo debía merecer atención en la medida que se aportara por los litigantes ante el tribunal.

En la lucha entre el Derecho patrio y el extranjero encontró este un vigoroso apoyo en las Universidades que se fundaron en Alemania desde la mitad de siglo XVI[18]. La actividad magistral de las Universidades se dedicó solo a los Derechos extranjeros y en un primer tiempo al Derecho canónico, desde el siglo XV también al romano. Discurría sobre los Derechos extranjeros la práctica de sentencias de las Facultades de juristas, que en parte vinieron a ocupar el lugar de las antiguas cortes judiciales superiores.

En favor del Derecho extranjero operó una literatura jurídica casi inconmensurable, escrita con fines de divulgación, con intento de hacer accesibles a los profanos las doctrinas de los derechos romano y canónico. Esta literatura tiene en parte un carácter enciclopédico alfabético. Se inicia en el siglo XIV y encuentra su término en el *Vocabularius inris utriusque* de Jodocus de 1452, tantas veces reimpreso. Junto a este tipo existieron exposiciones sistemáticas populares, de las que se tiene como más antigua la redactada a comienzos del siglo XIV por un tal Raimundo de Nápoles, reelaborada al poco tiempo por un alemán, presumiblemente en Viena-Neustadt. Trátase de un doctrinal de derecho privado y penal redactado por su autor para uso de sus hijos con atención al derecho patrio, que conocía fundamentalmente, sobre las bases de la literatura jurídica romanística italiana, en el siglo XIV, con probabilidad de 1340-1348[19]. Entre las obras de la literatura vulgar redactadas en lengua alemana ejerció el influjo más decisivo sobre la práctica el escrito compuesto hacia 1425 por un escribano municipal de Schwaeb-Hall: *clag, anüvort und ausgesprochene urteyl gezogen aus geystlichen und weltlichen rechten* (demanda, contestación y sentencia dictada, sacadas de los derechos laico y eclesiástico), publicado en 1516 por Sebastián Brant bajo el título *Espéculo de querellas,* y, además, el Espéculo de profanos redactado en 1509 por Ulrico Tengler, exposición enciclopédica del derecho privado, del penal y del procesal, que conjuntamente a la literatura de los derechos extranjeros utiliza también las fuentes del Derecho alemán.

En Alemania se recibió: 1. El Derecho romano en el sentido que luego se indica. 2. El *corpus iuris canonici* (*clausum*); es decir, fue su contenido el vigente en los tribunales eclesiásticos, válido igualmente como norma de decisión en los tribunales laicos. 3. El Derecho feudal longobardo contenido en las *consuetudines* o *libri feudorum,* compilación de elementos de varias fechas de origen[20], aparecida parte en

---

18 Los tipos fundamentales según los que se conf gurú la organización de las Universidades eran oriundos de Bolonia y París. En Bolonia llamábanse *Universitates* las corporaciones libres de escolares extranjeros que se dividían en asociaciones por razón de la nacionalidad, *nationes.* Presumiblemente el germen y patrón de la congregación corporativa se dio por la colonia de estudiantes alemanes de Bolonia, la *natio teutonica,* hermandad por juramento procedente de una *gilda* de protección estudiantil. El *estudium generale* de París se organizó por especialidades científicas, Facultades, congregación de científicos planeada al modo de los gremios industriales, cuyos miembros se dividían es escolares, bachilleres y maestros o doctores, en correspondencia a los aprendices, oficiales y maestros de la industria.

19 Este trabajo ejerció una influencia decisiva sobre la evolución jurídica en Austria, Hungría y Polonia. A comienzos del siglo XVI el protonotario húngaro Esteban Verboeczy le tuvo por base de su *opus tripartitum iuris consuetudinarii regni Hungariae* (1514), ed. Csiky Kálman, 1894.

20 La recensión más antigua—hasta II f. 24—llamada obertiana, tiene como núcleo principal varios tratados que comentan la ley de feudos de Conrado II de 28 de mayo de 1037, y dos cartas del cónsul milanos Obertus de Orto a su hijo Anselmo relativas a la

Pavía y parte en Milán, a base de las leyes sobre derecho feudal de Conrado II, Lotario III y Federico I y de la práctica feudal milanesa. La recensión más moderna de esta colección fue incorporada por el jurista Hugolinus de Presbytero († 1220) como *decima collatio novellarum* al *corpus iuris civilis* y en este vehículo alcanzó recepción en Alemania.

Por lo que hace al más importante de los Derechos extranjeros, el Derecho romano, hay que distinguir la recepción teórica y la práctica en atención a su objeto, a su extensión y a su efecto. La recepción teórica tuvo por objeto los Libros de derecho justinianeos: Instituciones, Pandectas, Codex y Xovellae. No fue una recepción de normas de derecho e instituciones jurídicas aisladas, sino que comprendió el *corpus iuris civilis in complexu;* pero solo fue recibido como derecho subsidiario. Por el contrario, la recepción práctica se promovió en la ciencia jurídica formada en Italia sobre el *corpus iuris civilis,* cuyas doctrinas modernizaba y transformaba en múltiples ocasiones. Así como de una parte la recepción práctica tenía por objeto el Derecho suministrado por la ciencia jurídica italiana, de otra parte no se extendió al Derecho romano *in complexu,* sino solo a algunas normas de Derecho e instituciones jurídicas aisladas, aunque bastante numerosas y fundamentales; pero a estas las dotó de vigencia absoluta sin el carácter subsidiario de derecho extranjero. El contraste entre la recepción teórica y la práctica permaneció en parte insoluble y en general sin ser comprendida debidamente. Ello se advierte, entre otros signos, en que muchas veces la teoría y la práctica romanística no pudieron adentrarse hasta fines del siglo último en la convicción, a todas luces certera, de que el resultado de la recepción práctica, aunque descansara en una mala inteligencia de las fuentes jurídicas romanas, excluía la aplicación del derecho romano puro. Por lo demás, ya durante la recepción aquel contraste entre la teórica y la práctica perdió intensidad en sus aristas más agudas por cuanto: 1, la vigencia del *corpus iuris civilis* para avenirse con el hecho de contener normas jurídicas que no tenían aplicación, se limitó a los pasajes glosados, únicos que había recibido la ciencia jurídica italiana, y ya que, 2, recurrió al concepto de un *usus hodiernus pandectarum* con el fin de buscar conciliación al hecho de que se aplicara normas jurídicas no contenidas en el *corpus iuris civilis* y, finalmente, 3, porque encubrió la aplicación absoluta del Derecho extranjero frente al patrio por la falsa atribución hecha al primero de *fundatam intenlionem,* por estimar que las normas jurídicas del segundo, en su calidad de *facta,* tenían que ser objeto de prueba formal en derecho y por aplicarlas el principio *statuta sunt stricte interpretanda,* practicado en el sentido que mejor viniera al derecho extranjero. Así sucedió que los juristas doctos o semidoctos de que estaban provistos los tribunales dieron de lado y abandonaron en forma indebida el derecho alemán. Solo en los Países de Derecho sajón, donde hubo mayor firmeza ante el Derecho de nueva aportación, se advierte una situación más favorable, ya que el conocimiento del Derecho sajón general, tal como se había formado a base del Espejo de Sajonia y de la literatura surgida sobre él, se consideró deber de los jueces, de suerte que sobre los Derechos territoriales y locales consiguió aplicación en primer término el Derecho sajón y solo pospuesto a él como subsidiario el Derecho romano.

---

ley de feudos de Lotario III de 1136 y a la práctica milanesa. En virtud de adiciones que descansan fundamentalmente en la legislación de Federico I, nació una segunda recensión (hasta II. f. 51), la de Jacobo de Ardizon (circa. 1240). Nuevas ampliaciones y la inclusión de la ley Roncalia de Federico I del 1158, caracterizan una tercera recensión, la de Acursio o *vulgata* (hasta II, f. 58).

No hay por qué reprochar el acontecimiento de la recepción en sí. No requiere defensa alguna si se parte del punto de vista de que todo progreso cultural de la Humanidad tiene como escalón previo la asunción y elaboración interna de la cultura precedente. La recepción encuentra su explicación en el estado del Derecho alemán por entonces. El desenvolvimiento de un tráfico considerable exigía un Derecho unitario. Su necesidad es perceptible en la aparición de trabajos como el Espejo alemán, el Espejo de Suabia y el Espejo de Franconia, que intentaban exponer un Derecho unitario sin lograrlo siquiera aproximadamente; se advierte también en el deseo de formar extensos sectores jurídicos tales como resultaron, por ejemplo, en la agrupación de las familias de los Derechos municipales más extendidos. La conciencia de dicha necesidad promovió todavía dentro del siglo XV, y no mucho antes de la recepción práctica, proyectos positivos de una reforma unificadora del derecho patrio. Así el año 1433 Nicolás de Cusa presentó al Concilio de Basilea un *memorandum* donde reclamaba la pesquisa oficial y la redacción de los usos territoriales con intervención de los *iudices provinciarum*. Desgraciadamente, esta proposición, encaminada en una falsa dirección, quedó sin resultado. Su realización habría fortalecido esencialmente al Derecho consuetudinario alemán en su lucha con el Derecho romano y, al menos, hubiera logrado para Alemania igual importancia a la tenida para la historia del Derecho francés por la redacción oficial de las *Coutumes* iniciada poco antes en algunas comarcas de Francia y prontamente dispuesta con carácter general por la ordenanza de Carlos VII de Montilz-les-Tours (1454).

A causa de que la evolución del Derecho patrio no rebasó su particularismo, aproximadamente por el mismo tiempo que nacía un idioma alemán escrito común sobre las diferentes formas dialectales alemanas, el Derecho romano obtiene señorío como un Derecho escrito común de Alemania[21]. A la exigencia de un Derecho común se unió, durante la época del Renacimiento humanista y de la creciente cultura en las capas superiores del pueblo alemán, el deseo de un Derecho científico. Pero el Derecho alemán de entonces carecía de un tratamiento científico como el recibido en este tiempo por el derecho romano gracias a los juristas romanos y a la ciencia jurídica italiana. Por lo demás, y precisamente al tiempo de la recepción, el Derecho alemán era concebido de tal forma que muchos sectores encontraban punto de vinculación en el *corpus iuris civilis;* así que en este sentido su recepción se ofrece simplemente como el término de un desarrollo iniciado ya en el Derecho patrio. Dicha aproximación operó favorable a la recepción, mientras que los Derechos populares, por la causa misma de su acentuado contraste con el Derecho romano, se mantuvieron firmes frente a él, pese al íntimo contacto local. En Inglaterra y en Francia, donde la recepción de la ideología jurídica romana sucedió más tempranamente, actuó al modo de una inoculación profiláctica que dio capacidad de resistencia contra infecciones destructoras al derecho nacional revestido de aquélla[22]. En Alemania la recepción sobrevino

[21] Que la supuesta insuficiencia del Derecho alemán no fue lo que dio impulso propio a la recepción queda demostrado por la vigorosa resistencia a la penetración del Derecho extranjero opuesta por las ciudades de mayor importancia económica e independencia política como Lubeck, Brema, Hamburgo, Magdeburgo. Brunswick. V. BELOW, Die Ursachen der Rezeption, 93 ss.

[22] Cosa análoga sucedió en España. Escribe GALO SÁNCHEZ, Revista de Derecho Privado. 10 (1922), 353-54: Adaptando a Castilla (no sin alterar su sentido), la distinción que hacen los historiadores del derecho alemán entre recepción teórica y práctica, podríamos decir que así como las Partidas son el factor principal de la última, las leyes de 1348,

únicamente en un momento que las formas de vida medievales estaban encaminadas a su desaparición o petrificación y cuando actuaban plenamente la atomización de los órganos jurisdiccionales y la debilitación de la potestad del Imperio. La recepción ofreció en Alemania una intensidad tan grande por lo tardío de su ocurrencia y porque los juristas alemanes olvidaron sus deberes con el derecho patrio y consiguientemente no desempeñaron su misión.

La organización del tribunal regio alemán, y no menos que esta la de los tribunales populares alemanes y de escabinos, no reunía condiciones para la formación de una clase de juristas doctos. Y como quiera que únicamente en la escuela unitaria del Derecho extranjero surgió un núcleo de esta naturaleza, fue obligado defender, conjuntamente con la existencia del Derecho extranjero, la existencia propia. Lo que sí motivará siempre reproche y censura es la forma en que llevó a cabo la recepción. Fue una desdicha nacional la mezquina ignorancia del Derecho alemán, el trasiego falto de espíritu y puramente externo de las normas jurídicas romanas a las relaciones patrias, el desconocimiento de contrastes entre estas y el Derecho romano, que fue insensible a la verdad de que a ningún pueblo le es dado pensar con el alma de otro. Si se considera que a consecuencia de esta falta no hemos penetrado nunca plenamente en el Derecho romano, podrá medirse la perturbación introducida en la vida jurídica alemana al tiempo de la recepción bajo el dominio de una clase de juristas incapaces hasta lo indecible.

Stobbe, Geschichte der deutschen Rechtsquellen. II, v. Savigny, Geschichte des roemischen Rechts im Mittelalter, 1834 ss. Franklin, Beitraege zur Geschichte der Rezeption des roemischen Rechts, 1863. K. Burdach, Vom Mittelalter zur Reformation, Forschungen zur Geschichte der deutschen Bildung, 1893, cuaderno I, 34 ss. Emil Seckel Beitraege zur Geschichte beider Rechte im Mittelalter 1: Zur Geschichte der populaeren Literatur des roemisch-kanonischen Rechts, 1898. Roderich Stintzing, Geschichte der populaeren Literatur des roemisch-kanonischen Rechts in Deutschland am Ende des 15. und im Anfang des 16. Jahrhunderts, 1867. Muther. Zur Quellengeschichte des deutschen Rechts, ZRG., 4, 380—Roemisches und kanonisches Recht ifh deutschen Mittelalter, 1871;—Zur Geschichte des roemischkanonischen Prozesses in Deutschland 1872. Schmidt, Die Rezeption des roemischen Rechts in Deutschland, 1868. Stoelzel, Die Entwicklung des gelehrten Richtertums in deutschen Territorien. 2 vols., 1872;—Die Entwicklung der gelehrten Rechtssprechung I: Der Brandenburger Schoeffenstuhl, 1901, II: Billigkeits-und Rechtspflege der Rezeptionszeit in Juelich-Berg, Bayern, Sachsen und Brandenburg, 1910. Sobre esto, Rosenthal, ZRG., 31, 522 y Stoelzel, Geding und Appellation, Hof, Hofgericht und Raete, Abschied und Urteil, 1911, así como Rosenthal. VSchr. SozWG., 11, 415 ss. Sohm, Die deutsche Rechtsentwicklung und die Kodifikationsfrage, Z. fuer das Privat-und oeffentliche Recht, 1, 245 (1874). Moddermann, Die Rezeption des roemischen Rechts, traducido y comentado por Karl Schulz, 1875. Maitland, English Law and the Renaissance, 1901. Vinogradoff. Roman Law in medioeval Europe, 1929. v. Below, Ursachen der Rezeption des roemischen Rechts in Deutschland, 1905. Stoelzel, en Krit. Vjahrsschr., 47, 1 ss. R. Stammler, Deutsches Rechtsleben in alter und neuer Zeit, I. 1928. Sobre esto. H. Meyer, ZRG., 49, 677 ss. H. Meyer, Recht und Volkstum. 1929.

Ordenamiento de Alcalá, favorecen especialmente la primera. La manera paulatina de verificarse en España la recepción, tempranamente iniciada, fue causa de que en nuestra patria no ocurriesen perturbaciones ocasionadas en otros países por la penetración brusca y tardía de los «Derechos extranjeros».

V. DEHN, Deutschrechtliche Arbeiten. 1877. 2.ª parte: Zur Geschichte der Rezeption des roemischen Rechts in Luebeck und Hamburg. OTT. Bcitraege zur Rezeptionsgeschichte des roemisch-kanonischen Prozesses in den boehmischen Laendem» 1879. OTTO, Das Eindringen des kanonischen Rechts in Boehmen und Maehren» ZRG., Kan., 3, 1 ss. v. VOLTEUNI, Zur Rezeption des gern. Rechts in Wien (Festschr-d. ak. Vereins d. Hist., 1914, 79 ss.). LASPEYRES, Die Rezeption des roemischen Rechts in der Mark Brandenburg und die preussische Gesetzgebung vor Koenig Friedrich II, ZDR., 6. OPEL, Deutschrechtliche und roemische Bestandteile der Haubenbandsgerechtigkeit, Quellen u. Forsch. f. Schleswig-Holstein. Gesch., 7, 187 ss. KARLOWA, Ueber die Rezeption des roemischen Rechts in Deutschland mit besonderer Ruecksicht auf die Kurpfalz, 1878. Tullius R. v. SARTORI-MONTECROCE, Beitraege zur oesterreichischen Reichs-und Rechtsgeschichte. Ueber die Rezeption der fremden Rechte in Tirol, 1895. KOHLER y LIESEGANG, Das roemische Recht am Niederrhein, 1896, 1898. Joh. MERKEL, Der Kampf des Fremdrechts mit dem einheimischen Rechte in Braunschweig-Lueneburg, 1904. CARLEBACH, Badische, RG., I: Das ausgehende Mittelalter und die Rezeption, 1906, II: das Zeitalter des dreissigjaehrigen Krieges, 1909.

Acerca de las definiciones de derecho de los sapientes de esta época véase las arriba citadas (ediciones). STUTZ, Hoengger Meiergerichtsurteile des 16. und 17. Jahrhunderts, 1912.—MUTHER, Cur Geschichte der Rechtswissenschaft und der Universitaeten, Gesammelte Aufsaetze, 1876. KAUFMANN, Geschichte der deutschen Universitaeten. I (1888), II (1896). H. BRUNNER, Der Anteil des deutschen Rechts an der Entwicklung der Universitaeten, 1896 (Disc. rectoral).

Los Libri feudorum se incluyen al final de las ediciones antiguas del corpus iuris civilis. Consuetudines feudorum I: Compilatio antiqua ed. C. LEHMANN, 1892. La forma más antigua sinópticamente con la vulgata se encuentra en Karl LEHMANN, Das Langobardische Lehnrecht, 1896. DIECK, Litteraergeschichte des langobardischen Lehnrechts bis zum 14. Jahrhundert. 1828;—De tempore quo ius feudale Langobardorum in Germaniam translatum ibique receptum sit, 1843. LASPEYRES, Ueber die Entstehung und aelteste Bearbeitung der libri feudorum, 1830. R. RIAZA, Las Partidas y los «Libri feudorum», AHDE., 10, 5 ss. Sobre los manuscritos y la evolución del texto. K. LEHMANN, Das langobardische Lehnrecht, 1896.—Summa legum brevis levis et utilis, publicado por A. GAL, 1926. Sobre esto, Landsberg, ZRG., 47, 821 ss. TOMASCHEK, Ueber eine... Summa legum incerti auctoris, Wiener, SB., 105, 241 ss. Sobre esto SECKEL, op. at. supra, 485. BARTSCH, Das eheliche Gueterrecht in der Summa Raymundus, Wiener, SB., 168, Abh., 7, 1912. Cf. supra § 53. Sobre el Tripartitum de Verboeczy ZEHNTBAUER, Einfuehrung in die neuere Geschichte des ungarischen Privatrechts, 1916, 9 ss. E. HEYMANN, Ung. Priv. R., 9 ss.

§ 62. La legislación del Imperio

La producción legislativa fue legislación imperial o legislación territorial. En negocios del Imperio se ejercía por el emperador y por la Dieta imperial (§ 69). El conjunto de los acuerdos adoptados en una Dieta imperial tomó el nombre de receso del Imperio, *recessus imperii*, porque era publicado en el momento de la clausura de la Dieta imperial. El *recessus imperii* último es el de 1654 (Ratisbona), pues la siguiente Dieta imperial, reunida el 1663 en Ratisbona, recibió carácter permanente. Desde la permanencia de la Dieta imperial las leyes del Imperio se dictaron en la forma de decreto del emperador que ratificaba el acuerdo de los colegios de la Dieta imperial, publicado en cada caso como conclusiones del Imperio, *conclusa imperii.* Algunas veces se confiaban determinados asuntos a una comisión de los estamentos del Imperio, a una diputación del Imperio, y se la apoderaba para presentar su acuerdo al emperador directamente (acuerdo por diputación). El regimiento del Imperio creado el año 1521 (§ 68) concibió el plan de reunir una colección de todas las leyes imperiales dictadas hasta el día en un «cierto compendium y forma peculiares». Sin embargo, por vía oficial nunca se llegó a una colección y compilación de las leyes imperiales.

Para el Derecho político del Imperio, que materialmente quedó sin aceptar por los Derechos extranjeros, vienen en consideración a partir de 1519, como una fuente típica y de importancia práctica, las capitulaciones electorales. La capitulación electoral es un pacto escrito, redactado en forma de articulado, entre el rey y los príncipes electores, en que el rey hacía determinadas promesas a los estamentos imperiales en puntos relativos a la administración del Imperio. El texto de la capitulación electoral se fijaba antes de la elección y tenía que ser jurado por el rey previamente al acto de ser elegido. El pacto tenía lugar en cada caso con los príncipes electores. La paz de Westfalia propuso ciertamente la redacción de una capitulación electoral duradera; pero solo en 1711 hubo acuerdo entre los príncipes electores y demás príncipes sobre un proyecto de tal naturaleza, que, con todo, no consiguió fuerza de obligar, aunque hasta la elección del último emperador romano (1792) fuese tenido en cuenta de hecho en la redacción de las capitulaciones electorales.

A las fuentes del Derecho político del Imperio pertenecen también los tratados religiosos y las paces concertadas, el tratado de Passau de 1552 y la paz religiosa de Augsburgo de 1555, por la que a los inmediatos del Imperio adheridos a la Confesión de Augsburgo se les concedió el derecho al libre ejercicio de la religión y a los estamentos laicos el derecho de elegir religión; la paz de Westfalia concluida en Osnabruck (*Instrumentum pacis Osnabrugense*) con Suecia y en Münster (*Instrumentum pacis Monasteriense*) con Francia el 14 (24) de octubre de 1648, elevada por el receso imperial último a ley fundamental del Imperio, cuyo contenido esencial en lo atinente al Derecho político consistió en la resolución de los *gravamina ecclesiastica* y los *gravamina política;* la paz de Luneville de 1801, por la que fue cedida a Francia la orilla izquierda del Rhin, y el acuerdo principal de la Diputación del Imperio del 25 de febrero de 1803 relativo a dicha paz, por el que los príncipes hereditarios del Imperio perjudicados por tal cesión fueron indemnizados mediante la secularización de los principados eclesiásticos y la mediatización de la mayor parte de las ciudades imperiales.

En territorios en cuya vida jurídica había tomado cuerpo la recepción, llegó a ser necesidad apremiante la intervención amplia de la legislación del Imperio. La unidad jurídica comprada al precio de la recepción de los Derechos extranjeros era insuficiente e insegura. Las numerosas controversias promovidas con motivo de la aplicación del Derecho extranjero y su relación indeterminada y vacilante con las normas del Derecho patrio, únicamente podían ser ordenadas por vía legislativa. Sin embargo, solo se llegó a una regulación con carácter de ley imperial en el ámbito del Derecho penal y del procedimiento criminal. La ley del Imperio que versó sobre estas materias, la ordenanza de justicia penal de Carlos V (C. C. C., es decir, *Constitutio criminalis Carolina*) como único Código del Imperio que alcanzara tan extraordinaria importancia, es del que en este lugar cabe referir detenidamente la historia de su nacimiento. La primera indicación partió del tribunal de la Cámara del Imperio, que en una consulta presentada a la Dieta imperial de Lindau de 1496-1497 puso a discusión las numerosas censuras recibidas sobre el arbitrio de la justicia penal. La Dieta imperial de Friburgo (1497-1498) declaró a base de tal moción la necesidad de realizar en el Imperio una reforma y ordenanza generales de cómo debía procederse *in criminalibus*. La Dieta imperial de Augsburgo de 1500 confió al Regimiento del Imperio, en unión del tribunal de la Cámara, la redacción de semejante reforma. Sin embargo, este plan quedó sin resultado durante el gobierno de Maximiliano, pese a todas las gestiones desplegadas. La Dieta imperial de Worms de 1521 lo emprendió de nuevo. Una Comisión nombrada por la Dieta presentó el mismo año el proyecto acabado de una ordenanza de justicia penal (primer proyecto)[23]. Este se inspiraba casi literalmente en una ordenanza del tribunal de la horca de Bamberg de 1507, que había elaborado el magistrado de la corte territorial del obispo Jorge de Bamberg, Juan, barón de Schwarzenberg y Hohenlandsberg. Como fuentes de la *Bambergensis* se utilizaron, además de la práctica local, una ordenanza del tribunal territorial de Bamberg de 1503, las reformas de Nuremberg y Worms, el Espéculo de querellas, algunas leyes imperiales y especialmente la literatura criminalística de los juristas italianos. Esta obra, excelente por su originalidad, forma y contenido, adquirió rápidamente favorable acogida; en 1516 fue introducida como ley, con ligeras modificaciones, por los margraves Casimiro y Jorge de Brandeburgo en sus principados de Franconia. La *Bambergensis* logró máxima importancia, ya que dio cauce y fundamento a la reforma del derecho penal del Imperio (a ello debe su denominación de *mater Carolinaé*). Sin embargo, habían de transcurrir no pocos años antes de llegarse a un acuerdo general sobre esta empresa. En 1524 fue presentado en la Dieta imperial de Nuremberg, por el Regimiento del Imperio[24], un segundo proyecto (la revisión de Nuremberg) y un tercer proyecto en la Dieta imperial de Spira de 1529 (revisión de Spira). En la Dieta imperial de Augsburgo de 1530 se llegó a un cuarto proyecto (proyecto revisado de Augsburgo) finalmente aprobado por los estamentos del Imperio en la Dieta imperial de Ratisbona de 1532 y publicado por el *recessus imperii* del 27 de julio de 1532 como «ordenanza de la justicia penal del emperador Carlos V y del sacro romano Imperio» (*editio princeps*, 1533). Las dificultades que en último término ofrecieran algunos estamentos imperiales por causa de la relación de la Carolina con los Derechos particulares preexistentes quedaron solventadas por la llamada cláusula de salvedad que garantizó la conservación «de las antiguas costumbres bien habidas, justas y equitativas».

En el ámbito del Derecho privado fue casi negativo el rendimiento de la legislación imperial. Únicamente pueden destacarse la ordenanza notarial del Imperio de 1512, las Ordenanzas de policía del Imperio de 1530, 1548 y 1577, los recesos imperiales de 1498 (Friburgo), 1500 (Augsburgo), 1521 (Worms), 1529 (Spira), concernientes a cuestiones de Derecho hereditario, la *conclusum imperii* de 1731 sobre abusos en el artesanado, y disposiciones aisladas sobre monedas, usura, cesión de créditos, letras de cambio, judíos, tipo de interés y compra de rentas. Para el procedimiento judicial civil hay que citar las ordenanzas del tribunal de la Cámara imperial de 1495, 1521, 1548, 1555, las ordenanzas del Consejo áulico del Imperio de

---

23 En Maguncia electoral fue publicada ya en 1527 y 1528 por el príncipe elector Alberto de Maguncia como norma en asuntos penales. Vide, ZRG., 18, 181.

24 Schwarzenberg fue miembro del Regimiento del Imperio desde 1521 hasta 1524.

1559 y 1654 y especialmente el último *recessus imperii* de 1654 que estatuyó algunos principios importantes del derecho procesal.

Deutsche Reichstagsakten, Juengere Reihe (1519 ss.), I-V, 1893 ss. Capitulationes imper. et regum etc. cum annotamentis Joh. Limnaei, 1658. ZIEGLER, Wahl Capitulationes 1711. O. WALTZ en Forsch, z. d. Geschichte, 10, 213 ss. FRENSDORFF, Das Reich und die Hansestaedte en ZRG., 20, 115.—La arriba citada colección de Senckenberg-Koch de *recessus imperii.* llega tan solo hasta el año 1730. Una colección sistemáticamente ordenada ofrece K. Fr. GERESTLACHER, Handbuch der deutschen Reichsgesetze, 1786-1794, una edición de textos selecionados en ZEUMER, Quellens ammlung zur Geschichte der deutschen Reichsverfassung in Mittelalter und Neuzeit 2.ª ed., 1913. EMMINGHAUS, Corpus iuris germanici academicum, 1844. HARTUNG. Die Wahlkapitulationen der deutschen Kaiser und Koenige, Hist. Ztschr., 107, 306 ss. Die peinliche Gerichtsordnung Karls V, nebst der Bamberger und der Brandenburger Halsgerichtsordnung und mit den Projekten von 1521 und 1529 (sinópticamente) publicados por v. ZOEPFL, 1883. La Carolina y sus antecedentes publicados por KOHLER y SCHEEL, 1:

Die peinliche Gerichtsordnung Kaiser Karls V, 1900, 2: Die Bambergische Halsgerichtsordnung, 1902; 3. la misma traducida al bajo alemán, 1914. 4. KOHLER-KOEHNE-FEIST cfs. supra, § 31, párrafo 3. A. HERING, Die (Coelner) Carolina-Handschrift R, 1, 1904. W. SCHEEL, Johann Freiherr zu Schwarzenberg, 1905. Karl GUETERBOCK, Die Entstehungsgeschichte der Carolina auf Grund archivalischer Forschungen und neu aufgefundener Entwuerfe. 1876; Zur Redaktion der Bambergensis, Textkritische Untersuchungen, 1910. BRUNNENMEISTER, Die Quellen der Bambergensis, 1879. BAUMGAERTNER, Die Geltung der peinlichen Gerichtsordnung Kaiser Karls V, in Gemeinen 3 Buenden, 1929. E. SCHMIDT, Die Carolina, ZRG., 53, 1 ss.

§ 63. El Derecho de los Países y el de las Ciudades

A causa de que la legislación imperial omitió ordenar con la amplitud necesaria la situación jurídica conmovida intensamente por la recepción, en la mayor parte de los grandes Territorios y de las ciudades imperiales se hizo indispensable enderezar por el camino de la legislación particular la inseguridad e incertidumbre jurídicas existentes en el ámbito del Derecho privado y del Derecho procesal, y regular la relación, tan vacilante en la práctica, entre el Derecho nacional y los derechos extranjeros. Es así cómo surge en cada Territorio un número casi incontable de Ordenanzas territoriales, Ordenanzas judiciales y leyes especiales, redactadas en su mayoría por juristas formados bajo la influencia de los Derechos extranjeros, en cuyas directrices se orientan en lo fundamental aquéllas. Tales Ordenanzas, a diferencia de las codificaciones—como cuyo precedente podrían servir—dejan subsistente al lado de sus normas jurídicas el Derecho común en calidad de subsidiario. Son de especial mención la Constitución del príncipe elector Joaquín I de Brandenburgo, estatuto y ordenanza de las gabelas hereditarias (*Constifutio Joachimica*) de 1527, las ordenanzas territoriales del Tirol de 1526, 1532 y 1573, el Derecho territorial del principado de Juliers de 1537, el Derecho territorial de Dietmar de 1567, el Derecho territorial de Wurtemberg de 1555 revisado en 1567 y 1610, la Ordenanza territorial y judicial del condado de Solms de 1571 (redactada por Juan Fichardo), las Constituciones territoriales del príncipe Augusto de Sajonia de 1572, las Decisiones del electorado sajón (*Decisiones electorales Saxonicae*) de 1661 y 1746, el Derecho territorial del ducado de Prusia de 1620, que descansa sobre el Derecho de

Magdeburgo y de Kulm y elaborado con utilización de las constituciones sajonas y de la literatura del Derecho común, revisado últimamente por Samuel de Cocceji en 1721, el *Codex Maximilianeus bavaricus civilis* de 1756, obra de Wigulaeus de Kreittmayr, que también publicó unos comentarios al mismo. Varias Ordenanzas territoriales están tomadas de otros Países, algunos de ellos no próximos, prueba de lo poco que a veces se tenían en cuenta las costumbres locales. Así la Ordenanza territorial del condado-principado de Henneberg de 1539 procede en su mayor parte de la Ordenanza territorial tirolesa de 1532. De modo análogo el Derecho territorial de Baden de 1588 se ofrece en buena parte como una copia del de Wurtemberg de 1567. Igualmente el Derecho territorial de Geldern de 1619 para el distrito superior de Ruremond, uno de los trabajos «más completos y fundamentales» de la legislación territorial alemana, fue redactado por el síndico provincial Tilmann van Bree y por el canciller de Uwens en íntima conexión con las costumbres de Amberes de 1608, llamadas *Compilatae.*

Las ciudades, en cuanto no estaban sometidas a la legislación territorial, reformaron los antiguos Derechos municipales para en lo posible ponerlos en concordancia con la nueva situación jurídica. Entre las reformas del Derecho municipal, la de Nuremberg de 1479 abrió camino como primer intento logrado de elaborar sistemáticamente el Derecho privado y el Derecho procesal nacionales con el extranjero, Posteriormente sirvió de fuente y modelo para varios Derechos municipales y Ordenanzas territoriales más modernas. Además, hay que nombrar el Derecho municipal revisado de Lübeck de 1586, nueva elaboración del antiguo Derecho lubicense, que fue comentado extensamente por David Mevius, síndico de la ciudad de Stralsund; la reforma de Worms de 1499, prolija y fuertemente romanizada; el Derecho municipal de Friburgo en Brisgovia de 1520, elaborado por Ulrico Zasius las reformas de Francfort de 1509, 1578 (de Fichardo) y 1611 y los Estatutos de Hamburgo de 1603, que en su parte relativa al Derecho cambiarlo se remiten a las costumbres de Amberes.

En algunos sectores jurídicos de la baja Alemania se llevaron a cabo redacciones o elaboraciones literarias del Derecho consuetudinario vigente. A esta clase pertenecen como fuentes valiosas del Derecho alemán: el Derecho territorial del distrito de Hagen de 1581, los usos judiciales de la parroquia de Neumünster y los de Bordesholm de fines del siglo XV o de la primera mitad del XVI, el Derecho territorial de Wurst de 1611 y el Derecho territorial de Rugen que Mateo Normann, escribano de diferentes abogacías territoriales y finalmente *advocatus provincialis* de Rugen, puso por escrito primeramente de 1525-1531 y que con posterioridad fue reelaborado en 1546. En la Marca de Brandenburgo el canciller Lamprecht Distelmeyer había redactado, después de 1572, por mandato del príncipe elector Juan Jorge, un proyecto de derecho territorial comarcano, trabajado después de su muerte, glosado por Juan Koeppen y muy usado en la práctica aunque no fuera elevado a ley. El juez municipal de Wittstock, Joaquín Scheplitz, publicó en 1608 una compilación del derecho provincial comarcano (*consuetudines Marchiae*).

Una exposición general de las leyes territoriales sobre Derecho privado y de la literatura referente a ellas, vide en EICHHORN, Einleitung in das deutsche Privatrecht, 1845, 49. MITTERMAIER, Grundsaetze des gemeinen deutschen Privatrechts, 1847, 52 ss. O. GIERKE, Deutsches Privatrecht, I (1895) 63 ss. y especialmente en KRAUT, Grundriss zu Vorlesungen ueber das deutsche Privatrecht 6.ª ed., preparada por FRENSDORFF, 1886, 66 ss. MOTLOCH, Landesordnungen u. Landhandfesten der oesterr. Laendergruppe (oesterr. Staatswoerterbuch, 2.ª ed., 1907). LUSCHIN v. EBENGREUTH, Grundriss der oesterr. Reichsgeschichte, 1918, 233 ss. Los Rheinpreuss. Landrechte publicados por MAURENBRECHER, 1830, 1831. Ofrece un resumen de las Ordenanzas judiciales de los Derechos particulares. Joh. Christ. SCHWARTZ, en el apéndice de su libro: Vierhundert Jahre deutscher Zivilprozessgebung, 1898, 793 ss.—Carl KOEHNE, Die Wormser Stadtrechtsreformation v. J., 1499, ein Beitrag zur Geschichte der deutschen Stadtrechte und der Rezeption des roemischen Rechts in Deutschland, 1897. FRENSDORFF, Das Braunschweig. Stadtr. bis zur Rezeption, ZRG., 26, 195.

El Derecho territorial del distrito de Hagen en PUFENDORF, Observationes iuris universi, III, 1756. Appendix, pág. 3. SEESTERN-PAULI, Die Neumuensterschen Kirchspiels-und die Bordesholmet Amtsgebraeuche, 1824. Das Wurster Landrecht en PUFENDORF a. a. O. I. App. pág. 60. El Derecho territorial de distrito del Ruegen de Matthaeus Normann, publicado según los manuscritos breves por v. FROMMHOLD, 1896. HOMEYER, Historias iuris Pomeranici capita quaedam, 1821. El Derecho territorial de Distelmeyer en MYLIUS, Corpus constitutionum Marchicarum 6.ª parte, 3.ª sección. 19—55.

§ 64. Los comienzos de una ciencia jurídica y de una legislación de carácter nacional

La literatura jurídica erudita que nació en Alemania después de la recepción de los Derechos extranjeros, trató casi exclusivamente de estos y con pocas excepciones, entre las que hay que destacar con especialísimo relieve al humanista friburguense Ulrico Zaesy (Zasius, † 1535), permaneció dependiente en sus contribuciones de los modelos extranjeros[25]. La práctica del Derecho común fue dirigida por una escuela de juristas que se habían formado en el tribunal de las cámara imperial, cuya jurisprudencia elaboraron literariamente. Los principales representantes de esta escuela cameralista fueron el protestante Joaquín Mynsinger de Frundeck[26] y su antagonista católico Andreas Gail[27].

El Derecho alemán se tuvo en cuenta principalmente en la literatura de las llamadas *differentiae,* en que según el patrón de las *differentiae iuris civilis et canonici* se resaltaban recíprocamente las diferencias entre el Derecho romano y el patrio. A

25 Todavía pertenece a la terminación de la Edad Media la primera exposición sistemática del Derecho estatal alemán, el *Libellus de Cesarea monarchia* de Arminio Peter de Andlau, aparecido en 1460. Ha sido publicado en la ZRG., 12, 34-103; 13, 163-219. [En esta obra encontramos alguna vez referencia a Séneca (part. I, tít. II), y más frecuentemente a San Isidoro. A los efectos de cómo se entendía por el autor la etimología de la palabra *kaiser* (emperador) ofrece especial curiosidad este personaje: Cesares vero dicti a Julio Cesare, qui ut Isidorus lib., 7 Ethym. ait de matris vero cesus erat, vel a cesarie quia comatus. Quod nomen Romanis principibus Almannica edam lingwa dicatum est, laici enim non habentes periciam prosodyace pronunciandique primi legerunt *Kesar* pro Cesar, unde vulgare teutoniorum quo Cesarem Keiser apellant, defluxit (part. I, tit. VII, in fine)].

26 Singularium observationum iudici imperialis camerae centuriae quator (1563; con aumento de dos *centuriae,* 1584).

27 Practicarum observationum tam ad processum iudidarium praesertim imperialis camerae quam causarum decisiones pertinentium libro duo 1578. (De las obras de Diego de Covarrubias—que tanto circularon por Alemania—hay ediciones que anotan entre otras las opiniones de los cameralistas Mysinger y Gail. Así lo hace, por ejemplo. Juan Ufelius en una edición de Colonia de 1723, como lugar donde son citados ambos cfs. v. gr.: *Tomus Secundas,* pág. 341, columna 1.ª).

este tipo pertenecen las *differentiae iuris civilis et saxonici* de Benedicto Reinhart (1549-1551) y de Luis Fachs (*editio princeps*, 1567)[28].

Desde el siglo XVII se manifestó en la ciencia una oposición fundamental contra el predominio exclusivo del Derecho romano. En esta ofensiva se conjugaron dos escuelas provenientes de diversos puntos de partida: la de los germanistas y la de los iusnaturalistas. El germanista Arminio Conring publicó en 1643 su obra *De origine inris germanici líber unus*, iniciadora de la nueva tendencia, en la que describe las líneas fundamentales de la evolución del derecho alemán, impugna la fábula, por entonces en curso, de que el emperador Lotario había ordenado la aplicación del Derecho romano en los tribunales y su enseñanza pública, y reclama un código redactado en alemán comprensible por todos. Gracias a la iniciativa de Conring, la teoría tuvo que reconocer como transformaciones jurídico-consuetudinarias las normas de Derecho que se separaban de la práctica del Derecho romano. Desde entonces fueron objeto de exposición científica como *usus hodiernus pandectarum*. Entre los escritores más influyentes que trataron y fomentaron en dicha forma el derecho alemán, se cuentan Juan Schilter, que en su *Praxis iuris romani in foro germanico*[29] consideró por extenso las fuentes del Derecho alemán, ciertamente imbuido en el error de que el Espejo de Suabia había sido reconocido como código alemán en una Dieta del Imperio celebrada en Nuremberg el año 1208, y el jurista de Halle Stryk († 1710) con su obra *Usus modernus pandectarum* (1690-1712).

Influyó poderosamente la escuela del derecho natural que, en parte, desviándose del Derecho romano, construyó el Derecho de un modo apriorístico y que, a veces, siguiendo lo corriente de las relaciones culturales de la época, formuló principios del Derecho alemán con el carácter de exigencias de la razón[30]. Se aferró vivamente al proyecto de una modificación del Derecho. A ella es de agradecer que promoviera la decisión y la confianza propias para la realización de planes codificadores. A causa de que el Imperio se encontraba falto de órganos de vigor efectivo que fueran adecuados para poner manos en la obra, una codificación no podía ser emprendida por el Imperio, sino solo por la vía de la legislación territorial[31]. Tomó la delantera

---

[28] Este tipo de literatura jurídica no fue desde luego privativo de Alemania, sino más bien un fenómeno general. No faltaron en España trabajos análogos; sirvan de muestra la obra de JUAN BAUTISTA DE VILLALOBOS, Antinomia ivris regni hispaniarum, ac civilis, in qva practica forensium causarum versatur: ac Aerarium commune opinionum communium iuxta ordinem alphabeti, cum concordantijs ac discordantijs legum regni Hispaniae, Salmanticae, MDLXIX; y la de JUAN MARTÍNEZ DE GLANO, Concordia et noua reductio antinomiarum iuris comunis, ac regii Hispaniarum: inqua verae horum iurium differentiae... cui additae sunt differentiae, ac concordiae inter ius regium et regni Xauarrae... Bvrgis. 1575. Otras noticias en SARFATTI, Introduzione allo Studio del Diritto comparato. 1933. págs. 9-11.

[29] Bajo este título desde 1698. En las primeras ediciones 1675-1683 como exercitationes ad 50 libros pandectarum.

[30] Entre otros fueron representantes alemanes del derecho natural Juan Althusius (1557-1538), Samuel Pufendorf (1632-1694), Cristián Thomasius (1655-1728), Justo Federico Runde (1741-1807).

[31] Leibniz originariamente partidario de la antigua idea de reforma que reputaba suficiente la reelaboración del *corpus iuris*, ideó más tarde planes de mayor madurez consistentes en la derogación de la fuerza legal del *corpus iuris*, para producir sobre su base y con las fuentes y costumbres del derecho patrio, pero especialmente sobre la equidad intuitiva un código breve y claro. Acerca de las incitaciones de Leibniz a la legislación territorial en Prusia y en Austria, cf. LANDSBERG. Gesch. der deutschen, RW., III, 1, 29. Cfs. NOLLAT en la ZRG., 7, 71.

el Estado prusiano donde fue recogido prácticamente el pensamiento de la escuela del Derecho natural. Ya en 1738 Federico I dio a su *ministre chef de justice* Samuel de Cocceji el mandato de redactar un derecho territorial permanente y eterno, que debía sustituir al derecho romano. Bajo Federico el Grande ultimó Cocceji el proyecto de un *corpus iuris Fridericiani,* del que fueron publicadas dos partes en 1749 y 1751. El proyecto fracasó ante la justificada oposición contra su tendencia romanizante. Los trabajos legislativos únicamente cobraron un ritmo acelerado cuando Federico el Grande los transmitió en 1780 a su canciller mayor von Carmer, a cuyo lado actuó como fuerza auxiliar de máximo talento e idoneidad Carlos Teófilo Svarez o Suarez (1798). Suárez ultimó una ordenanza procesal a base de un antiguo proyecto de 1775 que fue publicada en 1781 como libro primero de un *corpus iuris Fridericianum.* Ya en 1783 siguió la ordenanza hipotecaria redactada por Suárez. La codificación del Derecho material fue promulgada en 1791 como código general para los Estados prusianos, que fue retirado prontamente. Una vez que sufrió revisión en materias aisladas y de conformidad con la patente de 5 de febrero de 1794 entró en vigor el 1.° de junio del 1794 como Derecho subsidiario bajo el título de «Derecho territorial general para los Estados prusianos». Además del Derecho civil en el sentido actual, comprendía igualmente, entre otras materias, el Derecho mercantil y el industrial, como Derecho del *status* burgués. Entre tanto la revisión de la ordenanza procesal de 1781, elaborada precipitadamente, habíase hecho necesaria. El resultado, también de Suarez, fue promulgado en tres partes (17931795) como ordenanza judicial general para los Estados prusianos. Finalmente, el Derecho procesal penal se reguló por una ordenanza de lo criminal de 1805.

En Austria se puso término a los trabajos de codificación por el código civil general de 1811, por la Ordenanza judicial general de 1781 y la ley de 1803 sobre delitos y transgresiones de policía graves, a la que habían precedido una Ordenanza judicial penal (*Constitutio criminalis Theresiana*), de 1768, un código penal de 1787 y una ordenanza judicial criminal de 1788.

Durante la época de la dominación francesa tuvo vigencia en una parte de Alemania el derecho francés tal como había sido codificado por Napoleón, a saber, el *Code civil* de 1804, revisado el 1807, el *Code de commerce* de 1807, el *Code de procédure civile* de 1806. el *Code d'instruction criminelle* de 1808 y el *Code penal* de 1810. Una traducción oficial del *Code civil* y del *Code de commerce* con adiciones y modificaciones y con un apéndice sobre el Derecho mercantil fue promulgada el 1809 en Baden como Derecho territorial badense. El derecho francés se afirmó como Derecho territorial en los Países de la izquierda del Rhin, en Alsacia-Lorena y en Baden.

El reino de Sajonia recibió en 1863 un código civil como fruto algo tardío del particularismo del Derecho alemán.

En la codificación del Derecho penal y del procesal, Baviera se anticipó a todos los Territorios alemanes con la redacción del *Codex iuris bavarici criminalis* de 1751 y del *Codex iuris bavarici iudiciarii* de 1753. También en otros muchos Estados alemanes inició su actividad sobre tales materias la legislación territorial encaminada a la exclusión de los Derechos extranjeros.

STINTZING, Geschichte der deutschen Rechtswissenschait, I, 1880, II, 1884, continuada por LANDSBERG, III, 1, 1898, 111, 2, 1910;—Ulrich Zasius, 1857. O. vos GIERKE. Das deutsche Genossenschaftsrecht. Vol. IV: Die Staats-und Korporationslehre der Neuzeit, 1913. Johannes Althusius, 1913. v. MOELLER, Hermann Conring. 1915. Fr.

DAHL, ZRG., 37, 507 (las relaciones de Conring con Dinamarca). LENZ. Hermann Conring und die deutsche Staatslehre des 17. Jahrh., Ztschr. f. d. ges. Staatsw., 81, 128 ss. XV. WOLF, Grotius, Pufendorf, Thomasius, 1927. Acerca de las codificaciones STOBBE, Geschichte der deutschen Rechtsquellen. II. 446 ss. STOELZEL, E. G. Svarez, 1885;—Brandenburg Preussens Rechtsverwaltung und Rechtsverfassung, 1888. HEYMANN, Das Friderizianische Handelsrecht, Berliner SB., 1929. vos DOMING-PETRUSHEVECZ, Neuere oesterr. Rechtsgeschichte, 1869. LUSCHIN v. EBENGREUTH, Oesterr. Reichsgeschichte, 1896, 511 ss.—Grundriss der oesterr. Reichsgeschichte, 339 ss. E. LANDSBERG, Die Gutachten der Rhein. Immediat-Justiz-Kommission und der Kampf um die Rheinische Rechts-und Gerichtsverfassung, 1914;—Die Verdraengung des Rhein. Fremdrechts, 1914. SILBERSCHMIDT, Gruendung der rhein. Obergerichte, Rhein. Ztschr., 7, 47 ss.

§ 65. La unidad jurídica

En la época de la guerra de la Independencia, el despertar general del pueblo alemán hizo también suya la reforma del Derecho, incluida en el ámbito del entusiasmo general. De diferentes partes se reclamó una legislación unitaria. Encontró la máxima resonancia un folleto de Thibaut que reclamaba una codificación común del Derecho privado, del penal y del procesal. La propuesta de Thibaut tuvo el solo efecto de provocar una célebre controversia literaria. Ello impulsó a Savigny a redactar un escrito de réplica que impugnaba en su fundamento la idea de la codificación y que a la vez desarrolló el programa de la escuela histórica, por entonces dominante. No obstante la aversión sentida por esta contra la intromisión legislativa en el desarrollo del Derecho dado en la esencia intima de la Nación y de su historia, no pudo contener de modo duradero la exigencia de unidad jurídica. Llevóse a cabo primeramente en el sector del Derecho del tráfico. A estímulo de la Unión aduanera se redactó el proyecto de una Ordenanza cambiaría que, de conformidad con un acuerdo de la Asamblea nacional alemana, fue promulgada el 27 de noviembre de 1848 como ley del Imperio por el administrador del Imperio archiduque Juan; pero en la mayor parte de Alemania alcanzó vigencia a título de ley territorial en virtud de su publicación por vía legislativa territorial[32]. Del seno de la Dieta confederal se nombró una Comisión que elaboró en Nuremberg y Hamburgo el proyecto de un código de comercio que por acuerdo de la Asamblea confederal del 31 de mayo de 1861 fue recomendado a los soberanos de los Estados para su aceptación, llevada a efecto mediante legislación territorial en los años 1861-1865. La Confederación se preocupó, además, de otros proyectos, especialmente de la redacción de un Derecho de obligaciones general; pero fracasaron ante la insuficiencia de la Constitución confederal.

Mientras la Confederación germánica carecía de todo derecho de legislar y los acuerdos confederales formalmente solo podían estar en vigor a título de derecho particular gracias a su introducción mediante legislación territorial, la Confederación germánica del Norte obtuvo el derecho de legislación de forma que las leyes confederales debían crear derecho general en absoluto. La constitución confederal confió a la actividad legislativa de la Confederación, entre otros, el Derecho de obligaciones, el Derecho mercantil y el cambiario, el Derecho penal y

32 Constituyen un complemento de la ordenanza cambiaría las llamadas novelas de Nuremberg propuestas para resolver varios conflictos de derecho cambiario por la Comisión reunida en la ciudad indicada.

el procedimiento judicial. Esta competencia en materia de legislación jurisdiccional pasó invariada a la Constitución del Imperio, pero luego se extendió por una ley de 20 de diciembre de 1873 a todo el Derecho civil. Además, con la transformación de la Confederación en Imperio, las leyes de la Confederación germánica fueron elevadas a leyes del Imperio. Prescindiendo de numerosas leyes especiales, fue dictada por la Confederación en 1869 la ordenanza industrial; la Ordenanza cambiaría juntamente con las Novelas de Nuremberg y el Código de comercio fueron elevados legalmente a Derecho general de modo formal y absoluto; en 1870 fue regulado el Derecho penal y el Derecho de propiedad intelectual; en 1876 fue ordenado por el Imperio el Derecho de propiedad industrial y el de autor sobre obras de las artes plásticas, y en 1877 se codificó la Ley orgánica judicial, el proceso civil y penal y el Derecho de concurso (concursos y quiebras). La legislación del Imperio del primer decenio discurrió todavía, en general, por los cauces de la teoría económica individualista y capitalista. En el segundo decenio tomó nuevo rumbo y persiguió con creciente conciencia objetivos de política social, orientación que se hace perceptible sobre todo en las numerosas leyes adicionales a la Ordenanza industrial y en la legislación de seguros sociales ultimada por la Ordenanza de seguros del Imperio del 9 de julio de 1911 y por la Ley de seguros de empleados del 20 de diciembre del mismo año.

El trabajo más dificultoso, la codificación del Derecho privado, fue emprendido en 1874. Una Comisión de juristas designada por el Bundesrat elaboró en primera lectura el proyecto de un Código civil para el Imperio alemán que fue publicado en 1888. Dio motivo a reparos de importancia. Nada más lejos de su lenguaje que un estilo popular, pecando, en cambio, de artificioso y difícilmente asequible. El viraje fundamental de la legislación del Imperio escapó a los redactores del Imperio sin dejar huella, pues se atuvieron en absoluto a la ya envejecida orientación individualista. Su quiebra principal fue un radicalismo romanizado y abstracto, y la repulsa de ideas e instituciones de derecho viables y de procedencia jurídico-alemana. El gobierno del Imperio no pudo deshacerse de las censuras provocadas. El Bundesrat nombró en 1890 una nueva Comisión que sometió aquel proyecto a una revisión de fondo. Su proyecto de segunda lectura evitó numerosos defectos esenciales del precedente sin que, no obstante, lograra sortear plenamente la demasía de una casuística abstracta. Algunas otras correcciones (que en parte lo fueron para mal) tuvieron origen en la discusión por el Reichstag. El Código civil data del 18 de agosto de 1896 y entró en vigor el 1.° de enero de 1900. No comprende todo el Derecho privado, sino que confía una serie de materias a los Derechos de los Países. La nueva planta del Derecho civil hizo necesaria la producción de leyes accesorias y la reforma de antiguas leyes del Imperio. El Código de Comercio fue objeto de revisión y publicado en su nueva forma con una ley de introducción del 10 de mayo de 1897. El derecho de autor de obras de literatura y música recibió una nueva regulación por la ley del 19 de junio de 1901, y por la del 9 de enero de 1907 el derecho de autor sobre obras de las artes plásticas y de fotografía. Finalmente, materias inicialmente reservadas al Derecho de los Países, como el derecho de edición (19 de junio de 1901), el derecho del cheque (11 de marzo de 1908) y el del contrato de seguros (30 de mayo de 1908) fueron regulados por la legislación del Imperio. En atención a las modificaciones determinadas por una Ley del 30 de mayo de 1908 para facilitar el protesto de la letra de cambio, se publicó el 3 de junio de 1908 la Ordenanza cambiaría en una nueva redacción que recogía las novelas de Nuremberg. En interés del tráfico cambiario universal se había manifestado no mucho antes intentos de procurar una equiparación internacional del derecho del tráfico. Una Conferencia internacional convocada por el Gobierno holandés en La Haya elaboró en otoño de los años 1910 y 1912 una Ordenanza cambiaría y un Convenio de unificación del derecho cambiario que el 23 de julio de 1912 fue firmado inicialmente por veinte de los Estados partícipes en la Conferencia. Igualmente se emprendió la unificación del derecho del cheque. Sin embargo, estas tentativas sufrieron una interrupción por la guerra mundial[33].

THIBAUT, Ueber die Notwendigkeit cines allgemeinen buergerlichen Rechts fuer Deutschland, 1814. v. SAVIGNY, Vom Beruf unserer Zeit fuer Gesetzgebung und Rechtswissenschaft, 1814, 3.ª ed., 1840. Heinr. BRUNNEB, Die Rechtseinheit, 1877. O. v. GIERKE, Der Entwurf eines buergerl. GB. und das deutsche Recht, 1889;—Die soziale Aufgabe des Privatrechts, 1889 (trad. española por J. M.ª NAVARRO DE PALENCIA, 1904);—Die histor. Rechtsschule und die Germanisten, 1903 (trad. española por R. ATARD, en La Escuela histórica, 1908, 108-207). v. BELOW, Die deutsche Geschichtsschreibung von den Befreiungskriegen bis in unsere Tage, 1916. Ueber die Geschichte der Wechselordnung und des Handelsgesetzbuches L. GOLDSCHMIDT, Handbuch des Handelsrechts, I. (1875), 64 ss. REHME, geschichte des Handelsrechts véase supra, § 44. Sobre el nacimiento del Código Civil cf. PLANCK, comentario I: Einleitung u. allgem. Teil, 4.ª ed., 1913. ENNECCERUS-WIPPERDEY. Tratado de Derecho civil. Parte General, I, 1, §§ 11 ss., trad. esp. por B. Pérez y J. Alguer, 1934.

II. EL DERECHO POLÍTICO Y ADMINISTRATIVO

§ 66. El emperador

El rey alemán llevó durante este período el título de emperador, sin coronación papal. Por vez primera en 1508 recibió Maximiliano I, con asentimiento del Papa Julio II, el título de emperador romano electo (*electus Romanorum imperator semper augustis, rex Germaniae*), que llevaron también sus sucesores, de los cuales fue Carlos V el último que se hizo coronar emperador por el Papa (Clemente VII, el 1530 en Bolonia)[34]. Desde entonces se dio solo una coronación real que a partir de Fernando I ya no tuvo lugar en Aquisgrán, sino en Francfort del Main, es decir, en la propia sede de la elección. En 1562 el derecho de la consagración del rey pasó nuevamente del arzobispado de Colonia al de Maguncia. Desde 1520 el rey juraba la capitulación electoral (§ 62) mediante juramento personal depuesto antes de la coronación. Después de 1741 el elegido prometía no gobernar antes de la prestación de dicho juramento.

La potestad imperial perdió continuamente posiciones en relación con los estamentos del Imperio; ya en 1531 un jurista desconocido declaraba ser el Imperio

[33] «En cumplimiento del Convenio de Ginebra del 7 de junio de 1930 para la unificación del derecho cambiario, y de los Convenios celebrados el 19 de marzo de 1931 para la unificación del derecho del cheque, se promulgaron por el Gobierno alemán la Ley cambiaría del 21 de junio de 1933 y la Ley del cheque del 14 de agosto de 1933 que entraron en vigor el 1.º de abril de 1934. Por la buena razón de que el Derecho alemán ha servido en mucho de base a los Convenios de Ginebra, las nuevas leyes de adaptación a estos ofrecen modificaciones de poca monta». SCHOCH, El derecho privado alemán en el año 1933, Revista de Derecho Privado, 21 (1934), 194, además, cfs. v. SCHWERIN, Wechsel-und Scheckrecht, 1934. La Revista citada publica noticiarios anuales del movimiento de la legislación, jurisprudencia y literatura alemanas en materias de Derecho privado.

[34] Después de la coronación imperial, desapareció en el título de emperador de Carlos V, la añadidura «elegido».

una aristocracia, y la posición del rey análoga a la del *Dux* de Venecia. En todos los asuntos importantes vióse obligado el emperador a la aprobación en la Dieta imperial. La *plenitudo potestatis sacri impertí* (que asignaba al emperador todavía a comienzos del siglo XVII el publicista Dietrich Reinkingk en su *Tractatus de regimine sacculari et ecclesiastico,* 1619) quedó reducida—sobre todo a consecuencia de las capitulaciones electorales—a varios derechos reservados (*iura caesarea reservata*). Llamábanse así las facultades en cuyo ejercicio el emperador era independiente de la Dieta imperial, a diferencia de los llamados *iura comitialia* que solo podía ejercer de común con la Dieta imperial. El emperador representa al Imperio en el exterior, está facultado para hacer proposiciones en la Dieta imperial y tiene derecho de veto contra sus acuerdos. Las leyes del Imperio requieren la sanción imperial. A los derechos reservados pertenecían la jurisdicción suprema del Imperio, en cuanto ejercida por el consejo de la corte imperial, la condena a la proscripción del Imperio[35], además, la propiedad sobre el patrimonio del Imperio[36], el señorío feudal supremo, la concesión de diversos privilegios, también ciertos derechos frente a las Iglesias imperiales, especialmente la influencia en la provisión de los arzobispados imperiales, la elevación de condición social, el derecho de nombrar los *notarii publici imperii,* de legitimar hijos naturales, de conceder moratorias y *veniam aetatis* (asimismo el derecho de promoción o *ius doctorandi* en las Universidades). El emperador solía transmitir el ejercicio de *iura reservata* aislados a otros príncipes, corporaciones y personas privadas individuales. Las facultades transmitidas en ejercicio se abarcaban en la expresión *comitiva.* Esta fue, a su vez *comitiva minor* que comprendía los cuatro últimos derechos reservados antedichos, o *comitiva maior* comprensiva también del derecho de concesión de la nobleza y que se otorgaba frecuentemente a los señores de soberanía territorial. En el ejercicio de ciertos derechos reservados, como los de moneda, aduana y estadía[37] el emperador estaba vinculado a la intervención de los príncipes electores (*iura reservata limítala*). Las regalías de la corona se habían transformado, parte por concesión y parte por tradición, en derechos de la soberanía territorial, a excepción de la regalía de los judíos para la que se mantuvo el requisito de la transmisión por el Imperio. A comienzos del siglo XVI se creó una nueva regalía con la formación de las postas o correos. Solo algunos estamentos del Imperio (así, Sajonia electoral y Brandenburgo) se negaron a reconocer la regalía imperial del correo[38]. Por lo demás, el año 1615 fue concedido por el emperador Matias al conde Lamoral de Taxis como feudo hereditario del Imperio.

---

35 Por el § 23 de la Ordenanza del tribunal de la cámara imperial de 1495, obtuvo este tribunal la facultad de condenar a la proscripción en nombre del rey. Desde 1711, sin aprobación de la Dieta imperial no podían ser declarados incursos en proscripción los estamentos del Imperio. Ya a partir de Fernando III las capitulaciones electorales habían exigido como requisito previo el consentimiento de los príncipes electores.

36 Carlos V, tuvo que prometer en su capitulación electoral no volver a conceder y retener para el Imperio los feudos imperiales revertidos «para así aportar algo considerable».

37 Sobre el derecho de estadía, cfs. supra, § 41, pág. 168. En este tiempo la concesión o confirmación de los derechos de estadía era obra del emperador. La capitulación electoral de Fernando III de 1636 (art. 20), exigió para su otorgamiento la aprobación de los príncipes electores. Desde entonces no se hicieron nuevas concesiones, mayormente una vez que las prohibía el proyecto de capitulación electoral perpetua de 1711. Las Actas de navegación de 1821 (art. 3), 1822 y 1831, sancionaron la abolición de los derechos de estadía y coacción de transporte para el Elba, el Weser y el Rhin. Por más tiempo se conservó el derecho de estadía en Leipzig donde solo desapareció con la entrada de Sajonia en la Unión aduanera. PFEFFINGER, Corp. iur. publ., 1754, III, 198 ss. Tit. 2, § 43 ss. STIEDA en el Handwoerterbuch der Staatswissenschaften. HAFEMANN, Das Stapelrecht, 1910.

38 El correo tuvo carácter territorial en los mismos dominios hereditarios austríacos.

Para la historia constitucional de este período vide, HIPPOLITHUS a LAPIDE (BOGISLAV Phil. v. Chemnitz), De ratione status in imperio romano-germanico, 1640. SEVERINUS de MONZAMBANO (Sam. Pufendorf). De statu imperii germanici, 1667, publicado nuevamente a base de la primera impresión por Fritz Salomon, 1910. PFEFFINGER, Vitriarius illustratus seu institutiones iuris publici, 1691, y frecuentemente DATT, De pace imperii publica libri quinque, 1698. J. J. MOSEK, Teutsches Staatsrecht, 1737-1754 und Ergaenzungen ueber spezielle Gegenstaende des Staatsrechts, sogen. Neues Teursches Staatsrecht, 1766-1775. PCETTEB, Historische Entwicklung der heutigen Staatsverfassung des teutschen Reichs, 1786;—Institutiones iuris publici 6.ª ed., 1802;—Litteratur des teutschen Staatsrechts, 1776-1783. STUTZ, Der Erzbischof v. Mainz u. d. deutsche Koenigswahl, 1910, 43 ss. POETSCH, Die Reichsacht, 1911. FEINE, Die Besetzung der Reichsbistuemer vom Westfaelischen Frieden bis zur Saekularisation, 1921. HARTUNG, Deutsche Verfassungsgeschichte vom 15. Jahrh. bis zur Gegenwart, 1928. WOLZENDORFF Staatsrecht und Naturrecht in der Lehre vom Widerstandsrecht, 1916 (sobre esto, Heymann, ZRG., 37, 563 ss.); K. MUELLER. Luthers Aeusserungen ueber das Recht des bewaffneten Widerstandes, Muenchner, SB., 1915; KERN, Luther und das Widerstandsrecht, ZRG., Kan., 6, 331 ss. FEHR, Das Widerstandsrecht, MJÖG., 38,1 ss. Cf. supra en el § 34, apartado 1.

§ 67. Los funcionarios de la corte imperial y el Tribunal de la cámara del Imperio

La política de los Habsburgo venia de antiguo dirigida a emplear su posición en el Imperio para el fortalecimiento del poder de su Casa en las propiedades hereditarias. Esta aspiración se manifiesta también en la naturaleza híbrida de la situación en que se encontraban las autoridades del Imperio existentes en la corte del emperador. Nombradas por este, de un lado eran competentes en los negocios del Imperio y de otro en los atinentes a las propiedades hereditarias. Cuando Maximiliano reorganizó la burocracia austríaca, al crear el Consejo de la corte como autoridad de la administración y de la justicia y el camarero áulico como autoridad de las finanzas, uno y otro fueron designados tanto para el Imperio como para los territorios hereditarios. La misma duplicidad de posición tuvo desde 1502 la cancillería de la corte y más tarde el Consejo secreto.

De los antiguos cargos supremos del Imperio alcanzó la significación máxima el de archicanciller. Como tal, el arzobispo de Maguncia renovó desde Federico III sus pretensiones al nombramiento de canciller[39]. En 1486 se hizo confirmar por carta el derecho de dirigir por sí la cancillería de encontrarse presente en la corte, mientras que en otro caso los documentos debían suscribirse en su nombre. Desde este momento el emperador y el archicanciller disputaron una lucha latente o patente por la cancillería del Imperio. El de Maguncia consiguió repetidamente la incartulación de su derecho. A causa de que se consideraba como el propio canciller, el principal de la cancillería tuvo que contentarse desde 1519 con el título de vicecanciller. La Ordenanza de la cancillería de la corte imperial de Fernando I del año 1559 preceptuó que el archicanciller debía nombrar al vicecanciller y los funcionarios[40] de la cancillería, con previo conocimiento y aprobación del emperador. Solo que la forma efectiva de proceder se configuró muy distintamente a lo prescrito. Pues pese a todo, el emperador nombraba al vicecanciller y a lo sumo buscaba el asentimiento del de Maguncia. La dependencia de la cancillería de la corte respecto del archicanciller constaba única-

[39] Cfs. supra, § 37, nota 1.
[40] Secretarios, Registradores, Tasadores y Escribanos.

mente en el papel; en la realidad el cargo de vicecanciller fue un cargo imperial de la corte. El vicecanciller era al propio tiempo miembro del Consejo secreto y del Consejo de la corte imperial. A consecuencia de la institución especial de una cancillería austríaca de la corte en 1620, quedaron separados definitivamente los negocios del Imperio y los asuntos de la cancillería austríaca. Desde 1660 el archicanciller ejerció de modo continuo e indiscutido el derecho de nombrar al vicecanciller del Imperio, mientras el emperador se limitaba al asentimiento (recomendación). Solo desde este momento decae la importancia política del cargo, porque no podía acomodar al emperador que el vicecanciller dependiente del de Maguncia llegase a conocer los arcanos de la Casa imperial. Desde entonces el cargo de vicecanciller, colmado de honores y remuneratorio, tuvo casi solo carácter representativo.

Fuera del tribunal de la corte imperial, el rey, bien como juez arbitral, o por invocación unilateral del litigante o por iniciativa propia, empezó a ejercer una jurisprudencia personal para la que utilizaba el asesoramiento de su Consejo. De esta jurisdicción del rey, que aumentó vigorosamente en la baja Edad Media, nació el Tribunal de la cámara real que por vez primera en 1415 fue llamado *iudicium camerae*[41]. Al principio estuvo destinado de modo especial para cuestiones jurídicas tocantes a los intereses inmediatos del rey y de la cámara (fisco) regia. Para su atención oficial se estableció un funcionario permanente, un procurador fiscal. En el curso de los años, el Tribunal de la cámara recibe una organización estable, y en 1471 la primera Ordenanza del tribunal de la cámara. Tenía su presidencia el rey o un juez de cámara; en esta condición existió un representante del rey nombrado *ad hoc*. Como asesores funcionaban consejeros del rey, jurados y remunerados, es decir, que a diferencia del tribunal de la corte imperial eran funcionarios reales. Junto al Tribunal de la cámara regia sufrió menoscabo el Tribunal de la corte imperial, en el primitivo sentido de la palabra (§ 34), en parte porque el rey había concedido en masa exenciones de su jurisdicción. Sucumbió el año 1450 sin llegarse a un pronunciamiento expreso de su extinción. El Tribunal de la cámara, de acuerdo con su sentido originario de incorporación de la jurisdicción ejercida por el rey[42], no tuvo una sede permanente, sino que seguía al monarca de lugar en lugar. Desde que la estabilidad de su organización produjo el quebranto de su relación con la persona del rey fue desatendido por Federico III. Ello provocó reclamaciones de los estamentos del Imperio, que, finalmente, determinaron que el Tribunal de la cámara se desvinculara de la corte del rey. Maximiliano I tuvo que consentir en la Dieta de Worms de 1495 la institución de un Tribunal de la cámara imperial, de un Tribunal supremo y permanente del Imperio, cuya provisión correspondía en lo principal a los estamentos del Imperio. El emperador nombraba el juez de cámara, que debía ser príncipe, conde o señor libre; más tarde tuvo que nombrar también los presidentes del senado. El número de sentenciadores (asistentes, asesores), que los estamentos presentaron al rey al constituir el Tribunal, desde 1507 al tribunal mismo, ascendió inicialmente a dieciséis[43] y posteriormente se

---

41 Documento de Segismundo, del 6 de abril de 1415, para Colonia, Regesta imperii, XI (Altmann), nr. 1569.

42 «Des heiligen richs camergericht, das unser kaiserlichen person und unser nachkommen am rich bedeutet», dice el rey Segismundo en un documento del año 1434 para Colonia.

43 Los príncipes electores tenían que presentar seis; dos por Austria y Borgoña y ocho por los demás estamentos del Imperio. El emperador, como tal, se reservó en 1521 el nombramiento de dos asesores. Ordenanza del tribunal de la cámara imperial de 1521, IV, 1. Neue Sammlung der Reichsabschiede Parte, 2, página 179. ZEUMER, Quellensammlung, 324. Sobre el derecho de presentación de las circunscripciones, cfs. infra, § 68.

aumentó. Según la paz de Westfalia debían ser cincuenta, una mitad católicos y protestantes la otra. En la práctica nunca se llegó a esta cifra y en 1720, en observancia de un *consultum imperii* de 1719, se redujo a veinticinco. Si los asesores católicos de un lado y los otros, los evangélicos, venían a quedar *in partes,* incumbía la decisión a la Dieta imperial. El tribunal de la cámara conservó la distinción de derecho alemán entre jueces y sentenciadores, por cuanto los jueces camerales y los presidentes del senado carecían de voto. El Tribunal inició su actividad en Francfort del Main: luego de varios cambios de lugar se estableció en Spira el año 1527, abandonó esta localidad en 1693 a consecuencia del pillaje de las incursiones francesas y halló asiento en Wetzlar, donde permaneció hasta la disolución del Imperio. Para el sostenimiento del Tribunal de la cámara imperial se creó, ciertamente en 1548, un impuesto ordinario del Imperio, con derrama por matrícula, el llamado plazo de la cámara[44]. Solo que fue rendido con tal irregularidad que faltó dinero para la atención del sueldo de un número suficiente de asesores. La carencia de personal fue sancionada por la eternización—hecha proverbial—de los procesos pendientes ante el Tribunal de la cámara. Juzgaba este sobre las violaciones de la paz territorial; además, fue primera instancia para los inmediatos del Imperio; segunda si tenían derecho de arbitraje, es decir, de Tribunales de árbitros, cuyo origen se remonta a tiempos anteriores a la fundación del tribunal de la cámara imperial. Para los súbditos de los soberanos territoriales, si estos no tenían un *privilegium de non appellando,* funcionó como Tribunal de apelación.

El menoscabo que había sufrido el poder jurisdiccional supremo del emperador por la creación del Tribunal de la cámara imperial fue compensado de nuevo cuando se configuró el Consejo de la corte imperial como órgano de la jurisdicción del emperador. De acuerdo con una Ordenanza de la corte de Maximiliano I, dada el 20 de diciembre de 1497, se creó en 1498, bajo el nombre de Consejo de la corte, un colegio cerrado como autoridad en materia de gobierno y justicia, competente por igual en negocios del Imperio y en los relativos a los territorios hereditarios. Como varias reformas de Maximiliano I, tampoco esta consiguió una existencia duradera. En el llamado libelo de Innsbruck de 1518 ordenó nuevamente el emperador la constitución de un Consejo de la corte que debía componerse de dieciocho consejeros (entre ellos cinco del Imperio). Pero Maximiliano falleció antes que se hubiera celebrado la primera asamblea. Tan solo Fernando I dio ejecutoriedad a una reorganización del Consejo de la corte, que inició su actividad luego de 1527. Al comienzo fue presidente el mariscal de la corte; desde 1559 el emperador nombró un presidente especial del Consejo áulico. Además, tenían asiento en dicho Consejo los titulares de los cargos cortesanos supremos y un número de consejeros de los territorios, hereditarios y del Imperio que designaba el emperador. Más tarde quedaron sustraídos al Consejo de la corte los negocios de los territorios hereditarios, de manera que vino a quedar en puro Consejo de la corte del Imperio. En el día no se ha podido puntualizar el tiempo en que esto sucediera. Es presumible que la separación definitiva solo ocurriese años después de la paz de Westfalia[45]. El Consejo de la corte del Imperio tenía su sede en la que lo fuese de la corte del

---

[44] «Plazo de la cámara» significó primeramente el término en que había de pagarse el impuesto; más tarde dio nombre al impuesto mismo. GRIMM, DWB., V, 132.

[45] Contra la opinión de que Fernando I privara en 1559 al Consejo de la corte del Imperio el conocimiento de los negocios, cfs. FELLNER, en las MJÖG., 15, 522. SEIDLER, Studien zur Geschichte und Dogmatik des oesterr. Staatsrechts, 1894, 118. Comp. LUSCHIN-V. EBENGREUTH, Oesterreichische Reichsgeschichte, 1896. pág. 430.

emperador. Vacante el trono, cesaba su actividad. Fue colegio de justicia y gobierno. Como corte de justicia era competente exclusivamente en asuntos criminales de los inmediatos del Imperio, en materia de feudos imperiales, en litigios sobre privilegios del emperador y en cuestiones sobre los *iura caesarea reservata*. En lo restante su jurisdicción concurría con la del Tribunal de la cámara del Imperio. La decisión personal del emperador, que se consideró como «cabeza suprema y juez del Consejo de la corte imperial»[46], se manifestó todavía en el llamado *votum ad imperatorem*. Si en el seno del consejo de la corte imperial se daba el caso de que los votos estuviesen «extremadamente divididos», o los consejeros no podían llegar a un acuerdo sobre negocios muy importantes, el presidente del mismo debía traer el asunto a resolución del emperador[47].

Como una derivación, «desgaje», del Consejo de la corte nació en Austria en 1527, o un poco antes, el colegio del «Consejo secreto» con la misión de asesorar al soberano en todos los asuntos «de gran dificultad y sigilo», en particular sobre los negocios extranjeros. Entendió en cuestiones de los territorios hereditarios y en los del Imperio. Determinó su competencia la voluntad del emperador.

H. ULLMANN, Maximilian I, 2 vols., 1884. 1891. ADLER, Organisation der Zentralverwaltung unter Kaiser Maximilian I, 1886. FELLNER, Zur Geschichte der oesterreichischen Zentralverwaltung, MJÖG., 8, 258;—ibidem, 15, 522. BIDERMANN. Geschichte der oesterr. Gesamtstaatsidee (1526-1740), 1867, 1889. ROSENTHAL, Die Behoerdenorganisation Kaiser Ferdinands I, 1887. HINTZE, Der oesterr. Staatsrat, ZRG., 8, 137 ss. SEIDLER, Studien zur Geschichte und Dogmatik des oesterr. Statsrechts. 1894. LUSCHIN V. EBENGREUTH, Oesterr. Reichsgeschichte. 1896, 39, 53. Hdbch. der oesterr. Reichsgesch., I, 34. WALTHER, Die burgundischen Zentralbehoerden, 1909;—Die Urspruenge der deutschen Behoerdenorganisation, 1913. Contra esto, RACHFAHL, Die niederlaendische Verwaltung und ihr Einfluss auf die Verwaltungsreformen Maximilians I. Hist. Z., 110, 1 ss.; Conr. Jahrbuch, 105,433 ss. Th. MAYER, Verhaeltnis der Hofkammer zur ungarischen Kammer MJÖG., 1915, volumen suplementario, 178 ss.;—Die Verwaltungsorganisationen Maximilians I. 1920.—O. LORENZ, Reichskanzler und Reichskanzlei (drei Buecher Geschichte und Politik, 1876). SEELIGER, Erzkanzler und Reichskanzleien, 1880. H. KRETSCHMAYER, Das deutsche Reichsvizekanzleramt im Archiv f. oesterr. Geschichte, 84, 383 ss (1898); ibidem, pág. 433 ss. die Reichshofkanzleiordnung vom 1. Juni, 1559. GROSS, Die Geschichte der deutschen Reichshofkanzlei von 1553 bis, 1806, 1933.

TOMASCHEK, Hoechste Gerichtsbarkeit des deutschen Koenigs und Reichs im 15. Jahrh., 1865, Wiener, SB., 49, 521. FRANKLIN, Das koenigl. Kammergericht vor dem Jahre, 1495, 1871. J. LECHNER, Reichshofgericht u. koenigl. Kammergericht im 15. Jahrh., MJÖG., vol. suplementario 7, 45 ss. HINTZE, Ratstube und Kammergericht in Brandenburg, Forsch, z. brandenb. u. preuss. Gesch., 24, 1. THUDICHUM, Das vormalige Reichskammergericht und seine Schicksale, en ZDR., 20, 148 ss. WIGAND, Denkwuerdigkeiten aus dem Archiv des Reichskammergerichtes, 1854. W. ENDEMANN, Von dem alten Reichskammergericht, Separata de la Z. f. d. Civilprozess, 1893. HERCHENHAHN. Geschichte der Entstehung... des kaiserl. Reichshofrates, 17911793.

46 Ordenanza del Consejo de la corte imperial de 1654, Título I, § 1.

47 Ordenanza del Consejo de la corte imperial de 1654, Título V, §§ 18. 20, 21. De existir dualidad sobre problemas de religión pasaba el asunto a la Dieta imperial. Fernando III llamó en 1646 a la jurisprudencia del Consejo de la corte imperial « casi la única pieza que nos resta *de summo imperio*».

KOSER, Brandenburg-Preussen in dem Kampfe zwischen Imperialismus und Libertaet, Hist. Z., 96, 213 ss. WINTER, Der Ordo consilii v. 1550, ein Beitrag zur Gesch. des Reichshofrates, Archiv, f. oest. Gesch., 79, 101 ss. SMEND, Das Reichskammergericht, I, 1911;—Brandenburg-Preussen u. d. Reichskammergericht, Forsch z. brandenb. u. preuss. Gesch., 20, 161. SPANGENBERG. Die Entstehung des Reichskammergerichts, ZRG., 46, 231 ss. POETSCH, Die Reichsjustizreform von 1495 insbesondere ihre Bedeutung fuer die Rechtsentwicklung, 1912.

§ 68. El Regimiento del Imperio y las Circunscripciones imperiales

Ya en el siglo XV y no sin interna conexión con el movimiento de reforma eclesiástica, aparecen diferentes proyectos para una reforma de la constitución del Imperio, cuyos objetivos eran la institución de órganos ejecutivos fuertes para la conservación de la paz territorial, el robustecimiento de las finanzas y del ejército del Imperio y la composición de la potestad real y la principesca. Nicolás de Cusa, en un escrito titulado *De concordantia catholica,* influido por el derecho natural desarrolló al tiempo del concilio de Basilea un extenso programa de reforma del Imperio[48]. Son merecedores de especial consideración los proyectos que Alberto II presentara en una Dieta imperial de Nuremberg de 1438, donde iba prevista una división del Imperio en circunscripciones[49]. Un principe determinado debía convocar asambleas en cada circunscripción para elegir un jefe común mantenedor de la paz y del derecho. El plan fracasó ante los intereses contrapuestos de los príncipes y de las ciudades representados en sus proyectos respectivos. Como único resultado del movimiento de reforma adquirió realidad en 1442 la llamada reforma de Federico III, simple reproducción de antiguas disposiciones. Sin embargo, la idea de la división circunscripcional volvió a tenerse en cuenta el siglo siguiente.

Desde Maximiliano I en las tentativas de reforma de la Constitución del Imperio se cruzan dos direcciones políticas: una del emperador y otra estamental. Los estamentos, bajo la dirección de Bertoldo de Henneberg, arzobispo de Maguncia, querían proporcionar al Imperio una potestad central oligárquica, mientras Maximiliano deseaba configurar la transformación del Imperio mediante reformas por las que sentó en sus dominios hereditarios austríacos, las bases del moderno Estado de funcionarios. Las disparidades llevaron a compromisos, de los que nacieron como institución pasajera el Regimiento del Imperio y con carácter duradero la organización por circunscripciones.

En la Dieta imperial de Worms de 1495 pidieron los estamentos del Imperio la formación de un Consejo permanente del Imperio, integrado por diecisiete miembros, al que debía transmitirse la administración de los negocios del Imperio. El emperador debía nombrar la presidencia; los demás miembros debían quedar reservados a los estamentos del Imperio y ser elegidos en cuatro circunscripciones constituidas *ad hoc.* Este proyecto de Consejo no prosperó por la enemiga del rey y primeramente fue sustituido en el llamado Mantenimiento de la paz y del derecho (1495) por el acuerdo circunstancial de reunir anualmente una Dieta imperial que cuidara de la conservación de la paz y del orden en el Imperio. Como quiera que

---

[48] Otro ejemplo de los trabajos de reforma es la llamada Reforma del emperador Segismundo; sobre esto con indicaciones de literatura, WEIGEL, en Aus Politik u. Geschichte (1928), 128. BEER, MJÖG., Vol. compl. 12 (1933), 572 (v. Schwerin).

[49] Un primer proyecto propuso cuatro circunscripciones, un segundo proyecto modificado planeó seis: Franconia, Baviera, Suabia, una circunscripción renana, otra neerlandesa y otra sajona.

este recurso demostró su deficiencia en la Dieta imperial de Augsburgo de 1500, se creó un Regimiento del Imperio (Consejo del Imperio y Regimiento) con residencia en Nuremberg, compuesto por el rey, por sus representantes y veinte consejeros (regidores), seis de ellos elegidos por cada una de las circunscripciones establecidas al propio tiempo[50]. Pero ya en 1502 provocó Maximiliano la disolución del Regimiento, que había absorbido completamente la potestad real, medida necesaria para la conservación de la competencia real, pues aquella institución había desplazado el gobierno monárquico con uno de carácter estamental. De acuerdo con una promesa que hiciera en la capitulación electoral. Carlos V acordó en 1521 la creación de un nuevo Regimiento del Imperio, cortado según el patrón del antiguo, pero cuya actividad estaba limitada al tiempo de ausencia del emperador y no se extendía a los dominios hereditarios. Se compuso de veintidós miembros, entre ellos dos representantes del emperador. Cuando, en 1530, regresó Carlos V a Alemania, se disolvió el Regimiento del Imperio, después de haber intervenido en momentos decisivos en las contiendas promovidas por la Reforma religiosa. Como el Regimiento anterior, no pudo alcanzar un resultado considerable ante la carencia de medios de poder y la falta de ayuda por parte de los Territorios. En enero de 1531 fue elegido rey Fernando I; con ello desapareció la razón de ser de un Regimiento del Imperio para el tiempo de ausencia del rey.

A las seis circunscripciones de la Dieta imperial de 1500 se confió en 1507 la tarea de proponer asesores para el tribunal de la cámara imperial. Un *recessus imperii* de 1512 transmitió a las circunscripciones la ejecución de las sentencias del tribunal cameral y el mantenimiento de la paz. Al servicio de estos fines la división por circunscripciones fue completada con cuatro nuevos sectores: el de Austria, el de Borgoña, el de Sajonia superior[51] y el Electorado renano[52]. Cada circunscripción debía elegir un capitán de la misma (luego llamado Superior) y un número de agregados (consejeros de la circunscripción). Pero estas elecciones no se llevaron a cabo por no determinarse a quién correspondía la convocatoria de la Dieta electoral. En la Dieta imperial de Worms de 1521 se renovó la división por circunscripciones de 1512, y en 1522 el Regimiento del Imperio dictó una ordenanza de ejecución y con ella una convocatoria, requiriendo a los príncipes más notables de cada circunscripción para que reunieran Dietas con el fin de elegir el capitán y los diputados (cuatro). Como esta función adquirió carácter permanente, nació de ella la burocracia de convocatoria de la circunscripción. Los príncipes a quienes se confió esta misión fueron llamados, desde la ordenanza de ejecución de 1555, príncipes de convocatoria de la circunscripción. En algunas circunscripciones consiguieron hacer suya la jefatura de la Dieta respectiva y ascendieron a «directores de la circunscripción». En tiempos sucesivos se asignó todavía a las circunscripciones la inspección sobre aduanas y moneda. También les correspondía la derrama de los impuestos del Imperio y la distribución de contingente de tropas sobre cada estamento de la circunscripción. La organización circunscripcional solo alcanzó una vida intensa en aquellas circunscripciones donde (como en las de Suabia y Franconia) ningún gran Territorio poseyera una preponderancia decisiva.

---

50 En lo esencial las circunscripciones luego llamadas de Franconia, Baviera, Suabia, Renania superior, Westfalia y Sajonia inferior.

51 Electorado sajón y Brandeburgo.

52 Los tres electorados eclesiásticos, Maguncia. Colonia y Tréveris, el Palatinado renano y varios pequeños estamentos. No estaban incluidos en circunscripciones Bohemia y Moravia. Lausitz superior e inferior (entre el Elba y el Oder).

Si el poder de la circunscripción no era suficiente para el mantenimiento de la paz, tomaba manos en el asunto al principio el Regimiento del Imperio, desde 1558 una Comisión de la Dieta imperial, «la diputación imperial ordinaria», y si precisamente estaba reunida la Dieta entendía esta misma. Cuando la Dieta imperial tuvo carácter permanente dejó de existir la diputación mencionada.

POSCH, Die Concordantia catholica des Nikolaus von Cusa, 1930. WYNECKEN, Die Regimentsordnung von 1521, en Forschungen zur deutschen Geschichte, 8, 563 ss. v. KRAUS, Das Nuernberger Reichsregiment, 1883. Ernst LANGWERTH V. SIMMERN, Die Kreisverfassung Maximilians I, und der schwaebische Reichskreis in ihrer rechtsgeschichtlichen Entwicklung bis zum Jahre, 1648, 1896. Albert NEUKIRCH, Der niedersaechsische Kreis und die Kreisverfassung bis. 1542, 1909. FESTER, Franken und die Kreisverfassung, 1906 (Ges. f. fraenkische Geschichte. Neujahrsblatt). HARTUNG, Geschichte des fraenkischen Kreises. Darstellung und Akten (1521-1559), 1910. RODE, Das Kreisdirektoriurn im westfael. Kreise, 1916. HARTUNG, Deutsche Verfassungsgeschichte, 9 ss.;—Reichsreform von 1485-1495, HVSchr., 16, 24 ss., 181 ss. MOLITOR, Die Reichsreformbestrebungen des, 15. Jahrhunderts bis zum Tode Kaiser Friedrichs, III. 1921. J. MUELLER, Entstehung der Reichsexekutionsordnung, 1555, MJÖG., 40.

§ 69. La Dieta imperial

El *imperium* solo pertenecía al emperador en comunidad con los estamentos del Imperio que ejercían en las Dietas imperiales su participación en el gobierno[53].

La Dieta imperial se dividió desde 1489 en tres colegios:

1. El Colegio de príncipes electores, nacido de las Ligas de príncipes electores, de las uniones electorales. Se encontraba bajo el directorio de Maguncia. Por lo que se refiere a la distribución de las dignidades electorales, hay que consignar las siguientes modificaciones aparte de la Bula de oro, que siguió siendo en este punto ley fundamental del Imperio. Después de la proscripción del «rey de invierno» Federico V, el electorado palatino y el cargo de trinchante mayor fueron transmitidos en 1623 al duque de Baviera. Sin embargo, en 1654 se crearon para el Palatinado una octava dignidad electoral y el cargo de mayordomo mayor del tesoro. Cuando en 1777 se extinguió la línea bávara de la Casa de los Wittelsbach, el electorado bávaro y el cargo de trinchante mayor retornaron al Palatinado de acuerdo con una determinación de la paz de Westfalia que había previsto este caso. Una novena dignidad electoral creada entonces, que el emperador había concedido en 1692 a la Casa de Brunswick-Luneburg (Hannóver), fue reconocida el 1708 por la Dieta imperial, y el 1778 se vinculó a ella el cargo vacante de mayordomo mayor del tesoro. En el año 1708 se produjo también la readmisión del voto electoral de Bohemia, que había permanecido sin ejercerse durante dos siglos. La paz de Luneville y el acuerdo principal de la diputación del Imperio de 1803 trajeron consigo modificaciones esenciales poco antes del hundimiento del Imperio. Desaparecen los electorados de Colonia y Tréveris. El archicanciller electoral recibió en compensación por

[53] Fuente capital para la estructura de la Dieta imperial es un Tratado que redactó en 1569 un miembro de la cancillería del electorado de Maguncia: Ausführlicher Bericht wie es uff reichstaegen pflegt gehalten zu werden. Como instrucción complementaria: «Notabilia was des... Hauss Oesterreichs Gesandten als Directoribus dess Fuerstenraths bei den Reichstaegen obligt», MJÖG., 29, 355.

Maguncia un nuevo principado (Ratisbona, Aschaffenburgo, Wetzlar). Además, se instituyeron cuatro nuevas dignidades electorales laicas (Salzburgo, Baden, Wurttemberg y Hessen-Kassel). En 1805 el príncipe elector de Salzburgo recibió el principado de Wurzburgo al que fue transmitido el electorado de Salzburgo.

2. El Consejo de principes del Imperio bajo el directorio cambiante de Salzburgo y Austria. Se dividía en un banco eclesiástico y otro laico. Los príncipes tenían voto viril. Los prelados, condes y señores libres estaban reunidos en curias, al principio tres, desde 1653 en seis; cada una de ellas emitía solo un voto[54]. El derecho de voto de los príncipes fue inicialmente un derecho personal. En la época antigua no tenía lugar un cómputo formal de los votos. El asentimiento de los príncipes ausentes se recibía por las llamadas cartas adjuntas. Desde la terminación del siglo XVI los votos viriles revistieron por derecho consuetudinario la naturaleza de un derecho real afecto al principado, de suerte que la unión de varios territorios en una mano conducía a la acumulación de varios votos en la persona del titular, y la división de un principado a la emisión de un voto en común. Según el antiguo Derecho, la elevación por el emperador o la condición de principe del Imperio fundamentó también la adquisición de la cualidad de estamento del Imperio. Únicamente en las Dietas imperiales de 1641 y 1654 con el fin de prevenir abusos del derecho de nombramiento del emperador, el *beneficium sessionis et voti* se vinculó a los requisitos de que el principe promovido por el emperador adquiriese posesiones principescas del Imperio en relación de inmediatividad, de que fuese inscrito en matrícula para la derrama de las cargas y de que su condición de estamento del Imperio obtuviera la aprobación de los príncipes electores y de los estamentos. Desde que se fijó en forma duradera la proporción de los votos, la cédula de proclamación contaba cien votos en el Consejo de principes, noventa y cuatro votos viriles (de ellos treinta y cinco eclesiásticos) y seis votos curiales.

3. El Colegio de ciudades, bajo el directorio de la ciudad donde se reuniera la Dieta imperial. Desde 1474 se dividió en un banco de ciudades renanas con catorce y en otro de ciudades suabas con treinta y siete. Cada ciudad tenía un voto. El *votum decisivum* de las ciudades, discutido en tiempos anteriores, obtuvo reconocimiento en la paz de Westfalia.

El emperador y los estamentos del Imperio que no asistían personalmente a las Dietas imperiales podían hacerse representar: aquél por un comisario de rango principesco, los otros por emisarios[55]. Desde que la Dieta imperial adquirió permanencia vino a convertirse en un Congreso de diputados permanente[56]. A partir de 1663 el príncipe imperial, comisario del emperador, fue asistido por un «concomisario» jurisperito: por tal causa aquél recibió el nombre de conmisario principal.

---

[54] Luego que en 1653 recibieron los prelados renanos un voto especial, existió un banco de prelados suabos y otro de prelados renanos. Además, había también un banco de condes de Suabia y otro de los de Wetterau, desde 1641 uno de los de Franconia y desde 1653 uno de los de Westfalia.

[55] Los plenipotenciarios de las ciudades se llamaron «amigos del concejo» o simplemente « amigos».

[56] A causa de que varios estamentos del Imperio reunían sus votos en un representante (y por lo menos para ahorrar gastos), el número de los emitentes de voto con presencia en Ratisbona era frecuentemente muy reducido.

Cada colegio decidía y deliberaba ante sí. Era necesario el acuerdo de los tres colegios para que hubiera un *consultum imperii.* La sanción del emperador, que solía otorgarse en un decreto de ratificación[57] elevaba el *consultum imperii* a *conclusum imperii.* En materias de religión la Dieta imperial se dividía en un *Corpus catholicorum* bajo la presidencia de Maguncia y en un *corpus evangelicorum* bajo la presidencia de Sajonia electoral. Para el acuerdo era necesaria la concordancia (*amicabilis compositio*) de ambos *corpora.*

Desde que la Dieta imperial fue permanente, su sede quedó constante en Ratisbona, donde la convocara el emperador el año 1663.

Según la paz de Westfalia, correspondía a la Dieta imperial: la legislación, la interpretación de las leyes, la adopción de resoluciones sobre la guerra, la paz y las alianzas, la imposición de tributos, el derecho de determinar la leva y alojamiento de tropas y la construcción y fortificación de las fortalezas[58]. La Dieta imperial tenía en ciertos casos competencia judicial[59].

Véase la literatura referente al § 37. J. J. MOSER, Von den teutschen Reichs-Staendten, 1767;—Von den teutschen Reichs-Taegen, 1774. (Neues Staatsrecht, IV, V). Jo. Steph. PUETTER, Institutiones inris publici Germ., 1792. v. LANCIZOLLE, Uebersicht der deutschen Reichsstandschafts-und Territorialverhaeltnisse, 1830. DOMKE, Die Virilstimmen im Reichsfuerstenrath, 1882. RAUCH, Traktat ueberden Reichstag im 16. Jahrh., 1905;—Zum Traktat ueber den Reichstag im 16. Jahrh., MJÖG., 30, 510. F. HARTUNG, Zum Traktat ueber den Reichstag im 16. Jahrh., ibidem, 29, 326;—Verfassungsgeschichte, §§ 5, 12.—AEGIDI, Der Fuerstenrat nach dem Lueneviller Frieden, 1853. Al. MEISTER, Entstehung der Kuriatstimmen, Hist. Jahrb., 34, 828, sobre esto, KERSTING, Gesch. des... niedersaechswestf. Grafenkollegiums, 1916. REUTER, Der Kampf um die Reichsstandschaft der Staedte auf dem Augsburger Reichstag, 1582, 1919.

§ 70. Los miembros del Imperio y su relación con el Imperio

La población del Imperio se dividía en dos mitades desiguales, en el pequeño número de los inmediatos del Imperio y en la gran masa de la población mediata, súbdita inmediata de los Países. Inmediatos del Imperio eran los señores de soberanía territorial (príncipes, prelados, condes y señores) y los miembros de las familias de tal señorío, las ciudades imperiales, los caballeros imperiales, los pueblos imperiales y los funcionarios del Imperio.

---

[57] Cfs. supra, § 62.

[58] J. P. O. art. 8, 2: ubi leges ferendae vel interpretandae, bellum decernendum, tributa indicenda, deletus aut hospitationes militum instituendae, nova munimenta intra statuum ditiones exstruenda nomine publico, veterave firmanda praesidiis, nec non ubi pax aut foedera facienda aliave eiusmodi negotia peragenda fuerint, nihil horum aut quicquam simile posthac unquam fiat vel admittatur, nisi de comitiali liberoque omnium imperii statuum suffragio et consensu.

[59] Entendida en la resolución de recursos del tribunal de la cámara imperial; sobre litigios en que uno de los tribunales del Imperio hubiese venido a quedar *in partes,* sobre suspensión y privación de la cualidad de estamento del Imperio y del gobierno de los Países, y desde 1711 sobre la condena a proscripción del Imperio contra los estamentos imperiales. Cfs. supra, § 66, nota 2. Desde entonces nunca se condenó a proscripción. Respecto a Federico II. en 1758 todo paró en simple tentativa.

El número de los miembros del Imperio sufrió una aminoración considerable por el acuerdo principal de la diputación del Imperio de 1803, que procuró indemnización a los príncipes electores por las importantes pérdidas sufridas a consecuencia de la cesión de la orilla izquierda del Rhin a Francia. Por este tiempo fue secularizada la casi totalidad de los territorios eclesiásticos. Solo conservaron su condición de estamentos eclesiásticos del Imperio los archicancilleres electorales de la Orden Teutónica y de la Orden de Malta. Desde entonces en el Consejo de principes el número total de votos ascendió únicamente a ochenta y dos. De las ciudades imperiales cuarenta y una fueron mediatizadas, así que el colegio de ciudades quedó constituido por solas seis ciudades imperiales (Augsburgo, Lubeck, Nuremberg, Francfort del Meno, Brema y Hamburgo). Desaparecieron por completo los pocos pueblos imperiales que restaban. En cuanto a los caballeros imperiales, muchos fueron sometidos en 1805 a la soberanía territorial de Baviera o de Wurttemberg.

Todos los inmediatos del Imperio tenían obligación de fidelidad para con el emperador y con el Imperio. En sus pleitos debían comparecer ante los tribunales del Imperio, siempre que no poseyeran el derecho de tribunal de arbitraje.

Los estamentos imperiales tenían el deber de participar personalmente, o por un representante, en las Dietas imperiales. El vinculo feudal que comprendía a príncipes, condes y señores tan solo les imponía ya el deber de solicitar la enfeudación al sobrevenir la caída del titular del trono o la del feudatario. Solía recibirse mediante enviados o mensajeros.

Los estamentos del Imperio tenían que prestar tropas para el ejército imperial. El propio Imperio no mantuvo un ejército permanente. Para la cuantía del contingente de tropas fue decisiva la matrícula de Worms de 1521, levantada para un ejército de unos cuatro mil caballeros y veinte mil peones concedido al emperador con motivo de una expedición a Roma planeada por Carlos V, pero que no llegó a realizarse. Por entonces se fijó el máximo de la soldada mensual de los de a caballo en diez florines renanos y para los de a pie en cuatro. Cuando, después de la paz de Nimega, amenazó una nueva guerra con Francia, se transmitieron en 1681 a las circunscripciones del Imperio el reparto del contingente de tropas y su concentración en regimientos. Esta nueva organización militar del Imperio preveía un ejército imperial de cuarenta mil hombres, de ellos doce mil montados. Este contingente, llamado *simplum,* se distribuiría entre las diversas circunscripciones. El plan fracasó porque ni el emperador, por lo que hacía a sus circunscripciones, ni algunos estamentos poderosos, como, por ejemplo, Brandenburgo, estaban dispuestos a incluir sus ejércitos en la organización del Imperio. Tuvo aplicación solamente en los pequeños estamentos y condujo en 1697 a una asociación separada que formaron las circunscripciones de Alemania meridional, del Electorado renano y de Westfalia. Pero esta nueva entidad desapareció igualmente hacia mediados del siglo XVIII. Desde la paz de Westfalia el requisito de la paridad confesional se aplicó en el nombramiento de los comandantes militares hecho por el emperador y la Dieta imperial.

Los estamentos imperiales tenían que recaudar los tributos del Imperio aprobados por la Dieta imperial. Los Habsburgo omitieron voluntariamente el establecimiento de un sistema de tributación regular del Imperio con la mira puesta en el interés de su Casa, al que convenía que el Imperio sirviese de comodín de Austria. Cuando en 1546 Carlos V quiso introducir un impuesto imperial permanente, le disuadió de este plan su hermano Fernando I, porque con una dotación financiera segura de la potestad del Imperio también otros príncipes alemanes quedarían en situación de asumir la dignidad imperial, cosa que hasta entonces había hecho imposible su pobreza[60]. Gracias a esta política financiera, solo hubo en el Imperio un tributo imperial regular, el «plazo de la cámara» (§ 67) aprobado para la atención del tribunal de la cámara. Sobre todo con ocasión de guerra se establecieron impuestos extraordinarios que ciertamente tenían por base una unidad de tributación llamada «mes romano». La cuantía de esta unidad resultaba del sueldo mensual que los estamentos del Imperio debían aportar para su contingente de tropas, tal como se había fijado en la matrícula wormaticense de 1521[61]. Cada estamento del Imperio debía tantas veces doce florines cuantos soldados de a caballo tuviera que reclutar, y tantas veces cuatro florines cuantos peones. La prestación del subsidio de guerra tenía que hacerse al tiempo de la del contingente de tropas y se recaudaba en la «caja de operaciones del Imperio».

Los caballeros imperiales, procedentes de los menestrales del Imperio, ocuparon una posición especial. Gracias a las uniones de caballeros habían afirmado su libertad del Imperio en Suabia, Franconia y en el Rhin, condición que Fernando I y Rodolfo II aseguraron mediante privilegios imperiales. La caballería suaba se dio en 1560 una ordenanza caballeresca; lo propio hicieron en 1590 la de Franconia y la renana en 1652. Los tres núcleos de caballería del Imperio entraron el año 1577 en una Liga general. Dividíase esta en las circunscripciones caballerescas de Suabia, Franconia y Renania, y cada circunscripción en cantones o lugares. El cantón tenía un capitán, consejeros caballeros y un comité cantonal que formaban el directorio del cantón. El directorio de la circunscripción cambiaba entre los cantones[62] y el directorio de la Liga entre las circunscripciones. Los diputados de las tres circunscripciones se reunían en las Dietas de congregación. Los caballeros imperiales no disfrutaron de la condición de estamentos del Imperio ni de la circunscripción. De otro lado estaban exentos de tributos del Imperio y de la circunscripción. Sin embargo, de vez en vez el emperador negoció con ellos los llamados *subsidia caritativa.* Los caballeros imperiales tenían derecho al tribunal arbitral; sus asociaciones ejercían el derecho de dictar ordenanzas e imponer tributos con autonomía. Desde 1590 las posesiones de los caballeros imperiales estaban sometidas, en caso de enajenación a un extraño, al derecho de retracto de los caballeros imperiales en particular y de las Asociaciones caballerescas.

V. LANCIZOLLE, Uebersicht der deutschen Reichstandschafts-und Territorialverhaeltnisse, 1830. v. GOHREN, Ursprung und weitere Ausbildung der Austraegalinstanz in Deutschland, C. f. DR., 18, 1 ss. JAEHNS, Zur Geschichte der Kriegsverfassung des Deutschen Reichs, Preuss. Jahrbuecher, 39. J. SIEBER, Zur

[60] V. BUCHHOLTZ, Gesch. der Regierung Ferdinands I, IX, 399. Cfs. ROSER. Koenig Friedrich der Grosse, I (1914), 411.

[61] Como quiera que las partidas de la matrícula, lejos de irse adecuando al cambio de la capacidad tributaria de los estamentos, respectivos permanecieron sin variación, fueron numerosos los estamentos que encontraron aquí motivo para quejarse de lo injusto y desigual de las contribuciones. Con objeto de satisfacer estas reclamaciones se ordenó un procedimiento de «moderación». Unos diputados de la circunscripción, llamados inquisidores, debían hacer pesquisa sobre la reclamación, y los « moderadores», designados igualmente por la circunscripción, decidían sobre ello *ex aequo et bono.* De su decisión podía apelarse ante el tribunal de la cámara.

[62] A excepción de Suabia, donde la localidad de Donau tenía el directorio permanente de la circunscripción.

Geschichte des Reichsmatrikelwesens im ausgehenden Mittelalter (1422 bis 1541), 1900. A. WERMINGHOFF, Die deutschen Reichskriegssteuergesetze von 1422 u. 1427 u. die deutsche Kirche. ZRG., Kan., 5, 1, y ampliado sep. 1916. KERNER, Staatsrecht der unmittelbaren freien Reichsritterschaft, 1789. Roth v. SCHRECKENSTEIN, Geschichte der ehemaligen freien Reichsritterschaft, 1857, 1871. Rob. FELLNER, Die fraenkische Ritterschaft von 1495-1524... hauptsaechlich nach den Quellen des Hochstiftes Wuerzburg, 1905. EBERBACH, Die deutsche Reichsritterschaft. bis zum Jahre, 1495, 1913. MEISTER, Nassau und Reichsritterschaft... bis zum Wiener Kongress (1803-1815), 1923.

§ 71. El Imperio y la división de las creencias

El sacro romano Imperio de la nación alemana era un Imperio católico romano y el emperador señor protector de la Iglesia católica romana. La unidad de creencia fue tenida por principio del derecho del Imperio. La Iglesia católica romana era Iglesia forzosa. Renegar de ella estaba condenado, como herejía, a muerte en la hoguera. A la excomunión de la Iglesia debía seguir la proscripción del Imperio[63]. La Reforma había de tener por consecuencia una remoción de semejante *status* de derecho. Conocidamente triunfó aquélla contra la resistencia del emperador a impulso de las potestades territoriales. Así fue como tomó venganza en la curia romana aquel modo de política con el que ella había combatido y debilitado la potestad central alemana desde los días de Enrique IV. En la paz religiosa de Augsburgo, concluida en 1555 por el emperador y los estamentos católicos del Imperio con los estamentos imperiales de la confesión de Augsburgo, adquirieron los inmediatos del Imperio el derecho del libre ejercicio de la religión y la libre elección de religión. Sin embargo, el *reservatum écclesiasticum* preceptuado unilateralmente y al que negaron reconocimiento los evangelistas, determinó que el estamento eclesiástico que se pasara a la creencia evangélica debía perder su beneficio. La libertad de religión quedó prohibida a los mediatos del Imperio. En cambio, fue reconocido el coto de religión, el luego llamado *ius reformandi* de los señores de soberanía territorial, en cuya virtud estaban facultados para señalar la religión de su País. Los súbditos que no quisieran avenirse con ello solo tenían el derecho de abandonar el País contra pago de un impuesto adicional (de una *gabella emigrationis*).

La paz de Westfalia confirmó las disposiciones de la paz religiosa de Augsburgo en los que también estaban incluidos los reformados. En punto al *reservatum eclesiasticum* se llegó al acuerdo de que debía servir de norma la situación de la posesión el 1.° de enero de 1624. Prescindiendo de los territorios austríacos

---

[63] Privilegium in favorem principum ecclesiasticorum 1220, c. 6, 7, Cont. II, 90. [Según este precepto, cuando por la Bula *Decet Romanum* (1521) fue excomulgado Lutero, debía caer sobre él como consecuencia inmediata la proscripción del Imperio. El conflicto que de aquí se siguió para los estamentos de confesión evangélica fue atenuado por el recessus imperii de Spira (1526) que dejó a su arbitrio la forma de conducirse con la nueva religión y frente al Edicto de proscripción de Worms (v. Schwerin). La conducta de Carlos V al conceder a Lutero libre salida de Worms fue muy discutida en la literatura política española de la época. Contra la opinión de muchos, Fray Juan Marquez mantuvo firme la suya de estimar justo el respeto que guardó el emperador al salvoconducto que diera a Martín Lutero, merece leerse la argumentación que desarrolla en su obra, El governador chritiano dedvcido de las vidas de Moysen y Josve, príncipes del pveblo de Dios, 6.ª ed. 1664. lib. II, c. XXIV, § 2].

hereditarios, el *ius reformandi* de los señores de soberanía territorial sufrió la limitación consistente en que se debía conservar a los súbditos el ejercicio de la religión que hubiesen profesado comprobablemente algún día del año 1624, llamado año normal por servir de patrón o norma.

En los negocios del Imperio se elevó a principio la igualdad de ambos partidos religiosos. En materias de religión no debía decidir la mayoría de votos, sino que la Dieta imperial tenía el *ius eundi in partis* (§ 69), y solo causaba resolución un arreglo amistoso (*amicabilis compositio*). Toda diputación del Imperio debían componerse en una mitad de católicos y en otra de protestantes. El tribunal de la cámara imperial debía constituirse igualmente según el principio de paridad. Para el consejo de la corte del Imperio fue regla que por lo menos en un tercio debía estar formado con consejeros protestantes.

El Imperio mantuvo hasta su fin el vacío esquematismo del principio de paridad en asuntos del Imperio y conservó la coacción de religión de los señores de soberanía territorial. Únicamente el acta confederal de 1815, en su artículo 16, aseguró a los súbditos de cada Estado confederado el derecho a profesar en uno de los partidos religiosos cristianos, sin sufrir por ello menoscabo en el goce de sus derechos civiles y políticos.

Ed. EICHMANN, Acht u. Bann im Reichrs. d. Mittelalt., 1909. M. RITTER, Deutsche Gesch. im Zeitalter der Gegenreformat. und des Dreissigjaehr. Krieges, 1555-1648, 3 vols., 1887 ss. KALKOFF, Die Entstehung des Wormser Edikts, 1913;—Hist. VSchr., 18, 265;—Das Wormser Edikt u. die Erlasse d. Reichsregiments etc., 1917. KUEHN, Zur Entstehung des Wormser Edikts, Z. f. Kirch.-Gesch., 35. BRANDI, Der Augsb. Religionsfrieden, 1896;.—Passauer Vertr. u. Augsb. Religionsfriede. Hist. Z., 95, 206 ss. KUEHN, Die Geschichte des Speyerer Reichstages, 1529 (1929). S. ADLER, Der Augsb. Religionsfriede u. d. Protestantismus in Oesterreich. Festschr. f. H. Brunner, 1910. 251. v. Bonin, Prakt. Bedeutung des ius reformandi, 1902. FUERSTENAU, Das Grundrecht der Religionsfreiheit nach seiner geschichtl. Entwicklung und heutigen Geltung, 1891. W. SOHM, Territorium u. Reformat., 1915;—Die Sozial lehre Melanchthons Hist. Z., 115, 64. v. BELOW, Die Ursachen der Reformation, 1917. TROELTSCH, Die Soziallehren der Christi. Kirchen, 427 ss. STUTZ, Kirchenrecht in Holtzendorff-Kohlers Enzykl., V, 340 ss., 368 ss. KAHL, Luther und das Recht, DJurZ., 1917, 913 ss. BARON, Calvins Staatsanschauung und das konfessionelle Zeitalter, 1924. Cfs. también la literatura referente al § 66 in fine, además, JOACHIMSEN. La época de la Reforma, en la Historia Universal dirigida por W. GOETZ, V, traduc. españ., 1932, pág. 11-226. W. GOETZ, La Contrarreforma en Alemania, ibid, 345—424.

§ 72. El Derecho político y administrativo de los Territorios

La potestad de soberanía territorial se robusteció y amplió tanto hacia arriba, en relación con el emperador y el Imperio, como hacia abajo, en relación con los súbditos, en la que era tenida por una potestad estatal derivada del Imperio que ejercía el señor de soberanía territorial para bien y provecho del País en cumplimiento de una misión confiada a él por Dios. En numerosas ordenanzas territoriales se desarrolló, bajo el nombre de policía, una intercesión previsora tanto para el procomún como para el bien de cada súbdito. Libre en la administración del País de todo impedimento jurídico (Estado policía), el soberano, mediante órdenes y prohibiciones, podía intentar favorecer las buenas costumbres y la conducta cristiana no menos que el bienestar económico por las sendas ideológicas del mercantilismo.

Los privilegios que los príncipes electores habían conseguido en la Bula de oro para la administración del territorio del electorado les supieron adquirir también en lo fundamental los demás grandes soberanos territoriales, si bien con frecuencia el *privilegium de non appellando* le hicieran suyo únicamente como un *privilegium limitatum,* es decir, con la limitación a cuestiones litigiosas en que la suma controvertida[64] no excediera de una cierta cuantía[65]. La paz de Westfalia prestó a la soberanía territorial (*ius territorii et superioritatis*)[66] el reconocimiento de Derecho político de su contenido tradicional y la situó bajo la garantía de Francia y Suecia. Entonces se reconoció a los señores de soberanía territorial el derecho de concertar alianzas entre ellos y con potencias extranjeras: pero no debían estar dirigidas contra el emperador y el Imperio. En conexión con el derecho de alianza adquirieron el derecho de embajada activo y pasivo. La independencia efectiva de los Territorios favoreció esencialmente que príncipes alemanes llevaran coronas extranjeras y que potencias extranjeras llegaran a ser estamentos del Imperio alemán.

En relación con los súbditos se acrecentó el poder de los señores de soberanía territorial, puesto que adquirieron sobre sus súbditos evangélicos el *ius reformandi,* proveniente de su abogacía de protección sobre las iglesias, y el regimiento de la Iglesia. Dentro de los Territorios se formaron Iglesias territoriales a cuya cabeza el soberano territorial tenía en mano la potestad eclesiástica como *summus episcopus*[67]. Aumentó el número de las regalías, con especial exigencia de una regalía de bosques y de caza; aquí y allá fueron también ejercidas las de pesca y molinería[68]. Se amplió el derecho de imposición tributaria del soberano territorial. Sin aprobación de los estamentos del País podía imponer los tributos tradicionales, y en virtud del derecho imperial, los impuestos del Imperio y los de la circunscripción. El último *recessus imperii* obligó, además, a los súbditos al pago de tributos para las fortalezas del país

64 En asuntos penales el tribunal de la cámara imperial no podía admitir apelación alguna. *Recessus imperii* de 1530, § 95 (Neue Sammlung, II, 321).

65 El rey de Prusia, que como príncipe del Imperio tenía para el territorio del electorado un *privilegium de non appellando* ilimitado, adquirió como tal para los demás Países, en 1702, el *privilegium de non appellando* hasta 2500 florines oro, con carácter ilimitado solo desde 1750 (con fecha retrotraída al 31 de mayo de 1746, prescindiendo de Frisia oriental. Kurt PERELS, Berliner, SB., 1907, 852).—El ius *de non evocando, es* decir, el derecho de que ningún súbdito pudiera ser citado ante un tribunal extraño, inclusive el tribunal de la corte imperial, tal como le concedió la Bula de oro a los Territorios de los príncipes electores (§ 39), habíanle adquirido ya en el siglo XIV la mayor parte de los príncipes y de las ciudades imperiales más importantes. Como en 1487 para el Tribunal de la cámara regia, en 1495 se prohibió con carácter general al Tribunal de la cámara imperial « conocer sobre una citación o hacerla», exceptuado el caso de denegación de justicia.

66 La versión de *Landeshoheit* por « soberanía territorial» (así también en el 39) no deja de ofrecer reparos; pero ya el proyecto francés del protocolo de la paz de Westfalia traducía *Landeshoheit* por «souverainité». La teoría de la época, con uso de la terminologia eclesiástica, la concebía como «jurisdicción» en sentido abarcador de la jurisdicción de los tribunales, de la potestad legislativa y de la representación de los súbditos ante el Imperio.—El detalle acerca de la palabra «soberanía» en GIERKE, Genossenschaftsrechts, IV (1913), 286 ss.; 447 ss. Para la distinción entre *Landeshoheit* y *Landesherrschaft.* A. GASSER. Die Entstehung der Landeshoheit... 1930, 221 ss.; sobre esto, SPANGENBEBG, Jahresberichte f. dtsch. Gesch., VI. 278 s., MITTEIS, Lehnrecht..., 1933, 280.

67 En los Países católicos faltó en absoluto la Iglesia territorial; pero, por lo común, también aquí ejerció el soberano territorial un intenso regimiento de la Iglesia.

68 Sobre regalías, cfs. la literatura citada en los §§ 40 y 48, in fine.

y su dotación, un decreto de comisión imperial de 1670 hizo lo propio para los gastos de los diputados en las Dietas imperiales, las Dietas de diputación y las de la circunscripción. No satisfechos con ello, los soberanos territoriales intentaron conseguir en 1670, con ayuda de la Dieta imperial un *ius collectandi* ilimitado e independiente de la aprobación de los estamentos del País. El emperador Leopoldo I denegó ciertamente en 1671 la sanción al *consultum imperii* y concedió solo que cada estamento imperial, aparte de las determinaciones del Imperio, pudiera imponer tributo en la medida que fuera tradicional conforme a derecho. Pero algunos estamentos imperiales, como Baviera y Brandenburgo, se habían anticipado con autonomía en la ampliación del derecho de imposición tributaria. Y en los demás ni el emperador ni el Imperio pudieron impedir que complementariamente los soberanos de los Países consiguieran de estos el reconocimiento de la facultad de imponer tributos al País sin aprobación de sus estamentos para las necesidades fijadas al arbitrio del señor.

La posición de los estamentos del País, después de vacilaciones aisladas, sufre una remoción plena, en unos lugares antes que en otros y con carácter general desde el siglo XVII. Una vez que la soberanía territorial hubo conseguido su independencia hacia arriba «todas sus fuerzas, hasta aquí entretenidas en el Imperio en la lucha con el poder central, quedaron disponibles contra las barreras hacia abajo, contra los estamentos del País»[69]. Desde la finalización de la guerra de los Treinta Años quedó decidido casi en todas partes el hundimiento de los estamentos del País. Durante la guerra no se habían reunido en muchos Territorios, y en otros la mezquina política estamental dañó visiblemente el bien del País. Las ciudades quedaron empobrecidas y con ello está dicho que sin influencia. La nobleza, preocupada por sus intereses, no tuvo afán alguno por los del País. En los territorios evangélicos, luego de practicada la secularización, decayeron los prelados o se fusionaron en un pequeño número. En los Países católicos la Contrarreforma quebrantó la fuerza de resistencia de los estamentos del País.

La ruina del poder estamental se exterioriza en la pérdida de derechos suyos esenciales, particularmente el derecho de reunión autónoma y el de aprobación de los impuestos. La capitulación electoral de Leopoldo I de 1658 prohibió con toda generalidad la congregación de los estamentos del País sin previa noticia y licencia del soberano, tanto si se tratara de materias tributarias como de cualquier otro negocio. Con ello «la existencia de la organización de los estamentos del País quedó pendiente de la buena voluntad de los soberanos territoriales»[70]. Estos omitieron la convocatoria de Dietas del País o las reemplazaron por Comisiones permanentes de la Dieta, o solo tomaron en cuenta para la derrama o recaudación de contribuciones la *gloria obsequi* de la Dieta del País, que llegó a ser proverbial.

En la mayor parte de los Territorios se formó un absolutismo del soberano territorial, apoyado en la doctrina de que este no tenía límite alguno mientras los súbditos no pudieran probar un derecho contrapuesto. Donde los estamentos del País no fueron aniquilados por completo, llevaban una vida aparente de tal insignificancia que no merecía la pena de una sanción expresa de su muerte. Solo pocos Países se mantuvieron en su antigua importancia, sea hasta 1918, como en Mecklenburgo, o como en Brunswick, Hessen, Sajonia y Wurttemberg hasta que fueron disueltos por las modernas constituciones representativas. Donde tomó arrai-

[69] K. MAURER, artículo « Landstaende» en el Staatswoerterbuch de Bluntschli, VI.
[70] GIERKE, Rechtsgeschichte der deutschen Genossenschaft, 1888, 811.

go el absolutismo trabajó en el sentido de la unidad jurídica y de la igualdad de los súbditos ante el derecho, en todo con la ayuda de una burocracia docta. Mediante apoyo mutuo supieron sus miembros elevar en tal grado su condición que el Estado del absolutismo ilustrado se configuró como un Estado de funcionarios en el que el soberano territorial encontró no rara vez una limitación efectiva de su voluntad en una burocracia educada en la tradición de la fidelidad al deber y con mayor preocupación por el bien común que por la utilidad propia[71]. De otra parte, la superación del Estado dualista por la potestad única del príncipe dio al traste con la barrera que implicaba el derecho de resistencia reconocido por la doctrina y alguna que otra vez por el ordenamiento jurídico.

La organización militar destruyó los últimos restos del feudalismo. El servicio militar de los feudatarios fue practicado por última vez en la guerra de los Treinta Años. Las fuerzas de combate territoriales se componían únicamente de soldados, es decir, de tropas asoldadas que se reclutaban ante la proximidad de guerra, de forma que regularmente se confiaba el alistamiento a los coroneles. Desde la guerra de los Treinta Años los soberanos territoriales más poderosos establecieron ejército permanente, cuya recluta se hacia de modo directo por la administración del País. En el siglo XVIII aparece la leva oficial[72] primero en coexistencia con el alistamiento y más tarde en su lugar. Así como antes el servicio de la guerra gravaba las clases más elevadas de la población, vino a descansar por entonces sobre las capas sociales faltas de voz y de voluntad políticas. El ejército se reclutó preferentemente de hijos de campesinos, pues el nacimiento, la cultura y el patrimonio eximían del servicio. Con ello guarda relación que en la época de florecimiento de la guerra de Gabinete la voluntad del señor de la guerra fuese tan amplia como en los tiempos del ejército feudal noble que había convertido en privilegio de las clases superiores la mano de obra militar, limitada por la voluntad de los vasallos. Únicamente después de la disolución del Imperio y primero en Prusia, fue abolido el principio de las exenciones por razón de clase y restablecida la obligación general del servicio militar, con lo que el pueblo alemán rompió como primero en la historia.

La hacienda ofrece por lo regular el dualismo entre la caja estamental y la del soberano territorial. Pues los tributos aprobados por los estamentos se recaudaban e invertían por ellos o bajo su control y eran administrados en Cajas suyas especiales (Fondos del País, Caja del País, Caja de crédito). En cambio, los ingresos de los bienes domaniales (bienes de cámara y regalías) nutrían la caja del soberano territorial, que estaba obligado a sufragar con ellos los gastos del gobierno[73]. La admi-

---

71 Esta fase más moderna del régimen absolutista apareció primeramente en Prusia-Brandeburgo, bajo Federico el Grande. Su peculiaridad no radica en modificaciones de administración y organización, sino en una nueva concepción fundada en la teoría del Estado de la época de la Ilustración que veía en la entidad estatal una personalidad con existencia sustantiva sobre la dinastía. De aquí que el soberano, aunque titular de un poder absoluto, aparezca como el primer servidor del Estado.

72 En Prusia bajo Federico Guillermo I que el año 1733, primeramente en las provincias orientales, asignó a cada regimiento un determinado distrito para el «enrolamiento». Sobre el supuesto « Reglamento cantonal» de 1733, cfs. MAX LEHMANN, Werbung, Wehrpflicht und Beurlaubung im Heere Friedrich Wilhelms I, Histor., Z., NF., 31, 254.— v. BELOW, Das deutsche Heerwesen in alter und neuer Zeit. Int-MonSchr., 1914, 5.

73 En Prusia desempeñaba tal función la renta de la corte creada en 1696, luego caja domanial general.

nistración separada de las cajas se conservó incluso después que los estamentos perdieron la administración de los tributos.

Según el modelo de la reforma administrativa austríaca[74] se crearon desde fines del siglo XV, en los grandes territorios, autoridades centrales ejercidas por funcionarios profesionales, permanentes, organizados en colegios y las más veces de formación jurídica. Una autoridad de este tipo llegó a ser el Consejo de príncipes (cuarto de Consejo) que en la Edad Media solo tenía una organización poco firme. Bajo la presidencia del príncipe o de su representante (canciller, magistral de la corte) ejercía la dirección de toda la administración. Paulatinamente se fue separando un círculo reducido de consejeros, el Consejo secreto, que entendía especialmente de los negocios políticos y de los personales del príncipe[75]. Muchas veces antes de tal asesoramiento se convocaba para la administración de las finanzas una cámara de la corte, de las rentas, de funcionarios o de los dominios[76]. En los Países de confesión evangélica se crearon como autoridades administrativas eclesiásticas los consistorios provistos con teólogos y juristas[77]. El establecimiento de los Tribunales de la corte o Tribunales de la cámara se configuró más o menos según el modelo del tribunal de la cámara del Imperio. Si un Territorio tenia un *privilegium de non appellando,* y en los límites de este, era necesaria la institución como instancia superior de un tribunal superior de apelación, también llamado simplemente tribunal.

La administración local era, por lo común, triple. En las ciudades, cuyo territorio se extendía no rara vez sobre la marca imperial, administraba el consejo municipal[78]. La administración de los bienes domaniales estaba encomendada a un funcionario de la soberanía territorial con poder judicial y de policía. En las posesiones de los caballeros existía jurisdicción y policía de carácter patrimonial. Como autoridad media funcionaban en cada comarca los Estados territoriales reunidos o colegios, gobiernos, regimiento, cámaras[79] de soberanías territoriales o funcionarios de este carácter con consejeros agregados. De una fusión de la burocracia estamental comunal y de la comisaría y de soberanía territorial nació en Prusia desde el siglo XVIII el cargo de consejero del País, en el que se concentraba la atención de los negocios estamentales con la administración militar, financiera y de policía en la circunscripción.

Los Territorios que siguieron existiendo después de la disolución del Imperio evolucionaron en el curso del siglo XIX para convertirse casi exclusivamente en

---

74 Se discute en qué medida sea reducible a una recepción de instituciones borgoñonas. Para esto véase la literatura en el § 67. RACHFAHL. Jahrb. f. Nationaloek. u. Statistik, 121, 109 ss. HARTUNG, Hist. Ztschr., 124, 258.

75 En Brandenburgo el 1604, en el Electorado sajón ya el 1574. En el curso de la evolución el soberano territorial se ha apartado muchas veces de las autoridades colegiadas centrales, a las que luego dictaba, sobre informe escrito, la resolución mediante orden de gabinete (Gobierno de gabinete).

76 De la necesidad de una enérgica atención de los intereses fiscales parece haber nacido en Prusia el cargo de fiscal. Este funcionario se convirtió posteriormente en un órgano de la inspección general del Estado, operante, sobre todo, en el proceso penal.

77 1539 en Sajonia (Wittenberg), 1543 en Brandenburgo.

78 La ordenanza municipal de Stein del año 1808 llevó a cabo en Prusia una regulación completamente nueva del régimen municipal, O. GIEBKE. Die Steinsche Staedteordnung, 1909.

79 Las más veces procedentes de autoridades centrales de territorios antes autónomos.

Estados constitucionales. De los Estados de la Alemania meridional, Nassau, 1814, Baviera y Baden, 1818, Hesse Darmstadt, 1820, recibieron una Constitución por libre decisión del soberano territorial, según el modelo de la *Charle constitutionelle* francesa de Luis XVIII (1814), en Wurttemberg después de una consulta previa del rey a los estamentos fue dictada por aquél en 1819. En estas Constituciones aparece el monarca como único titular de la potestad del Estado, que ejerce con la ayuda de ministros responsables. Pero está vinculado por la Constitución misma, por la independencia de los tribunales y por la participación del pueblo en la legislación, realizada con intervención de la Dieta del País. En parte bajo la influencia de la revolución francesa de julio y en parte por el movimiento de 1848 siguieron la corriente los Estados alemanes del Norte con Constituciones de tipo análogo en lo fundamental; tal sucedió en Sajonia, 1831, en Hannover, 1833 y en Prusia, 1850. Solo Mecklenburgo conservó la antigua organización de los estamentos del País. Todas estas Constituciones fueron abolidas por la revolución del año 1918 y sustituidas por otras de tipo constitucional democrático.

[La legislación del Estado nacionalsocialista (§ 58) ha sacrificado al principio unitario la existencia autónoma de los Países: conservan ciertamente su realidad histórica; que hoy no pasa de dar expresión a una de las divisiones administrativas del Reich].

Véase la literatura referente al § 39. Además, Gierke, Rechtsgesch. der deutsch. Genossenschaft., I, 801 ss. v. Below, Territorium und Stadt, 1923. Hartung, VerfGesch, §§ 18 ss. Wolzendorff, Der Polizeigedanke des modernen Staates, 1918. v. Voltelini, Die naturrechtlichen Lehren und die Reformen des 18. Jahrhunderts, Hist. Ztschr., 105, 65 ss. — v. Muelverstedt, Die aeltere Verfass, der Landstaende in der Mark Brandenburg vornehmlich im 16. u. 17. Jahrh., 1858, Friedensbürg, Kurmaerk. Staendeakten a. d.Z. Joachims, I, 1913 y 1916. Hass, Die kurmaerk. Staende im letzten Drittel des 16. Jahrh., 1913. Goldschmidt, VSchr SozWG., 13, 143 ss. Hegel, Gesch. d. mecklenb. Landstaende bis zum Jahre 1555, 1856. Krause, System der landstaendischen Verfassung Mecklenburgs, 1927. M. Ruhmelin, Der Tuebinger Vertrag, Schmollers Jahrb., 39, 1 ss. Winterlin, Wuertt. ViertJahrschr., 23, 1., Schiefer, Repraesentationscharakter d. deutsch. Landstaende. Westd. Z., 1913, 261, sobre esto, v. Below, Hist. Z., 114, 358. Siebeck, Die landstaend. Verf. Hessens im 16. Jahrh., 1914. Acerca del derecho de resistencia véase supra la literatura referente a los §§ 34 y 66.

G. Schmoller, Der deutsche Beamtenstaat vom 16.-18. Jahrh. en su Jahrb., 18, 695 ss. Loebl, Der Sieg des Fuerstenrechts etc., 1916. Wolzendorff, Der Gedanke des Volksheeres, 1914. Acerca de la organización administrativa de Austria véase la literatura supra. Además Tezner, Die landesfuerstl. Verwaltungsrechtspflege in Oesterreich vom Ausgang des 15. bis zum Ausgang des 16. Jahrh., 1898. S. Adler, Das adlige Landrecht in Nieder-u. Oberoesterr. (Festschr. z. 31. Jurtag), 1912. v. Volteuni, Die Wiener Stadt-und Stadtgerichtsordnung Ferdinands, I, 1929. Acta Borussica, Denkmaeler der preuss. Staatsverw. im 18. Jahrh., 1892 ss. Especialmente O. Hintze, Behoerdenorganisat. u. allgem. Verwaltung in Preussen beim Regierungsantritt Friedrichs, II, 1901, ibidem, VI, 1; — Der Kommissarius... in d. Verwaltungsgesch., Hist. Aufs. f. Zeumer, 1910; — Ratstube und Kammergericht in Brandenb., Forsch, z. brandenb. u. preuss. Gesch., 24, 1. — Der Urspr. d. preuss. Landratzamts ibidem, 28, 357; — Preussens Entwicklung zum Rechtsstaat, ibidem, 32, 385 ss. — Die Hohenzollern und ihr Werk, 1915; — Die Hohenzollern und der Adel. Hist. Z., 112, 494; IntMonSchr. Maerz, 1914. Heckel, Die Entstehung des brandenburgisch-preussischen

Summepiskopats, ZRG., Kan., 13, 266 ss. STUTZ, Kurfuerst Johann Sigismund von Brandenburg und das Reformationsrecht, Berliner, SB., 1922. STOELZEL, Brandenb.-Preussens Rechtsverwaltung u. Rechtspflege, 1888. BORMUK, Preuss. Staats-u.RG., 1903. GIESE, Preussische Rechtsgeschichte, 1920. E. SCHMIDT, Rechtsentwicklung in Preussen, 1923. SCHMOLLER, Preussische Verfassungs, Verwaltungs-und Finanzgeschichte, 1921. ISAACSOHN, Gesch. d. preuss. Beamtentums, 1874-1884. KLINKENBORG, Ratstube u. Kanzlei Preuss, Forsch., 26, 413 ss.;—Die kurfuerstl. Kammer u. d. Begruendung d. Geh. Rats. Hist. Z., 114, 473 ss.; TCEMPEL, Die Entstehung des brandenb.-preuss. Einheitsstaats (1609-1809), 1915. KOCH, Hof-und Regierungsverfassung Koenig Friedrichs I. von Preussen, 1926. v. CAEMMERER, supra, § 60. WERMINGHOFF, Der Rechtsgedanke von der Unteilbarkeit des Staats, 1915. GUESTEN, Juel.-Klev. LdVerw. Beils. Gesch. NdRhs., 1912, pág. 205 ss. CROON, Staende und Steuern in Juelich-Berg, 1929. E. LOENING, Gerichte u. Verwaltungsbeh. in Brandenb.-Preuss., 1914. Kurt PERELS, Die allgem. Appcllationsprivilegien fuer Brandenb.-Preussen, 1908. F. GELPKE, Die geschichtl. Entwickl. d. Landratsamtes d. preuss. Monarchie, 1902. v. MEIER, Die Reform der Verwaltungsorganisation unter Stein und Hardenberg, 2.ª ed., 1912;—Hann. Verfassungs-u. Verwaltungsgesch., 1680-1866-1898. KRUSCH, Entwickl. der herzogl. braunschweig. Zentralbehoerden bis 1854, Z. d. hist. f. Niedersachsen, 1893, 1894. ROSENTHAL, Gesch. des Gerichtswesens u. d. Verwaltungsorganisationen Bayerns, 1889, 1906. WINTTERLIN, Gesch. der Behoerdenorganisation in Wuerttemb, 1904, 1906. Th. KNAPP, Das wuerttembergische Hofgericht zu Tuebingen, ZRG., 48, 1 ss. LOCHER, Das wuerttembergische Hofkammergut, 1925. P. LENEL, Badens Rechtsverwalt. u. Rechtsverfass (1778-1803), 1913. ANDREAS, Gesch. der bad. Verwatungsorganisat. u. Verf. (1802-1818), I, 1913. WINDELBAND, Die Verwaltung delr Markgrafschaft Baden zur Zeit Karl Friedr., 1916. SCHRECKER, Das landesfuerstl. Beamtentum in Anhalt, 1906. H. GOLDSCHMIDT, Zentralbehoerden und Beamtentum im Kurfuerstentum Mainz vom 16. bis zum 18. Jahrh., 1908. BARTH, Die Verwaltungsorganisation der Fuerstenbergischen Territorien, 1926.

Acerca de las ciudades cfs. SCHROEDER-V. KUENSSBERG, RG., 956 ss.; 1077. MITTER, Die Grundlagen der Gerichtsverfassung und das Eheding der Cittauer Ratsdoerfer, 1928.

III

§ 73. El Derecho penal

El Derecho penal recibido en Alemania como derecho extranjero fue el de los criminalistas italianos[80], cuyo conocimiento vino especialmente favorecido por la literatura jurídica vulgar antes considerada (§ 61). La práctica mostró la inclinación—sobre todo en Alemania meridional—de oponerse con la mayor dureza a la perpetración de crímenes. La pena de muerte fue aplicada arbitrariamente y ampliada sin medida, por lo que se vieron obligados a revestirla, en términos de crueldad, de mayor rigor y refinamiento para los delitos graves. La inhumanidad

[80] Los criminalistas italianos más importantes de los siglos XII-XV y sus trabajos son Albertus Gandinus (circa 1300), De maleficiis (cf. KANTOROWICZ, Albertus Gandinus u. d. Strafrecht d. Scholastik, I, II, 1907-26) y Angelus Aretinus (1450), Tractatus de maleficiis. Junto a ellos hay que nombrar a los postglosadores Cinus (1270-1335), Bartolus (1314-57) y Baldus (1328-1400). Ya posterior a la recepción Julius Clarus (1525-75). Cfs. v. MOELLER, Julius Clarus, 1911.

que dominaba dio carácter de apremiante a la necesidad de una reforma. Llevó a cabo esta empresa para el Imperio la ordenanza de la justicia penal de Carlos V, basada en una parte sobre el Derecho romano italiano y en otra sobre el Derecho alemán. Planeada como ordenanza del proceso penal, intercaló en la regulación de este una del Derecho penal material, puesto que fija como indicación para enjuiciar justamente «cuándo y cómo deben tener lugar las penas expiatorias» (Artículos 104 a 180). La tarea que así hizo suya acertó a cumplirla en forma brillante para su tiempo. Su caracterización de los delitos singulares y la consideración de conceptos generales del Derecho penal como los de tentativa, legítima defensa y complicidad, dieron paso a un avance esencial del Derecho penal. Al tradicional arbitrio de la justicia penal se opuso el principio de que no debía ser lícita la condena a penas expiatorias si el Derecho romano no establecía una pena de este carácter para el delito enjuiciable o para otro análogo[81]. En calidad de penas expiatorias conoció: 1.°, penas de muerte calificadas (descuartizamiento, enterramiento vivo y empalamiento, muerte en hoguera y en rueda); 2.°, penas de muerte simples (anegamiento, horca, decapitación a tajo de espada)[82] 3.°, penas de mutilación (pérdida de los ojos, de las orejas, de la lengua, de la mano, de algunos dedos); 4.°, azotes; 5.°, penas sobre el honor [pérdida del honor[83] y picota]. Además, la Carolina condenaba a penas de privación o restricción de la libertad, especialmente el destierro del País y la prisión perpetua o temporal, y a penas patrimoniales (confiscación).

Aunque la Carolina no excluyó la aplicación del Derecho romano ni la de los derechos territoriales y locales, dominó durante siglos el derecho penal alemán, no sin ser continuada en el pormenor en virtud de la legislación de los países y de la administración de la justicia. En la literatura y en la práctica del Derecho penal fueron sus conductores y gozaron de extraordinaria fama los criminalistas sajones Matías Berlich (1586-1638) y Benedicto Carpzov (1595-1666). El sistema de penas se fue desviando paulatinamente del de la Carolina por la institución de penas de trabajo para fines públicos y por el establecimiento de presidios y de casas de trabajo. En el siglo XVIII decayó la influencia de Carpzov[84], y la escuela del Derecho natural inscribió en el círculo de sus reformas las del derecho penal. Bajo la impresión del escrito del italiano Beccaria, *Dei delitti e delle pene* (1764), la literatura y la legislación de los Países tomó por norte una dulcificación del Derecho penal correspondiente al espíritu de humanidad y al de ilustración. Más que ninguna otra rama del Derecho debe esta a la abstracción filosófico jurídica, particularmente visible en las teorías sobre el fin de la pena, en las llamadas teorías del Derecho penal[85].

---

81 Carolina, art. 104: Aber sonnderlich ist zu mercken, inn was sachen oder derselben gleichen unser keyserliche rechte keynerley peinlicher straft am leben, ehren, leib oder gliedern setzen oder verhengen, dass ricter und urtheyler darwider auch niemantzumtodt oder sunst peinlich straffen.

82 Las penas de muerte calificadas y las simples podían extremarse por desgarramiento con tenazas o acuchillamiento; en las penas de muerte simples se ejecutaba sobre el cadáver del condenado una pena calificada (descuartizamiento, hoguera, etc.).

83 Iba vinculada *per se* con todas las penas ejecutadas por mano de verdugo.

84 Parejamente cayó en desuso la mala práctica de los procesos por brujería, todavía apoyados en la autoridad de Carpzov.

85 Por la importancia práctica que consiguió, destaca entre ellas la teoría de la coacción psicológica de Anselmo Feuerbach. Sirvió de fundamento al valioso código penal bávaro del 16 de mayo de 1813, que en lo fundamental se inspira en Feuerbach [«Revision der Grundsaetze und Grundbegriffe des positiven peinlichen Rechts», 1, II (1799-1800).

El Derecho penal alemán quedó excluido en gran parte de Alemania por la legislación territorial codificadora. El particularismo a que esto dio lugar trajo, finalmente, consigo un proceso de unificación gracias a la estima y ámbito de vigencia que obtuvo el código penal prusiano del 14 de abril de 1851. Según este modelo, se elaboró el código penal para la Confederación germánica del Norte, del 31 de mayo de 1870, que entró en vigor como código penal del Imperio en una redacción del 15 de mayo de 1871 y que hoy tiene vigencia a base de una Novela en la redacción del 26 de febrero de 1876. Se está en vías de una revisión del código.

M. BERLICH, Conclusiones practicabiles secundum ordinem constitutionum D. Augusti Saxoniae discussae, 1615-1619. B. CARPZOV, Practica nova imperialis saxonica rerum criminalium, 1635.

C. G. v. WAECHTER, Beilagen zu Vorlesungen ueber das deutsche Strafrecht. 1881, 10 ss., 122 ss. GEIB. Lehrbuch des deutschen Strafrechts. I: Geschichte. 1861. GUENTHER, Die Idee der Wiedervergeltung Abt., II, 1891. A. Fr. BERNER. Die Strafgesetzgebung in Deutschland vom Jahre 1751 bis zur Gegenwart. 1867. BINDING. Grundriss des deutschen Strafrechts, Allgemeiner Teil 8.ª ed., 1913 y las introducciones históricas en los Tratados de Derecho penal alemán de A. Fr. BERNER, 18.ª ed., 1898. de Franz v. LISZT, 25.ª ed., 1927, especialmente v. HIPPELL. I, 1925, y en los Manuales de Fr. v. HOLTZENDORFF, I, 1871 y de L. v. BAR, I, 1882. E. SCHMIDT. Entwicklung und Vollzug der Freiheitsstrafe in Brandenburg.-Preussen. 1915. LEICHT. Die Strafrechtspflege in Sachsen-Weimar-Eisenach unter Karl August, 1929. KLEE. Die fahrt Toetung, Goldt. Arch., 62, 394 ss.

IV. EL PROCEDIMIENTO JUDICIAL

§ 74. El proceso penal

En el campo del Derecho procesal penal se recibió—no sin conservar principios jurídicos alemanes—el procedimiento que había formado la práctica italiana a base del derecho romano y del canónico. La separación de Derecho alemán entre jueces y sentenciadores decae, en unos lugares antes que en otros, cuando el conocimiento del Derecho fue monopolio de los juristas doctos[86]. Por este tiempo dictaba la sentencia el propio juez o un colegio judicial. El procedimiento oral y público fue sustituido por otro escrito y secreto. El procedimiento de prueba formal del Derecho alemán estaba llamado a perecer porque no acertó a modificar una de las formas de prueba existentes para encuadrarla en un Derecho de prueba material como se hizo en Inglaterra con la transformación de la prueba por inquisición en el jurado. Sin embargo, no se pudo romper totalmente con los antiguos principios. La concepción del Derecho alemán de la sujeción de la apreciación judicial renació en punto al resultado de la prueba en las teorías de la prueba legal.

En el proceso penal se llevó a la práctica el principio de inquisición formado en el Derecho canónico. Por no arriesgarse a sentencias sobre una concurrencia de

---

BOCKE, Anselm Feuerbach al Denker, Gesetzgeber und Richter. ZStW., 47 (1927), 1. OETKER, Kleinschrod und Feuerbach in ihren strafrechtlichen Grundanschauungen en «Aus d. Vergangenheit d. Univ. Wuerzburg» (1932). 296. THIERFELDER, Anselm v. Feuerbach u. die bayrische Strafprozessgesetzgebung vob, 1813, ZStW., 53 (1933), 403. RADBRUCH, Paul Johann Anselm Feuerbach. 1934.]

[86] Sobre la persistencia de la antigua separación en el Tribunal de la cámara imperial, cfs. supra § 67.

circunstancias, se operaba sobre la confesión del inculpado (*confessio est regina probationum*). Para promover la confesión se empleó la tortura.

La inseguridad de la relación del Derecho procesal extranjero con el patrio, la bancarrota del antiguo sistema de prueba, la aplicación ilimitada del tormento y la heterogénea composición de los tribunales, provistos con juristas doctos o con profanos, determinaron en la administración de la justicia penal una confusión insoportable que solo cabía remediar por medio de la legislación.

La deseada reforma fue llevada a cabo, con asiento primordial en el Derecho extranjero, por la Ordenanza de la justicia penal de Carlos V. Reguló esta de una parte el procedimiento de inquisición oficial tomado del Derecho extranjero, y de otra parte un proceso penal iniciado por querella privada que al tiempo de practicarse la reforma desempeñaba todavía un papel demasiado importante en la vida jurídica para poder ser completamente ignorado por aquélla. El que era sospechoso de un delito podía ser «recibido» por la autoridad y puesto en prisión, bien de oficio o a instancia de un querelloso[87]. Sin embargo, el querellante o se constituía igualmente en prisión, o prestaba garantía por las costas del procedimiento y por la indemnización que, de no quedar convicto, se debía *ipso iure* al querellado. Si el inculpado negaba y existían fundamentos de sospecha creíbles y bastantes, era licito someterle a un interrogatorio con tortura luego de haber hecho en vano la oportuna conminación. Lo decisivo como prueba en derecho no eran las declaraciones depuestas durante el acto de la tortura, sino las dichas por el atormentado con posterioridad[88]. El procedimiento encontraba su término en la llamada Dieta de derecho definitiva, diligencia iniciada por la reunión del tribunal penal definitivo donde se formulaba la inculpación de palabra dicha o leída, se invitaba a contestar al inculpado y se declaraba y publicaba la sentencia prevista[89]. En todos los casos dudosos y arduos, el tribunal estaba obligado a la remisión de actas, es decir, debía solicitar consejo a la corte superior, y donde no existiera esta si se trataba de casos a instancia de parte a la superioridad y en negocios de oficio, a los jurisperitos. Los litigantes tenían a su vez el derecho de promover la «prestación de consejo».

Mientras la Carolina reconoció todavía con igual valor, junto al proceso de inquisición, el proceso de acusación, y en la Dieta de derecho definitiva había conservado un proceso de finalización público y oral, en la práctica consiguió dominación exclusiva el proceso de inquisición, y con la Dieta de derecho definitiva, suprimida por superflua, desapareció el último resto de publicidad y de oralidad. El tormento del inculpado, permitido y de precepto dentro de ciertos límites por la Carolina, fue abolido en todas partes[90] por la legislación de los Países según el

87 Carolina, art. 11: Und ist dabey sonnderlich zu vermercken, das die gefenngknuss zu behaltung und nit zu schwerer geferiger peynigung des gefangen sollen gemacht und zugericht sein.

88 Carolina, art. 58: Uns sol die sag des gefragten nit angenommen oder uffgeschriben werden, so er jnn der martter, sonnder soll sein sag thun, so er von der marter gelassen ist.

89 Con motivo de una condena a muerte el juez debía quebrar su vara donde hubiera esta costumbre. Carolina, art. 96. La costumbre de romper el bastón solo se encuentra testimoniada en tal aplicación desde fines del siglo XVI. Es difícil que provenga de Inglaterra, donde aparece ya en el siglo XIII (Bracton fol., 152, Fleta, página 56) en la pérdida de la paz. Cfs. E. v. MOELLER, Die Rechtssitte des Stabbrechens ZRG. 21, 27 ss. y ahora v. AMIRA, Stab, 103 s.

90 En Baviera únicamente el 1806.

precedente de Federico el Grande, que la prohibió por la orden de gabinete dictada el 3 de junio de 1740[91].

En la época del predominio francés alcanzó vigencia en una parte de Alemania el procedimiento penal francés con publicidad y oralidad, fiscal del Estado y tribunal de jurados. Desde este momento se inició la lucha entre el modelo francés y el proceso de inquisición proveniente del Derecho de Italia. La legislación territorial alemana intentó inicialmente la reforma de este último, manteniendo sus principios. Solo bajo la presión de la revolución del año 1848 fue recibida—ciertamente según el patrón francés—la institución del tribunal de jurados, que había constituido el punto central de la contienda. Con ello quedó decidida en lo principal la victoria de la reforma francesa del procedimiento penal. El proceso inquisitorial común únicamente se mantuvo todavía en los dos Mecklenburgo y en los dos Lippen. En algunos Estados, como Hannover (1850), Oldenburgo, Electorado de Hessen, Brema, Baden, en las conquistas prusianas de 1866, en Wurttemberg y en Sajonia, se admitió la institución de los tribunales de escabinos destinados, por lo regular, a los asuntos penales de grado mínimo[92].

El Imperio alemán consiguió la unidad del Derecho procesal por la Ordenanza procesal penal del Imperio del 1.° de febrero de 1877[93], según la que los asuntos penales de grado mínimo están atribuidos a los tribunales de escabinos; los de grado medio a las cámaras de los tribunales territoriales y los de grado máximo a los tribunales de jurados (respectivamente el tribunal del Imperio o Tribunal Supremo).

BINDING, Grundriss des deutschen Strafprozessrechts, 5.ª ed., 1904. JOHN, Abriss der Geschichte des deutschen Strafverfahrens vom Jahre, 1532 en la Enzyklopaedie der Rechtswissenschaft de v. HOLTZENDORFF, 5.ª ed., 1890, 978 ss. J. GLASER, Handbuch des Strafprozesses, 1902;—Koenigsrecht, Kirchenrecht und Stadtrecht beim Aufbau des Inquisitionsprozesses en el Leipziger Sohmfestschrift, 1915. E. SCHMIDT, Fiskalat und Strafprozess, 1921. JACOBI, Der Prozess im Decretum Gratiani, ZRG. Kan., 3, 223 ss. KOESTLIN, Der Wendepunkt des deutschen Strafverfahrens im neunzehnten Jahrhundert, 1849.

§ 75. El proceso civil

Para el desarrollo del Derecho procesal civil hay que distinguir en la época de la recepción dos sectores de derecho: el del antiguo proceso del Imperio, es decir, del procedimiento tal como se había formado en el tribunal de la cámara imperial, y el sector del proceso sajón.

---

[91] Con reserva de pocos casos de excepción que eran el asesinato múltiple y los delitos de traición y de lesa majestad.

[92] No fue así en Wurttemberg y en Sajonia.

[93] Esta ordenanza ha quedado sustituida por la del 24 de marzo de 1924. En ella desaparece de nuevo el tribunal de jurados en el sentido que tenia hasta ahora. El tribunal que, con todo, lleva tal nombre es propiamente un tribunal de escabinos. De otro lado el tribunal de escabinos queda instaurado en la cámaras penales de los tribunales territoriales de varia formación; así que fundamentalmente solo en la instancia de revisión (tribunal supremo y tribunal territorial superior) funcionan exclusivamente jueces profesionales. Esta nueva organización ha sido también modificada (1932). La política nacionalsocialista ha tendido a la creación de tribunales especiales y de excepción para delitos políticos, etc.

Ciertamente, el procedimiento cameral no se configuró *ab initio* como un procedimiento escrito. Originariamente no se impuso a las partes, sino solo se permitió a voluntad la producción escrita de sus litigios. Pero ya en 1507 se hizo obligación de sus representantes[94]. Si el demandante había interpuesto una querella por escrito, se citaba dentro de un término al demandado con el fin de comunicación de la demanda, tiempo en que podía obtener copia de la misma y pedir la concesión de un nuevo término. Una vez sobrevenida en el proceso la «afirmación de la contienda» (*litis contestatio*), que fijaba el propósito de ambas partes, y luego de quedar obligado el demandante a responder de la demanda, tenían que prestar ambos litigantes el juramento de temeridad (*iuramentum calumniae*)[95]. Solo entonces seguía la exposición de los hechos de la demanda y de las circunstancias de las excepciones eventuales. Demandante y demandado tenían que entregar las llamadas posiciones o artículos[96]; concretamente para la preparación del procedimiento de prueba tenían que deducir en artículos separados las afirmaciones básicas de la demanda o de las excepciones, respectivamente, sobre las que el contrario había declarado en su *iuramentum calumniae* si se allanaba o no. Incumbía, además, a las partes, sin que se pronunciara una sentencia sobre la prueba, probar aquellas de sus afirmaciones que el contrario no había consentido expresamente o que por causa de rebeldía se reputaban consentidas. En el procedimiento probatorio tenía aplicación el juramento principal diferido o referido (*iuramentum delatum* y *relatum*) por el actor de la prueba (probante) al contrario. Para perfección de una prueba incompleta, el juez podía imponer un juramento complementario (*iuramentum supletorium*) y para desvirtuar los indicios existentes un juramento purgatorio (*iuramentum purgatarium*). Si se trataba de una prueba testifical, las partes prestaban primeramente la promesa jurada de veracidad y luego el juez, en ausencia de las partes, procedía al examen por artículos y preguntas[97]. Conclusas las actuaciones, acordaban las partes «que no querían alegar o probar nada nuevo»; para ello solía fijarse por el juez un término especial (*ad producendum omnia et concludendum*)[98] [99]. Como

---

94 Ordenanza del tribunal de la cámara imperial de 1507, Tit. 5, Neue Sammlung, II, 120: Los procuradores tienen que presentar por escrito todas sus materias y actos y no de otra guisa que de la siguiente o similar: En el pleito entre A. y B., presento este escrito, a saber: libelo, excepciones, artículo, réplica, dúplica, etc.

95 Forma des Eyds Calumnie en el Espéculo de profanos de Tengler, 1538, folio 77: Das ir keinerley gevaer brauchen, sondern glauben gerecht sachen zu rechtvertigen. Auch wess ir im rechten gefraat werden, die warhedyt antwurten und dieselben nit zu verlaugnen. Das ir auch wissentlich keyn falsche zeugnues oder Weisung brauchen auch keynen zug von gevaerkcher, das fuer euch geurteyl werd.

96 Artículos de posición, a diferencia de los artículos probatoriales que solían deducirse de las posiciones para el procedimiento probatorio.

97 Los documentos solo hacían prueba plena si estaban sellados en forma pública o por la parte contraria; en otro caso constituían solo prueba semiplena (*semiplena probatio*), que requería complemento. También los libros de los comerciantes tenían que ser fortalecidos con el llamado juramento del libro (v. SCHWERIX).

98 Espéculo de profanos de Tengler, cit. fol. 83: wuert auch etwo eyn besonder rechttag darumb gesetzt.

99 Contra la sentencia de los tribunales inferiores se podía interponer apelación dentro de diez días ante el tribunal superior ordinario más próximo y. además, dentro del mismo plazo el recurso de súplica al soberano territorial. La súplica, permitida excepcionalmente contra sentencias del tribunal de la cámara imperial, tenía solo como consecuencia un nuevo examen del negocio hecho por el mismo órgano jurisdiccional recurrido. En lo demás solo era posible la revisión por la diputación inspectora de la Dieta imperial, convertida luego en recurso ante esta (*v. Schwerin*).

medios coactivos contra la rebeldía del demandado servían la puesta del demandante en posesión de los bienes del demandado (*missio in bona*)[100] y la proscripción. Sin embargo, ya el antiguo proceso del Imperio ponía, además, a elección del demandante la prueba de la demanda.

La totalidad del procedimiento—falta por completo de estructura y de un momento de reposo y carente en especial de una finalización coactiva de las actividades de los litigantes—era extraordinariamente lenta y prolija y dejaba paso abierto a todo linaje de argucias procesales, de suerte que dio lugar a justificadas censuras.

En el proceso sajón se han conservado vigorosamente instituciones procesales del Derecho patrio junto a los principios transmitidos por la ciencia jurídica italiana. El proceso sajón desechó el procedimiento por artículos, configuró una sentencia sobre la prueba, susceptible de ganar autoridad de cosa juzgada, en cuya virtud el demandante debía probar el fundamento de su demanda y el demandado el de las excepciones, y en caso de rebeldía se ultimaba definitivamente con la condena del demandado.

La «agudeza» del procedimiento sajón influyó como modelo sobre la legislación del Imperio cuando esta inició la reforma del antiguo proceso, cosa que ya había llegado a ser de apremiante necesidad. Para prevenir las dilaciones usuales el último *recessus imperii* abolió el procedimiento por artículos[101], obligó al demandante a que en el escrito de demanda expusiera el hecho (relación de los hechos) con brevedad y vivamente y, sin embargo, en forma inteligible, distinta y clara, con inclusión de la súplica de la demanda; de otro lado impuso al demandado que en un primer término contestara concretamente a todos los puntos de la demanda alegando todas las excepciones bajo pena de preclusión[102]. El demandante podía replicar en un segundo término y el demandado duplicar en un tercero. En caso de rebeldía del demandado ya no se procedía a la *missio in bona,* ni a la proscripción[103], sino que sobre la prueba de la demanda se resolvía el pleito contra el constituido en rebeldía. El Derecho procesal civil común en el curso ulterior de su desarrollo y tomando base en el modelo del Derecho procesal sajón bajo la influencia de los juristas Mevius y Carpzov, creó por vía de uso judicial una sentencia especializada sobre la prueba (interlocución probatoria) que solo ponía a prueba los hechos decisivos para la resolución del litigio.

Por la nueva legislación particular declaró la mayor parte de Alemania su liberación de los principios del Derecho procesal civil común. En Prusia se inició el camino hacia una nueva estructura del procedimiento, que encontró su término en

---

100 Después de la *missio in bona.* que (*ex primo decreto*) se producía inicialmente con el fin de garantía, el demandado podía recuperar la posesión dentro del plazo de un año previa constitución de aseguramiento e indemnización de los gastos. Por mediación del derecho italiano se fusionaron la *missio in bona* del proceso del Imperio y la *missio in bannum* del derecho franco, cfs. supra. § 22.

101 El procedimiento de posiciones (*positiones* y *responsiones*). En el procedimiento probatorio se conservaron los artículos probatoriales. Último *recessus imperii* 34, Neue Sammlung, III, 647 s.

102 El principio así instaurado de que las partes tuvieran que proceder en las actuaciones de su incumbencia no de un modo sucesivo, sino simultáneo y por tanto *in eventum,* se conoció con el nombre de *máxima eventual.* Su origen se remonta a la cesura del antiguo procedimiento judicial alemán. WETZELL, Zivilprozess, 967 s.

103 Ultimo *recessus imperii.* 36, Neue Sammlung. III, 648.

la Ordenanza judicial general de 1793-95: rompe con el principio de la jurisdicción rogada y con la máxima eventual, e introduce en el proceso civil el principio de la investigación judicial. A la izquierda del Rhin, y después de terminar la dominación francesa, sigue en vigor el Derecho procesal francés que descansaba sobre los principios de publicidad y oralidad. Sirvió de patrón a la legislación territorial alemana desde 1848, especialmente a la Ordenanza procesal de Hannöver del 8 de noviembre de 1850. En conexión con el movimiento de reforma, que aquí toma arranque, la Ordenanza procesal civil del Imperio del 30 de enero de 1877 construyó un procedimiento edificado sobre la máxima de rogación, sobre la publicidad y oralidad, sobre la inmediatividad en las actuaciones procesales de las partes y sobre el principio de la libre apreciación de la prueba por el juez. Después de la codificación del Derecho civil, la Ordenanza procesal civil fue publicada en una nueva redacción del 20 de mayo de 1898. En pro de la enmienda de los vicios revelados por la práctica se dejaron oír peticiones de reforma encaminada a una mayor celeridad y economía de la administración de la justicia. Sirvieron de guías los resultados que en tal dirección había perseguido la Ordenanza procesa) civil austríaca del 1.° de agosto de 1895. Los intentos de reforma encontraron un fin provisional en una Novela del 1.° de junio de 1909, particularmente en las modificaciones que conciernen a la Ley orgánica de los tribunales, a la Ordenanza procesal civil, a la Ley de costas judiciales y a la Ordenanza sobre los honorarios de los abogados, modificaciones que aumentaron la competencia de los tribunales de primera instancia y que simplificaron y aligeraron el pormenor de las formas del procedimiento. Las modificaciones hechas desde entonces (sobre todo en 1929) han conducido a una relegación esencial de los principios de publicidad, oralidad e inmediatividad, y de otro lado a la limitación de las facultades de impulso procesal de las partes; en cambio, se ha omitido la recepción de la máxima eventual, tantas veces requerida[104]. Además del tribunal ordinario, se han creado diferentes tribunales especiales (tribunal supremo de la economía, tribunal del «cartell», tribunales del trabajo en sustitución de los tribunales de comerciantes y de los tribunales industriales). El procedimiento ante tribunal ordinario cede paso en medida creciente a los tribunales de árbitros.

WETZELL, System des ordentlichen Zivilprozesses, 1878. J. W. PLANCK, Lehrbuch des d. Zivilprozessrechts, I, 1887. A. ENGELMANN. Der Zivilprozess, Geschichte und System, 1889 s. vol., II, EICHHORN, Deutsche Staats-und Rechtsgeschichte, III, 451 ss., IV, 470 ss. ALBRECHT, Die Ausdehnung des Eventualprinzips im gemeinen Zivilprozess, 1837. PLANCK, Die Lehre von dem Beweisurteil, 1848. A. S. SCHULTZE, Privatrecht und Prozess in ihrer Wechselwirkung, 1883, 127 ss. POETSCH, Die Reichsacht, 1911. OBER, Rezeption der kan. Zivilprozessformen im geistl. Gericht zu Strassburg (Arch. f. kath. Kirchen R., 1910). Alfr. WOLFF, Gerichtsverfass. u. Prozess im Hochstift Augsburg in der Rezeptionszeit Arch. f. Gesch. d. Hochstifts Augsburg, 1913. MENDELSSOHN-BARTHOLDY, Rh. Z., 7, 299 ss. P. LENEL, Scheidung von Richter und Urteiler, ZRG., 34, 440. R. SOHM, Die litis contestatio, 1914. NEUFELD, Die Friderizianische Justizreform, Goetting. Diss., 1910. SPRINGER, Die Coccejische Justizreform, 1914; sobre esto, HUEBNER, ZRG., 36, 448. ABEGG, Versuch einer Geschichte der preuss. Zivilprozessgesetzgebung, 1848. KLEINFELLER, Deutsche Partikular-

[104] La ley de 27 de octubre de 1933 tiende a una fuerte concentración de la dirección del proceso, a la inmediatividad del procedimiento probatorio y a la limitación del principio de rogación al quedar estatuidas la obligación de veracidad de las partes y la posibilidad de su apreciación jurada (v. SCHWERIN).

gesetzgebung ueber Zivilprozess seit Rezeption der fremden Rechte und bis zum Ausgang des 18. Jahrh. Muenchner Festgabe fuer Planck, 1887, 275 ss. Pero especialmente Joh. Christoph SCHWARZ, Vierhundert Jahre deutscher Zivilprozessgesetzgebung. 1898;—Erneuerung deutscher Rechtspflege, Prozessgeschichtliche Betrachtungen, 1908. SOLBRIG, Der Gedanke einer einheitlichen deutschen Gerichtsbarkeit im 19. Jahrh., 1919. E. HEYMANN, D. JZ., 1915, 574. BADER, Das Schiedsverfahren in Schwaben vom 12. bis zum ausgehenden 16. Jahrh., 1929. KRAUSE, Die geschichtliche Entwicklung des Schiedsgerichtsrechts in Deutschland, 1930. Sobre estas dos últimas obras W. SILBERSCHMIDT, ZRG., 50, 486.

V

§ 76. El Derecho privado

En el campo del Derecho privado influyó ciertamente con gran intensidad la recepción de los Derechos extranjeros, pero sin llegar en modo alguno a poner fuera de vigencia todo el Derecho alemán. Se conservó para relaciones jurídicas desconocidas por el Derecho romano, como, por ejemplo, las cargas reales. El Derecho romano no se recibió si la relación jurídica romana respectiva era extraña en Alemania, como sucedió con la esclavitud. Las instituciones jurídicas que conocían ambos Derechos tenían con frecuencia una misma regulación, o el Derecho alemán la había aproximado ya a la del Derecho romano. No se diga, pues, en términos absolutos, que un Derecho extranjero sustituyó al viejo Derecho. Hablar de una lucha auténtica entre ambos ordenamientos jurídicos es cosa que solo puede hacerse en la medida que los dos regularan diversamente la misma institución. Entonces el resultado fue diferente según los casos. O bien quedó suprimida la norma jurídica alemana, o no tuvo entrada la recepción de la romana, o sobrevino una modificación recíproca, una fusión de los principios jurídicos alemanes con los romanos. No es raro que una institución del Derecho alemán se conserve con apariencia de Derecho romano o bajo un nombre romano; tal fue, por ejemplo, lo sucedido cuando la terminación de la potestad paterna por establecimiento de una economía autónoma se concibió como *emancipado*. Incluso se formaron instituciones de derecho completamente nuevas por amalgama de ideas jurídicas alemanas y romanas: este es el caso de los fideicomisos familiares. Ni el Derecho romano ni el alemán han permanecido estacionados en sus posiciones de entonces: ambos se han desarrollado a partir de dichos tiempos. Concretamente el moderno derecho del tráfico dio vida a gran número de instituciones nuevas faltas de precedente en el Derecho romano.

En general, la relación de ambos Derechos durante el pasado siglo XIX puede quedar resumida como sigue. En cuestiones de capacidad jurídica y de capacidad de obrar no puede reputarse como base el Derecho romano. La teoría del apoderamiento no encuentra en el Derecho extranjero punto de apoyo sostenible. El derecho de las corporaciones y el de las sociedades lleva impronta germánica. El derecho de los títulos-valores asienta en principios del Derecho alemán. En el derecho de cosas predominan los elementos de estirpe jurídica alemana. La teoría romana de la posesión fue, sin duda, recibida en general, pero no invariada: el concepto de la posesión de derecho se erigió sobre una base más comprensiva. A consecuencia de la formación de derechos de apropiación derivados de las regalías (derecho de caza, de pesca y de minas), la teoría de la adquisición de la propiedad ofrece normas radicalmente dispares del Derecho romano. En la mayor parte de Alemania se conservó más o menos, o se restableció, gracias a la existencia de los Registros públicos, el principio alemán del acuerdo formal de transmisión. Lo propio vale para la exclusión de la acción reivindicatoria mobiliaria en virtud de la máxima: la mano debe guardar la mano (§ 48). En el derecho alemán de prenda inmobiliaria se produjo desde luego una confusión muy grande por la recepción; pero en casi todas partes fue modelado por la legislación territorial de acuerdo con los principios de publicidad y de especialidad sobre el fundamento del sistema del libro de prendas o del registro inmobiliario. El derecho inmobiliario común quedó, finalmente, sin modificación esencial en el partido judicial prusiano de Hamburgo y para algunos inmuebles de la parte mecklenburguesa en Ratzeburgo. El derecho de prenda mobiliaria se atuvo, por lo menos según el Derecho territorial, al principio alemán de la aprehensión material; en cambio, la hipoteca mobiliaria del Derecho común quedó desvalorizada en la práctica por la forma del procedimiento de concurso y quiebra. Las cargas reales, las relaciones jurídicas peculiares de los bienes campesinos alemanes y el derecho feudal descansan en fundamentos no romanos. En el derecho de obligaciones, si se prescinde del Derecho mercantil y del Derecho marítimo, del Derecho cambiario y del Derecho de seguros, llevó la parte del más fuerte el Derecho romano. Sin embargo, existen importantes diferencias. La estricta relación personal entre acreedor y deudor, característica de la *obligatio* romana, fue ajena a nosotros. De aquí la transmisibilidad de los créditos, la asunción de deuda, la adquisición de los créditos por vía de representación inmediata; de aquí los contratos sobre prestaciones a un tercero y a favor de terceros. La distinción de Derecho alemán entre deuda y responsabilidad (§ 49) fue desconocida, sin duda, por la doctrina del Derecho común; pero ha dejado huellas visibles al menos en el Derecho mercantil y en el marítimo. El Derecho romano ignoró la accionabilidad general de los contratos de deuda y careció de numerosos e importantes tipos de contratos del Derecho moderno; como ejemplos de ello pueden servir los contratos de seguro, los de renta vitalicia, los celebrados por la emisión de títulos valores, el contrato de corretaje y el contrato de edición.

En el derecho de familia predomina el Derecho alemán, Para el régimen matrimonial de bienes vale el principio no romano de la libertad de pactos y existen los tres sistemas de bienes del Derecho alemán: la comunidad de administración, la comunidad general de bienes y la comunidad de bienes limitada (comunidad de gananciales o comunidad del haber mueble) al propio tiempo que el derecho dotal romano solo pudo tomar raíces en una muy pequeña parte de Alemania. La *patria potestas* romana ha penetrado en nuestra vida jurídica tan escasamente como el Derecho romano de peculio. Nuestra tutela, a consecuencia de la formación de la tutela superior del Estado, posee un carácter totalmente diverso del de la romana. También el Derecho hereditario ofrece, al lado de los fundamentos jurídicos romanos, toda una serie de elementos del Derecho alemán, como los contratos sucesorios y la renuncia de la herencia, la institución del ejecutor testamentario, los fideicomisos y la sucesión de los feudos, silenciados por la vigencia de normas de Derecho hereditario alemán en las codificaciones y derechos particulares. El derecho de autor y de patentes, el derecho al nombre civil, a la marca y a la firma o nombre comercial, el derecho industrial, el de minas y el de seguros son de factura alemana. Nuestro Derecho mercantil lleva raíces de Derecho alemán en mayor cuantía de la que generalmente se admite, si bien reciba en parte el sello romano.

En el código civil se advierte la mezcla de principios jurídicos alemanes y romanos de modo similar a como sucedía en el Derecho anterior. Predomina la orientación romana en el derecho de obligaciones y en el derecho hereditario, el alemán en el derecho de cosas y en el derecho de familia. Sin embargo, la relación se ha inclinado a favor del Derecho alemán, en parte porque normas e instituciones jurídicas de procedencia alemana que antes solo tenían vigencia en calidad de Derecho territorial entran en vigor como Derecho del Imperio, o bien porque las que solo pertenecían al Derecho mercantil fueron extendidas al Derecho civil general. El Derecho alemán domina las materias que la ley de introducción del código civil reservó a los Derechos de los Países.

El novísimo desarrollo del Derecho civil ha conducido de un lado a la desaparición de instituciones del Derecho alemán, puesto que a base de la Constitución del Reich fueron abolidos por los Derechos de los Países los feudos y los fideicomisos, luego que ya en el curso del siglo XIX había tenido lugar la supresión de los feudos situados fuera de los dominios del señor feudal (*feuda extra curtem*) y que en algunos Territorios se habían prohibido los fideicomisos. De otro lado las nuevas leyes retornan a entidades del Derecho alemán como la ley de la hacienda familiar a los antiguos *precaria oblata.* También la jurisprudencia sigue las concepciones del Derecho alemán, con frecuencia inconscientemente.

Vide los Tratados y Manuales de derecho privado alemán ENNECCERUS-NIPPERDEY, Tratado de Derecho Civil, I, 1 § 23, trad. esp. de B. Pérez y J. Alguer, 1934. Paul ROTH. en Archiv fuer praktische Rechtswissenschaft, VIII. 303 ss. y en Hausers. Z. fuer Reichs-und Landesrecht. I. 1874, 1 ss. Richard SCHROEDER en Verhandlungen des 12. deutschen Juristentages, 1874, 29 ss. O. GIERKE, Deutsches Privatrecht, I (1895), 33 ss. HEDEMANN, Die Fortschritte des Civilrechts im 19. Jahrh. I die Neuordnung des Verkehrslebens, 1910, II, 1, 1930. Boos, Neugeburt des deutschen Recht. 1934. VIARD, Histoire du droit privé français (1789-1830), 1931. El deseo que Brunner expresó en ediciones anteriores y en pro de una acentuación de las ideas germánicas del Derecho mercantil, cumple ahora P. REHME, Geschichte des Handelsrechts, 1913, supra en § 44. HEYMANN, Das Friderizianische Handelsrecht, 1929.

HISTORIA DEL DERECHO GERMÁNICO,
de HEINRICH BRUNNER, se imprimió
en la República Argentina en julio de 2023.